कॉमनमैन
नरेंद्र मोदी

कॉमनमैन
नरेंद्र मोदी

किशोर मकवाणा

प्रभात
पेपरबैक्स
www.prabhatbooks.com

प्रकाशक
प्रभात पेपरबैक्स
प्रभात प्रकाशन प्रा. लि. का उपक्रम
4/19 आसफ अली रोड, नई दिल्ली–110002
फोन : 23289777 • हेल्पलाइन नं. : 7827007777
इ–मेल : prabhatbooks@gmail.com ❖ वेब ठिकाना : www.prabhatbooks.com

संस्करण
2022

मूल्य
तीन सौ पचास रुपए

मुद्रक
आर–टेक ऑफसेट प्रिंटर्स, दिल्ली

★

COMMONMAN NARENDRA MODI
by Shri Kishore Makwana

Published by **PRABHAT PAPERBACKS**
An imprint of Prabhat Prakashan Pvt. Ltd.

4/19 Asaf Ali Road, New Delhi-110002
ISBN 978-93-5048-611-5

₹ 350.00

भारतवासियों को

भाषा अनेक··भाव एक
राज्य अनेक··राष्ट्र एक
पंथ अनेक··लक्ष्य एक
बोली अनेक··स्वर एक
समाज अनेक··भारत एक
रिवाज अनेक··संस्कार एक
योजना अनेक··ध्येय एक
कार्य अनेक··संकल्प एक
राह अनेक··मंजिल एक
पहनावा अनेक··प्रतिभा एक
चेहरे अनेक··मुसकान एक
रंग अनेक··तिरंगा एक

–नरेंद्र मोदी

मनोगत

विख्यात अमेरिकी पत्रिका 'टाइम' ने लिखा है—''यदि मोदी राष्ट्रीय राजनीति में पहुँचने में सफल होते हैं तो भारत की तसवीर और तासीर जरूर बदल जाएगी।'' 'टाइम' ने यह बात 26 मार्च, 2013 के अपने अंक में कही थी। आज 2014 में यह सच होने जा रही है। पूरा भारतवर्ष इस नए राष्ट्रनायक की प्रतीक्षा में है।

125 करोड़ नागरिकों की महान् विरासत वाले भारत की जर्जर हालत से त्रस्त आमजन परिवर्तन की ललक में सिर्फ एक व्यक्तित्व पर टकटकी लगाए हैं। जिनके कहीं जाने पर भीड़ मंत्रमुग्ध सी खिंची चली आती है, उनके भाषण सुनने के लिए जुटनेवाले लाखों लोगों ने 1977 और 1942-47 के प्रमुख नेताओं की रैलियों को भी कहीं पीछे छोड़ दिया है। वे भारत के सबसे चहेते चेहरे हैं। नौजवानों को उनमें विकास, अवसर और आधुनिकता की त्रिवेणी दिखती है। देश का बहुमत उन्हें भविष्य के प्रधानमंत्री के रूप में देखने लगा है। लोग उनको देखकर खुश होते हैं। उनकी आँखों में चमक बढ़ जाती है। उन्हें सुनते समय जोश हिलोरें लेने लगता है। जैसे—लंबे काल से हमें एक ऐसे ही नेता की तलाश थी, जिन पर हम नाज कर सकें और जो देश का नेतृत्व करने में पूरी तरह सक्षम हो। वह कोई और नहीं, सिर्फ एक ही व्यक्ति हैं, जिनका कोई विकल्प नहीं…यानी मोदी…मोदी…नरेंद्र मोदी!!!

गुजरात को भारत का नंबर वन राज्य बना देनेवाले नरेंद्र मोदी भारतीय राजनीति के सबसे सुदृढ़ राजनेता हैं। वे व्यक्तिगत लोकप्रियता में अमेरिका के राष्ट्रपति से आगे हैं और दुनिया में सबसे ज्यादा उनके बारे में जानने की उत्सुकता है। बम विस्फोटों के बीच भी पटना की रैली को संबोधित करने का उन्होंने उद्दाम साहस दिखाया…उग्रवादियों की चुनौतियों के बावजूद उनके गढ़ में ही वे उन्हें ललकार सकते हैं। जिनको वीजा देना अमेरिका-इंग्लैंड जैसे देशों के लिए बड़ी घटना है, पाकिस्तान उनके नाम से भयभीत है, आतंकवादियों के निशाने पर होने पर भी वे राष्ट्र-गर्जना करते हुए देश को आंदोलित किए हुए हैं। उनके पास न कोई घरेलू संपत्ति है, न जमीन-जायदाद और न बैंक बैलेंस।

उन पर कोई भ्रष्टाचार का आरोप नहीं लगा सकता।

वे जब बोलते हैं तो संपूर्ण देश को महसूस होता है कि भारत की आत्मा के स्वर निकल रहे हैं। दंगामुक्त और विकसित गुजरात उनका वर्तमान है और सशक्त राष्ट्र का निर्माण उनका स्वप्न। उच्च तकनीक और अत्याधुनिकीकरण उनका माध्यम है तो भारतीय संस्कृति की रक्षा उनका कर्तव्य, विश्व प्रतिस्पर्धा में भारत को अग्रणी राष्ट्र बनाना उनका उद्देश्य है और इसे पूरा करने के लिए है देश के नागरिकों की सर्वोच्च सत्ता स्थापित करने का संकल्प। देश भी नरेंद्र मोदी में भारत का भविष्य देख रहा है। विख्यात अमेरिकी पत्रकार राबर्ट डी. कापलान का कहना है, "मैं जिमी कार्टर, बिल क्लिंटन और दोनों ही बुश राष्ट्रपतियों से मिल चुका हूँ। लेकिन मोदी जैसा करिश्मा किसी में नहीं देखा।"

नरेंद्र मोदी आम भारतीयों के लंबे संघर्ष के नायक हैं। उनका बचपन अस्पृश्यता विरोध, गरीबों की मदद, 1962 के भारत-चीन युद्ध के दौरान सैनिकों की सेवा में, उनकी तरुणाई 1967 के गौरक्षा आंदोलन को कुचले जाने के खिलाफ उद्वेलन और उनकी युवावस्था गुजरात में व्याप्त भ्रष्टाचार के खिलाफ नवनिर्माण आंदोलन तथा आपातकाल के नाम पर इंदिरा गांधी की तानाशाही के विरुद्ध लोकतंत्र की रक्षा के संघर्षों में बीती। प्रारब्ध से प्राप्त आध्यात्मिक लगन ने उन्हें वैराग्य दिया और राष्ट्रीय विचारधारा ने उन्हें कर्मयोगी बना दिया। भारतीय जनता पार्टी में आने के बाद उनका कुशल रणनीतिकार और सफल क्रियान्वयनकर्ता का प्रखर स्वरूप सामने आया।

गुजरात के मुख्यमंत्री बने तो विकास का पर्याय बन गए। गुजरात 300 वर्षों से दंगों के लिए जाना जाता रहा है। अमदाबाद में पहला दंगा 1713 में हुआ; पिछले 35 वर्षों में 979 दंगे हुए। नरेंद्र मोदी ने 12 वर्षों के अपने मुख्यमंत्रित्व काल में दंगों से झुलसते रहे और आरक्षण-संघर्ष से अराजक हो चुके गुजरात को विकास के पथ पर लाकर स्वर्णिम अध्याय रच दिया। आज गुजरात पूर्णतः दंगा मुक्त प्रदेश है।

नरेंद्र मोदी लगातार तीसरी बार मुख्यमंत्री बने हैं। न्यायालय ने आखिरकार स्वीकार कर लिया कि गुजरात दंगों में उनकी प्रत्यक्ष-परोक्ष कोई भूमिका नहीं थी। एक दशक से अधिक की मानसिक प्रताड़ना के बावजूद मोदी ने अपना क्षण-क्षण और रोम-रोम गुजरात के लिए समर्पित कर दिया। 7 अक्तूबर, 2001 को पहली बार मोदी ने शपथ ग्रहण किया, तब गुजरात 26 जनवरी, 2001 को आए विनाशक भूकंप सहित अन्य कई प्राकृतिक आपदाओं के कुप्रभावों से गुजर रहा था। हजारों लोग मारे गए; शहर-कस्बे-गाँव बरबाद हो गए। मोदी के नेतृत्व में गुजरात सरकार ने पाँच सौ दिन के अंदर 8 लाख 76 हजार 618 घर बनाकर दुनिया को आश्चर्य में डाल दिया। सूरत में बाढ़ आई तो नरेंद्र मोदी ने उस राहत ऑपरेशन की कमान खुद सँभाली। सूरत के एक रिक्शे वाले ने कहा, "बाढ़ का दौरा करते हुए तो बहुत से नेताओं को देखा, लेकिन खुद मुख्यमंत्री को

कीचड़ में उतरकर काम करते हुए पहली बार देखा।'' उत्तराखंड में प्राकृतिक आपदा का कहर टूटा तो नरेंद्र मोदी तत्काल वहाँ पहुँच गए। उन्होंने श्रद्धालुओं की रक्षा के लिए जो तत्परता दिखाई, उसे सारा देश जानता है।

टेक्नोलॉजी और विज्ञान में गहन रुचि के कारण नरेंद्र मोदी ने गुजरात को ई-शासित राज्य का रूप दिया और कई प्रयोजनों को बढ़वा दिया। 'स्वागत ऑनलाइन' और 'टेली फरियाद' ऐसी पहल हैं, जिनकी वजह से ई-ट्रांसपरेंसी आई है और आम नागरिक भी प्रशासन के सर्वोच्च कार्यालय से सीधे संपर्क कर सकते हैं। वे खुद आम जन की शिकायतों को ध्यान से सुनते हैं और यह सुनिश्चित करते हैं कि उनकी समस्याएँ निश्चित समय-सीमा में हल हो जाएँ। नरेंद्र मोदी ने संपूर्ण सामाजिक-आर्थिक विकास के लिए उपयुक्त तरीके से सामाजिक क्षेत्र पर ध्यान केंद्रित कर उस असंतुलन को सुधारने का निर्णय किया और राज्य के सर्वांगीण विकास के लिए पाँच सूत्रीय रणनीति—पंचामृत योजना—की परिकल्पना की। आज गुजरात ई-गवर्नेंस, पूँजी निवेश, गरीबी उन्मूलन, बिजली, एसईजेड, सड़क निर्माण, वित्तीय प्रबंधन सहित कई क्षेत्रों में आगे बढ़ रहा है। गुजरात के सर्वांगीण विकास में मोदी का 'सबका साथ—सबका विकास' मंत्र, उनका 'प्रो-पीपुल प्रो-एक्टिव गुड गवर्नेंस' (पी2जी2) सूत्र और विकास कार्यों में गुजरात के लोगों की सक्रिय भागीदारी ने महत्त्वपूर्ण भूमिका निभाई है। अनेक अवरोधों के बावजूद उन्होंने संकल्प किया कि नर्मदा बाँध 121.9 मीटर की ऊँचाई तक पहुँचे। उन्होंने इसके निर्माण में अवरोध खड़े करनेवालों के खिलाफ उपवास भी किए।

गुजरात की सिद्धि और समृद्धि की चर्चा न सिर्फ इसलिए हो रही है कि इस प्रदेश ने आर्थिक और कृषि क्षेत्र में विकास किया, बल्कि इसलिए भी हो रही है कि इसने सामाजिक, शैक्षणिक, स्वास्थ्य और प्रजा के आत्मविश्वास को बढ़ाने में भी काफी काम किया। गुजरात की जनता आज गौरव और आत्मविश्वास से भरी हुई है। यह सब नरेंद्र मोदी के कठोर परिश्रम और पारदर्शी शासन के कारण हुआ है। नरेंद्र मोदी ने 12 वर्षों में ऐसी-ऐसी योजनाएँ कार्यान्वित कीं, जिनका अब तक किसी ने नाम भी नहीं सुना था। समरस गाँव, पावन गाँव, तीर्थ ग्राम, बाँचे गुजरात (पढ़े गुजरात), पतंगोत्सव, वाइब्रेंट समिट, ज्योतिग्राम, कृषि महोत्सव, ई-ग्राम-विश्व ग्राम, स्टैच्यू ऑफ यूनिटी जैसी अनेक योजनाएँ और कार्यक्रम हैं। नरेंद्र मोदी ने शासन में आते ही गुजरात के सर्वांगीण विकास के लिए पंचामृत-ज्ञान शक्ति, जन शक्ति, जल शक्ति, रक्षा शक्ति और ऊर्जा शक्ति की नई विचारधारा दी, जिससे हर क्षेत्र में गुजरात का विकास हुआ। नरेंद्र मोदी ने खुद को मिले उपहारों की नीलामी करके प्राप्त करोड़ों रुपए कन्या शिक्षा के लिए समर्पित कर दिए।

ई-ग्राम-विश्व ग्राम''सैटेलाइट तकनीक द्वारा विश्व के साथ संपर्क और कंप्यूटर नेटवर्क से गाँवों में शीघ्र सरकारी सेवा, गरीब कन्याओं को विद्यालक्ष्मी बॉण्ड और

सखीमंडल से ग्रामीण महिलाओं को आर्थिक बचत प्रवृत्ति में सक्रिय किया गया। भूमिहीन खेत-मजदूरों को बीमा सुरक्षा दी गई। आज शिक्षा के क्षेत्र में गुजरात प्रथम है।

कन्या शिक्षा और शाला प्रवेशोत्सव द्वारा शत-प्रतिशत प्रवेश होता है। आदिवासी और दलितों के सर्वांगीण विकास के लिए अनेक नवीनतम योजनाएँ हैं। शहरी और ग्रामीण वंचितों के विकास के लिए गरीब कल्याण मेलों का आयोजन अभूतपूर्व है। गुजरात की सड़कें पूरे देश के लिए अनुकरणीय उदाहरण हैं।

गुजरात में जलस्रोतों के अनेक ग्रिड बनाने के लिए कार्यरत 'सुजलां-सुफलाम्' योजना जल संरक्षण और उसके उचित उपयोग की दिशा में एक अनूठी पहल है। 'सोइल हेल्थ कार्ड' (मिट्टी की गुणवत्ता का लेखा-जोखा), 'रोमिंग राशन कार्ड' की शुरुआत आदि ऐसे कार्य हैं, जो राज्य के अत्यंत सामान्य व्यक्ति के लिए उनकी चिंता को दरशाते हैं। कृषि महोत्सव, चिरंजीवी योजना, मातृ वंदना, बेटी बचाओ अभियान, ज्योतिग्राम योजना और कर्मयोगी अभियान, ई-ममता, एम पावर, स्कोप, आई-क्रिएट जैसी अभूतपूर्व योजनाओं से गुजरात का सर्वांगीण विकास हुआ है।

गुजरात ने अनेक सम्मान और पुरस्कार हासिल किए हैं। आपदा प्रबंधन के लिए संयुक्त राष्ट्र की ओर से सासाकावा पुरस्कार, रचनात्मक और सक्रिय प्रशासन के लिए कॉमनवेल्थ एसोसिएशन फॉर पब्लिक एडमिनिस्ट्रेशन ऐंड मैनेजमेंट (सीएपीएम) और यूनेस्को का अवार्ड, ई-गवर्नेंस के लिए सी.एस.आई. पुरस्कार आदि। सर्वेक्षण में नरेंद्र मोदी ने लगातार तीन साल तक सर्वश्रेष्ठ मुख्यमंत्री का स्थान हासिल किया है। गुजरात की 'चिरंजीवी योजना' के लिए 'वॉल स्ट्रीट जर्नल' और 'फाइनेंशियल एक्सप्रेस' की ओर से (प्रसूति समय, जच्चा-बच्चा मृत्यु दर कम करने ले लिए) सिंगापोर में 'एशियन इनोवेशन' अवार्ड दिया गया। ऐसे ही 250 से अधिक राष्ट्रीय और अंतरराष्ट्रीय पुरस्कारों से गुजरात को सम्मानित किया जा चुका है।

नरेंद्र मोदी महज गुजरात के मुख्यमंत्री नहीं, वे सवा सौ करोड़ भारतवासियों के लिए आशा की किरण भी हैं। एक मामूली किसान से लेकर उद्योगपति और विद्यार्थियों सहित लाखों लोग उनसे प्रभावित हुए हैं तथा भ्रष्टाचार-मुक्त, महँगाई-मुक्त, समर्थ तथा एकजुट भारत के निर्माण के उनके अभियान में शामिल हुए हैं। उन्होंने खुद को एक परिवर्तनकर्ता के रूप में साबित किया है। विरासत या भाग्य की बदौलत मिली सत्ता नहीं, बल्कि अनगिनत संकटों और संघर्षों के बीच विकास करके उन्होंने आज लाखों लोगों का दिल जीत लिया है। विकास को जन-अभियान बनाने के संकल्प के साथ वे सरकार को वातानुकूलित कार्यालयों से बाहर निकालकर लोगों की चौखट तक लाने में सफल हुए हैं।

नरेंद्र मोदी जो कहते हैं, उसे कर दिखाते हैं। वे उत्कृष्ट दूरद्रष्टा और गुजरात के

पुनरुत्थान के शिल्पी हैं। उनका एकमात्र उद्देश्य है—भारत की कायापलट कर 21वीं सदी में उसे सुपरपावर—जगद्गुरु के स्थान पर पहुँचाना।

समग्र भारत इस राष्ट्रनायक की ओर आशा भरी नजर से देख रहा है। ऐसे समय में नरेंद्र मोदी के व्यक्तित्व पर प्रकाशित यह पुस्तक भारतीय जनता को अर्पित है, जो आपको नरेंद्र मोदी के जीवन, कार्य, व्यक्तित्व और विचारों का समग्र दर्शन कराएगी।

—किशोर मकवाणा

अपनी बात

यह पुस्तक नरेंद्र मोदी का जीवन चरित्र नहीं है, बल्कि उनके व्यक्तित्व और कृतित्व को रेखांकित करने का सूक्ष्म प्रयास है। नरेंद्र मोदी का जीवन एक कहानी सा है, व्यक्ति संन्यासी बनने के उद्देश्य से घर-गाँव छोड़ता है और भाग्य उसे शासक बना देता है! उन्होंने राष्ट्रीय स्वयंसेवक संघ के माध्यम से भारतमाता की सेवा में अपना सर्वस्व समर्पित कर दिया।

धोलका नगर (जिला अहमदाबाद) और सन् 1984 खाराकुवा में कुबेरजी मंदिर के पास के अखाड़े के सामने जैन उपाश्रय में राष्ट्रीय स्वयंसेवक संघ द्वारा आयोजित मकर संक्रांति उत्सव में संघ प्रचारक नरेंद्र मोदी का बौद्धिक था। उनके हृदय से निकले शब्द थे—"भारत के प्रत्येक उत्सव में सामाजिक विज्ञान छिपा है। मकर संक्रांति उत्सव समाज को एक सूत्र में पिरोता है; समाज में सौहार्द, सामंजस्य, समरसता और स्नेह-सहयोग का वातावरण उत्पन्न करता है। उत्सव हमारे अंदर सामाजिक विकास और उत्थान का भाव उत्पन्न करते हैं।"

मकर संक्रांति उत्सव में उनका बौद्धिक सुना, हम छोटे थे—12वीं के छात्र, पर हमारे ऊपर उन्होंने अमिट प्रभाव छोड़ा। प्रत्येक व्यक्ति के साथ उनका आत्मीय व्यवहार सबको उनके प्रति आकर्षित करता है। मेधावी और प्रभावी होने के साथ-साथ वे सहज-सरल व्यक्तित्व हैं। एक बार परिचय हो जाने के बाद आप कभी भी मिलें तो नाम से बुलाने की उनकी तीव्र स्मरणशक्ति, प्रत्येक परिवार से घनिष्ठ संबंध। हमने 1984 से उन्हें काम करते हुए बहुत नजदीक से परखा है, उनके व्यक्तित्व को बहुत नजदीक से देखा है। चेहरे पर सदा स्मित, उत्साह और स्फूर्ति सहित उमंग भरा व्यक्तित्व नरेंद्र मोदी की पहचान है। वे किसी भी परिस्थिति में शांत-स्थिर रहते हैं; और विचारों में एकदम स्पष्ट।

उनके जीवन-व्यवहार का अध्ययन किया तो लगा कि नरेंद्र मोदी के आचार-विचार और व्यवहार में कहीं कोई भेद या अंतर नहीं है। उनके जीवन और विचारों को

जानने-समझने के प्रयत्न स्वरूप ही इस पुस्तक का सृजन हुआ है।

कठोर शासक कहे जानेवाले नरेंद्र मोदी अत्यंत कोमल हृदय के व्यक्ति हैं। उनका हृदय हमेशा पीड़ित-शोषित और अभावग्रस्त लोगों के कल्याण हेतु व्यथित रहने के साथ कार्यान्वित भी रहता है। कुशल शासक, संगठक, प्रभावी वक्ता, कवि-लेखक-विचारक और दृष्टा जैसे अनेक गुण उनमें कूट-कूटकर भरे हैं। जब मैं 'साधना' साप्ताहिक से जुड़ा, तब वे 'अनिकेत' उपनाम से 'अक्षर उपवन' नामक स्तंभ में राष्ट्रीय घटनाओं पर लिखते थे। उन्होंने यह स्तंभ लगभग चार वर्ष तक लिखा। बाद में वे मुख्यमंत्री बने, तब भी विविध विषयों पर कभी-कभार लिखते रहे।

नरेंद्र मोदी की संघ के समर्पित प्रचारक से लेकर मुख्यमंत्री बनने तक की पूरी यात्रा को मैंने देखा है। प्रचारक से लेकर मुख्यमंत्री पद तक उनको जो भी जिम्मेदारी सौंपी गई, उसे पूरा करने में उन्होंने कठोर परिश्रम किया है। कार्य के प्रति पूर्ण समर्पण, आत्मविश्वास, हमेशा ऊँचा लक्ष्य, कार्य के प्रति अनुशासन और विजय-ही-विजय—यह नरेंद्र मोदी के व्यक्तित्व की पहचान है।

इस पुस्तक में नरेंद्र मोदी के जीवन के महत्त्वपूर्ण पड़ाव, व्यक्तित्व, राष्ट्रनिष्ठा कार्यक्षमता और विजन—ये पाँच बिंदु तो हैं ही; साथ में इस पुस्तक का सबसे महत्त्वपूर्ण अंग है, नरेंद्र मोदी के जीवन और व्यक्तित्व पर केंद्रित विस्तृत साक्षात्कार। शायद यह पहला ऐसा साक्षात्कार है, जिसे पढ़कर पाठकों को नरेंद्र मोदी से रूबरू बात करने जैसी अनुभूति होगी। इस साक्षात्कार में नरेंद्र मोदी ने अपने बचपन, संन्यासी बनने की घटना, प्रचारक जीवन, अपनी पसंद-नापसंद, मुख्यमंत्री बनने की घटना और अपने विचार एवं स्वप्न जैसे ढेरों सवालों पर बेबाकी से जवाब दिए हैं। यह पुस्तक अपने आप में नरेंद्र मोदी के व्यक्तित्व का एक विस्तृत परिचय है।

—किशोर मकवाणा

साक्षीभाव

'साक्षीभाव' नरेंद्र मोदी की कलम से सर्जित उनके अंतर्मन की यात्रा है। यह कोई साहित्य रचना नहीं है, किंतु लगभग पच्चीस वर्ष पूर्व, जब वे राष्ट्रीय स्वयंसेवक संघ के प्रचारक के रूप में समाज कार्य कर रहे थे, उस समय उनकी डायरी के पन्नों पर प्रवाहित उनकी संवेदना है। नरेंद्र मोदी आद्यशक्ति माँ को संबोधित कर यह डायरी लिखते थे। डायरी के अधिकांश पन्ने तो उन्होंने उसी समय जला दिए थे, मगर कुछ पन्ने बच गए थे, 'साक्षीभाव' उस डायरी के बचे हुए पन्ने ही हैं। 1968 के आसपास लिखे ये पन्ने एक प्रकार से नरेंद्र मोदी के मनोभावों को व्यक्त करते हैं। नरेंद्र मोदी कहते हैं–''मैं भी आपकी तरह गुण-दोषयुक्त सामान्य मानव ही हूँ। आपकी तरह मैं भी अपने व्यक्तित्व के विकास के लिए निरंतर मनोमंथन करता रहा हूँ।'' और उसी मनोमंथन से निकले इस अमृतरस का पान उन्होंने पुस्तक के रूप में पाठकों को करवाया है। यहाँ 'साक्षीभाव' से एक अंश प्रस्तुत है। नरेंद्र मोदी को जब संघ प्रचारक से भारतीय जनता पार्टी में कार्य हेतु भेजा गया, ये भाव उस समय के लगते हैं, मगर 28 वर्ष पूर्व व्यक्त उनके मनोभाव आज भी उतने ही प्रासंगिक हैं।

नवजीवन की प्रेरणा

जगज्जननी माँ···
श्रीचरणों में प्रणाम,

आज शिविर का अंतिम दिन।
कल तक
जिसके निर्माण हेतु भागदौड़ थी, आग्रह था
ऐसी समस्त व्यवस्था के विसर्जन की ओर गति।

अल्पायुषी यह व्यवस्थाएँ भी
मानवजीवन का प्रतीक ही तो हैं!
इस संसार में भी तो ऐसा ही है!
कौन नहीं जानता संसार असार है?
परंतु मानव–मन उससे मुक्त
क्यों नहीं हो पाता?
सबकुछ निरर्थक है।
यह शोक, यह सुख, यह आनंद,
यह तृप्ति, यह वृत्ति, यह कामना,
यह ऐषणा—सबकुछ अल्पायुषी है।
कदाचित् तृप्ति का तत्कालीन आनंद होगा,
कदाचित् मानसिक समाधान होगा,
कदाचित् अन्य को पराभूत करने का संतोष होगा···
किंतु यह संतोष भी अल्पायुषी ही होता है।
वैसे भी संसार में प्राप्ति का आनंद सविशेष अल्पायुषी है।
फिर भी, माँ···मुझ समेत सबको
प्राप्ति की झँखना ही रहती है।
ऐसा क्यों? वास्तव में तो मानवी के हृदय में
जहाँ संस्कृति का अधिष्ठान अपेक्षित है
वहाँ ऐसी अल्पायुषी वृत्तिओं का चक्रवात
क्यों जन्म धारण कर लेता है?
यह चक्रवात ही है, जो मानव को उसके
मूलतः जीवन से उठाकर
दूर ही दूर फेंकता रहता है।
माँ···एक मानव के नाते मैं भी
इसी मर्यादाओं का शिकार बनूँ यह स्वाभाविक है।
चिरंजीव ऐषणाएँ, चिरंजीव तृप्ति,
चिरंजीव कामनाओं के जागरण का
क्या कोई मार्ग ही नहीं है?
कदाचित् चिरंजीव ऐषणाएँ ही मानव को
चिरंजीव तृप्त जीवन की ओर का मार्ग प्रशस्त कर सकें।
उस मार्ग की खोज वही तो

मानव जीवन का सर्वाधिक मनोमंथन है।
अंतर्मुख जीवन के आनंद की अनुभूति मैंने की है।
उसमें एक तृप्ति का संतोष होता है।
बहिर्मुख जीवन कदाचित् प्रभावी होगा
परंतु प्रेरक नहीं होगा। बहिर्मुख जीवन व्यक्ति के
आभामंडल पर केंद्रित होता होगा, जबकि अंतर्मुख-जीवन
व्यक्ति के अंतर्भाव का प्रगटीकरण होगा।
अंतर्मुख जीवन का कोई शोर नहीं होता,
वहाँ तो एक नीरव शांति होती है।
एक शांत झरना उसमें निरंतर बहता रहता है।
महानद की तरह कदाचित् समग्र भूमि को
'सुजलाम् सुफलाम्' करने का सामर्थ्य
इस झरने में न हो, परंतु यह शांत झरना
बंजर भूमि को अवश्य जीवन प्रदान करता है,
उसका भी एक अनूठा आनंद होता है।
झरना एक सातत्यपूर्ण नीरव संवाद का सृजन करता है।
जिसमें संगीत का माधुर्य ध्वनित हो उठता है और
तभी मानव को झरने की झँखना होती है।
कितना अल्प प्रवाह होता है!
नाद नहीं, निनाद नहीं, सरोवर जैसी विशालता नहीं,
सागर जैसा तूफान नहीं, नदी जैसी गति नहीं,
फिर भी झरना कितना आत्मसंतोषी है!
उसकी वह छोटी सी शक्ति भी कितनों को
अपने अंदर अंकित कर लेती है।
हाँ, यह समस्त अंतर्मुख अनुसरण को ही आभारी है।
इसीलिए तो उसका प्रभाव-क्षेत्र,
प्रभाव की तीव्रता—सबकुछ नहीं वत् होने के बावजूद
उसकी प्रेरणाशक्ति कितनी तो तीव्र होती है?
किसी भी कामना के बगैर अखंडधारा का ही वह परिणाम है।
मेरे अंतर्मन की अखंडधारा आपके साथ अटूट संबंध से जुड़ी है।
उसका कोई मुकाम, कोई विराम असंभव है।
उसकी इस जीवंतता को सुगंध

चौकोर नवजीवन की प्रेरणा देती है।
माँ···यही सब सत्य फिर भी
मैं उससे विपरीत जा रहा हूँ।
शांत-स्वस्थ चित्त से मुक्त होकर
शोर की शरण में जा रहा हूँ।
मन में द्विधा नहीं है।
माँ···मैं जानता हूँ। इस शरीर को अब
एक नए रंगमंच के उपर ले जाना है।
नए रंगमंच के अनुरूप उसकी साज-सज्जा करनी है,
मन, बुद्धि, हृदय जैसे शरीर के
यह समस्त अंगों को
अब इस नए रंगमंच के अनुरूप बनाना है
माँ, तेरे आशीष से यह भी होगा ही
वहाँ भी जीवंतता की अनुभूति करानी ही होगी
परंतु इस मन, बुद्धि, हृदय-शरीरांग सभी
उसे जोड़नेवाले एक आत्मतत्त्व को ही मैं अनुसरित हूँ
इस आत्मतत्त्व के सहारे ही अब तेरे साथ संधान रहेगा।
दुनिया की नजर में मैं कैसे रंगरूप में प्रगट होऊँगा
उसका मेरे मन महत्त्व नहीं
मेरे अंतर्मन की अखंडधारा तेरे साथ
अटूट नाते से जुड़ी है
उसे कोई मुकाम, कोई विराम असंभव है
कदाचित् मेरी यह श्रद्धा ही मुझे
अंतर-बाह्य परिस्थिति में सुरक्षित रूप में रखेगी।

दिनांक 09-12-1986

अनुक्रम

वह गाँव, वह लोग

भारतीय जनता पार्टी की ओर से देश के प्रधानमंत्री पद के उम्मीदवार एवं गुजरात राज्य के लोकप्रिय मुख्यमंत्री नरेंद्र मोदी की जीवनी किसी कहानी से कम नहीं है। आज हर व्यक्ति को उनके बारे में जानने की स्वाभाविक इच्छा है। वडनगर जैसे छोटे से नगर में जन्म और घर की आर्थिक स्थिति सामान्य। वहीं के सरकारी प्राथमिक शाला में अध्ययन और युवावस्था आते-आते गृहत्याग तथा संपूर्ण जीवन माँ भारती के चरणों में समर्पित। नरेंद्र मोदी ने अपने परिश्रम और योग्यता के बलबूते पर सफलता हासिल की। व्यक्ति जन्म से नहीं, कर्म से सफलता प्राप्त करता है और नरेंद्र मोदी ने अपना पूरा जीवन कर्म से गढ़ा है।

अहमदाबाद से 112 किलोमीटर और महेसाणा से 34 किलोमीटर दूर स्थित वडनगर गुजरात का एक प्राचीनतम नगर है। इसका उल्लेख स्कंद पुराण में भी है। मूलतः वडनगर अति प्राचीन है—कालक्रम में इसके अलग-अलग कई नाम प्रसिद्ध हुए—स्कंधपुर, कनकपुर, चमत्कारपुर, अर्कस्थली, आनर्तपुर, आनंदपुर, वृद्धनगर और अंत में वडनगर। यह नगर 'मंदिरों और तालाबों की नगरी' के नाम से भी जाना जाता था। आज भी वहाँ अनेक प्राचीन मंदिर और तालाब हैं। स्कंद पुराण में 'हाटकेश तीर्थ' का उल्लेख है। यहाँ हाटकेश का भव्य मंदिर है। इस मंदिर में शिवलिंग, स्वयंभू प्रकट लिंग है। याज्ञवल्क्य ऋषि का आश्रम लुप्त कपिला नदी के किनारे था। पुरातन काल में यह जैन और बौद्ध परंपराओं का पवित्र तीर्थ रहा। जैन धर्म में यह नगर पालिताणा की तलहटी माना जाता था। 'कल्पसूत्र' का वाचन यहीं पहली बार हुआ। सन् 640 के आसपास चीनी यात्री ह्वेनसांग वडनगर आया था। उसने अपने यात्रा-वर्णन में वडनगर के लोगों की संस्कृति और बुद्धिमत्ता की प्रशंसा की है। एक समय था, जब यहाँ के बौद्धमठ में लगभग एक हजार बौद्ध साधु निवास करते थे। चारों ओर 'बुद्धं शरणं गच्छामि' की पवित्र गूँज सुनाई देती थी। वडनगर में आज भी प्राचीन गौरवपूर्ण आकर्षण हैं। उसके कीर्ति-तोरण दर्शनीय और विश्वविख्यात हैं, ये तोरण ही गुजरात की विशिष्ट पहचान हैं।

वडनगर की 'ताना-रीरी' नाम की दो बहनों ने संगीत की उत्तम साधना और तप किया था। किंवदंती है कि एक बार मुगल बादशाह अकबर ने अपने दरबारी गायक तानसेन को दीपक राग सुनाने के लिए कहा। राग दीपक प्रारंभ करते ही तानसेन का शरीर आग में तपने लगा। वे इस अग्निताप से तभी बच सकती थी, जब कोई उनके सामने राग मल्हार गाए। अग्निताप से पीड़ित तानसेन राग मल्हार गानेवाले की तलाश में निकल पड़े। जब उन्हें पता चला कि वडनगर (गुजरात) में ताना-रीरी नामक दो बहनें 'राग मल्हार' गायन में सिद्ध हैं तो वे वडनगर पहुँचे। कहते हैं, उस समय वडनगर में तीन सौ सारंगी वादक रहते थे।

ताना और रीरी नगर के शर्मिष्ठा सरोवर में पानी भरने गई हुई थीं। तानसेन के वडनगर में आने का समाचार सुनकर वे दौड़ी चली आईं। उन दोनों ने राग मल्हार गाया, तब कहीं तानसेन के शरीर का अग्निताप शांत हुआ। तानसेन को नया जीवन मिला। यह समाचार जब बादशाह अकबर ने सुना तो उसने वडनगर से दोनों बहनों को दिल्ली दरबार में आकर मल्हार राग सुनाने की आज्ञा दी। किंतु दोनों बहनें बहुत स्वाभिमानी और मर्यादाशील थीं। दोनों ने मुगल दरबार में जाने से इनकार कर दिया। बाध्य किए जाने पर ताना-रीरी ने आत्महत्या कर अपने प्राणों की आहुति दे दी। वडनगर में उनकी स्मृति में बनी देहरी (छोटा मंदिर) आज भी है। संगीत के प्रति समर्पण और स्वाभिमान की गाथा की गूँज आज भी वडनगर की हवा में है। ऐसी सांस्कृतिक एवं स्वाभिमानी परंपरा संजोई धरती पर नरेंद्र मोदी का जन्म 17 सितंबर, 1950 के दिन हुआ।

नरेंद्र मोदी के सबसे बड़े भाई सोम, उसके बाद दूसरे भाई अमृत, नरेंद्र मोदी से छोटी बहन वासंती और उसके बाद दो छोटे भाई प्रहलाद और पंकज का जन्म हुआ। पंकजभाई ने पत्रकारिता का पाठ्यक्रम कर गुजरात सरकार के सूचना विभाग में नौकरी कर ली। सोमभाई सेवानिवृत्ति के बाद से सेवा कार्यों में लगे हैं और पारिवारिक लक्ष्मण-रेखा का निष्ठा और कठोरता से पालन करते हैं। आज जब भाई-भतीजावाद और वंशवाद की राजनीति ने एक परंपरा का रूप धारण कर लिया है, ऐसे में नरेंद्र मोदी का परिवार सार्वजनिक जीवन में कहीं नजर नहीं आता। स्वाभाविक है, नरेंद्र मोदी के लिए यह गौरव की बात है और सार्वजनिक जीवन में काम करनेवाले सभी के लिए यह एक प्रेरक उदाहरण भी है।

अमेरिका से प्रकाशित विश्वविख्यात 'टाइम' पत्रिका ने जब नरेंद्र मोदी को लेकर कवर स्टोरी बनाई, तब उसमें लिखा था कि नरेंद्र मोदी ने अपने निजी जीवन को सार्वजनिक जीवन से दूर रखा है। यहाँ तक कि अपने भाई-बहन या परिवार के किसी भी सदस्य ने कभी मुख्यमंत्री कार्यालय में मुलाकात तक नहीं की है। इतना ही नहीं, उनके अनुज पंकजभाई मोदी राज्य सरकार के सूचना एवं प्रसारण विभाग में अधिकारी पद पर सेवारत हैं। फिर

भी उन्होंने कभी बड़े भाई की कचहरी में कदम तक नहीं रखा। आज राजकीय एवं सार्वजनिक क्षेत्रों में भाई-भतीजावाद का बोलबाला है। ऐसे में यह दृष्टांत प्रेरक एवं अनुकरणीय है। नरेंद्र मोदी के सभी भाई-बहन आज भी सामान्य जिंदगी जीते हैं। पारिवारिक लक्ष्मण-रेखा का पूरी निष्ठा और कठोरता से पालन होता है।

घर की कमजोर आर्थिक स्थिति के कारण छह भाई-बहन में से कोई भी उच्च शिक्षा नहीं प्राप्त कर सका। वडनगर में मोदी परिवार का पैतृक मकान मिट्टी और ईंटों का था। यह घर 40 फीट लंबा और 12 फीट चौड़ा था। इस छोटे से घर में सभी भाई-बहन, पिता दामोदरदास और माता हीरा बा के साथ रहते थे।

दामोदरदास मोदी और हीरा बा बड़े ही आतिथ्य-प्रेमी, संस्कारी, अनुशासन और सेवाप्रिय थे। अपनी सभी संतानों को उन्होंने ऐसी ही शिक्षा दी।

करुणा, अध्यात्म, परस्पर प्रीति और जिज्ञासा जैसे संस्कार नरेंद्र मोदी को जन्मजात ईश्वरीय वरदान के रूप में मिले। हर चीज को देखने का उनका अलग दृष्टिकोण है। उनका यह दृष्टिकोण बुद्धिमत्ता से कहीं ऊपर संस्कार एवं संवेदना से परिचालित है। साथ ही उनमें, हमें जीवन के उद्देश्य को पाने की जिज्ञासा तथा तड़प भी देखने को मिलती है। उन्होंने अपनी प्रारंभिक शिक्षा वडनगर के सरकारी पाठशाला में और माध्यमिक शिक्षा बी.एन. हाईस्कूल में प्राप्त की।

नरेंद्र मोदी माँ भारती के धरातल की सोंधी मिट्टी से बने और जुड़े व्यक्तित्व के धनी हैं। उन्हें यह बताने में कभी शर्म महसूस नहीं होती है कि बचपन में उन्होंने रेलगाड़ी के डिब्बों में चाय बेचने का काम भी किया है, बल्कि बड़े गर्व के साथ वे बचपन में अपने पिताजी और परिवार की किस तरह मदद करते थे, यह बात जरूर बताते हैं। उनके अनुसार, वडनगर गायकवाड़ स्टेट के समय से व्यापार-उद्योग का प्रमुख केंद्र रहा है। वहाँ रेलवे यातायात की सुविधा भी कई सालों से रही। वडनगर रेलवे स्टेशन के पास नरेंद्र मोदी के पिताजी की चाय की छोटी सी दुकान थी। पास ही नरेंद्र मोदी का स्कूल था। स्कूल से छूटकर वे सीधे पिताजी की चाय की दुकान पर पहुँच जाते और उनके कामकाज में हाथ बँटाते थे। जरूरत पड़ने पर नरेंद्र मोदी ग्राहकों को चाय देते और रेलवे स्टेशन पर ट्रेन आते ही रेल के डिब्बों में घूम-घूमकर चाय बेचते।

यह बात सच है कि नरेंद्र मोदी कोई असाधारण विद्यार्थी नहीं थे। लेकिन बचपन से ही किसी स्थिति या संदर्भ को अलग तरीके से देखने का उनका नजरिया रहा है। विद्यार्थी अवस्था में वे बहुत कम, मगर अर्थपूर्ण ही बोलते थे। कभी-कभी उनकी बातों में 'सेंस ऑफ ह्यूमर' ज्यादा दिखता। उनकी चेतना हमेशा से उत्तम और श्रेष्ठतम ग्रहण करने की आदी रही है। बचपन से ही उनमें पुस्तक-प्रेम रहा है। वे दिन भर का अपना अधिकतम समय वडनगर के सार्वजनिक पुस्तकालय में ही बिताते थे। मानो सार्वजनिक

पुस्तकालय ही उनका ठिकाना था। महापुरुषों के जीवन-चरित्र पढ़ने में उनकी ज्यादा रुचि रहती थी। उन्होंने विवेकानंद, शिवाजी आदि महापुरुषों के जीवन-चरित्र यहीं पढ़े।

नरेंद्र मोदी अपने संकोची स्वभाव के बावजूद शालेय जीवन में विद्यालय की वाद-विवाद प्रतियोगिताओं में अवश्य हिस्सा लेते। संस्कृत विषय के उनके शिक्षक डॉ. प्रह्लादभाई पटेल उनके बारे में कहते हैं, "वे दृढ़ इच्छाशक्ति के छात्र थे और प्रत्येक वस्तु पर उनकी स्पष्ट दृष्टि थी। इस बात के लिए उनके साथी भी सदैव उनकी प्रशंसा किया करते थे। उन्हें बचपन से ही अच्छे-बुरे की गहरी समझ रही है।" एक दिन संस्कृत के शिक्षक ने नदी का रूप लिखने का गृहकार्य दिया था। सभी छात्रों को यह गृहकार्य क्लासरूम मॉनीटर को दिखाने के लिए कहा गया। नरेंद्र मोदी ने ऐसा करने से इनकार करते हुए कहा कि इस कार्य के लिए केवल अध्यापक ही योग्य अधिकारी हैं, मॉनीटर नहीं, जो खुद एक छात्र है।

भीषण गरमी के दिन थे। स्कूल के सभी छात्र एन.सी.सी. कैंप में गए थे। एन.सी.सी. कैंप का अनुशासन सबको पता है। छात्रों को कंपाउंड के बाहर निकलना मना था। कोच और स्कूल के शिक्षक गोवर्धनभाई पटेल ने देखा, नरेंद्र मोदी एक खंभे पर चढ़े हुए हैं। गोवर्धनभाई गुस्से से आगबबूला हो उठे। मगर जब उन्होंने देखा कि नरेंद्र मोदी खंभे पर चढ़कर वहाँ फँसे एक पक्षी को निकाल रहे हैं तो उनका गुस्सा शांत हो गया। जब पक्षी को बचाकर नरेंद्र मोदी नीचे उतरे तो शिक्षक ने उनकी पीठ थपथपाई। जीवों पर दया और प्रकृति-प्रेम नरेंद्र मोदी में बचपन से ही कूट-कूटकर भरा है। शायद इसी स्वभाव के कारण आज भी उन्होंने 'पशु आरोग्य मेलों' जैसी योजनाओं को क्रियान्वित किया है।

वडनगर भागवताचार्य नारायणाचार्य हाईस्कूल के तत्कालीन आचार्य रासबिहारी मणियार अपने इस छात्र के बारे में कहते हैं, "नरेंद्र मोदी बचपन से ही सेवापरायण और संवेदनशील रहे हैं। एन.सी.सी. के कार्यकलापों में उनकी सक्रियता रही है। अनुशासन, नियमितता तथा दूसरों की सहायता करना उनका मूल स्वभाव रहा है। घर की आर्थिक स्थिति साधारण होने के बावजूद उनके चेहरे पर स्वाभिमान की झलक हमेशा दिखती थी। अभ्यास के साथ अन्य गतिविधियों में भी वे सक्रिय हिस्सा लेते थे। वक्तृत्व कला, वाचन और मेधावी स्मरणशक्ति उनकी पहचान रही है। वे किसी भी समस्या का समाधान तुरंत निकाल लिया करते।"

आठवीं कक्षा में पढ़नेवाला यह छात्र नाट्यप्रयोग भी करता। यह बताता है कि उनमें सामाजिक अन्याय की गहरी समझ थी और उजागर करने का दृष्टिकोण था। बचपन से ही उनके अंतरमन में इसके जो बीज थे, उनके कारण आज गुजरात में उनके शासकीय नेतृत्व में सामाजिक समरसता के कार्य हो रहे हैं। बचपन में स्कूल जीवन में उन्होंने इसी सामाजिक समस्या को उजागर करते हुए एकांकी नाटक का मंचन किया

था। 'पाळु फूल' (पीला फूल) नाट्य मंचन इसलिए अनूठा था, क्योंकि इस नाटक के लेखक, निर्देशक एवं अभिनेता भी वे स्वयं थे। नाटक की कहानी कुछ ऐसी थी—गाँव में दलित परिवार है। दलित माँ का एक बेटा है। वह बीमार पड़ता है। दलित माँ अपने बीमार बेटे को लेकर वैद्य, हकीम, तांत्रिक और अन्य के पास जाती है। लेकिन अछूत बच्चे का इलाज करने को कोई तैयार नहीं होता। बीमारी से बच्चे की हालत नाजुक होती जाती है। इधर-उधर भटकती माँ से किसी ने कहा कि गाँव के मंदिर में जाकर भगवान् को चढ़ाए हुए पीले फूल को प्रसाद के रूप में लाकर बच्चे से स्पर्श कराओ तो बच्चा ठीक हो जाएगा। बेचारी दलित माँ मंदिर की तरफ दौड़ती है, लेकिन उसे मंदिर में प्रवेश नहीं करने दिया जाता है। आखिर दलित माँ पुजारी के आगे हाथ फैलाकर अपने बच्चे की जिंदगी की भीख माँगती है। पुजारी का दिल पिघलता है और वह पीला फूल देता है। दलित माँ जब पीला फूल लेकर घर पहुँचती है, तब तक उसके बेटे की साँसें थम चुकी होती हैं। आठवीं कक्षा में पढ़ते हुए विद्यार्थी नरेंद्र मोदी ने इस नाट्य-प्रयोग से संदेश दिया था कि 'प्रभु के प्रसादरूपी फूल पर सबका समान अधिकार होता है।'

नरेंद्र मोदी का समाज की ओर देखने का विशिष्ट दृष्टिकोण रहा है। उनकी चिंतन प्रक्रिया प्रत्येक सामान्य मनुष्य को सुखी देखने के व्यवहार में प्रकट होती है। आम आदमी को सुखी देखना ही उनकी दृष्टि का केंद्रबिंदु है। उनके जो विचार हैं, उनका दर्शन हमें उनके दैनिक जीवन में, व्यवहार में एवं उनकी कार्यप्रणाली में देखने को मिलता है। कार्यप्रणाली का यह स्रोत उनमें बचपन से ही है और यही कारण है कि विद्यार्थी अवस्था में नरेंद्र मोदी ने 'अस्पृश्यता एक पाप है' तथा 'परमात्मा के दरबार में सभी एक समान हैं' जैसे संदेश अपने नाट्य-प्रयोगों से साथी विद्यार्थियों को दिए। बुद्धिचातुर्य, संगठन-कुशलता, व्यूहरचना जैसे गुण उनमें बचपन से ही दिखाई देने लगे थे।

संगठन की कुशलता का एक और दृष्टांत याद आता है। वडनगर में एक बार कबड्डी की अंतरशाला स्पर्धा का आयोजन प्राथमिक शाला में आयोजित था। नरेंद्र मोदी की टीम 'कुमार शाला नंबर-1' छोटे खिलाड़ियों की टीम थी। टीम के साथ शिक्षक कनुभाई भावसार थे। इस टीम के सामने 'कुमार शाला नंबर-2' की टीम में बड़े खिलाड़ी थे। इसके कैप्टन उमेदजी इस खेल में माहिर थे और कभी पॉइंट नहीं गँवाते थे। वे हमेशा दाईं ओर से प्रवेश करके टक्कर पट्टी की तरफ जाते थे। नरेंद्र मोदी ने उनकी एंट्री और वे कैसे खेलते हैं उस पर बारीकी से गौर किया। बस वैसी व्यूह-रचना करके नरेंद्र मोदी ने उमेदजी और उनकी टीम को लगातार तीन बार हराया। तब शिक्षक कनुभाई भावसार ने कहा, "देख लिया, बल के आगे बुद्धि, संगठन क्षमता और चपलता ने कैसे काम किया!"

विद्यार्थी जीवन के नरेंद्र मोदी के मित्र और वडनगर के विख्यात डॉ. सुधीर जोशी

छात्र जीवन को याद करते हुए कहते हैं—''नरेंद्र मोदी उस समय भी आत्मविश्वास से भरे थे। वे किसी से डरते नहीं थे। हर समस्या का सामना करते और उसका योग्य समाधान खोजते। उनकी तर्कशक्ति गजब की थी। वे दृढ़निश्चयी, निडर और साहसिक हैं। वे हमेशा लीडरशिप सम्मेलनों में उत्साहित रहते। एक बार विद्यालय में चुनाव में खड़े मजबूत उम्मीदवारों को नरेंद्र मोदी ने अपने कौशल से हरा दिया था। वे जो भी कार्य हाथ में लेते थे, उसमें सफल होने का उनका आग्रह रहता। आज जो नरेंद्र मोदी हैं, उनका यह स्वभाव बचपन से ही है।

हाईस्कूल की पढ़ाई के दौरान स्कूल का रजत जयंती वर्ष था। स्कूल में चहार-दीवारी नहीं थी और स्कूल प्रबंधन के पास इतना धन भी नहीं था कि दीवार को बनवा सके। उस समय नरेंद्र मोदी के मन में विचार आया कि छात्रों को कुछ योगदान स्कूल को देना चाहिए। उन्होंने सभी विद्यार्थियों को इस कार्य में जोड़ा। छात्रों को भी लगे कि इस कार्य में उनका भी कुछ योगदान है। नाटकों में उनकी अच्छी रुचि थी, उन्होंने इस प्रतिभा का उपयोग किया। उन्होंने अपने मित्रों के साथ 'जोगी दास खुमाण' नाटक का मंचन किया। इस नाटक में उन्होंने भावनगर के महाराजा की भूमिका निभाई। इस चैरिटी शो में अच्छी राशि एकत्र हुई और उस राशि से स्कूल की चारदीवारी बनवा दी गई।

घर की आर्थिक स्थिति ऐसी नहीं थी कि वे जूते खरीद सकें। नरेंद्र मोदी को उनके मामा ने कैनवास के सफेद रंग के जूते खरीदकर दिए। सफेद होने के कारण कैनवास के जूतों पर दाग-धब्बे तो लगने ही थे और बाजार से पॉलिश खरीदने के पैसे भी नहीं थे। लेकिन स्वच्छता के चुस्त आग्रही नरेंद्र मोदी ने इस समस्या का भी हल ढूँढ़ निकाला। स्कूल की छुट्टी की घंटी बजते ही सभी छात्र घरों की तरफ दौड़ लगाते, लेकिन नरेंद्र मोदी कक्षा में शिक्षक द्वारा श्यामपट्ट पर लिखते-लिखते छोटे हो जाने की वजह से छोड़े दिए गए चॉक के टुकड़े इकट्ठा करके घर ले आते। चॉक के इन टुकड़ों का पाउडर बनाकर, भिगोकर वे कैनवास के अपने जूतों पर लगाकर सुखा देते। इस तरह उनके जूतों में चमक आ जाती।

अपने दैनिक जीवन में नरेंद्र मोदी अनुशासनप्रिय तथा सेवापरायण रहे हैं। अपने माता-पिता की कोई बात वे कभी नहीं टालते थे। एक दिन की बात है, नरेंद्र मोदी अपने बचपन के दोस्त के साथ शर्मिष्ठा सरोवर गए थे, वहाँ से अपने साथ मगरमच्छ का बच्चा लेकर घर आए। यह देखकर माँ हीरा बा ने बड़े प्यार से कहा, ''मगर के बच्चे को यहाँ लाकर तुमने ठीक नहीं किया। बच्चे को अपनी माँ से अलग करना अच्छी बात नहीं है। बेटा, तुझे तेरी माँ से कोई अलग कर दे तो दुःख होगा कि नहीं? सोचो, अगर हमें अपनी माँ से कोई अलग कर दे तो कैसा महसूस होगा? हमें भी इस बच्चे को उसकी माँ से अलग नहीं करना चाहिए। अभी तुरंत जाकर इस बच्चे को वापस छोड़कर आओ।''

माँ की इस बात को सुनते ही नरेंद्र मोदी ने मगर के बच्चे को वापस ले जाकर तालाब में छोड़ दिया।

बाल्यकाल से ही वे पिताजी को उनके कारोबार में और माताजी का उनके घर के कामकाज में रोज हाथ बँटाते थे। रसोई के काम में माताजी की सहायता करना, बरतन माँजने में सहयोग, घर की साफ-सफाई में हाथ बँटाने में नरेंद्र मोदी लगे रहते। माताजी जब कभी बीमार होतीं तो वे पूरे परिवार के लिए खाना बना लेते और तालाब जाकर पूरे परिवार के कपड़े भी धो लाते। उनके पिताजी का गाय से बहुत लगाव था। इसलिए घर में गाय भी पाल रखी थी। नरेंद्र मोदी गाय की साफ-सफाई का काम देखते और दूध भी दुह लेते। सामान्य परिवार में वे जनमे। तब दो जोड़ी से ज्यादा वस्त्र नहीं होते थे। वे इन कपड़ों को साफ-सुथरा रखते। अपने कपड़े खुद ही धोते। धोए हुए वस्त्रों को वे रात को सोते वक्त तकिए के नीचे रख लेते, जो सुबह तक प्रेस हो जाते। कभी-कभी वे पीतल के लोटे में गरम कोयले रखकर अपने कपड़े प्रेस किया करते थे।

वडनगर के पास ही केसिम्पा गाँव है, जहाँ से अब्बासभाई मोमीन वडनगर के बी.एन. हाई स्कूल में पढ़ने के लिए आते थे। उनके पिता किसान थे और गंज बाजार में काम हेतु जब भी वडनगर आते तो रेलवे स्टेशन के पास की नरेंद्र मोदी के पिता की चाय की छोटी सी दुकान उनका ठिकाना बनती। प्रायः वे आते तो पिता तथा उनकी खूब बैठक जमती। इस प्रकार दामोदरदास मोदी और अब्बासभाई मोमीन के पिताजी के बीच बड़ा मैत्रीपूर्ण व्यवहार बना रहा। अब्बास भाई सातवीं कक्षा में पढ़ते थे, तभी उनके पिता का इंतकाल हुआ। वह कहते हैं, "मैं जब दसवीं कक्षा में आया, तब गाँव से वडनगर पढ़ने आने-जाने में बहुत तकलीफ होती थी। उस वक्त मेरे चाचा ने दामोदरदास चाचा से बात की। उन्होंने तुरंत अपने घर पर मुझे रखने का प्रबंध कर दिया। अपने घर में सभी से कहा कि इसे कोई तकलीफ न हो। एक साल तक पूरे परिवार ने तहे दिल से मेरी परवरिश की। उनके आशीर्वाद से ही मैं उच्च शिक्षा प्राप्त कर सका। पूरे एक साल मैं मोदी परिवार में रहा। उन दिनों में मुझे सेवा, समन्वय, सद्भाव जैसे संस्कारों की अनुभूति हुई।"

स्कूली जीवन में नरेंद्र मोदी के घनिष्ठ मित्र थे जासूदखान पठान। दोनों ही पहली से ग्यारहवीं कक्षा तक साथ पढ़े-बढ़े। कक्षा में एक ही बेंच पर बैठते थे। वडनगर में दोनों के मोहल्ले भी पास-पास थे। जासूदखान पठान पुराने दिन याद करते हुए कहते हैं, हम लोगों में कभी कोई मनमुटाव हुआ हो या कोई संप्रदाय संबंधी बात उठी, ऐसा कभी नहीं हुआ। हम सब मिलकर साथ रहते थे और एक-दूसरे के सामाजिक समारोह में हिस्सा भी लेते थे। सभी के दिलों में सद्भावना थी। किसी के मन में कोई भेदभाव नहीं था।"

नरेंद्र मोदी को सेवा एवं सद्भाव के संस्कार अपने माता-पिता से मिले। माताजी

को देशी दवाइयों की जानकारी थी। यह ईश्वर का आशीर्वाद ही था। वे घर आने वाले मरीजों को दवाइयाँ मुफ्त देती थीं। सुबह पाँच बजे से उनके घर पर लोगों की भीड़ लग जाती थी। माताजी के काम में सहयोग देने के लिए नरेंद्र मोदी भी सुबह जल्दी उठ जाते और मरीजों की सेवा में लग जाते। नरेंद्र मोदी स्वयं कहते हैं, ''मेरी माँ पढ़ी-लिखी नहीं हैं, लेकिन देशी दवाइयों की जानकारी उन्हें भगवान् से उपहार के रूप में प्राप्त हुई है।''

'अंग्रेजों, भारत छोड़ो' का आंदोलन सारे देश में चल रहा था, इस दौरान वडनगर में राष्ट्रीय स्वयंसेवक संघ का कार्य प्रारंभ हुआ। डॉ. केशव बलीराम हेडगेवार ने नागपुर में संघ की स्थापना की, तब उनके मन में यही भाव था कि यह राष्ट्र मेरी माता है और मैं इसका पुत्र हूँ और ऐसा माननेवाला हर व्यक्ति मेरा अपना बंधु-बांधव है। डॉ. हेडगेवार ने कोई नई संकल्पना या नई अवधारणा प्रस्तुत नहीं की थी। 'माता पृथिवी, पुत्रोऽहं पृथिव्याम्' अनादि काल से चली आई हमारी राष्ट्र संकल्पना है। डॉ. हेडगेवार ने उसे ही संघ-गंगा में प्रवाहित कर 1925 को विजयादशमी के दिन राष्ट्रीय स्वयंसेवक संघ की स्थापना कर एक सामर्थ्यवान, शक्तिशाली, संगठित और भव्य भारत के नवनिर्माण की नींव रखी। नरेंद्र मोदी भी भारत के नवनिर्माण के लिए काम करनेवाले लाखों स्वयंसेवकों में से एक हैं।

हिंदू राष्ट्र की इस अवधारणा का मन में सुस्पष्टता से साकार होते ही उन्होंने तत्कालीन अनेक नेताओं को 'हिंदुत्व ही राष्ट्रत्व है'—यह समझाने का गंभीर प्रयास किया। उनका जनसंपर्क अति विस्तृत था। उनकी देशभक्ति के बारे में किसी के भी मन में कोई संदेह नहीं था। उनका चरित्र विशुद्ध और नीयत साफ थी। इस बारे में सभी नेताओं में आम राय थी। उनके चिंतन से एक और निष्कर्ष निकला कि प्रारंभ तो उन बालकों से करना चाहिए, जिनमें उचित या अनुचित का कोई संस्कार अभी नहीं हैं और जो संस्कारक्षम आयु की सीमा अभी पार नहीं कर सके हैं। कार्य का शुभारंभ करते समय लक्ष्य यह रहे कि देश के लिए जान नहीं, जीवन देनेवाले कार्यकर्ता देश भर में तैयार हों। युवा और किशोर मानस में हुतात्मा बनने, शहीद हो जाने, हँसते-हँसते वीरगति झेलने का आकर्षण विलक्षण होता है। ऐसा होना स्वाभाविक भी है। इसी आयु वर्ग के बालकों को साथ लेकर उन्हें सुसंस्कारित करना चाहिए। उन्हीं के आधार पर इस आत्मविस्मृत समाज को उचित मार्ग पर मोड़ा जा सकता है और हिंदू समाज को फिर एक बार स्थायी राष्ट्रभाव से ओत-प्रोत करते हुए देश के लिए जीवन देने के वास्ते तैयार किया जा सकता है। यह विचार उनके मन में आधार जमाने लगा।

उन्होंने स्वयं क्रांतिकारी कार्यों में योगदान दिया। उस दौरान उन्हें अहसास होने लगा था कि शहादत एक तलवार की धार पर चलने जैसा व्रत होता है। देश के लिए हँसते-हँसते फाँसी चढ़ने में असीम मनोधैर्य की आवश्यकता होती है। इस बारे में उनके

मन में कोई संदेह नहीं था। किंतु केवल शहीदों की चिताओं से समाज में स्थायी जागरण नहीं लाया जा सकता। शहादत देदीप्यमान तो होती है, किंतु क्षण भर के लिए चकाचौंध करनेवाला यह एक अस्थायी उद्दीपन ही होता है। शहादत देखकर समाज चौंधिया जाता है, खेद जताता है, उत्तेजित भी हो जाता है, किंतु फिर मुर्दनी का शिकार होकर सुस्त पड़ जाता है, निढाल होकर सो जाता है। यही नहीं, शहीदों की स्मृति में उनकी हर जयंती या पुण्यतिथि पर पुष्पांजलि अर्पण करता है, किंतु उनका अनुकरण करने के लिए तैयार नहीं होता। वे कहा करते थे, ''शिवाजी महान् वीरपुरुष थे—ऐसा कहकर हमारा समाज उन्हें शत-शत प्रणाम तो करेगा, किंतु हमारा बेटा शिवाजी बने, ऐसी कामना कभी नहीं करेगा।''

बस, यहीं उन्होंने निर्णय कर लिया कि कर्मणा-वाचा-मनसा देश के लिए जीवन समर्पित करनेवालों का संघ खड़ा करेंगे। इस वास्ते उन्होंने दस से पंद्रह वर्ष की उम्र वाले बच्चों को खेलकूद के लिए एकत्र करना शुरू किया। सुदृढ़ शरीर में ही सुदृढ़ मन निवास करता है, इसलिए उन्होंने इन बच्चों को 'शरीरमाद्यं खलु धर्मसाधनम्' की दृष्टि से व्यायाम करने के लिए प्रोत्साहित किया। देश में अखाड़ों और व्यायामशालाओं की कमी नहीं थी। क्रीड़ा संस्थाएँ भी बहुत थीं, पहलवान और कुश्ती लड़नेवालों को तैयार करनेवाले अखाड़े भी पर्याप्त थे। लाठी तथा तलवार, भाला, बरछी चलाने की शिक्षा देनेवाली संस्थाएँ भी थीं, पटा-बनेटी चलाने के फन में उस्ताद बनानेवाले भी कई केंद्र थे, धुआँधार वक्तृत्व कला सिखानेवाले शिविर भी चलते ही थे, किंतु देश के लिए जीवन भर कार्य करते रहनेवाले संस्कार देनेवाला केंद्र एक भी नहीं था।

निष्कलंक चरित्र और कार्य के लिए खुद को पूरी शक्ति से समर्पित करने की मानसिक तैयारी करने के लिए आवश्यक संस्कारवाले तथा इसी कार्य के लिए आजीवन प्रयत्नशील रहने के लिए समर्थ तन और मन धारण करनेवाले युवकों का संघ बनाने के लिए डॉ. केशव बलिराम हेडगेवार नागपुर के महल में स्थित सालूबाई मोहिते के बाड़े के खँडहर-प्रांगण में दस-बीस बालकों को इकट्ठा कर प्रतिदिन खेलने लगे। इस कार्य का प्रारंभ हुआ सन् 1925 की विजयादशमी के दिन। यही संघ का जन्म था। उन्हीं बीस-पच्चीस बालकों से आज देश के कोने-कोने में पहुँचा राष्ट्रीय स्वयंसेवक संघ। आज से ठीक नव दशक पहले।

डॉ. हेडगेवार एक विशाल स्वयंसेवक संगठन खड़ा करना चाहते थे। उसे देशव्यापी बनाना चाहते थे। उसे किसी भी एक व्यक्ति, संस्था या दल से जुड़ा हुआ नहीं रखना चाहते थे। उनकी इच्छा उस संगठन को कर्मणा-वाचा-मनसा से देश-सेवा में समर्पित करने की थी। 'जो भी करना है, राष्ट्र के लिए करना है', इसी भावना से कार्य करनेवालों का राष्ट्रव्यापी संगठन खड़ा करना उनका स्वप्न था।

राष्ट्र कल्याण का निरंतर चिंतन करते हुए स्व प्रेरणा से संगठित स्वरूप में कार्य करनेवालों का राष्ट्रव्यापी संगठन खड़ा करना उनका ध्येय था। इसीलिए उन्होंने संगठन का नामकरण 'राष्ट्रीय स्वयंसेवक संघ' किया। इस संघ को तो पहले कुछ वर्ष तक कार्यालय भी उपलब्ध नहीं था, तब नाम पट्टिका कहाँ लगाते? किंतु संघ का कार्य विस्तृत था, वह बढ़ता जा रहा था। शुरू-शुरू में डॉ. हेडगेवार के प्रयास को बचकाना हरकत, आवारागर्दी, बैंड-बाजेवाले महार, माँग और सैनिकी वरदी पहनकर हड़ेलहप्प करनेवालों का जमावड़ा कहकर निंदा तथा उपहास किया जाता रहा। लेकिन वही संघ अबाध गति से बढ़ता गया और आज अपना कौस्तुभोत्सव मना रहा है।

समर्थ गुरु रामदास ने कहा है, "सामर्थ्य है अभियान का, जो-जो करेगा उसका, किंतु वहाँ भगवान् का अधिष्ठान चाहिए" अर्थात् किसी भी कार्य की सफलता के लिए पाँच बातें सहायक होती हैं—अधिष्ठान, कर्ता, साधन, प्रयासों की विविधता और भाग्य। इन सबमें अधिष्ठान प्रथम और सर्वाधिक महत्त्वपूर्ण है, यह 'गीता' ने हमें बताया और गुरु रामदास ने इसे दोहराया।

डॉ. हेडगेवार ने इस बात को भली-भाँति समझ लिया था। इसीलिए उन्होंने संघ को सुदृढ़ वैचारिक अधिष्ठान दिया। अपने देश को सभी मायनों में स्वतंत्र और वैभवशाली बनाना है तो पहले इस बात की खोज करनी चाहिए कि आखिर यह विपन्नावस्था में कैसे और क्यों पहुँचा? दासता के बंधनों में कैसे बँध गया? उन्होंने इन प्रश्नों के उत्तर खोजे। अपनी इस खोज से वे इस निष्कर्ष पर पहुँचे कि हमारे यहाँ की विविध जातियों और जनजातियों में तथा विविध सामाजिक सतहों के लोगों में 'हिंदू सारा एक' की भावना का लोप होता गया। यही उसके पतन का कारण है। इसी भावना के अभाव में हमारा देश विदेशी आक्रांताओं से परास्त होकर गुलाम बन गया। 'राष्ट्र हमारी माता है और हम उसके पुत्र हैं'—सामाजिक जीवन की इस अधिष्ठात्री अवधारणा के क्षीण होने पर हर कोई केवल अपने स्वार्थ में डूब गया, इसीलिए सामाजिक एकता नष्ट हो गई। समाज को फिर से वैभव के उच्च शिखर पर ले जाना है तो एकता के इसी भाव को फिर से जाग्रत् कर समाज को संगठित करना ही एकमेव मार्ग है। यह था संघ संस्थापक के सारे चिंतन की नींव या उसका अधिष्ठान।

वडनगर में 1944 में संघ शाखा प्रारंभ हुई। प्राथमिक स्कूल के शिक्षक बाबूभाई नायक ने वडनगर में संघ शाखा प्रारंभ की थी। 1942 से 1944 तक बाबूभाई बड़ौदा के युकुदपुरा की संघशाखा में जाते थे। गुजरात में राष्ट्रीय स्वयंसेवक संघ का कार्य बड़ौदा से ही प्रारंभ हुआ था। बाबूभाई 1944 में वडनगर आए और शाखा कार्य शुरू किया। भारत में अपने देश को स्वतंत्र देखने की बड़ी ललक थी। हर भारतीय चाहता था कि भारत देश अंग्रेजों की गुलामी से मुक्त हो। स्वाभाविक है, इस वातावरण का असर

संघशाखा पर हुआ। देशभक्ति से परिपूर्ण युवाओं की संघ शाखा में भारी संख्या रहती थी। शिशुगण, तरुणों एवं युवाओं में राष्ट्रभक्ति-राष्ट्रप्रेम के संस्कार सिंचन का कार्य शाखा-प्रवृत्ति से शुरू हुआ।

भागवताचार्य हाईस्कूल के हिंदी भाषा के शिक्षक चंद्रकांत दवे वडनगर में संघ की शाखा का संचालन करते थे। उसी समय नरेंद्र मोदी संघ के संपर्क में आए। संघ शाखा में वे नियमित जाते और राष्ट्रभक्ति एवं सामाजिकता के रंग में रँग गए। वडनगर में संघ कार्य निमित्त अनेक प्रचारकों का आना-जाना रहता था। ऐसे ही इस एक प्रवास के दौरान तत्कालीन प्रांत प्रचारक वकील साहब भी आए थे। उन्होंने वहाँ बैठक ली। उस बैठक में नरेंद्र मोदी भी उपस्थित थे। उनका पहली बार वकील साहब से परिचय हुआ। इसी तरह संघ प्रचारक काशीनाथ बागवडे, जिन्होंने महेसाणा जिले में संघ कार्य को गति दी थी। वे भी वडनगर प्रवास में आते-जाते रहते थे। नरेंद्र मोदी का संपर्क इन प्रचारकों से बना रहा।

दशहरा के बाद वडनगर संघ शाखा का कार्यक्रम था। लगभग चालीस स्वयंसेवक उस कार्यक्रम में थे। स्थल था—वडनगर का दानेश्वर मंदिर। सभी स्वयंसेवक अपने-अपने घर से खाना लेकर आए थे। स्वयंसेवक रमेश ओझा की माँ ने कोई खास अच्छी चीज तो बनाई नहीं थी, मगर बड़े प्यार से कुल्हर (बाजरे का आटा, घी और गुड़ से बना) बनाकर भेजा था। सभी स्वयंसेवक अपना-अपना डिब्बा लेकर समूह भोजन में शामिल हो गए। रमेश ने सोचा कि इतने व्यंजनों में यह 'कुल्हर' कैसी लगेगी! थोड़ा संकोच हुआ, क्षोभ भी हुआ। उन्होंने मित्रों से कहा, तबीयत ठीक नहीं है, मैं कुछ खाना नहीं चाहता।

भरत दवे ने रमेश ओझा का डिब्बा, जो पेड़ के पास एक थैले में था, उसे लिया और दिखाया। दो स्वयंसेवक खड़े हुए। हरेश ने डिब्बा उठा लिया। दूसरे स्वयंसेवक ने चकोर दृष्टि से हरेश के हाथों से डिब्बा ले लिया। वे स्वयंसेवक थे नरेंद्र मोदी। डिब्बा खोला। 'कुल्हर' को चखकर देखा। समूह भोजन करते हुए सभी स्वयंसेवकों को थोड़ी-थोड़ी कुल्हर परोसते वक्त नरेंद्र मोदी बोले, "भैया, सुदामा के चावलों जैसी इतनी स्वादिष्ट चीज छिपाकर थोड़े ही रखी जाती है।"

तब रमेश ओझा का संकोच सूरज के प्रकाश में पानी के भाप बनकर उड़ने की तरह गायब हो गया। एक स्वयंसेवक ने दूसरे स्वयंसेवक में अपनत्व का संचार किया। स्वयंसेवकों में समरसता, एकात्मभाव और भातृभाव—एक ही परिवार के अंगभूत—ये संस्कार नरेंद्र मोदी को बचपन से संघशाखा में ही मिले।

नरेंद्र मोदी के हृदय में दु:खी, पीड़ित, दलित, शोषित, वंचित एवं आपदाग्रस्त लोगों के प्रति शुरू से ही सहानुभूति रही है। इस वर्ग के प्रति उनकी हृदय-संवेदना छलकती

रहती है। वे जब वडनगर में नौवीं कक्षा में पढ़ रहे थे, तभी किसी सावन देश के विभिन्न भागों में भारी वर्षा से बाढ़ की स्थिति पैदा हो गई थी। देश के कई भागों में तबाही मची थी। गुजरात में सूरत के पास तापी नदी में भी बाढ़ की वजह से आसपास के कई गाँव तबाह हुए थे। नरेंद्र मोदी के मन में इस बाढ़ से बहुत पीड़ा हो रही थी। अपने देशवासियों के प्रति अनुराग भाव छोटी उम्र से ही था। चौदह-पंद्रह साल का बालक क्या कर सकता था, जबकि घर की आर्थिक स्थिति ऐसी नहीं थी कि आर्थिक सहायता भी भेज सके।

वडनगर के गौरी कुंड में हर साल सावन के महीने में मेला लगता था। जहाँ स्थानीय एवं आसपास के गाँवों के लोग बड़ी संख्या में उमड़ पड़ते थे। इस मेले में घूमने हेतु पिताजी ने उन्हें एक रुपया खर्च के लिए दिया था। जैसे ही पिताजी ने एक रुपया उन्हें दिया, उनके मन की दबी इच्छा—बाढ़ पीड़ितों के लिए कुछ करने की—जाग उठी। लेकिन एक रुपए जैसी छोटी सी रकम से बाढ़ पीड़ितों को क्या मदद मिलती? एक विचार आया—सभी मित्रों को एकजुट करने का। नरेंद्र मोदी ने सेवा के लिए अपने दोस्तों से परामर्श किया और तय किया कि हम मेले में चाय का ठेला लगाएँगे और जो भी आय होगी, उसे बाढ़ पीड़ितों की सेवा में अर्पित कर देंगे। सभी दोस्तों ने अपने-अपने हिस्से का एक-एक रुपया जमा किया। स्टोव तथा बरतन नरेंद्र मोदी अपने घर से लाए और चाय का ठेला जमाया। मेले में चाय के उस ठेले से जो भी आय हुई, उन्होंने तमाम राशि बाढ़ पीड़ितों के लिए अर्पित कर दी। इतना ही नहीं, वडनगर के संतचरित समाजसेवी तबीब डॉ. वसंत परीख के साथ नरेंद्र मोदी ने पहली बार वडनगर छोड़कर दक्षिण गुजरात का दौरा किया और वहाँ जाकर बाढ़ पीड़ितों की सेवा भी की।

सन् 1962 की बात है, जब भारत और चीन के बीच युद्ध हुआ। पूरे देश में देशभक्ति का भाव हिलोरें मार रहा था, उस समय वडनगर के निकट महेसाणा रेलवे लाइन से गुजरती ट्रेनों में बड़ी संख्या में भारतीय सेना के जवानों की भी आवा-जाही होती रहती थी। नरेंद्र मोदी तब महज बारह साल के थे। इतनी छोटी उम्र में भी उनके दिल में अपनी सेना के जवानों के लिए कुछ कर गुजरने की हूक उठी। उन्हें मालूम हुआ कि वडनगर से कुछ सेवाभावी लोग महेसाणा रेलवे स्टेशन पर जवानों की सेवा के लिए जा रहे हैं। नरेंद्र मोदी बिना विलंब किए अपनी माताजी और पिताजी से आज्ञा लेकर उन सेवाभावी लोगों के साथ जुड़ गए। महेसाणा रेलवे स्टेशन से गुजरते सेना के जवानों को फूड पैकेट और चाय-नाश्ता परोसने के सेवाकार्य में नरेंद्र मोदी अन्य सह कार्यकर्ताओं के साथ जुटे। रात या दिन, समय के फासले को देखे बिना और तो और, खुद की भूख-प्यास भूलकर वे सिर पर राष्ट्रभक्ति, राष्ट्रप्रेम का सेहरा बाँधे हुए अपने देश के वीर जवानों की सेवा में समर्पित हो गए। ऐसा भी मौका आता, जब जवानों को लेकर ट्रेन आधी रात के बाद महेसाणा स्टेशन से गुजरती, सेवा में लगे नरेंद्र मोदी देर रात तक

जागते रहते। कभी भारी थकान की वजह से स्टेशन के एक कोने में नींद की एकाध झपकी भी ले लेते। देश के लिए मर मिटने के लिए घर छोड़कर सेना में भरती होकर शहीद होने के हौसले के साथ सीमा पर जा रहे वीर जवानों की सेवा से नरेंद्र मोदी को माँ भारती की सेवा का सुकून मिलता।

नरेंद्र मोदी को बचपन के दिनों से तैरने का बड़ा शौक रहा है। वे कुशल तैराक हैं। उन दिनों वे वडनगर के शर्मिष्ठा सरोवर पर जाया करते। सरोवर में मगरमच्छ भी थे। लेकिन साहसी स्वभाव के नरेंद्र मोदी को इनसे डर नहीं लगता था। हर वर्ष आषाढ़ी दूज के दिन यहाँ के नगरवासी इस सरोवर में तैरते हुए तरापे लेकर सरोवर के मध्य भाग में स्थित छत्र तक पहुँचते और ध्वजा लहराते थे। नरेंद्र मोदी भी सार्वजनिक पुस्तकालय के निकट के घाट से तैरकर सरोवर के मध्य भाग में स्थित छत्र तक जाते थे। आषाढ़ में वर्षा के पानी की आमद सरोवर में होती है। इस कारण पानी भी ज्यादा होता था। सरोवर में तैरकर ध्वजा लगाने जाना जोखिम भरा होता था। मगरमच्छों का भी डर था। नरेंद्र मोदी किसी भी समय कोई जोखिम उठा लेते। एक बार अपने दोनों मित्रों महेंद्र तथा बचु के साथ सरोवर में कूद पड़े। नगर के अन्य लोग किनारे पर ढोल-नगाड़े बजाते रहते, जिनकी आवाज से मगरमच्छों को डराकर इनसे दूर रखा जा सके। ये अपने साथियों के साथ छत्र तक पहुँचे और ध्वजा बदलकर वापस भी आ गए। तब लोगों ने उनका भव्य स्वागत किया।

देशभक्ति और समाजसेवा नरेंद्र मोदी को बाल्यकाल से माँ और संघ शाखा से मिलती थी। इसी कारण उनकी इच्छा जामनगर की बालाछड़ी में सैनिक स्कूल में दाखिल होने की थी। उन्होंने जानकारी प्राप्त की और पिताजी को बताया। लेकिन पिताजी ने यह कहकर नरेंद्र को समझाया कि मेरी आर्थिक स्थिति ऐसी नहीं है कि तुझे यहाँ प्रवेश दिला सकूँ। आर्थिक हालत अच्छी न होने से नरेंद्र मोदी सैनिक स्कूल में प्रवेश नहीं ले सके। उन्होंने माध्यमिक स्कूल में पढ़ाई जारी रखी।

नरेंद्र मोदी में बचपन से ही धार्मिक वृत्ति देखने को मिलती है। धर्मभावना उनकी रुचि और निजी स्वभाव है। सर्वधर्म समभाव एवं सद्भाव उनके व्यक्तित्व में झलकता है। वडनगर में उनके घर के नजदीक कुछ ही दूरी पर महादेव का मंदिर था। वहाँ जाकर भोलेनाथ महादेव के दर्शन करना उनका नित्य का क्रम था। वे प्रातःकर्म के पश्चात् मंदिर पहुँच जाते, देवों के देव महादेव के दर्शन करते, मंदिर के चारों ओर घूमकर परिक्रमा करते और फिर मंत्र-जाप करने के लिए एक निश्चित स्थान पर बैठ जाते। उनकी आस्था एवं मंदिर पहुँचने में नियमितता और वक्त की पाबंदी की मिसाल दी जाती। महादेव के मंदिर परिसर में बाल-किशोर नरेंद्र मोदी की पुनीत-पवित्र छवि दिखती। यह माताजी-पिताजी के संस्कार एवं आशीर्वाद का ही परिणाम था। साधु-संतों

की सेवा और सान्निध्य में रहना नरेंद्र मोदी को अच्छा लगता था। एक बार नरेंद्र मोदी के मामा के वहाँ विवाह समारोह था। परिवार के सभी लोग वहाँ जाने वाले थे। किसी भी बच्चे को मामा का घर प्रिय होता है, वहाँ आनंद आता है, लेकिन नरेंद्र मोदी ने मामा के घर जाने से मना कर दिया; क्योंकि वडनगर में एक संन्यासी पधारे थे और उन्होंने अपने पूरे शरीर और हथेलियों में जवारे उगाए थे। सिर्फ चेहरा खुला था। हाथ-पैर पर जवारे की वजह से खुद खाना भी नहीं खा सकते थे। उस संन्यासी को खिलाने-पिलाने की सेवा का जिम्मा नरेंद्र मोदी ने उत्साह और आनंद से लिया। सेवा के इस आनंद में उन्होंने मामा के घर जाने से मना कर दिया था। उसी समय परिवारवालों की चिंता बढ़ गई थी कि कहीं यह साधु न बन जाए।

नरेंद्र मोदी की आयु तेरह वर्ष की थी और समय था 1963 का। वडनगर में साधु-संन्यासी आया करते थे। एक दिन एक साधु नगर में आया और गाँव की परंपरा थी कि साधु किसी-न-किसी के घर भोजन करते और चले जाते। एक दिन एक साधु नरेंद्र मोदी के घर भोजन के लिए आए। भोजन के बाद उन्होंने माता हीरा बा से परिवार के सदस्यों की जन्मकुंडली माँगी। हीरा बा के पास उस समय सबसे बड़े पुत्र सोमभाई और नरेंद्र मोदी की जन्मकुंडली थी। उन्होंने साधु को दे दी। साधु ने सोमभाई की कुंडली देखी और कहा, 'इसका जीवन तो सामान्य बीतेगा, मगर जेल जाने का योग है।' बाद में नरेंद्र मोदी की कुंडली देखी तो साधु की आँखें विस्फारित हो गईं। उन्होंने हीरा बा से पूछा, 'ये किसकी कुंडली है?' हीरा बा ने कहा, 'ये मेरे तीसरे पुत्र नरेंद्र की है।' साधु ने कहा, 'माँ यह कुंडली बहुत प्रभावी है। यह लड़का राजनीति में गया तो चक्रवर्ती सम्राट् की तरह प्रभाव फैलाएगा और संन्यासी बना तो शंकराचार्य जैसा पद ग्रहण करेगा।' आगे चलकर बरसों बाद सोमभाई को एक दिन के लिए जेल जाना पड़ा, क्योंकि वे कर्मचारी संघ के अध्यक्ष थे और उन्होंने आंदोलन किया था। सरकार ने धारा 144 लगाई। सोमभाई ने उसे भंग किया, पुलिस ने उन्हें जेल में बंद कर दिया और नरेंद्र मोदी का जीवन तो हमारे सामने है ही।

सत्रह वर्ष की आयु में नरेंद्र मोदी ने घर और पढ़ाई दोनों छोड़कर आध्यात्मिक ज्ञान प्राप्त करने के लिए हिमालय का रास्ता चुना। उनके इस निर्णय से घरवालों को गहरा आघात लगा। एक ओर नरेंद्र मोदी ने घर छोड़ने का दृढ़ निश्चय कर लिया था, दूसरी ओर माता-पिता के सामने बड़ी असमंजस की स्थिति थी। लेकिन अंत में उन लोगों ने यही निर्णय लिया कि यदि जाना ही चाहते हैं तो उन्हें जाने दिया जाए। एक शुभ दिन माँ ने नरेंद्र मोदी का मुँह मीठा कर मस्तक पर तिलक लगाया। उसके बाद नरेंद्र मोदी ने सभी बड़ों के चरण-स्पर्श करके उनसे आशीर्वाद लिया और घर छोड़कर निकल पड़े अध्यात्म की खोज में।

नरेंद्र मोदी घूमते-फिरते साधु-संन्यासियों से मिलते हुए हिमालय की पहाड़ियों में पहुँचे। घर छोड़ते समय उनके पास एक भी पैसा नहीं था। विभिन्न प्रकार के लोगों से मिलकर और उनसे बातें करके वे मानव-स्वभाव के बारे में अच्छा ज्ञान प्राप्त कर रहे थे, किंतु कुछ समय बाद उन्हें लगा कि इस तरह घूमते रहने से किसी मंजिल पर नहीं पहुँचा जा सकता है। नरेंद्र मोदी कहते हैं, ''मैं कुछ करना चाहता था, लेकिन मुझे स्वयं समझ में नहीं आ रहा था कि करना क्या है।''

निरुद्देश्य घूमते हुए उन्होंने दो वर्ष बिता दिए। अंततः उन्होंने वापस लौटने का निश्चय किया। दो वर्ष तक नरेंद्र मोदी के बारे में किसी को कुछ पता नहीं था। सबसे पहले वह राजकोट में रामकृष्ण मिशन पहुँचे। उनकी निष्ठा से प्रभावित होकर मिशन के प्रमुख ने उन्हें मिशन में रहने के लिए स्थान दे दिया, किंतु नरेंद्र मोदी एक सप्ताह से ज्यादा वहाँ रुके नहीं। वास्तव में वहाँ उनकी जिज्ञासा शांत नहीं हुई।

नरेंद्र मोदी वडनगर लौट आए। उस घटना को याद करते हुए माँ हीरा बा छलछलाती आँखों से कहती हैं, ''दो वर्ष तक तो हमें उसका कोई समाचार नहीं मिला, मैं तो बस पागल हो गई थी। तभी अचानक एक दिन वह घर वापस आ गया। उसके हाथ में एक थैला था। उस समय मैं रसोईघर में थी, मेरी बेटी वासंती बाहर थी, अचानक वह जोर से चिल्लाई, 'भाई आ गए, भाई आ गए!' नरेंद्र को देखकर मैं रो पड़ी। मैंने उससे पूछा, अब तक तू कहाँ था? क्या खाता-पीता था? उसने बताया कि वह हिमालय की ओर गया था। मैंने उससे खाने के लिए पूछा और उसे बताया कि रोटी और सब्जी बनाई है। मैं तुम्हारे लिए कुछ मीठा बना देती हूँ। उसने कहा, 'मैं रोटी और सब्जी ही खा लूँगा, कुछ और बनाने की जरूरत नहीं है।' उस समय घर में मैं, मेरी बेटी वासंती एवं नरेंद्र के अतिरिक्त कोई नहीं था। खाना खाकर नरेंद्र गाँव की ओर चला गया। उसके जाने के बाद मैंने उत्सुकतावश उसका थैला खोला, जिसमें एक जोड़ी कपड़े, इसके अतिरिक्त भगवा रंग की एक शॉल और सबसे नीचे मेरी फोटो थी। मुझे पता नहीं कि मेरी फोटो उसने कहाँ से ली थी। उसने मुझे कुछ बताया भी नहीं। एक दिन और एक रात घर में रहने के बाद वह यह कहकर फिर घर छोड़कर चला गया कि मैं जा रहा हूँ।''

नरेंद्र मोदी उस दिन वडनगर से निकले तो आज तक वापस नहीं गए।

□

राष्ट्र-सेवा को समर्पित

नरेंद्र मोदी अमदाबाद आए। कहाँ जाना है, क्या करना है, कहीं कोई उद्देश्य नहीं था। लक्ष्य नहीं था। निरुद्देश्य इधर-उधर घूमते थे। कभी अपने मित्रों से मिलते, कभी अमदाबाद में गीता मंदिर स्टेट ट्रांसपोर्ट बस अड्डे पर मामा की कैंटीन में जाते, तो कभी अमदाबाद में हो रहे सामाजिक, राजकीय, धार्मिक कार्यक्रमों और सम्मेलनों में चले जाते। शायद वे किसी लक्ष्य की खोज में थे। नरेंद्र मोदी दस वर्ष के थे, तब वडनगर में राष्ट्रीय स्वयंसेवक संघ की शाखा में जाया करते थे। गाँव छोड़ने के बाद उनका संघ से संपर्क छूट गया था। अहमदाबाद आने के बाद वह संपर्क पुनः जुड़ गया। इधर-उधर घूमते-फिरते संघ कार्यालय जाते और प्रांत प्रचारक लक्ष्मणराव ईनामदार (वकील साहब) से मिले। उनके साथ घंटों बातचीत करते। बस यहीं से नरेंद्र मोदी के जीवन ने दूसरा मोड़ लिया। संघ प्रचारक के रूप में उन्होंने अपना जीवन संघ को समर्पित कर दिया और भारतमाता की आराधना में जुट गए। वकील साहब से मिलने के बाद भटकाव भरी जिंदगी को एक राह मिल गई।

इक्कीस वर्ष की आयु में नरेंद्र मोदी 1971 में संघ कार्यालय में रहकर संघ का कार्य करते थे। नरेंद्र मोदी संघ कार्यालय के छोटे-मोटे काम भी करते। वकील साहब नरेंद्र मोदी के प्रेरणा-पथ बने हुए थे। अब संघ कार्य ही उनका एकमेव लक्ष्य बन गया था। उन्होंने हर वर्ष गरमी के दिनों में होनेवाले संघ प्रशिक्षण शिविर में भाग लिया। संघ प्रचारक के रूप में उन्होंने अपना सर्वस्व संघ को समर्पित कर दिया था। नरेंद्र मोदी ने 1973 में राष्ट्रीय स्वयंसेवक संघ का प्रथम वर्ष संघ शिक्षा वर्ग नडियाद में किया। 1975 में आपातकाल से पहले बाजवा (जिला बड़ौदा) में हुए द्वितीय वर्ष संघ शिक्षा वर्ग में शामिल हुए और 1978 में नागपुर जाकर तृतीय वर्ष संघ शिक्षा वर्ग का प्रशिक्षण लिया। संघ शाखा के विकास-विस्तार के लिए वे पूरे समर्पण भाव और परिश्रम से जुट गए। अब संघ कार्यालय—डॉ. हेडगेवार भवन—ही नरेंद्र मोदी का निवास-स्थान बन गया था।

उन्होंने कुछ समय बाद पूर्वी बंगाल के मुसलिम और हिंदुओं पर पाकिस्तानी सेना

के अत्याचार और जनसंहार के विरुद्ध संघर्ष करते हुए दिल्ली में सत्याग्रह हुआ। इस सत्याग्रह में भाग लेकर नरेंद्र ने अपनी निष्ठा व सेवाभावना का परिचय दिया। उन्हें गिरफ्तार करते तिहाड़ जेल भेज दिया गया था, लेकिन फिर जल्दी ही छोड़ दिया गया। सन् 1972 में उन्होंने औपचारिक रूप से संघ के प्रचारक के रूप में कार्य करना शुरू कर दिया। उसके बाद उन्होंने अपने चाचा के साथ रहना छोड़ दिया।

इस संबंध में नरेंद्र मोदी ने बताया, ''मैं वकील साहब से मिला। उनसे बात की। उन्होंने कह दिया—'ठीक है, आओ, मेरे साथ रहो।' उन दिनों मैं संघ के कार्यालय में काम कर रहा था। जिस समय वकील साहब ने मुझे अपने यहाँ रहने के लिए आमंत्रित किया, उस समय वहाँ उनके साथ बारह-पंद्रह लोग और रह रहे थे। वहाँ मेरी दिनचर्या कुछ इस प्रकार थी—सुबह पाँच बजे उठकर दूध लाना, अन्य लोगों को जगाना, प्रातः-स्मरण में शामिल होना, चाय बनाना, सबको पिलाना, बरतन साफ करके रखना, फिर शाखा जाना। वहाँ से वापस आने पर सबके लिए नाश्ता तैयार करना और साढ़े आठ-नौ बजे तक सबको नाश्ता देना। उसके बाद पूरी इमारत की सफाई करना, जिसमें आठ-नौ कमरे थे, झाड़ू-पोंछा लगाना और उसके बाद अपने और वकील साहब के कपड़े धोना। वकील साहब पहले मुझसे अपने कपड़े नहीं धुलवाना चाहते थे, लेकिन जब मैंने उन्हें बताया कि मुझे ऐसा करना अच्छा लगता है, तब वे तैयार हुए। मध्याह्न भोजन के लिए मैं बारी-बारी से एक-एक स्वयंसेवक के घर जाया करता था। उसके बाद हेडगेवार भवन में वापस लौटकर सबके लिए चाय बना लाता था। एक वर्ष तक मेरी यही दिनचर्या रही।''

इसी बीच उन्हें संघ के प्रांतीय कार्यालय में पत्र-व्यवहार का अतिरिक्त कार्य सौंप दिया गया। इसमें नरेंद्र को ज्यादा समय देना पड़ता था। एक वर्ष तक इसी तरह चलता रहा। उसके बाद उन्हें गुजरात और गुजरात के बाहर से इलाज के लिए अमदाबाद आनेवाले स्वयंसेवकों के परिवारों की सहायता करने की जिम्मेदारी सौंपी गई।

नरेंद्र मोदी अपनी जिम्मेदारी पूरी निष्ठा से निभाते थे। लोगों को जब भी उनकी मदद की जरूरत पड़ती, वे उनके पास उपलब्ध होते थे। उनके एक मित्र, जो अमेरिका में अपने बहनोई के असामयिक निधन के बाद बहन को लेकर भारत आए थे, नरेंद्र ने उनका स्वागत-सत्कार और समुचित सहयोग किया था—

''हमारे दुःख की घड़ी में नरेंद्र मोदी केशवराव देशमुख और लक्ष्मणराव ईनामदार के साथ हमसे मिलने आए। वे समय-समय पर हमारे घर आते और हमारे परिवार को भावनात्मक सहयोग दिया करते थे।'' इस तरह की कई आत्मीय घटनाएँ नरेंद्र के मित्र बताते हैं।

नरेंद्र मोदी की कर्मठता को देखते हुए उन्हें संघ के उन पदाधिकारियों, जो अधिकांश समय यात्रा पर ही रहते थे, उनके लिए बस और रेलगाड़ियों में सीट आरक्षित करवाने

का काम सौंप दिया गया। इससे उन्हें लगातार बस और रेल यातायात से जुड़े अधिकारियों के बीच आना-जाना पड़ता था। जल्द ही उन अधिकारियों से नरेंद्र की अच्छी दोस्ती हो गई। इससे उन्हें काम करवाने का अनुभव भी मिला।

इस बीच एक और नई बात देखने को मिली। विश्व हिंदू परिषद् ने डॉ. वणिकर के मार्गदर्शन में सिद्धपुर में अपना गुजरात सम्मेलन आयोजित किया। सम्मेलन के आयोजन की व्यवस्था सँभालने की जिम्मेदारी नरेंद्र मोदी के कंधों पर थी। इससे उन्हें अपनी संगठन-क्षमता सिद्ध करने का एक और मौका मिला।

नरेंद्र मोदी को हर नया कार्य सीखने का अनुभव मिला और वे इसे अनुभवों के एक बड़े खजाने में सहेजकर एकत्र करते रहे। इससे उन्होंने मानव स्वभाव का सूक्ष्म अध्ययन किया। किसी भी तरह की नई जिम्मेदारी उठाने के लिए वे हमेशा तैयार रहते थे, बशर्ते वह चुनौतीपूर्ण हो। क्योंकि उन्हें काम करना, लोगों से संपर्क रखना और दूसरों का जीवन सहज बनाना पसंद है।

खाना पकाते, कपड़े धोते, शौचालय साफ करते और अन्य बहुत से तरीकों से अपने साथियों की सेवा करते हुए नरेंद्र को एक बार भी उस साधु-ज्योतिषी के शब्दों की याद नहीं आई थी, जिसने उनके संन्यासी या सम्राट् की तरह ताकतवर व्यक्ति होने की भविष्यवाणी की थी। लेकिन समय ने प्रमाणित किया, संन्यासी तत्त्व तो तिरोहित होता गया और सम्राटत्व' की संभावना बनने लगी।

संघ कार्यालय में नरेंद्र मोदी के आगमन की घटना को याद करते हुए उनके एक साथी ने बताया कि उनका यह फैसला नरेंद्र मोदी के लिए बेहतर साबित हुआ, क्योंकि इस तरह नरेंद्र मोदी को एक पहचान मिली और उन्हें जीवन का लक्ष्य नजर आया। पहली बार वे अकेले नहीं थे। एक विशाल परिवार का वे अंग बन चुके थे। इस परिवर्तन के आधार पर उनके व्यक्तित्व ने नया आकार ग्रहण किया। जिस व्यक्तित्व ने नरेंद्र मोदी के भीतर छिपी शक्ति को पहचाना, उनके व्यक्तित्व को आकार दिया, ऐसे महान् पुरुष वकील साहब के जीवन को भी जानना-पहचानना जरूरी है, ताकि हम नरेंद्र मोदी के व्यक्तित्व को समझ सकें।

लक्ष्मणराव ईनामदार, जिनको संघ और संघ परिवार में सब वकील साहब के नाम से जानते थे। गुजरात के संघ कार्य और संघ परिवार में वकील साहब का अनूठा स्थान है। गुजरात के सार्वजनिक जीवन में उनका अद्वितीय स्थान रहा। नरेंद्र मोदी के जीवन में वकील साहब के आने से एक निरुद्देश्य जीवन को लक्ष्य मिल गया। वे राष्ट्रीय स्वयंसेवक संघ के कार्यालय में आ गए, और संघ प्रचारक बन गए।

वकील साहब का जन्म 21 सितंबर, 1917 को महाराष्ट्र के सतारा जिले में खटाव गाँव में हुआ। भारतीय कालगणना के अनुसार यह दिन भादों सुदी पंचमी अर्थात् ऋषि

पंचमी थी। वकील साहब के कुल में सात भाई और दो बहनें थीं। भाइयों में उनका क्रमांक तीसरा था। उनके पिता का नाम माधवराव था और जाति ईनामदार। वैसे तो उनकी जाति खटावकर थी, जो बाद में चलकर ईनामदार हुई।

उस जमाने में सात वर्ष की आयु होने पर ही स्कूल में प्रवेश मिलता था। इसलिए इनकी शिक्षा भी सात वर्ष की आयु में ही प्रारंभ हुई। सन् 1923 में इनके पिता की बदली किर्लोस्करवाडी के पास 'दूधोंडी' गाँव में हुई। वहीं स्कूल में इनका दाखिला करा दिया गया। दो साल वहाँ शिक्षा प्राप्त कर वे अपने दादाजी के पास खटाव वापस आ गए। उनके बड़े भाई रामभाऊ तो पहले से ही वहीं रहते थे।

वकील साहब की चौथी कक्षा तक की शिक्षा खटाव में ही हुई, परंतु आगे की शिक्षा का प्रश्न उठ खड़ा हुआ। पिताजी ने बच्चों की शिक्षा के लिए सतारा में एक मकान किराए पर ले लिया। उनकी एक बहन चार वर्ष पहले वहाँ रहने गई थी। चौथी कक्षा पास कर वे भी वहीं पढ़ने चले गए। सन् 1929 में सतारा के 'न्यू इंग्लिश स्कूल' में दाखिल हुए। उनके बड़े भाई रामभाऊ एक वर्ष पूर्व ही सतारा आ गए थे।

वकील साहब के प्रत्यक्ष सामाजिक जीवन का प्रारंभ सतारा से हुआ। सतारा में अभ्यास के साथ-साथ मित्र-मंडिलयाँ भी जमती थीं। व्यायाम के शौकीन तो वे बचपन से ही थे, परंतु पहलवान बनने का लक्ष्य नहीं था। लक्ष्य था तो केवल यही—मंडल खड़े करना, जिसके माध्यम से कबड्डी और खो-खो जैसे खेल किए जा सकें। अनेक बार वे संघ नायक भी रह चुके थे और खेलकूद की स्पर्धा में उनके मंडल ने अनेक पुरस्कार जीते थे। सरकारी ईनाम तो चले गए, परंतु अपने पुरुषार्थ से खेलकूद के क्षेत्र में ईनाम जीतकर ईनामदार जाति को इन्होंने सार्थक बनाए रखा।

सतारा के उस समय के उनके जीवनक्रम का चित्र गोपालभाई गूजर, जो गुजरात में दस वर्षों तक प्रचारक भी रहे, उकेरते हैं—"हम प्रभात में अजिंक्य तारा पर्वत दौड़ने जाते। वहाँ भिन्न-भिन्न प्रकार के व्यायाम करते, जिससे शरीर मजबूत बने और तरह-तरह के खेल खेलते, जिससे संघ भावना दृढ़ होती थी। सतारा का हमारा बाल क्रीड़ा मंडल उस समय इस क्षेत्र में सबसे आगे था। विदेशी सत्ता के अत्याचारों से हमारा खून खौल उठता था। एक ओर स्वातंत्र्यवीर सावरकर और अन्य कितने ही सपूत अंडमान की जेल में नरक जैसी जिंदगी जी रहे थे। उनपर राजसत्ता का क्रूर दमनचक्र चलता था। बंगाल के अरविंद और बारींद्र, चंद्रशेखर आजाद, खुदीराम बोस जैसों की कहानियाँ सुनकर हमारा मन दुःखी हो जाता। मन मानने को तैयार ही न होता कि वे कैसे यंत्रणा सह पाते होंगे। इतनी ध्येयनिष्ठा, दृढ़ता उनमें कैसे पैदा हुई होगी। लगातार तिरपन दिन का उपवास कर मृत्यु का आलिंगन करनेवाले यतींद्रनाथ के बलिदान की गाथा घर-घर गाई जाती थी। हाथ में 'गीता' और मुख से 'वंदे मातरम्' का जयघोष कर फाँसी का

फंदा चूमनेवाले भगतसिंह, बटुकेश्वर दत्त और राजगुरु हमारे आदर्श बने। उस समय सोलापुर में मार्शल लॉ लगाया गया, जिसमें मल्लाया शेट्टी और अन्य तीन को फाँसी दी गई। यह सब देख-सुनकर हम अधीर हो उठे। हमें भी कुछ करना चाहिए, यह विचार मन में उठ खड़ा होता था। चर्चा तो बहुत होती, पर दिशा नहीं सूझती।''

गोपालराव आगे लिखते हैं—''धीरे-धीरे लक्ष्मणरावजी अंग्रेजी सातवीं कक्षा (जो आज मैट्रिक या दसवीं कक्षा कहलाती है) पास कर महाविद्यालयीन शिक्षा हेतु पूना गए। हम चार में गोविंदराव गजेंद्र गड़कर नौकरी के लिए अहमदाबाद गए। पूना में परीक्षा खत्म होने के बाद गर्मियों की छुट्टियों में हम सतारा आए। लक्ष्मणराव उस समय मैट्रिक की पूर्व परीक्षा की तैयार कर रहे थे। एक रात लक्ष्मणराव और उनके बड़े भाई अप्पा मुझे घर बुलाने आए। हम सतारा के उस समय के सुप्रसिद्ध एडवोकेट दादा साहब करंदीकर के घर गए। वहाँ सतारा के हिंदुत्वनिष्ठ महानुभाव एवं मंडल या अखाड़े में काम करनेवाले करीब बीस-पच्चीस युवक एकत्र हुए थे। उस समय हमें पहली बार डॉ. हेडगेवारजी के दर्शन हुए। सन् 1935 का मार्च महीना था। विदर्भ में स्थान-स्थान पर शाखाएँ प्रारंभ कर डॉ. साहब पश्चिम महाराष्ट्र के प्रवास पर आए। संघ की शाखा सर्वप्रथम पूना में प्रारंभ हुई। ऊँची दीवार की काली टोपी, कोट, सफेद कमीज और गले में लिपटा हुआ स्कार्फ—यह था उनका सादा पहनावा।

''मिलिट्री ऑफिसर की तरह हाथ में थी छड़ी। उस छड़ी के नॉब पर खड़ी पूँछवाले शेर की अनुकृति थी जिसके पास में 'स्वयमेव मृगेंद्रता' ध्येय वाक्य अंकित था। वास्तव में डॉ. साहब स्वयं नरसिंह थे। सरल, गंभीर, परंतु प्रभावशाली शब्द उनकी वाणी से निकल रहे थे। ('हिंदू समाज को संगठित करने पर ही हमारा राष्ट्र अखंड और स्वतंत्र होगा।' यही उनके व्याख्यान का सारभूत तत्त्व था।) अपने अनुभव से इतिहास के उदाहरण एवं वर्तमान परिस्थितियों की घटनाओं से उनके कथन परिपूर्ण थे। एक-एक शब्द में उनकी वेदना झलक रही थी।

''पूज्य डॉक्टरजी ने हमेशा अपनी प्रणाली के अनुसार व्याख्यान पूर्व अपना परिचय दिया और वहाँ एकत्रित सभी से परिचय लिया। व्याख्यान पूर्व एवं पश्चात् हम सबने उनसे खूब बातें कीं। उस समय उनके मन की ऋजुता, उदारता एवं मनुष्य मन को जीत लेने की अद्भुत शक्ति का परिचय हुआ। उसके बाद उन्होंने सतारा में संघ की शाखा प्रारंभ करना और संघ के स्वयंसेवक बनना बताया। कुछ लोगों से उन्होंने प्रतिज्ञा भी करवाई, परंतु लक्ष्मणराव खुद चिकित्सक प्रवृत्ति के थे, इसीलिए कोई भी बात बिना भरोसा किए स्वीकार नहीं करते थे और अपनी स्वीकृति जल्दी नहीं देते थे। अत: उस दिन प्रतिज्ञा न लेते हुए दूसरे दिन मिलना तय हुआ। रात भर उन्होंने डॉ. साहब के वक्तव्य पर खूब विचार किया। दूसरे दिन डॉ. साहब के पास जाकर प्रतिज्ञा ली और हम

स्वयंसेवक बने। असीम पुरुषार्थ और त्याग का प्रतीक परम पवित्र भगवा ध्वज लहरा रहा था। उसके साक्ष्य में डॉ. साहब गंभीर, सुस्पष्ट शब्दों में प्रतिज्ञा का एक-एक वाक्य कहते थे और हम उतनी ही गंभीरता से दोहराते थे—

"हिंदू धर्म, हिंदू संस्कृति और हिंदू समाज की रक्षा कर...'

'हिंदू धर्म, हिंदू संस्कृति और हिंदू समाज की रक्षा कर...'

'हिंदू राष्ट्र स्वतंत्र करने हेतु मैं राष्ट्रीय स्वयंसेवक संघ का अंग बना हूँ...'

'हिंदू राष्ट्र स्वतंत्र करने हेतु मैं राष्ट्रीय स्वयंसेवक संघ का अंग बना हूँ...'

'संघ का कार्य मैं प्रामाणिकता से, निस्स्वार्थ बुद्धि से, तन-मन-धन पूर्वक करूँगा...'

और अंत में डॉ. साहब ने प्रतिज्ञा के अंतिम वाक्य का उच्चारण किया—

'यह व्रत मैं जीवनपर्यंत पालूँगा।'

हमने भी उनके पीछे एक स्वर में कहा, 'यह व्रत मैं जीवनपर्यंत पालूँगा।' प्रतिज्ञा विधि पूर्ण हुई। हम सबके मन में दिशाशून्यता का भँवर चल रहा था। भँवर शांत हुई, दिशा स्पष्ट हुई और विचार हुआ—संघ कार्य मैं प्रामाणिकता से, निस्स्वार्थ बुद्धि से, तन-मन-धन पूर्वक करूँगा और इसका आजीवन पालन करूँगा।"

हाई स्कूल की परीक्षा पूरी कर उच्च शिक्षा हेतु वकील साहब पूना आए। सरकारी नौकरी न करने का विचार तो पहले से ही मन में ठान लिया था; क्योंकि एक तो उसमें स्थायित्व नहीं था, गाँव-गाँव भटकना पड़ता था। ऐसा कटु अनुभव पिताजी की सरकारी नौकरी में देख ही रहे थे। दूसरा, विदेशी नौकरी न करने के पीछे स्वाभिमान भी था। राष्ट्रीय स्वयंसेवक संघ की प्रतिज्ञा लेने के बाद यह विचार और दृढ़ हुआ। इसीलिए वकील होने का दृढ़ निश्चय कर विधि विभाग में दाखिल हुए। वकील के व्यवसाय में स्वतंत्र रहकर प्रैक्टिस करते-करते संघ का कार्य करने में सरलता और मुक्ति, दोनों का अहसास हुआ।

घर की आर्थिक दुर्दशा पूर्ववत् थी। उसमें भी पूना जैसे शहर में रहना, खाना एवं कॉलेज का अन्य खर्च का बोझ भी बढ़ा। संयोग से सतारा की उनकी मित्र मंडली के कुछ मित्र पहले से वहाँ अभ्यास करने हेतु आए हुए थे। उनके साथ वे रहने लगे और बचत हेतु तीन टिफिन से चार लोगों का काम चला लेने का रास्ता ढूँढ़ निकाला। पूना आने के बाद संघ का कार्य पूर्ववत् उत्साहपूर्वक चलता रहा। दूर-दूर के क्षेत्रों में जाकर शाखा चलाने की जिम्मेदारी हम पर आई। छह-आठ किलोमीटर तक भी जाना पड़ता था। प्रत्येक के पास अपना वाहन संभव न था। अत: कभी डबल सवारी, कभी नजदीक का स्थान हो तो पैदल ही और दूर के स्थान के लिए साइकिल का प्रयोग करते। इस प्रकार बारी-बारी से साइकिल का प्रयोग होता और उसमें खूब आनंद आता। यदि मन हो तो मंजिल मिल जाती है। ऐसी कठिन परिस्थितियों में वकील साहब की जीवन तपस्या

निरंतर गतिशील थी। एक ओर अभ्यास, दूसरी ओर संघ कार्य। इंटर आर्ट से पास करने के बाद एल-एल.बी. के अभ्यास क्रम में दाखिल हुए। एल-एल.बी. की प्रथम परीक्षा में पास भी हुए। परंतु उसी दौरान सन् 1939 में भागानगर (हैदराबाद) का सत्याग्रह प्रारंभ हो गया। वकील साहब ने इस सत्याग्रह में भाग लिया। यह सत्याग्रह निजाम के जुल्मी-अत्याचारी शासन के खिलाफ था।

वकील साहब एल-एल.बी. का अपना अभ्यास अधूरा छोड़कर इस टुकड़ी के साथ सत्याग्रह में कूद पड़े। सत्याग्रह प्रारंभ हुआ। निजाम का सत्य, न्याय और नीति के साथ कोई संबंध नहीं था। उसने क्रोध में आकर राज्य की हिंदू प्रजा पर और अधिक जुल्म ढाने प्रारंभ कर दिए।

जेल में बंद सत्याग्रहियों पर भयानक जुल्म हुए। लगभग सात वर्ष का कारावास भुगतने के बाद वकील साहब जेल से छूटे। उनकी जीवन साधना का एक अध्याय पूरा हुआ, जो उनके मन, शरीर और बुद्धि की कसौटी पर सफल साबित हुआ।

वकील साहब भागानगर सत्याग्रह में पिताजी की मंजूरी के बिना ही जुड़ गए थे। घर की सामान्य आर्थिक स्थितियों में शिक्षा अधूरी छोड़कर पिताजी सत्याग्रह में जाने देते, यह संभव ही न था। इसीलिए बिना मंजूरी लिये सत्याग्रह से जुड़ना पड़ा। इसका गुस्सा माधवरावजी के मन में हो, यह अस्वाभाविक तो न था, परंतु पिता के मन के एक कोने में यह भय था कि वह निजाम की कैद से वापस लौटेगा कि नहीं। अत: पिता के मन में जहाँ एक ओर गुस्सा था, वहीं दूसरी ओर भय था कि पुत्र कुशलतापूर्वक वापस आएगा या नहीं।

आखिर वकील साहब वापस लौटे। क्रोध पी जाने के लिए इतना काफी था। उन्हें लगा कि जो हुआ सो हुआ। अब लक्ष्मण अधूरी शिक्षा प्रारंभ करेगा और धीरे-धीरे गाड़ी पटरी पर आ जाएगी। ऐसा सोचकर माधवराव भागानगर सत्याग्रह की बात पी गए।

ईनामदार ने एल-एल.बी. द्वितीय की परीक्षा उत्तीर्ण कर पिताजी की इच्छा पूरी की। गाड़ी पटरी पर चढ़ेगी, उनका यह स्वप्न अधूरा ही रह गया। गाड़ी पटरी पर चढ़ी तो सही, पर यह पटरी संघ की थी।

देश में चारों ओर उदासी व निराशा का वातावरण था। दूसरी ओर सन् 1940 में डॉक्टर साहब का देहावसान हुआ तो मुसीबत का एक और पहाड़ टूट पड़ा; परंतु स्वतंत्रता नजदीक आ रही है, उनकी यह भविष्यवाणी सच होने को थी। अंग्रेजों की शठ-नीति से वे परिचित थे कि जाते-जाते भी देश का विभाजन किए बिना वे नहीं रहेंगे। परंतु डॉक्टर साहब तो इसकी कल्पना नहीं कर पा रहे थे, इसीलिए उन्होंने जितना शीघ्र हो सके, शहरों में तीन और गाँवों में एक प्रतिशत के आधार पर शीघ्रातिशीघ्र तरुण स्वयंसेवकों की शक्ति खड़ी करने का आह्वान किया। वकील साहब एवं उनके समीपस्थ

संघ कार्यकर्ताओं के हृदयों में डॉक्टर साहब की यह चेतावनी घर कर गई थी। डॉक्टर साहब के बाद उनके स्थान पर आए पूज्य गुरुजी ने संघ कार्य के शीघ्र विकास हेतु राष्ट्र भर में तूफानी प्रवास प्रारंभ कर दिया।

वकील साहब के मन में पूज्य डॉक्टर साहब के समक्ष ली गई प्रतिज्ञा के शब्द गूँजने लगे—'हिंदू धर्म, हिंदू समाज और हिंदू संस्कृति की रक्षा कर हिंदू राष्ट्र स्वतंत्र करने के लिए मैं राष्ट्रीय स्वयंसेवक संघ का अंग बना हूँ।'

इस प्रतिज्ञा का क्या अर्थ है? यह उन्होंने पूज्य डॉक्टर साहब के जीवन में देखा था। संघ कार्य के लिए वे अपना गाँव छोड़कर अन्य प्रांतों में गए। कुछ सम्माननीय कार्यकर्ताओं की पंक्ति उनकी नजर के समक्ष खड़ी रही। श्री वसंतराव दिल्ली गए थे। श्री राजाभाऊ पातुरकर लाहौर, श्री भाऊराव देवरस कानपुर, श्री दादाराव परमार्थ मद्रास, श्री गोपालराव वेरकुंठवर आंध्र और बालासाहब देवरस बंगाल गए थे। स्वयं वकील साहब के संघ मित्रों में से गोपालभाई गुर्जर शिक्षा पूर्ण कर सन् 1940 में अहमदाबाद आ गए थे। अन्य दो लोग मनोहर खड़के और त्रिबंकराव चिटनिस सन् 1942 के नागपुर संघ शिक्षा सम्मेलन से सीधे ही प्रचारक निकल गए थे। गुजरात में स्व. बागराव भिडे उस समय महाराष्ट्र के प्रांत प्रचारक थे। उन्होंने संघ कार्य के विस्तार हेतु 'प्रांत स्वयंसेवक योजना' बनाई, जिसके तहत उस प्रांत में कम-से-कम एक वर्ष प्रचारक के रूप में काम करने की योजना थी। इससे चारों ओर पूरा वातावरण संघमय हो गया था। प्रचारक बन निकलने की मानो स्पर्धा चल रही थी। ऐसे में वकील साहब अपने आपको कहाँ रोक सकते थे! वे संघ की योजनानुसार सन् 1942 में गुजरात में 'नवसारी' आ पहुँचे।

संघ में सुंदर गीत हैं—'शपथ लेना तो सरल है, पर निभाना कठिन है'—यह वाक्य एक प्रचारक के लिए, एक कार्यकर्ता के लिए कार्य का पूर्ण तत्त्व-चिंतन है। प्रतिज्ञा लेना कितना सरल है, पर उसको निभाने के लिए जो त्याग है, बलिदान है, समर्पण है, वह कठिन है। परंतु कठिनाई और वकील साहब के बीच तो चोली-दामन का संबंध बचपन से ही था, अतः उनके लिए कुछ भी नया नहीं था। जीवन के कार्यों की पुस्तक का एक पन्ना ही बदला था। उसके बाद के घटनाक्रम को ध्यान में रखते हुए ऐसा कहना पड़ेगा कि गुजरात के इतिहास में भी एक नए अध्याय को स्वर्णाक्षरों में लिखा जाए। एक नए अध्याय का प्रारंभ हो चुका। वकील साहब कुशल संगठनकर्ता थे। सतारा और पूना में संघ कार्य का प्रत्यक्ष अनुभव तो था ही, जिसने 'सोने पे सुहागा' का काम किया।

वकील साहब नवसारी आए। उसके कुछ ही वर्ष पूर्व बड़ौदा में सन् 1938 में एक छोटी सी शाखा से संघ कार्य का प्रारंभ हुआ। कार्य सन् 1944 तक तो लगभग पच्चीस से तीस बड़े नगरों तक पहुँच गया था। स्वतंत्रता संग्राम के उन दिनों में युवा हृदयों में संघ शाखा विशेष आकर्षण का केंद्र थी। प्रांत प्रचारक मधुकरराव भागवतजी के मार्गदर्शन में

संघ कार्य दिन दूनी रात चौगुनी प्रगति कर रहा था। वकील साहब सहित आए तरुण प्रचारकों की प्रथम टुकड़ी महाराष्ट्र से गुजरात आई थी। मातृभूमि के कल्याण के लिए प्रतिज्ञाबद्ध इन तरुण प्रचारकों के पुरुषार्थ से संघ कार्य आधे से अधिक जिलों में पहुँचने लगा था। गुजरात में सौराष्ट्र, कच्छ सभी स्थानों पर संघ का विस्तार होने लगा। बढ़ते हुए कार्य को करने के लिए प्रचारक नई-नई जिम्मेदारियाँ सँभालने लगे। गुजरात की युवा पीढ़ी को भी संघ कार्य की धुन थी। वकील साहब उनके प्रेरणास्रोत थे, जिन्होंने उनमें राष्ट्र कार्य के लिए समर्पित होने के बीज बोए थे। आठ वर्ष के संक्षिप्त समय में पैंतालीस स्वयंसेवक मातृभूमि के कल्याण हेतु समर्पित जीवन-पथ पर प्रचारक के रूप में चल पड़े। गुजरात के दो सौ गाँवों में नित्य शाखाओं द्वारा राष्ट्र भक्ति के संस्कार सिंचन की प्रक्रिया ने गति पकड़ी।

सन् 1947 में गुजरात और सौराष्ट्र के स्वयंसेवकों के दो शिविरों का आयोजन हुआ। इन शिविरों में चार हजार पूर्ण गणवेशधारी स्वयंसेवकों ने भाग लिया। गुजरात में संघ कार्य इतनी गति से बढ़ रहा था कि सन् 1943, 1945, 1946 और 1947 में एक-एक मास के संघ शिविरों का आयोजन हुआ था। इन वर्षों में सिंध, मालवा, मध्य भारत और पंजाब प्रांत के स्वयंसेवक शिक्षा लेने आए थे। सन् 1947 से पूर्व गुजरात में संघ कार्य निर्विरोध आगे बढ़ रहा था और प्रसिद्धि भी मिल रही थी, परंतु महात्मा गांधी की हत्या के पश्चात् संघ कांग्रेस सरकार की प्रपंच नीतियों का शिकार हो गया। एक तरह से संघ के लिए यह कठिन काल हुआ।

प्रतिबंध के बाद अस्सी के दशक के प्रारंभिक काल तक संघ पर इस राजनीतिक विद्वेषपूर्ण नीति का प्रतिकूल असर पड़ता रहा। प्रतिबंध के बाद संघकार्य फिर खड़ा करना था। वकील साहब के पास संपूर्ण सौराष्ट्र की जिम्मेदारी थी। अग्नि-परीक्षा से कुंदन की तरह तपकर तेजस्वी बनकर बाहर आए स्वयंसेवकों के जोश में कोई कमी न आई थी। उसकी गति बेशक धीमी थी, परंतु संघकार्य आगे बढ़ा। भागवत के बाद थोड़े समय के लिए राजपाल पुरी प्रांत प्रचारक बने। सन् 1942 में युवा वकील साहब ने संघ कार्य की बागडोर सँभाली। संकट काल से अभी-अभी बाहर आए संघ कार्य का विस्तार आसान न था। विकट आर्थिक संकटों के कारण अनेक प्रचारकों को अपने-अपने व्यवसाय में वापस जाना पड़ा। प्रचारकों की संख्या घटकर केवल बीस रह गई। स्वतंत्रता के बाद तो सबकुछ बदल सा गया था। अपनी सरकार आ गई, इस तरह का जनमानस बन गया था। इस कुंठित विचाराधारा में संघ कार्य बढ़ाना लोहे के चने चबाने के बराबर था। युवा वकील साहब ने इस कार्य में अपनी सूझ-बूझ और धैर्य का परिचय दिया। उनके इसी गुण के कारण संघ कार्य पर कोई आँच न आई। केवल तीन-चार साल के अंतराल में डेढ़ सौ स्थानों पर संघ शाखाएँ पूर्ववत् प्रारंभ हो गईं। प्रतिवर्ष संघ शिक्षा वर्गों में लगभग

डेढ़ से दो सौ की संख्या में तरुण स्वयंसेवक उत्साहपूर्वक भाग लेने लगे। श्रद्धा और विश्वास से भरे हुए कार्यकर्ता दिनोदिन बढ़ने लगे और यह संख्या निरंतर बढ़ती ही गई। प्रचारकों की संख्या भी बढ़ने लगी।

साठ के दशक में स्वयंसेवकों के प्रयत्न से गौ-रक्षा अभियान और श्री गुरुजी सत्कार समारोहों को काफी सफलता मिली। वकील साहब के शब्दों में—"उन दिनों की दो घटनाओं ने स्वयंसेवकों के आत्मविश्वास को खूब बढ़ाया था।" छोटे-बड़े शिविर-प्रशिक्षण वर्गों की पंक्तियों से वकील साहब जुड़े रहते। आठ वर्ष के अथक पुरुषार्थ ने आशाजनक चित्र निर्मित किया। विद्यार्थी विस्तारक योजना का उनका एक दृष्टिकोण सराहनीय बना। युवक संघ की योजनानुसार पढ़ने के लिए नए-नए स्थानों पर गए और कार्य का विस्तार किया। चीनी आक्रमण के बाद सन् 1962 में हुए प्रांतीय शिविर में एक हजार दो सौ तरुण स्वयंसेवकों ने भाग लिया और सन् 1968 के शिविर में यह संख्या बढ़कर एक हजार सात सौ तक पहुँच गई। अब तक संघ का कार्य माणिक चौक (अहमदाबाद) तीसरी मंजिल पर बने छोटे से कमरे से संचालित होता था। यह जर्जर मकान ही वकील साहब की साधना का केंद्र था। बढ़ते हुए कार्य के अनुरूप स्थान के लिए सबके आग्रह पर अहमदाबाद में प्रांतीय कार्यालय का निर्माण भी हुआ। शाखाओं की संख्या बढ़कर दो सौ तक पहुँची। शाखा से निर्मित स्वयंसेवक समाज में अब उच्च पदों पर थे।

पूरे प्रांत के कार्य का बोझ अकेले वकील साहब वहन कर रहे थे, उन्होंने कुछ चुने हुए कार्यकर्ताओं की प्रांत स्तर पर एक टीम बनाई। अनेक तपस्वी-निष्ठावान कार्यकर्ता प्रांत कार्य को गति देने के लिए भिन्न-भिन्न जिम्मेदारियाँ निभाने लगे। संघ के कार्यकर्ता की सफलता का आधार, वह कितना काम कर सकता है, उस पर निर्भर नहीं था, वरन् वह कितने कार्यकर्ताओं का निर्माण कर सकता है, यही उसका मापदंड है। वकील साहब की कार्यशैली इस दृष्टि से पूर्णतः सफल थी। सन् 1973 में क्षेत्र प्रचारक की जिम्मेदारी आई, तब शाखा की संख्या दो सौ पचास थी, तीस प्रचारक निकले थे। प्रत्येक जिले में स्वप्रेरणा से जिम्मेदारीपूर्वक काम करनेवाले कार्यकर्ताओं की एक शृंखला खड़ी थी। प्रांत प्रचारक के रूप में केशवरावजी देशमुख वकील साहब के प्रत्यक्ष मार्गदर्शन में कार्य को आगे बढ़ा रहे थे। सन् 1974 में गुजरात में सार्वजनिक मूल्यों के लिए संघर्ष हुआ। जो नैतिकता एवं मूल्यों की बात करते थे वे आजादी के बाद एकचक्रीय शासन चलाने लगे थे। उन्होंने इन मूल्यों को ताक पर रखकर भ्रष्ट आचरण की तमाम सीमाएँ तोड़ दी थीं। उनके इस भ्रष्ट आचरण के विरुद्ध जन संघर्ष हुआ। संघ को बदनाम करने का एक भी अवसर न छोड़नेवाले इन सियारों को जनता पहचान गई थी। परोक्ष रूप से प्रजा के इस संघर्ष में विचारशील नागरिकों के लिए अनेक प्रश्न खड़े किए। इस परिस्थिति

ने प्रजा को अन्य मार्ग ढूँढ़ने के लिए प्रेरित किया।

स्वाभाविक रूप से प्रजा की दृष्टि गैर-राजनीतिक शक्तियों की ओर गई। उन दिनों संघ ही आशा की किरण बनकर आया। संघ के विकास के अवसर बने ही थे कि सिर पर आपातकाल आ खड़ा हुआ। इस घोर संकट से भी संघ पार उतरा। इतना ही नहीं, उसे अधिक सम्मान मिला और अस्सी के दशक में तो चार सौ पचास शाखाओं को पार कर गया। विद्यार्थी विस्तार एवं प्रचार में भी साठ कार्यकर्ताओं की टीम दिन-रात शाखा द्वारा व्यक्ति निर्माण के कार्य में पूर्णत: डूब चुकी थी। दिनोदिन संघ कार्य का विकास होता गया। वकील साहब के वर्षों के अकल्पनीय धैर्य का अब परिणाम दिखाई देने लगा। 'यह तो ईश्वरीय कार्य है' ऐसा कहकर अटल श्रद्धा के साथ वकील साहब संघ कार्य को गति दे रहे थे। उन्होंने लगातार 40 वर्ष तक एकनिष्ठ राष्ट्र साधना की।

संघ प्रचारक बनने के बाद एक दिन वकील साहब ने नरेंद्र मोदी से कहा, "भगवान् ने तुझे इतनी बुद्धि-शक्ति दी है फिर अधूरी पढ़ाई पूरी कर।" बाद में वकील साहब ने खुद दाखिले आदि की जानकारी लाकर दी। नरेंद्र मोदी दिल्ली यूनिवर्सिटी से एक्स्टर्नल विद्यार्थी के रूप में परीक्षा देकर स्नातक बने, बाद में गुजरात यूनिवर्सिटी से एक्सटर्नल एम.ए. की डिग्री प्राप्त कर परास्नातक हुए। नरेंद्र मोदी को एम.ए. के एक्स्टर्नल छात्र के रूप में मार्गदर्शन करनेवाले प्राध्यापक प्रवीण शेठ कहते हैं—"नरेंद्र मोदी मेरे वर्ग में 'नूतन राज्यशास्त्र' का अभ्यास करते थे। संघ के प्रचारक थे, इस कारण वे काफी व्यस्त रहते थे। वे जब भी आते, मैं उनको विषय की फाइल देता था, वे पढ़ने के लिए ले जाते और पूरी तैयारी करके आते। आश्चर्य इस बात का है कि दो वर्ष रेग्युलर पढ़नेवाले छात्रों के बजाय एक्स्टर्नल छात्र होने के बावजूद नरेंद्र मोदी फर्स्ट आए।"

नरेंद्र मोदी प्रचारक बनने के बाद पूरे मनोयोग से संघ कार्य के विस्तार-विकास में जुट गए। तरह-तरह के विषय पर बात करने की उनकी आदत, सेंस ऑफ ह्यूमर और जरूरत पड़ने पर मदद करने का स्वभाव तथा तीव्र याददाश्त के कारण स्वयंसेवकों के वे बहुत चहेते प्रचारक थे। समाजिक जीवन में व्यस्त होने के बावजूद उनका अंतरमन अध्यात्म में डूबा रहता था।

राष्ट्रीय स्वयंसेवक संघ का प्रदेश कार्यालय डॉ. हेडगेवार भवन ही नरेंद्र मोदी का निवास-स्थान था और संघ कार्यालय में रहकर उन्होंने संघकार्य को दिशा दी।

□

भ्रष्टाचार के खिलाफ मुहिम

नरेंद्र मोदी ने 1971 में संघ प्रचारक के रूप में अपना जीवन संघ को समर्पित किया। उस समय गुजरात का राजनीतिक माहौल गरम था और पूरा गुजरात असंतोष की आग में जल रहा था।

नरेंद्र मोदी पूरे घटनाक्रम को पैनी नजर से देख रहे थे। बमुश्किल बत्तीस प्रतिशत जनमत पाकर अस्तित्व में आई कांग्रेसी सरकारें इस दौर में अधिकाधिक अलोकप्रिय साबित हुईं। 'यावत् चंद्र दिवाकरौ' देश पर शासन करने के लिए ही उनका निर्माण हुआ है—ऐसी उनकी भावना प्रबल होती दिखती थी। ले-देकर बत्तीस प्रतिशत लोगों के सहयोग एवं प्रोत्साहन को भी वे न सँभाल सके। जनता को उनके आचार-विचार में प्रतिपल बढ़ रहे, अविवेक का अनुभव होने लगा। जब कोई हम पर भरोसा करता है तो हमारी जिम्मेदारी और बढ़ जाती है। सेवा के इस मूल मंत्र को भी वे घोलकर पी गए।

स्पष्ट है यदि उन्होंने लोकमत द्वारा प्राप्त सत्ता का उपयोग सही अर्थों में समाज के दीन-हीन वर्ग के लिए किया होता तो इस देश की ऐसी दुर्दशा न होती, जैसी आज है। सत्तालोलुप एवं मदांध कांग्रेसियों ने निष्ठावान् गांधीवादियों को तो पहले ही दूर कर दिया था। अब तो कांग्रेस के अखाड़े में कुरसी की छीना-झपटी में कुशल बाहुबली ही बचे थे, जिन्होंने अपनी तमाम ताकतें खुद को सर्वसत्ताधीश बनाने के प्रयास में ही लगा रखी थीं। नतीजतन बड़े-से-बड़े कांग्रेसी नेता से लेकर छोटे-से-छोटे कांग्रेसी कार्यकर्ता तक छूत का यह संक्रमण फैलने लगा। सत्ता के शौक का संक्रमण भी पानी के बहाव की तरह ही ऊपर से नीचे की ओर आता है। कांग्रेस में प्रत्येक स्तर पर यह संक्रमण फैला। परंतु राष्ट्र का दुर्भाग्य था कि इन सत्तालोलुप कांग्रेसी राजनीतिज्ञों की सरकारों को नियंत्रित कर सके। यों भी सबल प्रतिपक्ष की कमी थी।

इस तरह की स्वार्थ-प्रेरित राज्य व्यवस्था से भ्रष्टाचार को बढ़ावा मिलना स्वाभाविक था। दूर-सुदूर स्थित गाँव के मुखिया से लेकर देश के बड़े-से-बड़े पदासीनों को भ्रष्टाचार भींचता चला गया, मानो भ्रष्टाचार एक आवश्यक अंग प्रशासन का बन गया था। कोई

भी कागज या फाइल, जब तक उसे उचित मात्रा में वजनदार न बनाया जाए, तब तक आगे खिसकने का नाम नहीं लेती। किसी मंत्री या अधिकारी से मिलने के पहले उनके चपरासी को 'चंदन' लगाना मानो सामान्य शिष्टाचार हो गया था। इन सभी कारणों से प्रशासन में सुशासन के प्रति उपेक्षा का भाव बढ़ता गया।

शासकों में प्रशासन के स्तर पर व्याप्त भ्रष्टाचार को रोकने के लिए आवश्यक 'ओज' की कमी थी, क्योंकि वे भी राजनीतिक भ्रष्टाचार में आकंठ डूबे हुए थे। अपनी भ्रष्ट नीतियों में सराबोर सरकार को आम आदमी की जरूरतों की कोई परवाह ही नहीं थी, जिसकी वजह से सारे देश में महँगाई दिन दूनी, रात चौगुनी बढ़ रही थी। आसमान छूती महँगाई ने आम आदमी का जीना दुश्वार कर दिया था। 'गरीबी हटाओ' के सूत्रोच्चार से प्रभावित होकर अनेक आशाओं और अरमानों के साथ, जिन्हें शासन की बागडोर सौंपी गई थी, वही अब अपने उत्तरदायित्व से विमुख हो रहे थे।

गुजरात की आम जनता महँगाई के चंगुल में बुरी तरह फँसती जा रही थी। जमाखोरों पर कोई अंकुश नहीं था। परिवार के प्रत्येक सदस्य को सुबह से शाम तक किसी-न-किसी लाइन में खड़े रहकर आवश्यक वस्तुओं की खरीदारी के लिए अपनी बारी का इंतजार करना पड़ता था। इसके बाद भी जरूरत की चीज मिलेगी ही, इसका भरोसा नहीं था।

एक ओर जहाँ आसमान छूती महँगाई और आवश्यक वस्तुओं के अभाव की स्थिति थी, वहीं दूसरी ओर जनता के पैसों पर मौज उड़ाते नेता अब लोगों की आँखों में खटकने लगे। वैसे भी यह सब अधिक दिनों तक सहन करना गुजरात की जनता की आदत में नहीं था। ऐसे में जनता के आक्रोश का भड़क उठना कोई आश्चर्यजनक बात नहीं थी।

जनता की घोर परेशानियों से आँखें मूँदे मंत्री अपनी राजनीतिक उठा-पटक में मगन थे। आंतरिक गुटबंदी के कारण एक सौ उनतालीस की सदस्यतावाली 'गुजरात विधानसभा कांग्रेस' को अपना नेता बाहर से लाना पड़ा। घनश्याम भाई ओझा के नेतृत्व को लेकर कांग्रेस के भीतर असंतोष और भड़का। सरकारी तंत्र पर घनश्याम भाई की सरकार का कोई नियंत्रण नहीं था। उन्हें अपने साथियों का पूर्ण सहयोग प्राप्त नहीं था। फिर भी, जैसे-तैसे कुछ समय तक वे गुजरात की गाड़ी खींचते रहे।

उनके आधे-अधूरे अपरिपक्व निर्णय, प्रशासन की उलझनें और जनता की परेशानियों को बढ़ाते रहे। परिणामस्वरूप प्रजा का विरोध भीतर-ही-भीतर भड़कने लगा। जब जनता की कठिनाइयाँ अपने चरम बिंदु पर थीं, तभी सत्तालोलुप कांग्रेसी गुटों में खींचातानी शुरू हो गई। सत्ता पाने की होड़ सन् 1972 के जुलाई माह के प्रारंभ होते ही शुरू हो गई। यहाँ तक कि अब विधायकों की बोलियाँ लगने लगीं। कांग्रेस हाईकमान द्वारा मनोनीत

घनश्यामभाई ओझा गुजरात कांग्रेस या उसकी सरकार को न सँभाल सके। अंततः ओझा सरकार का पतन हुआ।

इस घटना ने गुजरात की पीड़ित प्रजा के जले पर नमक छिड़कने का काम किया। अपना-अपना प्रधान मंडल बनाने के लिए गुजरात में कांग्रेसी गुटों ने पानी की तरह पैसा बहाया। दाँव-पेंच में कुशल एवं राजनीतिक अस्थिरता के कर्ता के रूप में कुख्यात श्री चिमनभाई पटेल 'प्रपंचवटी' नाटक के बाद सरकार बनाने में सफल हो गए। प्रशासनिक कुशलता के बावजूद उन्होंने जनता की भलाई के लिए कुछ भी नहीं किया। अपनी द्वेषयुक्त कुटिल राजनीति के फल आगे चलकर उन्हें ही चखने पड़े। एक बार फिर कांग्रेस के विभिन्न गुटों में आपसी संघर्ष तेज होने लगा। फिर एक बार जनजीवन और शासन के धुरीधारकों के बीच की खाई और अधिक चौड़ी होने लगी।

इन परिस्थितियों के विरोध में समाज के छोटे-बड़े समूहों की ओर से अब 'सात्त्विक हरकतें' शुरू हो गईं। 'जो कुछ हो रहा है, उसमें हमारा समर्थन कदापि नहीं है' ऐसा कहनेवालों की संख्या बढ़ने लगी और यथोचित समय पर इन विचारों को जाहिर भी किया जाने लगा। अपने दुर्व्यवहारों के कारण गुजरात के सभी छोटे-बड़े कांग्रेसी नेताओं की टीका-टिप्पणियाँ बहुत आम हो गई थीं।

गली-मुहल्लों की सभाओं में चीख-चीखकर नैतिक मूल्यों की बातें करनेवाले ये नेता ही नैतिक मूल्यों पर आघात कर रहे थे। जनतांत्रिक मूल्यों का क्षय उनके लिए एक खेल बन चुका था। आहिस्ता-आहिस्ता गुजरात की जनता इस अधोगति से बेचैन होने लगी। उसके आसपास का वातावरण—चाहे वह राजनीतिक हो या सामाजिक-सत्ताधीशों द्वारा इतना कलुषित हो चला था कि अब इन सत्ताधीशों के खिलाफ जनता खुलेआम अपना विरोध प्रदर्शित करने लगी। सन् 1973 के अंत तक तो जनता की यह पीड़ा खासी नाराजगी में बदलने लगी।

नरेंद्र मोदी कहते हैं—''शांत प्रकृति के लिए प्रसिद्ध गुजरात इन वतनफरोश घटनाओं का मूकदर्शक बना रहे, यह असंभव था। इसके अलावा गुजरात की इस जागृति की पृष्ठभूमि के ऐतिहासिक कारण भी थे। गुजरात लोकतंत्रात्मक जागरूकता के प्रवर्तक रहे कई महापुरुषों की जन्म और कर्मभूमि रहा है। इस राष्ट्रीय आंदोलन एवं राष्ट्रीय नेताओं से गुजरात का नजदीक का रिश्ता रहा। स्वतंत्रता से पहले और स्वतंत्रता के बाद भी गुजरात हमेशा सक्रिय और जाग्रत् बना रहा। हर छोटी-बड़ी, राष्ट्रीय या सामाजिक समस्या के समाधान में गुजरात ने बढ़-चढ़कर योगदान दिया है।''

इस ऐतिहासिक पृष्ठभूमि को देखते हुए गुजरात में हलचल की शुरुआत हुई। सन् 1973 के दिसंबर माह के अंत में मोरबी के इंजीनियरिंग हॉस्टल में फूड बिल से संबंधित समस्याओं ने विद्यार्थियों को आंदोलन करने पर मजबूर किया। कुछ ही दिनों बाद 4

जनवरी, 1974 को इस आंदोलन का प्रभाव अहमदाबाद के एल.डी. इंजीनियरिंग कॉलेज के हॉस्टल तक पहुँच गया। तत्कालीन शिक्षा मंत्री श्रीमती आयशा बेगम शेख निष्क्रिय सरकार की ही प्रतिकृति थीं। उन्हें इस आंदोलन में जनसंघ का 'हाथ' नजर आया।

विद्यार्थी वर्ग अब पूरी तौर पर भ्रष्टाचार के खिलाफ मैदान में आ चुका था। अखिल भारतीय विद्यार्थी परिषद् ने इस आंदोलन में अपनी पूरी शक्ति लगा दी थी, नरेंद्र मोदी इस आंदोलन में सक्रिय भूमिका में थे। भ्रष्टाचार के कारणों को हटाने की माँगें जैसे-जैसे बढ़ने लगीं, वैसे-ही-वैसे उन्हें नियंत्रित करने के लिए सरकारी जोर-जुल्म बढ़ते गए। जब यह साफ हुआ कि भ्रष्टाचार का मूल तो कांग्रेस और उसके नेता हैं तो उन्हें दूर करने का विद्यार्थियों ने संकल्प किया। न केवल गुजरात अपितु संपूर्ण देश के राजनीतिक क्षितिज पर 'गुजरात का विद्यार्थी' चमक उठा।

अनेक अनुपूरक कारणों एवं असंतोष के कारण नवनिर्माण आंदोलन क्रमशः प्रभावशाली बनता चला गया। विभिन्न कारणों से समाज के हर वर्ग का सहयोग इस आंदोलन को मिलता गया। कांग्रेस की आंतरिक कलह ने भी इस आंदोलन के प्रसार में पूरा योगदान दिया। अब यह केवल विद्यार्थी समुदाय का ही नहीं, बल्कि गुजरात की जनता का आंदोलन बन चुका था। सरकार की तानाशाही का जनता ने भी डटकर सामना करना शुरू कर दिया।

स्वतंत्रता-प्राप्ति के पच्चीस सालों के बाद एक बार फिर यह प्रबल जनाक्रोश था, यह आक्रोश मदहोश कांग्रेस सरकार के खिलाफ था। प्रजाशक्ति की अवहेलना करनेवाले नेताओं को जनता ने अब पाठ पढ़ाना शुरू कर दिया था। कुछ कांग्रेसी नेता, जो दूरदर्शी थे, इस आंदोलन से चिंतित होने लगे।

आंदोलन का दुर्भाग्य यह भी था कि इसे उचित मार्गदर्शन देनेवाला कोई नेता या संगठन अब तक नहीं मिल पाया था। परिणामस्वरूप यह लड़ाई अनेक मोरचों में बँट गई। सरकारी दमन से परेशान होकर जनता की ओर से भी प्रतिहिंसा की वारदातें होने लगीं। जवाब में सरकार ने भी अपनी जिम्मेदारियाँ नजरअंदाज करते हुए एक कदम आगे बढ़कर पूर्णरूप से हिंसक स्वरूप अपना लिया। गुजरात के युवाओं को क्रूरतापूर्वक रौंद डालने में सरकार को कोई हिचकिचाहट नहीं हुई।

आंदोलन को कुचलने की दमनकारी सरकारी कोशिशों के बावजूद प्रजा ने अपनी माँगों को लेकर निरंतर संघर्ष जारी रखा। भ्रष्टाचार के प्रति गुजरात की प्रजा का आक्रोश देखकर श्री जयप्रकाश नारायण भी प्रभावित हुए बिना नहीं रह सके। मूल्यों के जतन के आग्रह को लेकर शुरू हुए इस आंदोलन को जयप्रकाश का नैतिक समर्थन प्राप्त हुआ। वे गुजरात से प्रेरित होकर ही बिहार गए थे। परिणास्वरूप इस आंदोलन के प्रभाव को देशव्यापी बनने से रोकने के लिए मजबूरन चिमनभाई पटेल को इस्तीफा देने की सूचना

केंद्र सरकार को देनी पड़ी। इस सूचना के बाद भी गुजरात की प्रजा को लगातार संघर्ष करना पड़ा। कई युवाओं ने अपने प्राणों की आहुति दी। कई निर्दोष युवा महाकाल के मुख का ग्रास बन गए। गुजरात की धरती ने मानो चंडी का रूप धारण कर लिया था। संपूर्ण गुजरात में खूनी संघर्ष की स्थिति बन गई। परिस्थिति की गंभीरता को देखते हुए और संभावित परिणामों से सचेत होकर अंततः चिमनभाई पटेल ने इस्तीफा दे दिया। चिमनभाई के त्याग-पत्र से स्वतंत्रता-प्राप्ति के पच्चीस वर्षों के बाद फिर एक बार प्रजा का अपनी शक्ति में विश्वास सुदृढ़ हुआ।

जनता के इस आत्मविश्वास ने उसे और आगे बढ़ने के लिए प्रेरित किया। चिमनभाई के त्याग-पत्र मात्र से प्रजा संतुष्ट नहीं हुई। प्रजा में अपने ही द्वारा चुने गए विधायकों के प्रति नाराजगी अभी भी थी। आंदोलन का दूसरा लक्ष्य बनी गुजरात विधानसभा और विधानसभा विसर्जन की माँग ने जोर पकड़ा। पराजय से व्यथित एवं क्षुब्ध केंद्र सरकार दूसरी पराजय को झेलने के लिए कतई तैयार नहीं थी। वह विधानसभा के विसर्जन की माँग पर घुटने टेकने पर बिलकुल सहमत नहीं थी। सरकार के झुकने से कांग्रेस के लिए कई खतरे उत्पन्न हो सकते थे। जनता के बढ़ते जोश एवं आत्मविश्वास ने आंदोलन को और अधिक तेज किया। दूसरी ओर, सरकारी दमन भी क्रूरतम होता जा रहा था। नतीजतन गुजरात को योग्य दिशा-दर्शन की जरूरत महसूस हुई; एक योग्य पथ-प्रदर्शक की आवश्यकता उत्पन्न हुई।

ऐसे समय में गुजरात को दिशा देने का जिम्मा मोरारजीभाई ने लिया। उन्होंने विधानसभा के विसर्जन की माँग को सही ठहराते हुए माँग के समर्थन में आमरण अनशन शुरू कर दिया। उनके अनशन से आंदोलन को बहुत शक्ति मिली और प्रतिष्ठा भी। अब सरकार के पास विधानसभा भंग करने की माँग मानने के अलावा और कोई उपाय नहीं बचा था। आखिरकार केंद्र सरकार ने गुजरात विधानसभा के विसर्जन की घोषणा की। इस प्रकार गुजरात की जनता ने लगातार दूसरी जीत हासिल की। इस विजय में करीबन सौ युवाओं की शहादत हुई थी।

'आपातकाल में गुजरात' पुस्तक में नरेंद्र मोदी कहते हैं : गुजरात की प्रजा की ये दोनों विजय सारे देश के लिए दिशासूचक बनीं। इन जनांदोलनों की सफलता के परिणामस्वरूप आम नागरिक इन आंदोलनों के प्रभावों से परिचित हुए। अन्य राज्यों में चल रहे देशहित के ऐसे आंदोलनों को नेतृत्व प्रदान करने के लिए जे.पी. पूरी तौर पर योग्य व्यक्ति थे और देश का सौभाग्य था कि उन्होंने आंदोलन का नेतृत्व स्वीकार कर लिया।

'गुजरात का अनुकरण'—ये शब्द उन दिनों देश की प्रजा के लिए प्रेरणास्रोत बन चुके थे। शासकों के लिए ये शब्द किसी दुःस्वप्न के समान थे और इसीलिए वे बार-बार दोहराते रहते थे कि 'गुजरात (की घटनाओं) का पुनरावर्तन नहीं होने दिया जाएगा।'

किंतु जे.पी. के नेतृत्व में हो रहा आंदोलन गुजरात की अपेक्षा कहीं अधिक सुव्यवस्थित ढंग से और मूल्यों को बनाए रखते हुए लक्ष्य-प्राप्ति हेतु प्रगति करने लगा। यह आंदोलन स्पष्ट रूप से गुजरात से मिली प्रेरणा का ही परिणाम था। बिहार में विधानसभा विसर्जन की माँग जोर पकड़ती जा रही थी। इसीलिए तत्कालीन प्रधानमंत्री श्रीमती इंदिरा गांधी ने अपने एक वक्तव्य में कहा था, "गुजरात विधानसभा भंग करने की माँग को स्वीकार कर मैंने एक गंभीर गलती की है।"

मुख्यमंत्री के त्याग-पत्र एवं विधानसभा भंग होने के बाद गुजरात की जनता न्यायोचित चुनावों द्वारा जनसत्ता की प्रतिष्ठा के लिए तत्पर थी। परंतु कांग्रेस सरकार उस चुनाव में संभावित हार का मुँह देखने को तैयार न थी। नवनिर्माण की विचारधारा के कमजोर होने तक कांग्रेस सरकार चुनाव टालना चाहती थी, परंतु जनता को यह स्वीकार्य नहीं था।

चुनाव की माँग जोर पकड़ती जा रही थी। उन्हीं दिनों 'गुजरात लोक संघर्ष समिति' की स्थापना हुई। आपसी मतभेदों को मिटाकर एकता स्थापित करने की भावना से किए गए के.डी. देसाई एवं कुछ अन्य महानुभावों के प्रयत्न महत्त्वपूर्ण थे। गुजरात में सभी दलों ने एकजुट होकर चुनाव की माँग को प्रबल बनाते हुए केंद्र सरकार को संघर्ष के लिए ललकारा।

इन्हीं दिनों मोरारजीभाई ने फिर एक बार गुजरात के आंदोलन की बागडोर सँभाली। उन्होंने चुनाव की माँग को लेकर दिल्ली में फिर आमरण अनशन शुरू कर दिया। पराजय न स्वीकार करने का निर्णय लेकर बैठी जिद्दी केंद्र सरकार को एक बार फिर जनता की आवाज के सम्मुख घुटने टेकने पड़े और केंद्र सरकार को गुजरात में विधानसभा चुनावों की घोषणा करनी पड़ी। गुजरात की जनता की यह तीसरी विजय थी। व्यक्तित्व और लोकतंत्र के बीच संघर्ष में लोकतंत्र का पक्षधर गुजरात अपनी तिहरी सफलता पर गर्व महसूस कर रहा था।

इन तीनों संघर्षों में जन-आंदोलनों को कुचल डालने के लिए सरकार ने एड़ी-चोटी का जोर लगा दिया था। साम, दाम, दंड और भेद—सभी नीतियों का प्रयोग करने के बावजूद सरकार प्रजा के सम्मुख टिक न सकी। उनकी 'नई रोशनी' को गहरा दाग लग चुका था। कांग्रेसी सरकारें अपने ही पापों के दलदल में फँस चुकी थीं। गुजरात में चुनाव और चरम सीमा पर पहुँच चुका बिहार का आंदोलन, दो बड़ी चुनौतियाँ उनके सामने थीं।

गुजरात के जन-आंदोलन ने बिखरे विपक्षी नेताओं को एक-दूसरे के निकट लाने में महत्त्वपूर्ण योगदान दिया था। कांग्रेसी शासकों से तंग आ चुकी जनता भी अब किसी समर्थ विकल्प की खोज में थी। सन् 1975 के मार्च की 22-23 तारीख को बौद्धिकों की

'दो दिवसीय राजनीतिक परिषद्' अमदाबाद में आयोजित हुई। गुजरात के विपक्षी दल किस प्रकार एकजुट होकर चुनाव लड़ें, इसके बारे में परिषद् में विस्तृत चर्चा हुई और अंततः उसमें से सृजन हुआ 'लोक संघर्ष समिति' का।

उत्तर प्रदेश विधानसभा चुनावों में एक बात स्पष्ट हो चुकी थी कि विपक्षी दलों का एकजुट होना अनिवार्य है। गुजरात की जनता की सफलता विपक्ष को इस दिशा में आगे बढ़ने के लिए प्रेरित करने को कृत-संकल्प थी। जनसंघ की अखिल भारतीय कार्यकारिणी ने अपने जम्मू सम्मेलन में मोरचे की आवश्यकता को स्वीकार किया और शनैः-शनैः सभी पक्षों को 'जनता मोरचा' के ध्वज तले एकत्र किया।

स्वतंत्रता के बाद पहली बार द्विध्रुवीय चुनाव लड़े जाने का श्रेय गुजरात को मिला। श्रीमती गांधी इस चुनौती को, उसकी गंभीरता को समझ गईं। यह चुनावी हार उनके राजनीतिक अस्तित्व को ही खतरे में डाल सकती है, यह समझना उनके लिए कठिन नहीं था। इसलिए गुजरात के चुनाव जीतने के लिए उन्होंने पूरा जोर लगा दिया। दिन-रात एक करते हुए सौ से भी अधिक जनसभाओं को संबोधित कर उन्होंने जनता को अपनी ओर खींचने के जोरदार प्रयास किए, किंतु असफल रही। 'गुजरात की बहू' की मोहिनी भी अपना कोई प्रभाव न दिखा सकी।

गुजरात की जनता ने अपने मन की किसी को भनक नहीं लगने दी और इंदिरा गांधी को लगातार चौथी शिकस्त देते हुए, जनता मोरचा के गले में जयमाला पहना दी। इस प्रकार 12 जून, 1975 के दिन भारतीय लोकतंत्र को गुजरात से एक नई दिशा मिली।

गुजरात के जन-आंदोलनों एवं आम नागरिकों के आक्रोश को कुचलने में श्रीमती इंदिरा गांधी एवं उनके सहयोगियों ने सभी उपायों को आजमा लिया, किंतु वे हर बार असफल रहे और जनता निरंतर जीत हासिल करती रही। इतनी नाकामियाँ मानो कम हों, तभी इलाहाबाद उच्च न्यायालय के निर्णय ने श्रीमती गांधी की डगमगाती स्थिति को एक और धक्का दिया। गुजरात के नतीजों और इलाहाबाद उच्च न्यायालय के निर्णय से कांग्रेस की आंतरिक राजनीति में तूफान मचा दिया।

श्रीमती गांधी का सारा मायाजाल ध्वस्त हो गया। सत्तालोलुप श्रीमती गांधी किसी भी प्रकार से सत्ता-त्याग के लिए तैयार नहीं थीं। अपनी सत्ता को बनाए रखने के लिए वे और अधिक चिंतित हो उठीं। दूसरी ओर, राष्ट्रीय स्तर पर उनके त्याग-पत्र की माँग जोर पकड़ने लगी। उनके सहयोगियों में भी इस माँग के प्रति सहमति बनने लगी। इन विपदाओं से बचाव के लिए इंदिरा को एक नए शस्त्र की आवश्यकता महसूस हुई और इस प्रकार इस भय-प्रेरित आवश्यकता ने आपातकाल के विचार को जन्म दिया। अनेक बातों से यह साबित होता है कि आपातकाल का इरादा उन्होंने 26 जून से बहुत पहले बना लिया था और तैयारियाँ भी पूरी कर ली थीं।

दिल्ली में जहाँ भारत की आजादी को बेड़ियाँ पहनाने की योजनाएँ बनाई जा रही थीं; उस समय गुजरात में सही मायनों में लोकतांत्रिक शासन स्थापित करने की तैयारी 'जनता मोरचा' द्वारा की जा रही थी। गुजरात में 19 जून को मोरचा सरकार ने बाबूभाई पटेल के नेतृत्व में सत्ता की बागडोर सँभाली। परंतु केवल सात ही दिनों में गुजरात की मोरचा सरकार की स्थिति किसी अनाथ बालक जैसी हो गई।

नरेंद्र मोदी कहते हैं, गुजरात एक वर्ष के लंबे संघर्ष के बाद विश्रांति ले रहा था। लोकनेता भी जनता सरकार बनने के बाद चैन की साँस ले रहे थे। तभी एकाएक 25 जून, 1975 की ग्रीष्मकालीन रात्रि के पिछले पहर गुजरात के नेताओं के टेलीफोन बज उठे। एक ऐसी घटना घटित हुई, जिसकी उम्मीद नहीं थी। इतना कठोर कदम सरकार उठाएगी, किसी ने कल्पना नहीं की थी। रात भर दिल्ली से फोन पर संदेश आते रहे— जे.पी. गिरफ्तार, मोरारजी भाई को पकड़ लिया गया, संघ के कार्यालय को पुलिस ने घेर लिया, राजनीतिक दलों के कार्यालयों पर पुलिस के छापे, अखबारों से भी संपर्क नहीं हो पा रहा, कहीं-कहीं तो टेलीफोन 'रिसीव' करने का काम पुलिस द्वारा ही किया जा रहा है, राष्ट्रीय स्वयंसेवक संघ के कार्यालय को खाली कर दिया जाए, महत्त्वपूर्ण कागजात और फाइलें सुरक्षित स्थान पर भेज दी जाएँ, दिल्ली आर.एस.एस. कार्यालय से प्रमुख कार्यकर्ताओं को गिरफ्तार कर लिया गया है…।

दूसरे फोन पर इस प्रकार की सूचनाएँ आ रही थीं—

नागपुर की सूचना मिलते ही दिल्ली को जानकारी दें। वस्तुस्थिति के स्पष्ट न होने तक गिरफ्तारी से बचें, सभी को सूचित करें, अटलजी, आडवाणीजी बंगलोर में हैं, अनजाने फोन आने पर कोई जानकारी न दी जाए…।

रेडियो से तानाशाह बनी इंदिराजी का प्रथम भाषण प्रसारित करवाएँ। इसके पहले अनेक संदेश और सूचनाएँ दी जा चुकी थीं।

अमदाबाद, काँकरिया-मणिनगर क्षेत्र में स्थित आर.एस.एस. का आंचलिक कार्यालय सुबह होने तक चहल-पहल से धमक उठा था। संघ प्रचारक एवं प्रदेश जनसंघ के मंत्री नाथाभाई झागड़ा रात भर संदेशों का आदान-प्रदान करते रहे। नरेंद्र मोदी सहित सभी कार्यालय को 'ठीक-ठाक' करने में व्यस्त हो गए।

सभी राजनीतिक दलों के प्रमुख व्यक्तियों को सवेरे तक समाचार मिल चुके थे। स्थिति की गंभीरता की भनक सभी को लग चुकी थी। हालाँकि गुजरात में मोरचा सरकार के होने से अन्य राज्यों की तरह प्रत्यक्ष हमलों को झेलने की नौबत गुजरात में अभी नहीं आई थी। इस ढील के कारण आपातकाल की प्रथम रात्रि से ही अमदाबाद समाचार संदेशों के आदान-प्रदान का अखिल भारतीय केंद्र बन गया। प्रातःकाल से ही पूरे शहर और गुजरात में इस लोकतंत्र पर हुए घातक हमले के समाचार फैल चुके थे।

वातावरण में खासी उत्तेजना थी।

आपात काल के लगने समाचार जैसे-जैसे फैलते गए वैसे-वैसे उसका विरोध भी तीव्र होता गया। अहमदाबाद में बाजार खुलते ही बंद हो गए। विद्यार्थी स्कूल-कॉलेजों से बाहर आ गए। अमदाबाद में उच्च न्यायालय सहित सभी कार्यालय बंद रहे। वकीलों ने आपातस्थिति का विरोध करते हुए जुलूस निकाला और जनसभा का आयोजन कर इंदिरा के अलोकतांत्रिक आचरण की कड़ी भर्त्सना की।

बड़ौदा शहर में 'जनता संघर्ष समिति' गठित की गई। 26 जून को संस्था कांग्रेस के मनुभाई पटेल की अध्यक्षता में आयोजित जनसभा में लोकतंत्र की पुनः स्थापना के लिए मुकाबले का प्रण किया गया।

गुजरात के हर छोटे-बड़े गाँव में हड़ताल पूरी तौर पर सफल रही। सूरत, वलसाड़, भरूच, वडोदरा, नड़ियाद, महेसाणा, भुज, जामनगर, राजकोट, जूनागढ़, भावनगर जैसे मुख्य शहरों में भी जनसभाएँ आयोजित की गईं।

अमदाबाद में बी.के. मजूमदार की अध्यक्षता में जयप्रकाश चौक पर एक जनसभा आयोजित हुई। दिन भर के उत्तेजनापूर्ण वातावरण के बाद इस सभा में विशाल जनसमूह एकत्र हुआ था। सारे दिन बाबूभाई जशभाई पटेल की गिरफ्तारी की अफवाहें उड़ती रहीं। जनसंघ के प्रदेश संगठन मंत्री वसंतभाई गजेंद्र गड़कर एवं दिनेशभाई शाह ने सभा को संबोधित किया। अन्य राज्यों से मिले समाचारों की जानकारी उन्होंने उपस्थित लोगों को दी। श्रीमती गांधी द्वारा भारत की प्रजा को दी गई चुनौती को स्वीकार करते हुए उसके शांतिपूर्ण प्रतिरोध के लिए उन्होंने जनता का आह्वान किया। गुजरात में 'मोरचे' की लोकतांत्रिक सरकार होने के कारण इस संघर्ष में देश का नेतृत्व करने की नैतिक जिम्मेदारी गुजरात के कंधों पर थी, अतः इस जिम्मेदारी को निभाने का निर्णय किया गया।

अधिकांश राष्ट्रीय नेता गिरफ्तार हो चुके थे। 26 जून की देर रात अनेक कोशिशों के बावजूद किसी राष्ट्रीय नेता से संपर्क नहीं हो सका था। 'गुजरात लोक संघर्ष समिति' और 'केंद्रीय लोक संघर्ष समिति' के बीच भी संपर्क छिन्न-भिन्न हो गया था। गुजरात पर कब और कैसी आपत्ति आ जाए, इसका अनुमान लगाना कठिन हो गया था। देश की परिस्थिति को देखते हुए गुजरात तूफानी समुद्र के बीच स्थित द्वीप के समान अलग-थलग पड़ गया था। आपातस्थिति के प्रभाव को अधिकाधिक व्यापक बनाने के लिए सरकार की ओर से शुरू की गई काररवाई को देखते हुए राष्ट्रीय स्वयंसेवक संघ पर किसी भी समय हमला हो सकता था।

गुजरात राष्ट्रीय स्वयंसेवक संघ के प्रांत प्रचारक केशव रावजी देशमुख आपातकाल की घोषणा के समय जामनगर जिले के दौरे पर थे। वे अपने दौरे को बीच में ही रोककर अहमदाबाद वापस आ गए। नरेंद्र मोदी सहित संघ के कुछ प्रमुख कार्यकर्ता भी उपलब्ध

जानकारी के सहारे वस्तुस्थिति का आकलन करने के लिए एकत्र हुए। राष्ट्रीय स्वयंसेवक संघ को प्रतिबंधित किया जाएगा, यह स्पष्ट रूप से दिख रहा था।

संघ पर प्रतिबंध लगाए जाने के पहले ही संगठन की संपर्क-शृंखला को दुरुस्त कर लेने का निर्णय किया गया। इस नई व्यवस्था से जुड़ी आवश्यक सूचनाओं को लेकर कार्यकर्ता प्रत्येक जिले में पहुँच गए। 30 जून से पहले ही प्रांत के प्रमुख स्थानों के बीच नई व्यवस्था का तंत्र बिछा लिया गया। संघ के कार्यालयों को गुप्त स्थानों पर स्थानांतरित कर दिया गया। तभी 30 जून को राष्ट्रीय स्वयंसेवक संघ के सर संघचालक बालासाहब देवरस की गिरफ्तारी का समाचार आया। संघ पर प्रतिबंध लगना अब निश्चित था।

26 जून से ही भूमिगत 'केंद्रीय लोक संघर्ष समिति' के मंत्री नानाजी देशमुख एवं अन्य बचे हुए केंद्रीय नेता देश के सभी राज्यों से संपर्क करने में प्रयत्नशील थे। उन दिनों में दिल्ली में रहते हुए यह कार्य कर पाना बहुत ही कठिन था। दिल्ली में ही रहनेवाले भूमिगत नेताओं के लिए भी परस्पर संपर्क स्थापित कर पाना संभव नहीं हो सका था। इस कार्य में गुजरात कितना उपयोगी सिद्ध हो सकता है, इस संभावना को जाँचने के लिए दिल्ली से जनसंघ के एक भूमिगत कार्यकर्ता रामभाऊ गोडबोले अमदाबाद आए। उनके पास दिल्ली के वातावरण की विस्तृत जानकारी थी। उन्होंने गुजरात के सभी बड़े नेताओं से मुलाकात कर बदली हुई परिस्थिति पर उनके साथ विचार-विमर्श किया। गुजरात की अनुकूल परिस्थितियों का इस लड़ाई में कितना उपयोग किया जा सकता है, इस बारे में भी सोचा गया। उनके आने से गुजरात के लिए दिल्ली में रह रहे नानाजी देशमुख के साथ संपर्क स्थापित कर पाना संभव हो सका।

नरेंद्र मोदी इस संकट पर कहते हैं—"बदली हुई परिस्थिति पर विचार करके नई व्यूह-रचना के लिए अहमदाबाद में गुजरात जनसंघ के प्रांत भर के कार्यकर्ताओं की एक बैठक का आयोजन किया गया। इस बैठक में एक बात पर सभी एकमत थे कि श्रीमती गांधी गुजरात सरकार को पदच्युत करके सोते हुए साँप को जगाने का दुःसाहस कदापि नहीं करेंगी। दूसरा मंतव्य यह था कि श्रीमती गांधी मोरचा सरकार को पदच्युत करने की बजाय अपनी स्थिति मजबूत होने पर दलबदल के हथकंडों के जरिए इस सरकार को परास्त करना अधिक पसंद करेंगी। इन संभावनाओं के बावजूद आनेवाली किसी भी विपत्ति का सामना करने के लिए तैयार रहने का निर्णय भी किया गया।"

गुजरात के सामने अब दो तरह से आपातस्थिति का सामना करने की स्थिति थी। एक तो गुजरात में विरोध की शक्ति को निरंतर सक्रिय रखें और दूसरी स्थिति थी देश के अन्य राज्यों में शुरू भूमिगत आंदोलन एवं भूमिगत कार्यकर्ताओं से संपर्क रखते हुए देश के साथ संपर्क स्थापित करने की शक्ति को सचेतन बनाए रखना इसमें 'गुजरात लोक संघर्ष समिति' पर्याप्त रूप से सक्रिय थी, परंतु केंद्र एवं अन्य राज्यों से संबंध बनाए रखने

के लिए नए सिरे से विशेष व्यवस्था की आवश्यकता थी। सभी राज्यों से संपर्क स्थापित कर जानकारी का आदान-प्रदान करने के लिए एक विशाल संगठन भी जरूरी था। राष्ट्रीय स्वयंसेवक संघ एवं जनसंघ के लिए यह कार्य अधिक आसान था। नरेंद्र मोदी की आयु उस समय केवल 25 वर्ष थी। युवा नरेंद्र मोदी ने लोकतंत्र की रक्षा हेतु प्रारंभ हुए जनसंघर्ष में अग्रिम मोरचे पर एक जुझारू सैनिक की भूमिका अदा की। उन्होंने गुजरात में विरोधी आयोजनों के साथ-साथ अन्य राज्यों से संपर्क स्थापित करने का कार्य भी अपने जिम्मे ले लिया।

आरंभिक उत्तेजना की अभिव्यक्ति हो चुकी थी और अब फूँक-फूँककर आगे बढ़ने का समय आ चुका था। 'केंद्रीय लोक संघर्ष समिति' ने व्यक्तिगत सत्याग्रह के कार्यक्रम घोषित किए।

'गुजरात सर्वोदय मंडल' की एक बैठक अमदाबाद में आयोजित हुई। इसमें श्रीमती गांधी के अलोकतांत्रिक तरीकों का विरोध किया गया और महात्मा गांधी द्वारा दिखाए गए अहिंसक तरीकों से गुजरात भर में व्यापक प्रतिकार एवं प्रजा को जाग्रत् करने का निर्णय लिया गया।

गुजरात में मोरचा सरकार होने के कारण सभाओं-रैलियों पर पाबंदी नहीं लगी थी। 29 जून की शाम को अहमदाबाद के राजभवन की ओर कूच का आयोजन किया गया। सरदार वल्लभभाई पटेल की पुत्री कु. मणिबहन पटेल एवं भोगीभाई गांधी के नेतृत्व में आयोजित इस कूच में पाँच हजार नागरिकों ने हिस्सा लिया। केंद्र सरकार के प्रतिनिधि गुजरात के राज्यपाल के.के. विश्वनाथन को एक आवेदन-पत्र दिया गया, जिसमें आपातकाल को शीघ्र निरस्त कर लोकतंत्र की फिर स्थापना की माँग की गई। गुजरात की जनता की इस भावना को केंद्र सरकार तक पहुँचाने के लिए राज्यपाल महोदय से प्रार्थना भी की गई।

गुजरात के बुजुर्ग जनसेवक रविशंकर महाराज ने श्रीमती गांधी को एक तार भेजकर अपनी मनोव्यथा से अवगत कराया। उन्होंने राष्ट्र एवं श्रीमती गांधी, दोनों के ही हित के लिए लोकतंत्र की पुनः प्रतिष्ठा की माँग की। उनके अलावा गुजरात के कई जाने-माने व्यक्तियों ने भी अपना विरोध व्यक्त किया।

उन दिनों गुजरात सरकार पर खतरा मँडरा रहा था। सरकार का तनिक भी सिर उठाना उसके लिए आपत्तियों को न्योता देने के बराबर था। ऐसी विकट स्थिति में सरकार ने प्रतिकार शुरू करने का निश्चय किया। गुजरात सरकार ने 'मीसा' एवं जनसभाओं पर प्रतिबंध के केंद्र सरकार के आदेश का पालन करने से इनकार कर दिया। विरोध के पहले प्रयास के रूप में 30 जून को गुजरात जनता मोरचा विधानसभा पक्ष ने आपातकाल के विरोध में एक प्रस्ताव पारित किया। इस प्रस्ताव में शांतिपूर्ण तरीकों से प्रतिकार कर

रही जनता का अभिवादन किया गया और लोकतंत्र की पुनः स्थापना के उद्देश्य से चल रही शांत एवं अहिंसक लड़ाई को अपना सक्रिय सहयोग देने की घोषणा की गई।

मोरचा सरकार के रहते आपातकाल के क्रूर प्रभावों से गुजरात के नागरिक बचे हुए थे। उनके नागरिक अधिकार भी अब तक सुरक्षित थे। किंतु रेडियो और टी.वी. पर दिन-रात चलनेवाला प्रचार सभी को खटकता था। इसके विरोध में 'लोक संघर्ष समिति' के कार्यकर्ताओं ने आकाशवाणी के अहमदाबाद, वडोदरा, राजकोट एवं भुज केंद्रों के बाहर धरने दिए। इस कार्यक्रम में सैकड़ों युवाओं ने हिस्सा लिया। अहमदाबाद के आकाशवाणी केंद्र के सामने प्रतीकात्मक 'जनवाणी' पर विशेष समाचार बुलेटिन पढ़ने के कार्यक्रम का भी आयोजन किया गया।

देश पर आ पड़े इस संकट और गुजरात के नवनिर्माण आंदोलन के शहीदों की शहादत में एक रिश्ता था। जिन बुराइयों एवं अनाचारों का प्रतिकार करते हुए इन शहीदों ने कुरबानियाँ दी थीं, उन्हीं कारणों की एबपोशी के लिए आपातकाल का यह संकट खड़ा किया गया था। 'गुजरात लोक संघर्ष समिति' ने इसी से जुड़े एक भावनात्मक कार्यक्रम का आह्वान किया। तय किया गया कि गुजरात की जनता नवनिर्माण के शहीदों के स्मारकों पर जाकर लोकतंत्र की पुनः स्थापना हेतु आपातकाल का प्रतिकार करने की प्रतिज्ञा ले।

गुजरात के गाँवों-शहरों में बने सौ से भी अधिक शहीद-स्मारकों पर जाकर हजारों नागरिकों ने शहीदों की शहादत को व्यर्थ न जाने देने की शपथ ली—'इस महान् राष्ट्र की स्वतंत्रता और अखंडता तथा प्रजा के मूलभूत गणतांत्रिक अधिकारो' की रक्षा, हेतु बलिदान देने का प्रण भी किया गया।

वडोदरा शहर के नागरिकों ने 28 जून को विशाल मूक जुलूस निकाला। इसमें सम्मिलित सभी लोगों ने काली पट्टियाँ बाँधकर केंद्र सरकार के काले कारनामों के विरोध में निःशब्द विरोध प्रदर्शित किया। जुलूस ने शहीद-स्मारक पर पुष्पांजलि अर्पित कर सत्य के पक्ष में प्राणों की आहुति देने की प्रतिज्ञा ली।

□

लोकतंत्र के प्रहरी

राष्ट्रीय स्वयंसेवक संघ के सरसंघचालक बालासाहब देवरस की 30 जून को गिरफ्तारी से संघ पर प्रतिबंध लगना लगभग तय हो चुका था।

आनेवाली परिस्थितियों से निपटने की रणनीति तय करने के लिए गुजरात राज्य के करीब पचास प्रमुख कार्यकर्ताओं की एक बैठक अहमदाबाद में हुई। संघ प्रचारक नरेंद्र मोदी भी उस बैठक में उपस्थित थे। इस बैठक में विशेष रूप से उपस्थित रहने के लिए संघ के क्षेत्र प्रचारक लक्ष्मणरावजी ईनामदार हवाई जहाज से नागपुर से अहमदाबाद पहुँचे। दिल्ली से आए भूमिगत नेता रामभाऊ गोडबोले भी इस बैठक में उपस्थित थे।

अनेक विषयों पर विचार-विमर्श हुआ। संघ पर प्रतिबंध लगने की स्थिति में गुजरात में भी खुलेआम काम करना संभव नहीं। अतः गुजरात में भी भूमिगत रहते हुए या गिरफ्तारी से बचते हुए बाहर रहकर प्रमुख कार्यकर्ता कार्य करें, यह फैसला लिया गया।

भूमिगत रहने के दौरान प्रवास एवं मुलाकातों के स्थान, पत्राचार के पते व दूरभाष के उपयोग के स्थान अत्यंत सावधानी के साथ चुनने होते हैं। संघ के विशाल संगठन के कारण ये व्यवस्थाएँ अत्यंत सरलतापूर्वक उपलब्ध हो सकी थीं। जिला स्तरीय प्रमुख कार्यकर्ताओं के छद्म नाम एवं अन्य व्यवस्थाएँ भी उसी दिन पूरी कर ली गई थीं।

नागपुर से आए वकील साहब लक्ष्मणरावजी ईनामदार ने महाराष्ट्र एवं नागपुर के समाचार दिए। बदली हुई स्थितियों में गुजरात का केवल अपने बारे में सोचना उचित नहीं था। देश के अन्य राज्यों के लिए किस प्रकार से उसका अधिकाधिक उपयोगी किया जाए, इस बारे में भी सोचना था।

देश भर में स्थित चार संपर्क केंद्रों—अहमदाबाद, बंगलौर, बंबई एवं दिल्ली के मध्य संपर्क कड़ी के रूप में अहमदाबाद कार्य करेगा, यह निर्णय लिया गया। गुजरात के एक अल्प परिचित स्वयंसेवक को यह कार्यभार दिया गया। तय किया गया कि वे हर दस दिन के अंतराल पर हवाई रास्ते से इन केंद्रों के दौरे करेंगे और वहाँ के महत्त्वपूर्ण

व्यक्तियों से निश्चित स्थानों पर मिलेंगे। इस कार्य में अत्यंत सावधानी एवं साहस की आवश्यकता थी। उनके साथ कई महत्त्वपूर्ण कागजात भी होते थे। शुरू के कुछ दिनों तक हवाई अड्डों पर भी सुरक्षा व्यवस्था अधिक चौकस हुआ करती थी। इस स्थिति में साथ के गोपनीय कागजात पकड़े न जाएँ, इस बात की भी सावधानी उन्हें रखनी पड़ती थी।

अहमदाबाद में आयोजित इस बैठक में तय किया गया कि प्रतिबंध की घोषणा के तीसरे दिन अहमदाबाद में एक निश्चित स्थान पर प्रतिबंध के बाद की सारी जानकारी के साथ सभी विभाग प्रचारक (संघ की संरचनानुसार दो या तीन जिले जुड़कर एक विभाग बनता है) इकट्ठे होंगे। इस निर्णय के साथ सभी दो जुलाई की शाम अपने-अपने स्थान के लिए रवाना हुए।

सौराष्ट्र की स्थिति का जायजा लेने के लिए वकील साहब राजकोट के लिए रवाना हुए। तीन तारीख की शाम बंबई से केशवरावजी देशमुख के लिए एक टेलीफोन संदेश आया—'एक व्यक्ति आवश्यक सूचनाएँ लेकर सवेरे अहमदाबाद आ रहे हैं।' देशमुखजी चार जुलाई की सुबह इस आगंतुक संदेशवाहक के इंतजार में कार्यालय में बैठे थे। नरेंद्र मोदी और जनसंघ के संगठन मंत्री नाथाभाई झगड़ा नए ठिकाने की व्यवस्था करने के लिए बाहर गए हुए थे।

दोपहर के बारह बजे थे। नरेंद्र मोदी और नाथाभाई झगड़ा दोनों यथोचित वैकल्पिक व्यवस्था कर स्कूटर से वापस लौटे। नरेंद्र मोदी स्कूटर चला रहे थे। कार्यालय के पास पहुँचते ही दोनों ने देखा कि वहाँ एक पुलिस वैन खड़ी है। दूर से ही देखने पर पता चला कि पुलिस वैन में संघ के प्रांत प्रचारक बैठे हैं। सारे कार्यालय को पुलिस ने घेर रखा था। संघ के कार्यालय में मरम्मत का काम चल रहा था। इस काम के लिए आए मजदूर कार्यालय के बाहर खड़े दिखाई दिए। स्पष्ट था कि कार्यालय पर पुलिस ने कब्जा कर लिया था। इस स्थिति में नरेंद्र मोदी और नाथाभाई का वहाँ खड़ा रहना खतरे से खाली नहीं था। नरेंद्र मोदी ने स्कूटर की गति बढ़ा दी, अपनी गतिविधियों में व्यस्त होने के कारण पुलिस की निगाह उन पर नहीं पड़ी। सुरक्षित स्थान पर पहुँचने पर उन्होंने अपना स्कूटर पास ही एक परिचित के घर छिपा दिया। तत्पश्चात् ऑटो में बैठकर कुछ ही दिनों के परिचित एक कार्यकर्ता के घर पहुँचे। अब तक गुजरात में हो रही इन गिरफ्तारियों की कोई जानकारी उनके पास नहीं थी।

नरेंद्र मोदी ने फोन पर पूछताछ की तो पता चला कि संघ एवं अन्य पच्चीस संस्थाओं पर प्रतिबंध लगा दिया गया था। फोन से ही उन्होंने गुजरात के हर जिले तक यह जानकारी पहुँचाई। शाम होने तक तो गुजरात के और भी कई मुख्य नगरों से संघ के कार्यकर्ताओं की गिरफ्तारी के समाचार आने लगे।

संघ के प्रांत प्रचारक केशवरावजी देशमुख की गिरफ्तारी के समय उनके पास बंबई से एक संघ अधिकारी द्वारा पहुँचाए गए गोपनीय कागजात भी होंगे, इस बात के स्मरण में आते ही नरेंद्र मोदी ने उन गोपनीय कागजातों को निकलवाने की योजना बनाई।

मणिनगर की एक बहन को दोपहर का चाय-नाश्ता लेकर मणिनगर पुलिस स्टेशन में कैद देशमुखजी से मिलने के लिए भेजा गया। उनके साथ झोले में अखबार, पुस्तकें इत्यादि भी भेजे गए। उन बहन को वहाँ जाकर क्या करना है, इस बात की सूचना भी उन्हें दी गई। उन्होंने पुलिस की नजर बचाकर देशमुख के हैंडबैग में रखे सभी कागज निकालकर, अपने झोले के अखबार-पुस्तकों के बीच छुपाकर रख लिये और इस प्रकार आसानी से वे कागजात नरेंद्र मोदी तक सुरक्षित पहुँच गए।

ये कागजात अत्यंत महत्त्वपूर्ण थे। गुजरात में भूमिगत गतिविधियों के संचालन के लिए आवश्यक कुछ महत्त्वपूर्ण पतों के अलावा बंबई से संघ कार्यकर्ता के साथ आया संघ के सरसंघचालक द्वारा जेल जाने से पूर्व लिखा गया पत्र भी उन कागजातों में शामिल था। इस पत्र में देवरसजी ने प्रतिकार के लिए स्वयंसेवकों से अपील थी और संघ के सभी प्रचारकों के लिए भूमिगत रहते हुए आंदोलन की जिम्मेदारी सँभालने की सूचना भी दी थी।

शाम तक एक बात स्पष्ट हुई कि प्रतिबंधित संस्थाओं के कार्यकर्ताओं को डी.आई.आर. के तहत गिरफ्तार किया गया था और उनकी जमानत हो सकती थी। गुजरात के सभी कार्यकर्ताओं ने जमानत पर रिहा होकर प्रतिकार का कार्य आगे बढ़ाने का निश्चय किया। अधिकांश कार्यकर्ता दो-तीन दिन में ही जमानत पर रिहा हो गए।

गुजरात में मोरचा शासन की स्थिति भी अब डगमगाती प्रतीत हो रही थी। अतः प्रचारकों को डी.आई.आर. के तहत गिरफ्तारी से भी अपने आपको बचाने की सूचना दी गई। मोरचा सरकार के कार्यकाल में ही, जिनके लिए डी.आई.आर. के तहत वारंट निकल चुके थे, वैसे संघ के करीब उनतीस प्रचारकों के साथ अन्य प्रचारकों ने भी भूमिगत हो जाना जरूरी समझा। उनमें नरेंद्र मोदी भी एक थे। अन्य कई ऐसे प्रचारक भी थे, जिनके बारे में सरकार को जानकारी न होने से उनके वारंट नहीं निकले थे।

पूर्व निर्धारित योजनानुसार प्रतिबंध लगने के तीसरे दिन सात जुलाई की रात में संघ के विभाग प्रचारकों की एक बैठक अहमदाबाद में हुई।

संघ में 'प्रचारक' शब्द सर्वविदित है। परंतु अन्य लोगों को इस बारे में अधिक जानकारी नहीं है। अपना घर, परिवार इत्यादि छोड़कर केवल संघ के ही कार्य में चौबीसों घंटे लगे रहनेवाले व्यक्ति को संघ की शब्दावली में 'प्रचारक' कहा जाता है। इन प्रचारकों का वर्ग संपूर्ण भारत में फैला हुआ है। भूमिगत अवस्था में प्रचारकों ने जो भूमिका निभाई और भूगर्भ प्रवृत्ति को जिस प्रकार उन्होंने आगे बढ़ाया, उससे मोरारजीभाई

तक बहुत प्रभावित हुए थे। ऐसे समर्पित प्रचारकों की गुजरात में यह प्रथम बैठक थी।

मोरचा की लोकतांत्रिक सरकार होने के बावजूद गुजरात की पुलिस के मन-मस्तिष्क पर आपातकाल हावी था। चूँकि संघ एक प्रतिबंधित संगठन था, अत: उसके कार्यकर्ताओं द्वारा बैठक किए जाने की स्थिति में उन्हें सात साल की सजा तक हो सकती थी। इन संभावनाओं को ध्यान में रखते हुए बैठक के आयोजन में पूरी सावधानी बरती गई। नरेंद्र मोदी भी इस बैठक में उपस्थित थे।

दिन : सात जुलाई

समय : रात के साढ़े आठ बजे

स्थान : मणिनगर के एक कार्यकर्ता का घर

घर के बाहरी किवाड़ बंद थे। बाहरी कमरे की रोशनी भी बुझा दी गई। बाहर आँगन के एक अँधेरे कोने में परिवार की ही एक बहन बैठी हुई थी। आगंतुक दबी आवाज में अपना 'कोड वर्ड' बताते। बहन उन्हें पिछले दरवाजे से भीतर जाने का निर्देश देती। निश्चित समय तक सभी लोग आ पहुँचे। एकत्र हुए सभी डी.आई.आर. की वांटेड लिस्ट में दर्ज संघ प्रचारक थे। पुलिस एवं परिचितों की निगाह से बचने के लिए सभी ने आवश्यक वेश-परिवर्तन किया हुआ था। आवाज बाहर न जा सके, इसके लिए बंद खिड़की के पास रखा रेडियो ऑन कर दिया था। सभी सावधानियों को परख लेने और आश्वस्त हो जाने के बाद बैठक शुरू होती।

ऐसे अवसरों पर सीमित समय में अधिक-से-अधिक काम निपटाना होता है। मीटिंग में एक के बाद एक, गुजरात के सभी जिलों की जानकारी का आदान-प्रदान हुआ। गुजरात के प्रमुख नगरों में संघ के जिला स्तरीय कार्यकर्ताओं को पकड़ लिया गया था। संघ के प्रचारकों को ढूँढ़ा जा रहा था। प्रांत भर में संघ के बाईस कार्यालयों पर पुलिस ने छापे मारकर उन पर कब्जा कर लिया था। सारे प्रांत से प्रतिबंधित संस्थाओं के कुल एक सौ सड़सठ कार्यकर्ताओं को डी.आई.आर. के तहत गिरफ्तार कर लिया गया था। इनमें संघ के एक सौ इकतालीस कार्यकर्ता थे।

अन्य प्रतिबंधित संस्थाओं में प्रमुख संस्थाएँ आनंद मार्ग, प्राउटिस्ट ब्लॉक और जमाअत-ए-इसलामी थीं। आनंद मार्ग के कार्यकर्ता अधिकांशत: हिम्मतनगर, सूरत, भुज और अहमदाबाद से; जब कि जमाअत-ए-इसलामी के कार्यकर्ता अहमदाबाद, वडोदरा एवं धोलका से पकड़े गए थे।

कई स्थानों पर गिरफ्तार कार्यकर्ताओं की उपस्थिति में ही कार्यालयों की तलाशी ली गई। महत्त्वपूर्ण फाइल इत्यादि दस्तावेजों को सरकार ने जाँच हेतु अदालत के सुपुर्द भी किया। चार जुलाई को गिरफ्तार किए गए कई कार्यकर्ताओं को सात जुलाई तक जमानत पर भी नहीं छोड़ा गया था। बाद में मिली जानकारी के अनुसार कई मामलों में

तो पंद्रह दिनों तक जमानत की दरख्वास्त तक मंजूर नहीं की गई थी। इस प्रकार इस मीटिंग से कई तरह की जानकारी प्रांत-केंद्र को मिली।

इन बदले हालातों में किस प्रकार काम किया जाए, इस पर भी विचार-विमर्श हुआ। एक महत्त्वपूर्ण निर्णय यह भी लिया गया कि संघ के सभी स्वयंसेवक 'लोक संघर्ष समिति' के कार्यकर्ता के रूप में काम करेंगे तथा संघर्ष समिति के सभी कार्यों को सफल बनाने के लिए सक्रियतापूर्वक प्रयत्न करेंगे। इसके अलावा इस बैठक में जो निर्णय लिये गए, वे थे—

- प्रतिबंध के बावजूद संघ को जीवंत बनाए रखने के लिए भिन्न-भिन्न नामों से खेल क्लब, भजन मंडलियाँ, सेवा मंडल इत्यादि की रचना कर संघ पद्धति के अनुसार दैनंदिन एकत्रीकरण के कार्यक्रम नए स्वरूप में जारी रखे जाएँ।
- नियमित रूप से लोगों से संपर्क कायम रखते हुए उन तक समाचारों को पहुँचाया जाए। स्वयंसेवकों का व्यवहार निडरतापूर्ण हो, ताकि संपूर्ण समाज को निडर बनाया जा सके।
- प्रति सप्ताह हर एक विभाग से कार्यकर्ता अपने विभाग की संघ एवं संघर्ष से संबंधित सूचनाएँ लेकर अहमदाबाद आए तथा लौटते समय केंद्र की ओर से दी जानेवाली सूचनाएँ एवं साहित्य अपने विभाग तक लेकर जाए।
- सूचनाओं के आदान-प्रदान के लिए स्थान अहमदाबाद के एक छोटे उद्योगपति का कार्यालय होगा।
- संपर्क स्थान पर आनेवालों के लिए एक 'कोड वर्ड' तय किया गया। संघ के एक प्रचारक महेंद्रभाई भट्ट उर्फ बटुकभाई को इस संपर्क कार्यालय पर नियमित रूप से उपस्थित रहने की जिम्मेदारी सौंपी गई।
- प्रत्येक विभाग-केंद्र में भी ऐसे गुप्त स्थान तय किए जाएँ, जहाँ जिले भर की सूचनाएँ एकत्रित की जा सकें।
- भूमिगत कार्यकर्ताओं एवं उन्हें सहायता करनेवाले अन्य कार्यकर्ताओं को छद्म नाम दिए गए।

इस प्रकार अनेक छोटी-से-छोटी सतर्कतापूर्ण व्यवस्थाओं का प्रबंध कर मीटिंग का समापन किया गया। प्रथम भूमिगत बैठक निर्विघ्न होने से सभी संतुष्ट थे। हालाँकि बाद में नरेंद्र मोदी सहित सभी इस प्रकार की बैठकों के अभ्यस्त हो गए थे।

'केंद्रीय लोक संघर्ष समिति' की ओर से समिति के संयोजक नानाजी देशमुख ने 25 जून की दिल्ली की ऐतिहासिक सभा में श्रीमती गांधी के त्यागपत्र की माँग के साथ 29 जून से राष्ट्रव्यापी सत्याग्रह का आह्वान किया। परंतु उसी रात (25 जून की रात) पूरा देश मानो एक बड़ी जेल में तब्दील हो गया था। परिणामतः व्यापक रूप से सामूहिक

सत्याग्रह तो संभव न हो सके, पर कई प्रांतों में प्रतीकात्मक रूप से व्यक्तिगत सत्याग्रह नियमित रूप से होते रहे। अन्य प्रांतों की तुलना में गुजरात की स्थिति भिन्न थी। 'गुजरात लोक संघर्ष समिति' ने सत्याग्रह के कार्यक्रम को प्रभावी रूप से अमल में लाने का निर्णय किया, जिसके अनुसार 15 से 26 जुलाई तक गुजरात के सभी जिला केंद्रों पर पाँच-पाँच कार्यकर्ताओं के गुट द्वारा दैनिक रूप से सत्याग्रह करने की योजना बनाई गई।

सत्याग्रह को व्यापक और प्रभावी बनाने के लिए गुजरात में कई सभा-रैलियों का आयोजन किया गया। इन कार्यक्रमों के अमलीकरण में दक्षिण गुजरात अधिक सक्रिय रहा। नवसारी में विद्यार्थी-कार्यकर्ता एकत्र होकर रोजाना गली-मोहल्लों में रैलियों का आयोजन करते थे। सूरत में सात जुलाई को युवा मोरचा एवं 'लोक संघर्ष समिति' द्वारा पाँच जुलाई के दिन बड़ी रैली का आयोजन किया गया। इस रैली में आसपास के ग्रामीण क्षेत्रों के नागरिकों ने भी हिस्सा लिया। सरदार पटेल की प्रतिमा के सम्मुख इस रैली में लोगों ने शांतिपूर्ण प्रतिकार की शपथ ली। वड़ोदरा और नड़ियाद में भी विशाल सभाएँ आयोजित की गईं।

अहमदाबाद में 11 जुलाई को करीब दो सौ पचास कार्यकर्ताओं ने राष्ट्र में आपातकाल के प्रतीक के रूप में मुँह पर ताले के चिह्न के साथ मौन रैली निकाली। दूसरे दिन रास्तों पर चल रहे वाहनों पर संविधान के आमुख की प्रतियाँ चिपकाई गईं। इसके अलावा शाम को रूपाली थिएटर के पास एवं रायपुर चकला इलाके में सार्वजनिक रूप से संविधान के आमुख के पठन का कार्यक्रम आयोजित किया गया। लाल दरवाजा के पास स्थित सरदार बाग में विद्यार्थियों द्वारा रैली निकाली गई। 15 जुलाई से शुरू होनेवाले सत्याग्रह की पूर्व रात्रि को सारे शहर में पंद्रह मिनट के घंटनाद का कार्यक्रम भी सफलतापूर्वक संपन्न हुआ।

इन सभी कार्यक्रमों की जानकारी सक्रिय कार्यकर्ताओं तक तो पहुँचाना आसान था; आम जनता तक भी यह जानकारी पहुँचाने के लिए संघ के स्वयंसेवकों द्वारा यथोचित प्रबंध किए जाते थे। प्रत्येक वॉर्ड के सूचनापट्ट पर हर नए समाचार एवं कार्यक्रमों की जानकारी नियमित रूप से लिखी जाती थी।

जनजागरण की इस प्रवृत्ति में सौराष्ट्र भी पीछे नहीं रहा। कच्छ क्षेत्र के रापर जैसे छोटे गाँव में भी काले झंडों के साथ बड़ी रैली निकाली गई। राजकोट में भी विशाल रैली एवं सभा का आयोजन किया गया। इन आयोजनों के उपरांत प्रतिदिन भिन्न-भिन्न स्थानों पर गुप्त बैठकों के द्वारा लोक-शिक्षा के कार्यक्रम भी आयोजित किए गए। सावर कुंडला ने तो अपनी एक भूमिगत पत्रिका का प्रकाशन भी शुरू कर दिया था। वडनगर जैसे छोटे से गाँव में डॉ. वसंत पारीख ने एक विशाल सभा को संबोधित किया।

इस प्रकार 15 जुलाई से आरंभ होनेवाले सत्याग्रह से पहले ही गुजरात के हर गाँव का माहौल गरम होने लगा था। गुजरात में सभा-रैलियों पर प्रतिबंध न होने से सत्याग्रह

को विशिष्ट शैली में करना आवश्यक जान पड़ा। यदि सेंसरशिप के कानून को भंग किया जाए, तभी सत्याग्रह लक्ष्य-सिद्धि में सफल हो सकता था। अत: गुजरात भर में सत्याग्रह की अभिव्यक्ति के लिए सेंसर की गई पत्रिकाओं के सार्वजनिक पठन-पाठन के कार्यक्रम व्यापक रूप से आयोजित किए गए। इस सत्याग्रह में समाज के सभी वर्गों का प्रतिनिधित्व था। ग्यारह दिन चले इस सत्याग्रह में गुजरात भर के करीब चार सौ सत्याग्रहियों ने हिस्सा लिया।

सत्याग्रहियों को दंडित करने की प्रक्रिया में कई विषमताएँ थीं। कई स्थानों पर तो सत्याग्रहियों को 'अंडर ट्रायल' स्थिति में ही पंद्रह-पंद्रह दिनों तक जेल में रखा जाता था; कई जगहों पर उन्हें पंद्रह दिन से एक माह तक के कारावास की सजा दी गई थी। अहमदाबाद की अदालतों ने सत्याग्रह को लोकतंत्र का पूरक एवं अनिवार्य तत्त्व मानकर सत्याग्रहियों को मुक्त कर देने के ऐतिहासिक फैसले भी दिए।

जेल से रिहा होकर आनेवाले सत्याग्रहियों का जनता भव्य स्वागत करती। सत्याग्रहियों को जेल के लिए विदा करना एवं उनके रिहा होकर लौटने पर उनका स्वागत करना—ये दोनों स्थितियाँ प्रजा की हिम्मत और निडरता का प्रमाण थीं।

प्रचारकों के लिए संघ कार्यालय ही निवास-स्थान हुआ करते हैं। चार जुलाई को संघ पर प्रतिबंध लगाया गया और संघ के कार्यालयों पर सरकार ने कब्जा कर लिया। अत: नरेंद्र मोदी एवं संघ के प्रांत प्रचारक केशवराव देशमुख, दोनों ही वसंतभाई गजेंद्र गड़कर के घर पर रहा करते थे।

प्रात: उठकर टहलने जाना नरेंद्र मोदी का नित्यक्रम का अभिन्न हिस्सा था। टहलने के लिए वे आंबावाडी (अहमदाबाद का एक इलाका) स्थित परिमल गार्डन में जाया करते थे। उस समय प्रभुदास पटवारी (जो तमिलनाडु के राज्यपाल भी रह चुके हैं।) भी वहाँ टहलने आया करते थे। उनसे नरेंद्र मोदी का घनिष्ठ परिचय जुलाई के प्रथम सप्ताह में ही हुआ था। संघ की भूमिगत अवस्था के दौरान की व्यवस्था के कारण नरेंद्र मोदी के पास देश के अधिकांश क्षेत्रों के समाचारों की जानकारी रहती थी। नरेंद्र मोदी नियमित रूप से प्रभुदास भाई को उन जानकारियों से अवगत कराते रहते थे। नरेंद्र मोदी राष्ट्रीय स्वयंसेवक संघ के प्रचारक हैं। यह बात वे भी जानते थे।

जुलाई के आखिरी दिनों में, उन्होंने एक दिन नरेंद्र मोदी को अपने घर आने का आमंत्रण दिया। ठीक साढ़े दस बजे नरेंद्र मोदी उनके घर पहुँचे। प्रभुदासभाई नरेंद्र मोदी का इंतजार कर रहे थे। घर में उनके अलावा उस वक्त और कोई नहीं था। उन्होंने नरेंद्र मोदी को अपने करीब बिठाते हुए अत्यंत धीमी आवाज में बताया, 'दस मिनट में ही जॉर्ज फर्नांडीज यहाँ आने वाले हैं। आप उनसे मिल सकें, इसीलिए मैंने आपको यहाँ बुलाया है।'

नरेंद्र मोदी और प्रभुदास पटवारी की बातें चल ही रही थीं कि पीले रंग की एक फियट कार दरवाजे के पास आकर रुकी। उसमें से विशाल कायावाले, बिना इस्तरी का कुरता पहने, सिर पर हरे रंग का कपड़ा बाँधे, पट्टेदार छपाईवाली तहमत तथा कलाई पर सुनहरी चेनवाली घड़ी पहने, चेहरे पर बढ़ी दाढ़ी में एक मुसलिम फकीर का वेश धारण किए हुए 'बाबा' के नाम से बुलाए जानेवाले जॉर्ज उतरकर भीतर आए।

उन दिनों संघर्ष से जुड़े साथियों से भी मिलना आनंददायक हुआ करता था। नरेंद्र मोदी और जॉर्ज फर्नांडीज आपस में गले मिले तथा संघर्ष में डटकर लगे रहने के लिए दोनों ने एक-दूसरे को साधुवाद भी दिया।

नरेंद्र मोदी के पास गुजरात तथा अन्य प्रांतों की जो उपलब्ध जानकारी थी, वह उन्हें दी। विशेषत: यह जानकर कि 'केंद्रीय लोक संघर्ष समिति' के मंत्री नानाजी देशमुख अभी भूमिगत हैं और गिरफ्तार नहीं हुए हैं, वे बहुत प्रसन्न हुए। दोनों की बातचीत के दौरान संघ के स्वयंसेवकों पर सरकार की नजर अधिक होने के बारे में उन्होंने चिंता तथा खेद व्यक्त किया। उन्होंने बदली हुई परिस्थितियों में संघ की शक्तियों से रखी जानेवाली अपेक्षाओं पर चर्चा भी की।

जॉर्ज इस राय पर सहमत थे कि इंदिरा जी कदापि अपनी जिद नहीं छोड़ेंगी। वे मानते थे कि सशस्त्र प्रतिकार ही आपातस्थिति का एकमात्र उपाय है। उनका कहना था कि संघ को राष्ट्रहित के लिए अविलंब इस प्रकार की प्रवृत्ति आरंभ कर देनी चाहिए। किंतु भीषणतम स्थितियों में भी अपनी भूमिका पर संघ निश्चिंत था। संघ किसी भी हिंसक आचरण से परिवर्तन लाने के पक्ष में नहीं था। संघ को प्रजातांत्रिक तरीकों में पूरा विश्वास है, यह भी नरेंद्र मोदी ने उन्हें बताया।

इस प्रसंग के बाद मोरचा सरकार के रहने तक जॉर्ज अधिकतर गुजरात में ही रहे। यहाँ रहकर वे बंबई के अपने कुछ समाजवादी मित्रों की सहायता से केंद्र सरकार के आचरण के विरोध में पत्रिकाएँ प्रकाशित कर जनता तक पहुँचाने में जुटे रहे। हालाँकि जॉर्ज की गुजरात में उपस्थिति तथा उनसे कौन, कहाँ, कब मिलता-जुलता है, इत्यादि बातों की गोपनीयता में जितनी सतर्कता होनी चाहिए, उतनी नहीं बरती जाती थी। कई वर्गों में उनके बारे में खुले आम चर्चा होती थीं। इससे प्रतीत होता है कि शायद मोरचा सरकार होने के ही कारण वे गिरफ्तारी से बच पाए।

'केंद्रीय लोक संघर्ष समिति' के मंत्री नानाजी देशमुख को पकड़ पाने में सरकार असफल रही। नानाजी के खिलाफ श्रीमती गांधी नित्य जाल बुनती रहती थीं, किंतु नानाजी हाथ नहीं लगते थे। दूसरी ओर नानाजी प्रमुख कार्यकर्ताओं के साथ मिलते-जुलते और भूमिगत आंदोलन की योजनाएँ बनाते रहते थे। आरंभ से ही वे दिल्ली में थे, फिर भी सरकार उन्हें गिरफ्तार नहीं कर पाई थी। अगस्त के प्रथम सप्ताह से वे देश के

भिन्न-भिन्न राज्यों में जाकर कार्यकर्ताओं से मिलते थे। इसी उपक्रम में राजस्थान और हरियाणा की मुलाकात के बाद वे गुजरात पहुँचे थे।

नरेंद्र मोदी जैसे प्रचारक भी नानाजी को आसानी से पहचान न सके, उनका वेश-विन्यास कुछ ऐसा था। धोती-कुरता पहने, सफेद बालोंवाले नानाजी बिलकुल अलग लगते थे। यदि वे साइकिल पर बैठकर जा रहे हों तो कोई नहीं कह सकता था कि वे किसी सरकारी दफ्तर के साधारण बाबू नहीं हैं। यह वेशभूषा परिस्थितिवश ही उन्हें बनानी पड़ी थी।

वे गुजरात की खुली हवा में केवल तीन दिन रहे। इस अवधि में निर्धारित कार्यों को निपटाकर वे महाराष्ट्र के लिए रवाना हो गए। गुजरात के इस दौरे में वे अनेक लोगों से मिले। इन मुलाकातों के समय नरेंद्र मोदी को भी उनके साथ रहने का अवसर मिला।

जॉर्ज के साथ नरेंद्र मोदी लगातार संपर्क में थे, अतः उनकी भी नरेंद्र मोदी ने नानाजी से भेंट करवाई। जिनके नाममात्र से श्रीमती गांधी और उनकी सरकार काँपती थी, जिन्हें खोजने के लिए देश भर की पुलिस जमीन-आसमान एक कर रही थी, ऐसे इन दो संघर्ष पुरुषों का अगस्त के प्रथम सप्ताह में मिलन हुआ। इस मुलाकात में देश की तत्कालीन तथा भावी परिस्थितियों के बारे में दोनों ने आपस में विस्तृत विचार-विमर्श किया।

इस मुलाकात में एक बात और अधिक स्पष्ट हुई कि विषम स्थिति में भी 'लोक संघर्ष समिति' गांधीवादी तौर-तरीकों से ही प्रतिकार करने के पक्ष में थी। नानाजी देशमुख की गांधीवाद में दृढ़ आस्था थी। जबकि जॉर्ज किसी भी तरीके से आपातस्थिति के प्रणेताओं को उखाड़ फेंकने के पक्ष में थे। गुजरात के कुछ विधायकों के साथ नानाजी की मुलाकात की व्यवस्था गांधीनगर में हुई, नरेंद्र मोदी भी उनके साथ थे। विधायकों के साथ अपनी बातचीत में उन्होंने बताया कि गुजरात में मोरचा सरकार का बने रहना देश भर के नागरिकों में उम्मीद बनाए हुए है। संघर्ष के प्रभाव को और व्यापक बनाने के लिए मोरचा सरकार को लोकतंत्र के प्रतीक के रूप में स्थापित कर लोगों के हितों की रक्षा के लिए उन्होंने कड़ी मेहनत करने की आवश्यकता पर जोर दिया। नानाजी के पास देश भर की पूरी जानकारी थी। कौन-कौन गिरफ्तार हुए हैं, किस-किस को जेल में रखा गया है, यह विस्तृत जानकारी भी उन्होंने विधायकों को दी। इतने कम समय में उनके पास उपलब्ध इन छोटी-से-छोटी जानकारियों से अंदाजा लगाया जा सकता है कि भूमिगत अवस्था के दौरान भी संपर्क-व्यवस्था कितनी दुरुस्त थी।

संघ पर प्रतिबंध लगे अरसा हो चुका था। संघ का संगठन कार्य भी भिन्न-भिन्न स्वरूपों में जारी था; किंतु बदली हुई स्थितियों में लोकतंत्र के पुनःस्थापन के लिए निरंतर संघर्ष जारी रखना संघ की मुख्य जिम्मेदारी थी। इस कार्य के लिए कार्यकर्ताओं को

विशेष प्रशिक्षण देना आवश्यक था। प्रत्येक जिले से चुने हुए बीस-पच्चीस कार्यकर्ताओं के लिए उन्हीं के जिलों में पूर्ण दिवसीय कक्षाओं का आयोजन किया गया। गुजरात में हर तरह की स्वतंत्रता होने के बावजूद, चूँकि संघ एक प्रतिबंधित संस्था थी, इन कक्षाओं का आयोजन सतर्कतापूर्वक किया जाता था।

गुजरात में बीस स्थानों पर इन कक्षाओं का आयोजन किया गया। कार्यकर्ताओं को मार्गदर्शन देने हेतु क्षेत्र प्रचारक वकील साहब भी गुजरात आए। उन्हें महाराष्ट्र एवं मध्य प्रदेश सरकार के 'मीसा वारंट' सूँघते फिर रहे थे। अत: उन्होंने अपना कुरता-धोती का नियमित परिधान छोड़कर पैंट-शर्ट का प्रचलित पहनावा अपना लिया था। संघर्ष के दौरान उन्हें छद्म 'भाई' नाम से जाना जाता था।

करीब बीस इन एक दिवसीय शिविरों में गुजरात में लगभग पाँच सौ चुनिंदा कार्यकर्ताओं ने हिस्सा लिया। नई परिस्थिति में चुनौती का सामना करने के लिए संघ महत्तम कितना योगदान दे सकता है? कार्यकर्ताओं की भूमिका कैसी होनी चाहिए? आपातस्थिति से क्रुद्ध राजनीतिक दल, सामाजिक संस्थाओं, प्रतिभावान व्यक्तियों इत्यादि से संपर्क करना, आपातस्थिति को लेकर असंतुष्ट कांग्रेस के ही नेताओं को खोज और उनसे संपर्क स्थापित करना, प्रचार माध्यमों का समुचित उपयोग, गुजरात के कोने-कोने से लेकर देश के किसी भी हिस्से में चल रही गतिविधियों से सभी अवगत हो सकें—इस हेतु और सुदृढ़ भूमिगत संपर्क तंत्र कैसा हो इत्यादि अनेक मुद्दों पर इन शिविरों में चिंतन किया गया। इन शिविरों में वकील साहब ने जोर देकर कहा कि 'यह धैर्य का युद्ध (War of Nerves) है। जो कार्यकर्ता धैर्यपूर्वक अपने हिस्से आए कर्तव्यों का पालन करते रहेंगे, वे अवश्य विजयी होंगे।'

मोरचा सरकार की मौजूदगी तथा जन-जागृति के कार्यक्रमों से जाग्रत् जनता—इन दोनों कारणों से गुजरात में लोकतांत्रिक मूल्यों का स्तर अपेक्षाकृत ऊँचा था, जिसके कारण अलोकतांत्रिक परिस्थितियों में डूबे राष्ट्र में गुजरात का स्थान एक द्वीप के समान था। संघर्ष के आरंभिक दिनों का भूमिगत संपर्क केंद्र गुजरात, आगे चलकर देशव्यापी आंदोलन का एक महत्त्वपूर्ण अंग बना था; नरेंद्र मोदी इस संघर्ष का एक महत्त्वपूर्ण हिस्सा थे और उनके व्यक्तित्व का भी विकास हो रहा था।

गुजरात में आपातकाल के विरोध में कई कार्यक्रम हुए। प्रजा की ओर से पूरा सहयोग मिला। इनमें से करीब सभी कार्यक्रम 'लोक संघर्ष समिति' द्वारा किए गए। 'लोक संघर्ष समिति' के छत्र तले जनता मोरचा के सहयोगी दलों के अलावा राष्ट्रीय स्वयंसेवक संघ, जे.पी. के समर्थकों, निर्दलीय व्यक्तियों इत्यादि ने इन कार्यक्रमों को सफल बनाने में पूरा योगदान दिया। इसके अलावा और भी कॉलेज प्राध्यापक, शिक्षक, एडवोकेट, लोकतंत्र समर्थक पत्रकार सहित अनेक लोकतंत्र समर्थक संस्थाएँ सामने आईं।

उस समय गुजरात लोकतंत्र के द्वीप के समान था। पूरे राष्ट्र की निगाह गुजरात पर टिकी थी; क्योंकि देश भर में जहाँ लोकतंत्र का गला घोंट दिया गया था, वहीं गुजरात में मोरचा सरकार ने लोकतंत्र के दीपक की लौ को बुझने से अब तक बचाए रखा था। इन्हीं कारणों से गुजरात अन्य प्रांतों के लोकतंत्र-प्रेमियों के मेल-मिलाप का, अपनी बात बेखौफ प्रस्तुत करने का मंच बना हुआ था। अहमदाबाद ने निडर होकर इन लोकतंत्र-चहेतों का आतिथ्य किया। अहमदाबाद में आपातस्थिति को चुनौती देनेवाले कई सम्मेलन आयोजित हुए। देश के रणबाँकुरों को संगठित करने में गुजरात की भूमि ने विशेष योगदान दिया।

29 जून को अहमदाबाद में हुई 'सर्वोदय मंडल' की बैठक के बाद 30 जून को 'गुजरात विधानसभा जनता पक्ष' तथा अन्य कई छोटी-बड़ी संस्थाओं ने आपातकाल-विरोधी प्रस्ताव पारित किए। विद्यानगर की 'सरदार पटेल यूनिवर्सिटी क्षेत्र अध्यापक मंडल' की 19 जुलाई, 1975 की सामान्य सभा ने एक प्रस्ताव पारित कर देश की तत्कालीन परिस्थिति के लिए खेद जताया। इस सामान्य सभा ने गिरफ्तार नेताओं को बिना शर्त मुक्त करने तथा प्री-सेंसरशिप जैसे तानाशाही कानूनों को हटाकर लोकतांत्रिक तरीकों से काम-काज हो सके, वैसा माहौल बनाने के लिए सरकार से अनुरोध किया।

दस हजार प्रतिनिधियों की उपस्थिति में अहमदाबाद में प्रादेशिक जनता मोरचा का विशाल सम्मेलन 16 नवंबर, 1975 रविवार के दिन आयोजित किया गया। डी.के. मजूमदार की अध्यक्षता में आयोजित जनता मोरचा के इस प्रथम सम्मेलन में नाना साहब, गोरे, एस.एम. जोशी, शांतिभूषण तथा मोहन धारिया जैसे राष्ट्रीय नेताओं ने भी हिस्सा लिया था। सम्मेलन में भूमिगत कार्यकर्ता कर्पूरी ठाकुर की उपस्थिति उनसे परिचित लोगों के लिए विशेष प्रसन्नता का विषय थी। एक ओर जहाँ सारा देश एक बड़े कारागृह में तब्दील हो चुका था, वहीं गुजरात की धरती से केंद्र की तानाशाही के खिलाफ आए दिन आवाज बुलंद हो रही थीं।

इस सम्मेलन में गुजरात में सफलतापूर्वक कार्यरत जनता मोरचा सरकार तथा दिन-प्रतिदिन सशक्त हो रही मोरचा की संस्थानिक इकाई को भारतीय राजनीति के विकास-क्रम में युग-प्रवर्तक अभीष्ट सीमा-चिह्न के समान माना गया। अधिनायकवादी कठोर व्यवहारों के कारण हताशा की कगार पर आ खड़ी राष्ट्रीय राजनीति के लिए यह सम्मेलन नया उल्लास, नई आशा और नई दिशा प्रदान करनेवाला सिद्ध हुआ।

जनता मोरचा के इस सम्मेलन में लोकतंत्र-विरोधी शक्तियों के खिलाफ पूरी ताकत से लड़ लेने का प्रण किया गया। सम्मेलन में विभिन्न प्रस्ताव पारित कर लोकतंत्र के पुनः स्थापन हेतु आपातस्थिति का समाप्त करने, नेताओं को मुक्त करने, विभिन्न संस्थाओं पर से प्रतिबंध हटाने और प्री-सेंसरशिप के कानून को रद्द करने की माँग की

गई थी। एक अन्य प्रस्ताव द्वारा गुजरात के अनुभवों के आधार पर राष्ट्र-हित के लिए राष्ट्रीय स्तर पर जनता मोरचा गठित करने का अनुरोध भी किया गया था।

सम्मेलन के दौरान खुलेआम वितरित की गई 'सत्याग्रह समाचार' नामक भूगर्भ पत्रिका ने लोगों को विशेष रूप से आकर्षित किया था। इसका कारण था पत्रिका वितरित करनेवालों की निर्भीकता तथा दूसरा कारण था कि 14 नवंबर से शुरू हुए देशव्यापी सत्याग्रह से संबद्ध हर प्रांत के समाचार उस पत्रिका में प्रकाशित किए गए थे। ब्लैक-आउट जैसी स्थिति में भी केवल चौबीस घंटों में ही लोगों तक इस प्रकार से समाचारों को पहुँचाने की यह भूमिगत व्यवस्था लोगों में आश्चर्य का कारण थी।

गुजरात में आपातस्थिति का विरोध दिनोदिन तीव्र होता जा रहा था। कई छोटे-बड़े सम्मेलनों, सभाओं एवं रैलियों द्वारा इस विरोध का प्रदर्शन होता रहता था, जिसकी वजह से मोरचा सरकार के विरोधियों की दिल्ली दौड़ बढ़ती जा रही थी। इस प्रकार गुजरात केंद्र के लिए परेशानी का कारण बन गया था। केंद्र सरकार गुजरात का गला घोंटने के लिए घात लगाए बैठी थी; लेकिन गुजरात को किसी बात की परवाह न थी। गुजरात का मिजाज बयाँ करने के लिए ही शायद किसी शायर ने कहा होगा—

'कहो न खुदा से लंगर उठा दे,
हम तूफाँ की जिद देखना चाहते हैं।'

गुजरात ने केंद्र सरकार के खिलाफ संघर्ष जारी रखा। गुजरात का प्रांतीय सम्मेलनों से मन नहीं भर रहा था; अतः गुजरात की भूमि पर अब राष्ट्रीय सम्मेलन भी आयोजित होने लगे थे।

अहमदाबाद की 'जनतांत्रिक नागरिक समिति' द्वारा नागरिक स्वातंत्र्य के विषय पर 12 अक्तूबर को अहमदाबाद में अखिल भारतीय परिषद् का आयोजन किया गया। आपातकाल के संदर्भ में यह एक ऐतिहासिक परिषद् थी।

जाने-माने चिंतक और सुप्रसिद्ध विधिशास्त्री चंद्रकांत दरु एवं वसंत गजेंद्र गड़कर के विशेष प्रयत्नों से इस कार्यक्रम का आयोजन किया गया था। परिषद् का उद्घाटन बंबई उच्च न्यायालय के पूर्व न्यायाधीश एम.सी. छागला ने किया तथा अध्यक्षता की सर्वोच्च न्यायालय के पूर्व मुख्य न्यायाधीश जे.सी. शाह ने। इस सम्मेलन को वी.एम. तारकुंडे, मीनू मसानी, एस.एम. जोशी तथा मोहन धारिया जैसे न्यायतंत्र व राजनीति के समर्थ चिंतकों का मार्गदर्शन प्राप्त हुआ था। इस परिषद् में देश भर से करीब चार सौ प्रतिनिधियों ने हिस्सा लिया था।

छागला ने अपने वक्तव्य में राष्ट्र पर आ पड़ी आपदा को लेकर दुःख व्यक्त किया और सरकार की तानाशाही पर कड़े शब्दों में प्रहार किया था। अपने भाषण में उन्होंने कहा था, ''विपक्ष के किसी सदस्य द्वारा कोई षड्यंत्र नहीं किया गया था; दरअसल

षड्यंत्र तो प्रधानमंत्री की ओर से किया गया है। मैं फिर कहना चाहूँगा कि विपक्षी नेताओं को जेल में बंद कर देने के लिए, अखबारों पर सेंसरशिप लादने के लिए तथा जनता के मूलभूत अधिकारों को छीन लेने के लिए प्रधानमंत्री ने ही यह षड्यंत्र किया है।''

सत्याग्रह का समर्थन करते हुए उन्होंने कहा था, ''सत्याग्रह कोई कानून-भंग नहीं है।'सत्याग्रह' शब्द का निहितार्थ ही अहिंसा और सत्य हैं। विश्व के राजनीतिक शब्दकोश में यह शब्द महात्मा गांधी की देन है; परंतु इस शब्द की प्रासंगिकता के लिए यदि गांधीजी के समय तक न जाया जाए तो भी अभी हाल ही में सर्वोच्च न्यायालय ने निर्णय दिया है कि सत्याग्रह पूर्णत: विधिसम्मत है।'' संविधान का हवाला देकर किए जानेवाले अलोकतांत्रिक व्यवहारों पर अपना रोष प्रकट करते हुए उन्होंने कहा था, ''तानाशाही का सर्वाधिक विकृत स्वरूप यदि कोई है, तो वह है इस प्रकार की संवैधानिक तानाशाही। मेरे अनुसार, इंदिरा गांधी जो भी कर रही हैं, वह संवैधानिक रूप से सही है, ऐसा कहने या ऐसे भ्रम में रहने के बजाय संविधान को फेंक देना अधिक उचित होगा।''

आपातस्थिति के कारण जनसंघ के अधिकांश छोटे-बड़े कार्यकर्ताओं को जेलों में डाल दिया गया था। किंतु कुछ नेता गिरफ्तारी से बचकर भूमिगत हो गए थे। इन परिस्थितियों में राष्ट्र की स्थिति के संबंध में विचार हेतु होनेवाली अखिल भारतीय कार्यकारिणी की बैठक संभव नहीं थी, क्योंकि बैठक आयोजित किए जाने पर रहे-सहे नेताओं के भी गिरफ्तार हो जाने का भय था। ऐसे में चूँकि गुजरात की स्थिति अपेक्षाकृत सुरक्षित थी, अहमदाबाद में भूमिगत बैठक का आयोजन किया गया।

बैठक आयोजित करने का एक विशेष प्रयोजन था। इस बैठक में हिस्सा लेने के लिए आनेवालों में से अधिकांश सदस्य भूमिगत गतिविधियों के संचालन में लगे थे। उन सभी को धर दबोचने के लिए सरकार आकाश-पाताल एक कर रही थी। कुछ सदस्य ऐसे भी थे, जिनके लिए वारंट तो नहीं निकले थे, किंतु वे अपनी गतिविधियों को लेकर बहुत चर्चित थे। इन दोनों प्रकार के कार्यकर्ताओं के बैठक में एक साथ उपस्थित रहने पर कई खतरे खड़े हो सकते थे। इसके अलावा, जो नेता भूमिगत नहीं थे, उन पर भी पुलिस की कड़ी निगरानी तो थी ही। उनकी हर एक गतिविधि की सूचना सरकार को मिलती रहती थी। दो-चार घंटों के लिए तो शायद पुलिस को अँधेरे में रखा जा सकता था, किंतु दो-चार दिनों तक ऐसा करने पर सरकार के सतर्क हो जाने से नई मुसीबतें पैदा होने की पूरी संभावना थी।

नरेंद्र मोदी कहते हैं—''इन सभी कठिनाइयों पर गौर करते हुए गुजरात जनसंघ के नेताओं ने एक सटीक योजना बनाई। इस योजना के अनुसार जिनके खिलाफ वारंट निकले थे, उन कार्यकर्ताओं को 12 अक्तूबर को अहमदाबाद में आयोजित होनेवाली 'अखिल हिंद नागरिक स्वातंत्र्य परिषद्' के आमंत्रण भेजे गए और आभास कराया गया,

मानो वे इस परिषद् में शामिल होने के लिए अहमदाबाद आ रहे हों।

''दूसरी ओर, जो भूमिगत कार्यकर्ता थे, वे दो दिन पहले ही यथासंभव अहमदाबाद पहुँच जाएँ, ऐसी सूचना दे दी गई। दिल्ली की ओर से अहमदाबाद आने वालों को साबरमती स्टेशन पर तथा बंबई की तरफ से आनेवालों को मणिनगर स्टेशन पर उतरना था। आनेवाले नेता हालाँकि गुजरात के लिए सुपरिचित थे, फिर भी उनके द्वारा किए गए वेश-परिवर्तन के कारण संभव था कि उन्हें पहचाना न जा सके। अत: तय किया गया कि आनेवाले प्रत्येक भूमिगत कार्यकर्ता स्टेशन पर उतरने के बाद 'इलस्ट्रेटेड वीकली' पत्रिका का एक अंक अपने हाथ में लिये रहेंगे। इसके अलावा, यह भी तय किया गया कि स्टेशन पर अतिथियों के स्वागत के लिए उपस्थित रहनेवाले कार्यकर्ता अपने हाथ में सफेद रुमाल लिये रहेंगे, ताकि अतिथि उन्हें पहचान सकें। ये सूचनाएँ सभी कार्यकर्ताओं तक पहुँचा दी गईं।''

निश्चित कार्यक्रम के अनुसार देश भर से कार्यकर्ता अहमदाबाद के लिए रवाना हुए। अतिथियों को स्टेशन से लाने के लिए बहुपरिचित कार्यकर्ताओं का जाना ठीक नहीं था, अत: कम परिचित कार्यकर्ता और बहनों का इस हेतु सहयोग लिया गया। 12 तारीख से पहले ही सुंदर सिंह भंडारी, स्वामी, मदनलाल खुराना, धनराज ओझा, जगदीश प्रसाद माथुर, राजेन शर्मा इत्यादि कई भूमिगत नेता अहमदाबाद पहुँच गए और उन्हें सुरक्षित स्थानों पर ठहरा दिया गया।

उनके निवास स्थानों के बारे में भी विशेष सावधानी बरती गई। एक निवास स्थान पर अधिक-से-अधिक दो भूमिगत कार्यकर्ताओं को ठहराया गया, ताकि एक साथ कई कार्यकर्ताओं के पकड़े जाने के खतरे को टाला जा सके। जो कार्यकर्ता भूमिगत नहीं थे, उनकी निवास व्यवस्था में भी आवश्यकतानुसार सावधानी बरती गई।

बैठक के स्थान भी इस सावधानी के साथ तय किए गए कि आसपास के लोगों को उसका पता न चल पाए। जो भूमिगत नहीं थे, उन कार्यकर्ताओं को सवेरे आधे घंटे के लिए एच.के. कॉलेज के सभागार में चल रही 'नागरिक परिषद्' में भेजा गया, ताकि देश भर से अहमदाबाद पहुँचे इंटेलिजेंस विभाग के लोग कार्यकर्ताओं को उपस्थित देख निश्चिंत हो जाएँ और संशय की स्थिति उत्पन्न न हो। कुछ समय परिषद् में उपस्थित रहने के पश्चात् इन कार्यकर्ताओं को पूर्व नियत स्थानीय कार्यकर्ताओं के साथ वहाँ से निकलकर तय किए हुए अलग-अलग घरों पर और वहाँ से बैठक स्थान पर पहुँचना था। भूमिगत कार्यकर्ताओं को ऐसे किसी दिखावे की प्रक्रिया से गुजरने की आवश्यकता न होने से उन्हें बैठक के स्थान पर लाना अपेक्षाकृत अधिक सरल था। कार्यकर्ताओं को बैठक के लिए लाने का कार्य बिना किसी रुकावट के संपन्न हुआ।

इतनी सावधानी के बावजूद एक स्थान पर तीन घंटे से अधिक समय के लिए

बैठक नहीं की जाती थी। बैठक का प्रातःकालीन सत्र एक स्थान पर होता था, तत्पश्चात् भोजनावकाश के समय सभी अपने-अपने निवास स्थान पर जाते और उसके बाद बैठक का दूसरा सत्र किसी अन्य स्थान पर होता था। इस प्रकार बैठक का प्रत्येक सत्र अलग-अलग स्थानों पर करने की व्यवस्था की गई थी।

उन दिनों केंद्र सरकार दृढ़तापूर्वक यह मानती थी कि सारे भूमिगत नेता गुजरात में ही रहते हैं। परिणामस्वरूप गुजरात के सभी प्रवेश मार्गों पर कड़ी निगरानी रहती थी। इसके अलावा 'अखिल हिंद नागरिक स्वातंत्र्य परिषद्' में शामिल होने के लिए अन्य राज्यों से आए सदस्यों के बारे में सूचना एकत्र करने के लिए हर राज्य से भेजे गए इंटेलिजेंस विभाग के लोग एवं केंद्रीय गुप्तचर सेवा के अधिकारी बड़ी संख्या में अहमदाबाद में पड़ाव डाले हुए थे। सरकार की इतनी पहरेदारी के बावजूद अहमदाबाद में, जहाँ तीस से भी अधिक राष्ट्रीय स्तर के नेता शामिल हुए, वहीं जनसंघ की कार्यकारिणी की भूमिगत बैठक सफलतापूर्वक संपन्न हुई।

जनवरी माह के प्रथम सप्ताह में अहमदाबाद में अखिल भारतीय विद्यार्थी परिषद् के कार्यकर्ताओं की एक बैठक हुई। विद्यार्थी परिषद् पर श्रीमती गांधी कोपायमान थीं। परिणामस्वरूप विद्यार्थी संगठन के कई छोटे-बड़े कार्यकर्ताओं को पकड़ लिया गया था। फिर भी बहुत से विद्यार्थी गिरफ्तारी से बचते हुए भूमिगत हो गए थे। ये भूमिगत विद्यार्थी कार्यकर्ता राष्ट्रव्यापी आंदोलन के माध्यम से विद्यार्थियों में चेतना का प्रसार कर तथा उन्हें भयमुक्त कर संघर्ष के लिए संगठित करने के प्रयत्न किया करते थे। विद्यार्थी परिषद् के इन संघर्षरत कार्यकर्ताओं की एक बैठक जनसंघ कार्यकारिणी की बैठक के समान ही बेहद सावधानी से आयोजित की गई।

इस बैठक में देश के कोने-कोने से लगभग पचास कार्यकर्ता अहमदाबाद पहुँचे थे। विद्यार्थी संगठनों में गुप्तचर विभाग के लोगों की पहुँच होने की संभावना अधिक होती है, अतः बैठक की समाप्ति के बाद हर कार्यकर्ता को सकुशल वापस पहुँचाने तक की सारी जिम्मेदारी गुजरात ने ले रखी थी। इस भूमिगत बैठक का सारा प्रबंध विद्यार्थी परिषद् की गुजरात शाखा के कार्यकर्ताओं ने अपने जिम्मे ले लिया था।

इस बैठक में विद्यार्थियों को अधिकाधिक सक्रिय बनाने की योजनाएँ बनाई गईं; इसके अलावा यह निर्णय भी लिया गया कि विभिन्न विद्यार्थी समूह अपनी समस्याओं के खिलाफ निडरतापूर्वक आवाज उठा सकें, इस हेतु प्रयास किए जाएँ। संघर्ष के दौरान विद्यार्थियों द्वारा की जानेवाली गतिविधियों और आपातस्थिति के नाम पर विद्यार्थियों पर हो रहे अत्याचारों की जानकारी देनेवाली भूगर्भ पत्रिकाएँ तैयार कर प्रत्येक कॉलेज के विद्यार्थियों के बीच वितरित करने की योजना भी बनाई गई।

इसी दौरान केंद्रीय लोक संघर्ष समिति के राष्ट्रीय नेताओं की एक भूमिगत बैठक

भी अहमदाबाद में आयोजित हुई थी।

अक्तूबर माह के अंत में कॉमनवेल्थ देशों के संसदीय प्रतिनिधियों का एक विशाल सम्मेलन दिल्ली में आयोजित हुआ था। लोकतंत्र के नाम पर नित्य नए अध्यादेश जारी कर अपने अस्तित्व को जबरन बनाए रखनेवाली तानाशाह केंद्र सरकार द्वारा दुनिया के सामने अपनी छवि को धूमिल होने से बचाए रखने के लिए हर प्रकार की मिथ्याचारी लीला करने की पूरी संभावना थी। सभी जानते थे कि वह विपक्ष तथा जे.पी. को बदनाम करने में कोई कसर नहीं छोड़ेंगी और ऐसा ही हुआ। श्रीमती गांधी की सरकार ने अपनी हर करतूत को सही ठहराने के लिए इस कॉन्फ्रेंस को मंच बनाया। अपने आपको लोकतंत्र का सबसे बड़ा संरक्षक साबित करने के लिए नाना प्रकार का दिखावा उन्होंने किया।

विपक्षी दल इस प्रकार की संभावनाओं पर पहले से ही सजग थे। अतः सितंबर-अक्तूबर में अहमदाबाद में एकत्र हुए लोक संघर्ष समिति के नेताओं ने भी सरकार की ओर से आनेवाली मिथ्या प्रचार की बाढ़ के सच को सामने लाकर रोकने की योजना बनाई। इस योजना के अनुसार आपातस्थिति की राजनीतिक समीक्षा, सरकार द्वारा चलाया गया दमनचक्र, लोकतंत्र के प्रति विपक्षी दलों का दृष्टिकोण इत्यादि विषयों पर तथ्यात्मक जानकारी से युक्त छोटी-छोटी पुस्तिकाएँ अंग्रेजी भाषा में छपवाकर उन्हें सरकार द्वारा झूठ का सहारा लिए जाने की स्थिति में विदेशी प्रतिनिधियों में वितरित करने का निर्णय लिया। इतनी बड़ी संख्या में प्रतिबंधित विषय-वस्तु की पुस्तिकाओं को तैयार करना कठिन और जोखिम का काम था। 'केंद्रीय लोक संघर्ष समिति' की ओर से यह कार्य गुजरात के संघ के कार्यकर्ताओं को सौंपा गया। इन पुस्तिकाओं को छपवाकर उन्हें दिल्ली तक पहुँचाने की पूरी जिम्मेदारी श्री नरेंद्र मोदी पर थी।

इस प्रयोजन हेतु पाँच पुस्तिकाएँ तैयार की जानी थीं—

1. Indian Press Gagged, 2. Facts (Nail Indira...s Lies), 3. 20 Lies of Mrs. Anti Gandhi, 4. 'When Disobediece to Law is a Duty... —Mahatma Gandhi, 5. A Decade of Economic Chaos

उन दिनों मोरचा सरकार होने के बावजूद भूमिगत साहित्य की तलाश में प्रिंटिंग प्रेसों पर आए दिन छापे पड़ते ही रहते थे। इस स्थिति में गुजरात के कुछ प्रेस किसी भी आपत्ति को झेल लेने की हिम्मत के साथ इन पुस्तिकाओं की हजारों प्रतियों को छापने के लिए तैयार हो गए।

नरेंद्र मोदी और उनकी टीम के सामने समस्या यह थी कि पुस्तिकाएँ तो छप गईं, किंतु इतनी सारी प्रतियों को दिल्ली तक पहुँचाना भी कम कठिन काम नहीं था। इस समस्या से भी निपटा गया—संघ के साहसिक एवं चपल कार्यकर्ताओं में से कुछ को ट्रेन

से दिल्ली भेजा गया। इन कार्यकर्ताओं के सामान के बीच छिपाकर पुस्तिकाओं को दिल्ली पहुँचा दिया गया। इन पुस्तिकाओं का उपयोग कॉमनवेल्थ कॉन्फ्रेंस के अलावा चंडीगढ़ में आयोजित हो रहे तत्कालीन शासक कांग्रेस के अधिवेशन में भी किया जाना था।

पुस्तिकाओं को सकुशल दिल्ली पहुँचाने के बाद कॉन्फ्रेंस में आए हुए प्रतिनिधियों में उन्हें वितरित करना सर्वाधिक कठिन कार्य था। सरकार पूरी तरह सतर्क थी। दिल्ली में इस आपातकाल-विरोधी साहित्य के वितरण का कार्य गुजरात विधानसभा के प्रतिनिधि को सौंपा गया। उन्होंने हिम्मत से काम लेते हुए अत्यंत सावधानीपूर्वक लोक संघर्ष समिति द्वारा प्रकाशित सरकार के झूठे प्रचार का पर्दाफाश करनेवाले इस साहित्य को कॉन्फ्रेंस के सभी प्रतिनिधियों तक पहुँचा दिया। सरकार कुछ समझ पाए, उससे पहले ही यह काम निपटा दिया गया और सरकार हाथ मलती रह गई। इस प्रकार गुजरात में गढ़ी योजना पूरी तरह सफल हुई।

नरेंद्र मोदी ने एक योजना यह बनाई थी कि, कॉमनवेल्थ कॉन्फ्रेंस में सम्मिलित होने आए प्रतिनिधियों के लिए भारत भ्रमण का आयोजन भी किया जाए। अतः लोक संघर्ष समिति द्वारा इन सदस्यों के प्रवास के हर निर्धारित स्थान पर भारत की लोकतंत्र चाहक जनता द्वारा चलाए जा रहे आपातकाल-विरोधी प्रतिकार के प्रदर्शन का कार्यक्रम बनाया गया। यह कार्यक्रम गुजरात में अपेक्षाकृत सरलतापूर्वक हुआ, किंतु अन्य राज्यों में इससे जुड़े लोक संघर्ष समिति के कार्यकर्ताओं को कार्यक्रम के बाद बुरी तरह पीटा गया था।

भैया दूज के दिन अहमदाबाद में हवाई अड्डे पर कॉन्फ्रेंस के सदस्यों के आगमन के समय संघ के कार्यकर्ताओं ने नारों एवं प्ले कार्ड के जरिए भारत सरकार की लोकतंत्र-विरोधी हरकतों के प्रति प्रजा की असहमति के प्रदर्शन का कार्यक्रम बनाया। इसके लिए संघ के कार्यकर्ता हवाई अड्डे पर पहुँचे; किंतु हवाई जहाज के आने से पहले ही मोरचा सरकार द्वारा घोषित निर्देशों की अवहेलना करते हुए अहमदाबाद के पुलिस कमिश्नर ने सभी को गिरफ्तार कर लिया।

'लोक संघर्ष समिति' के मंत्री पद का दायित्व सँभालनेवाले भूमिगत नेता नानाजी देशमुख को गिरफ्तार करने में सरकार सफल हो गई थी। नानाजी की गिरफ्तारी से संघर्ष के कार्यक्रम में कुछ हद तक रुकावट भी पड़ी। नानाजी ने भूमिगत अवस्था के दौरान ही देश भर का भ्रमण कर संघर्ष में लगे लोगों की शक्ति तथा स्थिति को समझ लिया था। सत्याग्रह की योजना के बारे में भी हर प्रांत के कार्यकर्ता से मिलकर, उनसे विस्तृत चर्चा कर उन्होंने सत्याग्रह की सफलता के संबंध में आकलन कर लिया था। इतने पूर्वाभ्यास के बाद वे सत्याग्रह को कार्यरूप दे सकें, इससे पहले ही उन्हें गिरफ्तार कर लिया गया था।

उन हालात में एक दिन सवेरे-सवेरे ही रवींद्र वर्मा अहमदाबाद आ पहुँचे। आते ही उन्होंने नरेंद्र मोदी जहाँ रहते थे, वहाँ टेलीफोन किया। वे नरेंद्र मोदी को 'प्रकाश' के उपनाम से बुलाया करते थे। उन्होंने संघ के प्रांत प्रचारक केशवराव देशमुख से मिलने की इच्छा प्रकट की। उनके टेलीफोन से प्रतीत हो रहा था कि वे किसी महत्त्वपूर्ण कार्य के सिलसिले में आए हैं। वे कुछ जल्दी में भी थे।

व्यथित भाव से वर्मा ने नानाजी की गिरफ्तारी का समाचार हमें दिया। इस गिरफ्तारी से संघर्ष की गति को लगे आघात के कारण वे बहुत उद्विग्न दिखाई दे रहे थे। यह समाचार हमारे लिए भी नया था। नानाजी के साथ-साथ भूमिगत संपर्क केंद्रों के बारे में जानकारी भी सरकार के हाथ लग जाने के बारे में उन्होंने अपना संदेह व्यक्त किया। संघ को अब सभी को पुराने संपर्क केंद्रों का उपयोग न करने का संदेश यथाशीघ्र पहुँचाना था; नए सिरे से व्यवस्थाएँ भी करनी थीं।

वर्मा के चेहरे पर छाई चिंता का कारण एक और भी था, जिसका पता उनसे बातचीत के दौरान बाद में चला। नानाजी की गिरफ्तारी के बाद 'लोक संघर्ष समिति' के मंत्री पद का सारा दायित्व अब उनके जिम्मे था। देश भर के संघर्षरत कार्यकर्ताओं का नेतृत्व सँभालना अपने आप में बहुत बड़ा कार्य था। इस एकाएक आ पड़े दायित्व बोझ से वे दबे हुए थे, ऐसा स्पष्ट रूप से लग रहा था। इस मुलाकात में उन्होंने आगे किए जानेवाले सत्याग्रह पर नरेंद्र मोदी और अन्य नेताओं से विचार-विमर्श भी किया।

नानाजी के पकड़े जाने के बाद की स्थिति की समीक्षा के लिए नरेंद्र मोदी सहित सभी दोबारा एकत्र हुए। अखिल भारतीय संपर्क के लिए नियत किए गए अहमदाबाद के संपर्क केंद्रों तक 'पुरानी व्यवस्था रद्द की गई' के संदेश पहुँचा दिए गए। अब तक उपयोग में लाए जा रहे संपर्क केंद्रों पर भूमिगत गतिविधि से संबंधित कोई साहित्य या अन्य सामग्री छूट न जाए, इस हेतु भी पूरी सावधानी बरती गई।

कुछ दिनों बाद वर्मा दोबारा अहमदाबाद आए। पिछली मुलाकात में जैसा तय था, हम लोगों को सत्याग्रह के बारे में सविस्तार बातचीत करनी थी। अत: संघ के एक कार्यकर्ता डॉ. वणीकर के निवास पर यह बैठक रखी गई। इसके लिए वसंतभाई गजेंद्र गड़कर, रवींद्र वर्मा, गांधी शांति प्रतिष्ठान के राधाकृष्णनजी, केशवरावजी देशमुख और नरेंद्र मोदी—इस प्रकार कुल पाँच लोग एकत्र हुए।

बैठक में सत्याग्रह के अनुकूल दिन, गुजरात में सत्याग्रह का स्वरूप, अधिक-से-अधिक कितनी तहसीलों में सत्याग्रह का वातावरण बनाया जा सकता है, सत्याग्रह के समाचार लोगों तक पहुँचाने के लिए विशेष भूमिगत पत्रिका, सत्याग्रह के दौरान ही गुजरात में होनेवाले चुनावों पर सत्याग्रह का प्रभाव, राजनीतिक दलों के कार्यकर्ताओं द्वारा सत्याग्रह में शामिल होने की संभावनाएँ, सत्याग्रहियों की संभावित संख्या, मोरचा

सरकार की ओर से सत्याग्रहियों के प्रति रवैए की संभावनाएँ इत्यादि विषयों पर विस्तृत चर्चा की गई।

इसके अलावा गुजरात के पड़ोसी राज्य किस प्रकार से गुजरात की मदद कर सकते हैं, इस बारे में भी चर्चा हुई। सत्याग्रह की निश्चित तिथि घोषित किए जाने के बाद सरकार अधिक सख्त होकर सत्याग्रह से पहले ही कई लोगों को पकड़कर सत्याग्रह को विफल बनाने के प्रयत्न करेगी, इस बात की पूरी संभावना थी। सत्याग्रह और जन-जागृति के लिए बड़े पैमाने पर साहित्य तैयार कर उसका वितरण करना भी समस्या थी, क्योंकि सरकार द्वारा विभिन्न प्रेसों पर निगरानी रखा जाना निश्चित था। इन परिस्थितियों में महाराष्ट्र, राजस्थान और मध्य प्रदेश गुजरात के इस कार्यक्रम में कैसे मददगार हों, इस बारे में भी इस बैठक में विचार किया गया।

सत्याग्रह के दौरान ही गुजरात में चुनाव होने थे, अतः अधिकांश राजनीतिक दलों के कार्यकर्ताओं का ध्यान चुनाव-प्रचार में लगा था। मोरचा द्वारा इन चुनावों को भी संघर्ष का ही एक हिस्सा मानकर चुनाव लड़ने का निर्णय लिया।

सत्याग्रह की जिम्मेदारी का एक बड़ा हिस्सा संघ के स्वयंसेवकों पर था। प्रत्येक जिले में निर्धारित कार्यक्रम के अनुसार सत्याग्रहियों के दल पहुँचे, संघर्ष समिति द्वारा निर्धारित पद्धति के अनुसार ही अहिंसक सत्याग्रह कार्यक्रम हों, सत्याग्रह के बाद यदि सरकार की ओर से गलत चार्जशीट प्रस्तुत की जाती है तो उसका प्रत्युत्तर देने के लिए वकीलों का पैनल तैयार रखा जाए इत्यादि मामलों के बारे में परामर्श हुआ।

सत्याग्रह की शुरुआत का दिन, उसका स्वरूप और अवधि तय करने के लिए लोक संघर्ष समिति की भूमिगत बैठक दिल्ली में आयोजित हुई। बहुत विचार-विमर्श के बाद तय किया गया कि 14 नवंबर से सत्याग्रह का प्रारंभ किया जाए। इस दिन का स्वातंत्र्योत्तर भारतीय समाज के लिए विशेष महत्त्व रहा है। लोकतांत्रिक मूल्यों के जीवनपर्यंत पक्षधर रहे पं. नेहरू के इस जन्म-दिवस से ही उन्हीं की पुत्री श्रीमती गांधी के खिलाफ, उन्हीं मूल्यों के पुनःस्थापन हेतु इस महाव्यापक सत्याग्रह का प्रारंभ करने का निर्णय लिया।

पूरी सावधानी बरती गई कि इस निर्णय के बारे में जानकारी पहले से ही सरकार तक न पहुँच पाए, अन्यथा सत्याग्रह से पहले ही सरकार कई कार्यकर्ताओं को 'मीसा' कानून के तहत जेल में बंद कर सकती है। संघर्ष समिति की ओर से सभी प्रांत-केंद्रों को सूचना भेज दी गई कि चार नवंबर को वे एक विशेष संदेश का इंतजार करें। सत्याग्रह के तय होने के बारे में संकेत वाक्य था, 'शादी तय हो गई है।'

नरेंद्र मोदी भी अहमदाबाद में टेलीफोन के पास बैठे दिल्ली के संदेश का इंतजार कर रहे थे। सवेरे से जिस संदेश का सभी इंतजार कर रहे थे, वह संदेश देर रात को प्राप्त

हुआ। आवश्यक संदेशों के आदान-प्रदान के बाद सूचना मिली, '14 नवंबर को शादी तय हो गई है।'

सत्याग्रह के प्रारंभ के बारे में सूचना मिलते ही संघ अपनी पूरी शक्ति के साथ संघर्ष समिति के नेतृत्व में होनेवाले सत्याग्रह आंदोलन में शामिल होने के लिए तैयारियों में जुट गए। सत्याग्रह से पहले सत्याग्रह से संबंधित साहित्य, पत्रिकाएँ, पोस्टर इत्यादि बनाने के कार्य में सभी व्यस्त हो गए।

संघ के ही भूमिगत प्रचारक किशनभैया 'राजस्थान लोक संघर्ष समिति' की ओर से साहित्य छपवाने के लिए राजस्थान से अहमदाबाद आए। उनके लिए दो लाख पत्रिकाएँ हिंदी में छपवाकर राजस्थान पहुँचाने का यह कार्य नरेंद्र मोदी और अन्य कार्यकर्ताओं के लिए काफी चुनौती भरा था। नरेंद्र मोदी और जनसंघ के संघटन मंत्री नाथाभाई झगड़ा इस कार्य के लिए योग्य प्रेस की तलाश में जुट गए। हिंदी भाषा में इतनी भारी मात्रा में साहित्य छपे, ऐसा प्रेस गुजरात में मिलना कठिन था। इसके अलावा यदि वैसा सुविधायुक्त प्रेस मिल भी जाता तो भी इस प्रकार के साहित्य को छापने के लिए उसे राजी करना और भी कठिन था। प्रेस के सभी कर्मचारी विश्वसनीय हों तथा कार्य को पूरी तरह गुप्त तरीके से किया जाए, यह भी नितांत आवश्यक था। दो दिन लगातार खोजबीन करने के बाद एक प्रेस मालिक इस काम के लिए तैयार हुए। नरेंद्र मोदी ने राहत की साँस ली। सोचा, एक बार छपाई हो जाए, फिर आगे देखा जाएगा। पत्रिकाएँ छपने लगीं। दो लाख पत्रिकाओं का ढेर लग गया।

पत्रिकाएँ तैयार होने के बाद अहमदाबाद में चार अलग-अलग स्थानों पर उन्हें सावधानीपूर्वक रख दिया गया। अब इस साहित्य को कुशलतापूर्वक राजस्थान पहुँचाने के लिए किशनभैया के साथ मिलकर एक योजना बनाई गई। राजस्थान के हर जिले से दो-दो कार्यकर्ताओं को अपने साथ खाली बिस्तरबंद लेकर अहमदाबाद पहुँचने की सूचनाएँ भेज दी गईं। सूचनानुसार वे कार्यकर्ता निश्चित दिन और निश्चित स्थान पर आ पहुँचे। प्रत्येक कार्यकर्ता को उनके जिले के लिए आवश्यक मात्रा में साहित्य दिया गया। यह साहित्य उन्हें अपने साथ के खाली बिस्तरबंद में इस तरह रखना था कि बाहर से देखने पर कुछ भी पता न चल पाए। इसके बाद दो-दो के गुट में उन्हें रेल तथा बस के जरिए अलग-अलग रास्तों से अपने-अपने जिले में पहुँचाना था। साथ जानेवाले दोनों कार्यकर्ताओं को परस्पर अपरिचितों सा व्यवहार करते हुए भी एक-दूसरे का ध्यान रखना था। उन्हें यह निर्देश भी दिया गया कि किसी एक कार्यकर्ता के पकड़े जाने पर दूसरा कार्यकर्ता तुरंत एक निश्चित स्थान पर उस बारे में सूचना पहुँचाएगा।

इस प्रकार हर तरह से सुरक्षा का समुचित प्रबंध करने के बाद सभी को विदा किया गया। यह सद्भाग्य ही था कि दो प्रांतों के बीच इतने बड़े पैमाने पर हुई इस कवायद के

दौरान किसी भी प्रकार की अनहोनी नहीं हुई। 14 नवंबर से पहले ही राजस्थान के हर गाँव तक ढेर सारा साहित्य सकुशल पहुँच गया। जब इस साहित्य का वितरण किया गया, तब राजस्थान पुलिस को इस बात का पता चल सका और उसने बौखलाकर राजस्थान के प्रिंटिंग प्रेसों पर धड़ाधड़ छापे मारने शुरू कर दिए।

महाराष्ट्र एवं मध्य प्रदेश के लिए सत्याग्रह साहित्य गुजरात में ही छापा गया था। गुजरात के लिए भी आवश्यक सत्याग्रह साहित्य तय किया गया। चार केंद्रों पर तैयार करके उसे गुजरात के गाँव-गाँव तक पहुँचा दिया गया। सत्याग्रह से संबंधित पोस्टर्स भी छपवाकर गुजरात भर में चिपकाए गए। 14 नवंबर से शुरू होनेवाले सत्याग्रह का प्रचार 10 नवंबर से दीवारों पर नारे लिखकर शुरू किया गया। गुजरात के हर गाँव में संघ के कार्यकर्ताओं द्वारा भित्तिपत्रक चिपकाए गए।

सत्याग्रह के लिए समान देशव्यापी व्यवस्था सोची गई थी। तदनुसार प्रत्येक जिले के सत्याग्रहियों को अपने-अपने जिला मुख्यालय पर सत्याग्रह करना था। इस सत्याग्रह के लिए छोटे-छोटे गाँवों से सत्याग्रहियों को तैयार कर जिला मुख्यालय तक लाना, वहाँ उनके भोजन-आवास की व्यवस्था करना, सत्याग्रहियों के जुलूस का मार्ग तय करना, पुलिस को नियमानुसार सूचित करना इत्यादि कई अन्य संबद्ध कार्य संघ के इन अप्रत्यक्ष सत्याग्रहियों की सहायता से हो सके थे।

गुजरात में मोरचा सरकार के रहते ये सारी व्यवस्थाएँ अन्य राज्यों की तुलना में अधिक आसानी से की जा सकीं; जब कि अन्य राज्यों में सत्याग्रह से संबंधित हर जानकारी अंतिम क्षण तक गुप्त रखनी पड़ती थी। यदि किसी तरह यह जानकारी समय से पहले ही पुलिस को मिल जाए और सत्याग्रह से पहले ही सत्याग्रहियों के दल को पकड़ लिया जाए तो उस स्थिति में सत्याग्रह के लिए एक दूसरा दल भी तैयार रखना पड़ता था। हालाँकि इन प्रतिकूलताओं से निपटने में उन राज्यों के संघ के स्वयंसेवकों ने कोई कसर नहीं छोड़ी थी।

सत्याग्रह से पहले ही गुजरात में सत्याग्रह का माहौल बनने लगा था। जगह-जगह पर होनेवाली सभाओं में सत्याग्रह हेतु लोगों का आह्वान किया गया। पत्रिकाओं, पोस्टर्स और भित्तिपत्रकों ने भी एक नई चेतना की लहर दौड़ाने में काफी मदद की। देश भर में इसी प्रकार का निर्भीक मानस बनेगा, ऐसी आशा बँधी। 14 नवंबर से पहले ही सत्याग्रह करने के लिए युवाओं में होड़ लगने लगी।

गुजरात के सभी जिलों के जिला मुख्यालय 14 तारीख को गूँज उठे। जगह-जगह सत्याग्रहियों को विदा करने के लिए सभाएँ आयोजित हुई और उनका सम्मान किया गया। अहमदाबाद के सुप्रसिद्ध माणिकचौक इलाके में सत्याग्रहियों के लिए आयोजित विदाई समारोह में हजारों की संख्या में नागरिक शामिल हुए थे। सत्याग्रहियों को फूलमालाएँ

पहनाकर उन्होंने लोकतंत्र के प्रति अपनी आस्था प्रकट की।

इस समारोह के बाद सभी सत्याग्रही एक विशाल रैली के रूप में आकाशवाणी केंद्र के पास पहुँचे। वहाँ पर महात्मा गांधीजी की प्रतिमा को सूत की माला पहनाकर 'जनता बुलेटिन' का वाचन किया गया। इस प्रकार सरकारी कानून का सविनय भंग करने के बाद सत्याग्रहियों ने स्वेच्छापूर्वक गिरफ्तार देते हुए 'भारत माता की जय', 'तानाशाही मुर्दाबाद', 'लोकतंत्र जिंदाबाद' के नारों से सारा माहौल हिलाकर रख दिया।

सत्याग्रह आंदोलन के पहले ही दिन से केवल गांधीनगर जिले को छोड़कर गुजरात के सभी जिलों में अठारह स्थानों पर सत्याग्रह किया गया, जिसमें कुल एक सौ सत्तर सत्याग्रहियों ने हिस्सा लिया। देश भर में इसी प्रकार के सत्याग्रह किए गए। देश के सभी राज्यों में हुए सत्याग्रहों के बारे में समाचार 15 नवंबर की दोपहर तक प्राप्त हो गए थे। इन समाचारों के प्रचार हेतु उसी दौरान आयोजित हुए जनता मोरचा के प्रथम प्रादेशिक सम्मेलन प्रसंग का उपयोग किया गया। 'सत्याग्रह समाचार' नामक पत्रिकाओं की दस हजार प्रतियाँ तैयार कराकर उन्हें मोरचा सम्मेलन में दूर-सुदूर से आए हजारों कार्यकर्ताओं में वितरित कर दिया गया था।

26 नवंबर को श्रीमती गांधी की तानाशाह सरकार के पाँच महीने पूरे हो रहे थे। इस दिन गुजरात भर की बहनों ने सत्याग्रह में शामिल होने का निर्णय किया। अहमदाबाद के रायपुर इलाके से बहनों और भाइयों का एक दल सत्याग्रह के लिए निकला। इस दल में तैंतीस बहनें तथा इक्कीस पुरुष शामिल हुए थे।

सत्याग्रह की सफलता में अन्य राज्यों के ही समान गुजरात में भी संघ ने महत्त्वपूर्ण योगदान दिया था। सत्याग्रहियों के दल बनाने से लेकर प्रचार कार्य सहित सभी कार्यों को संघ के स्वयंसेवकों ने बड़ी कुशलतापूर्वक कार्यरूप दिया था।

25 दिसंबर को पवनार में विनोबाजी की उपस्थिति में होनेवाले सम्मेलन के संबंध में तय था कि केंद्रीय 'लोक संघर्ष समिति' की ओर से इस सम्मेलन में सम्मिलित होनेवाले प्रतिनिधियों को देश की वास्तविक परिस्थितियों से परिचित करवाना था, ताकि पवनार सम्मेलन में लोकतंत्र के पक्ष में लिये जानेवाले निर्णयों में वे अपना योगदान दे सकें। इन प्रतिनिधियों को सुसज्जित करने का कार्य भी संघ के वरिष्ठ दत्तोपंत ठेंगड़ी ने गुजरात के संघ कार्यकर्ताओं को सौंपा। साथ ही केंद्रीय लोक संघर्ष समिति की ओर से पवनार सम्मेलन में वितरित किए जाने हेतु बड़ी संख्या में भूमिगत साहित्य तैयार कर उसे पवनार तक पहुँचाने की जिम्मेदारी भी संघ को ही निभानी थी। जो भूमिगत साहित्य सामग्री छपवानी थी, वह नरेंद्र मोदी और उनकी टीम को देकर दत्तोपंतजी गुजरात से दिल्ली के लिए विदा हुए। अब इन कार्यों को बहुत कम समय में निपटाने का दायित्व हमारे कंधों पर था।

संघ के जिम्मे आए इन दायित्वों के बारे में योजना बनाने के लिए अहमदाबाद के विभाग प्रचारक भास्करराव दामले, प्रांत प्रचारक देशमुखजी तथा नरेंद्र मोदी अहमदाबाद में एकत्र हुए। साहित्य छपकर तैयार था। विभिन्न प्रकार के भूमिगत साहित्य की लगभग पाँच हजार प्रतियाँ पवनार पहुँचानी थीं। अनेक विषयों से संबद्ध छोटी-छोटी पुस्तिकाएँ बनाई गई थीं। इन पुस्तिकाओं में सरकारी दमनचक्र की घटनाओं, जेल में मरनेवाले व्यक्तियों के बारे में जानकारी, उनके परिवारों की स्थिति, सरकार द्वारा विपक्ष तथा संघ के विरुद्ध किए गए अपप्रचार का प्रत्युत्तर, देशव्यापी सत्याग्रह इत्यादि विषयों पर जानकारी दी गई थी।

अहमदाबाद से पवनार तक लगभग छत्तीस घंटों की जोखिमपूर्ण यात्रा कर इस साहित्य को सकुशल पवनार पहुँचाना था। इसके अलावा पवनार के इस सम्मेलन की प्रासंगिकता और महत्त्व के बारे में भी कई प्रकार की चर्चाएँ हो रही थीं, जिसके कारण प्रजा और सरकार दोनों का ही ध्यान उस ओर लगा था। सम्मेलन के माहौल को अपने अनुकूल बनाने के लिए सरकार की ओर से सक्रिय प्रयत्न किए जा रहे थे, अतः वहाँ स्वाभाविक रूप से सरकारी साधनों की भरमार थी। उन सभी की आँखें बचाकर यह काम करना था, जिसके लिए साहस के साथ-साथ सतर्कता भी अत्यंत आवश्यक थी।

काफी सोच-विचार के बाद नरेंद्र मोदी ने तय किया कि यदि किसी बहन को यह कार्य सौंपा जाए तो किसी को कोई संदेह न होगा और काम भी आसानी से निपट जाएगा। यदि किसी मराठी बहन की सहायता मिल जाए तो और भी सुविधा होगी। नरेंद्र मोदी ने तय किया कि अहमदाबाद की तथा संघ परिवार की ही सुभगा बहन को पवनार भेजा जाए। सुभगा बहन से इस बारे में बात की गई। वे बिना किसी हिचकिचाहट के इस चुनौती को सहर्ष स्वीकार करते हुए पवनार जाने पर राजी हो गईं।

सुभगा बहन की सहमति मिलने के बाद नागपुर के साथ संपर्क कर नरेंद्र मोदी ने उन्हें 'सामान' के साथ आनेवाली आगंतुक की पहचान की जानकारी भेज दी। सुभगा बहन को नागपुर से पहले स्थित अजनी स्टेशन पर सामान के साथ उतरने की सूचना दी गई। उनके स्वागत के लिए आनेवाले व्यक्ति को पहचानने के लिए कोड वर्ड भी उन्हें बता दिया गया। इसके अलावा उन्हें यह भी सूचना दी गई कि अहमदाबाद से नागपुर तक के मार्ग में सुरक्षा के प्रति वे सतर्क रहें। यात्रा के दौरान सुभगा बहन को भी पता चल पाए, इस प्रकार से भिन्न-भिन्न कार्यकर्ताओं द्वारा डिब्बे में सुरक्षा की जाँच कराने की व्यवस्था की गई। जाँच के लिए डिब्बे में चढ़नेवाले कार्यकर्ता पर किसी को संदेह न हो, इसके लिए कार्यकर्ताओं द्वारा कई प्रकार की तरकीबें आजमाई गईं। कोई कार्यकर्ता अखबार बेचनेवाले के रूप में एक-दो स्टेशन तक साथ रहता तो कोई पेन बेचनेवाले के रूप में पूरे डिब्बे को छान डालता।

अजनी स्टेशन पर सुभगा बहन के उतरते ही वहाँ पहले से उपस्थित एक परिवार ने उनका स्वागत किया। इस परिवार में छोटे-छोटे बच्चे भी शामिल थे। कुल मिलाकर ऐसा नजारा बना कि मानो कोई गृहस्थ अपने परिवार सहित अपने किसी स्वजन को लेने के लिए आए हैं। यह सारी प्रक्रिया इतने स्वाभाविक ढंग से हुई कि देखनेवाले को इसमें कुछ भी असामान्य प्रतीत न हो। इस प्रकार सुभगा बहन के साथ-साथ 'सामान' भी सकुशल नागपुर पहुँच गया। पवनार में साहित्य वितरण का सारा प्रबंध नागपुर के स्वयंसेवकों द्वारा किया गया।

नरेंद्र मोदी ने इस घटना के बारे में अपनी पुस्तक 'संघर्ष में गुजरात' में लिखा है—''सुभगा बहन नागपुर के लिए जिस दिन विदा हुई, वह दिन भी स्मरणीय था। उनकी हिम्मत प्रशंसनीय थी। रास्ते में गिरफ्तारी का भय, गिरफ्तारी के बाद छुटकारे की अनिश्चितता, पुलिस द्वारा कड़ी पूछताछ की संभावना इत्यादि खतरों के बावजूद उनके चेहरे पर डर का नामोनिशान न था, बल्कि उन्हें कर्तव्य निभाने का अवसर मिला, इस बात का असीम आनंद था। उनके जाने से पहले मैं उनसे मिलने के लिए गया था। उनका जोश देखकर मुझे खुशी हुई। मैंने भी उनसे जोशपूर्ण बातें कीं; मेरे चेहरे पर हिम्मत के कृत्रिम भाव थे, किंतु हृदय में लगातार एक चिंता बनी हुई थी। एक महिला को शेर के दाँत गिनने के लिए भेजनेवालों में से एक मैं भी था। ईश्वर न करे, किंतु यदि कोई अनहोनी हो जाए तो उनके परिवार पर तो कहर ही टूट पड़ेगा, इस बात की कल्पना मात्र से मेरा दिल बैठा जा रहा था। साथ-ही-साथ मैं गौरव भी महसूस कर रहा था—संघ के कार्यकर्ताओं और संघ के संस्कारों के प्रति! संघ के एक आह्वान पर देश के लिए कुरबान हो जाने के लिए प्रतिपल तत्पर रहनेवाले ऐसे ही परिवार संघ की शक्ति रहे हैं। देश के लिए अपना सबकुछ न्योछावर कर देने के लिए आतुर हजारों ऐसे ही परिवार हमारी विजय का विश्वास थे।''

29-30 दिसंबर को सांसदों की इस बैठक के बाद 31 तारीख को अहमदाबाद में लोक संघर्ष समिति की अखिल भारतीय बैठक आयोजित होनी थी, इस बात की बहुत कम लोगों को जानकारी थी। इस बैठक में संघर्ष समिति के करीब पैंतीस नेता पहली बार एक साथ गुजरात की भूमि पर एकत्र होने थे। बैठक में सम्मिलित होने के लिए आनेवाले लोक संघर्ष समिति के नेताओं में करीब आधे नेता ऐसे थे, जिनके नाम वारंट थे। शेष नेता ऐसे थे, जिनके लिए वारंट तो नहीं थे, किंतु उन पर कड़ी निगरानी रखी जाती थी। सांसदों की बैठक के तुरंत बाद ही हुई इस बैठक के आयोजन का एक प्रयोजन था कि इस तरह आसानी से सरकार की आँखों में धूल झोंकी जा सकती थी। जिन पर निगरानी रखी जा रही थी, उन नेताओं के गुजरात आगमन से सरकार को लगा कि वे सांसदों की बैठक में शामिल होने के लिए गुजरात जा रहे हैं।

इस बैठक के प्रबंध में अत्यंत सावधानी बरतने की आवश्यकता थी। जनसंघ के संगठन मंत्री नाथालाल झगड़ा के सहयोग से नरेंद्र मोदी और अन्य लोगों ने इस हेतु एक योजना बना ली थी। तदनुसार 29-30 दिसंबर को आ पहुँचे सभी नेताओं को उन्होंने 30 तारीख को रात होने तक विभिन्न कार्यकर्ताओं के घरों पर पहुँचा दिया था। इसके अलावा, कुछ नेताओं को गांधीनगर तथा कुछ को अहमदाबाद जनसंघ के कार्यालय में ठहराया गया। योजनानुसार दिन भर चलनेवाली इस बैठक में आने के बाद शाम तक सभी को एक साथ रहना था। 31 दिसंबर को सभी भूमिगत नेताओं को तो आसानी से बैठक से स्थान तक पहुँचा दिया गया, किंतु जो नेता भूमिगत नहीं थे, निगरानी में थे, उन्हें बैठक स्थल तक ले जाने के लिए अत्यंत सावधानी रखनी आवश्यक थी।

इसके अलावा संघर्ष समिति के एक भूमिगत नेता ने एक और सूचना नरेंद्र मोदी को दी, जिससे उनकी परेशानी और बढ़ गई थी। यह सूचना भी उनके लिए अनपेक्षित तथा कुछ हद तक आश्चर्यकारक थी कि 'इस बैठक में शामिल होनेवाले कुछ व्यक्ति अत्यंत संदेहास्पद हैं। बहुत संभव है कि वे श्रीमती गांधी को प्रसन्न करने के लिए सरकार को सूचना पहुँचाते रहते हों। अतः उनके बैठक स्थल तक पहुँचने तक वे किसलिए और कहाँ जा रहे हैं, इस बारे में उन्हें कुछ न बताया जाए।' यह सूचना मिलते ही नरेंद्र मोदी को महसूस हुआ कि जरा सी चूक होने पर बहुत बड़ी आफत आ सकती है, जिससे गुजरात के माथे पर कलंक का टीका लग सकता है।

परिस्थिति की गंभीरता को देखते हुए नरेंद्र मोदी ने अपनी योजना पर तत्काल पुनर्विचार किया। नई योजना बनाई गई। इस योजना से कोई मुसीबत नहीं होगी, इस बात से आश्वस्त होकर उन्होंने उसे अमली जामा पहनाना शुरू किया।

अहमदाबाद शहर के पुराने केंद्रीय हिस्से की विशेषता है—उसमें बिछा पोलों (गलियों) का जाल। अहमदाबाद के इन पोलों के मकान परस्पर इस प्रकार जुड़े हैं कि यदि कोई चाहे तो शहर के इस पुराने हिस्से के एक छोर से प्रवेश कर, बिना मुख्य मार्ग पर आए, दूसरे छोर तक निकल सकता है। नरेंद्र मोदी ने तुरंत इन पोलों में रहनेवाले संघ के उन कार्यकर्ताओं की सूची बनाई, जिनके घर दो प्रवेश-द्वार वाले और दो अलग-अलग पोलों के बीच थे। योजनानुसार सभी परिचित नेताओं को पृथक्-पृथक् रूप से इन घरों तक पहुँचाया गया। कुछ समय तक उन्हें उन घरों में रोककर, बाद में दूसरी ओर वाले प्रवेश-द्वार पर खड़ी कारों में बैठाकर सभी को बैठक स्थल तक पहुँचा दिया गया। इस योजना द्वारा नेताओं पर निगरानी रखनेवाले छद्म सहचरों को भीतर जानेवाले प्रवेश-द्वारों पर ही उलझाए रखते हुए नेताओं को उनकी निगरानी से निजात दिलवाने में सफलता प्राप्त हुई। सवेरे नौ बजे तक करीब सभी को बैठक स्थान पर पहुँचा देने के बाद ही नरेंद्र मोदी और संघ के नेताओं ने चैन की साँस ली।

बैठक के दौरान हिंसक और अहिंसक प्रतिकार पद्धति का मुद्दा विस्तृत रूप से चर्चित हुआ था। इस चर्चा में गांधीवादी मूल्यों के अनुसार ही प्रतिकार करने के संघर्ष समिति के स्पष्ट आग्रह तथा हिंसक तरीकों के प्रति संघर्ष समिति द्वारा व्यक्त की गई असहमति के बारे में भी उन्हें जानकारी दी गई।

संघर्ष समिति की दिन भर चली इस बैठक में कई महत्त्वपूर्ण निर्णय किए गए। देशव्यापी सत्याग्रह से समाज, सरकार और जेलों में बंद बंधुओं पर पड़नेवाले प्रभावों के बारे में भी विचार किया गया। सत्याग्रह को शुरू हुए डेढ़ माह का समय बीत चुका था तथा सरकार की धारणा से कई गुना अधिक संख्या में सत्याग्रही जेल जाने के लिए तत्पर थे। सरकार को सत्याग्रह से संबद्ध इस जानकारी से पहुँचे आश्चर्याघात के समाचारों का भी इस बैठक में उल्लेख किया गया। समिति ने सत्याग्रह की प्रभावशीलता पर संतोष व्यक्त किया।

इस प्रकार तानाशाही के प्रतिकार से जुड़ी हुई गतिविधियाँ गुजरात में होती रहती थीं। गुजरात में मोरचा सरकार होने के बावजूद केंद्र सरकार को किसी बात की भनक न लग सके, इस हेतु पूरी सतर्कता बरती जाती थी। यही कारण था कि गुजरात में किसी भूमिगत नेता को कभी भी किसी तरह की आपत्ति का सामना नहीं करना पड़ा। इस संघर्ष की एक मजबूत और महत्त्वपूर्ण कड़ी 25 वर्षीय नरेंद्र मोदी थे।

चार महानगर पालिकाओं के चुनावों में मोरचा की प्रचंड विजय तथा आनेवाले जिला पंचायत चुनावों के पूर्व छोटे-छोटे गाँवों तक मोरचे का फैलता जा रहा दायरा एवं गुजरात के प्रत्येक जिले में गूँज रहा सत्याग्रह का जय घोष गुजरात के कांग्रेसी नेताओं को बेचैन कर रहा था। नवनिर्माण आंदोलन के समय से ही गुजरात की प्रजा को सबक सिखाने के लिए उतावले हो रहे कांग्रेसियों ने गुजरात की मोरचा सरकार पर कीचड़ उछालने में कोई कसर नहीं छोड़ी थी। तमिलनाडु की तरह ही गुजरात सरकार को भी गिराने के लिए वे बेसब्र हो रहे थे। चूँकि केंद्र सरकार यह जानती थी कि तमिलनाडु में अपनाए गए तौर-तरीकों का गुजरात में इस्तेमाल महँगा साबित हो सकता है, अत: केंद्र द्वारा गुजरात में दल-बदल प्रवृत्ति को उकसाने की नीति लागू करने के संकेत दिए गए और उस हेतु आवश्यक सारी सहायता गुजरात के कांग्रेसियों को मुहैया कराने के बचन भी दिए गए।

गुजरात में हितेंद्रभाई देसाई के नेतृत्व में एकजुट कांग्रेसी किसी भी कीमत पर सरकार गिराने को तत्पर थे। 'अब गिरे, तब गिरे' के अनिश्चिततापूर्ण माहौल में गुजरात सरकार काम कर रही थी कि तभी गुजरात में राज्यसभा के चुनाव आ गए। गुजरात के जनता मोरचा पक्ष ने राज्यसभा की सदस्यता हेतु बंगलौर जेल में 'मीसावास' कर रहे जनसंघ के अखिल भारतीय अध्यक्ष लालकृष्ण आडवाणी का चुनाव कर केंद्र सरकार

को और भी छेड़ दिया। बंगलौर के सत्ताधीशों ने भी आडवाणीजी को उम्मीदवारी पत्र भरने से रोकने के लिए तरह-तरह की तरकीबें आजमाईं।

गुजरात के तत्कालीन आवास मंत्री मकरंदभाई देसाई को बंगलौर भेजा गया। उनके साथ बंबई के जनसंघ कार्यकर्ता अमर जरीवाला भी थे। उन्होंने आडवाणी से संपर्क करने के प्रयत्न किए, किंतु वहाँ के गृहमंत्री ने आडवाणी से जेल में मिलने की अनुमति देने से स्पष्टत: इनकार कर दिया। अत: न्यायालय के खुलते ही देसाई ने प्रसिद्ध न्यायविद् संतोष हेगड़े द्वारा याचिका दायर करवाकर चुनाव में उम्मीदवारी हेतु आवेदन करने के लिए आडवाणी को पेरोल पर छोड़ने की दरखास्त की। कुछ दिनों में ही एक और याचिका दायर करवाकर चुनाव के संदर्भ में आडवाणी से जेल में मुलाकात करने देने की अनुमति भी माँगी गई। इस प्रकार यह पूरा मामला अदालत तक पहुँचा।

दूसरी ओर, मुख्यमंत्री बाबूभाई पटेल ने दिल्ली में तत्कालीन केंद्रीय गृहमंत्री के. ब्रह्मानंद रेड्डी से मिलकर जनता मोरचा के प्रत्याशी आडवाणी को चुनाव में हिस्सा लेने के लिए आवश्यक सारी सहायता उपलब्ध करवाने की आवश्यकता पर जोर दिया। अदालत ने भी दायर याचिकाओं पर काररवाई करते हुए आडवाणी को पेरोल पर छोड़ने की माँग को स्वीकार कर लिया। किंतु अब आडवाणी ने उन तानाशाहों की चुनौती को स्वीकार करते हुए पेरोल पर मुक्त होने से स्वयं इनकार कर दिया। इस प्रकार इस कानूनी मुकाबले में भी सरकार की पराजय और आडवाणी की नैतिक जीत हुई।

आडवाणी को नौ मार्च को पुलिस की हिरासत में हवाई जहाज द्वारा बंगलौर से अहमदाबाद लाया गया। उन्हें गांधीनगर के गेस्ट हाउस में ठहराया गया, जहाँ उनके चुनाव उम्मीदवारी-पत्र भरने से संबंधित औपचारिकताएँ पूर्ण की गईं। इस तरह गुजरात ने हर चुनौती का सामना करते हुए आडवाणी को राज्यसभा के लिए चुनकर भेजा।

गुजरात सरकार के टूटने के बारे में कांग्रेसियों का विश्वास दिन-प्रतिदिन दृढ़ होता जा रहा था। मोरचा सरकार इन कोशिशों में लगी थी कि गुजरात सरकार के पतन के बाद भी गुजरात में अमन-चैन कायम रहे, जबकि कांग्रेसियों की मंशा सरकार को पदभ्रष्ट करने के साथ-साथ उसे बदनाम करने की थी। दल-बदलुओं का सहारा लेकर ऐसा चित्र खड़ा किया गया कि मोरचा सरकार आपसी मतभेदों के कारण बिखर रही है। यह सरकार अलोकतांत्रिक आचरण कर रही है तथा हिंसा को बढ़ावा दे रही है, इत्यादि कुप्रचारों से गुजरात सरकार को बदनाम करने के कांग्रेसियों के प्रयत्न दिन-प्रतिदिन जोर पकड़ने लगे। इन प्रयत्नों के अलावा बड़ौदा के 'सुरंग प्रकरण' से जुड़े विवाद को जोर-शोर से उछालकर गुजरात सरकार को सर्वाधिक बदनाम करने की कोशिश की गई। गुजरात के कुछ कांग्रेसियों और एक सांसद द्वारा 'सुरंग प्रकरण' की पूरी जानकारी केंद्र सरकार तथा सी.बी.आई. को दी गई।

आखिरकार, कांग्रेसी अपनी योजना में सफल हुए। मोरचा के विधायकों में से किसी ने स्वार्थवश, किसी ने सत्तालोलुपतावश और कइयों ने सरकार के 'मीसा' के भय से दल-बदल किया और लोकशाही के पतन के कारण बने। दिन-प्रतिदिन मोरचा के विधायकों की संख्या कम होती गई। अंततः 12 मार्च को विधानसभा में सरकार अल्पमत में आ गई। मुख्यमंत्री बाबूभाई पटेल ने अपनी ओर से मोरचा सरकार का इस्तीफा राज्यपाल को सौंप दिया।

सरकार का गिरने की बात तय होते ही इस नई स्थिति के बारे में विचार-विमर्श हेतु 11 मार्च के दिन 'लोक संघर्ष समिति' की एक बैठक हुई। सरकार के गिरने के पश्चात् जेल जाने की संभावना तथा जेल में अपर्याप्त चिकित्सा व्यवस्था की आशंका से वे सरकार के गिरने से पहले ही किसी अज्ञात स्थान पर चले गए थे। नरेंद्र मोदी भी इस महत्त्वपूर्ण बैठक में उपस्थित थे।

इस बैठक में सभी नई परिस्थितियों पर सोच-विचार कर रहे थे। नरेंद्र मोदी सहित सभी ने अन्य कई मुद्दों पर बातचीत की। अब दोबारा मुलाकात होगी या नहीं, इस पर सभी के मन में संशय था। बैठक में उपस्थित सभी कार्यकर्ता कुछ समय बाद जेलों में होंगे, यह निश्चित था। यह बैठक एक तरह से विदाई समारोह जैसी थी। सभी ने एक-दूसरे से एक नए स्वतंत्र भारत में मिलेंगे—ऐसी दृढ़ शुभेच्छाएँ परस्पर व्यक्त की।

संघर्ष समिति में नरेंद्र मोदी जैसे सदस्य यह मानते थे कि वे जेल की बंदिशों की बजाय बाहर की खुली हवा में रहकर ही संघर्ष की लौ को जीवित रख पाएँगे। अतः बैठक में उपस्थित सभी ने नरेंद्र मोदी जैसे व्यक्तियों के लिए विशेष रूप से शुभेच्छा व्यक्त कीं। बैठक में उपस्थित व्यक्तियों में से कुछ को छोड़कर शेष सभी को जेल-गमन की तैयारी करनी थी। जबकि नरेंद्र मोदी जैसे कुछ लोगों ने, जिन्होंने 'मीसा' को भी चुनौती देने की ठान ली थी, उन्हें भूमिगत होने की योजना बनानी थी।

राष्ट्रीय स्वयंसेवक संघ के प्रांत प्रचारक केशवराव देशमुख ने गुजरात प्रांत के कार्यकर्ताओं की एक आपातकालीन बैठक की और नई स्थितियों के बारे में आवश्यक निर्णय लिये। सभी ने अपने-अपने मोरचे सँभाल लिये। नरेंद्र मोदी जैसे कार्यकर्ताओं का भूमिगत जीवन का दूसरा दौर अब शुरू हो रहा था। अब उनको अपने सिर पर टँगी 'मीसा' की तलवार तले बिना चूके पूरी सावधानी के साथ काम करना था।

गुजरात की मोरचा सरकार ने इस्तीफा दे दिया। गुजरात शांत रहा। लोकतंत्र समर्थक जनमानस में इस दुर्घटना के प्रति धिक्कार की व्यापक प्रतिक्रिया होने के बावजूद कहीं कोई हिंसक वारदात नहीं हुई। जनजीवन सामान्य था। फिर भी गुजरात में गिरफ्तारियों का मनमाना दौर शुरू हो गया।

मध्य रात्रि से ही गुजरात में जगह-जगह गिरफ्तारियाँ होने लगीं। देश के अन्य

राज्यों की तरह गुजरात में भी संघ, जनसंघ तथा विद्यार्थी परिषद् के कार्यकर्ताओं को लक्ष्य बनाया गया। इनके अलावा कुछ सर्वोदयी कार्यकर्ताओं को भी पकड़ा गया। रात भर गिरफ्तारियों के समाचार आते रहे। संघ के भूमिगत कार्यकर्ताओं को पकड़ने के लिए संघ के अन्य कई कार्यकर्ताओं के किवाड़ खटखटाए गए। अहमदाबाद की पुलिस, संघ के एक भी कार्यकर्ता को नहीं पा सकी। सभी कार्यकर्ता सुरक्षित रहते हुए परिस्थिति पर नजर रखे हुए थे। संघ के किसी भी कार्यकर्ता के न पकड़े जाने से सरकार झुँझला उठी। अत: अब मनमाने तरीके से छापे मार-मारकर कार्यकर्ताओं के परिवारजनों को डराने-धमकाने का सिलसिला शुरू हुआ। नरेंद्र मोदी जैसे कार्यकर्ताओं को पकड़ने के लिए, जिनके नाम गिरफ्तारी आदेश भी नहीं थे, उनके घरों की तलाशियाँ ली गईं।

करीब एक सप्ताह तक प्रतिदिन संघ के कार्यकर्ताओं के यहाँ पुलिस के छापे पड़ते रहे। गुजरात में हर जगह पुलिस ने यह कारवाई जारी रखते हुए दहशत का साम्राज्य फैला रखा था। इतने कड़े परिश्रम के बावजूद पुलिस न भूमिगत कार्यकर्ताओं को पकड़ सकी और न उनके बारे में कोई जानकारी हासिल कर पाई।

संघर्ष के पहले ही दिन से दैनंदिन स्थितियों के बारे में सोच-विचार करने के लिए भूमिगत आंदोलन के संचालकों में प्रांतप्रचारक केशवराव देशमुख, नाथालाल झगड़ा तथा नरेंद्र मोदी जैसे नेता नियमित रूप से मिलते रहते थे।

अचानक होनेवाली इन गिरफ्तारियों ने कई परिवारों को हताश भी किया था। जेल के दु:खों की चिंता से बढ़कर 'मीसा' की अनिश्चितकालीन कैद की कल्पना मात्र हिम्मती-से-हिम्मती परिवारों को डिगा देने के लिए पर्याप्त थी। अत: 'मीसा' के कोड़े से अपने आपको बचाने के लिए संघर्षरत राजनीतिक दलों से जुड़े कई लोगों ने अपने दलों से नाता तोड़ लेने जैसा हीनतापूर्ण रास्ता भी अपनाया। ऐसे कार्यकर्ताओं के इस्तीफों के सूचना-विज्ञापनों की उन दिनों के अखबारों में भरमार थी। कई कार्यकर्ताओं के इस्तीफे की एक प्रति पुलिस स्टेशन और दूसरी प्रति गिरफ्तारियों को प्रेरित करनेवाले कांग्रेसी कार्यकर्ताओं को भेजकर किसी भी तरह अपनी जान बचाने के लज्जापूर्ण कार्य भी किए। हालाँकि अखबारों में प्रकाशित होनेवाली इस्तीफों की खबरों में से कई खबरें कांग्रेसियों द्वारा अपनी ओर से गलत प्रचार के लिए भी छपवाई जाती थीं। नवनिर्माण आंदोलन के समय नाटकीय रूप से उभरे कई कथित नेता अब बीस सूत्रीय कार्यक्रमों के पट्टे गले में लटकाकर घूमने लगे थे। अब तक भीगी बिल्ली बनकर रहनेवाले कांग्रेसी अनाप-शनाप अर्जियाँ देकर संघ के कार्यकर्ताओं को पकड़वाने के लिए दिन-रात परिश्रम करते रहे थे।

कई कोशिशों के बाद भी सरकारी तंत्र भूमिगत कार्यकर्ताओं को पकड़ने में सफल नहीं हो सका था, फिर भी सफलता से वे अधिक दूर नहीं थे। गुजरात सरकार के गिरने

के बाद के पहले ही सप्ताह में भूमिगत व्यवस्था-तंत्र से संबद्ध एक महत्त्वपूर्ण संपर्क व्यक्ति तक, सरकारी पंजे पहुँच गए। सरकार की यह सफलता आंदोलन के लिए आश्चर्यकारक एवं बाधाजनक सिद्ध हुई। नरेंद्र मोदी जैसे कार्यकर्ताओं की भूमिगत योजना के एक सहयोगी स्वयंसेवक नवीनभाई भावसार को गिरफ्तार कर लिया गया। नवीनभाई के घर भूमिगत संघर्ष से संबंधित कुछ महत्त्वपूर्ण पत्रों के डाक से पहुँचते ही पुलिस ने छापा मार दिया। इस भूमिगत संपर्क केंद्र के बारे में जानकारी पुलिस तक कैसे पहुँची, यह नरेंद्र मोदी के लिए आश्चर्य की बात थी। उनको इस बात की भी आशंका थी कि शायद इसी प्रकार से उनके अन्य महत्त्वपूर्ण ठिकानों व संपर्क केंद्रों की जानकारी भी सरकार को मिल चुकी होगी। नवीनभाई रँगे हाथों पकड़े गए। उनके साथ ही परिंदु भगत (काकू), गोविंदराव गजेंद्र गड़कर तथा विनोद गजेंद्र गड़कर को भी पूछताछ के लिए हिरासत में ले लिया गया। सभी से कड़ी पूछताछ की गई। पत्रों पर भेजनेवाले का नाम लिखा था—'प्रकाश' (भूमिगत अवस्था के दौरान 'प्रकाश' नरेंद्र मोदी का छद्म नाम था) सरकार को इस नाम के धारक का भी पता चल गया। अब नरेंद्र मोदी के बारे में जानकारी प्राप्त करने के लिए पकड़े गए सभी लोगों को कई तरह की धमकियाँ दी जाने लगीं।

नरेंद्र मोदी और अन्य भूमिगत नेताओं ने अब गुजरात व देश भर के सभी भूगर्भ केंद्रों को अहमदाबाद से संपर्क समाप्त कर देने की सूचना पहुँचाना शुरू कर दिया। सरकार को अधिक जानकारी न मिल सके, इस उद्देश्य से करीब एक सप्ताह तक गुजरात के सभी संपर्कों को रोक लिया गया। इस अवधि में दोबारा एक नई भूमिगत संपर्क व्यवस्था बना ली गई।

गुजरात सरकार के गिरने के एक ही माह में दो सौ पचहत्तर कार्यकर्ताओं पर मीसा लगाकर उन्हें जेलों में बंद कर दिया गया। साबरमती, वडोदरा, भावनगर, राजकोट, जामनगर, भुज, सुरेंद्रनगर, पालनपुर एवं महेसाणा—गुजरात की इन नौ जेलों में मीसा कैदियों को रखा गया था। इन गिरफ्तार कैदियों में से अधिकतर संघ, जनसंघ, समाजवादी पक्ष व विद्यार्थी परिषद् के कार्यकर्ता थे।

मोरचा सरकार को गिराना और उसके बाद मीसा का दुरुपयोग कर आतंक का माहौल खड़ा करना—इन हरकतों से उठे हिचकोलों को भी गुजरात झेल गया। महीने भर में ही संघर्ष के लिए गुजरात पुनः तैयार हो गया। मोरचा सरकार के पूर्व मुख्यमंत्री श्री बाबूभाई ज. पटेल एवं अन्य मंत्री स्थान-स्थान पर जाकर कार्यकर्ताओं तथा प्रजा तक निडर रहने का संदेश पहुँचाते। बड़ी-बड़ी सभाओं पर तो सरकार ने प्रतिबंध लगा रखा था, परंतु छोटे-छोटे सम्मेलनों पर प्रतिबंध नहीं था। अतः छोटी-छोटी समूह-बैठकों के आयोजनों के द्वारा चेतना का पुनः संचार किया गया।

आपातकाल की घोषणा की पहली वार्षिक तिथि 26 जून, 1976 के दिन अहमदाबाद में आयोजित 'गुजरात जनता मोरचा' के एक विशाल जन-सम्मेलन ने आपातकाल के खिलाफ लड़ते रहने के अपने दृढ़ संकल्प का फिर एक बार परिचय करवाया। इस सम्मेलन से उठनेवाली जन-चेतना की लहरें गुजरात को मौन नहीं रहने देंगी, इस भय से प्रशासन, सम्मेलन के पूर्व ही इसके आयोजन को रोकने के लिए सक्रिय हो गया था। पुलिस की गाड़ियाँ गली-गली घूमकर सभाओं पर लगे प्रतिबंध की लाउड स्पीकरों से घोषणा करने लगी थीं। अखबारों को सूचनाएँ दे दी गई थीं कि वे सम्मेलन के बारे में कोई समाचार न छापें। शहर की गली-गली में लगे सूचना-पट्टों के पास पहरेदारों को बैठा दिया गया था, ताकि कोई उन सूचना-पट्टों पर कोई संदेश न लिख सके। बावजूद इन सारी कोशिशों के, गुजरात के कोने-कोने से मर मिटने का प्रण ले चुके कार्यकर्ताओं के दल-के-दल अहमदाबाद के सरदार कांग्रेस भवन के परिसर में आ पहुँचे थे। परिसर के बाहर मानो बहुत बड़ी जंग लड़नी हो, पुलिस का इतना भारी जमावड़ा लगा दिया गया था।

इस सम्मेलन में कृपलानी, महिंदर कौर एवं हाल ही में जेल से मुक्त हुए अशोक मेहता भी आ पहुँचे। इनके अलावा बाबूभाई पटेल, आर.के. अमीन, मनुभाई पटेल तथा ब्रह्मकुमार भट्ट इत्यादि ने भी इस विशाल जन-सम्मेलन को संबोधित किया था। सम्मेलन के बाद पूर्व मुख्यमंत्री बाबूभाई के नेतृत्व में जनता मोरचा के विधायक, सांसद तथा गुजरात मोरचा की प्रांतीय कार्यकारिणी के सदस्य एक रैली के रूप में राजभवन की ओर निकल पड़े। उन्हें बीच में ही रोक लिया गया। हजारों नागरिकों के जयघोष के बीच बासठ नेताओं ने अपनी गिरफ्तारी दी।

इस कार्यक्रम की सफलता के समाचार भूमिगत संपर्क केंद्रों के माध्यम से गाँव-गाँव तक पहुँच गए थे। इसके अलावा आपातकाल और तानाशाही के विरोध में पोस्टर्स लगाने के कार्यक्रम के आयोजन के बारे में भी राज्य भर में सूचना पहुँचा दी गई थी। गुजरात के हर छोटे-बड़े गाँव में उसी रात दीवारों पर पोस्टर चिपका दिए गए। 26 जून को काले दिवस के मौके पर जयप्रकाशजी ने भारत के नागरिकों के लिए एक संदेश भेजा था। उसकी पचास हजार से भी अधिक प्रतियाँ छपवाकर गुजरात के नागरिकों तक पहुँचा दी गई थीं। 25 जून की रात्रि को, पुलिस की कड़ी निगरानी होने के बावजूद, गुजरात के भूमिगत कार्यकर्ता इस कार्य को बड़े पैमाने पर संपन्न करने में सफल रहे।

अनेक अत्याचारों के बावजूद संघ के कार्यकर्ताओं ने साहस और दृढ़ता का परिचय देते हुए 26 जून को आयोजन के अनुसार ही विरोध-प्रदर्शन किया। उस दिन गुजरात की जेलों में भी उपवास और इस दूसरे दौर के स्वातंत्र्य-संग्राम के शहीदों को श्रद्धांजलि देने जैसे कार्यक्रम मीसाबंदी कार्यकर्ताओं द्वारा किए गए।

21 नवंबर को गुजरात के युवाओं का एक अनोखा सम्मेलन अहमदाबाद में आयोजित

हुआ। इसमें जेलों से हाल ही में रिहा हुए पीलू मोदी एवं बाबूभाई पटेल को भी आमंत्रित किया गया। किंतु 21 नवंबर की सुबह होते ही इस सम्मेलन पर प्रतिबंध लगा दिया गया। इसके आयोजकों ने तुरंत सरकार से एक कदम आगे बढ़ते हुए प्रतिबंधित क्षेत्र से बाहर बारेजड़ी नामक इलाके में सम्मेलन करने का निर्णय किया। सम्मेलन में शामिल होने के लिए आनेवाले युवाओं की पुलिस तक पहुँचने से पहले ही बारेजड़ी पहुँचने की गुप्त सूचना मिल जाती थी। धीरे-धीरे यह सूचना ऐसी फैली कि सम्मेलन प्रारंभ होने के समय तक पाँच सौ से भी अधिक युवा बारेजड़ी पहुँच गए थे।

बाबूभाई, पीलू मोदी तथा के.डी. देसाई भी पुलिस की नजर बचाकर बारेजड़ी पहुँच गए। वहाँ एकत्र हुए युवाओं में एक अनोखा उत्साह झलक रहा था। बाबूभाई तथा पीलू मोदी ने युवाओं की सभा को संबोधित किया। युवाओं के इस सम्मेलन में, संघर्षरत युवाओं का प्रतिनिधि होने के नाते नरेंद्र मोदी द्वारा भेजे गए संदेश को भी पढ़ा गया तथा सैकड़ों की संख्या में पुलिस की उपस्थिति के बावजूद संघ के कार्यकर्ता ने इस संदेश की प्रतियाँ उपस्थित युवाओं में वितरित कीं नरेंद्र मोदी का युवाओं के नाम यह संदेश आज भी प्रासंगिक है। यह संदेश युवाओं को भ्रष्टाचार, अनाचार और तानाशाही शासन के विरुद्ध शंखनाद करने का आह्वान करता था—

'युवाओ!

'आप भारत माता के लाड़ले हैं, भावी भारत के आशा-अंकुर हैं। विश्वविजयी भारत माता की संतानों! जरा सोचिए कि आज हमें किस ओर धकेला जा रहा है? आपका भविष्य क्या होगा? और इस बात के प्रति इस समय जाग्रत् न हुए तो कल आपको किसका और किन परिस्थितियों का सामना करना पड़ेगा, यह भी आपको सोच लेना होगा।'

'आप भावी भारत के कर्णधार हैं, क्योंकि आज का युवा आनेवाले कल के समाज का, इस देश का नेता है···तो फिर आज की समस्याओं का निवारण कर राष्ट्र को तेजोमय बनाने की जिम्मेदारी किसकी है? उत्तर स्पष्ट है—आपकी।

'आज छल-छद्मों से देश को गूँगा बना दिया गया है। कल भी इसी लाचारी का सामना करना पड़ेगा, किसे?···आप ही को! आज की गरीबी, बेरोजगारी, अशिक्षा, अनैतिकता, भ्रष्टाचार और पराकाष्ठा को पार कर चुका दमन कल किसे परेशान करेगा?···आपको! आज लोकतंत्र को कुचलकर, जिस प्रकार तानाशाही का मार्ग प्रशस्त किया जा रहा है, कल उसी मार्ग पर भेड़-बकरियों के समान चलने को कौन बाध्य होगा?···आप! आज देश में चल रहे इस दूसरे दौर के स्वातंत्र्य-संग्राम में यदि आपने अपना आवश्यक योगदान नहीं दिया तो आनेवाले समय में लिखा जानेवाला इतिहास किसे कोसेगा?···आपको ही! स्वतंत्रता के लिए फना हो जानेवाले शहीदों के लहू के

कतरों की कीमत समझने में असमर्थ रहनेवालों की सूची में इतिहासकार किसका नाम लिखेंगे?…आपका!

युवाओ! मत भूलो कि आपकी भूमिका इतिहास लिखनेवाले या इतिहास को पढ़नेवाले की नहीं है, आपकी भूमिका है—इतिहास-निर्माता की। कालपुरुष अपने काल-पट पर निरंतर भविष्य के इतिहास के अक्षरों को अंकित करता रहता है, और वर्तमान ही भविष्य का इतिहास है। इस समय वह क्या लिखेगा, यह निर्भर करता है आप पर।

'इस देश का इतिहास केवल स्याही और कलम से लिखा गया एक घटनाक्रम मात्र होगा या भारतीय तरुणों के लहू तथा सतियों के सिंदूर की लालिमा एवं बहनों के रक्षासूत्रों की पवित्रता के ओज से रचा गया एक अध्याय होगा? यह कौन तय करेगा?…आप!

'लोकतंत्र की विजय और तानाशाही की पराजय के बीच एक कदम मात्र का अंतर रह गया है। इस कदम को आगे बढ़कर विजयश्री को चूमने को दायित्व किसका है?…आपका!

'आज एक अबला की भाँति बेबस होकर खड़ी भारत माता के बंदी बेटे-बेटियों को मुक्त कराने का पवित्र दायित्व किसका है?…आपका! इतने बड़े कर्तव्य, इतनी बड़ी चुनौती, इतने व्यापक और कठोर अत्याचारों, इतनी सारी परेशानियों और लाचारियों के बीच घिरे होने के बावजूद भारत माता के युवा सपूतो! आनेवाले समय को सुवर्णकाल बनानेवाले कलाकार आप ही हैं!'

'आपको संधान कैसे करना है, यह आप तय कर लें। विरोधी को पहचानकर उचित शस्त्र तो उठाना ही होगा। युवाओ! यदि आप आगे नहीं आएँगे तो भारतीय क्रांति दिशाभ्रष्ट हो जाएगी। यदि आपने चुनौती को स्वीकार नहीं किया तो आनेवाला कल आपको युवा मानने से इनकार कर देगा, क्योंकि सच्चा युवा तो युगों-युगों से जुल्मों से लड़ता आया है। युवा ने कभी भी अत्याचार-अन्याय के सामने घुटने नहीं टेके, रुका नहीं है, थका नहीं है।

'तो फिर वह आज क्यों मौन है? यौवन की समय सिद्ध उज्ज्वल परंपरा में एक और स्वर्णिम अध्याय जोड़ने का ऐतिहासिक अवसर आपका द्वार खटखटा रहा है। उठिए! जागिए! और भारत माता को स्वतंत्र करने के इस दूसरे दौर के संग्राम में अपने आपको समर्पित कर दीजिए।

'दोस्तो! हम सभी आजादी के बाद की पैदाइश हैं। आइए, हम भी जता दें कि गुलामी में दम तोड़ना हमें मंजूर नहीं, दम लगाकर गुलामी को तोड़ना हम भी जानते हैं। यही यौवन है!'

आपका
युवा भूमिगत साथी

सत्याग्रह के बाद संघर्ष के इस दूसरे दौर में प्रजा के प्रशिक्षण और उसमें निर्भीक व्यवहार के प्रोत्साहन—इन दो बातों पर ही विशेष जोर दिया गया था। इन मुद्दों पर अधिक-से-अधिक खुलकर मत-प्रदर्शन हो, यह आवश्यक था। इस हेतु लोक संघर्ष के व्यापक कार्य को विभिन्न तरीकों से अमल में लाया गया।

जेलों में बंद कार्यकर्ता भी जनहित के लिए निरंतर संघर्ष करते रहे। जेलों के अंदर-रक्षाबंधन हो या दीपावली, जन्माष्टमी हो या विजयादशमी-जेलवासियों के परिजनों की भीड़ लग जाती थी। किसी मेले जैसा दृश्य उपस्थित हो जाता था। इस भीड़ में उपस्थित हर व्यक्ति का रिश्ता संघर्ष से था, अतः हर किसी के दिल में निरंतर एक ज्वाला सी जलती रहती थी। संघर्ष-पथ के सहप्रवासी इन साथी-परिवारों की हिम्मत ही जेल की चहारदीवारियों में घिरे सहयोगियों का मनोबल दृढ़ बनाए रख सकती है, यह बात हम भली-भाँति जानते थे। अतः इन एकत्र हुए परिजनों के बीच कुछ खास कार्यकर्ताओं को हम भेजा करते थे। ये कार्यकर्ता इन परिवारों को छोटे-छोटे दलों में एकत्र कर हिम्मत, श्रद्धा और विश्वास का संचार करनेवाली अपनी बातों से उन सभी में नवचेतना जगानेवाला एक उत्साहपूर्ण माहौल बना देते थे। जेल में कैद अपने परिजन से मिलने का इंतजार कर रहे इन लोगों में—जेल के ही द्वार पर—चेतना का सिंचन करने की हमारी इस योजना के बारे में सरकार को कभी भनक तक नहीं लग सकी।

गुजरात सरकार गिरने के बाद शुरू हुए भूमिगत अभियान का ही यह एक हिस्सा था। ये सारी योजनाएँ भूमिगत होकर बनती थीं, किंतु उन पर अमल खुलेआम होता था। योजना बनानेवाले भूमिगत थे, किंतु इन योजनाओं को अमली जामा पहनानेवाले हजारों कार्यकर्ता सीना ताने खुलेआम घूम रहे थे। विभिन्न स्वरूपों में हो रहे अनेक सार्वजनिक कार्यक्रमों के अलावा कुछ ऐसे कार्यक्रम भी थे, जिनका कार्यान्वयन भी संघर्ष की समाप्ति तक भूमिगत तरीके से ही किया गया।

भारतीय लोकतंत्र की रक्षा के लिए विदेशों में भी कई प्रयत्न हो रहे थे। विदेशों में हो रही इन प्रवृत्तियों से गुजरात का संबंध शुरू से ही था। आपातकाल का शुरुआती दौर अपेक्षाकृत कम जटिल था; इसके अलावा विदेशों में रहते हुए भी आपातकाल के खिलाफ चल रहे संघर्ष में अपना योगदान देनेवाले अनिवासी भारतीय परिवारों में गुजराती परिवारों की संख्या विशेष थी। गुजराती परिवारों के सर्वाधिक योगदान को देखते हुए यह अति आवश्यक हो गया था कि गुजरात का कोई प्रतिनिधि विदेश जाए और उनसे मिले। गुजरात सरकार के गिरने से पहले ही इस बारे में योजना बना ली गई थी। मकरंदभाई देसाई को गिरफ्तारी से बचते हुए विदेश पहुँचना था। वे मोरचा सरकार के मंत्री रहने के अलावा जनसंघ के एक अच्छे कार्यकर्ता भी थे। केंद्रीय नेताओं की ओर से संदेश मिलते ही उन्होंने इस आह्वान को स्वीकार कर लिया। आदेश यह था कि गुजरात सरकार के गिरने की स्थिति

में ही वे विदेश जाएँगे। जैसा सभी को अंदेशा था, सरकार के पतन की स्थिति आ पहुँची थी। इस पूरे आयोजन की जानकारी गुजरात के कुछ गिने-चुने कार्यकर्ताओं के साथ-साथ मकरंदभाई की पत्नी को भी थी। अत: सरकार के गिरते ही तुरंत मकरंदभाई ने अपने घर टेलीफोन किया और केवल इतना कहा कि 'योजना के अनुसार मैं जा रहा हूँ।' उन्हें श्रीमती नीला बहन का निर्भीक स्वर में प्रत्युत्तर मिला, 'ओके, बेस्ट ऑफ लक!'

26 अप्रैल को लंदन में आयोजित 'फ्रेंड्स ऑफ इंडिया सोसाइटी इंटरनेशनल' की प्रथम अंतरराष्ट्रीय परिषद् में मकरंदभाई ने विशेष अतिथि का पद ग्रहण कर विदेश में भारतीयों को संगठित करने का श्रीगणेश किया। सम्मेलन में एफ.आई.एस.आई. के महामंत्री पद के लिए उनका चयन किया गया।

मकरंदभाई के संपादकत्व में पहले इंग्लैंड से और बाद में अमेरिका से एक अंग्रेजी पाक्षिक 'सत्यवाणी' का प्रकाशन प्रारंभ हुआ। लंदन निवासी एक गुजराती ने अपने नए प्रिंटिंग प्रेस का उद्घाटन 'सत्यवाणी' का प्रथम अंक छापकर किया।

'सत्यवाणी' के लिए समाचार सामग्री भारत से भेजी जाती थी। उसी प्रकार से 'सत्यवाणी' की सैकड़ों प्रतियाँ भारत पहुँच जाया करती थीं। इसके अलावा, दुनिया भर के जिस किसी भी अखबार में भारतीय संघर्ष से संबद्ध समाचार छपते, उन समाचारों की फोटो प्रतियाँ भी भारत को उपलब्ध करवा दी जाती थीं। कुछ दिनों बाद मकरंदभाई ने अमेरिका को अपनी गतिविधियों का केंद्र बनाया। अब 'सत्यवाणी' का प्रकाशन अमेरिका से होने लगा।

अन्य देशों में बसने वाले गुजराती भी पीछे नहीं रहे थे। हांगकांग के अनिल पोथ एफ.आई.एस.आई. के उपाध्यक्ष का कार्यभार सँभालते रहे। तंजानिया के बाबूभाई पटेल का योगदान भी उल्लेखनीय रहा। इस प्रकार भारत के इस क्रांतिकारी संघर्ष में विदेशों में बसे सभी भारतीयों ने सक्रियतापूर्वक अपनी भूमिका निभाई थी। दूर रहने के बावजूद भारतमाता की सेवा कर सभी कृतार्थ हुए थे।

नरेंद्र मोदी भूमिगत रहकर कितना महत्त्वपूर्ण संघर्ष करते थे, यह मकरंद देसाई ने इंग्लैंड से भेजे पत्र से पता चलता है—

भाई श्री नरेंद्र,

आपका पत्र पढ़कर बहुत खुशी हुई, ऐसे ही लिखते रहना। हमें समाचार मिलते रहेंगे तो हमारे काम सरल होंगे, खासकर प्रमुख समाचार एवं घटनाओं की जानकारी मिलती रहे, जो हमारे संघर्ष से संबंधित हो। विशेष रूप से आपातकाल की असफलता के बारे में जो भी समाचार हों, उन्हें भिजवाएँ, ताकि हम अपने समाचार-पत्र 'सत्यवाणी' में प्रकाशित कर यह जानकारी दुनिया को दे सकें।

आनेवाली 26 जून को विश्वव्यापी कार्यक्रम का आयोजन किया है, उसकी विस्तृत

जानकारी आपको बाद में भेजेंगे।

आप अपनी ओर से अधिक-से-अधिक पते हमें भेजिए, जिन पर हम 'सत्यवाणी' समाचार-पत्र भेज सकें। वडोदरा में मेरे घर से संपर्क बनाए रखें। पत्र मिले तो जवाब दीजिएगा।

मकरंदभाई का वंदन

दूसरे पत्र में (16/7/76) मकरंद देसाई नरेंद्र मोदी को लिखते हैं—

भाई श्री नरेंद्र,

आपको पत्रों से जानकारियाँ मिलती रहती हैं। आपका आयोजन और व्यवस्था सुंदर है। वहाँ की जानकारी जो हमें मिलती है, वह हम अखबारों में प्रसारित करते हैं; उन्हीं समाचारों को बी.बी.सी. अपने प्रसारण में सम्मिलित कर लेता है। अतः समाचार तत्काल मिलें, यही विषय महत्त्व का है।

आनेवाली 26 तारीख को स्थानांतरित जज श्री सेठ ने गुजरात उच्च न्यायालय में अपील की है, उसकी सुनवाई से संबंधित जो भी समाचार हों, शीघ्रातिशीघ्र भेजें।

बढ़ती महँगाई लोगों के लिए बड़ी मुश्किल के रूप में सामने आ रही है, यह भी महत्त्वपूर्ण समाचार है। वहाँ के सही समाचार यदि मिलेंगे तो उन्हें अखबारों में छापने में हमें आसानी होगी। यहाँ अखबारों में समाचार छपवाने में कठिनाई आ रही है, परंतु सही समाचार मिले, इसके लिए लोग आतुरता से प्रतीक्षा में रहते हैं।

एक अन्य पत्र में नरेंद्र मोदी को मकरंद देसाई ने लिखा है—

भाई श्री नरेंद्र,

पत्र मिलने से अनेक कुशंकाएँ दूर हुईं। चिंता थी कि आप सब मित्र भी अंदर तो नहीं हो गए। आपकी सूचनाएँ पढ़ीं, सब मान्य हैं। यहाँ आने के बाद अखबार प्रारंभ करने में कुछ बाधाएँ आ रही थीं, अभी नियमित रूप से इसका प्रकाशन होगा। आपके भेजे हुए पते मिलेंगे। अधिकाधिक प्रतियाँ भेजने का जो अनुरोध आपने किया है, वह भी स्वीकार्य है।

जितने भी उपयोगी लोग हैं, उनको समाचार-पत्र पहुँचाने का हमारा प्रयास है। इसलिए अधिक-से-अधिक पते हमें भेजते रहिएगा, उसमें संकोच मत कीजिएगा। कष्ट यह है कि गुजरात के बाहर के पते हमें नहीं मिल पा रहे हैं, आप उन्हें भेज सकेंगे?

मदद हेतु वहाँ से आने-जानेवाले किसी के माध्यम से अथवा अन्य कोई नियमित व्यवस्था, जो आप तय करना चाहें, हम उसमें पूरा सहयोग करेंगे।

अपने सभी मित्रों को संपर्क में रखकर मुझे मार्गदर्शन देते रहिएगा। कई बार ऐसा लगता है कि भले ही मुझे जेल में जाना पड़े, लेकिन मैं साक्षात् रूप से आपातस्थिति का

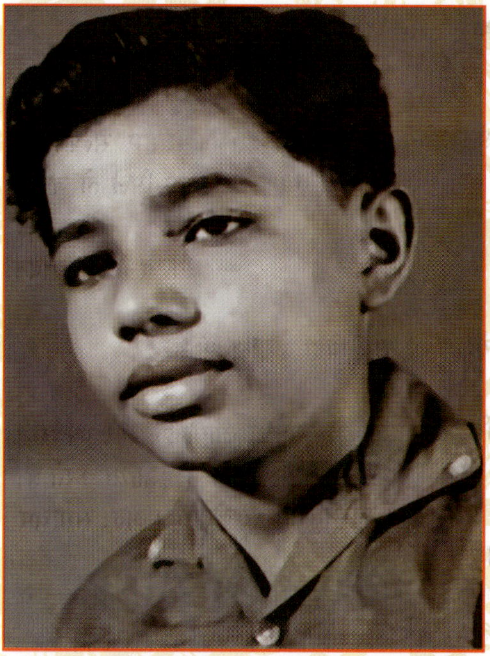

बालक नरेंद्र मोदी।

नरेंद्र मोदी अपने पिता श्री दामोदरदासजी और अन्य परिजनों के साथ।

पिता श्री दामोदरदास मोदी।

पूज्य माताजी श्रीमती हीराबेन की स्नेहछाया में।

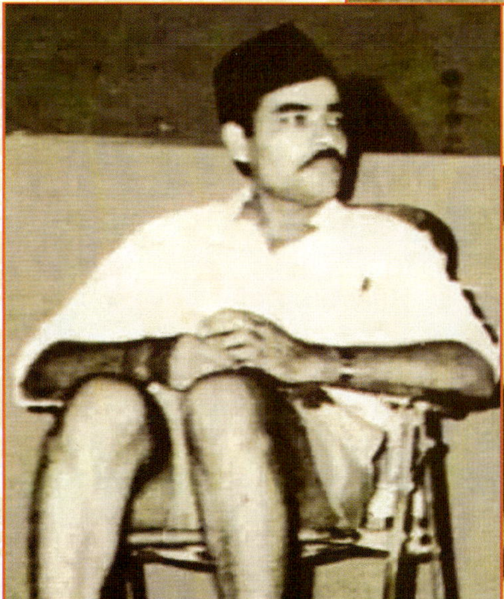

तरुण नरेंद्र मोदी।

कैलास मानसरोवर के तट पर।

प्रफुल्लित मुद्रा में।

आपातकाल के समय
सिक्ख वेश में।

तृतीय सरसंघचालक श्री बालासाहब देवरस नरेंद्र मोदी की पुस्तक 'पत्ररूप श्रीगुरुजी' का लोकार्पण करते हुए।

चतुर्थ सरसंघचालक प्रो. रज्जू भैया के साथ एक समारोह में मंचस्थ नरेंद्र मोदी।

पाँचवें सरसंघचालक श्री कुप्.सी. सुदर्शनजी से संवाद करते हुए।

वर्तमान सरसंघचालक श्री मोहनराव भागवत का स्वागत करते हुए।

नरेंद्र मोदी के व्यक्तित्व को गढ़ने में जिनका महत्त्वपूर्ण योगदान रहा, उन्हीं श्री लक्ष्मणराव ईनामदार (वकील साहब) के साथ।

कॉमनमैन मोदी जनसभा को सुनते हुए।

श्रीनगर के लाल चौक में एकता यात्रा के समापन पर तिरंगा लहराते हुए।

संघ प्रचारक नरेंद्र मोदी गुजरात प्रांत के संघ पदाधिकारियों के साथ।

पूर्व प्रधानमंत्री श्री अटल बिहारी वाजपेयी के साथ।

पूर्व उप-प्रधानमंत्री श्री लालकृष्ण आडवाणी के साथ।

पूर्व राष्ट्रपति डॉ. ए.पी.जे. अब्दुल कलाम के साथ।

केंद्रीय विदेश मंत्री श्रीमती सुषमा स्वराज के साथ।

केंद्रीय वित्त मंत्री
श्री अरुण जेटली के साथ।

मध्य प्रदेश के मुख्यमंत्री श्री शिवराज सिंह चौहान के साथ।

केंद्रीय रक्षा मंत्री श्री मनोहर पार्रीकर के साथ।

छत्तीसगढ़ के मुख्यमंत्री डॉ. रमन सिंह के साथ।

केंद्रीय गृह मंत्री श्री राजनाथ सिंह के साथ।

भाजपा अध्यक्ष श्री अमित शाह के साथ।

चाय के कप के साथ दीन-दुनिया की जानकारी लेते हुए।

अच्छे लेखक ही नहीं, गंभीर पाठक भी।

नरेंद्र मोदी की हिंदी पुस्तक 'सेतुबंध' के लोकार्पण का क्षण।

अपने को फिट रखने के लिए प्राणायाम–व्यायाम करते हुए।

परिचय पा सकूँ, इसलिए अपने सभी वरिष्ठ कार्यकर्ताओं, अधिकारियों से विचार-विमर्श करके जानकारी देते रहिएगा।

यहाँ आपातकाल के बारे में लोगों का विचार बदल चुका है, ऐसा लग रहा है। सबका यह मानना है कि भारत सरकार ने स्वार्थवश यह कदम उठाया है, जो भविष्य में भारत के लिए घातक सिद्ध होगा। इसलिए अपना प्रचार-संगठन मजबूत होता जा रहा है, ऐसा लग रहा है। खासकर अपने सभी मित्र खूब उपयोगी सिद्ध हो रहे हैं। सामान्यतया भारतीय मूल के लोग, यहाँ की सरकार उनके खिलाफ कोई कदम न उठाए, इसलिए खुलकर सामने नहीं आ रहे, पर परोक्ष रूप से हमारी मदद कर रहे हैं।

वैसे देखा जाए तो केवल भूमिगत होकर बिना कुछ किए, दिन बिता देना कोई बड़ी बात नहीं है। इस स्थिति में अपने आपको पुलिस से बचाए रखते हुए छिपे रहने के अलावा कुछ नहीं करना होता है, किंतु जिन्होंने संघर्ष जारी रखने के उद्देश्य से ही भूमिगत होने को अपनाया था, उनके लिए तो संघर्ष करते हुए अपने आपको पुलिस से बचाए रखना दुधारी तलवार की छाँह में रहने के बराबर था। गुजरात में भी बड़ी संख्या में भूमिगत कार्यकर्ता थे। आरंभिक दौर में लगभग सौ कार्यकर्ता भूमिगत थे। अधिकतर भूमिगत कार्यकर्ता राष्ट्रीय स्वयंसेवक संघ, जनसंघ तथा विद्यार्थी परिषद् के थे। इनमें कई पकड़े जा चुके थे, कइयों को किसी-न-किसी कारणवश अपने आपको पुलिस को सौंप देना पड़ा था। इस प्रकार संघर्ष के अंत तक केवल पैंतीस कार्यकर्ता सक्रिय रह पाए थे। ये कार्यकर्ता तो वे थे, जिनके लिए 'मीसा वारंट' जारी किए गए। इनके अलावा कई ऐसे कार्यकर्ता थे, जो भूमिगत रहकर योजनानुसार कार्य कर रहे थे। सरकार या समाज को उनकी गतिविधियों पर कोई संदेह न हो, इसीलिए उन्हें भूमिगत रहना पड़ रहा था। अपनी पहचान छिपाने के लिए भी इन भूमिगत कार्यकर्ताओं को सदैव सतर्क रहना पड़ता था। आमतौर पर धोती-कुरता पहननेवाले संघ प्रचारकों को आधुनिक पोशाकें पहननी पड़ी थीं और नाम भी बदलने पड़े थे।

इन कार्यकर्ताओं के परिजन भी इस बात की पर्याप्त सावधानी बरतते थे कि किसी भी बाहरी व्यक्ति के सामने उनका नाम लेकर बात न की जाए। वे उनका उल्लेख 'दादा', 'मामा', 'बड़े भाई', 'छोटे चाचा' या 'बड़े चाचा' जैसे संबंधसूचक संबोधनों से ही करते थे। दूसरी तरफ आपसी व्यवहार हेतु कार्यकर्ताओं ने 'दीक्षित', 'डॉ. उमेश', 'अजित', 'स्वामीजी', 'चौधरी', 'आनंद', 'अमित', 'नवीन', 'लालाजी', 'प्रकाश', 'रणजीत', 'बटुक', 'तिमिर' इत्यादि जैसे कई छद्म नाम धारण कर रखे थे। भूमिगत कार्यकर्ताओं की संख्या बहुत अधिक होने से प्रांत स्तर पर संघर्ष का संचालन करनेवालों को तो अत्यंत सावधानीपूर्वक प्रांतीय तथा केंद्रीय सभी कार्यकर्ताओं के छद्म नामों को याद रखना होता था। सभी की बदली हुई वेशभूषाएँ भी अजीबोगरीब थीं। बोहराजी,

मुल्लाजी, सरदारजी, पारसी बावा, एल.आई.सी. एजेंट, स्वामीजी, प्राध्यापक, डॉक्टर, अगरबत्ती बेचनेवाला, पत्रकार, ज्योतिषी इत्यादि कई तरह के व्यक्तियों का वेश कार्यकर्ताओं ने बना रखा था तथा इन व्यक्तित्वों के अनुसार ही उन्हें अभिनय भी करना पड़ता था।

कार्यकर्ताओं द्वारा वेश परिवर्तन इतनी कुशलता से किया जाता था कि वर्षों से इनसे परिचित लोग भी परिचय देने पर ही उन्हें पहचान पाते थे। ज्योतिषी का वेश धारण करनेवाले साथी को अकसर लोगों के अनुरोध पर गलत भविष्यवाणियाँ भी करनी पड़ती थीं। नरेंद्र मोदी भगवा वस्त्र पहना करते थे। जिस कार्यकर्ता के घर उन दिनों वे रह रहे थे, उनके घर पर एक बार स्वामीनारायण संप्रदाय के एक आचार्य आ पधारे। परिजनों ने उदयपुर से आए स्वामी के रूप में नरेंद्र मोदी का आचार्यजी से परिचय करवाया। बस फिर क्या था, औपचारिकताओं के बाद शुरू हो गया शास्त्रार्थ, सचमुच के संन्यासी तथा परिस्थितियों वश बने हुए 'स्वामीजी' के बीच। एक घंटे तक चले उस शास्त्रार्थ में बेचारे 'स्वामीजी' ने जैसे-तैसे करके अपने चोले की लाज बचाई। आचार्यजी को इस नाटक के बारे में तनिक भी भनक नहीं लग पाई थी। एल.आई.सी. एजेंट बने 'दीक्षितजी' को हमेशा बीमा पॉलिसियों से संबद्ध सवालों के जवाब देने की तैयारी करनी पड़ती थी। 'पंडितजी' का वेश धारण करनेवाले साथी की बस यात्रा के दौरान एक बार एक परिचित सज्जन से भेंट हो गई। बस में बात करने में खतरा था, अत: मैंने उनसे बात नहीं की। किंतु उन सज्जन से न रहा गया, उन्होंने पूछना शुरू कर दिया, 'आप''' भाई हैं? हम शायद पहले कभी मिल चुके हैं।' वगैरह-वगैरह।

'पंडितजी' द्वारा हर प्रश्न का नकारात्मक उत्तर दिए जाने के बावजूद उन सज्जन ने अपने प्रश्नों की बौछार जारी रखी, 'क्या करते हैं आप? क्या आपकी फैक्टरी है? ऑयल इंजन बनाते हैं? दाम क्या चल रहे हैं?''''

पंडितजी ने झुँझलाकर उत्तर दिया, 'जी नहीं, मेरी फैक्टरी में तो हँसिए बनते हैं!'

इस बेढंगे उत्तर को सुनकर वे सज्जन चुप हो गए।

भूमिगत पत्राचार, संपर्क व्यवस्था इत्यादि कार्यों में महत्त्वपूर्ण योगदान देनेवाले महेंद्रभाई उर्फ 'बटुकभाई' नरेंद्र मोदी के एक मित्र डॉ. दवे के कंपाउंडर के रूप में ही पहचाने जाते थे। प्रचारक बनकर पहली ही बार अहमदाबाद आए थे। अत: उनके रहने का प्रबंध भी डॉ. दवे के एक भानजे ज्योतींद्र के घर किया गया था।

भूमिगत संघर्ष के कई पहलू थे। जन-जागृति के साथ-ही-साथ सरकार का विरोध करने के हर अवसर का उपयोग करने के प्रयत्न किए जाते थे। जेलों से लगातार संपर्क बनाए रखते हुए, जेलों में कैद कार्यकर्ताओं का मनोबल मजबूत बनाए रखने के लिए नियमित रूप से उन्हें नवीनतम समाचारों, कार्यक्रमों, योजनाओं से अवगत करवाया जाता था। ऐसा इस उद्देश्य से किया जाता था, ताकि जेलों में कैद कार्यकर्ताओं के मन

में उठनेवाले इस संशय कि जेलों की चहारदीवारी के बाहर भी कुछ हो रहा है या नहीं, उसका समाधान किया जा सके। इस संघर्ष कार्य के लिए कई बार खतरे भी मोल लेने पड़ते थे।

एक बार किसी महत्त्वपूर्ण कार्य के सिलसिले में भावनगर जेल में बंद जनसंघ के एक नेता से संपर्क करना आवश्यक हो गया था। गुप्त पत्राचार से प्रयोजन सिद्ध नहीं हो सकता था। अत: तय किया गया कि नरेंद्र मोदी व्यक्तिगत रूप से उनसे जेल में मिलकर आवश्यक विचार-विमर्श करें। एक भूमिगत कार्यकर्ता के लिए जेल के आसपास जाना मृत्यु के करीब जाने के बराबर था। सभी तैयारियों के साथ नरेंद्र मोदी सितंबर 1976 के दौरान भावनगर पहुँचे। नरेंद्र मोदी तथा भावनगर में ही रहनेवाली एक बहन कैदी कार्यकर्ताओं के मुलाकाती बनकर वहाँ की जेल में गए। 'अनुयायियों' से मिलने की 'स्वामीजी' को अनुमति मिल गई। एक घंटा जेल में बिताकर तथा 'अनुयायियों' से मुक्त सत्संग करके 'स्वामीजी' जेल से सुरक्षित बाहर आ गए।

गुजरात सरकार के गिरने के बाद भी भूमिगत कार्यकर्ताओं को पकड़ने में वांछित सफलता न मिलने पर सरकार ने अखबारों तथा रेडियो के माध्यम से इन कार्यकर्ताओं को 'भगोड़ा' घोषित कर अपप्रचार करना शुरू कर दिया। सरकार के इस अपप्रचार का खेड़ा जिले से भूमिगत पुस्तिका प्रकाशित कर मुँहतोड़ जवाब दिया गया, 'हम जीवन-मूल्यों की पुनर्स्थापना के उद्‌देश्य से संघर्ष करनेवाले बलिदानी हैं। अन्याय के साये में रहते हुए भी हम इस अन्याय के पैर उखाड़कर ही मानेंगे। हम भी तुम्हें चुनौती देते हैं कि हमें पकड़ लो—यदि पकड़ सकते हो तो!' यह पुस्तिका कई सरकारी अधिकारियों को भेजी गई। दीवारों पर भी चिपकाई गई।

भूमिगत साहित्य के तीन प्रकार थे। लोगों तक समाचारों को पहुँचाने के लिए मुखपत्र जैसी पत्रिका प्रकाशित की जाती थी। गुजरात में 'मुक्तवाणी' नामक पत्रिका प्रकाशित होती थी। इस पत्रिका का संपादन कार्य नरेंद्र मोदी देखते थे। इसके लिए सामग्री इकट्‌ठा करके पत्रिका की तीन, चार और पाँच पांडुलिपियाँ तैयार की जाती थीं। पत्रिका का हर अंक किसी नए प्रेस में छपता था। कई बार प्रेसवालों को अधिक पैसा देकर भी पत्रिका छपवानी पड़ती। पत्रिकाओं को छपवाने के बाद इन्हें निश्चित संख्या में विभिन्न भूमिगत केंद्रों को भेजा जाता था। बंबई में रहनेवाले गुजरातियों के लिए इस पत्रिका को वहाँ भी भेजा जाता था। संघ के कार्यकर्ता के हाथों इन पत्रिकाओं को पहुँचाया जाता था। पुलिस को अँधेरे में रखने के लिए पत्रिका के प्रकाशन की तिथि जान-बूझकर अनिश्चित रखी जाती थी तथा पत्रिका की छपाई एवं वितरण का कार्य दो ही दिनों में पूरा कर लिया जाता था। भूमिगत साहित्य की टोह लेते हुए पुलिस कभी भी, किसी भी प्रिंटिंग प्रेस पर पहुँच जाया करती थी। एक बार एक प्रेस में 'मुक्तवाणी' की

छपाई का काम चल रहा था कि तभी पुलिस के एक सिपाही ने गुप्त वेश में वहाँ पहुँचकर प्रेस मालिक को 'मुक्तवाणी' का एक पुराना अंक दिखाते हुए कहा कि वह 'लोक संघर्ष समिति' का कार्यकर्ता है तथा उसे इस पत्रिका की और प्रतियाँ छपवानी हैं। प्रेस मालिक सतर्क थे। उन्होंने पुलिस के उस कर्मचारी को डपट दिया तथा स्वयं मानो परम सरकार-भक्त हों, वैसे उस खुफिया पुलिसवाले को गिरफ्तार करवा देने की धमकी भी दे डाली। जाँच करने के लिए आया हुआ सरकारी गुप्तचर प्रेस मालिक के बारे में अच्छी राय बनाकर वापस लौटा। उन दिनों लोगों के लिए 'मुक्तवाणी' ही समाचारों का मुख्य स्रोत बन गई थी। संघर्ष के अंत तक 'मुक्तवाणी' का प्रकाशन होता रहा तथा लोक-चेतना की मशाल जलती रही।

भूमिगत साहित्य का दूसरा प्रकार था—आपातस्थिति तथा लोकतंत्र का तात्त्विक विवेचन करनेवाली पुस्तक। इन पुस्तकों को गुजरात के चिंतनशील व्यक्तियों तक पहुँचाने के प्रयत्न किए जाते थे। सरकार की ओर से आर्थिक विकास के बारे में बढ़-चढ़कर होने वाले प्रचार की पोल खोलनेवाली पुस्तिकाएँ भी प्रकाशित की जाती थीं।

इनमें से मुख्य पुस्तकें थीं—'Twenty Point Deception..., 'Emergency X-Rayed..., 'Proposed Constitutional Reforms..., 'Review of a Decade..., 'When Disobedience to Law is a Duty..., 'फासिज्म का स्वरूप' (गुजराती), 'चौवालीसवाँ संविधान संशोधन' (गुजराती), 'Indian Press Gagged..., 'Saga of Struggle..., 'Why Emergency..., 'Anatomy of Fascism..., 'बीस झूठ' (गुजराती) 'Facts : Nail Indira...s Lies... इत्यादि पुस्तकें भी प्रकाशित कर लोगों तक पहुँचाई गई थीं।

आपातकाल के दौरान सरकार की ओर से संघ-विरोधी प्रचार लगातार किया जाता रहा था। रेडियो, अखबारों एवं सरकारी प्रकाशनों के माध्यम से नित्य नए आक्षेपों तथा नितांत झूठी बातों को फैलाने के लिए सरकारी खजाने से ढेरों रुपए बहाए जा रहे थे। यह सब संघ को ही निशाना बनाकर किया जा रहा था। संघ ने भी लोगों तक सच्चाई पहुँचाने के प्रयत्न किए। संघ की वास्तविक छवि प्रस्तुत करनेवाली छोटी-छोटी भूमिगत पत्रिकाएँ तैयार की गईं। 'फासिस्ट कोण? अमे के तेओ?' (फासिस्ट कौन? हम या वे?), 'संघ अने हिंसाचार' (संघ और हिंसाचार), 'कटोकटी ना नामे आर.एस.एस. पर तवाई शा माटे?' (आपातस्थिति के नाम पर आर.एस.एस. पर जुल्म क्यों?), 'राष्ट्रीय स्वयंसेवक संघ-जातिभेद अने अस्पृश्यता' (रा.स्व. संघ जातिभेद और अस्पृश्यता), 'संघ अने नाणा भंडोळ' (संघ का आर्थिक सहायता कोष), 'संघ पर नो अन्याय दूर करो' (संघ पर से अन्याय दूर करो), 'संघ पर प्रतिबंध शा माटे?' (संघ पर प्रतिबंध किसलिए?), 'संघ-लोकशाही ने पूरक बळ' (संघ-लोकतंत्र और समर्थक शक्ति) इत्यादि कई पुस्तिकाओं

की हजारों प्रतियाँ छपवाकर गुजरात भर में वितरित की गई।

देश भर के सच्चे समाचारों से सभी को जानकारी देने के उद्देश्य से भूमिगत वृत्त-पत्रों की एक व्यवस्था बनाई गई थी। इन वृत्तपत्रों के आधार पर ही हर प्रांत में भूमिगत समाचार-पत्रिकाएँ तैयार की जाती थीं। अंग्रेजी तथा हिंदी भाषा में छापे जानेवाले इन वृत्तपत्रों में राज्य का राजनीतिक परिदृश्य, कांग्रेस की आंतरिक गतिविधियाँ, प्रजा की मन:स्थिति, जेलों के समाचार, प्रतिकार के कार्यक्रम इत्यादि जानकारियों का समावेश किया जाता था। इन वृत्तपत्रों को विभिन्न प्रांतों के निश्चित भूमिगत केंद्रों पर अंतरप्रांतीय संदेशवाहकों के माध्यम से पहुँचाया जाता था। भारत के बारे में सच्चे समाचारों की विदेशों में भी बहुत माँग थी। अतः इस हेतु भी योजना बनाई गई थी। विभिन्न रास्तों से ये समाचार-पत्रिकाएँ तथा वृत्तपत्र विदेशों को पहुँचाए जाते थे। गुजरात से बाहर भेजी जा रही समाचार-पत्रिकाओं में गुजरात के छोटे-से-छोटे गाँव के समाचारों का समावेश हो सके, इसके लिए गुजरात में प्रांत स्तर पर भी समाचार प्रसार-तंत्र बनाया गया था। इस तंत्र के जरिए समाचारों को एकत्रित कर भारत के अन्य राज्यों तथा विश्व के कई देशों में भेजा जाता था।

इस समग्र भूमिगत आंदोलन के दौरान किसी भी योजना की सफलता का आधार उन सूचनाओं की सत्यता पर था, जिन सूचनाओं के सहारे वह योजना बनाई गई थी। संघ के विशाल और अनुशासित संगठन के कारण ही हर प्रकार की सच्ची जानकारी केंद्र तक पहुँचती थी। उन जानकारियों के आधार पर योजनाएँ बनाई जाती थीं। योजनाएँ बनाकर संघ के संगठन के माध्यम से ही संबद्ध व्यक्तियों तक तत्संबंधी सूचनाएँ पहुँचा दी जाती थीं। इसी माध्यम से देश के कोने-कोने में फैले स्वयंसेवकों तक केंद्रीय नेताओं के मार्गदर्शन की सूचनाएँ भी पहुँचाई जाती थीं। संघ का सूचना-तंत्र सरकारी सूचना-तंत्र से अधिक दक्ष सिद्ध हुआ था।

संघ के अखिल भारतीय व्यवस्था प्रमुख तथा भूमिगत नेता मोरोपंतजी पिंगळे इस प्रयोजन से गुजरात के दौरे पर आए थे। अलग-अलग तीन स्थानों पर एक या दो दिनों तक चली बैठकों में गुजरात के संसदीय क्षेत्रों के बारे में विचार-विमर्श करने के लिए करीब एक सौ पचास कार्यकर्ता पिंगळेजी से मिले। सरकार द्वारा लगाई गई सारी बंदिशों के रहते हुए भी चुनाव जीतने के लिए क्या-क्या किया जा सकता है, इस बारे में विस्तृत चर्चा की गई।

संघ के कार्यकर्ताओं को चुनावों के लिए काम करने का कोई अनुभव भी नहीं था, अतः उनके लिए प्रशिक्षण की व्यवस्था, संभावित उम्मीदवार, कांग्रेस के संभावित उम्मीदवार, कांग्रेसी उम्मीदवारों के प्रति कांग्रेस के आंतरिक गुटों का रवैया, चुनावों में विचारशील युवाओं तथा मातृशक्ति के अधिक-से-अधिक उपयोग की संभावनाओं,

चुनावों के समय वाहनों की आवश्यकता, चुनाव निधि की व्यवस्था (क्योंकि उन दिनों में कहीं से भी आर्थिक सहयोग मिल पाना बड़ा मुश्किल लग रहा था), सेंसरशिप जारी रहने की स्थिति में अधिक-से-अधिक भूमिगत पत्रिकाओं की व्यवस्था करना, विभिन्न जिलों से प्रकाशित होनेवाले छोटे-छोटे अखबारों से सहायता हेतु संपर्क करना, समाज के प्रतिष्ठित व्यक्तियों व संस्थाओं से संपर्क इत्यादि अनेक विषयों पर विस्तृत चर्चा की गई। हर व्यक्ति को निश्चित कार्य की जिम्मेदारी दी गई। हर संसदीय क्षेत्र के लिए एक-एक व्यक्ति को प्रभारी बनाया गया। इतनी व्यवस्था तो नवंबर शुरू होने से पहले ही कर ली गई थी। इस योजना में जेल से मुक्त होकर आनेवालों की तो गणना ही नहीं की गई थी। उनके आने पर कार्यकर्ताओं की संख्या में बढ़ोतरी ही होनी थी। चुनावी तैयारियों की इन योजनाओं की जानकारी सरकार तक न पहुँच जाए, इस बात की सावधानी बरती गई। अनुमान के अनुसार ही चुनाव घोषित कर दिए गए। योजनाएँ तो बन ही चुकी थीं, इस पर सरकार ने मुक्त चुनावों की घोषणा कर दी थी। इस घोषणा ने हम जैसे भूमिगत कार्यकर्ताओं में विजय के विश्वास को कई गुना बढ़ा दिया था।

एक कॉलोनी के भीतरी हिस्से में स्थित मकान में नरेंद्र मोदी सहित संघ के लोग अकसर बैठकें किया करते थे। उन बैठकों में संदेशों का आदान-प्रदान किया जाता था। एक दिन पुलिस ने कॉलोनी पर छापा मार दिया। पूरी कॉलोनी को घेरकर एक-एक घर की तलाशी ली जाने लगी। जिस परिवार ने संघर्ष के उपयोग हेतु वह मकान हमें दिया था, कार्यकर्ताओं की चिंता में उनकी तो जान ही सूखी जा रही थी। उस मकान की तलाशी ली गई। उस दिन नाथालाल वहाँ पर आए हुए थे, किंतु छापा पड़ने से कुछ समय पहले ही वे वहाँ से जा चुके थे। बाद में पता चला कि पुलिस का छापा तो उसी कॉलोनी के एक अन्य मकान में चल रहे जुआखाने को खोजने के लिए पड़ा था। इस घटना से नरेंद्र मोदी को एक और शिक्षा मिली। इस अनुभव के बाद संघर्ष कार्य के लिए आवासों का चयन करते समय उसके आसपास के क्षेत्र की भी जाँच-पड़ताल कर लेते थे।

भूमिगत बैठकों के स्थानों को ऐन वक्त पर बदल देना, दूसरी व्यवस्था के लिए रात-रात भर दौड़-भाग करना—यह सब तो रोजमर्रा की बातें बन चुकी थीं। नडियाद में एक बार कुछ भूमिगत कार्यकर्ताओं तथा कुछ अन्य कार्यकर्ताओं के साथ देशमुखजी बैठक कर रहे थे कि तभी वहाँ पर एल.आई.बी. वालों का दल आ खड़ा हुआ। अब वहाँ से भाग निकलने के अलावा और कोई रास्ता नहीं बचा था। एल.आई.बी. वालों को उलझाए रखकर एक-एक कर सभी वहाँ से चलते बने।

कई बार मकानों में घंटों छुपे रहना पड़ता था। एक दिन जोरों की बारिश हो रही थी। 'ऐसे मौसम में इतनी सुबह किसकी नजर पड़ेगी!' यह सोच एक कार्यकर्ता शांता

बहन गजेंद्र गड़कर के घर तड़के पहुँची। कुछ देर बातचीत हुई होगी कि तभी पुलिस वैन घर के बाहर आकर रुकी। घर के सभी लोगों के होश उड़ गए। तय था कि अब अतिथि कार्यकर्ता को कोई नहीं बचा सकता। वे लोग जहाँ बैठे थे, उस ऊपर वाले कमरे तक पुलिसवाले चढ़ आए। उनके पीछे-पीछे ही केशूभाई पटेल तथा अरविंदभाई मणियार भी आए थे। पुलिस दल को देखकर अतिथि कार्यकर्ता उसी कमरे से लगे दूसरे कमरे में जा छिपे। अपने कागज-पत्र भी उन्होंने वहीं छिपाकर रख दिए, ताकि पकड़े जाने पर भी सरकार को कोई गुप्त जानकारी न मिल सके; किंतु बाद में पता चला कि केशूभाई तथा अरविंदभाई को पुलिस राजकोट से गिरफ्तार करके लाई थी और किसी अन्य कार्य से ही वे सभी शांता बहन के घर आए थे। फिर भी, जब तक पुलिस वहाँ रही, अतिथि कार्यकर्ता दम साधे उसी कमरे में छिपे रहे। पुलिस के जाते ही वे वहाँ से चलते बने।

भूमिगत अवस्था में रहकर संघर्ष में लगे समाजवादी पक्ष के कार्यकर्ताओं को आमतौर पर संघ के कार्यकर्ताओं के घरों पर ही रहना होता था। इसके दौरान संघ के कार्यकर्ताओं की हिम्मत, उनकी विचार-शैली, व्यवहार की शुद्धता तथा उच्च कोटि की राष्ट्रभक्ति से वे परिचित और प्रभावित हुए।

सन् 1976 के अंत में गुजरात में कई बैठकों के आयोजन किए गए थे, अतः अधिकतर नेता उन दिनों गुजरात में ही थे। 1 जनवरी, 1976 के दिन सवेरे-सवेरे ही नरेंद्र मोदी को रवींद्र वर्मा से मिलने के लिए जाना था। रामलाल पारीख के घर पर वे नरेंद्र मोदी का इंतजार कर रहे थे। जाते ही 'हैप्पी न्यू इयर' कहकर नरेंद्र मोदी ने प्रणाम किया।

वर्मा ने उत्तर देते हुए कहा, 'नरेंद्रजी, मैं आपको पहले ही 'हैप्पी न्यू इयर' कहने वाला था; किंतु आप हिंदुत्ववादी हैं, अतः कहीं बुरा न मान जाएँ, इसी संकोच से मैंने कुछ नहीं कहा। लेकिन आप तो…'

नरेंद्र मोदी ने उन्हें बीच में ही रोककर कहा, 'हिंदुत्व की यही महानता है कि वह अपने पथ पर चलनेवाले को संकुचित नहीं रहने देता।'

ऐसी कई छोटी-छोटी घटनाएँ, चर्चाएँ, वैचारिक अभिव्यक्तियाँ थीं, जो सभी को परस्पर निकट लाने में सहायक सिद्ध हुई थीं।

संघर्ष की रोजमर्रा की प्रवृत्तियों के लिए तो राष्ट्रीय स्वयंसेवक संघ की क्षमताओं का बहुत अधिक उपयोग किया गया था। इसके कई कारण थे। संघ के सदस्यों में आपसी और पारिवारिक संबंधों का व्यापक ताना-बाना, प्रसिद्धि की अपेक्षा के बिना गुमनाम रहकर भी मिल-जुलकर काम करने का हौसला तथा संघ कार्य की संगठन रचना भी इस संघर्ष में बहुत उपयोगी सिद्ध हुई थी। राष्ट्रीय स्तर पर कार्य करने के लिए संघ में अधिकारियों की श्रेणी होने के बावजूद कार्य का निष्पादन केवल अधिकारियों पर ही निर्भर नहीं हुआ करता था; इसीलिए सरसंघचालकजी से लेकर प्रांतीय स्तर के कई

अधिकारियों के मीसा में फँसने के बाद भी संघ का कार्य बराबर चलता रहा था। आमतौर पर नेताओं की अनुपस्थिति में काम रुक जाया करता है। सेनापति के दिखाई न पड़ने मात्र से सेना धैर्य खोकर तितर-बितर होने लगती है; किंतु संघ के साथ ऐसा कुछ नहीं हुआ। सरसंघचालकजी ने एक बार जिन्हें 'देव-दुर्लभ' के विशेषण से गौरवपूर्वक नवाजा था, उन कार्यकर्ताओं ने अपने दम पर काम कर दिखाया।

निरंतर परिश्रम, बलिदान तथा विश्वास से बिना किसी क्षति या रक्तपात के इस दूसरे दौर के स्वातंत्र्य-संग्राम में हमने विजय पाई थी। विजय दिलवाने वाले घटकों में सर्वाधिक महत्त्वपूर्ण घटक था भारत का नागरिक, भारत का मतदाता। सफल परिवर्तन की नींव में प्रजा की जो भावना निहित थी, उसकी प्रतीति हो सके, इस उद्देश्य से उन्हीं दिनों की एक घटना यहाँ प्रस्तुत है—

चुनावों के सिलसिले में नरेंद्र मोदी दौरे पर थे। गुजरात के उत्तर-पूर्वी जिले साबरकाँठा के एक छोटे से गाँव से करीब पैंसठ वर्ष की एक वृद्धा बस में बैठी थी। आर्थिक रूप से वह गरीब परिवार की लग रही थी। कंडक्टर से उन्होंने टिकट माँगते हुए कहा, 'भई, कितना पैसा? मैं पढ़ी-लिखी नहीं हूँ, समझा! आ, ले नोट, इसमें से काट ले।'

कंडक्टर ने टिकट तथा बचे हुए पैसे उस वृद्धा को लौटाए, इनमें एक-एक रुपए के दो नोट भी थे।

वृद्धा—'भई, आ नोट जरा बदल दे।'

कंडक्टर—'माँजी, क्या बुराई है इस नोट में, चल जाएगा।'

वृद्धा—'भाई, चल तो जाएगा, पर मने जरा नवी-नवी नोट दे। अमारा गाम माँ आज बाबूभाई पटेल आववाला है। सभा है, मारे को एक नवो रुपियों उनको देना है। इसी के लिए तो आज आई मजूरी करने को आई थी।'

समाज के निम्नतम छोर पर स्थित व्यक्ति, एक छोटे से गाँव का दरिद्रनारायण भी शासन-परिवर्तन के लिए अपनी उत्सुकता जताए, यही थी इस दूसरे दौर के स्वातंत्र्य-संग्राम की चरम उपलब्धि!

***

आपातकाल के ये इक्कीस माह नरेंद्र मोदी के लिए बहुत महत्त्वपूर्ण सिद्ध हुए। आपातकाल के खिलाफ संघर्ष ने नरेंद्र मोदी के व्यक्तित्व और उनकी संगठन क्षमता को गढ़ा। उनकी अनेक शक्तियाँ संघ नेतृत्व ने पहचानीं। आपातकाल समाप्त होने के बाद के कुछ माह नरेंद्र मोदी के लिए अत्यंत व्यस्तता भरे रहे। हेडगेवार भवन ही उनका निवासस्थान था। डॉ. हेडगेवार भवन राष्ट्रीय स्वयंसेवक संघ का मुख्यालय होने से स्वाभाविक था, यहाँ पर संघ का राष्ट्रीय नेतृत्वगण आता-जाता रहता था। नरेंद्र मोदी का उनसे बौद्धिक और वैचारिक आदान-प्रदान होता रहता। उनमें मुख्य थे—दत्तोपंत ठेंगडी

और एकनाथ रानाडे। दत्तोपंत ठेंगडी ने 'भारतीय मजदूर संघ' और 'भारतीय किसान संघ' की स्थापना की। अपने माता-पिता की एक ही संतान दत्तोपंत ने 1938 में संघ के प्रचारक के रूप में अपना जीवन संघ को अर्पित किया था। एकनाथ रानाडे संघ के सहकार्यवाह रह चुके थे, उन्हें बाद में कन्याकुमारी में, जहाँ शिला पर बैठकर स्वामी विवेकानंद ने तीन दिन तक ध्यानस्थ अवस्था में भारतमाता की भव्यता के दर्शन किए थे, वहीं स्वामी विवेकानंद की 100वीं जन्मशताब्दी पर भव्य स्मारक निर्माण का कार्य सौंपा गया था।

एकनाथ रानाडे विवेकानंद केंद्र कन्याकुमारी आकर अपना जीवन अर्पित करें, ऐसी इच्छा थी लेकिन नियति की इच्छा कुछ और ही थी। दत्तोपंत ठेंगडी और एकनाथ रानाडे से आध्यात्मिक कहें या मानसिक, दोनों से नरेंद्र मोदी का अच्छा लगाव था। इन दोनों से नरेंद्र मोदी अपने हृदय की कोई भी बात खुलकर कर सकते थे। नरेंद्र मोदी कहते हैं—"इन दोनों महानुभावों से मेरा जो संबंध था, उसे आप आध्यात्मिक या बौद्धिक संबंध मान सकते हैं, वे दोनों मुझसे लगाव रखते थे।" सन् 1978 में नरेंद्र मोदी को विभाग-प्रचारक की जिम्मेदारी सौंप दी गई। विभाग में छह जिलों को शामिल किया गया था—ग्रामीण वडोदरा, पंचमहाल, दाहोद, आणंद, खेड़ा और वडोदरा नगर। एक संगठनकर्ता के रूप में उनकी योग्यता और क्षमता की पहचान हो रही थी। संघ प्रचारक के रूप में नरेंद्र मोदी स्वयंसेवकों और परिवारों में काफी लोकप्रिय थे। वे बहुत सहजता से घुल-मिल जाते थे। दो वर्ष के भीतर ही संभाग-प्रचारक के रूप में नियुक्त कर दिया गया। उनका कार्यक्षेत्र मध्य और दक्षिण गुजरात के खेड़ा जिले से लेकर वलसाड़ के उमरगाँव तक था। बड़ौदा संघ कार्यालय उनका निवासस्थान था। वहीं से वे प्रवास करते थे।

11 अगस्त, 1978 : शाम के चार बजे का समय, देखते-ही-देखते सिर्फ 30 मिनट में, मोरवी शहर के मच्छू-बाँध टूटने से सर्वनाश हो गया। महाविनाशक तीव्रता से बहे पानी से कुछ ही क्षणों में मोरवी में 20 फीट पानी आ गया और मोरवी सहित आसपास के असंख्य गाँवों को पूर्णत: तहस-नहस कर गया। इतिहास की इस भयानक दुर्घटना में कम-से-कम लाख से अधिक लोग मृत्यु के मुख में चले गए थे। इस विनाशकारी प्रलय के कुछ ही घंटों में राहत व बचाव के लिए सबसे पहले पहुँचा था, 50 स्वयंसेवकों का पहला जत्था।

नरेंद्र मोदी यहाँ पहुँचनेवाले प्रचारकों में से एक थे। वे कई दिनों तक वहाँ रहे और स्वयंसेवकों के सेवाकार्यों का मार्गदर्शन करते रहे। बारीकी से योजना बनाकर उसे कार्यान्वित कराने में नरेंद्र मोदी को महारथ हासिल है। लगातार दो सप्ताह तक गुजरात भर से आए हुए स्वयंसेवकों के अलग-अलग गुटों ने विकृत-सड़ी हुई लाशें ढोने और

उनके दाह संस्कार का काम किया। संघ द्वारा निर्मित बाढ़ पीड़ित सहायता समिति ने इस कुदरत की तांडवलीला से पीड़ित लोगों को बचाने व सहायता देने का जो कार्य पहले दिन से प्रारंभ किया था, वह तीन रूपों में विभाजित था—1. जो बाढ़ से बचकर फँसे हुए थे, उन्हें तत्काल बचाना, 2. धराशायी मकान, खेतों, खंभों पर लाशें पड़ी थीं, उनको एक स्थान पर लाकर उनका दाह संस्कार करना, 3. कीचड़-गंदगी को निकालकर, स्वच्छता अभियान चलाना, 4. अस्वस्थ लोगों को तत्काल चिकित्सकों से दवाइयाँ दिलाना। 5. जो परिवार बच गए थे, जिनका मकान नहीं था या रहने लायक नहीं था, उनके लिए राहत केंद्र प्रारंभ करना। स्वयंसेवकों ने सिर्फ मोरवी शहर तक ही यह सेवा कार्य नहीं किया, मगर मोरवी एवं बांकानेर तहसील क्षेत्र के जो प्रभावित गाँव थे, वहाँ जाकर सेवा कार्य किया। उस समय मोरवी के कुछ मुहल्ले ऐसे थे, जहाँ से लाशें और कीचड़ निकालना सरकारी तंत्र के लिए भी मुश्किल था। ऐसे क्षेत्रों में स्वयंसेवकों ने जाकर सड़ी-गली लाशें उठाईं। मोरवी के सीपाई मुहल्ले में संघ के स्वयंसेवकों ने एक ही दिन में सड़ी लाशें उठाईं, साथ ही 200 ट्रक भरकर कीचड़ भी साफ किया। संघ द्वारा राहत-बचाव कार्य किया गया, साथ ही 'जानकारी केंद्र' भी शुरू किया गया।

मोरवी नगरपालिका के अध्यक्ष ने तत्कालीन संवाददाताओं से कहा था—"यदि संघ स्वयंसेवक यह कार्य न करते तो मोरवी एक अन्य दुर्घटना, यानी हैजे का शिकार हो जाता।" गुजरात मुसलिम मजलिस के अध्यक्ष गुलाम मोहम्मद ने संघ द्वारा संचालित राहत केंद्र का निरीक्षण किया और संघ द्वारा चलाए जा रहे राहतकार्यों की सराहना कर राहत कोष में 1001 रुपए की निधि अर्पण की। कर्णावती चर्च के बिशप भी इन केंद्रों में आए और सेवाकार्यों की प्रशंसा की।

उन दिनों रमजान के रोजे चल रहे थे। राजकोट के एक सहायता शिविर में लगभग 4000 मुसलमान थे। उन्हें अपने धार्मिक कार्य करने के लिए स्वयंसेवकों ने आवश्यक सुविधाएँ प्रदान कीं। उनमें एक भी दिन बाधा नहीं आई। ब्राह्म मुहूर्त में ही खाना पका लिया जाता था और सूर्योदय के पूर्व ही भोजन कराया जाता था। बाद में जब अटलबिहारी वाजपेयी उन शिविरों को देखने गए तो कुछ मुसलमानों ने ही उनको बताया, 'अगर आर.एस.एस. हमारी मदद के लिए नहीं आता तो हम जिंदा न बचते।'

अनेक समाचार-पत्रों के विशेष संवाददाता मोरवी पहुँचे थे। मद्रास के 'तुगलक' ने लिखा था—'मोरवी के लोग स्वयंसेवकों को देवता तुल्य समझते हैं।' दिल्ली के 'हिंदुस्तान टाइम्स' ने 25 अगस्त, 1978 के अपने संपादकीय में कहा—'जहाँ कुछ विरोधी दल इस आपदा से राजनीतिक लाभ उठाने का प्रयास कर रहे हैं, वहाँ राष्ट्रीय स्वयंसेवक संघ ने इस बारे में एक ज्वलंत उदाहरण प्रस्तुत किया कि ऐसी घड़ी में स्वैच्छिक संगठन क्या कर सकते हैं। महीनों तक बीसियों सहायता शिविरों में स्वयंसेवकों ने काम किया, घरों

तक लौटने में पीड़ितों की सहायता की। इसके अतिरिक्त शवों को उठाकर उनका दाह-संस्कार किया। कोई और होता तो उन्हें छूता भी नहीं। केवल मानवता की सेवा है और किसी दलगत भावना के लिए कोई स्थान नहीं है। जो राजनेता दुर्घटना-स्थल का तूफानी दौरा करते हैं, कम-से-कम इतना तो कर ही सकते हैं कि स्वेच्छा से लोगों की सहायता करने को तत्पर संस्थाओं को बिना किसी अड़चन से काम करने दें। उनकी आलोचना करके उनकी हँसी तो न उड़ाएँ। 'इलस्ट्रेटेड वीकली' के तत्कालीन संपादक एम.वी. कामत की टिप्पणी थी, "आप रा.स्व. संघ के बारे में कुछ भी कह लें, पर जब उनके सामने अपने देशवासियों की सेवा का प्रश्न आता है तो वे तत्काल अपनी बाँहें चढ़ाकर सहर्ष कार्य में जुट जाते हैं और बदले में कुछ नहीं चाहते।"

बचाव एवं राहत कार्यों के बाद दूसरा कार्य प्रारंभ हुआ बाढ़ पीड़ितों के पुनर्वास का। बाढ़ पीड़ित सहायता समिति ने राशि एकत्र कर बेघर हुए लोगों के लिए 500 पक्के घर बनाने का संकल्प किया।

भूमिपूजन के मात्र आठ महीने के भीतर 14 सितंबर, 1980 ऋषि पंचमी के दिन संघ के बनाए गए 400 मकानों का 'जनकल्याण नगर' तृतीय सरसंघचालक बालासाहब देवरस के करकमलों से लोकार्पण हुआ। इस कार्यक्रम में मुख्य अतिथि थे तत्कालीन मुख्यमंत्री बाबूभाई पटेल।

इस लोकार्पण समारोह में बालासाहब ने कहा, "संघ द्वारा सेवा कार्य होते हैं, उसकी प्रशंसा होती है, तब आनंद स्वाभाविक है, लेकिन हमारे लिए महत्त्व की बात यह है कि यह सब कार्य अचानक नहीं होता, संघ कार्य की यह स्वाभाविक प्रक्रिया और परिणति है। यह स्वाभाविक प्रक्रिया और परिणति आई कहाँ से? यह पचपन वर्षों के संघ कार्य की तपस्या का फल है।"

बाबूभाई ने कहा, "संघ ने मोरवी में जो कार्य किया, वह अद्वितीय है। भयानक गंदगी, विकृत लाशें, जिन्हें हाथों में उठाते ही मांस के लोथड़े हाथ में लगते थे, ऐसी लाशें उठाना, उनका दाह संस्कार करना सरल कार्य नहीं था, मगर स्वयंसेवकों ने यह कार्य किया। संघ के स्वयंसेवकों ने मोरवी में विनाशलीला के बीच कार्य करके अपना नाम सार्थक किया।"

बाढ़ आई। मोरवी बरबाद हुआ, वहाँ से लेकर पुनर्निर्माण तक के सेवा कार्यों में संघ प्रचारकों की टोली लगी थी, उनमें नरेंद्र मोदी प्रमुख थे। इस दैवीय आपदा से उभरने के बाद नरेंद्र मोदी की संगठन शक्ति संघ कार्य में लगी। संघ प्रचारक नरेंद्र मोदी संघ कार्य में जुटे थे।

संघ के प्रांत प्रचारक केशवराव देशमुख का 2 मार्च, 1981 को निधन हुआ। तब गुजरात का प्रांत मुख्यालय अहमदाबाद में बना। अब संघ के प्रांत सहव्यवस्था प्रमुख का

दायित्व भी नरेंद्र मोदी पर था।

1981 में मीनाक्षीपुरम् में हुए सामूहिक धर्मांतरण से पूरा हिंदू समाज स्तब्ध रह गया। 'विराट् एकात्मता' यात्रा का शुभारंभ हुआ। गुजरात में स्वयंसेवकों के अथक परिश्रम से यात्रा संपन्न हुई। चार हजार गाँवों में संपर्क किया गया और करीब एक करोड़ लोग उसमें सहभागी हुए। पूरा गुजरात 'गंगामाता' और 'भारतमाता' के जयनाद से गूँज उठा। संघ कार्य की बढ़ती रफ्तार के बीच 1984 में कर्णावती के घोड़ासर में पाँच हजार स्वयंसेवकों का शिविर संपन्न हुआ। इस शिविर के आयोजन में अमदाबाद विभाग प्रचारक नरेंद्र मोदी भी पूरी शक्ति से जुटे थे। इस शिविर में समाज ने विराट् संघशक्ति के दर्शन किए।

राष्ट्रीय स्वयंसेवक संघ की स्थापना के साठ साल पूरे होने पर संघ विचार घर-घर पहुँचाने के लिए स्वयंसेवकों ने घर-घर जाकर जनसंपर्क अभियान किया। संघ के क्रमबद्ध विकास का परिचय कराती एक छोटी सी पुस्तिका काफी लोकप्रिय हुई।

संपर्क अभियान के दूसरे साल गुजरात में भारी अकाल पड़ा। लगातार तीन साल से बारिश न होने से लोग स्थान बदल करने लगे। पशु भूख से मरने लगे। संघ ने 'दुष्काल पीड़ित सहायता समिति' बनाकर अभावग्रस्त लोगों की मदद की। जगह-जगह अनाज वितरण, ढोरबाडों, राहत केंद्रों, घास केंद्रों के माध्यम से स्वयंसेवकों ने कुदरती आपत्ति के खिलाफ सेवा की सुगंध फैलाई।

कुछ ही समय बाद नरेंद्र मोदी को प्रांत सहव्यवस्था प्रमुख के साथ-साथ साबरकांठा विभाग प्रचारक, जिसमें अहमदाबाद ग्राम्य, साबरकांठा और गांधीनगर (जिला) जिम्मेदारी सौंपी गई।

नरेंद्र मोदी पूरी निष्ठा से संघ कार्य को गति दे रहे थे। तभी 15 जुलाई, 1985 को वकील साहब की कैंसर रोग से पूना में मृत्यु हुई। ध्येय सिद्धि के लिए अखंड रूप से कार्यरत उनका जीवन समाप्त हुआ। नरेंद्र मोदी ने कहा, 'तपस्वी गया तप रहा…' वकील साहब की मृत्यु के कुछ ही महीने बाद 1986 के अंत में नरेंद्र मोदी के जीवन में सबसे महत्त्वपूर्ण मोड़ आया। नरेंद्र मोदी कहते हैं—मैं संघ प्रचारक था। संघ कार्य में मगन था। हमारे वरिष्ठ प्रचारक नाथाभाई सगड़ा वर्षों से जनसंघ के संगठन मंत्री थे। बाद में भाजपा के भी संगठन महामंत्री थे। उनकी नसीयत अच्छी नहीं थी। सबने सोचा कि भाजपा में किसी युवा व्यक्ति की जरूरत है। सबका आग्रह था कि जो मेहनत करे, भाग-दौड़ कर सके, ऐसे व्यक्ति को भेजना चाहिए। इसलिए मुझे भाजपा में आना पड़ा, इस तरह नरेंद्र मोदी को भाजपा में कार्य करने के लिए भेजने का निर्णय हुआ और यह निर्णय तत्कालीन सर संघचालक बाला साहब देवरस ने स्वयं लिया।

□

शब्द के आराधक

गुजरात के स्वप्नदृष्टा नरेंद्र भाई पर देवी सरस्वती प्रसन्न हैं। वे जब बोलते हैं तो माँ शारदा उनकी जिह्वा पर और जब लिखते हैं तब उँगलियों के पोरों पर विराजमान होती हैं। बहुत कम लोग ऐसे भाग्यवान होते हैं। लोग घंटों मंत्रमुग्ध होकर उन्हें सुनते हैं। उन्होंने मात्र चरित्र प्रधान निबंध ही नहीं, कहानियाँ भी लिखी हैं। उन्होंने व्यक्ति विशेष, त्योहार, सांस्कृतिक, धार्मिक, सामाजिक, राजनीतिक जैसे विविध विषयों पर भी कलम चलाई है। वे कवि और गीतकार भी हैं। उनके गीतों की स्वरबद्ध सी.डी. भी बनी है।

नरेंद्र भाई जिन दिनों मंत्री नहीं थे। बहुत कम लोग उनसे परिचित थे, उन दिनों उनकी पुस्तकें काफी लोकप्रिय थीं। वे बेस्ट सेलर बने। सन् 1975 में, 25 वर्ष की अवस्था में उन्होंने 'संघर्ष में गुजरात' नामक पुस्तक लिखी। एक ही महीने में उसकी दूसरी आवृत्ति सामने आई। पुस्तक इतनी रोचक शैली में है कि एक ही बैठक में उसे समाप्त किए बिना पाठक उठते नहीं थे। गुजरात के मूर्धन्य साहित्यकार चंद्रकांत बक्षी ने दो दशक पूर्व अपनी मनपसंद दो पुस्तकों में से एक नरेंद्रभाई मोदी की यह पुस्तक 'संघर्ष में गुजरात' को महत्त्वपूर्ण माना था। '70 के दशक में 'चाँदनी' नामक गुजराती पत्रिका में उनकी कहानियाँ और लघु उपन्यास भी प्रकाशित हुए थे।

कांग्रेस अध्यक्ष और तत्कालीन प्रधानमंत्री इंदिरा गांधी ने 1975 में 25 जून को देश में लोकतंत्र का गला घोंटकर आपातकाल (Emergency) लगा दिया। 'संघर्ष में गुजरात' पुस्तक इस आपात परिस्थिति के बीच भूगर्भ प्रवृत्तियों का एक आधारभूत प्रामाणिक इतिहास है। इस काल में आपातकाल की परिस्थितियों के विषय में बहुत कुछ लिखा गया, परंतु आपातकाल समाप्त करने के लिए क्या-क्या किया गया, इस विषय में विशेष कुछ नहीं लिखा गया। तीस माह तक लोकतंत्र की रक्षा में लगातार कितने कैसे संघर्ष करने पड़े, प्रस्तुत पुस्तक इसी संघर्ष की गाथा है। यह एक योजनाबद्ध संघर्ष था, जो जाने-अनजाने अनेक मोरचों पर अनुपम साहस एवं जीवट के साथ लड़ा गया था। यह संघर्ष स्वातंत्र्य-संग्राम आंदोलन से किसी भी प्रकार कम नहीं था। नरेंद्र भाई ने इस पुस्तक में उस संघर्ष को उसके यथार्थ रूप में प्रस्तुत किया।

नरेंद्र मोदी की लिखी गई यह पुस्तक एक लेखक के रूप में नहीं, बल्कि एक सैनिक के रूप में लिखी गई है। नरेंद्र मोदी कहते हैं, ''आपातकाल में गुजरात' मैंने सिर्फ अपनी स्मरणशक्ति के आधार पर लिखा है। मेरे पास पेन और कागज ही थे। कोई संदर्भ सामग्री नहीं थी। मैंने 23 दिनों में यह पुस्तक पूरी की। मेरी स्मरणशक्ति कुछ अलग है। मैं कोई नोट्स नहीं बनाता या कुछ लिखकर नहीं रखता।'' स्मरणशक्ति से ध्येय के लिए उन्होंने स्वयं ही आपदाओं का वरण किया था। भारतमाता की सेवा में समग्र जीवन समाज के चरणों में अर्पित कर दिया। हठ, मनोबल और अपूर्व धर्म के कारण वे गुजरात में हजारों कार्यकर्ताओं के मार्गदर्शक और संरक्षक बने। नरेंद्र मोदी की यह पुस्तक राष्ट्रीय स्वयं सेवक संघ में प्रचारक राजाभाई नेने के साथ सह-लेखन के रूप में सामने आई है। इस पुस्तक का हिंदी अनुवाद भी है। कार्यकर्ताओं के लिए नरेंद्र मोदी की यह पुस्तक आज भी मार्गदर्शक है। नरेंद्र मोदी के शब्दों में—''यह तप का फल है, इस कारण यह हृदय को स्पर्श करती है।''

नरेंद्र मोदी बचपन से ही अध्ययनशील रहे हैं। वडनगर में जब वे स्कूल में पढ़ते थे, तब कहा जाता था कि यदि उन्हें ढूँढ़ना है तो लाइब्रेरी में जाओ, वहाँ मिल जाएँगे। वडनगर गाँव छोटा था, पर लाइब्रेरी खूब अच्छी और बड़ी थी। छत्रपति शिवाजी के जीवन पर वामन मुकादम की लगभग 600-700 पृष्ठों की एक पुस्तक है। ग्यारह वर्ष की उम्र में इतनी भारी-भरकम पुस्तक को उठाने में तकलीफ और मेहनत लगती ही है, पर इतनी भारी पुस्तक को नरेंद्र मोदी घर लाए। उन्होंने पूरी एकाग्रता से यह पुस्तक पढ़ी। इस आयु में भी वे पुस्तकें खरीदने के लिए पैसे बचाते थे। उन्होंने राज गोपालाचारी की लिखी 'महाभारत और रामायण' 13-14 वर्ष की उम्र में ही पढ़ डाली थी। उन्हें प्राय: वे पुस्तकें पढ़ना रुचिकर लगता, जिनमें विचारों और भाषा का तालमेल हो। नरेंद्र मोदी आठवीं कक्षा में पढ़ते थे, तब उन्होंने 'पीला फूल' नाटक लिखा। स्कूल में उसका मंचन भी हुआ था। उस समय उनकी उम्र 13 वर्ष की थी। अस्पृश्यता जैसे बेहद संवेदनशील विषय पर लिखा था यह नाटक—'अस्पृश्यता एक महापाप है।'

बचपन से ही पुस्तकें पढ़ने की अभिरुचि ने उनकी लेखनी तराश दी तथा उनके लेखन में एक तरह की ताजगी पैदा कर दी। संघ प्रचारक के दिनों में वे अपनी माताजी को याद करके अकसर दैनंदिनी लिखते थे। उदाहरणस्वरूप—''हे माँ मेरा प्रणाम⋯आज मैंने यह किया। यह भूल की। मुझे ऐसा नहीं करना चाहिए था⋯आदि-आदि।'' लगभग अठारह माह तक वे लिखते रहे और यह लिखने में उन्हें बहुत आनंद आता था। लगभग सभी पन्ने उन्होंने जला दिए। थोड़े पन्ने बच गए। अभी ये पन्ने 'साक्षीभाव' पुस्तक के रूप में प्रकट हुए हैं।

आपातकाल के दौरान उन्होंने लोक जागरण के लिए प्रकाशित 'सत्यवाणी' पत्रिका का संपादन भी किया। 'साधना' साप्ताहिक में वे लगातार तीन वर्ष तक 'अनिकेत' उपनाम

से 'अक्षर-उपवन' नाम से एक स्तंभ लिखते रहे। इसमें उन्होंने राजनीति, समाज, व्यक्तिविशेष, संस्कृति इत्यादि पर अपनी लेखनी चलाई। एक कथा लेखक के रूप में उनका उल्लेख ऊपर हुआ ही है। 'प्रेमतीर्थ' उनका कहानी संग्रह है। संवेदनशील कहानियों के केंद्र में 'मातृत्व' का भाव है। ये कहानियाँ पाठकों को मातृत्व के मानसरोवर में अवगाहन करने के लिए आमंत्रित करती हैं। ये कहानियाँ गहरे सामाजिक सरोकारों से जुड़ी हैं। 1975 के दौरान अलग-अलग वातावरण में इन कथाओं का सर्जन हुआ है। गुजराती भाषा के प्रसिद्ध लेखक-चिंतक गुणवंत शाह इन कथाओं के बारे में कहते हैं, "इन कहानियों की विशेषता क्या है, यदि कोई ऐसा पूछे तो एक ही शब्द में इसका उत्तर होगा—मातानुभूति।" नरेंद्र मोदी के संवेदनशील चित्त की यह अनुभूति है। इन कहानियों में संबंधों और लगाव की एक पुकार है। संबंधों के मध्य प्रवाहित लगाव का अनुपम झरना पाठक को आनंद में डुबो देता है। एक सजग और योग्य व्यवस्थापक जब देश और दुनिया में अपनी कार्यकुशलता से मुख्यमंत्री पद अर्जित कर कलम पकड़ता है, तब उसके हृदय में बहती संवेदना के सरोवर में गोता लगाने का अनोखा आनंद लिया जा सकता है।

नरेंद्र मोदी जिस तरह से किसी कथा का एक ऊँचाई से सृजन करते हैं, उतनी ही सहजता से व्यक्ति विशेष को भी कागज पर उतारते हैं। 'ज्योतिपुंज' नामक उनकी पुस्तक इसका प्रमाण है। नरेंद्र मोदी को अपने जीवन में कई असामान्य लोगों को निकटता से जानने-समझने का अवसर मिला है। इन असामान्य व्यक्तित्वों से हासिल प्रेम, स्नेह और लगाव मोदी की जीवनयात्रा का पाथेय रहा है। इनमें से कइयों के साथ नरेंद्र मोदी ने कंधे से कंधा मिलाकर काम किया है। पर उनके संबंध में लिखते समय उनकी लेखनी तटस्थ रही है। पुस्तक में व्यक्तित्वों पर अनूठे तथा रोचक आलेख हैं। ऐसी पुस्तक में कर्मयोगियों की जानकारी आपको प्राप्त होगी, जिन्होंने बिना किसी स्वार्थ एवं अपेक्षाओं के अपना संपूर्ण जीवन भारतमाता के चरणों में समर्पित कर दिया। जो प्रति पल उसी की सेवा में लगे रहे। शायद ही किसी ने इन ज्योतिपुंजों के व्यक्तित्व का आलेखन किया हो, परंतु उनके जीवन की सुगंध आज भी फैल रही है। ऐसे जीवनदीपों का स्मरण नई प्रेरणा देता है। इसीलिए नरेंद्र भाई ने 'स्वान्तःसुखाय' लिखा। 'ज्योतिपुंज' पुस्तक में कितने ही समाजशिल्पियों के जीवन कार्यों की सुगंध शब्दबद्ध है। यह पुस्तक श्रद्धा और समाजभक्ति की एक अलग अनुभूति कराती है। लेखक की यह पुस्तक पाठकों को, समाज को, परंपराओं, सांस्कृतिक मूल्यों, समर्पण एवं निष्ठा की भावगंगा में ओत-प्रोत करने वाली है।

नरेंद्र मोदी ने जहाँ स्वतंत्र मौलिक पुस्तकों का सर्जन किया है, वहीं सीखे वट शिक्षण, (केठवे ते केलवणी) तथा 'सामाजिक समरसता' उनके भाषणों का संग्रह है। पहली पुस्तक का संबंध उनके शिक्षा संबंधी विचारों से है तो दूसरी उनकी सामाजिक समता से जुड़ी हुई है। इसमें उनके 45 भाषण संकलित हैं। डॉ. बाबा साहेब आंबेडकर से लेकर समरस गाँव

और रक्षाबंधन से लेकर सामूहिक विवाह तक के विषयों पर सोचे-सुलझे विचारों को अभिव्यक्ति मिली है।

नरेंद्र मोदी संवेदनशील व्यक्ति हैं। इसका अच्छा-खासा परिचय उनकी कविताओं में मिलता है। जितनी सहजता से वे कथाओं का सर्जन करते हैं, उतनी ही ऋजुता से अपनी भावनाएँ और लगाव वे कविता के माध्यम से व्यक्त करते हैं।

'आँख यह धन्य है', काव्यरस से परिपूर्ण कविता संग्रह है। कवि नरेंद्र मोदी से यदि मिलना हो तो उनकी कविताएँ पढ़ें। उनकी कविता में मनुष्य और उसके स्वभाव की अत्यंत सार्थक प्रस्तुति है। कवि नरेंद्र मोदी लिखते हैं—

सफल हुए तो ईर्ष्या भाजन
विफल हुए तो दया पात्र
छू न सके कायरता मुझको,
पामरता की क्या परवाह?

प्रकृति में जीवन को और जीवन में प्रकृति को नितांत भाव से अपने में समेटते नरेंद्र मोदी एक कविता में हर कठिनाई और दुर्गम परिस्थिति में भी मस्त रहने का रहस्य खोलते हुए कविता लिखते हैं—

जिंदगी के यार हैं हम
और छलकता अल्हड़ प्यार हैं हम।
मन चाहे तो उड़ते हैं या
दरिया में डूब लगाते हम
अपनी मरजी के दरबार हैं हम।

उनकी रचनाओं में गुजरात धड़कता है तो नर्मदा का जल भी बहता है। साथ ही राष्ट्रप्रेम का रंग भी दृष्टिगोचर है। देखें इस काव्य संग्रह में प्रथम पृष्ठ को—

'मेरे गुजरात को प्रेम करें
वह मेरी आत्मा।'

और अंतिम पृष्ठ पर—

मेरे देश से प्रेम करें
वह मेरा परमात्मा।

मातृभूमि की सेवा में जीवन-आहुति देनेवाले नरेंद्र मोदी ने वंदे मातरम् को लेकर लिखा है—यह शब्द नहीं, यह मंत्र है हमारा—

आझाही की ऊर्जा की छडकन है हमारी
विकास का यह राजपथ है,
राष्ट्रजीवन का संकल्पित यह महामार्ग...

संकल्प इस राष्ट्र–जीवन का महामार्ग है। इस कविता में अपने स्वप्न को साकार करने की आकांक्षा को व्यक्त किया गया है। उनका जगज्जननी के प्रति प्रेम भी जग जाहिर है—

मैं तो कलेजे की कोठरी मैं बैठा हूँ माँ
माँ मुझसे कहना तू 'खम्मा-खम्मा'
मुझे दैवन देना
मुझे कुव्वत देना
मुझको देना तू सत्

लक्ष्य और संकल्प का यह कवि गर्व से कहता है—'अवतार ओशियालो भक्षी और लाचारी मेरे लहू में नहीं है।' नरेंद्र मोदी अपना असली स्वभाव बताते हैं—

प्रारब्ध को कौन पूछता है यहाँ?
मैं चुनौतियाँ झेलनेवाला मनुष्य हूँ।
मैं उधार का तेज नहीं लेता
मैं स्वयं जलना फानस हूँ॥

भारतीय जनता की आशा–अपेक्षा है कि भारत वर्तमान पीड़ा से मुक्त हो माँ भारती पर छाया काला अंधकार दूर हो। नरेंद्र मोदी ने वर्षों पहले इस कविता में इसी भविष्य का संकेत करते हुए एक पंक्ति में कहा है—

रात पराजय की डूब गई
आज उगा है विजय-प्रभात
प्रभात को उत्सव बना लो आज
उजाला है आनेवाला कल हमारा
तिमिर की टूट गई बुलंद दीवार
आज उगा है शौर्य प्रभात।

उत्तम नेता। देश के प्रथम श्रेणी के मुख्यमंत्री। योग्य, समझदार, अच्छे प्रशासक, कुशल संगठनाचार्य, प्रखर चिंतक, मंत्रमुग्ध कर दें ऐसे वक्ता। ऐसे अनेक गुणों के स्वामी नरेंद्र मोदी लेखनी से एक तेजस्वी शब्दसाधक की अनुभूति कराते हैं। बाल्यकाल से किया विशाल पठन–पाठन, संगठन का काम करते–करते अनुभूत समाज के स्पंदन उनके शब्दों में व्यक्त होते हैं—वे एक विचारक हैं, चिंतक हैं। अतः स्वाभाविक रूप से वे अक्षरों का अभिषेक कागज पर तथा पन्नों पर कर सकते हैं।

□

कार्यकर्ताओं से जुड़ाव
नजर कार्यकर्ताओं पर

भारतीय जनता पार्टी : एक इतिहास

नरेंद्र मोदी को 1986 में एक ऐसे दल की जिम्मेदारी सौंपी गई, जिसकी स्थापना के पीछे एक उद्देश्य है, एक स्वप्न है और एक लक्ष्य है।

भारतीय जनता पार्टी राष्ट्रवादी राजनीतिक दल है, जो भारत को सुदृढ़, समृद्ध एवं शक्तिशाली राष्ट्र के रूप में विश्वपटल पर स्थापित करने को कृतसंकल्प है। भारत को समर्थ राष्ट्र बनाने के लक्ष्य के साथ भाजपा का गठन 6 अप्रैल, 1980 को कोटला मैदान, नई दिल्ली में कार्यकर्ता अधिवेशन में किया गया, जिसके प्रथम अध्यक्ष अटल बिहारी वाजपेयी निर्वाचित हुए। अपनी स्थापना के साथ ही भाजपा ने अंतरराष्ट्रीय, राष्ट्रीय एवं लोकहित के विषयों पर मुखर रहते हुए भारतीय लोकतंत्र में अपनी सशक्त भागीदारी दर्ज की तथा भारतीय राजनीति को नए आयाम दिए। कांग्रेस की एकाधिकार वाली एक दलीय लोकतांत्रिक व्यवस्था के रूप में जानी जाने वाली भारतीय राजनीति को भारतीय जनता पार्टी ने दो ध्रुवीय बनाकर गठबंधन-युग के सूत्रपात में अग्रणी भूमिका निभाई है। देश में विकास आधारित राजनीति की नींव भी भाजपा ने विभिन्न राज्यों में सत्ता में आने के बाद तथा पूरे देश में भाजपा-नीत-राजग शासन के दौरान रखी। पिछले दो दशकों में भाजपा ने एक सशक्त राजनीतिक दल के रूप में देश में अपनी पहचान बनाई है।

पृष्ठभूमि

हालाँकि भारतीय जनता पार्टी का गठन 6 अप्रैल, 1980 को हुआ, परंतु इसका इतिहास भारतीय जनसंघ से जुड़ा हुआ है। स्वतंत्रता तथा देश के विभाजन के साथ ही देश में एक नई राजनीतिक स्थिति उत्पन्न हुई। गांधीजी की हत्या के बाद राष्ट्रीय

स्वयंसेवक संघ पर प्रतिबंध लगाकर देश में नए राजनीतिक षड्यंत्र को रचा जाने लगा। सरदार पटेल के दिवंगत होने के बाद कांग्रेस में नेहरू का अधिनायकवाद प्रबल होने लगा। गांधी और पटेल दोनों के नहीं रहने के कारण कांग्रेस नेहरूवाद की चपेट में आ गई तथा अल्पसंख्यक तुष्टिकरण, लाइसेंस-परमिट-कोटा राज, राष्ट्रीय सुरक्षा पर लापरवाही, राष्ट्रीय मसलों जैसे कश्मीर आदि पर घुटना टेक नीति, अंतरराष्ट्रीय मामलों में भारतीय हितों की अनदेखी आदि अनेक विषय देश में राष्ट्रवादी नागरिकों को परेशान करने लगे। नेहरूवाद तथा पाकिस्तान एवं बँगलादेश में हिंदू अल्पसंख्यकों पर हो रहे अत्याचार पर भारत के चुप रहने से क्षुब्ध होकर डॉ. श्यामा प्रसाद मुकर्जी ने नेहरू मंत्रिमंडल से त्यागपत्र दे दिया। इधर राष्ट्रीय स्वयंसेवक संघ के कुछ स्वयंसेवकों ने भी प्रतिबंध के दंश को झेलते हुए महसूस किया कि संघ के राजनीतिक क्षेत्र से सिद्धांततः दूरी बनाए रखने के कारण वे अलग-थलग पड़ गए थे, साथ ही संघ को राजनीतिक तौर पर निशाना बनाया जा रहा था। ऐसी परिस्थिति में देश में एक राष्ट्रवादी राजनीतिक दल की आवश्यकता महसूस की जाने लगी। फलतः 21 अक्तूबर, 1951 को डॉ. श्यामा प्रसाद मुकर्जी की अध्यक्षता में भारतीय जनसंघ की स्थापना राघोमल आर्य कन्या उच्च विद्यालय, दिल्ली में हुई।

भारतीय जनसंघ ने डॉ. श्यामा प्रसाद मुकर्जी के नेतृत्व में कश्मीर एवं राष्ट्रीय अखंडता के मुद्दे पर आंदोलन छेड़ा तथा कश्मीर को किसी भी प्रकार का विशेषाधिकार देने का विरोध किया। नेहरू के अधिनायकवादी रवैए के फलस्वरूप डॉ. श्यामा प्रसाद मुकर्जी को कश्मीर की जेल में डाल दिया गया, जहाँ उनकी संदेहास्पद परिस्थिति में मृत्यु हो गई। एक नई पार्टी को सशक्त बनाने का कार्य पंडित दीनदयाल उपाध्याय के कंधों पर आ गया। भारत-चीन युद्ध में भारतीय जनसंघ ने महत्त्वपूर्ण भूमिका निभाई तथा राष्ट्रीय सुरक्षा पर नेहरू की नीतियों का डटकर विरोध किया। पहली बार 1967 में भारतीय जनसंघ एवं पंडित दीनदयाल उपाध्याय के नेतृत्व में भारतीय राजनीति पर से कांग्रेस का एकाधिकार टूटा, जिससे कई राज्यों के विधानसभा चुनावों में कांग्रेस की हार हुई।

सत्तर के दशक में तत्कालीन प्रधानमंत्री इंदिरा गांधी के नेतृत्व में निरंकुश होती जा रही कांग्रेस सरकार के विरुद्ध देश में जन-असंतोष उभरने लगा। गुजरात के नवनिर्माण आंदोलन के साथ ही बिहार में छात्र आंदोलन शुरू हो गया। कांग्रेस ने इन आंदोलनों के दमन का रास्ता अपनाया। लोकनायक जयप्रकाश नारायण ने आंदोलन का नेतृत्व स्वीकार किया तथा देश भर में कांग्रेस शासन के विरुद्ध जन-असंतोष मुखर हो उठा। 1971 में देश पर भारत-पाक युद्ध तथा बँगलादेश में विद्रोह के परिप्रेक्ष्य में बाह्य आपातकाल लगाया गया था, जो युद्ध समाप्ति के बाद भी लागू था। इसे हटाने की माँग

तीव्र होने लगी। जन–आंदोलनों से घबराकर इंदिरा गांधी की कांग्रेस सरकार ने जनता की आवाज को कुचलने का प्रयास किया। 26 जून, 1975 को देश पर दूसरी बार भारतीय संविधान की धारा 352 के अंतर्गत आंतरिक आपातकाल थोपा गया। देश के सभी बड़े नेता या तो नजरबंद कर दिए गए या फिर जेलों में डाल दिए गए। राष्ट्रीय स्वयंसेवक संघ समेत अनेक संगठनों पर प्रतिबंध लगा दिया गया। हजारों कार्यकर्ताओं को 'मीसा' के तहत गिरफ्तार कर जेल में डाल दिया गया। देश में लोकतंत्र पर खतरा मँडराने लगा। जनसंघर्ष भी तेज किया जाने लगा, भूमिगत गतिविधियाँ भी तेज हो गईं। तेज होते जन–आंदोलनों से घबराकर इंदिरा गांधी ने 18 जनवरी, 1977 को लोकसभा भंग कर दी तथा नया जनादेश प्राप्त करने की इच्छा जताई। जयप्रकाश नारायण के आह्वान पर एक नया राष्ट्रीय दल 'जनता पार्टी' का गठन किया गया। विपक्षी दल एक मंच से चुनाव लड़ें तथा चुनाव में कम समय होने के कारण जनता पार्टी का गठन पूरी तरह से राजनीतिक दल के रूप में नहीं हो पाया। आम चुनावों में कांग्रेस की करारी हार हुई तथा जनता पार्टी एवं अन्य विपक्षी पार्टियाँ भारी बहुमत के साथ सत्ता में आईं। पूर्व घोषणा के अनुसार 1 मई, 1977 को भारतीय जनसंघ ने करीब 5000 प्रतिनिधियों के एक अधिवेशन में अपना विलय जनता पार्टी में कर दिया।

जनता पार्टी का प्रयोग अधिक दिनों तक नहीं चल सका। दो–ढाई वर्षों में ही आंतरिक अंतर्विरोध सतह पर आने लगा। कांग्रेस ने भी जनता पार्टी को तोड़ने में राजनीतिक दाँव–पेंच खेलने से परहेज नहीं किया। भारतीय जनसंघ से जनता पार्टी में आए सदस्यों को अलग–थलग करने के लिए दोहरी–सदस्यता का मामला उठाया गया। राष्ट्रीय स्वयंसेवक संघ से संबंध रखने पर आपत्तियाँ उठाई जाने लगीं। यह कहा गया कि राष्ट्रीय स्वयंसेवक संघ के सदस्य जनता पार्टी के सदस्य नहीं बन सकते। 4 अप्रैल, 1980 को जनता पार्टी की राष्ट्रीय कार्यसमिति ने अपने सदस्यों के राष्ट्रीय स्वयंसेवक संघ के सदस्य होने पर प्रतिबंध लगा दिया। पूर्व के भारतीय जनसंघ से संबद्ध सदस्यों ने इसका विरोध किया और जनता पार्टी से अलग होकर 6 अप्रैल, 1980 को एक नए संगठन 'भारतीय जनता पार्टी' के नाम से घोषणा की गई। इस प्रकार भारतीय जनता पार्टी की स्थापना हुई।

भारतीय जनता पार्टी एक सुदृढ़, सशक्त, समृद्ध, समर्थ व स्वावलंबी भारत के निर्माण के लिए निरंतर सक्रिय है। पार्टी का लक्ष्य ऐसे लोकतंत्रीय राज्य की स्थापना करना है, जिसमें जाति, संप्रदाय अथवा लिंग भेद किए बिना सभी नागरिकों को राजनीतिक, सामाजिक एवं आर्थिक न्याय, समान अवसर तथा धार्मिक विश्वास एवं अभिव्यक्ति की स्वतंत्रता सुनिश्चित हो।

भाजपा ने पंडित दीनदयाल उपाध्याय द्वारा प्रतिपादित एकात्म–मानववाद के दर्शन

को अपने वैचारिक दर्शन के रूप में अपनाया है। साथ ही पार्टी अंत्योदय, सुशासन, सांस्कृतिक राष्ट्रवाद, विकास एवं सुरक्षा पर भी विशेष रूप से सक्रिय है। पार्टी ने पाँच प्रमुख सिद्धांतों के प्रति भी अपनी निष्ठा व्यक्त की, जिन्हें 'पंचनिष्ठा' कहते हैं।

ये पाँच सिद्धांत (पंचनिष्ठा) हैं—

- लोकतंत्र,
- राष्ट्रवाद एवं राष्ट्रीय अखंडता,
- सकारात्मक पंथ-निरपेक्षता (सर्व-धर्म समभाव),
- गांधीवादी समाजवाद (शोषणमुक्त समरस समाज की स्थापना) तथा
- मूल्य-आधारित राजनीति।

अटल बिहारी वाजपेयी भारतीय जनता पार्टी के प्रथम अध्यक्ष निर्वाचित हुए। अपनी स्थापना के साथ ही भाजपा राष्ट्रीय राजनीति में सक्रिय हो गई। बोफोर्स एवं भ्रष्टाचार के मुद्दे पर फिर गैर-कांग्रेसी दल एक मंच पर आए तथा 1989 के आम चुनावों में राजीव गांधी के नेतृत्व में कांग्रेस को भारी पराजय का सामना करना पड़ा। वी.पी. सिंह के नेतृत्व में गठित राष्ट्रीय मोरचे की सरकार को भाजपा ने बाहर से समर्थन दिया। इसी बीच देश में राम मंदिर के लिए आंदोलन शुरू हुआ। तत्कालीन भाजपा अध्यक्ष लालकृष्ण आडवाणी ने सोमनाथ से अयोध्या तक के लिए रथयात्रा शुरू की। राममंदिर के लिए भारी जनसमर्थन एवं भाजपा की बढ़ती लोकप्रियता से घबराकर रथयात्रा को बीच में ही रोक दिया गया। फलतः भाजपा ने सरकार से समर्थन वापस ले लिया। वी.पी. सिंह की सरकार गिर गई और कांग्रेस के समर्थन से चंद्रशेखर देश के प्रधानमंत्री बने। आने वाले आम चुनावों में भाजपा का जनसमर्थन लगातार बढ़ता गया। इसी बीच नरसिम्हा राव के नेतृत्व में कांग्रेस तथा कांग्रेस के समर्थन से संयुक्त मोरचे की सरकारों का शासन देश पर रहा, इस दौर की सरकारों में अकर्मण्यता, भ्रष्टाचार, अराजकता, कुशासन, भाई-भतीजावाद व परिवारवादी राजनीति के कई कीर्तिमान स्थापित हुए।

1996 के आम चुनावों में भाजपा को लोकसभा में 161 सीटें प्राप्त हुईं। भाजपा ने लोकसभा में 1989 में 85, 1991 में 120 तथा 1996 में 161 सीटें प्राप्त कीं। भाजपा का जनसमर्थन लगातार बढ़ रहा था। अटल बिहारी वाजपेयी के नेतृत्व में पहली बार भाजपा सरकार ने 1996 में शपथ ली, परंतु पर्याप्त समर्थन के अभाव में यह सरकार मात्र 13 दिन ही चल पाई। 1998 के आम चुनावों में भाजपा ने 182 सीटों पर जीत दर्ज की।

अटल बिहारी वाजपेयी के नेतृत्व में राष्ट्रीय जनतांत्रिक गठबंधन की सरकार ने शपथ ली। जयललिता के नेतृत्व में अन्नाद्रमुक द्वारा समर्थन वापस लिये जाने के कारण

सरकार लोकसभा में विश्वास मत के दौरान एक वोट से गिर गई। इसके पीछे वह अनैतिक आचरण था, जिसमें उड़ीसा के कांग्रेसी मुख्यमंत्री गिरिधर गोमांग ने पद पर रहते हुए भी लोकसभा की सदस्यता नहीं छोड़ी और विश्वास मत पर सरकार के खिलाफ मतदान किया। कांग्रेस के इस अवैध तथा अनैतिक आचरण से देश को पुनः आम चुनावों के दौर से गुजरना पड़ा। 1999 में भाजपा 182 सीटों पर पुनः विजयी हुई तथा राष्ट्रीय जनतांत्रिक गठबंधन को 306 सीटें प्राप्त हुईं। एक बार पुनः श्री अटल बिहारी वाजपेयी के नेतृत्व में भाजपा-नीत-राजग सरकार बनी।

भाजपा-नीत-राजग सरकार ने अटल बिहारी वाजपेयी के नेतृत्व में विकास के अनेक नए कीर्तिमान स्थापित किए। पोखरण विस्फोट, अग्नि मिसाइल प्रक्षेपण, कारगिल विजय जैसी सफलताओं से भारत का कद अंतरराष्ट्रीय मंचों पर न केवल बढ़ा, बल्कि भारत को सम्मान मिलने लगा और अमरीकी और यूरोपियन देश गौरवपूर्ण नजरों से देखने लगे। राष्ट्रीय राजमार्गों का निर्माण, जनवितरण प्रणाली में सुधार, शिक्षा एवं स्वास्थ्य में नई पहल तथा प्रयोग, कृषि, विज्ञान एवं उद्योग के क्षेत्रों में तीव्र विकास के साथ-साथ महँगाई न बढ़ने जैसी अनेकों उपलब्धियाँ इस सरकार के खाते में दर्ज हैं।

भारत-पाक संबंधों को सुधारने, देश की आंतरिक समस्याओं, जैसे नक्सलवाद, आतंकवाद, जम्मू एवं कश्मीर तथा उत्तर-पूर्व में राज्यों में अलगाववाद पर कई प्रभावी कदम उठाए गए। राष्ट्रीय एकता और अखंडता को सुदृढ़ कर सुशासन एवं सुरक्षा को केंद्र में रखकर देश को समृद्ध एवं समर्थ बनाने की दिशा में अनेक निर्णायक कदम उठाए गए। तत्कालीन प्रधानमंत्री श्री अटल बिहारी वाजपेयी तथा उपप्रधानमंत्री लालकृष्ण आडवाणी के नेतृत्व में राजग शासन ने देश में विकास की एक नई राजनीति का सूत्रपात किया।

आज भाजपा देश में एक प्रमुख राष्ट्रवादी शक्ति के रूप में उभर चुकी है और देश के सुशासन, विकास, एकता एवं अखंडता के लिए कृतसंकल्प है।

राष्ट्रीय स्तर पर भाजपा की यह स्थिति थी, तो गुजरात में क्या स्थिति थी?

संगठन कौशल

यहाँ संक्षेप में जनसंघ/भाजपा का इतिहास बताते हुए गुजरात भाजपा की बात करते हैं और फिर लौटते हैं नमो तक।

नरेंद्र मोदी ने भारतीय जनता पार्टी को राजनीति के पहले पायदान से गति देते हुए सफलता के सर्वोच्च शिखर पर पहुँचा दिया है। एक ही सोच और दिशा के साथ अथक परिश्रम, सतत राजनीतिक सोच, कार्य में प्रामाणिकता, परिणामदायी आयोजन तथा प्रगति के लक्ष्य के साथ नरेंद्र मोदी ने भारतीय जनता पार्टी को जन-जन के हृदय में

स्थापित किया है। स्थानीय कार्यकर्ता संगठन से लेकर पार्टी को केंद्र में सरकार तक पहुँचाया है।

सन् 1951 में भारतीय जनसंघ की स्थापना के बाद 1952 के लोकसभा चुनाव में तीन सीटों के लिए उसे 3.17 प्रतिशत मत मिले थे। उसी साल हुए गुजरात विधानसभा चुनावों में जनसंघ के चार उम्मीदवार मैदान में उतरे। चारों को मिलाकर चार हजार मत मिले और जमानत जब्त हो गई। शुरुआती डेढ़ दशक बाद के परिणाम देखें, तो सन् 1965 में भारतीय जनसंघ ने पहली बार बोटाद नगरपालिका में विजय पताका फहराई। इसके बाद उसी साल माणावदर, राजकोट एवं जूनागढ़ नगरपालिकाओं में जीत पाई। सन् 1985 तक यानी बीस साल की अवधि में जनसंघ के पास श्रेष्ठ परिणाम के रूप में नगरपालिका, 18 विधायक और 14 प्रतिशत मत की पूँजी थी।

सन् 1980 में भारतीय जनसंघ से भारतीय जनता पार्टी अस्तित्व में आई। 1986 में नरेंद्र मोदी को गुजरात में राष्ट्रीय स्वयंसेवक संघ से भाजपा में भेजा गया। प्रदेश संगठन महासचिव पद से नरेंद्र मोदी ने सबसे पहले भाजपा के संगठन और कार्य को दृढ़तापूर्वक विस्तृत करने का कार्य योजनाबद्ध ढंग से आगे बढ़ाया। पार्टी के प्राथमिक सदस्य बनाने, बूथ समिति, मंडल समिति, जिला समिति, प्रदेश समितियों के गठन के साथ नरेंद्र मोदी ने स्वयं कार्यकर्ताओं का एक डाटा बैंक तैयार किया। समग्र गुजरात के कार्यकर्ताओं की विस्तृत जानकारी एकत्र की। समाज के हर तबके के मेहनती-निष्ठावान लोगों को राजनीतिक दल में लाकर राजनीति की छवि सुधारने की कोशिश की। युवा वर्ग पार्टी से जुड़े, इसके लिए उन्होंने खास प्रयास किए। सन् 1985-86 के दौरान सांप्रदायिक दंगों के कारण अमदाबाद की ऐतिहासिक रथयात्रा निकलने वाली नहीं थी। नरेंद्र मोदी की सूझबूझ और रणनीति के कारण पुलिस को चकमा देकर रथयात्रा निकाली गई।

नरेंद्र मोदी के इन कार्यों के फलस्वरूप उनके आगमन के एक ही साल में यानी 1987 में भाजपा ने गुजरात की सबसे बड़ी अमदाबाद महानगर पालिका जीत ली। चुनावी रणनीति, योजना, संचालन, प्रचार आदि की सारी जिम्मेदारी नरेंद्र मोदी ने सँभाली। उन्होंने नारा दिया—'अब तो बस भाजपा—एक मौका भाजपा को'। यह नारा बहुत तेजी से लोगों की जबान पर चढ़ गया।

शहरी क्षेत्र में सत्ता प्राप्त होने के कारण विरोधियों ने भाजपा की छवि को शहरी पार्टी तथा सामाजिक-आर्थिक-मध्यम व उच्च वर्ग के लोगों की पार्टी के रूप में स्थापित करने का प्रयास किया, परंतु नरेंद्र मोदी ने युवा, महिला, अन्य पिछड़ा वर्ग, अनुसूचित जाति, आदिवासी आदि विभिन्न मोर्चों के गठन द्वारा पार्टी को समाज के तमाम वर्गों तक और ठेठ सुदूरवर्ती गाँवों तक पहुँचाकर भाजपा को एक सर्वग्राही एवं

सर्वव्यापी पार्टी के रूप में पहचान दिलाई। उन्होंने नारा दिया—'मेरी भाजपा—अच्छी भाजपा, मेरी भाजपा—सबकी भाजपा'। भाजपा को शहर, देहात, गाँव और गरीब सबका साथ मिला।

सन् 1985, 1986 और 1987 लगातार तीन साल गुजरात में पड़े अकाल के दौरान गरीबों की समस्याओं और सुख-दुःख को जानकर उनके साथ हो रहे अन्याय के खिलाफ न्याय दिलाने के लिए नरेंद्र मोदी ने दिसंबर 1987 में गुजरात में न्याय यात्रा का प्रयोग किया। जनता में इसे जोरदार समर्थन मिला। लाखों ग्रामीण लोगों से रूबरू मिलने के कारण किसान, महिला, युवा, आदिवासी आदि तमाम वर्गों के लोगों की समस्याओं से सामना हुआ और इन समस्याओं के निवारण का भाजपा ने बीड़ा उठाया। जन-आंदोलनां तथा रचनात्मक कार्यक्रमों में जनता का सहयोग मिलने लगा। केंद्र की सरकार को लोगों को राहत कार्य का धन चुकाने को बाध्य होना पड़ा। जनकल्याण को राष्ट्रभक्ति जोड़कर नरेंद्र मोदी ने भाजपा को राष्ट्रभक्ति को समर्पित पार्टी के रूप में विशेष पहचान दी। उन्होंने जनता में 'वंदे मातरम्' तथा 'भारत माता की जय' के नारों का सूत्रपात किया।

नरेंद्र मोदी ने चुनावी रणनीति में चुनाव घोषणा-पत्र समिति, अनुशासन समिति, साहित्य विभाग, मीडिया विभाग, प्रचार विभाग...इस प्रकार अलग-अलग व्यवस्थाएँ खड़ी कर कार्यकर्ताओं के बीच कार्य का बँटवारा कर सबको सक्रिय बनाया, प्रचार साहित्य में वॉल पेंटिंग, बिल्ले, बंदनवार, कलम, चाभी-छल्ला से लेकर सैकड़ों प्रकार की विविधताएँ लाकर मतदाताओं में आकर्षण पैदा किया।

सन् 1984 में अमदाबाद के खाड़िया क्षेत्र में फुटपाथ संसद् का प्रयोग कर 'हमारा नेता, हमारे बीच' का सफल प्रयोग नरेंद्र मोदी की सूझबूझ का नतीजा था।

भाजपा ने 1989 में लोकसभा चुनावों में 12 सीटों पर अपने उम्मीदवार उतारे और तमाम सीटें जीतीं। 1989 के चुनाव में नरेंद्र मोदी के योजनाबद्ध परिश्रम और कौशल से शत-प्रतिशत परिणाम के साथ देश भर में उनका और पार्टी का डंका बजा।

अब तक परदे के पीछे रहकर काम करनेवाले और जनता तथा पार्टी हित को ध्यान में रखकर निरंतर मेहनत करनेवाले नरेंद्र मोदी की प्रतिभा लोगों के समक्ष आई ठेठ 1990 में, जब जनादेश का सम्मान कर नरेंद्र मोदी ने भाजपा को जनता दल (चिमनभाई पटेल) के साथ गठबंधन कर गैर-कांग्रेसी सरकार के गठन के साथ सत्ता में भागीदार बनाया। उस वक्त रणनीति तैयार करनेवाले और किंग मेकर की भूमिका निभाने वाले के रूप में नरेंद्र मोदी की चमचमाती तसवीर फरवरी 1990 के टाइम्स ऑफ इंडिया में प्रकाशित हुई थी। चिमनभाई पटेल और केशूभाई पटेल के बीच उम्मीदवारों के नाम की सूची लेकर चुनावी गणित के खिलाड़ी के रूप में उभरे नरेंद्र मोदी की

रणनीतिकार के रूप में प्रशंसा की गई। इस चुनाव में जनता दल को 70 और भाजपा को 67 सीटें मिली थीं। भाजपा को मिले मतों का प्रतिशत 14 से बढ़कर 27 पर पहुँच गया। 1989-91 के लोकसभा चुनावों और 1990 के विधानसभा चुनावों में भाजपा द्वारा प्राप्त नतीजे उल्लेखनीय थे और इसके पीछे नरेंद्र मोदी जैसे कुशल राजनेता, स्ट्रेटेजी मेकर और किंग मेकर की भूमिका ने समग्र मीडिया और जनता का ध्यानाकर्षित किया।

न्याय यात्रा से लेकर अनेक जनपक्षी कार्यक्रमों की सफलता को ध्यान में रखकर 1990 में अयोध्या राममंदिर आंदोलन अपनी चरमसीमा पर था। भाजपा के लिए यह सिर्फ एक मंदिर का प्रश्न नहीं था। राष्ट्रीय आस्था और श्रद्धा का भी विषय था। राष्ट्रीय मुद्दा था। जनजागरण हेतु भाजपा ने 'राम रथयात्रा' निकाली। उसका नेतृत्व लालकृष्ण आडवाणी ने किया और यात्रा प्रारंभ हुई सोमनाथ से। स्वाभाविक है सोमनाथ से लेकर मुंबई तक की यात्रा संपूर्ण जिम्मेदारी नरेंद्र मोदी को सौंपी गई। 25 सितंबर, 1990 के दिन शुरू हुई इस यात्रा से पूरे देश में अभूतपूर्व जागरण हुआ। साथ ही नरेंद्र मोदी की प्रतिभा राष्ट्रीय स्तर पर झलक उठी।

सामने खड़े व्यक्ति को आरपार देखने की गजब की शक्तिवाले विचरण, रिलायंस उद्योग समूह के जन्मदाता धीरुभाई अंबानी ने 21 वर्ष पहले नरेंद्र मोदी के साथ हुई संक्षिप्त बातचीत में ही भविष्यवाणी की थी कि यह नवयुवक लंबी रेस का घोड़ा है।

नरेंद्र मोदी 1992 में धीरुभाई अंबानी को मिलने मुंबई उनके घर गए थे। नरेंद्र मोदी उस समय गुजरात भाजपा संगठन का काम देखते थे। इस कारण से ही लोग उनको जानते थे। धीरुभाई और नरेंद्र मोदी के बीच उस समय विविध विषयों पर बातचीत हुई। नरेंद्र मोदी बड़ी कुशलता और प्रभावी ढंग से अपनी बात धीरुभाई को बता रहे थे। छोटे आयु के मुकेश और अनिल अंबानी, दोनों दूर खड़े उनको देख रहे थे। वे नरेंद्र मोदी को जानते नहीं थे।

अनिल अंबानी ने वाइब्रंट समिट 2009 के समापन समारोह में इस घटना को याद करते हुए कहा था कि मुझे उस समय सबसे बड़ा कुतूहल यह लगा था कि मेरे पिताजी साधारणत: कभी किसी से भी 15-20 मिनट से अधिक बातचीत नहीं करते, किंतु एक अजनबी युवा आगंतुक के साथ इतनी लंबी और गहन चर्चा कर रहे हैं? नरेंद्र भाई के जाने के बाद मैंने बड़ी आतुरता से पिताजी से पूछा कि ये महाशय कौन थे, जब उन्होंने बताया कि ये नरेंद्र मोदी हैं, भाजपा के कार्यकर्ता, मुझे लगता है कि राजनीति में यह लंबी रेस का घोड़ा है।

सन् 1992 तक नरेंद्र मोदी गुजरात में एक प्रभावशाली राजनीतिक व्यक्तित्व के रूप में उभरने लगे थे। अमेरिकी सरकार का ध्यान भी इस ओर गया और उसने नरेंद्र मोदी को एक युवा नेता के रूप में अमरीका बुलाया। उसी समय 1993 में स्वामी

विवेकानंद ने शिकागो में भारत को विश्व गुरु होने का एहसास कराया था, उस ऐतिहासिक प्रवचन का शताब्दी समारोह भी अमेरिका में था। नरेंद्र मोदी ने उस समारोह में भी भाग लिया। उस समय नरेंद्र मोदी की उम्र बयालीस वर्ष थी। पार्टी (भाजपा) ने भी अब तक नरेंद्र मोदी की पहचान कर ली थी।

उस समय गुजरात में चिमनभाई पटेल की सरकार थी। उन्हें राज्य विधानसभा के 182 सदस्यों में से 100 सदस्यों का समर्थन प्राप्त था। पी.वी. नरसिम्हा राव के नेतृत्व वाली केंद्र की कांग्रेस (आई) सरकार के साथ उनके संबंध काफी अच्छे थे। कांग्रेस (आई) के लिए तो वे भाजपा को सत्ता में आने से रोकने के लिए एक सेतु के रूप में थे।

अयोध्या में बाबरी ढाँचे के ढहाए जाने के समय गुजरात में चिमनभाई पटेल की ही सरकार थी। गुजरात में इस घटना पर गंभीर और उग्र प्रतिक्रिया हुई। पूरे राज्य में हिंदू-मुसलिम दंगे भड़क उठे थे। सूरत में भीषण नरसंहार देखा गया। चिमनभाई अग्निशमन अभियानों के अलावा ज्यादा कुछ नहीं कर सके थे। कानून और व्यवस्था की स्थिति इतनी बिगड़ गई थी कि कांग्रेस (आई) के एक वरिष्ठ नेता एम.पी. रउफ वलीउल्लाह की अमदाबाद के व्यस्त इलाके एलिस ब्रिज में दिनदहाड़े हत्या कर दी गई। इस घटना पर अपना रोष प्रकट करते हुए एक अन्य वरिष्ठ कांग्रेस (आई) नेता सी.डी. पटेल ने चिमनभाई पटेल मंत्रिमंडल से त्यागपत्र दे दिया।

फिर एक अनहोनी से घटनाओं का रुख मोड़ दिया। फरवरी, 1994 में चिमनभाई का हृदयाघात के कारण निधन हो गया। उसके बाद उनके मंत्रिमंडल के वरिष्ठतम नेता छबीलदास मेहता मुख्यमंत्री बने। कांग्रेस ने सरकार को अपना समर्थन जारी रखा। सत्ता में बने रहने के लिए छबीलदास को कांग्रेस के दबावों के सामने झुकना पड़ा, क्योंकि इसके अलावा उनके पास कोई और विकल्प नहीं था। छबीलदास को यह उम्मीद थी कि फरवरी-मार्च 1995 में होने जा रहे विधानसभा चुनावों के बाद स्थितियाँ सामान्य हो जाएँगी। नरेंद्र मोदी चुनाव का सामना करने को तैयार थे। चुनावों को ध्यान में रखकर भाजपा ने अपने कार्यकर्ताओं को प्रत्येक स्तर पर प्रशिक्षित करने का प्रबंध किया था। इसके लिए एक बड़ा प्रशिक्षण कार्यक्रम आयोजित किया गया, जिसमें 1.5 लाख कार्यकर्ताओं को यह प्रशिक्षण दिया गया कि उन्हें 28,000 मतदान केंद्रों और मतदाताओं को किस प्रकार सँभालना और समझाना है। प्रशिक्षण कार्यक्रम स्वयं में काफी सफल रहा। नरेंद्र मोदी ने बूथ स्तर की 'माइक्रो प्लानिंग' की। संगठन केंद्रित चुनाव भी एक सफल प्रयोग रहा। इनमें से अधिकांश का प्रबंध और संचालन नरेंद्र मोदी द्वारा किया गया था।

अब कोई भी सार्वजनिक कार्यक्रम या जनसमर्थन संबंधी कार्यक्रम करने हों, तो

उसके संपूर्ण आयोजन और उसकी सफलता की जिम्मेदारी नरेंद्र मोदी को सौंपी जाती।

भाजपा का सर्वोच्च नेतृत्व भी नरेंद्र मोदी की संगठन और परिश्रम क्षमता से सुपरिचित हो चुका था। नरेंद्र मोदी को भाजपा की 'अखिल भारतीय चुनाव समिति' का सदस्य बना दिया गया। भाजपा के अखिल भारतीय चुनाव समिति के सत्रह सदस्यों में से बतौर एक शामिल होना किसी भी कार्यकर्ता के लिए अपने आप में गौरव की बात थी। बाद के वर्षों में नरेंद्र मोदी को भाजपा की राष्ट्रीय स्तर की प्रत्येक कार्य समिति में सदस्य के रूप में शामिल किया गया। इस प्रकार उनकी जिम्मेदारियाँ बढ़ती गईं और वे उन्हें पूरी तन्मयता से निभाते भी गए। नब्बे के दशक में कश्मीर में आतंकवाद चरमसीमा पर था। भारतीय तिरंगे को पैरों तले कुचलकर अपमानित किया जाता था। कश्मीरी पंडितों की हत्याएँ हो रही थीं। कश्मीर पूरी तरह आतंकवादियों के कब्जे में था। पूरे देश में आतंकवाद के विरुद्ध जनाक्रोश उबल रहा था और कांग्रेस शासित केंद्र सरकार मौन थी। आतंकियों ने चुनौती दी थी कि जिसने अपनी माँ का दूध पिया हो, वह कश्मीर में तिरंगा लहराकर दिखाए।

देश में कश्मीर को लेकर जागरण हो, इस विषय पर 12 दिसंबर को कन्याकुमारी से कश्मीर तक की 'एकता यात्रा' प्रारंभ हुई, जिसका नेतृत्व भाजपा के तत्कालीन राष्ट्रीय अध्यक्ष डॉ. मुरली मनोहर जोशी ने किया था। यह यात्रा 12 दिसंबर, 1991 को कन्याकुमारी से शुरू होकर 26 जनवरी, 1992 को श्रीनगर के लाल चौक में तिरंगा ध्वज फहराने के साथ पूरी होनी थी। इस पूरी यात्रा के प्रबंध की जिम्मेदारी नरेंद्र मोदी पर थी। यात्रा प्रारंभ हुई तो शहीद भगतसिंह के भाई राजेंद्रसिंह, शहीद राजगुरु के भाई देवकीनंदन राजगुरु और भारत-पाकिस्तान युद्ध के नायक परमवीर-चक्र प्राप्त अब्दुल हमीद के पुत्र जावेद आलम ने मुरली मनोहर जोशी और नरेंद्र मोदी को तिरंगा ध्वज अर्पित किया, जिसे लाल चौक में फहराया जाना था। पूरे देश का भ्रमण करती हुई यात्रा आगे बढ़ रही थी कि जालंधर के पास आतंकवादियों ने एकता यात्रा पर हमला किया। चार यात्री शहीद हो गए। आतंकवादियों ने चुनौती दी। जालंधर प्रशासन चाहता था कि वहाँ एकता यात्रा की जनसभा न हो, लेकिन नरेंद्र मोदी ने उनसे कहा कि इस विषय को छोड़कर और बात करिए। ऐसे माहौल में हुई जनसभा में नरेंद्र मोदी ने आतंकवादियों को ललकारा—''जिसमें जितना दम है, वह उतनी ताकत लगा ले, अभी तक ऐसी कोई गोली नहीं बनी, जो हमारे विचारों को छलनी कर सके। किसी ने माँ का दूध पिया है तो वह एकता यात्रा को रोककर दिखा दे। हम संपूर्ण राष्ट्र के नागरिकों के आशीर्वाद का कवच लेकर श्रीनगर जा रहे हैं। 26 नवंबर को दुनिया की कोई ताकत हमें श्रीनगर के लाल चौक में तिरंगा फहराने से नहीं रोक सकती।''

26 जनवरी को फैसला हो जाएगा कि किसने अपनी माँ का दूध पिया है, जो कहा

वह करके दिखा दिया और 26 जनवरी, 1992 को फैसला हो ही गया। डॉ. मुरली मनोहर जोशी और नरेंद्र मोदी के नेतृत्व में राष्ट्रभक्तों ने आतंकवादियों की आँखों के सामने श्रीनगर के लाल चौक में तिरंगा ध्वज फहराया। इसके साथ ही नरेंद्र मोदी को एक कुशल राष्ट्रसेवी के रूप में देश में एक नई पहचान मिली।

सन् 1995 में भाजपा ने विधानसभा चुनाव अकेले लड़ा और 121 सीटों पर भारी विजय हासिल की। केशूभाई पटेल मुख्यमंत्री बने। 42.51 प्रतिशत मतों के साथ भाजपा ने समग्र गुजरात में भगवा फहराया। चुनावों का समग्र संचालन किसके हाथ में होगा, यह बताने की जरूरत है? निश्चित तौर पर, नरेंद्र मोदी के!

विभिन्न राज्यों में भाजपा के खराब प्रदर्शन के बाद 1995 के गुजरात विधानसभा चुनाव एक बड़ा परिवर्तन लेकर आए। कांग्रेस को सत्ता में आने के लिए कई छोटे-छोटे दलों के साथ गठजोड़ करना पड़ा। एक तो उसके पास चिमनभाई जैसा कोई प्रभावशाली नेता नहीं रह गया था, दूसरे जनता दल (जी) को सरकार में शामिल कर लेने से पार्टी में मतभेद और गहराने लगे थे। कांग्रेस के भीतर चार गुट थे—एक गुट का नेतृत्व चिमनभाई की पत्नी उर्मिलाबेन कर रही थीं, दूसरे का छबीलदास मेहता, तीसरे का प्रबोध रावल और चौथे गुट का नेतृत्व पार्टी के वरिष्ठ नेता व गुजरात के पूर्व मुख्यमंत्री माधवसिंह सोलंकी कर रहे थे। मायावती के नेतृत्व वाली बहुजन समाज पार्टी को शामिल करने से भी कांग्रेस को कोई ज्यादा लाभ नहीं हुआ।

इसका भाजपा को अच्छा-खासा लाभ मिला। राज्य विधानसभा की कुल 182 सीटों में से 121 सीटें भाजपा को मिलीं। कांग्रेस को केवल 45 सीटों से संतोष करना पड़ा। 1952 में हुए पहले आम चुनावों में भाजपा की पूर्ववर्ती पार्टी कुल 4,000 लोगों का समर्थन (मत) प्राप्त कर सकी थी, जबकि चार दशक बाद 1995 में भाजपा को प्राप्त मतों की संख्या 66,24,711 हो गई। अब तक किसी अन्य राजनीतिक दल ने इतनी तेजी से लोकप्रियता हासिल नहीं की थी। भाजपा करीब-करीब 98 फीसद इकाइयों में जीती थी। कुछ जिला पंचायत चुनावों में तो भाजपा को सौ फीसद सफलता मिली थी। मीडिया और राजनीतिक विश्लेषकों ने स्थानीय एवं विधानसभा चुनावों में भाजपा को जीत दिलाने का श्रेय नरेंद्र मोदी को देते हुए उन्हें भाजपा की जीत के वास्तुकार का नाम दिया।

गुजरात भाजपा के संगठन सचिव नरेंद्र मोदी ने पार्टी के प्रभाव में अच्छी-खासी वृद्धि की। एक कुशल संगठनकर्ता के रूप में उन्होंने पार्टी के संगठन-तंत्र को मजबूत और सरल बनाया।

इस चुनावी जीत के बाद केशूभाई पटेल गुजरात के मुख्यमंत्री बने। केशूभाई के मुख्यमंत्री नियुक्त किए जाने से किसी को आश्चर्य नहीं हुआ, क्योंकि लालकृष्ण

आडवाणी ने चुनाव से पूर्व 20 फरवरी, 1995 को ही घोषणा कर दी थी कि यदि भाजपा सत्ता में आती है, तो केशूभाई पटेल मुख्यमंत्री बनाए जाएँगे।

एक सार्वजनिक समारोह में 4 मार्च, 1995 को केशूभाई पटेल ने पद एवं गोपनीयता की शपथ ली। केशूभाई मुख्यमंत्री तो बन गए, लेकिन उनके सामने कई मुश्किलें थीं, जो शुरू से ही दिखाई देने लगी थीं। मंत्रिमंडल का गठन करने में उन्हें पूरा एक सप्ताह लग गया था। हर कोई मंत्री बनना चाहता था। यही केशूभाई के सामने एक बड़ी मुश्किल थी। मजबूर होकर उन्हें तैंतीस मंत्रियों वाला एक बड़ा मंत्रिमंडल बनाना पड़ा। आरोप लगाए जाने लगे कि मंत्रिमंडल में सौराष्ट्र क्षेत्र का प्रतिनिधित्व ज्यादा रखा गया है और योग्य नेताओं की उपेक्षा की गई है। आरोप यह भी लगा कि मंत्रिमंडल में मंत्रियों के नाम केशूभाई ने नहीं, बल्कि नरेंद्र मोदी ने भरे हैं। भाजपा में यह परंपरा है कि महत्त्वपूर्ण निर्णय सामूहिक रूप से किए जाते हैं, लेकिन शंकरसिंह वाघेला की शिकायत थी कि उनसे कोई विचार-विमर्श ही नहीं किया गया। इस पूरी अवधि में नरेंद्र मोदी अपने कार्यकर्ताओं को स्थानीय स्वशासन में प्रशिक्षित करने में व्यस्त रहे थे, लेकिन इसके बावजूद उन्हें तरह-तरह के आरोपों के घेरे में लाने का प्रयास किया गया। दो महीने की अवधि में 10,000 प्रतिनिधियों को स्थानीय स्वशासन के लिए प्रशिक्षण दिया गया था। जून 1995 में कराए गए नगरीय और ग्रामीण स्थानीय चुनावों में भाजपा सभी छह महानगर पालिका चुनाव तथा 19 में से 18 जिला पंचायत चुनावों में विजयी रही। सूरत महानगर पालिका में उसने 101 में से 100 सीटें जीत ली थीं।

भाजपा द्वारा अपने सदस्यों के लिए निर्धारित नियम के अनुसार संगठन सचिव को पार्टी के कामकाज में दखलंदाजी का अधिकार नहीं था। शंकरसिंह वाघेला ने तंत्र की इस कमजोरी का खूब फायदा उठाया। वे चाहते थे कि सभी महत्त्वपूर्ण विषयों, जैसे राज्य सरकार की विभिन्न परिषदों और निगमों के लिए अध्यक्षों की नियुक्ति पर उनसे विचार-विमर्श किया जाना चाहिए। वाघेला जिस विरोधी गुट का नेतृत्व कर रहे थे, वह नरेंद्र मोदी को बलि का बकरा बनाना चाहता था। केशूभाई अपने अधिकारों में किसी प्रकार के हस्तक्षेप के पक्ष में नहीं थे। धीरे-धीरे उनके संबंधों में तनाव काफी बढ़ गया था। यह भी चर्चा थी कि केशूभाई के विदेश दौरे से पूर्व जब दोनों नेता आपस में मिले, तो केशूभाई ने शंकरसिंह से स्पष्ट शब्दों में कह दिया कि नियुक्तियों के मामले में किसी प्रकार की दखलंदाजी न करें, जिस पर शंकरसिंह बोले, 'वापस लौटने पर आप मुख्यमंत्री नहीं रह पाएँगे।' केशूभाई गुजरात के विकास के लिए प्रवासी भारतीयों से कोष इकट्ठा करने के उद्देश्य से 8 सितंबर, 1995 को ब्रिटेन और अमरीका के दौरे पर चले गए। उनके साथ एक बड़ा दल गया था, लेकिन शंकरसिंह को अपने दल का सदस्य बनाने से उन्होंने इनकार कर दिया था। केशूभाई के खिलाफ यह भी एक आरोप लगता है।

केशूभाई ने जाने से पूर्व विभिन्न सरकारी निगमों के लिए चेयरमैन पदों के लिए नियुक्त लोगों के नामों की घोषणा कर दी। इस घोषणा ने आग में घी का काम किया। शंकरसिंह ने विद्रोह का झंडा बुलंद कर दिया। यह किसी प्रकार का वैचारिक या सैद्धांतिक टकराव नहीं था। 24 सितंबर, 1995 को शंकरसिंह ने अमदाबाद में एक सम्मेलन बुलाया, गुजरात भाजपा में व्याप्त भ्रष्टाचार, भाई-भतीजावाद, अधिकारवाद और बढ़ती अपराधी प्रवृत्ति से लड़ने के लिए। शंकरसिंह अपनी नाराजगी दूर करने के लिए भाजपा हाईकमान से भी संपर्क कर सकते थे, लेकिन उन्होंने ऐसा नहीं किया। किसी भी तरह से उनका यह व्यवहार उचित नहीं था।

शंकरसिंह के अमदाबाद सम्मेलन के दो दिन बाद यानी 26 सितंबर को गुजरात भाजपा की बैठक हुई, लेकिन उसमें केवल 60 विधायक ही शामिल हुए। शंकरसिंह के सम्मेलन में 47 विधायक उपस्थित हुए थे, जिन्हें केशूभाई सरकार से शिकायत थी। सत्ता की हवस में वाघेला ने नेताओं को केशूभाई के खिलाफ भड़काने की कोशिश की, जिसका मतलब नरेंद्र मोदी से शत्रुता निकालना था। नरेंद्र मोदी का पार्टी के प्रति सपर्मण भाव और एक कार्यकर्ता का गुण उस समय देखने को मिला। नरेंद्र मोदी ने पार्टी के प्रदेशाध्यक्ष काशीराम राणा को पार्टी के महासचिव पद से अपना इस्तीफा सौंप दिया। अपने त्याग-पत्र में उन्होंने लिखा था—

आदरणीय काशीराम भाई,

सादर प्रणाम।

आज गुजरात की जनता की आशाओं और आकांक्षाओं के समक्ष कई सवाल खड़े हो गए हैं। हजारों लोगों की कड़ी मेहनत से बनी हमारी पार्टी ने लगातार चली आ रही खींचतान के कारण आज अपनी प्रतिष्ठा खो दी है। अब सच्चाई अपने वास्तविक रूप में सामने आ गई है। पिछले दो दिनों की घटनाएँ इसका स्पष्ट प्रमाण हैं।

पार्टी के हितों को ध्यान में रखते हुए मैं लंबे समय से चुप बैठा रहा। इससे पहले मैं कई बार व्यक्तिगत रूप से मिलकर आप से अनुरोध कर चुका हूँ कि मुझे जिम्मेदारियों के बंधन से मुक्त कर दें।

आज स्थिति नाजुक हो गई है। पिछले दो दिनों की घटनाओं से मेरी निर्दोषता सिद्ध हो जाती है, फिर भी अपने संस्कार के कारण पार्टी के कार्यकर्ता की भूमिका में बना रहना चाहता हूँ।

मुझे एक कहानी याद आती है। अदालत में एक बच्चे को लेकर असली माँ और सौतेली माँ में कहा-सुनी हो रही थी। न्यायाधीश ने बच्चे को दो टुकड़ों में काटने का आदेश दिया, ताकि असली माँ और सौतेली माँ को एक-एक हिस्सा दिया जा सके।

असली माँ ने न्यायाधीश से ऐसा न करने का अनुरोध किया। मैं भी आज कुछ इसी तरह के निर्णय पर पहुँच गया हूँ।

पार्टी के लिए बलिदान देने का अर्थ है, महासचिव के पद से त्यागपत्र देना। पार्टी के कार्यकर्ता के रूप में मैं आगे भी सदैव कार्य करता रहूँगा।

मुझे विश्वास है कि अब मेरा नाम नहीं उछाला जाएगा। मेरा आपसे अनुरोध है कि आप मेरा त्यागपत्र स्वीकार कर लें।

इस मौके पर आपके माध्यम से मैं पार्टी के हजारों कार्यकर्ताओं का आभार और धन्यवाद प्रकट करना चाहता हूँ।

आपका मैं विशेष रूप से धन्यवाद करता हूँ।

भारतमाता की सेवा में,

आपका अपना

नरेंद्र मोदी।

'गुजरात, पार्टी के लिए मैं अपना सिर काटकर थाली में रख देता हूँ।' (कमलपूजा) सैकड़ों कार्यकर्ताओं के हृदय को झकझोर देने वाले और असह्य दुःख से भरे शब्दों के साथ नरेंद्र मोदी ने पार्टी को त्यागपत्र भेजा, तब गुजरात की जनता को नरेंद्र मोदी के भीतर रहे महान् राजपुरुष और अपनी पार्टी को माता स्वरूप माननेवाले एक देव दुर्लभ कार्यकर्ता के दर्शन हुए। पत्र पर 28 सितंबर, 1995 की तारीख थी। नरेंद्र मोदी के साथ हुए अन्याय से गुजरात की जनता को गहरा सदमा लगा। नरेंद्र मोदी को दिल्ली बुलाकर राष्ट्रीय सचिव की जिम्मेदारी सौंपी गई।

उसी दिन वाघेला ने गुजरात विधानसभा में अपने दावे को पुनः दोहराने के लिए प्रेस कॉन्फ्रेंस बुलाई। उन्होंने भाजपा नेतृत्व की कड़ी आलोचना की और उस पर भ्रष्टाचार तथा भाई-भतीजावाद का आरोप लगाया। अपने समर्थकों को अपने साथ रखने के लिए वे पहले उन्हें गांधीनगर से लगभग 30 किलो- मीटर दूर एक गाँव वासणिया ले गए। वहाँ से उन्होंने अपने सभी समर्थकों को कांग्रेस सरकार के संरक्षण में चुपचाप खजुराहो (मध्य प्रदेश) भेज दिया। बाद में उन्हें 'खजूरिया' कहा गया।

भाजपा हाईकमान ने इस पर कड़ी काररवाई करने का फैसला किया और पाँच अक्तूबर की शाम अटल बिहारी वाजपेयी गांधीनगर के लिए रवाना हो गए। वहाँ उन्होंने पार्टी के स्थानीय नेताओं के साथ स्थिति पर विस्तार से चर्चा की। केशूभाई से विशेष चर्चा के बाद वाजपेयी ने उन्हें मुख्यमंत्री पद से इस्तीफा देने के लिए कहा, जिसे न चाहते हुए भी उन्हें मानना पड़ा। केशूभाई ने उस समय भी कहा कि इससे शंकरसिंह वाघेला की अनुशासनहीनता को बढ़ावा मिलेगा। विद्रोही सदस्यों को अमदाबाद वापस

बुलाया गया और उन्होंने विश्वास प्रस्ताव में केशूभाई के पक्ष में मतदान किया। यह सात अक्तूबर की बात है। विश्वास मत प्राप्त करने के अगले दिन ही केशूभाई ने त्यागपत्र दे दिया और शंकरसिंह पुनः पार्टी में शामिल हो गए, किंतु अगली बार वह मुख्यमंत्री नहीं बन सके, उनके स्थान पर सुरेश मेहता मुख्यमंत्री बने।

वाघेला पार्टी में पुनः शामिल तो हो गए थे, लेकिन उन्हें लगा होगा कि पार्टी में अब उनका कोई भविष्य नहीं रह गया है। विद्रोह करके उन्होंने अपना विश्वास खो दिया था। भाजपा हाईकमान ने केशूभाई पटेल, शंकरसिंह वाघेला और नरेंद्र मोदी को क्रमशः राष्ट्रीय उपाध्यक्ष, राष्ट्रीय और कार्यकारिणी समिति का सदस्य और राष्ट्रीय महासचिव के पद के लिए नामांकित किया, परंतु पूर्व विद्रोहियों (खजूरिया) और पुराने वफादारों (हजूरिया) के बीच के मतभेद जल्द दूर न हो सके। मई 1996 में हुए लोकसभा चुनावों में हजूरिया ने खजूरिया छाप वाले नेताओं के साथ समझौता कर लिया और शंकरसिंह को हरा दिया।

शंकरसिंह ने पहले 'महागुजरात किसान सेना' नामक किसानों का एक संगठन बनाया। उसके बाद 18 अगस्त, 1996 को भाजपा से अलग होकर उन्होंने एक नई पार्टी 'महागुजरात जनता पार्टी' बना ली। नवगठित महागुजरात जनता पार्टी ने 19 अगस्त को माँग रखी कि उसे गुजरात विधानसभा में एक अलग दल के रूप में मान्यता दी जाए, क्योंकि उसे भाजपा के कुल विधायकों में से एक तिहाई से ज्यादा विधायकों का समर्थन प्राप्त है। 20 अगस्त को अहमदाबाद में राष्ट्रीय जनता पार्टी का औपचारिक रूप से गठन किया गया। इस प्रकार शंकरसिंह ने भाजपा के साथ अपने सारे संबंध तोड़ लिये। यह सब उन्होंने बदले की भावना से किया था, परंतु तभी भाजपा के 46 विधायकों में से 18 विधायक, जो राष्ट्रीय जनता पार्टी में शामिल हो गए थे, वे वापस भाजपा में आ गए। दो सितंबर, 1996 को लगभग 94 भाजपा विधायकों ने गांधी आश्रम में पार्टी की एकता को सुदृढ़ करने की शपथ ली, परंतु सुरेश मेहता की सरकार अडिग रही। 19 सितंबर को जब विधानसभा की बैठक बुलाई गई, तो शंकरसिंह के समर्थकों ने उद्दंडतापूर्ण व्यवहार किया, जिससे बैठक स्थगित करनी पड़ी।

राज्यपाल ने स्थिति की गंभीरता समझते हुए गुजरात में राष्ट्रपति शासन लागू किए जाने की सिफारिश की और अगले ही दिन राज्य में राष्ट्रपति शासन लागू हो गया। इस प्रकार सुरेश मेहता सरकार 21 अक्तूबर, 1995 से 19 सितंबर, 1996 तक चली। आश्चर्य की बात यह है कि वाघेला जैसे नेता, जिसका अपना राजनीतिक प्रभाव, दक्षता और व्यापक जन-संपर्क हो, पार्टी के अनुशासन को क्यों नहीं स्वीकार कर सका? कांग्रेस के साथ मिलकर उस पार्टी को हराने के लिए उन्होंने सिद्धांतों की बलि कैसे दे दी, जिसमें रहकर वे बड़े हुए थे?

शंकरसिंह वाघेला के हथकंडों से यह स्पष्ट हो गया था कि वे सत्ता पाने के लिए विरोध कर रहे थे और नरेंद्र मोदी पर लगातार दोषारोपण कर रहे थे। नरेंद्र मोदी की सरकार में न होने और पार्टी कार्यकर्ताओं के प्रशिक्षण कार्य में संलग्न होने पर भी वाघेला ने उन पर आरोप लगाए। लेकिन नरेंद्र मोदी को उनकी चुप्पी के कारण बलि का बकरा बना दिया गया और गुजरात से बाहर भेज दिया गया। अब प्रश्न यह उठता है कि फिर वाघेला ने दुबारा विद्रोह क्यों किया? इस समय नरेंद्र मोदी न गुजरात में थे, न गुजरात की राजनीति में सक्रिय थे? दोनों विद्रोहों का विश्लेषण करके कोई भी इस निष्कर्ष पर पहुँच सकता है कि ये विद्रोह केवल अपने लक्ष्य तक पहुँचने के लिए किए गए थे। वास्तव में वाघेला आस्तीन का साँप बन गए थे।

गुजरात के तत्कालीन राज्यपाल कृष्णपाल सिंह, जो नरेश चंद्र के उत्तराधिकारी थे, ने 22 अक्तूबर, 1996 को शंकरसिंह वाघेला को सरकार बनाने के लिए आमंत्रित किया। वाघेला को कांग्रेस का समर्थन प्राप्त था तथा कुल 182 विधायकों में से 102 विधायक उनके पक्ष में थे, परंतु इन 82 विधायकों में से केवल 42 उनकी पार्टी के थे, 45 कांग्रेस के तथा शेष निर्दलीय विधायक थे। इस प्रकार वाघेला की शक्ति उनकी अपनी पार्टी के कारण नहीं, बल्कि कांग्रेस के समर्थन के कारण थी। उनकी कमजोरी उस समय स्पष्ट हो गई, जब सरखेज विधानसभा सीट के लिए हुए उपचुनाव में भाजपा प्रत्याशी अमित शाह ने कांग्रेस प्रत्याशी को 24,000 मतों के भारी अंतर से हरा दिया। राष्ट्रीय जनता पार्टी के प्रत्याशी की तो जमानत तक जब्त हो गई।

अब कांग्रेस दो विचारों में उलझ गई थी। उसके सदस्यों की संख्या राष्ट्रीय जनता पार्टी, यानी राजपा के सदस्यों की संख्या से ज्यादा थी। इसके अलावा सरखेज सीट पर राजपा की हार से पता चल गया था कि अंदर से वह कितनी कमजोर थी। अब कांग्रेस सोचने लगी थी कि वह वाघेला सरकार को समर्थन जारी रखे या उससे अलग हो जाए? इस मामले पर कांग्रेस में लंबा विचार-विमर्श चला। वाघेला की छवि बहुत साफ-सुथरी नहीं थी। जल्द ही उनके खिलाफ भ्रष्टाचार के आरोप लगाए जाने लगे और ये आरोप कांग्रेस की ओर से ही लगाए जा रहे थे। अंततः वाघेला को त्यागपत्र देना पड़ा। उन्हें एक वर्ष के लिए ही सत्ता में रहने का मौका मिला। उनके बाद 27 अक्तूबर, 1997 को दिलीप परीख मुख्यमंत्री बने।

परीख भी ज्यादा दिनों तक अपने पद पर न रह सके। वे केवल 70 दिन ही सत्ता में रहे। इसके बाद 1998 के विधानसभा चुनावों में भाजपा को मिले शानदार बहुमत के साथ एक बार फिर केशूभाई पटेल मुख्यमंत्री बने।

शंकरसिंह वाघेला की सत्तालोलुपता के चलते भाजपा को 368 दिन में ही शासन का पतन कर एक बार फिर सदन से सड़क पर उतरना पड़ा। 1998 के विधानसभा

चुनावों के समय नरेंद्र मोदी ने गुजरात आकर जनसभाएँ कीं। भावपूर्ण, प्रोत्साहक और धारदार भाषणों ने जनता में नए प्राण का संचार किया और भाजपा के कार्यकर्ताओं में आत्मविश्वास का शंखनाद किया। इन चुनावों में भाजपा 117 बैठकें हासिल कर सत्ता की एकाधिकारी बनी। लोकसभा चुनावों में भी भाजपा को गुजरात से 17 सीटें मिलीं।

1998 से 2001 के दौरान नरेंद्र मोदी को हिमाचल प्रदेश, पंजाब और हरियाणा इन तीन राज्यों का प्रभारी बनाया गया, वहाँ भी उन्होंने परिणामदायी काम किया।

गुजरात से नरेंद्र मोदी के चले जाने के बाद वर्ष 2000 तक भाजपा का ऐसा पतन हुआ कि स्थानीय निकायों महानगर पालिकाओं, जिला पंचायतों और ठेठ तहसील पंचायतों से भी पार्टी का संपूर्ण सफाया हो गया। गुजरात भाजपा ने भरत बारोट समिति की नियुक्ति कर हार के कारण जानने की कोशिश की, लेकिन सूचना इतनी विस्फोटक थी कि उस रिपोर्ट को वहीं दबा दिया गया, सार्वजनिक नहीं किया गया। केशूभाई के निरंकुश व अकुशल शासन में भ्रष्टाचार फला-फूला था। इसमें भी 2001 के आरंभ में गुजरात विनाशकारी भूकंप से हिल उठा, भाजपा खेमे में गहरी खामोशी छा गई। भाजपा का मजबूत गढ़ मानी जाने वाली साबरमती विधानसभा सीट के उप चुनाव में भाजपा को करारी शिकस्त झेलनी पड़ी। एक मामूली चुनाव भी नहीं जीत पाने जैसे परिणाम से भाजपा आलाकमान की आँखें खुलीं और देर न करते हुए नरेंद्र मोदी को फिर से गुजरात की धरती पर भगवा फहराने के लिए भेज दिया। नरेंद्र मोदी ने 7 अक्तूबर, 2001 को मुख्यमंत्री के रूप में शपथ ग्रहण की और केवल चार महीनों बाद यानी फरवरी 2002 में गोधरा कांड हुआ। दिसंबर 2002 में विधानसभा चुनाव आए। नया नशा, नया नारा था—'हमारा गुजरात अनूठा गुजरात'। नरेंद्र मोदी के समक्ष चुनौतीपूर्ण तत्त्वों में एक समय में भाजपा के ही वरिष्ठ नेता शंकरसिंह वाघेला और केशूभाई पटेल थे और आतंकवादी मनोवृत्ति वाले लोगों द्वारा किया गया गोधरा कांड था। बाकी कुछ था, तो वह प्राकृतिक आपदा के रूप में भूकंप ने नरेंद्र मोदी की कठिन परीक्षा ली, लेकिन नरेंद्र मोदी ने आपत्ति को अवसर में बदलते हुए बहुत तेजी से भूकंप राहत के कार्य शुरू किए। लोगों के हाथ में सरकारी धन देकर लोगों को पुनर्वास में भागीदार बनाया। लोग भी हर्ष के साथ नरेंद्र मोदी के साथ गुजरात को विकास की दिशा में ले जाने को आतुर होने लगे। वर्ष 2002 के चुनाव में तमाम चुनौतियों को मात देकर भाजपा ने पुनः समग्र गुजरात में भगवा फहराया। 118 सीटों के साथ 50 फीसद मत भाजपा की झोली में आए, जब कि कांग्रेस मात्र 39 फीसद मत ही हासिल कर सकी।

नरेंद्र मोदी के शासन में वर्ष 2005 के चुनाव में जिला पंचायतों, तहसील पंचायतों, महानगर पालिकाओं में पुनः भाजपा सत्तारूढ़ हुई। सहकारिता क्षेत्र में मार्केट यार्ड, सहकारी बैंक, क्रिकेट एसोसिएशनों में भी भाजपा का दबदबा बढ़ा। 'जीतेगा गुजरात'

के नारे के साथ 2007 के विधानसभा चुनावों में 117+4 (उप चुनाव) सहित 121 सीटें और 50 प्रतिशत मत भाजपा को मिले। नरेंद्र मोदी के नेतृत्व में गुजरात में भाजपा को एक और शानदार जीत मिली 2012 के विधानसभा के आम चुनावों में। तब की राजकीय स्थिति ज्यादा स्पर्धात्मक थी। केशूभाई के नए दल 'गुजरात परिवर्तन पार्टी,' यानी जीपीपी, केंद्र की कांग्रेस सरकार का सीबीआई फैक्टर, मोदी विरोधी षड्यंत्र, दुष्प्रचार, मीडिया द्वारा खड़ा किया गया नकारात्मक माहौल आदि अनेक अभेद्य दीवारों को भेदकर नरेंद्र मोदी ने 2012 में पुनः 115 सीटों के साथ गुजरात में भगवा फहराया और ऐतिहासिक शासन की हैट्रिक की। इस बार नरेंद्र मोदी ने नारा दिया—'सबका साथ—सबका विकास, एकमत गुजरात'। इन बड़ी सफलताओं के बावजूद नरेंद्र मोदी कार्यकर्ताओं को अति आत्मविश्वास में न रहते हुए कड़ी मेहनत करने की दिशा में मार्गदर्शन देते रहते और खुद भी जुटे रहते।

दुनिया जिस दिशा में सोचे, उससे कुछ अलग ही दृष्टिकोण से सोचना नरेंद्र मोदी का स्वभाव है। देश के राजनेताओं की सोच जहाँ जाकर ठहर जाती, मोदी वहीं से अपनी सोच शुरू करते। न परिवार, न कोई व्यापार। रात-दिन, सुबह और शाम बस मेरा गुजरात, मेरा गुजरात, यही कारण है कि बड़ी-बड़ी चुनौतियों के बावजूद इस अकेले फुलटाइम पॉलिटिशियन के आगे विरोधी दलों के सैकड़ों नेता भी नहीं टिक सके।

20 नवंबर, 1995 को नरेंद्र मोदी को भाजपा का राष्ट्रीय सचिव नियुक्त कर दिया गया। अब दिल्ली उनके कार्यक्षेत्र का केंद्र बन गई थी। 1996 में लालकृष्ण आडवाणी के नेतृत्व में राष्ट्रीय टीम का गठन किया गया। दिल्ली बुलाकर उन्हें सचिव के रूप में पार्टी की गतिविधियों के प्रबंध की जिम्मेदारी सौंपी गई। इस प्रकार मोदी एक तरह से राजनीतिक युग में प्रवेश कर चुके थे। पाँच राज्यों उत्तर प्रदेश, मध्य प्रदेश, राजस्थान, हिमाचल प्रदेश और असम में विधानसभा चुनाव होने वाले थे। इनमें से प्रत्येक राज्य की अपनी अलग-अलग समस्याएँ और चुनौतियाँ थीं, जिन्हें दूर किया जाना था। चुनावों से पहले तीन-चार महीने मोदी के लिए अत्यंत महत्त्वपूर्ण साबित हुए। इस दौरान उन्हें कई वरिष्ठ और अनुभवी सहकर्मियों से निकट संपर्क में आने का अच्छा मौका मिला।

हालाँकि यह मुश्किल भरी जिम्मेदारी थी, लेकिन मोदी ने इसे बखूबी निभाया। वे जगह-जगह जाकर विभिन्न प्रकार के लोगों से मिलते रहे। नरेंद्र मोदी स्वयं बताते हैं कि आतंकवाद प्रभावित पंजाब एवं जम्मू-कश्मीर में काम करते हुए कई ऐसी बातों की जानकारी मिली, जिनसे वे अच्छी तरह अवगत नहीं थे। कुछ ही दिनों बाद इन सभी राज्यों, जहाँ के संगठन की जिम्मेदारी नरेंद्र मोदी को सौंपी गई थी, वहाँ चुनाव हुए,

जिनमें भाजपा को अप्रत्याशित सफलता मिली।

नरेंद्र मोदी को जब गुजरात से पार्टी मुख्यालय दिल्ली में आकर कार्य करने के लिए बुलाया गया, तो वे बिना किसी हिचकिचाहट के तुरंत तैयार हो गए। अनुशासन के मामले में वे बहुत स्पष्ट और सख्त दृष्टिकोण रखते। बुलावा मिलते ही वे अहमदाबाद से दिल्ली के लिए रवाना हो गए। अपने साथ वे केवल एक सूटकेस लेकर गए थे। दिल्ली में अपने एक सहकर्मी के साथ उसके घर पर ठहरे। आराम या आरामदायक वस्तुओं की न उन्होंने कभी इच्छा की और न उसके लिए कभी प्रयास किया।

उनकी सोच और दृष्टिकोण की सच्चाई तब पहचानी गई, जब उन्हीं लोगों ने, जो मोदी को बलि का बकरा बनाना चाहते थे, वाघेला के खिलाफ बगावत कर दी और उन्हें बाहर कर दिया। सच्चाई सामने आने के बाद लोगों ने सत्तालोलुप नेताओं को बाहर करने का मन बना लिया। नरेंद्र मोदी ने स्वयं भी कहा था, ''जो कुछ हुआ, उसके पीछे कोई सैद्धांतिक आधार नहीं, बल्कि सत्ता की भूख थी।''

यह नरेंद्र मोदी की निष्ठा और लगन का ही परिणाम था कि दो वर्ष की छोटी सी अवधि में ही 19 मई, 1998 को उन्हें पार्टी का राष्ट्रीय महासचिव बना दिया गया। इससे पूर्व इस पद पर पं. दीनदयाल उपाध्याय, सुंदरसिंह भंडारी और कुशाभाऊ ठाकरे जैसे दिग्गज काम कर चुके थे। इस प्रकार नरेंद्र मोदी इस प्रतिष्ठित पद पर पहुँचने वाले चौथे व्यक्ति रहे।

नरेंद्र मोदी हमेशा से पार्टी के अनुशासित कार्यकर्ता रहे हैं। वे सौंपे गए काम को पूरी निष्ठा और दिलेरी के साथ करते हैं। भाजपा के राष्ट्रीय महासचिव के रूप में उन्होंने हरियाणा, हिमाचल प्रदेश, चंडीगढ़, जम्मू व कश्मीर तथा पंजाब में कर्मठता से काम किया। आतंकवादियों और अन्य असामाजिक तत्त्वों से वे कभी नहीं डरे। बिना किसी भय या पूर्वग्रह के वे सतत अपने कर्तव्य-पथ पर चलते रहे।

जम्मू और कश्मीर में भी उन्होंने कार्य किया, जहाँ भाजपा का ज्यादा प्रभाव नहीं था। जब अमरीका के पूर्व राष्ट्रपति बिल क्लिंटन भारत आए थे, तब छत्तीसिंहपुरा में लगभग 36 सिखों की हत्या कर दी गई थी। उस समय नरेंद्र मोदी को पार्टी की ओर से उस क्षेत्र का प्रभारी नियुक्त किया गया था। उन्होंने शहर का दौरा करने का निश्चय किया। फारुक अब्दुल्ला को इसका पता चला। उसके बाद क्या हुआ, स्वयं नरेंद्र मोदी के शब्दों में, ''उन्होंने मुझे बुलाकर पूछा कि मैं वहाँ कैसे गया था? मैंने बताया, 'सड़क से।' उन्होंने कहा, 'किसी दिन आप मुझे मुसीबत में डाल देंगे। ये आतंकवादी सड़कों पर सुरंगें बिछा देते हैं, उससे बचना आसान नहीं है।' उन्होंने आग्रह किया कि वापसी की यात्रा मैं हवाई जहाज से करूँ। उन्होंने आडवाणीजी से शिकायत भी कि नरेंद्र मोदी कभी, कहीं भी चले जाते हैं, अपनी सुरक्षा की बिलकुल चिंता नहीं करते। आडवाणीजी

ने मुझे बुलाया। मैंने उनसे कहा कि अब मैं चूँकि छत्तीसिंहपुरा पहुँच चुका हूँ, इसलिए मृतक सिखों के अंतिम संस्कार के बाद ही वापस आऊँगा। आडवाणीजी सहमत हो गए, लेकिन उन्होंने जोर देकर कहा कि वहाँ से मैं हवाई जहाज से ही वापस लौटूँ।''

वास्तव में नरेंद्र मोदी की यह सोच नियतिवादियों की किसी विशेष आस्था पर आधारित नहीं है, बल्कि इसके पीछे कार्य के प्रति उनकी निष्ठा है। नरेंद्र मोदी ने स्वयं बताया, ''मैं जम्मू और कश्मीर में स्वतंत्र रूप से घूमा करता था। लोग जानते हैं कि आप यहाँ हैं, इसलिए आपके लिए खतरा है। मैं उनसे कहता हूँ, मैं अपना कर्तव्य निभा रहा हूँ, मुझे जीने-मरने की चिंता नहीं है।''

निस्संदेह उन्होंने पूरी निष्ठा से अपना कर्तव्य निभाया। हरियाणा और हिमाचल प्रदेश में उनसे काम करने के लिए कहा गया था, लेकिन इनके साथ ही उन्होंने पंजाब पर अपनी नजर बनाए रखी और छह माह तक वहाँ काम किया। चंडीगढ़ नगर निगम की बीस सीटों के लिए चुनाव होने वाले थे। नरेंद्र मोदी की मेहनत रंग लाई और भाजपा 17 सीटों पर चुनाव जीत गई। चंडीगढ़ के सांसद पवन कुमार जब नरेंद्र मोदी से मिले, तो कहने लगे, ''कमाल कर दिया। आप अच्छा काम कर रहे हैं। पहले जनसंघ की यहाँ कोई पैठ नहीं थी। उस समय यह एक मामूली पार्टी के रूप में ही थी।''

कर्तव्य के प्रति नरेंद्र मोदी की निष्ठा कभी-कभी बिलकुल असामान्य रूप में भी दिखाई देने लगती है। कारगिल में जब लड़ाई छिड़ी, उस समय वे कारगिल में ही थे। यह उनके राजनीतिक कार्यक्षेत्र में आता था। अतः वे कारगिल में ही रुके रहे। जैसा उन्होंने स्वयं बताया था, ''एक संगठनकर्ता के रूप में मुझे वहाँ रहना ही चाहिए था।'' युद्धक्षेत्र में एक असैनिक के नाते! बात बिलकुल असामान्य लगती है, लेकिन नरेंद्र मोदी को इसकी चिंता नहीं थी। उनका कहना था, ''यह निष्ठा है और यही मेरी मुख्य ताकत है। एक बार प्रधानमंत्री वहाँ आए, उनका स्वागत करना मेरा कर्तव्य था। सेना का सामान उठाकर ले जाने के लिए स्वयंसेवकों की आवश्यकता थी, मैंने उसका प्रबंध कर दिया। प्रधानमंत्री के पास मौसम के अनुकूल पर्याप्त गरम कपड़े नहीं थे, लेकिन वे पूरे उत्साह से वहाँ घूम रहे थे और कह रहे थे, 'आओ, कुछ करें।' लोग उनके पीछे चल देते थे। मैं कोई नेतृत्व नहीं कर रहा था। मैं तो बस एक सहकर्मी की भूमिका अदा कर रहा था।''

नरेंद्र मोदी ने इसे किसी प्रकार की निस्स्वार्थता नहीं माना। उनका कहना था, ''निस्स्वार्थता? नहीं, शायद कर्तव्यनिष्ठा। यह मेरा कार्यक्षेत्र था। एक बार मैंने हिमाचल प्रदेश के मुख्यमंत्री प्रेमकुमार धूमल को कारगिल में आकर उपहार बाँटने के लिए आमंत्रित किया। वहाँ हर दूसरा जवान हिमाचल प्रदेश का था। हर परिवार से एक, बल्कि कभी-कभी दो या तीन जवान सेना में भरती थे।''

बालक नरेंद्र को पर्वतारोहण और ट्रैकिंग का शौक था। बचपन में ही उन्होंने गुजरात की कई पहाड़ियों पर ट्रैकिंग की थी। उन्हें यात्राएँ करना, प्राकृतिक सौंदर्य के निकट रहना पसंद था। जम्मू एवं कश्मीर का इलाका चूँकि उनके कार्यक्षेत्र के अंतर्गत आता था, इसलिए उन्होंने लेह का दौरा किया, जहाँ ऊँचाई के कारण साँस लेने में कठिनाई का सामना करना पड़ता है। अक्तूबर 1995 से अक्तूबर 2001 अपने दिल्ली प्रवास के दौरान वे भारत के अंतिम छोर हिमालय की गोद में बसे लद्दाख के लेह भी गए। इन क्षेत्रों में तीर्थस्थान पर जाने की उनकी बहुत इच्छा थी। नरेंद्र मोदी प्रकृतिप्रेमी हैं। कैलाश पर्वत को शिव का गृहधाम कहा गया है, इसलिए यह उनको बहुत आकर्षित करता रहा था। एवरेस्ट शिखर की ऊँचाई 29,028 फीट है और मान सरोवर की 24,000 फीट। नरेंद्र मोदी 1988 में कैलास मानसरोवर भी गए थे और शिव के प्रति अपनी आध्यात्मिक भक्ति अर्पित की थी। नरेंद्र मोदी को आशा है कि एक दिन लेह से मानसरोवर और कैलाश का मार्ग खोल दिया जाएगा और हिंदू तीर्थयात्री बिना वीजा तथा चीनी सरकार को डॉलर में शुल्क भुगतान किए बिना वहाँ जा सकेंगे। गरीब हिंदू तीर्थयात्री भी यात्रा की अपनी अभिलाषा पूर्ण कर सकेंगे।

दिल्ली में जब राष्ट्रीय जनतांत्रिक गठबंधन (राजग) की सरकार बनी, तो भाजपा शासित विभिन्न प्रदेशों के मुख्यमंत्रियों को शपथ ग्रहण समारोह में आमंत्रित करने की जिम्मेदारी नरेंद्र को ही सौंपी गई थी। राजनीतिक क्षेत्र के लोग उनसे मिलना चाहते थे। विदेशी दूतावासों के कुछ अधिकारियों से भी वे मिले। दूतावासों के अधिकारी क्या जानना चाहते थे? इस संबंध में नरेंद्र मोदी ने बताया था, "वे तो भाजपा के बारे में, एनडीए के साथ उसके संबंधों के बारे में और विभिन्न निर्णय-प्रक्रियाओं के बारे में जानना चाहते थे। वे भाजपा और राष्ट्रीय स्वयंसेवक संघ के आपसी रिश्तों के बारे में जानना चाहते थे। वे हमारी संगठन प्रणाली से प्रभावित थे। वे कांग्रेस से तो परिचित दिख रहे थे, लेकिन भाजपा उनके लिए नई थी।"

चुनावों में लगातार सफलता के कारण भाजपा ने विदेशों में भी अपने लिए एक स्थान बना लिया। कई देशों के मंत्री नरेंद्र मोदी से मिलने की इच्छा जाहिर करने लगे। सबसे पहले उन्हें ऑस्ट्रेलिया के विदेशी मंत्री अलेक्जेंडर डोनर ने अपने यहाँ आमंत्रित किया। विदेशी सरकारें यही जानना चाहता थीं कि भाजपा किस तरह कांग्रेस से अलग है? भारत की चुनाव प्रणाली कैसी है और किस प्रकार राजनीतिक दल इतने बड़े लोकतंत्र को साथ लेकर आगे बढ़ पाते हैं। भारत से संबंधित कई बातें उन्हें आश्चर्य में डालने वाली थीं। ऑस्ट्रेलिया जैसे राष्ट्रमंडल देश का एक विदेश मंत्री भाजपा के एक महासचिव को अपने यहाँ आमंत्रित करे, यह मामूली बात नहीं है। जुलाई-2001 में नरेंद्र मोदी ऑस्ट्रेलिया गए, न्यूजीलैंड का भी कार्यक्रम था। वहाँ से वे मलेशिया के

प्रधानमंत्री और युनाइटेड मलय नेशनल ऑर्गेनाइजेशन के अध्यक्ष डॉ. महातिर मोहम्मद के आमंत्रण पर मलेशिया भी गए। युनाइटेड मलय नेशनल ऑर्गेनाइजेशन द्वारा आमंत्रित किए जाने वाले नरेंद्र मोदी प्रथम नेता बने।

ऑस्ट्रेलिया में सबसे पहले वे ब्रिसबेन गए, जहाँ अक्तूबर-2001 में राष्ट्रमंडल देशों के प्रमुखों की बैठक होने वाली थी। वहाँ नरेंद्र मोदी ने दो प्रमुख पार्टियों लेबर पार्टी तथा लिबरल पार्टी के नेताओं से मुलाकात की और उनके साथ ऑस्ट्रेलिया की राजनीतिक प्रणाली पर चर्चा की। उन्होंने डोनर के साथ दोनों देशों के बीच साझा उपक्रमों की संभावना पर भी विचार-विमर्श किया। डोनर ने जैव प्रौद्योगिकी, सूचना प्रौद्योगिकी और योग के क्षेत्र में भारत की उपलब्धियों की सराहना की। ऑस्ट्रेलिया ने पर्यटन के क्षेत्र में काफी प्रगति की है। नरेंद्र मोदी ने वहाँ फ्रेजर द्वीप के बारे में काफी कुछ जानकारी प्राप्त की।

नरेंद्र मोदी का मलेशिया जाना स्वयं में महत्त्वपूर्ण था। प्रधानमंत्री महातिर ने नरेंद्र मोदी के सम्मान में भोज का आयोजन किया था। मोदी ने उनके साथ दक्षिण एशियाई और विकासशील देशों की समस्याओं पर विस्तृत चर्चा की। तत्कालीन प्रधानमंत्री अटल बिहारी वाजपेयी के मलेशिया दौरे के समय रेल लाइन के निर्माण के लिए दोनों देशों ने एक समझौते पर हस्ताक्षर किए थे। नरेंद्र मोदी ने डॉ. महातिर को उस समझौते की याद दिलाई। भारत के लिए सह-एशियाई देशों की मदद करना गर्व की बात थी। महातिर ने फौरन अपने अधिकारियों से चर्चा कर एक अरब 80 करोड़ अमेरिकी डॉलर की योजना आरंभ करवाई। नरेंद्र मोदी ने कहा, "रेलवे भारत की जीवनरेखा है और भारतीय विशेषज्ञों को एशिया और अफ्रीका के अन्य देशों में इस क्षेत्र में सहायता करनी चाहिए। भारतीय रेल के लिए इस क्षेत्र में बहुत अवसर हैं।"

गुजरात के भूकंप-प्रभावित लोगों की सहायता के लिए मलेशिया में रहनेवाले गुजरातियों ने खान-पान मेले का आयोजन किया था, जिससे भूकंप-प्रभावित लोगों के लिए मुख्यमंत्री राहत कोष के लिए धन जमा किया गया। मेले का उद्घाटन नरेंद्र मोदी ने किया था। इस मौके पर वहाँ 40,000 मलेशियाई इकट्ठा हुए थे।

इसी बीच राष्ट्रीय स्वयंसेवक संघ में गुजरात में प्रचारक से संगठन सचिव तक का सफर तय करते हुए नरेंद्र मोदी राष्ट्रीय स्तर पर पहुँच चुके थे। परंपरा से प्रचारक और संगठन सचिव मीडिया से दूर रहते थे। नरेंद्र मोदी भी इससे अलग नहीं थे, लेकिन कारगिल युद्ध के दौरान पार्टी ने उन्हें अपना प्रवक्ता बनाया। मीडिया से दूर रहनेवाले व्यक्ति के लिए यह एक बड़ी चुनौती थी, जो नरेंद्र मोदी ने बखूबी निभाई। पार्टी प्रतिनिधि के रूप में कई टेलीविजन परिचर्चाओं में वे दिखे और अपने दृष्टिकोणों को रेखांकित किया। जब उनसे कारगिल की पूरी स्थिति के बारे में पूछा गया, तो उनके

जुमले पर सबके कान खड़े हो गए, ''चिकन बिरयानी नहीं, बुलेट का जवाब बम से दिया जाएगा।''

कारगिल युद्ध के समय 1999 में नरेंद्र मोदी कारगिल की युद्धभूमि पर गए और सैनिकों का हौसला बढ़ाया। हमारे वीर सैनिकों की बहादुरी देखकर उन्होंने एक कविता भी लिखी—

कारगिल
पहले भी हो आया था
'टाइगर हिल'
पहले भी देख आया था
तब
राजाधिराज के
श्वेत मौन को
जी भरकर पिया था।
आज
प्रत्येक चोटी गरज रही थी
बमों, बंदूकों की गूँजों से
बर्फीली शिलाओं पर
धधकते अंगारों सदृश्य
सेना के जवानों को देखा···
प्रत्येक जवान की आँखों में उमड़ते
सौ करोड़ सपने देखे···

जिस दिन भारतीय जवानों ने टाइगर हिल्स पर विजय प्राप्त की, उस दिन नरेंद्र मोदी कारगिल की भूमि पर थे।

सन् 1999 तक नरेंद्र मोदी ने प्रधानमंत्री अटल बिहारी वाजपेयी का पूरा विश्वास जीत लिया। उस समय वे पार्टी प्रवक्ता के रूप में कार्य कर रहे थे। प्रधानमंत्री वाजपेयी एवं पाकिस्तान के राष्ट्रपति जनरल परवेज मुशर्रफ के बीच हुई 2001 की आगरा शिखर वार्त्ता के बाद से नरेंद्र मोदी से मिलने वालों की संख्या और भी बढ़ गई। उन्हें शिखर वार्त्ता से संबंधित पार्टी की स्थिति का विवरण मीडिया को उपलब्ध कराने की जिम्मेदारी सौंपी गई थी। रेडिफ डॉट कॉम के वरिष्ठ संवाददाता ओमकार सिंह के साथ हुए एक साक्षात्कार में उन्होंने खुलकर बात भी की, जिसे 19 जुलाई, 2001 को प्रकाशित किया गया था।

यह जानने के बाद कि शिखर वार्त्ता के तुरंत बाद नरेंद्र मोदी प्रधानमंत्री वाजपेयी से मिले थे, ओमकार सिंह ने पूछा कि पाकिस्तान के राष्ट्रपति जनरल परवेज मुशर्रफ

के साथ वार्त्ता के दौरान प्रधानमंत्री वाजपेयी का मिजाज कैसा था? मोदी का जवाब था, ''बैठक में जो कुछ हुआ, वह एक गोपनीय मामला है, इसलिए मैं उसे सार्वजनिक नहीं कर सकता।'' उन्होंने आगे कहा, ''जहाँ तक वाजपेयीजी के मिजाज का सवाल है, इस पर किसी को ज्यादा कुछ समझने की आवश्यकता नहीं है।'' ओमकार सिंह ने जोर देकर पूछा कि क्या वार्त्ता के दौरान वाजपेयी का रवैया आक्रामक था? नरेंद्र मोदी का स्पष्ट उत्तर था, ''आक्रामकता या रक्षात्मकता, दोनों वैकल्पिक बातें हैं। अटलजी एक राजनेता ही नहीं, वरन् एक राजनीतिज्ञ भी हैं। पाकिस्तानी राष्ट्रपति को बातचीत के लिए आमंत्रित करते समय उनका दृष्टिकोण बिलकुल स्पष्ट था। मुशर्रफ किसी समझौते पर हस्ताक्षर किए बिना ही लौट गए। इससे साफ पता चलता है कि अटलजी का रवैया आक्रामक ही था।'' इस पर ओमकार सिंह ने फिर पूछा, ''आपको ऐसा क्यों लगता है?'' मोदी ने उत्तर दिया, ''कारगिल युद्ध की योजना मुशर्रफ ने ही बनाई थी। अटलजी ने उन्हें स्पष्ट शब्दों में बता दिया कि भारत पाकिस्तान की मदद के बिना भी आतंकवाद से निपटने में सक्षम है। वास्तव में यह पाकिस्तानी आतंकवादी गुटों के लिए एक चेतावनी थी कि यदि वे भारत से टकराने की कोशिश करेंगे, तो उन्हें कुचल दिया जाएगा।'' नरेंद्र मोदी ने स्पष्ट कर दिया कि न तो भारत सरकार ने और न भाजपा ने वार्त्ता को असफल बताया है। उन्होंने कहा कि प्रक्रिया अभी शुरू हुई है। समझौतों के बारे में पूछने पर मोदी ने बताया कि ये वही समझौते थे, जिन पर पहले शिमला और लाहौर में हस्ताक्षर किए जा चुके थे। ओमकार सिंह ने कहा कि जो प्रक्रिया लाहौर में शुरू हुई थी, वह कारगिल में आकर खत्म हो गई। इस पर नरेंद्र मोदी ने उत्तर दिया,''हमें नहीं भूलना चाहिए कि पाकिस्तान का निर्माण नफरत की नींव पर हुआ है। पाकिस्तान के नेता आज तक उसी विचारधारा को लेकर चल रहे हैं। हम पाकिस्तान की जनता में शांति और विकास की उम्मीद पैदा करना चाहते हैं। पाकिस्तान को समझना चाहिए कि उसे भारत के साथ टकराव की बजाय मित्रवत् संबंध बनाने में ही ज्यादा लाभ है। किसी भी शांति प्रक्रिया में उतार-चढ़व तो आते ही हैं। हमें इसे आगे बढ़ाना चाहिए।''

हालाँकि नरेंद्र मोदी का उत्तर बिलकुल स्पष्ट था, लेकिन ओमकार सिंह की जिज्ञासा अभी शांत नहीं हुई थी, ''विपक्ष का कहना है कि सरकार बिना किसी तैयारी के ही शिखर वार्त्ता तक पहुँची।'' इस पर नरेंद्र मोदी ने उत्तर दिया, ''नहीं, यह सच नहीं है। अप्रत्यक्ष रूप से यह बात उठाई गई है कि मंत्रिमंडल का कोई एक मंत्री नहीं चाहता था कि समझौते के दस्तावेजों पर हस्ताक्षर किए जाएँ, किंतु मंत्रिमंडल का कोई मंत्री ऐसा नहीं कर सकता। यह अफवाह पाकिस्तान की ओर से फैलाई गई है, ताकि भारतीय मीडिया यह पता लगाने में उलझा रहे कि कौन सा मंत्री शिखर वार्त्ता में बाधा डाल रहा था।'' ओमकार सिंह का अगला प्रश्न था, ''सुषमा स्वराज तो मुख्य टीम में

शामिल नहीं थीं, फिर वे आगरा कैसे पहुँच गईं?'' इस पर मोदी ने जवाब दिया,''वे एक कैबिनेट स्तर की मंत्री हैं। अत: उन्हें मीडिया के सामने आने का पूरा अधिकार है। यदि मुशर्रफ संपादकों के साथ नाश्ते पर डेढ़ घंटे तक बात कर सकते हैं, तो सुषमा स्वराज भारत की स्थिति को मीडिया के सामने क्यों नहीं रख सकतीं? पाकिस्तान के विदेश मंत्री ने स्वयं कहा था कि सूचना तकनीक के इस युग में राजनीति को मीडिया से दूर नहीं रखा जा सकता। सुषमाजी के साथ भी यही बात लागू होती है।''

अंत में ओमकार सिंह ने पूछा,''क्या वरिष्ठ संपादकों के साथ मुशर्रफ की बैठक से भारत सरकार को कोई नाराजगी है?'' नरेंद्र मोदी ने स्पष्ट शब्दों में जवाब दिया, ''जनरल (मुशर्रफ) को मीडिया के साथ इस तरह नहीं खेलना चाहिए था। कुछ संपादकों ने हमें बताया कि उन्हें इस बात की कोई जानकारी नहीं थी कि उनकी बातचीत पाकिस्तानी दूरदर्शन पर दिखाई जा रही है। यदि जनरल मुशर्रफ को लगता है कि वे प्रेस कॉन्फ्रेंस के जरिए कश्मीर समस्या हल कर लेंगे, तो शौक से करें, एक नहीं, हजार बार पत्रकार सम्मेलन बुलाएँ। वे तब भी वहीं-के-वहीं रहेंगे।''

मीडिया का सामना करने का नरेंद्र मोदी का अपना अलग तरीका था। उन्होंने सारे प्रश्नों का उत्तर दिया, लेकिन किसी बात पर उन्होंने रक्षात्मक रवैया नहीं अपनाया। उन्होंने कभी किसी मीडिया वाले को गलत टिप्पणी नहीं करने दी। जब वे स्टूडियो में साक्षात्कार शुरू होने की प्रतीक्षा कर रहे थे, तभी एक संवाददाता आया। उसने मोदी से कहा कि भारत के अड़ियल रवैए के कारण वार्त्ता विफल रही। इस पर उसने नरेंद्र मोदी का विचार जानना चाहा। उन्होंने तुरंत कहा, ''आप मुझे अड़ियल कह सकते हैं, मेरी पार्टी को अड़ियल कह सकते हैं, लेकिन मेरे देश को अड़ियल कहने का अधिकार आपको किसने दिया?'' इस पर वह संवाददाता एकदम सन्न रह गया।

'बीजेपी टुडे' (भाजपा का अपना एक पत्र) को दिए साक्षात्कार में नरेंद्र मोदी ने जोर देकर कहा था कि जनरल मुशर्रफ को शांति वार्ता के लिए आमंत्रित करके भारत ने एक बार फिर पाकिस्तान के साथ दोस्ती का हाथ बढ़ाया है। उन्होंने कहा था, ''लाहौर घोषणा तथा शिमला समझौते की शर्तों का पालन करते हुए प्रधानमंत्री अटल बिहारी वाजपेयी सार्थक बातचीत के जरिए दोनों देशों के बीच शांतिपूर्ण संबंध स्थापित करने का प्रयास कर रहे हैं।'' उन्होंने आगे कहा, ''यह वार्त्ता पाकिस्तान के लिए अपेक्षाकृत ज्यादा महत्त्वपूर्ण है। उसके नीति-निर्माताओं को इस मौके का फायदा उठाना चाहिए। पिछले पचास वर्षों में पाकिस्तान को स्वयं को शांतिप्रिय देश के रूप में सामने लाने के कई अवसर मिले हैं, चाहे वह ताशकंद समझौते के रूप में रहा हो, शिमला समझौते के रूप में या फिर लाहौर घोषणा के रूप में रहा हो, किंतु वह किसी भी अवसर का लाभ नहीं उठा सका। आज दुनिया भर के देशों में आतंकवाद-विरोधी

प्रवृत्ति देखी जा रही है। इस कारण पाकिस्तान सबसे अलग-थलग पड़ गया है। उसे अंतरराष्ट्रीय समुदाय में अपनी विश्वसनीयता प्रदर्शित करनी होगी।''

नरेंद्र मोदी ने कहा था कि पाकिस्तान के सामने स्वयं को तालिबानीकरण से बचाने की समस्या है। फैसला अब पाकिस्तान के हाथ में है। उन्होंने कहा था, ''इस अवसर का लाभ उठाते हुए पाकिस्तान को अपनी वर्तमान कट्टर छवि को छोड़कर खुद को शांतिप्रिय राष्ट्र के रूप में सामने लाने का प्रयास करना चाहिए। अंतरराष्ट्रीय राजनीतिक अखाड़े में चर्चाओं का आयोजन बड़ी चाल है। बातचीत में भारत का दृढ़ रवैया दोनों देशों के लिए हितकर है। यदि इस पर नकारात्मक प्रतिक्रिया होती है, तो नुकसान पाकिस्तान का ही है।''

उन्होंने 'बीजेपी टुडे' को बताया कि वाजपेयी सरकार का एजेंडा सदैव शांति का ही रहा है। पोखरण-परमाणु परीक्षण के समय भी यही एजेंडा था। लाहौर बस यात्रा के दौरान भी यही एजेंडा था। कारगिल युद्ध के दौरान नियंत्रण रेखा पार न करने के समय भी यही एजेंडा था। नरेंद्र मोदी ने आगे कहा था, ''जब हमने रमजान के दिनों में एकपक्षीय युद्ध विराम का फैसला किया था, उस समय हमारा एजेंडा शांति का ही था। मुशर्रफ के साथ बातचीत के दौरान भी हमारा एजेंडा शांति का था। पाकिस्तान के साथ सरकार की हमेशा शांतिपूर्ण नीति ही रही है।''

नरेंद्र मोदी ने कहा, ''यद्यपि रमजान के दिनों में युद्ध विराम की घोषणा से आतंकवादियों पर कोई असर नहीं पड़ा, लेकिन कश्मीरी मुसलमान इससे बहुत प्रभावित हुए। युद्ध विराम से पाकिस्तान इसलामिक देशों में अलग-थलग पड़ गया और आतंकवादियों ने कश्मीरी जनता का समर्थन भी खो दिया। भारतीय लड़ाकों और विदेशी (भाड़े के) सैनिकों में एक बड़ा अंतर था।'' नरेंद्र मोदी का मानना है, ''यदि लाहौर की घटना नहीं हुई होती, भले ही कारगिल युद्ध हो जाता, तो कहानी कुछ और होती। युद्ध विराम उठा लिया गया। इसके पीछे भी शांति का ही एजेंडा था।''

नरेंद्र मोदी के बोलने का ढंग राजनेता जैसा ही है। किसी राजनीतिक स्थिति को समझकर उसे स्पष्ट करने की समझ उन्हें बखूबी थी। इसलिए भाजपा महासचिव के रूप में नरेंद्र मोदी दिल्ली में मीडिया के आकर्षण का केंद्र बने हुए थे। 'सिर्फ डॉट कॉम' ने स्वतंत्रता की 55वीं वर्षगाँठ पर उन्हें उनके सपनों के भारत पर बातचीत करने के लिए आमंत्रित किया था। बातचीत में नरेंद्र मोदी ने कई महत्त्वपूर्ण बातें कही थीं।

- यह दुर्भाग्य की बात है कि जिन समस्याओं के कारण हमारे देश का विभाजन हुआ था, वे अभी तक दूर नहीं हो सकी हैं। उनसे हमारे देश की राजनीति दूषित हो रही है।
- हमारा अपना एक संविधान है। पिछले पचास वर्षों में हमने समाज के कमजोर

और दलित लोगों को न्याय दिलाने की दिशा में काम किया है।

- यह कम दुर्भाग्यपूर्ण नहीं है कि स्वतंत्रता आंदोलन के दौरान देखी गई देश के प्रति सेवा-भावना अब तेजी से लुप्त होती जा रही है। आज नागरिक अपने अधिकारों को लेकर बहुत सजग हैं, लेकिन देश के प्रति अपने कर्तव्य को भूलते जा रहे हैं।
- यदि हमें आगे बढ़ना है, तो देश और समाज के प्रति कर्तव्यों को पूरी ईमानदारी से निभाना होगा। देश के हजार वर्षों का इतिहास हमें बताता है कि हमारे देश और समाज का निर्माण केवल राजनेताओं के योगदान से नहीं हुआ है, बल्कि इसमें समाज के सभी वर्गों का बराबर योगदान रहा है—किसान, मजदूर, धार्मिक नेता, वैज्ञानिक, बुद्धिजीवी आदि।
- मीडिया के लोगों से मेरा अनुरोध है कि वे ऐसी प्रणाली शुरू करें, जिसमें सप्ताह में कम-से-कम दो दिन राजनीतिक गतिविधियों की खबरें न छापी जाएँ।
- मेरा सुझाव है कि किसी राजनेता के निधन के बाद उसके नाम से सरकारी इमारतें, सड़क या गली बनाने की परंपरा पर दस वर्षों तक के लिए रोक लगा दी जाए। आज हम सूचना प्रौद्योगिकी के युग में रह रहे हैं। मेरे लिए इसका अर्थ सिर्फ सूचना प्रौद्योगिकी नहीं, बल्कि कल का भारत है।

इलाहाबाद के महाकुंभ मेले का हवाला देते हुए नरेंद्र मोदी ने कहा था कि भारत आत्मसंयम के मामले में सक्षम है। उन्होंने कहा था—

''महाकुंभ से इस बात का पता चलता है कि भारत उपयुक्त प्रेरणा और मार्गदर्शन मिलने पर बहुत कुछ कर सकता है। यह संगठन शक्ति का चमत्कार है। गंगा के किनारे प्रतिदिन जितने लोगों की भीड़ जमा होती है, वह बराबर होती है। यहाँ किसी प्रकार की चोरी या अन्य अप्रिय घटना नहीं होती। मानव-प्रबंधन का यह एक उत्कृष्ट उदाहरण है। मैं तो कहता हूँ कि भारतीय जनता की शक्ति का यह उदाहरण है। क्या हम इस शक्ति को जीवन के अन्य क्षेत्रों में नहीं लगा सकते? महाकुंभ यह दरशाता है कि उपर्युक्त प्रेरणा तथा मार्गदर्शन मिलने पर हम किसी भी चुनौती का सामना करने में पूरी तरह सक्षम हैं।''

कुछ नाटकीय ढंग से बोलते हुए उन्होंने आगे कहा था, ''जहाँ तक मेरा मानना है, असंभव कुछ भी नहीं है।''

अब जरा सोचें, कितने राजनेता ऐसे होंगे, जो यह पसंद करेंगे कि मीडिया सप्ताह में दो दिन उन्हें भुलाकर चले? सूचना प्रौद्योगिकी के बारे में इस तरह की सार्थक बात और कौन कर सकता है? ऐसा कौन है, जो सच को इस तरह साफ-साफ शब्दों में कह सके? ऐसा नरेंद्र मोदी ही कर सकते हैं।

अपने मोदी समुदाय को प्रगति के लिए प्रेरित करने में उनका दृष्टिकोण और भी स्पष्ट है। फालना (राजस्थान) में मोदी समुदाय के एक सम्मेलन में उन्होंने कहा था, "मैं इस समाज का बेटा हूँ। यह संभवत: अपनी तरह का पहला कार्यक्रम है, जिसमें मैं भाग ले रहा हूँ। यदि एक पत्रिका ने यह गलती नहीं की होती, तो आप यह नहीं जान पाते कि मैं कहाँ से आया या मैं इस बड़े समाज का हिस्सा हूँ। मैं बचपन से ही राष्ट्रीय स्वयंसेवक संघ का सदस्य रहा हूँ। राष्ट्रीय स्वयंसेवक संघ ने मुझे भारत भक्ति सिखाई और तभी से वह मेरे जीवन का एक हिस्सा बना हुआ है।

"कोई व्यक्ति अपने समाज की शक्ति के बल पर ही महान् बन सकता है। अगर समाज उसका साथ नहीं देता, तो वह महान् नहीं बन सकता, लेकिन समाज का इस्तेमाल राजनीति में करना उचित नहीं है। समाज का इस्तेमाल समाज की शक्ति को बढ़ाने में ही किया जाना चाहिए।

"प्रजातंत्र में राजनीति महत्त्वपूर्ण है। राजनीतिक रूप से शक्तिशाली होना कोई अपराध नहीं है, लेकिन राजनीतिक ताकत भीख माँगकर नहीं, अपितु अपनी भीतरी शक्ति से प्राप्त करनी चाहिए। यह शक्ति भौतिक समृद्धि से नहीं, बल्कि शिक्षा से आती है। राजनीति ही सबकुछ नहीं है। केवल राजनीतिक उपलब्धि के बल पर आप महाशक्तिशाली नहीं बन सकते। राजनीति तो बस एक छोटा सा माध्यम है। हमारी पहली प्राथमिकता समाज को मजबूत बनाना होनी चाहिए। हमें स्वयं से पूछना चाहिए कि हममें से कितने लोग डॉक्टर, इंजीनियर, वकील और वैज्ञानिक हैं? देश के कितने सपूतों ने अपनी प्रतिभा और कड़ी मेहनत के बल पर उच्च स्थान प्राप्त किया है? वे लोग ही समाज को मजबूत बनाते हैं, न कि विधायक या मंत्री।

"यदि हम पूरे मन से यह ठान लें कि हमें आर्थिक, सामाजिक और शैक्षिक दृष्टि से मजबूत बनना है, तो हम सबको साथ लेकर आगे बढ़ सकेंगे। तब हमें अपना लक्ष्य हासिल करने से कोई नहीं रोक सकता। चीन में एक कहावत है—एक वर्ष की बात सोचने वाला खेती करता है, जो दस साल की बात सोचता है, वह वृक्ष लगाता है, जो बाद में फल देते हैं, लेकिन जो पूरी पीढ़ी की सोचता है, वह अच्छे मनुष्य तैयार करता है। एक अच्छे समाज का निर्माण करने के लिए हमें अच्छे मनुष्य तैयार करने होंगे।

"सिंधी समाज का एक उदाहरण देता हूँ। जब कोई सिंधी कोई नई दुकान खोलता है, तो उसके उद्घाटन में सिंधी समाज के लोग उपस्थित होते हैं। वे दुकान के मालिक को उपहार देते हैं और वह भी बंद लिफाफे में डालकर। वे अहसान नहीं जताना चाहते। लिफाफे में पाँच से दस हजार रुपए तक होना कोई बड़ी बात नहीं है, लेकिन यह पैसा उपहार के रूप में होता है, कर्ज के रूप में नहीं। यह समाज को मजबूत बनाने का बहुत अच्छा तरीका है। गांधीजी कहते थे, 'एक पुरुष शिक्षित हो, तो वह सिर्फ स्वयं ही

शिक्षित होता है, लेकिन जब एक स्त्री शिक्षित होती है, तो वह पूरे परिवार के साथ चार पीढ़ियों को शिक्षित बना सकती है।' अत: अपनी बेटियों को शिक्षित बनाकर हम पूरे समाज को शिक्षित बना सकते हैं। अगर आप राजनीति में सफल होना चाहते हैं, तो आपको समाज के उन लोगों के लिए काम करना होगा, जो उपेक्षित हैं, पिछड़ गए हैं। इन्हीं में शक्ति है।''

सचमुच कितने सुंदर सुझाव हैं। इन सुझावों के पीछे कोई सांप्रदायिक भावना नहीं है, बल्कि वे अपने लोगों को यह बताना चाहते हैं कि वे किस तरह समाज को मजबूत बना सकते हैं।

पूरे छह वर्ष तक नरेंद्र मोदी गुजरात और उसकी राजनीति से दूर रहे। इस अवधि में गुजरात का राजनीतिक क्षेत्र उनके सहकर्मियों के लिए छोड़ दिया गया था, जो आपस में ही लड़ते थे। यह लड़ाई एक प्रकार का खेल बन गई थी।

सन् 1999 के चुनावों को छोड़कर सन् 1995 से लेकर 2001 तक नरेंद्र मोदी पार्टी के महासचिव के रूप में दिल्ली में ही व्यस्त रहे। इस दौरान उनका अधिकांश समय भारत के विभिन्न भागों की यात्रा में बीता। इस दौरान जो कुछ हो रहा था, उससे आने वाली स्थितियों का संकेत मिल रहा था। 28 जून, 2000 को जब नरेंद्र मोदी आपातकाल के दौरान 'मीसा' के तहत नजरबंद किए गए नेताओं को बधाई देने के लिए आयोजित एक समारोह में शामिल होने के वास्ते गुजरात आए, तो लोगों ने खड़े होकर जोरदार तालियाँ बजाकर उनका स्वागत किया। मंच पर नरेंद्र मोदी के लिए आखिर में लगाई गई थी।

इस प्रकार नरेंद्र मोदी की बढ़ती लोकप्रियता की ओर स्वत: ही सबका ध्यान जाने लगा। जुलाई-2000 में इंडियन एक्सप्रेस में एक लेख छपा था—

''इस पद पर नरेंद्र मोदी की नियुक्ति से गुजरात में उनके समर्थकों की शक्ति में वृद्धि हुई। राजनीतिक दृष्टि से गुजरात उथल-पुथल के दौर से गुजर रहा था। भाजपा को किसी ऐसे सशक्त नेता की जरूरत थी, जो संगठन में अनुशासन और एकता स्थापित कर सकता हो। 23 अगस्त, 2001 को वकील साहब की पुण्यतिथि पर 75 वर्ष से अधिक आयु के उन वरिष्ठ स्वयंसेवकों को बधाई देने के लिए, जिन्होंने वकील साहब के साथ काम किया था, संस्कार धाम में एक विशेष कार्यक्रम 'तप वंदना' का आयोजन हुआ, इसमें सहसरकार्यवादृ हो.वे. शेषाद्रि भी उपस्थित थे। इस अवसर पर वकील साहब की प्रशंसा में लिखे गीतों की ऑडियो सीडी रिलीज की गई। उसमें नरेंद्र मोदी के लिखे गए गीत भी थे।

10 मई, 1998 को भाजपा ने नरेंद्र मोदी को संगठन का प्रभारी महासचिव नियुक्त किया। कुशाभाऊ ठाकरे की अध्यक्षता की पूरी अवधि में यह पद किसी को नहीं दिया

गया था। इस पद पर पहुँचने वाले नरेंद्र मोदी तीसरे नेता बने। चालीस वर्ष पहले जनसंघ में और फिर भाजपा में यह पद पहले सुंदर सिंह भंडारी के पास रहा, उसके बाद अंतिम छह वर्षों के लिए कुशाभाऊ ठाकरे ने इस पद पर काम किया।

गुजरात में स्थितियाँ भाजपा के अनुकूल नहीं थीं। हालात यहाँ तक पहुँच गए कि सन् 2000-2001 में पार्टी राज्य में एक उप चुनाव भी न जीत सकी। साबरमती विधानसभा और साबरकांठा लोकसभा सीटों सहित स्थानीय निकायों, तहसील और नगरपालिका चुनावों में भी कांग्रेस के हाथों भाजपा की हार से पार्टी को गहरा झटका लगा। ऐसे में वरिष्ठ पार्टी नेतृत्व के अनुसार एक ही व्यक्ति कुछ कर सकता था और वे थे, नरेंद्र मोदी। उन्हें तुरंत अमदाबाद पहुँचकर केशूभाई पटेल से सत्ता अपने हाथ में लेने को कहा गया।

यह सब बिलकुल अप्रत्याशित रूप में हुआ। नरेंद्र मोदी स्वयं बताते हैं—

"यह अक्तूबर 2001 की बात है। माधवराव सिंधिया और कुछ पत्रकारों, जिनमें आज तक का एक कैमरामैन गोपाल भी था, जिसे मैं अच्छी तरह जानता था, का एक हवाई दुर्घटना में निधन हो गया था। माधवराव सिंधिया का दिल्ली में अंतिम संस्कार किया जाना था। इसमें भी शामिल हुआ। मुझे लगा कि शामिल जरूर होना चाहिए। वह अकसर पार्टी के कार्यालय में आकर मुझसे मिला करते थे। उस समय प्रधानमंत्री (अटलजी) का फोन आ गया। उन्होंने मुझसे पूछा, 'तुम कहाँ हो?' मैंने उन्हें बता दिया। उन्होंने कहा कि तुम शाम को मुझसे मिलो। शाम को जब मैं उनसे मिला, तो उन्होंने बात कुछ इस तरह शुरू की, 'तुम पंजाबी खाना खाते-खाते मोटे हो गए हो। अब तुम्हें कुछ वजन कम करना चाहिए। यहाँ से जाओ। दिल्ली खाली कर दो।' मैंने पूछा, 'कहाँ जाऊँ?' उन्होंने तुरंत जवाब दिया, 'गुजरात जाओ, अब तुम्हें वहीं काम करना है।' तब मैंने कहा, 'क्या मुझे केवल गुजरात का ही प्रभारी बनाया जा रहा है या उसके साथ-साथ किसी और राज्य का भी?' मुझे बिलकुल नहीं मालूम था कि अटलजी मुझे गुजरात का मुख्यमंत्री बनाना चाहते हैं। मैं सोचने लगा था कि मुझे केवल गुजरात में पार्टी के संगठन की जिम्मेदारी सौंपी जाने वाली है, लेकिन तभी अटलजी फिर बोल पड़े, 'नहीं-नहीं, तुम्हें चुनाव लड़ना होगा। अब तक तुमने दूसरों को चुनाव लड़ने में मदद की, अब अपने लिए लड़ो।' मैंने कहा कि मैं ऐसा नहीं कर सकता। मैंने उन्हें बताया, 'मैं महीने में दस दिन के लिए गुजरात जाकर वहाँ संगठन का कार्य करूँगा।' मुझे समझ में आने लगा था कि मुझे मुख्यमंत्री बनाने की बात चल रही है। अतः मैंने अटलजी से कह दिया, 'यह मेरा काम नहीं है। मैं छह वर्षों तक गुजरात से बाहर रहा हूँ। मुझे वहाँ के मामलों की जानकारी नहीं है। मैं वहाँ जाकर क्या करूँगा? इसमें मेरी दिलचस्पी नहीं है। मैं तो वहाँ किसी को जानता तक नहीं हूँ।' इस पर

अटलजी बोले, 'मैं जब यहाँ (दिल्ली) आया था, तो किसे जानता था? लेकिन मेरे मुँह से न ही निकलता रहा। रात को आडवाणीजी ने मुझे बुलाया और पूछने लगे, 'तुमने अटलजी से क्या कहा?' मैंने कहा, 'क्यों?' इस पर उन्होंने कहा, 'देखो, सभी ने तुम्हारे बारे में ही निश्चय किया है।' मैंने कहा, 'इस काम के लिए मैं उपयुक्त नहीं हूँ।' इसके बाद पाँच-छह दिन बीत गए और अंततः मुझे संघ के फैसले के सामने झुकना पड़ा। मैं चला गया और तब से अब तक यहीं लगा हूँ।''

दरअसल, गुजरात में पार्टी कार्यकर्ताओं की ओर से मुख्यमंत्री के रूप में नरेंद्र मोदी की वापसी के लिए जोरदार दबाव पड़ रहा था। नरेंद्र मोदी को शायद इस बात की जानकारी थी, लेकिन वे मुख्यमंत्री बनने में कोई दिलचस्पी नहीं लेना चाहते थे, किंतु उनके पास कोई विकल्प नहीं था। उन्हें गुजरात जाना था और आखिरकार वे गए। तत्कालीन मुख्यमंत्री केशूभाई पटेल ने अपने साथियों से कहा, ''मेरी राजनीतिक यात्रा एक विधायक और कार्यकर्ता के रूप में जारी रहेगी।''

गांधीनगर पहुँचने के बाद नरेंद्र मोदी की केशूभाई के साथ व्यक्तिगत बैठक हुई। उसके बाद केशूभाई ने अपना त्याग-पत्र राज्यपाल सुंदरसिंह भंडारी को सौंप दिया। चार अक्तूबर का दिन नरेंद्र मोदी के जीवन का एक महत्त्वपूर्ण दिन था। इसी दिन पार्टी के राष्ट्रीय सचिव की उपस्थिति में गांधीनगर में भाजपा विधायक दल की बैठक हुई, जिसमें नरेंद्र मोदी को नेता चुना गया था। केशूभाई पटेल ने मुख्यमंत्री पद के लिए नरेंद्र मोदी के नाम का प्रस्ताव रखा, जिसका सुरेश मेहता ने समर्थन किया। बैठक में मदनलाल खुराना और प्रदेश भाजपा अध्यक्ष राजेंद्र सिंह राणा उपस्थित थे। 'एक्सप्रेस न्यूज सर्विस' नेशनल नेटवर्क ने अपने 5 अक्तूबर, 2001 के अंक में लिखा था—

''भाजपा के राष्ट्रीय महासचिव और राष्ट्रीय स्वयंसेवक संघ के सशक्त नेता नरेंद्र मोदी, जो इतवार को मुख्यमंत्री पद की शपथ लेने को हैं, गुजरात में पार्टी की छवि को सुधारने के लिए मंत्रिमंडल में कई महत्त्वपूर्ण परिवर्तन करने को हैं। बताया जा रहा है कि मोदी को पार्टी हाईकमान की ओर से राज्य में भाजपा और उसकी सरकार की प्रतिष्ठा सुनिश्चित करने तथा उसे मुश्किलों के दलदल से निकालने के साफ संकेत मिले हैं। दिल्ली से बुधवार को यहाँ पहुँचने के बाद ही उन्होंने अपनी प्राथमिकताएँ स्पष्ट कर दीं, 'मैं यहाँ एक दिवसीय मैच खेलने के लिए आया हूँ। सीमित ओवर वाले इस खेल में मुझे धुआँधार बल्लेबाजों की जरूरत है, जो सीमित ओवर में अधिक से अधिक रन बना सकें।' बुधवार को पार्टी सूत्रों ने बताया कि मंत्रिमंडल में प्रभावशाली परिवर्तन करते समय मोदी तीन बातों पर विशेष ध्यान देंगे, अनुशासन, समन्वय और कार्यकुशलता। भ्रष्टाचार के आरोपी मंत्रियों को बाहर किया जा सकता है। संकेत साफ था मार्च-2003 में होने वाले विधानसभा चुनावों की तैयारी के लिए उनके पास केवल

एक वर्ष का समय है।''

नरेंद्र मोदी के लिए मुख्यमंत्री का चुना जाना एक भावुकतापूर्ण अवसर था। उन्होंने अपने पूर्ववर्ती और कुशाभाऊ ठाकरे के चरण-स्पर्श किए और मदनलाल खुराना, राजेंद्र सिंह राणा एवं अन्य नेताओं से गले मिले। उन्होंने अपने सहकर्मियों से कहा कि उन्हें रन बनाने की दर ऊँची रखनी है। अगले विधानसभा चुनाव के लिए हमारे पास केवल 500 दिन और 1200000 घंटे बचे हैं। उन्होंने आगे कहा कि चुनावों में भाजपा की जीत सुनिश्चित करनी होगी। राज्य के लिए उन्होंने एक नया नारा दिया—'आपणुं गुजरात—आगवुं गुजरात' (हमारा गुजरात—विशिष्ट गुजरात)।

तीन दिन बाद सात अक्तूबर को राज्यपाल सुंदरसिंह भंडारी ने नरेंद्र मोदी को राज्य के चौदहवें मुख्यमंत्री के रूप में पद एवं गोपनीयता की शपथ दिलाई। पहली बार संघ का प्रचारक राज्य में मुख्यमंत्री बना था।

'बीजेपी टुडे' की टिप्पणी थी—''(नरेंद्र मोदी की) वापसी से गुजरात में भाजपा के युवा कार्यकर्ताओं में जैसे नई जान आ गई है और प्रदेश भाजपा नेताओं को विश्वास है कि उनके करिश्माई नेतृत्व से पार्टी को लाभ होगा।''

मुख्यमंत्री चुने जाने के एक माह के भीतर ही नरेंद्र मोदी को प्रधानमंत्री अटल बिहारी वाजपेयी के साथ रूस जाने का मौका मिला। इसी मौके पर उन्होंने प्रधानमंत्री वाजपेयी और तत्कालीन रूसी राष्ट्रपति ब्लादिमीर पुतिन की उपस्थिति में क्रेमलिन में रूस के अस्ट्राखान क्षेत्र के साथ सहयोग के समझौते पर हस्ताक्षर किए। इस समझौते से गुजरात और अस्ट्राखान के बीच व्यापार, वाणिज्य, सेवाएँ तथा संस्कृति सहित कई अन्य क्षेत्रों में आपसी सहयोग को बल मिला। उल्लेख किया गया कि सोहलवीं शताब्दी में गुजरात और अस्ट्राखान के बीच मजबूत आपसी संबंध थे। इस समझौते पर हस्ताक्षर हुए। गुजरात के कांडला, ओखा आदि पत्तनों के पुनरुद्धार की उम्मीद भी जताई गई।

मुख्यमंत्री बनने के बाद मोदी को कीमती उपहार भी मिले। इन उपहारों को राज्य के कोष में जमा किया गया और बाद में राज्य की बालिकाओं की शिक्षा के लिए धन जुटाने के उद्देश्य से उनकी नीलामी की गई।

इस संबंध में सरकारी कानून यह है कि पदेन मुख्यमंत्री को प्राप्त उपहार सरकारी खजाने में जमा किए जाते हैं और यदि मुख्यमंत्री उसे अपने पास रखना चाहते हैं, तो उन्हें उसकी कीमत सरकार को चुकानी पड़ती है। नियम होने के बावजूद अभी तक एक भी मुख्यमंत्री ऐसा नहीं करते थे। वे उपहार घर ले जाते थे। यद्यपि नरेंद्र मोदी इनसे अलग रहे। उपहारों की नीलामी से करोड़ों रुपए की राशि इकट्ठा हुई। नरेंद्र मोदी ने स्वयं कहा था, ''बालिका शिक्षा के लिए मैं कुछ भी कर सकता हूँ।'' गुजरात का मुख्यमंत्री बनने के बाद मोदी ने अपनी माँ से मिलकर उनका आशीर्वाद लिया। इस

मौके पर माँ ने एक ही शिक्षा दी थी, "बेटा, घूस कभी मत लेना।"

लोगों ने नरेंद्र मोदी के काम के आकलन के लिए उन्हें सौ दिन का वक्त दिया था, लेकिन तथाकथित धर्मनिरपेक्षवादी प्रेस ने शपथ लेने के दिन से ही उनकी आलोचना शुरू कर दी। लेकिन नरेंद्र मोदी ने पहले दिन ही से पूर्ण समर्पण भाव, कठोर परिश्रम से गुजरात को विश्व स्तर पर चमकाने का अभियान शुरू कर दिया।

□

प्रशासन पर पकड़

नरेंद्र मोदी हमेशा से पार्टी के अनुशासित कार्यकर्ता रहे हैं। वे सौंपे गए काम को पूरी निष्ठा और लगन से करते रहे हैं और अपना कर्तव्य निभाते रहे हैं।

राज्य में पहले जनता हताश-निराश थी और कार्यकर्ता हतोत्साहित, दूसरी तरफ गुजरात भूकंप जैसी प्राकृतिक कुदरती आपदा से जूझ रहा था। हालात इतने खराब थे कि पार्टी राज्य में उप-चुनाव तक नहीं जीत सकी थी। साबरमती विधानसभा और साबरकांठा लोकसभा उप-चुनाव समेत स्थानीय स्वशासन, तालुका और नगरपालिका चुनावों में भी कांग्रेस के हाथों भाजपा की हार से पार्टी को गहरा झटका लगा। ऐसे हताशा भरे माहौल में नरेंद्र मोदी को गुजरात के मुख्यमंत्री पद का पदभार मिला। पद सँभालते ही उन्होंने सूत्र दिया—'आपणु गुजरात—आगवु गुजरात' (अपना गुजरात—अनोखा गुजरात)।

और 7 अक्तूबर, 2001 को नरेंद्र मोदी ने गुजरात के मुख्यमंत्री पद की शपथ ली। बाद में अपनी माँ के पास आशीर्वाद लेने गए थे। उन्होंने आशीर्वाद के साथ एक ही वाक्य बोला था : 'बेटा, कोई घूस आपे तो ले तो नहीं…' (बेटा अगर कोई घूस दे तो भी कभी मत लेना)। नरेंद्र मोदी को परिश्रम और प्रामाणिकता के संस्कार बचपन से ही माता-पिता से मिले थे, जिसका मुख्यमंत्री बनने के बाद भी पूरे समर्पण भाव से पालन किया। उनका लक्ष्य था सत्ता यानी समाज सेवा, दरिद्र नारायण की सेवा यह प्रथम दिन से ही दिखा।

शहर गांधीनगर। सन् 2001, धनतेरस का दिन!

पदभार ग्रहण करने के बाद वे अधिकृत रूप से मुख्यमंत्री निवास में रहने जानेवाले थे। शुभ दिन और शुभ मुहूर्त था—धनतेरस का पवित्र दिन।

सब सोच रहे थे कुंभ (मंगल कलश) कौन रखेगा? संघ परिवार की कोई बहन या उनके परिवार की बहन या भाभी रखेगी? मगर ऐसा नहीं हुआ। धनतेरस के पवित्र दिन अधिकृत मुख्यमंत्री निवास पर रविना नरेशकुमार जादव नामक एक दलित बाला के हाथों कलश रखा गया। उसके पश्चात् ही नरेंद्र मोदी ने गृह प्रवेश किया। रविना के पिता

नरेश जादव दलित जाति के चतुर्थ वर्ग के सरकारी कर्मचारी थे।

मुख्यमंत्री बने नरेंद्र मोदी को शासन का कोई अनुभव नहीं था। पहले किसी सरकारी पद पर उन्होंने काम भी नहीं किया था। अब उनके पास एक ही रास्ता था— मेहनत और कठोर परिश्रम। शुरू में विभाग सह मीटिंग की शृंखला शुरू हुई। रोज रात को 11 बज जाते। उन्होंने एक ही काम किया—अधिकारियों की सुनी और काम समझना शुरू किया। मंत्रिमंडल और सीनियर अधिकारियों की टीम के साथ विशेषज्ञों से ट्रेनिंग की। विशेष विषयों पर समझ विकसित की।

धीरे-धीरे सरकारी कामकाज और उस तंत्र की काम करने की शैली को गतिशील करने में माहिर होते गए। कामकाज की असल समझ तो उनके पास थी। संगठन का अच्छा अनुभव भी था। एक-एक करके प्रत्येक क्षेत्र को नए नजरिए से देखने लगे। वर्ष 2003 में एक छोटा सा सुझाव रखा—कृषि फीडर तथा गृहकार्य उद्योग में फीडर अलग कर दें तो…? अधिकारियों के साथ खूब विचार-विमर्श हुआ, हाँ न हुई। फाइल ऊपर-नीचे होती रही। अपने सुझाव पर उनका दृढ़ मानना था कि यह संभव है पर तकनीकी दृष्टि से करने को कोई भी तैयार नहीं था। आखिर रास्ता निकला। अभूतपूर्व 'ज्योतिग्राम योजना' बनी।

गाँव में 28 घंटे बिजली प्राप्ति में गुजरात प्रथम राज्य बना। ज्योतिग्राम ने अभूतपूर्व विकास की नींव रखी। ग्राम जीवन स्तर ऊपर उठता गया। शिक्षा के लिए विद्यार्थियों को सुविधा उपलब्ध हुई, घरेलू उद्योग में तेजी आई।

यह तो बस शुरुआत थी। स्कूल को बिजली मिली तो स्कूल में कंप्यूटर सिखाया जाने लगा। पंचायत की कचहरी में बिजली आई तो ई-गवर्नेंस की शुरुआत हुई। कुछ समय बाद प्रत्येक गाँव को ब्रॉडबैंड कनेक्टीविटी से जोड़ा गया। जिससे ई-ग्राम विश्वग्राम प्रोजेक्ट प्रारंभ हुआ। आज ऐसी स्थिति है कि गांधीनगर में बैठे-बैठे ही नरेंद्र मोदी पूरे गुजरात के गाँव-गाँव में किसानों के साथ, सरपंच से लेकर कलेक्टर तक और विद्यार्थियों के साथ बातचीत कर सकते हैं। विशेषज्ञों द्वारा गांधीनगर में बायोटेक स्टूडियो से दूरदराज के गाँवों के विद्यार्थियों को दुर्लभ ज्ञान दिया जाता है। अधिकारियों को इस बात से बहुत ही खुशी है कि साहब, ज्योतिग्राम के लिए अडिग नहीं रहे होते तो यह सब कभी संभव नहीं होता।

नरेंद्र मोदी को जब पता चला कि शिक्षा के क्षेत्र में, विशेषत: कन्या शिक्षा के क्षेत्र में गुजरात पिछड़ा राज्य है, तो उन्हें भारी सदमा पहुँचा। अपनी कार्यकुशलता का उपयोग कर उन्होंने बरसों पुरानी, ऐतिहासिक त्रुटियों को दूर करने में किया। समग्र मंत्रिमंडल और प्रशासनिक अधिकारियों को मिशन मोड़ पर केंद्रित किया। जून के महीने में शाला प्रवेशोत्सव और कन्या शिक्षा महोत्सव 2003 में शुरू हुआ, कवायद ने वार्षिक रूप

धारण किया। आज शत-प्रतिशत रोजगारी का लक्ष्य गुजरात ने हासिल कर लिया है। प्रत्येक क्षेत्र में विशिष्ट दृष्टिकोण से कामकाज करने की नरेंद्र मोदी की कुशलता के कारण गुजरात के अधिकारियों को देश भर में गौरव मिला है। अन्य प्रांतों में और अधिकारियों के बीच और अच्छा काम करने की जैसे स्पर्धा शुरू हो गई है। नरेंद्र मोदी की शासन के सफलता का यह फॉर्मूला कहें या रहस्य यही है—नया दृष्टिकोण और कठोर परिश्रम।

नवंबर 2001 में सभी जिला कलेक्टरों की एक मीटिंग थी। वैसे देखें तो यह घटना बहुत ही सामान्य है। लेकिन इस मीटिंग के दौरान जो हुआ, वह सभी सरकारी अफसरों के लिए बहुत ही असामान्य घटना था—

मीटिंग में सभी सरकारी अधिकारी अपनी तैयारी और मानसिकता के साथ उपस्थित थे। मीटिंग सुबह दस बजे शुरू होनी थी। सभी अफसर और मंत्रिगण के साथ मुख्यमंत्री भी निर्धारित समय और स्थान पर उपस्थित हो गए।

दीप प्रज्वलन के बाद अपनी बात कहते हुए नवनियुक्त मुख्यमंत्री ने कहा कि 'गुजरात की जनता की सेवा करने का हमें अवसर मिला है तो हम सब साथ में मिलकर काम करेंगे।' उनकी वाणी में क्या जादू है किसी को कुछ भी मालूम नहीं था। उपस्थित सभी अफसरों को लगा कि दीप प्रज्वलन करके मुख्यमंत्री चले जाएँगे। लेकिन ऐसा नहीं हुआ।

कलेक्टरों की मीटिंग में सामान्यत: रेवेन्यू तथा सरकारी योजनाओं के विषय में चर्चा होती है। क्रमश: प्रत्येक विभाग की बारी आती है। विभाग के सचिव एवं मंत्री सभामंच पर उपस्थित रहते हैं और अपने कार्यों की समीक्षा करते हैं। नरेंद्र मोदी ने सभामंच पर अपना स्थान ग्रहण किया। कुछ अफसर आश्चर्यचकित होकर देखने लगे कि आज की मीटिंग में मुख्यमंत्री जी भी हिस्सा लेनेवाले हैं। सभी अधिकारीगण बड़ी सतर्कता से अपने कार्यों का विवरण देने लगे। आखिर मुख्यमंत्रीजी जो मौजूद थे। उनको अपने कार्य से प्रभावित भी तो करना था। समीक्षा बैठक चली, सभी मुख्यमंत्री को एकचित्त होकर सुन रहे थे।

दोपहर को भोजन के लिए अवकाश मिला। सबने सोचा कि अब मुख्यमंत्री जरूर चले जाएँगे! पर नहीं, यहाँ तो मुख्यमंत्रीजी ने सबके साथ भोजन किया और साथ में परिचय भी करते गए। अब तो जरूर जाएँगे, लेकिन नहीं! मुख्यमंत्रीजी ने फिर सभामंच पर स्थान ग्रहण किया। फिर चर्चा चली। चाय के लिए कुछ समय का अवकाश मिला। अब तो जरूर चले जाएँगे! नहीं! वे तो बड़े ध्यान से सभी विभाग के कार्य को समझने का प्रयत्न कर रहे थे। उपस्थित सभी को भी लगा कि हाँ, यह मुख्यमंत्री कुछ अलग है। कार्य को जानने-समझने की उनमें जिज्ञासा है। ये जरूर कुछ विशेष कार्य करेंगे। मीटिंग

में उपस्थित अफसरों, कलेक्टरों और मंत्रिगण में अनोखे-अनूठे उत्साह का संचार हुआ। सब मुख्यमंत्री से कभी विभाग और उनके कार्य को समान रूप से महत्त्व मिलने पर बहुत ही भावविभोर हो उठे थे। शाम छह बजे खत्म होनेवाली मीटिंग रात नौ बजे तक चली। लेकिन उस समय भी सबके चेहरे खुशी से चमक रहे थे। सुबह दस बजे मीटिंग का उद्घाटन करने आए मुख्यमंत्री रात नौ बजे, यानी ग्यारह घंटों तक लगातार मीटिंग में बैठे। सबको बड़े ध्यान से सुना! आनेवाले दिन कैसे होंगे, यह सबकी समझ में आने लगा। मुख्यमंत्री बनने से पहले नरेंद्र मोदी को सरकारी शासनतंत्र का कोई अनुभव नहीं था। मुख्यमंत्री बनने के बाद सफल होने का एक ही रास्ता था—कठोर परिश्रम।

भारतीय स्वतंत्रता संग्राम के शीर्षस्थ क्रांतिकारियों में श्यामजी कृष्ण वर्मा का नाम बड़े आदर से लिया जाता है। सशस्त्र क्रांतिकारियों को विदेश में शिक्षा और निवास आदि की सुविधा उपलब्ध कराने के उपरांत शस्त्र और साहित्य की पूर्ति करवानेवाले श्यामजी कृष्ण वर्मा के परिवार में पत्नी भानुमती के अलावा कोई नहीं था। सन् 1930 में जेनेवा में उनका देहांत हुआ। देहांत से पहले उन्होंने अपनी और पत्नी की अस्थियों को सौ वर्ष तक वहाँ की सरकार सँभालकर रख सके, ऐसी व्यवस्था की थी। श्यामजी की इच्छा थी कि देश स्वतंत्र होने के बाद उनकी अस्थियाँ स्वदेश वापस लाईं जाएँ। सन् 1947 में देश आजाद हुआ, लेकिन क्रांतिकारियों को भुला दिया गया। मृत्यु के 73 वर्ष बाद गुजरात के मुख्यमंत्री नरेंद्र मोदी ने अग्रसर होकर जेनेवा सरकार से मंत्रणा की। नरेंद्र मोदी स्वयं जेनेवा गए और 4 सितंबर, 2003 को श्यामजी कृष्ण वर्मा एवं उनकी पत्नी भानुमती की अस्थियाँ स्वदेश ले आए। मुंबई हवाई अड्डे से भव्य अस्थि-कलश यात्रा निकाली गई। कच्छ के मांडवी नगर में, उनकी मातृभूमि में बड़े हर्षोल्लास से अपने सपूत का स्वागत किया गया। आज उस पुण्यभूमि पर विराट् क्रांति स्मारक खड़ा है, जहाँ देश के इस महान् सपूत की अस्थियाँ देशप्रेमियों के दर्शनार्थ रखी गई हैं।

मुंबई हवाई अड्डे से बाहर निकलते समय अपने कंधे पर श्यामजी की अस्थि-कलश उठाए चल रहे नरेंद्र मोदी के मनोभावों का वर्णन शब्दों में करना असंभव है। इतिहास के इतने बड़े व्यक्ति की अस्थियाँ 73 वर्षों तक शायद एक सच्चे देशभक्त के मजबूत कंधों का ही इंतजार कर रही थीं। भारतमाता के सपूत होने का श्यामजी और नरेंद्र मोदी दोनों ने फर्ज निभाया।

नरेंद्र मोदी ने गुजरात के प्रत्येक क्रांति-स्थल पर भव्य क्रांति स्मारक खड़े किए हैं। स्वतंत्रता संग्राम में अपनी आहुति देनेवाले देश के वीर सपूतों से आनेवाली पीढ़ियाँ प्रेरणा लेती रहें, यही नरेंद्र मोदी का शुभ आशय है।

नरेंद्र मोदी को 7 अक्तूबर, 2013 को सत्तापद सँभालते हुए 12 वर्ष पूरे हुए। 7 अक्तूबर, 2001 को उन्होंने गुजरात की जनता की सुख-समृद्धि की शपथ ली थी।

लगातार 12 वर्ष तक उन्होंने पूर्ण मनोयोग से तपश्चर्या कर गुजरात की सेवा की। नरेंद्र मोदी कहते हैं— 'मैं गुजरात की भक्ति में लीन हुआ।' नरेंद्र मोदी का मंत्र है— 'गुजरात मेरी आत्मा है, भारत मेरा परमात्मा है।' नरेंद्र मोदी ने 12 वर्ष में एक भी दिन की छुट्टी नहीं ली। गुजरात के विकास की चर्चा आज पूरे विश्व में बड़े आदर और गौरव से हो रही है। गुजरात की सिद्धि और समृद्धि की चर्चा देश और दुनिया में न सिर्फ इसलिए हो रही है कि उसने आर्थिक और कृषि क्षेत्र में विकास किया, बल्कि उसकी चर्चा इसलिए भी हो रही है कि उसने सामाजिक, शैक्षणिक, स्वास्थ्य और प्रजा के आत्मविश्वास को बढ़ाने के लिए काफी अच्छा काम किया है। गुजरात की जनता आज अपने आप गौरव और आत्मविश्वास से छलकती है। यह सब कठोर परिश्रम और पारदर्शी शासन के कारण हुआ है। गुजरात 1960 में एक राज्य के तौर पर अस्तित्व में आया। तब से अब तक सभी मुख्यमंत्रियों से नरेंद्र मोदी का सत्ताकाल अधिक समय का है। 12 वर्ष में नरेंद्र मोदी ने ऐसी योजनाएँ कार्यान्वित की, जिसका अब तक किसी ने नाम तक नहीं सुना था। नरेंद्र मोदी ने शासन में आते ही गुजरात के सर्वांगीण विकास के लिए 'पंचामृत-ज्ञान शक्ति', 'जन शक्ति', 'जल शक्ति', 'रक्षा शक्ति' और 'ऊर्जा शक्ति' की नई विचारधारा दी, जिससे गुजरात का हर क्षेत्र में विकास हुआ।

'ज्योतिग्राम' योजना में शहर से लेकर गाँवों तक 24 घंटे बिजली मिलती है। इससे गुजरात में उद्योग बढ़े तो रोजगार के अवसर भी बढ़े। गर्भवती माता और नवजात शिशु के स्वास्थ्य की चिंता करते हुए 'चिरंजीवी योजना' पर अमल हुआ। सर्व सम्मत ग्राम पंचायत-समरस गाँव, कोर्ट-कचहरी, पुलिस केस रहित समरस और शांति है, ऐसे गाँव को सरकार विशेष पुरस्कार देती है। ई-ग्राम-विश्व ग्राम, जहाँ सेटैलाइट तकनीक से विश्व के साथ संपर्क और कंप्यूटर नेटवर्क से गाँवों में शीघ्र सरकारी सेवा, गरीब कन्याओं को विद्यालक्ष्मी बॉण्ड और सखिमंडल से ग्रामीण महिलाओं को आर्थिक बचत-प्रवृत्ति में सक्रिय किया गया है। नरेंद्र मोदी ने खुद को मिले उपहारों की नीलामी करके उससे प्राप्त करोड़ों रुपए कन्या-शिक्षा हेतु अर्पित किए।

बहुत ही कड़क, कठोर शासक-प्रशासक की छवि रखते नरेंद्र मोदी का हृदय वंचितों-पीड़ितों के प्रति हमेशा संवेदना, करुणा और ममता से छलकता रहा है। नरेंद्र मोदी का भाव-विश्व का रहा है—'आत्मवत् सर्वभूतेषु' तथा 'परद्रव्येषु लोष्ठवत्' हमेशा उनके तन-मन में, उनके मन-हृदय में एक ही बात घुमड़ती रहती है कि समाज के दुःख-दर्द कैसे दूर कर सकते हैं? एक कार्यकर्ता का हृदय कैसा होता है? यह नरेंद्र मोदी के हर कार्य-व्यवहार में देखने को मिलता है। वैष्णव जन का हृदय रखनेवाले नरेंद्र मोदी 'पीर-पराई' जानते हैं और यह उनका जन्मजात गुण है।

गांधीनगर सचिवालय, ब्लॉक-1 के तलघर में स्थित जनसंपर्क कार्यालय में मुख्यमंत्री

कार्यालय की दस बाई दस फीट की एक छोटी सी कोठरी में पाँच-सात अधिकारी कुरसियों पर बैठे थे। एक छोटी सी टेबल पर एक लैपटॉप और सामने टीवी. स्क्रीन। टेबल के सामने की कुरसी पर मुख्यमंत्री बैठे थे। उनके सामने की कुरसियाँ आगंतुकों के लिए रखी हैं। कोठरी के बाहर कई लोग कुरसियों पर बैठे हैं, उनमें कोई युवक है तो कोई वरिष्ठ जन। कुछ पढ़े-लिखे हैं तो कुछ अशिक्षित। एकदम गरीब और दीन दिखते चेहरे ही अधिक हैं। इनमें श्यामवर्णी दुबले-पतले आदिवासी समाज के रणछोड़भाई नीचे जमीन पर ही बैठे हैं। वे पाँव से अपंग हैं, चल नहीं सकते।

यह पीड़ित आदमी 300 किलोमीटर दूर, सूरत जिले के बारडोली तहसील के बढ़वाणिया गाँव से गांधीनगर तक अपने लकवाग्रस्त पैर से घिसटते-घिसटते राज्य के मुख्यमंत्री के पास न्याय माँगने आया है। इस गरीब, अपंग, लाचार, पीड़ित और वंचित वनवासी के शरीर पर फटे हुए मैले-कुचैले कपड़े, गले में लाल रंग का पुराना गमछा, अस्त-व्यस्त सफेद बाल और हाथ में पोटली है।

नरेंद्र मोदी इस व्यक्ति की ओर संवेदना भरी दृष्टि से एकटक देख रहे हैं और फिर शुरू होता है वनवासी और मुख्यमंत्री के बीच संवाद—

स्नेह से नरेंद्र मोदी ने पूछा, 'भाई, तुम इतनी दूर से किसलिए आए हो?'

वनवासी कहता है, 'साहब, मैं अनपढ़ आदमी हूँ। मेरे गाँव में सब लोग कहते थे कि तू अपने मुख्यमंत्री नरेंद्रभाई को मिल, वे सबका न्याय करते हैं, तुझे भी न्याय दिलाएँगे, इसलिए मैं आया हूँ। मैं पहली बार गाँव के बाहर निकला हूँ।'

'बोलो भाई, क्या बात है?' नरेंद्र मोदी ने कहा।

वनवासी—'साहब के ऑफिस से कलेक्टर साहब और तहसीलदार साहब को सूचना मिलते ही मेरे ही गाँव के धनसुखभाई रमणभाई हलपति को घर बनाने का काम सौंपा गया। उन्होंने काम शुरू भी किया है, परंतु रेती की जगह वह (पोटली खोलकर दिखाता है) इस माल का उपयोग करता है और सीमेंट तो एकदम कम इस्तेमाल करता है। मेरे घर के दरवाजे भी तोड़ डाले हैं और मुझ पर दबाव डालकर दरवाजे लाने के लिए कहता है। मैं दरवाजे कहाँ से लाऊँ? मेरे पास पैसे नहीं हैं और मेरा घर वे एकदम कच्चा बना रहे हैं। मैं कुछ भी कहता हूँ तो पटवारी मुझे धमकी देता है कि पुलिस को कहकर बहुत मार खिलाऊँगा।'

टी.वी. स्क्रीन के सामने सूरत के कलेक्टर से नरेंद्र मोदी पूछते हैं, 'यह मामला क्या है?'

(सूरत जिला कार्यालय में कलेक्टर के पास बैठा हुआ सहायक अधिकारी जवाब देता है, जिसे मुख्यमंत्री और शिकायतकर्ता सामने रखे टी.वी. स्क्रीन पर देखते और सुनते हैं।)

'सर, इनके पुत्र के नाम पर मकान था, जो हलपति गृह निर्माण बोर्ड द्वारा सन् 1996-97 में बनाया गया था। शिकायतकर्ता के पुत्र के मकान के बाजू में खुली जगह है। आपस में तकरार होने पर शिकायतकर्ता का मकान तोड़ दिया गया था, परंतु बाद में समझौता होने पर पटवारी और महिला सरपंच के पति अब इस मकान को नए सिरे से बना रहे हैं।'

'मकान बनाने का काम गुणवत्ता का नहीं है और शिकायतकर्ता दरवाजे-खिड़की की माँग करने के कारण स्वागत कक्ष में उपस्थित हुआ है।'

'हलपति गृह-निर्माण द्वारा स्थान और स्थिति का जायजा लिया गया है। शिकायतकर्ता की बातों को परखा गया है और उसके पुत्र के मकान को तोड़ डालने का दबाव डाला गया है, उनकी बात सही है।'

नरेंद्र मोदी—'पटवारी के ऊपर सख्त कारवाई करें। क्या पटवारी का काम गरीब लोगों को परेशान करने का है? मकान बनाने के लिए जिस प्रकार का सामान (मैटेरियल) ये दिखाने लाए हैं, उससे मकान नहीं बन सकता है। अभी वे जो काम कर रहे हैं, उसमें भी गड़बड़ कर रहे हैं। मकान बनाने का काम सही और अच्छा हो, ऐसी उनसे अपेक्षा है। खराब मैटेरियल उपयोग में ला रहे हैं। नमूना लेकर शिकायतकर्ता आया है। नमूना देखकर ऐसा लगता है कि गलत काम हो रहा है। आप स्वयं इसकी जाँच करें कि मकान बनाने का काम जल्दी और संतोषजनक हो।'

शिकायतकर्ता आदिवासी रणछोड़भाई नरेंद्र मोदी का आभार मानता है। ऐसे कई लोग मुख्यमंत्री के शिकायत निवारण स्वागत कार्यक्रम में हर महीने के चौथे गुरुवार को आते हैं। यह कार्यक्रम यू.एस. से पुरस्कृत भी है।

वनवासी परिवारों के लिए बनाई गई 'वनबंधु कल्याण योजना' का लाभ अंतिम छोर के वनवासी बंधु तक हाथोंहाथ पहुँचाने हेतु मुख्यमंत्री नरेंद्र मोदी एक बार पंचमहल जिले में प्रवास कर रहे थे। वैसे तो सरकारी कारवाई आमतौर पर होती ही रहती है। लेकिन गुजरात की छह करोड़ जनता, जिसे नरेंद्र मोदी अपना परिवार मानते हैं, उससे मिलने वे स्वयं उनके द्वार पर पहुँचे। सभामंच से नरेंद्र मोदी की नजर मंच से थोड़ी दूर पर बैठे एक वृद्ध वनवासी पर पड़ी, जो उन्हें एकटक देख रहा था। नरेंद्र मोदी को उसकी नजर में आशा की किरण दिखाई दी। उन्हें लगा वह उनसे कुछ कहना चाहता है।

कार्यक्रम पूरा होते ही मुख्यमंत्री स्वयं उस वृद्ध वनवासी के पास गए। उसका हालचाल और नाम-पता पूछने के बाद कहा, 'अब बताइए, आपको कोई तकलीफ है? हमसे कुछ मदद की आपको अपेक्षा है? क्या आप हमसे कुछ कहना चाहते हैं?'

वृद्ध वनवासी नरेंद्र मोदी की इस आत्मीयतापूर्ण वाणी अभिभूत हो गया। उनसे अपने दिल की बात कही, 'साब, हमारे गाँव में बरसों से बिजली नहीं थी। आपकी

सरकार ने पूरे गाँव को बिजली से झिलमिल कर दिया। लगता है जैसे पूरे जीवन से ही अँधेरा दूर हो गया। आपने हमारे इस जन्म को सार्थक कर दिया।'

नरेंद्र मोदी को आखिर जनता क्यों इतना चाहती है? यह इस वनवासी के शब्दों से ही समझना आसान होगा।

भावनगर जिले की महुवा तहसील के खाटसुरा गाँव के झवेरभाई सवजीभाई राठौड़ की फरियाद थी कि 'खाटसुरा सेवा सहकारी मंडली लिमिटेड' ने पैसों की ठगी की है। इस मामले में दोषी लोगों से रकम वापस लेकर मंडली के सदस्यों को उनके हिस्से की रकम दी जानी चाहिए।

नरेंद्र मोदी ने जब झवेरभाई की बात सुनी तो उन्होंने तुरंत जिला कलेक्टर से कहा, 'मुझे सबसे ज्यादा आपत्ति इस बात की है कि जिला सहकारी क्षेत्र में काम कर रही हमारी सरकारी एजेंसी ने अपने कार्य में ढील क्यों बरती? छह वर्षों तक मिलीभगत कैसे चलती रही? और अब जाकर उस व्यक्ति पर मुकदमा कायम किया है? क्या उस मंडली का वार्षिक आकलन, मूल्यांकन नहीं होता? क्या उसके हिसाब-किताब की जाँच नहीं होती? इस मुद्दे को सर्वाधिक प्राथमिकता दें और जल्द-से-जल्द दोषियों को सजा मिलनी चाहिए तथा सदस्यों को उनके हक के पैसे तुरंत मिलें। इस कार्य में अब ढील नहीं बरती जानी चाहिए। इस मुद्दे को गंभीरता से निपटाएँ।'

सरकारी तंत्र में जहाँ भी भ्रष्टाचार है, कार्य समय पर नहीं होता, फिर ठीक ढंग से नहीं होता, मुख्यमंत्री नरेंद्र मोदी कड़क शब्दों में सूचना देकर उस पर अमलीकरण करवाते हैं। समाज के अंतिम छोर के व्यक्ति की भी नरेंद्र मोदी से न्याय की उम्मीद होती है और उसकी अपेक्षा, उम्मीद पूरी होती है और जनता नरेंद्र मोदी की सरकार के प्रति श्रद्धावान बन जाती है।

प्राथमिक शाला में पढ़नेवाले लड़कों को 'विद्यादीप' और लड़कियों को 'विद्यालक्ष्मी' बॉण्ड सरकार की ओर से दिए जाते हैं। इसका शुभ आशय यही है कि बच्चे बड़े होकर इस राशि का उपयोग अपनी उच्च शिक्षा में कर पाएँ। अगर विद्यार्थी की आकस्मिक मृत्यु हो जाती है तो यह राशि उसके परिवार को सहायता के रूप में मिलती है। इस बॉण्ड का प्रीमियम राज्य सरकार बीमा कंपनी को देती है।

गुजरात के अमरेली जिले के मोहनभाई छनाभाई खेतरिया की बेटी को भी इस 'विद्यालक्ष्मी' बॉण्ड का बीमा कवच मिला था। बेटी का आकस्मिक अवसान हुआ। बीमा कंपनी की ओर से चार वर्ष तक बीमे की रकम मृतक के परिवार को नहीं दी गई। मृतक के पिता ने मुख्यमंत्री से फरियाद की।

नरेंद्र मोदी ने इस मामले को बड़ी गंभीरता से लिया। उन्होंने आदेश जारी किया कि "मृतक विद्यार्थी के परिवारजनों को अरजी देने आना पड़े, यह स्थिति दोबारा उपस्थित

नहीं होनी चाहिए। सरकार की जिम्मेदारी है कि वह ध्यान रखे कि कितने विद्यार्थियों की मृत्यु हुई है। कितने परिवारों को बीमा कवच की सहायता राशि पहुँचाई गई है। इन सब बातों का खयाल रखने के लिए प्रत्येक विभाग में इसकी अलग व्यवस्था की जाए, जो बीमा-योजना का नियमित रूप से निरीक्षण करे। इस आदेश का न केवल शिक्षा विभाग में अमल हो, बल्कि किसान, आँगनवाड़ी के सेवक और पुलिस सभी विभागों का सरकार से सक्रिय तालमेल होना चाहिए। इसका आदेश-पत्र तत्काल जारी किया जाए और मामले को पूरी गंभीरता से लिया जाए। यदि कोई बीमा कंपनी ठीक ढंग से काम नहीं करेगी तो उसके विरुद्ध सरकार की ओर से अखबारों में विज्ञापन दो कि यह बीमा कंपनी समाज का कितना बड़ा नुकसान कर रही है। उसके विरुद्ध कड़ी काररवाई भी होनी चाहिए। और हाँ, मुझे एक सप्ताह के अंदर पूरे राज्य का जिलेवार रिपोर्ट चाहिए कि कितने विद्यार्थी आकस्मिक मौत के शिकार हुए हैं और कितने परिवारों को बीमा योजना की राशि पहुँचाई गई है।''

ऐसी है नरेंद्र मोदी की जनता के प्रति संवेदनशीलता और जिम्मेदारियों के प्रति प्रतिबद्धता।

नरेंद्र मोदी ने जनकल्याणकारी योजनाएँ कार्यान्वित की हैं। हर योजना में संवेदना और मानवीय स्पर्श है। शाला प्रवेशोत्सव और कन्या शिक्षा अभियान के समय पूरी सरकार मुख्यमंत्री से लेकर सचिव स्तर के अधिकारी जून महीने की कड़ी धूप-गरमी में गाँव-गाँव जाकर बच्चों का शाला में प्रवेश करवाते हैं। ऐसा ही शाला प्रवेशोत्सव का प्रसंग गांधीनगर जिले के दहेगाम तालुका के छोटे से लिहोड़ा गाँव में पूरा गाँव एकत्र हुआ था। नरेंद्र मोदी ने देखा कि एक आशा वर्कर बहन विद्यालय में दाखिल नए बच्चे को गोद में लेकर खड़ी थी। नरेंद्र मोदी ने देखा कि बच्चे को कुछ तकलीफ है। वे पास गए और पूछा, क्या तकलीफ है? उस बच्चे को पैर में गंभीर तकलीफ थी। नरेंद्र मोदी ने वहीं जिला कलेक्टर को सूचना दी कि इस बच्चे के उपचार का पूरा खर्च सरकार देगी। वहाँ बच्चों ने मुख्यमंत्री के स्वागत में समूह नृत्य किया। नरेंद्र मोदी अत्यंत एकाग्रता से इन बच्चों का नृत्य देख रहे थे। उन्होंने देखा कि नृत्य कर रहे इन बच्चों में एक छोटी सी बच्ची को आँखों में कुछ तकलीफ है।

नृत्य पूरा हुआ। नरेंद्र मोदी ने बच्ची को अपने पास बुलाया। वहाँ खड़े शिक्षक को लगा, कुछ भूल हो गई लगती है। लेकिन नरेंद्र मोदी ने बड़े आत्मीय भाव से, वात्सल्य से बच्ची से पूछा, 'बेटी, आँख में कुछ तकलीफ है?' उस बच्ची का नाम था—नीलू मकवाणा। उसने नरेंद्र मोदी से कहा, 'मैं कक्षा-6 में पढ़ती हूँ, बहुत छोटी थी, तब आँख में सुई लग गई थी, तब से आँख में कम दिखाई देता है।'

नरेंद्र मोदी ने बेटी के सिर पर बड़ी आत्मीयता से हाथ रखा और कलेक्टर को

सूचना दी कि इस बेटी की आँख का उपचार हम कराएँगे। पूरा खर्च सरकार देगी।

हर वर्ष की तरह रक्षाबंधन के दिन मुख्यमंत्री के निवास पर नरेंद्र मोदी को राखी बाँधने के लिए सैकड़ों बहनें आई हुई थीं। इस समय नरेंद्र मोदी की सुरक्षा के लिए ब्लैक कमांडो पंडाल के बाहर खड़े थे। नरेंद्र मोदी पंडाल में आए। राखी बाँधने का कार्यक्रम प्रारंभ हुआ। एक के बाद एक बहन आकर नरेंद्र मोदी की कलाई पर राखी बाँधने लगीं। उन्होंने देखा कि उनकी सुरक्षा में लगे इन कमांडो की कलाइयाँ तो खाली हैं, 'सुरक्षा में लगे हुए ब्लैक कमांडो की कलाइयों पर भी राखी बँधनी चाहिए।' उन्होंने सभी ब्लैक कमांडो को अंदर बुला लिया और बहनों से कहा कि इन भाइयों की कलाइयों पर भी राखी बाँधो। सभी बहनें कमांडो की कलाइयों पर राखी बाँधने लगीं। अपने परिवार और बहनों से दूर रहकर कर्तव्य निभाते इन ब्लैक कमांडो के हाथ पर राखी बाँधी जा रही थी। इन कमांडो के वज्र हृदय एकदम कोमल बन गए। वे एक अनोखी संवेदना का अनुभव करने लगे। कई कमांडो की आँखों में आँसू झिलमिलाने लगे।

देश के युवाओं की जिज्ञासा है कि नरेंद्र मोदी को प्रेरणा कहाँ से मिलती है। बात 2011 की है। खेल महाकुंभ, देश का सबसे सफल क्रीड़ा महोत्सव है, उद्घाटन समारोह था। उद्घाटन समारोह में मशहूर अभिनेता अक्षय खन्ना उपस्थित थे। खेल महाकुंभ मुख्यमंत्रीजी की प्रेरणा से आयोजित था। शारीरिक रूप से विकलांग लेकिन अपनी अन्य शक्तियों के कारण विशिष्ट लोग भी विशेष रूप से मौजूद थे। जब उद्घाटन समारोह की मार्चपास्ट निकली तो पहला दल इन विशिष्ट खिलाड़ियों का था। नरेंद्रभाई उद्घाटन भाषण दे रहे थे, तब उन्होंने इस मार्चपास्ट में विशिष्ट बच्चों के उत्साह की बात की। गुजरात की विशिष्ट बच्चों की टीम ने उन्हें कैसे प्रेरणा दी। एक बार एथेंस जाकर आए बच्चों की सफलता ने उनको प्रभावित किया था, लेकिन इतना बोलते-बोलते तो उनका मन भर आया। उनकी आँखों में आँसू आ गए। नरेंद्रभाई का यह उर्मिल व्यक्तित्व उनको देश के राजनीतिक नेताओं से अलग पहचान देता है।

नरेंद्र मोदी की विशेषता है, अपने निजी व्यवहार में विनम्रता और सहजता बनाए रखना। स्वतंत्र भारत में प्रशासन में उच्च अधिकारियों और राजनेताओं के बीच संवाद एवं चर्चा मैत्रीपूर्ण और चिंतनात्मक तरीके से नहीं होती है। मुख्यत: औपचारिक और कृत्रिम गंभीरता से बातचीत होती है। नरेंद्रभाई ने देखा कि बहुत पढ़े-लिखे अधिकारियों के साथ यदि मंत्रीगण संवाद करें, अनौपचारिक वातावरण में सब साथ रहें तो बड़ा चमत्कार हो सकता है। इसी भावना के साथ शुरू हुई वार्षिक चिंतन शिविर की एक अद्वितीय परंपरा। इस शिविर में मंत्रीगण और सभी आइएएस अधिकारी तीन दिन साथ रहते हैं। मुख्यमंत्री से लेकर तालीम में सम्मिलित अधिकारी साथ ही रहते हैं। सब साथ में योगा-व्यायाम से लेकर रात्रि के सांस्कृतिक एवं मनोरंजन कार्यक्रम में भी साथ रहते

है। दिन भर विकास के अनेक विषयों में चर्चा-सभाएँ होती हैं। वरिष्ठ मंत्री या खुद मोदीजी जूनियर अफसर की विचारप्रक्रिया एवं दलीलों को ध्यान से सुनते हैं। दूसरी ओर नीति एवं क्रियान्वयन पर दूसरे मंत्रियों के साथ स्वस्थ चर्चा होती है। मोदीजी के इस विचार से प्रशासन में खुलापन तो आया, साथ ही सबसे बड़ी बात यह हुई कि चुने हुए लोकप्रतिनिधियों और अधिकारियों के बीच एक अनूठा संवाद एवं संबंध स्थापित हुआ।

'कच्छ के रण' में था 2005 का चिंतन शिविर। शिविरार्थी मरुभूमि में बने टेंट सिटी में रहे। मोदी दिन भर नई-नई सेवा में जुड़े अधिकारियों के साथ एक सामान्य शिविरार्थी की तरह इस शिविर में भाग ले रहे थे। रात में भोजन के बाद सब अपने-अपने टेंट में सो रहे थे। करीब सुबह 4.30 बजे एक जूनियर अधिकारी को 'चेस्ट पेन' हुआ। साथियों ने डॉक्टर को जानकारी दी। जैसे-जैसे अन्य अधिकारियों को जानकारी मिली तो वे सब अधिकारी जशवंत गांधी के टेंट की ओर चल पड़े। सबको आश्चर्य और गौरव तब हुआ जब सभी ने देखा कि नरेंद्रभाई तो पाँच बजे से ही उस अधिकारी की सेवा में जुटे थे। स्वयं अपने परिवार के सहस्य की शुश्रूषा कर रहे हों, ऐसी भावना के साथ डॉक्टरों से वे चर्चा कर रहे थे। श्री गांधी को अमदाबाद के विश्व प्रसिद्ध हार्ट-हॉस्पिटल में भरती कराया गया, तब तक वे मॉनीटरिंग करते रहे। अपने व्यवहार से साथियों के साथ कैसा व्यवहार करना चाहिए और संकट की घड़ी में 'लीडर' का क्या दायित्व बनता है, इसका एक बड़ा उदाहरण नरेंद्रभाई ने सबके सामने रखा।

एक प्रसंग हुबली शहर (कर्नाटक) से कन्नड़ भाषा में प्रकाशित होनेवाले 'सामयुक्त' दैनिक समाचार-पत्र ने छापा था। मुख्यमंत्री नरेंद्रभाई का कर्नाटक में आगमन होने को था। उस समय एक गरीब दरजी की घटना प्रकाशित कर नरेंद्र मोदी के प्रति कर्नाटक के लोगों की जिज्ञासा को संतोष प्रदान करने का प्रयास किया गया था। इस घटना के पात्र हैं—'चंद्रकांत महेरवड़े'।

उससे किसी ने कहा कि गुजरात में दर्जियों की बहुत जरूरत है। गुजरात निवासी अपने किसी संबंधी से जानकारी लेकर, चंद्रकांत महेरवड़े रोटी-रोजी की तलाश में अमदाबाद की ओर निकल पड़ा।

चंद्रकांत महेरवड़े दरजी का काम कर अपना और परिवार का पेट पालता था। नई-नई शादी हुई थी। सुखी दांपत्य जीवन बिताने का स्वप्न देखते हुए चंद्रकांत ने अहमदाबाद में आकर मेहनत की। दरजी का काम उसे मिलने लगा। उसने मणिनगर में मकान किराए पर लिया। इसी बीच पत्नी शोभा गर्भवती हुई। उसे अहमदाबाद के मणिनगर के एल.जी. अस्पताल में भरती किया गया, जहाँ पत्नी ने एक कन्या को जन्म दिया।

चंद्रकांत की पत्नी पाँच दिन अस्पताल में रही, परंतु अस्पताल से छुट्टी देने के

समय अस्पताल वालों ने जो बिल दिया, उतनी राशि जमा करना चंद्रकांत के सामर्थ्य के बाहर था। बिना बिल चुकाए पत्नी को घर ले जाने की अनुमति मिलने की संभावना नहीं थी। अनजाना स्थान, कोई मित्र नहीं और संबंधियों ने भी ऐसे समय में मुँह फेर लिया। एक तरफ बेटी का पिता बनने का आनंद तो दूसरी ओर बिल चुकाने की चिंता।

अस्पताल में सुरक्षा कर्मचारियों ने चंद्रकांत का उदास और चिंतायुक्त चेहरा देखा तो कारण पूछा और जानकारी ली। चंद्रकांत ने उन्हें अपनी पीड़ा और कठिनाई बतलाई।

'देखो, मुख्यमंत्री नरेंद्रभाई मोदी इस मणिनगर से विधायक हैं। वे सभी की सहायता करते हैं। तुम गांधीनगर जाओ और अपनी कठिनाई उन्हें बताओ। तुम्हें सहायता मिल जाएगी।' सुरक्षा दल के लोगों ने कहा।

उसी चिंता में चंद्रकांत गांधीनगर में नरेंद्र मोदी के बँगले पर पहुँचा। वहाँ निवास स्थान पर तैनात पुलिस कर्मचारी ने उससे आने का कारण पूछा और जानकारी ली। चंद्रकांत ने अस्पताल का बिल दिखाया। पुलिस कर्मचारी ने उसे वहीं प्रतीक्षा करने को कहा और अस्पताल का बिल नरेंद्र मोदी के पास भेज दिया। कुछ ही क्षणों में नरेंद्र मोदी बाहर आए। उन्होंने चंद्रकांत की बात सुनी। नरेंद्र मोदी ने तुरंत अपना लेटर पैड मँगाया। उस पर थोड़ी जानकारी लिखी, हस्ताक्षर कर पत्र को एक लिफाफे में बंद कर चंद्रकांत को दिया और कहा, "अस्पताल जाकर वहाँ के अधिकारी को यह पत्र दे देना।" फिर उन्होंने धैर्य बँधाते हुए कहा, "चिंता मत करना, सब अच्छी तरह से निपट जाएगा। अपनी पत्नी को मेरी शुभकामना देना।"

चंद्रकांत ने उनका आभार माना और वहाँ से अमदाबाद के लिए निकल पड़ा। अस्पताल में आकर अधिकारियों को पत्र दिया। उन्होंने बिल की सारी राशि माफ कर दी। चंद्रकांत अपनी पत्नी और नवजात कन्या को लेकर घर आया। वह आज भी नरेंद्र मोदी को याद करता है। टी.वी. पर और समाचार-पत्र में नरेंद्र मोदी को देखते ही अपने साथ घटी घटना को याद कर रोमांच का अनुभव करता है।

सेवा और त्वरित निर्णय नरेंद्र मोदी का जन्मजात स्वभाव है। सूरत शहर में तापी में बाढ़ के कारण पानी भरा हुआ था। सरकार को काम में लगाने के लिए मुख्यमंत्री ने स्वयं मोरचा सँभाल रखा था। नरेंद्र मोदी सूरत पहुँचे थे और स्वयं साफ-सफाई के कार्य की निगरानी कर रहे थे।

एक सोसाइटी के पास से वे गुजर रहे थे, तभी एक नौजवान गुस्से में अपने कुछ मित्रों के साथ नरेंद्र मोदी के खिलाफ नारेबाजी करने लगा। नरेंद्र मोदी ने अपनी गाड़ी में बैठे यह सब देखा। उन्होंने ड्राइवर को गाड़ी रोकने के लिए कहा। सुरक्षाकर्मी भी सकते में थे कि मामला बिगड़ न जाए। नरेंद्र मोदी गाड़ी से उतरकर सीधे उस नवयुवक के पास गए और उसके कंधे पर हाथ रखकर बोले, 'बोल बेटा, क्या तकलीफ है?' वह नवयुवक

जो विरोध में बोल रहा था, अचानक शांत हो गया। उसने कहा, 'साब, हमारी सोसाइटी में कीचड़ भर गया है। कॉर्पोरेशन के लोगों से अनेक बार कहा, लेकिन दो दिन से कोई साफ ही नहीं कर रहा है। इसलिए नाराज हूँ।'

फिर क्या था, मुख्यमंत्रीजी ने सभी अधिकारियों को बुलवाया, वहीं खड़े रहकर बोले, 'आज रात तक इस सोसाइटी में सफाई हो जानी चाहिए,' और लगभग 30 मिनट तक वहाँ खड़े रहे। काम प्रारंभ होने के बाद ही वहाँ से गए।

लोग नरेंद्र मोदी के इस एक्शन से प्रसन्न थे और प्रभावित भी। नरेंद्र मोदी की सफलता का रहस्य यह भी है कि वे त्वरित क्रिया में काम करते हैं, काम पर टालमटोल या उसे दूसरे दिन के लिए नहीं छोड़ते।

भावनगर के अलंग में पुलिस स्टेशन का उद्‌घाटन करने के बाद अगले कार्यक्रम के लिए नरेंद्र मोदी और उनका काफिला जा रहा था। हलकी-हलकी बारिश हो रही थी। मुख्यमंत्रीजी की गाड़ी के आगे पुलिस की पायलट कार चल रही थी। अचानक पायलट कार का बैलेंस बिगड़ा और जीप (पायलट कार) पलट गई। सड़क के किनारे गड्ढे में जा गिरी। पाँच पुलिस जवानों को काफी चोटें आई थीं।

नरेंद्र मोदी बारिश में भी गाड़ी से तुरंत उतरे और भीगते हुए उन जवानों को निकालने में स्वयं मदद करने दौड़े। आसपास अन्य सुरक्षाकर्मियों ने यह देखकर फुरती से सभी को बाहर निकाला। मुख्यमंत्री तब तक वहीं खड़े रहे, जब तक सभी को एंबुलेंस में हॉस्पिटल तक नहीं पहुँचाया गया। वहीं से जिलाधिकारी और जिला पुलिस अधीक्षक, सभी को निर्देश दिया कि सभी जवानों का इलाज व्यवस्थित और समुचित देखरेख में होना चाहिए।

नरेंद्र मोदी का प्रिय भजन है— 'वैष्णव जन तो तेने कहिए जे पीर पराई जाणे रे…।' नरेंद्र मोदी कहते हैं—"जनप्रतिनिधि वह है, जो दूसरों की पीड़ा को समझता है और बिना किसी अहंकार भाव के उनके दुःखों में उनकी सहायता करता है।"

□

विकास का भागीरथ

इतिहास गवाह है, दूरदर्शी और सक्षम नेतृत्व किसी प्रांत और राज्य की ख्याति को कहाँ से कहाँ पहुँचा सकता है, जबकि देश ही नहीं, समग्र विश्व, कड़ी प्रतिस्पर्धा के साथ विकास की यात्रा में निरंतर आगे बढ़ रहा हो। महान् उपलब्धियों और विकास के सर्वोच्च शिखर छूने के साथ-साथ जहाँ वैश्विक स्तर पर नित नए कीर्तिमान स्थापित हो रहे हों, तब ऐसे काँटे के मुकाबले के बीच जब छोटा सा प्रांत गुजरात दुनिया भर में ख्याति प्राप्त कर अपनी प्रतिष्ठा स्थापित करे, तो उसका श्रेय स्वाभाविक रूप से दूरदर्शी नेतृत्व को ही जाता है। गुजरात का यह सौभाग्य है, जिसे केवल दूरद्रष्टा व्यक्तित्व ही नहीं, अपितु कर्मठ, ईमानदार और समर्पित मार्गदर्शक मिला है।

अक्तूबर 2001 में राज्यसत्ता की कमान सँभालने वाले मुख्यमंत्री नरेंद्र मोदी के पिछले 12 वर्ष के शासन में गुजरात ने देश ही नहीं, अपितु विश्व स्तर पर विकास के सर्वोच्च शिखर हासिल करने के साथ ही नए कीर्तिमान स्थापित किए हैं। इसीलिए, आज समग्र भारतवर्ष की जनता उनकी ओर आशा भरी निगाहों से टकटकी लगाए देख रही है कि काश! भारतवर्ष को भी नरेंद्र मोदी का नेतृत्व प्राप्त हो। अब वे मात्र आशा या अपेक्षा ही नहीं, अपितु भारतवर्ष की जनता-जनार्दन की अंतरात्मा की आवाज बन गए हैं।

देश के राजनीतिक इतिहास में शायद ही कभी ऐसा हुआ हो, जब देश की जनता ने किसी राष्ट्रपुरुष के नेतृत्व को दिल से इतना चाहा हो। आज पूरे देश में परिवर्तन का एक नया ही माहौल तेजी से फैल जा रहा है। यदि परिवर्तन कोई राजनीतिक परिवर्तन नहीं, बल्कि देश की गरिमा और देश के स्वाभिमान को विश्व स्तर पर स्थापित करने की क्षमता से लैस नेतृत्व को स्थापित करनेवाला परिवर्तन है। महत्त्वपूर्ण मुद्दा यह है कि इस बदले हुए वातावरण का आधार है गुजरात और गुजरात का समर्पित नेतृत्व।

मुख्यमंत्री के रूप में जब नरेंद्र मोदी ने गुजरात का कार्यभार सँभाला, तब गुजरात जहाँ था, वहाँ से उनके 12 वर्षीय निरंतर शासन में गुजरात ने विकास के जो सर्वोच्च शिखर हासिल किए, उसके कारण देश में नई आशा का संचार हुआ। नई उम्मीद जगी है।

क्या हासिल किया गुजरात ने नरेंद्र मोदी के 12 वर्ष के शासन काल में?

गुजरात ने एक नहीं, बल्कि अनेक क्षेत्रों में विकास की निरंतर विकास यात्रा संपन्न की है। लेकिन इनमें कुछ क्षेत्र ऐसे हैं, जो मात्र गुजरात ही नहीं, देश के अनेक राज्यों सहित पूरे देश की समस्याएँ हैं। आज देश गरीबी, बेरोजगारी, पानी, बिजली के अलावा कृषि और जल संसाधन क्षेत्र में जिन चुनौतियों का सामना कर रहा है, उसके परिणामस्वरूप देश की अर्थव्यवस्था दिन-प्रतिदिन कमजोर होती जा रही है। गरीबी निवारण की अनेक योजनाओं के बावजूद गरीबी घटी नहीं, उलटे गरीब बढ़ते जा रहे हैं। पानी, चाहे वह पीने का हो या सिंचाई का, देश के अधिकांश राज्यों में पानी की समस्या विकराल है। देश की राजधानी दिल्ली के कुछ क्षेत्रों में तो टैंकरों से पानी पहुँचाना पड़ता है, तो अन्य क्षेत्रों की तो बात ही क्या की जाए? और खेती? उसकी तो कल्पना ही दर्दनाक है। भले कृषि उत्पादन बढ़ रहा हो, परंतु कृषि अर्थव्यवस्था का क्या? किसान आज किस स्थिति में है? कृषि और बिजली दोनों में गर्भ और नाल का संबंध है! परंतु यहाँ तो दोनों की स्थिति विपरीत है। कृषि के लिए पानी चाहिए और पानी के लिए बिजली, परंतु देश के किसान को न तो सिंचाई के लिए पर्याप्त पानी मिलता है और न पर्याप्त बिजली। फलस्वरूप केवल वर्षा आधारित खेती। परिणाम सबके सामने है।

देश की आर्थिक समृद्धि के साथ गरीबी निवारण और विकास दर के लिए कृषि एवं उद्योग महत्त्वपूर्ण केंद्र बिंदु हैं। जब विकास के दो पहिये संतुलित हों, तभी देश का अपेक्षित विकास हो सकता है। कालांतर में ऐसा विकास ही अन्य क्षेत्रों में भी हासिल किया जा सकता है। ऐसे विकास के लिए चाहिए पंचशक्ति के सदुपयोग की सोच। सर्वांगीण विकास के केंद्र में विद्यमान है—

पंचशक्ति : जनशक्ति, जलशक्ति, ऊर्जाशक्ति, ज्ञानशक्ति और रक्षाशक्ति।

कोई भी नेतृत्व जब पंचशक्ति के उपयोग के साथ उसका समन्वय करने में सफल हो, तो विकास के सर्वोच्च शिखर हासिल करना सहज और स्वाभाविक है।

यही है गुजरात के निरंतर विकास का रहस्य और यही है विकास की गुरु-कुंजी। मुख्यमंत्री के रूप में नरेंद्रभाई मोदी ने राज्य की छह करोड़ जनता की सुख-सुविधा के लिए पंचशक्ति का आह्वान किया और इस आह्वान के साथ गुजरात ने प्रगति के पंचामृत का पान किया, जिसके पान के लिए बाकी देश की जनता आज तरस रही है। आज गुजरात देश के विकास का मॉडल है।

गुजरात में 21वीं शताब्दी के प्रथम दशक में, खास तौर पर वर्ष 2001 से 2011 तक जो विकास और प्रगति हुई, वह सभी को आश्चर्य में डाल देनेवाली है। परंतु यह गुजरात के लिए एक पड़ाव है, मंजिल नहीं। आगामी दिनों में भी गुजरात की विकास-यात्रा निरंतर जारी रहनेवाली है।

पिछले बारह वर्षों के शासन में गुजरात ने कृषि, जल संसाधन, स्वास्थ्य, शिक्षा, उद्योग, सड़क एवं भवन, बिजली, वनवासी क्षेत्र, महिला सशक्तीकरण, ग्रामीण विकास, वंचितों का विकास आदि क्षेत्रों में विकास की ज्योति किरण पहुँची हो। गुजरात से संबद्ध हर क्षेत्र आज उपलब्धियों से सराबोर है।

नरेंद्र मोदी ने 7 अक्तूबर, 2001 में मुख्यमंत्री के रूप में गुजरात की कमान सँभाली, तब उनके सामने सबसे बड़ी चुनौती प्रशासन में जनविश्वास की पुनर्स्थापना का था। परंतु हालात ऐसे थे कि मूल्यनिष्ठ एवं कर्मठ राजनेता के रूप में नरेंद्र मोदी को गुजरात ठीक से पहचानता तक नहीं था। इस परिस्थिति में मात्र कुशल राजनेता और संगठक ही नहीं, बल्कि मुख्यमंत्री और सुयोग्य प्रशासक के रूप में भी उन्हें अपनी प्रतिष्ठा की स्थापना करनी थी। मोदी का राजनीतिक जीवन गुजरात के परिवेश से जुड़ा था, लिहाजा राज्य का एक वर्ग उनके नाम से परिचित था, परंतु गुजरात उनके कार्य से परिचित नहीं था। इन परिस्थितियों में मुख्यमंत्री के रूप में वे कितने सफल होंगे, इस मुद्दे पर सवाल उठने लाजिमी थे।

अपने व्यक्तित्व एवं प्रशासन में लोगों के विश्वास की स्थापना की प्रारंभिक चुनौती से शुरू कर वर्ष 2002 के विधानसभा चुनाव में भारतीय जनता पार्टी को गौरवपूर्ण विजय दिलाने तक की जिम्मेदारी उनके कंधों पर थी।

नरेंद्र मोदी ने जब अक्तूबर-2001 में सत्ता की बागडोर सँभाली, तब शासक दल या सरकार के रूप में लोगों की ओर से भाजपा में दिखाया गया विश्वास डगमगाने लगा था। पूर्ववर्ती केशूभाई पटेल सरकार की कमजोरी और प्रशासन की शिथिलता ने जनमानस में विपरीत प्रभाव पैदा किए थे। 26 जनवरी, 2001 को आए भूकंप से चारों ओर विनाश पसरा था, इस प्रतिकूल परिस्थिति में हुए दिसंबर-2002 के चुनाव में जनता भाजपा को फिर सत्ता सौंपे, ऐसे आसार नजर नहीं आ रहे थे। चुनाव में भाजपा का सफाया होने के आसार थे। इसके बावजूद भारतीय जनता पार्टी ही गुजरात को स्वच्छ और कुशल प्रशासन दे सकती है, जनता को यह विश्वास दिलाना वास्तव में सत्ताधारी दल और सरकार के समक्ष सबसे बड़ी चुनौती थी। इसमें भी गुजरात या देश की जनता मुख्यमंत्री या प्रशासक के रूप में नरेंद्र मोदी को पहचानती ही नहीं थी। ऐसे जनमानस में इस प्रकार की अनुभूति कराकर राज्य को विकास की पराकाष्ठा पर पहुँचाने की विकट चुनौती नरेंद्र मोदी के सामने थी।

राज्य को विकास-पथ पर ले जाने की चुनौती छोटी-मोटी बात नहीं थी। वर्ष 1998 के बाद कांडला में आए चक्रवाती तूफान के चलते कम बारिश के कारण पैदा हुई अकाल और अर्द्धअकाल की स्थितियों ने राज्य की विकास प्रक्रिया को पटरी से उतार दिया था। इतना जैसे कम था, जनवरी-2001 में आए महाविनाशकारी भूकंप ने तो

जनमानस और अर्थव्यवस्था की कमर ही तोड़ दी थी। ऐसा लगता था कि राज्य दशकों तक इन संकटों से नहीं उबर पाएगा।

प्रशासन में आपदा सहने की सामर्थ्य व वर्ष-दर-वर्ष आने वाली प्राकृतिक आपदाओं के बीच गुजरात को पुनः विकास की पटरी पर लाने का कार्य लगभग दुश्कर लग रहा था। गुजरात के जन-जीवन तथा अर्थव्यवस्था को ठप कर देने वाली प्राकृतिक आपदाएँ इस कालखंड में ही गुजरात के भाल पर लिखी थीं। विपरीत परिस्थितियों में भी गुजरात की शासन धुरी सँभालनी हो, तो केवल आयोजन ही नहीं, बल्कि चिंताओं को चिंतन में बदलकर जनता के स्वाभिमान को पुनः ऊर्जावान बनाकर विकास प्रक्रिया में शामिल करने का नजरिया चाहिए। प्रबल नेतृत्व मिलने पर ही राज्य में राजनीतिक और प्रशासनिक शक्ति का समन्वय कर विकास-पथ पर आगे बढ़ा जा सका।

तलहटी से प्रस्थान

सत्ता की जब बागडोर सँभाली, तब नरेंद्र मोदी धरातल पर थे। भूकंप की बरबादी सह चुका ऐसा कमजोर धरातल, जिसे ढहाने के लिए जोर के धक्के की नहीं, हलकी सी जुंबिश ही काफी थी। फिर भी 26 जनवरी, 2001 को आए विनाशकारी भूकंप के मलबे से राज्य को भूकंप की दहशत से बाहर लाना उनकी प्राथमिकता थी। इस जिम्मेदारी को स्वीकार करते हुए ही उन्होंने मुख्यमंत्री पद सँभाला था। भूकंप की विभीषिका के बाद प्रशासन ने प्रभावितों तक राहत पहुँचाई और उनके पुनर्वास के लिए अथक प्रयास किए। इसके बावजूद जनमानस में असंतोष था। केवल असंतोष ही नहीं, बल्कि जनमासन में राज्य सरकार व प्रशासन के प्रति नाराजगी और धिक्कार की भावना भी पनप रही थी। भूकंप ने जमीन व मकान ही नहीं, अपितु जनमानस में भी दरारें पैदा कर दी थीं। इस प्रकार नागरिकों में असंतोष के बीच भूकंप पीड़ित गुजरात के नव सृजन का ही नहीं, बल्कि राज्य सरकार द्वारा हो रहे कार्यों के बारे में सही संदेश प्रचार-प्रसार माध्यमों की मदद से लोगों तक पहुँचाकर उनके मानस में पड़ी दरारों को भरने की भी जिम्मेदारी मोदी के सिर थी। जनता की नाराजगी के माहौल में राज्य को भूकंप के साए से बाहर लाने के लिए मुख्यमंत्री मोदी कर्मयोगी की तरह संघर्ष करने लगे। फल को लेकर कोई निश्चितता नहीं थी। समग्र प्रशासन की शक्ति को मोदी ने काम में लगाया। इस काररवाई के दौरान ही मुख्यमंत्री मोदी के मानस-पटल पर कर्मयोगी का विचार कौंधा।

लोगों की नाराजगी और धिक्कार की भावना का सामना कर रहे शिथिल प्रशासन की समस्त ऊर्जा सतेज करने के उद्देश्य से प्रशासन को कर्मयोगी के रंग में रँगने के लिए शुरू किए गए प्रयासों के बीज इसी प्रारंभिक प्रक्रिया में पड़े थे।

यह सही है कि नागरिक-असंतोष की प्रारंभिक चुनौती से निपटने के लिए शुरू में

उन्होंने प्रशासन से सख्ती से काम लिया, परंतु इस प्रक्रिया के दौरान ही जन-भावना की तरंगों को पढ़ने के साथ उन्होंने प्रशासन में पड़ी अथाह क्षमता का अनुभव किया, परंतु इन अथाह शक्तियों को बाहर कैसे लाया जाए? इस मुद्दे पर हुए मनोमंथन से कर्मचारियों को कर्मयोगी का प्रशिक्षण देने का विचार जागा।

साबरमती तृप्त हुई नर्मदा से

भूकंप और दलगत दरारें जोड़ते-जोड़ते नरेंद्र मोदी ने एक मुख्यमंत्री के रूप में अपनी प्रतिभा उभारनी शुरू की। प्रयास के अनुरूप संयोग भी पैदा हुआ। समग्र गुजरात चकोर दृष्टि से जिसकी प्रतीक्षा कर रहा था, उस सरदार सरोवर योजना की मदद से अहमदाबाद की जनता को हमेशा याद रहे, ऐसे काम का मोदी ने श्रीगणेश किया। अवसर था अहमदाबाद में सूखी-सपाट दिखने वाली साबरमती नदी को नर्मदा मैया के जल से पुनर्जीवित करने का। मुख्यमंत्री पद सँभालने के बाद मोदी ने सर्वप्रथम सार्वजनिक कार्यक्रम आयोजित कर उस विचार को लागू कर दिखाया, जिसके बारे में किसी ने सोचा तक नहीं था। इस कार्य से मात्र गुजरात ही नहीं, अपितु देश के इतिहास में नदी जोड़ने की कल्पना पहली बार साकार की गई।

आगे बढ़ता गुजरात

उत्सव मनाने में आम गुजराती कभी पीछे नहीं रहता। कहा जा सकता है कि गुजरात के लिए तो जैसे जीवन एक उत्सव है। इस उत्सवप्रियता के परिणामस्वरूप ही देश के अन्य राज्यों की तुलना में गुजरात की सांस्कृतिक विरासत अनूठे प्रकार की रही है, लेकिन यहाँ उत्सवप्रियता की बात नहीं है। गुजरात ने इस उत्सवप्रियता के साथ ही इन उत्सवों को सहज रूप से सामाजिक जीवन में बुनकर गत वर्षों में विकास भी करके दिखाया है। निरंतर गुंजायमान, निरंतर जीवंतता और कुछ-न-कुछ नया करते रहने की गुजराती परंपरा इसकी विशिष्ट पहचान रही है। शायद यही गुजरात की अस्मिता थी और यही गुजरात की अस्मिता है। यह गुजरात का गौरव है और यही गुजरात की विशिष्ट पहचान है। गुजरात की निरंतर धड़कन, एक प्रकार की विशिष्ट वाइब्रेंसी ही गुजरात को अनूठा गुजरात बनाती है।

मोदी के चिंतन और मनन का निचोड़ था—गुजरात की विशिष्ट वाइब्रेंसी से देश और दुनिया को अनुभूति। गुजरात निरंतर धड़कता, विकसित होता और व्यापार-उद्योग क्षेत्र में अनेक प्रकार के आयोजनों के जरिए समृद्धि के पथ पर चलने वाला शांतिप्रिय राज्य है। यहाँ का सामाजिक जीवन निरंतर धड़कता है, इतना ही नहीं, व्यवसाय-रोजगार के लिए देश या विदेश से जो यहाँ आता है, उसे भी निरंतर वाइब्रेंट रखने की

गुजरात की जनता में क्षमता है और देश-दुनिया को इस बात का अनुभव कराना ही मुख्यमंत्री की प्राथमिकता है।

मुख्यमंत्री ने जनवरी-2003 यानी नए मंत्रिमंडल के गठन के कुछ ही समय बाद गुजरात की जनता को एक नया नारा दिया। वह नारा था 'वाइब्रेंट गुजरात'। गुजरात को लेकर बीते वर्षों में तत्कालीन मुख्यमंत्रियों ने अनेक तरह के नारे दिए थे, परंतु वाइब्रेंट गुजरात जैसा नारा गुजरात की जनता के लिए एक नई बात थी। यों भी कहा जा सकता है कि वाइब्रेंट गुजरात एक पहचान बन चुका था।

'वाइब्रेंट गुजरात' गुजरात की वाइब्रेंसी की अनुभूति कराने का एक दूरदर्शी आयोजन था। वाइब्रेंट गुजरात के विचार के चलते गुजरात का जनजीवन कितना जीवंत है, इसकी अनुभूति कराने के लिए मुख्यमंत्री नरेंद्र मोदी ने जनवरी 2013 की मकर संक्रांति-उत्तरायण के दौरान एक तरफ पतंग महोत्सव आयोजित किया, तो दूसरी तरफ पतंग महोत्सव के बाद गुजरात में पूँजी निवेश के लिए वाइब्रेंट गुजरात महोत्सव मनाने के लिए वैश्विक निवेशक सम्मेलन-2003। दोनों ही आयोजन बहुत ही भव्य हुए।

पतंग महोत्सव की विशेषता यह थी कि इसमें उन्होंने विदेशी पतंगबाजों को बुलावा भेजा, जिससे विदेशियों को भी पता चले कि जिस गुजरात को अशांत माना जा रहा था, उस गुजरात में वास्तव में कितनी शांति है। पतंग महोत्सव के आयोजन का एक कारण यह भी था कि गुजरात के उत्सवों में मकरसंक्रांति का बहुत महत्त्व रहा है। पतंग उद्योग के साथ गुजरात और खासकर अहमदाबाद, सूरत, वडोदरा शहरों का मुसलिम समाज व्यावसायिक रूप से बहुत ही घनिष्ठता से जुड़ा हुआ है। गुजरात में यदि पतंग उद्योग का विकास हो, तो उससे मुसलिम समाज के गरीब वर्ग को आर्थिक दृष्टि से बड़ा फायदा हो। मात्र मुसलिम ही नहीं, बल्कि इस व्यवसाय से जुड़े समाज के किसी भी वर्ग की आर्थिक उन्नति का माध्यम पतंग उद्योग बन सकता है।

पतंगोत्सव के अत्यंत सफल आयोजन के चलते विश्व को गुजरात की उत्सव-प्रियता का एहसास हुआ, तो दूसरी तरफ गुजरात के पतंग उद्योग के विकास के लिए नए दरवाजे भी खुले।

वैश्विक सम्मेलन : प्रभावशाली आयोजन

पतंग महोत्सव के चलते वाइब्रेंट गुजरात के तहत 2003, 2005, 2007, 2009, 2011 और 2013 में ग्लोबल इन्वेस्टमेंट समिट का भी आयोजन हुआ। इस आयोजन को वर्ष-प्रतिवर्ष जैसी सफलता मिली, उससे लगता है कि गुजरात की बिगड़ी हुई छवि को गौरवपूर्ण ढंग से बाहर लाने के प्रयासों में मोदी को भारी सफलता मिली है।

आँकड़ों की दृष्टि से तमाम वैश्विक निवेशक सम्मेलन अपूर्व हैं, परंतु इनके

आयोजन को प्राप्त उपलब्धि की दृष्टि से भी अद्वितीय कहा जा सकता है। इस समिट की विशेषता यह है कि देश के लगभग तमाम उद्योगपति और अर्थशास्त्री समारोह में उपस्थित थे। मात्र उपस्थित ही नहीं, बल्कि गुजरात के आर्थिक विकास में भी वे गुजरात के साथ हैं, यह बताने को वे उत्सुक थे। गुजरात के इतिहास में शायद यह कभी न हुआ हो, देश की अग्रिम पंक्ति के उद्योगपति एक समय पर, एक ही मंच पर उपस्थित थे। यह कोई छोटी घटना नहीं थी। मंच पर उपस्थित इन प्रतिष्ठित उद्योगपतियों ने अपने भाषणों में गुजरात के प्रशासन की मुक्त कंठ से प्रशंसा की। इतना ही नहीं, मुख्यमंत्री नरेंद्र मोदी के बारे में उन्होंने जो अभिप्राय दिए, उनका भी सुर एक ही था कि उनके नेतृत्व में गुजरात सुरक्षित है। इतना ही नहीं, आगामी दिवसों में गुजरात आर्थिक विकास की पराकाष्ठा पर पहुँचकर देश के तमाम राज्यों की तुलना में सबसे अग्रिम पंक्ति में होगा।

विकास की नवीनतम योजनाओं को साकार करने के लिए प्रशासनिक सुधार का दृष्टिकोण बदलना पड़ता है। यही दृष्टिकोण था चिंता का नहीं, बल्कि चिंतन का! चिंतन के साथ सकारात्मक दृष्टिकोण तथा दूरदृष्टि का! मुख्यमंत्री अच्छी तरह जानते थे कि इसी प्रशासन के काबिल उच्च आईएएस अधिकारियों की क्षमता लेशमात्र भी कम नहीं है। वे यह भी जानते थे कि जिनती क्षमता इन उच्चाधिकारियों में है, उतनी ही क्षमता कुछ व्यावहारिक सीमाओं के बावजूद जिला-तहसील स्तरीय अधिकारियों-कर्मचारियों में भी है। मुख्यमंत्री मोदी ने सोचा कि यदि कर्मचारियों के समूह को चिंतन की प्रक्रिया में स्वाभाविक तौर से ओतप्रोत किया जाए, तो अधिकारी भी कर्मचारी न रहकर कर्मयोगी बन सकता है। मोदी ने यह भी सोचा कि सामान्यतः नकारात्मक मानसिकता से काम करने का आदी यह समूह यदि समाज या किसी भी समस्या को सकारात्मक दृष्टिकोण के साथ मूल्यांकित करने लगे, सौंपे गए काम निपटाने लगे, तो बहुत कम समय में चमत्कारिक नतीजे लाए जा सकते हैं। इसी विचार के साथ मुख्यमंत्री नरेंद्र मोदी ने उच्च स्तरीय आईएएस अधिकारियों और जिला तथा मुख्यालयों के अधिकारियों के लिए हर वर्ष चिंतन शिविर का आयोजन शुरू किया। साथ ही राज्य के लाखों कर्मचारियों के लिए वर्ष 2003-2004 और 2005-2006 के दौरान गांधीनगर के अलावा जिला और तहसील स्तर पर भी अनूठा कर्मयोगी प्रशिक्षण आयोजित किया। चिंतन शिविर और कर्मयोगी प्रशिक्षण को राज्य में वी-गवर्नेंस के रूप में पहचान दी गई।

एक साथ अनेक प्रकार की योजनाओं की घोषणा, योजना का आरंभ, तेजी से उसे पूर्ण करने के लिए निरंतर निगरानी और इस प्रकार योजनाओं को अंजाम तक पहुँचाने का सुदृढ़ ढाँचा बन सका। नवरात्रि महोत्सव, पतंग महोत्सव, वाइब्रेंट गुजरात के तहत वैश्विक निवेशक सम्मेलन, कृषि महोत्सव, कन्या शिक्षा अभियान और इसके अलावा विभागों की ओर से किए जाने वाले अनेक छोटे-बड़े कार्यक्रमों से कुल मिलाकर यह

स्थिति पैदा हुई कि एक काम निपटा नहीं कि दूसरा काम शुरू हो जाता। अधिकारी या कर्मचारी कभी काम से राहत का अनुभव नहीं करते। आज लगातार भागदौड़ और निरंतर व्यस्तता ही मानो प्रशासन का स्वाभाविक लक्षण बन गया है। पते की बात यह है कि इतनी व्यवस्तता के बावजूद अधिकारी-कर्मचारी वर्ग अब धीरे-धीरे इस प्रकार के हालात के आदी बन गए हैं। साथ ही पूर्ण किए गए कामकाज के संतोष के अनुभव के चलते भावी योजना के लिए उनमें अनूठी तरावट भी है।

चिंतन शिविरों में कार्यों पर जिस प्रकार से चर्चाएँ होती हैं और इन चर्चाओं के बाद जिस तरह फॉलोअप होता है, उसे ध्यान में लिया जाए, तो सभी को मानना पड़ेगा कि प्रशासनिक सुधार या उच्च आईएएस अधिकारियों की दृष्टि को खोलने में चिंतन शिविरों ने कुंजीरूप भूमिका निभाई है। इन चिंतन शिविरों में प्रातःकाल से ध्यान व योग के बाद अलग-अलग बैठकें शुरू होती हैं। बैठकों में संबद्ध जिला कलक्टर अपने-अपने जिले के कामकाज का प्रजेंटेशन करते हैं। प्रजेंटेशन के बाद उस पर चर्चाएँ होती हैं, सवाल किए जाते हैं। ग्राम सभाओं में हुए कामकाज की समीक्षा की जाती है। कृषि महोत्सव या कन्याशिक्षा अभियान की समीक्षा की जाती है। इन समूह चर्चाओं में कार्यपद्धति का मुद्दा हो, समस्याओं-सवालों के स्वरूप का मुद्दा हो, निराकरण कार्यपद्धति की बात हो या फिर प्रशासन की सीमाओं का प्रश्न हो, इन तमाम विषयों पर मुक्त कंठ से, नेकदिली से चर्चा होती है, जिससे एक नया माहौल पैदा होता है। इससे समस्याओं के निवारण की दिशा भी खुलती है।

सोच में बदलाव जरूरी

चिंतन शिविरों में मुख्यमंत्री नरेंद्र मोदी का तत्त्वपूर्ण चिंतन तो था ही, परंतु उस चिंतन के साथ ही प्रशासन को दैनिक कामकाज के बोझ से बाहर लाने का आह्वान भी था। उनके संबोधन के अंश देखें। 'समस्या माइंड की नहीं, अपितु माइंड सेट की' है। समग्र राज्य में क्रांति की नहीं, कायाकल्प की आवश्यकता है। जो सेल निगेटिव हो चुके हैं, उन्हें रिचार्ज करना है। मेरे शासनकाल के दौरान एक भी ऐसी घटना नहीं घटी कि किसी अधिकारी को फटकार लगानी पड़ी हो। सचिव राज्य के हित में जब दलील करें, तो उस दलील में राज्य का हित ही हो। अधिकारी चिंता नहीं, चिंतन करें। लक्ष्य ऐसा होना चाहिए कि पहुँच में हो, परंतु पकड़ में न हो। जब ऐसे लक्ष्य पकड़ में आते हैं, तो आनंद की अनुभूति होती है। प्रशासन में कमजोरियाँ होंगी ही, लेकिन अच्छी बातें पकड़ेंगे, तो कमजोरियाँ अपने आप दूर होंगी। 'मुझसे नहीं हुआ, मैंने नहीं किया', जैसा अपराध भाव नहीं, बल्कि मुझे कुछ करना हैं का भाव होना चाहिए। निर्णय लेने में साहस दिखाइए और गलत हुआ हो, तो मेरी जानकारी में लाइए।'

'हमें वंचितों के विकास का ध्येय रखना चाहिए। लोगों को गरीबी रेखा से बाहर लाना चाहिए। हमारे यहाँ समरस योजना को सफलता मिली, तो तीर्थग्राम को क्यों नहीं? फाइल पर डॉक्यूमेंट सीट भरना अनिवार्य किया जाना चाहिए और उसे अपेक्षित मानना चाहिए। निर्धारित समय से अधिक समय तक यदि फाइल अटकी हो, तो उसे गंभीरता से लेना चाहिए। निजी रिपोर्ट में उसे ध्यान में लेना चाहिए। मुझे प्रशासनिक सुधार में नहीं, अपितु प्रशासनिक दक्षता में दिलचस्पी है। 'मैं यह करूँगा, अच्छी तरह करूँगा, परिणाम हासिल हो, इस प्रकार करूँगा।' इस प्रकार की सोच कर्मचारियों में जगाकर उन्हें कर्मयोगी बनाना चाहिए। मास्टर माइंड टीम बनानी है। काम से थकान न हो, काम करने का संतोष होना चाहिए। काम नहीं होने से थकान और निराशा की अनुभूति हो सकती है। सफलता और विफलता के बीच के फर्क को पहचानकर लोगों की सेवा में जीवन की आहुति देने वाले ही सच्चे लोकसेवक बन सकते हैं।

गुड गवर्नेंस

विश्व जब वैश्वीकरण के युग में प्रवेश कर चुका है, तब प्रशासन कैसे अछूता रह सकता है? वैश्विक परिप्रेक्ष्य बहुत तेजी से बदल रहा है। सामाजिक, आर्थिक और राजनीतिक या शैक्षणिक क्षेत्र में तेजी से परिवर्तन आ रहा है। ऐसे में देश या राज्य के लोगों या समाज को इस परिवर्तन को महसूस कर उसकी मूल धारा में शामिल होना चाहिए, लेकिन समाज या नागरिक के इस धारा से जुड़ने मात्र से काम नहीं होने वाला। इस प्रक्रिया में जब तक प्रशासन नहीं शामिल होगा, तब तक अपेक्षित नतीजे हासिल नहीं किए जा सकेंगे। इसीलिए प्रशासन से जुड़े सभी लोगों को इस वैश्विक परिप्रेक्ष्य को समझकर उसके साथ कदम-से-कदम मिलाना चाहिए और इसके लिए गुड गवर्नेंस का विचार प्रवाहित किया गया। ऐसे में जब कि समाज में प्रशासन की विशेष भूमिका है, तब कर्मचारी-अधिकारी वर्ग का विशिष्ट कार्यदक्षता से लैस होना आवश्यक हो जाता है। ऐसी जागरूकता प्रत्येक कर्मचारी में लाने के उद्देश्य से मुख्यमंत्री मोदी ने प्रशासन के लाखों कर्मचारियों को एक नए प्रकार का प्रशिक्षण देने का विचार रखा और वह साकार भी हुआ। इस प्रशिक्षण में राज्य के लाखों कर्मचारी शामिल हुए, जिसका मुख्य उद्देश्य व्यक्ति विकास, व्यक्ति की भूमिका, सकारात्मक दृष्टिकोण, व्यक्तिगत गुणों का विकास, टीम भावना में काम करना, प्रशासनिक शक्ति तथा कार्यपद्धति का विकास था।

दो साल तक चले इस प्रशिक्षण कार्यक्रम का फीडबैक जानने के लिए वैज्ञानिक तरीके से इस समग्र कर्मयोगी अभियान का मूल्यांकन भी किया गया। इसके निष्कर्ष दिलचस्प हैं। इस प्रशिक्षण शिविर का समग्र और समावेशी प्रभाव जानने के लिए जो सैंपल सर्वे किया गया, उसमें व्यक्ति विकास क्षेत्र में 89 फीसद तथा कर्मचारियों की

कार्यशैली के विकास के मुद्दे पर 86.80 फीसद कर्मचारी वर्ग के लिए यह प्रशिक्षण बहुत ही फलदायी लगा। 89.70 फीसद कर्मचारियों ने यह जाना कि उनके व्यक्तिगत विकास में यह प्रशिक्षण बहुत ही उपयोगी रहा। इसी प्रकार प्रशासन में कामकाज में सुधार की दृष्टि से 87.90 फीसद कर्मचारियों ने राय दी कि अब तक जो कुछ काम किया है या हम जिस प्रकार काम का मूल्यांकन करते हैं, उसका विधेयात्मक दृष्टिकोण से मूल्यांकन करने की दृष्टि इस प्रशिक्षण के चलते हमें मिली है।

प्रशिक्षण का प्रभाव तथा सर्वे के निष्कर्षों के मुद्दों से अधिक महत्त्वपूर्ण बात यह है कि राज्य का एक बड़ा कर्मचारी वर्ग वैज्ञानिक पद्धति से दिए जाने वाले प्रशिक्षण की प्रक्रिया में एकसूत्रता से जुड़ा। गुजरात के प्रशासनिक इतिहास में कुछ इसी प्रकार के उद्देश्य और विचारों के साथ गुजरात के लाखों कर्मचारियों को प्रशिक्षण दिया गया हो, ऐसा पहले कभी नहीं हुआ और कभी हुआ हो, तो उसके नतीजे देखने को नहीं मिले। एक तरफ राज्य के मंत्री और उच्चाधिकारी चिंतन शिविर के तार से जुड़े, तो दूसरी तरफ लाखों कर्मचारी-कर्मयोगी प्रशिक्षण शिविर के सूत्र से बँधे। इसी के परिणामस्वरूप विकास के पर्यावरण का आज राज्य में एक वातावरण सृजित हुआ है। उत्सवों की परंपरा और एक के बाद एक नई योजनाओं के क्रियान्वयन की जिम्मेदारी के साथ किसी भी वक्त आ पड़ने वाली प्राकृतिक आपदाओं का सामना करना था। इन तमाम परिस्थितियों में टिके रहकर संघर्ष करने की शक्ति और विकास प्रक्रिया बनाए रखने की अदम्य इच्छा का श्रेय इस प्रकार के अभियान को जाता है।

इस अभियान से ही बात नहीं रुकती। मात्र प्रशिक्षण लेने या चिंतन करने से ही सबकुछ दुरुस्त नहीं हो जाता। यह सब करने के बाद भी मुख्यमंत्री हों या मंत्री, उनके लिए प्रशासन को समझना जरूरी था और इस दिशा में प्रयास शुरू हुए।

प्रशासन को समझकर उसमें व्याप्त त्रुटियों के निवारण के माध्यम से गुजरात के प्रशासन के कायाकल्प को साकार किया गया। सच कहें तो इस समग्र प्रक्रिया में लंबे धैर्य, प्रबल इच्छाशक्ति और दीर्घदृष्टि की आवश्यकता है। मुख्यमंत्री मोदी ने इन तीनों परिणामों का समन्वय कर गुजरात के प्रशासन के कायाकल्प को साकार करके दिखाया है।

प्रशासन ऐसा होना चाहिए कि वह समग्र विषयों को नियंत्रित तो करे ही, साथ ही नियंत्रण का एहसास भी न होने दे। प्रशासन का मजा इसी में है। इस प्रकार के प्रशासन को साकार करना हो, तो प्रशासन में संवेदनशीलता का संचार आवश्यक हो जाता है। संवेदनशीलता साकार करने के लिए प्रशासन की कायापलट जरूरी है। मोदी के नेतृत्व में कर्मचारियों के माइंड सेट और प्रशासनिक ढाँचा, दोनों का समन्वय कर प्रशासन का कायाकल्प करने, प्रशासनिक नेतृत्व में कर्तव्य की भावना का आविर्भाव करने के खास प्रयास हुए। चिंतन शिविर, कर्मयोगी शिविर और प्रजेंटेशन तो इस समग्र प्रक्रिया के मात्र

अलग-अलग हिस्से थे।

चिंतन शिविर और कर्मयोगी प्रशिक्षण के सहयोग से राज्य के हजारों-लाखों कर्मचारियों-अधिकारियों से संपन्न प्रशासन में एक प्रकार की गतिशीलता आई, लेकिन विशिष्ट प्रकार के इस प्रशिक्षण के कारण प्रशासन में प्राणवायु का संचार हुआ, जिससे वर्षों से निर्जीव प्रशासन की छवि में भी सुधार हुआ। प्रत्येक नागरिक को प्रशासनिक जीवंतता की अनुभूति हुई। प्रशासन में अनेक प्रकार के नित नए कार्यक्रमों को सफलतापूर्वक संपन्न करने का जोश आया। एक नए उत्साह का संचार हुआ।

एक तरफ प्रशासन को पूरे देश और दुनिया में मॉडल बनाने के प्रयास थे, तो दूसरी तरफ प्रशासन को उसकी सीमाओं से बाहर लाने की एक बड़ी जिम्मेदारी भी थी। इसीलिए प्रशासनिक सुधार के प्रयासों की प्रक्रिया में निरंतरता बनाए रखना बहुत जरूरी था।

मई-2003 में इसके लिए विश्व के कुछ देशों के प्रशासनों को समझने की कोशिश की हुई। ऑस्ट्रेलिया, न्यूजीलैंड, मलेशिया, सिंगापुर, कनाडा आदि देशों के प्रशासन को समझने के लिए प्रजेंटेशन का आयोजन किया गया। गुजरात को सार्वजनिक प्रशासन में एक मॉडल के रूप में स्थापित करने के लिए विश्व के देशों के प्रशासन को समझना आवश्यक था। इस प्रजेंटेशन में प्रशासन के दैनिक घिसे-पिटे कामकाज की मानसिकता बदलने के लिए सात सूत्री सुधार और वित्तीय प्रबंधन की पहल के पथदर्शकों की समीक्षा की गई। इसमें गुणवत्ता, उत्पादकता, नई पहल, अनुशासन, प्रतिबद्धता, जवाबदेही, जनोन्मुखता, व्यावसायिक निपुणता तथा वित्तीय प्रबंधन में कार्यवाहक एजेंसियाँ, नागरिक अधिकारिता चार्टर, गुणवत्ता प्रबंधन, वरिष्ठ सेवाएँ, नियमन और प्रबंधन, सूचना सेवी जैसी उल्लेखनीय बातों को लेकर इस सेमिनार के आयोजकों ने विस्तृत रूपरेखा समझाई। इस प्रदर्शन के साथ विभिन्न देशों से प्रशासनिक सुधार की मिली जानकारी गुजरात के लिए किस प्रकार अनुकूल हो सकती है, उस संबंध में भी इस कार्यक्रम के आयोजकों ने पूरा ब्योरा दिया।

प्रदर्शन में सार्वजनिक सेवाओं को अधिक कार्यक्षम बनाने के लिए एजेंसियों की स्वायत्तता का नफा-नुकसान, भ्रष्टाचार उन्मूलन के उपाय, वेतनों की स्पर्धात्मकता, चयनित नियुक्ति तथा पद्धति, कंप्यूटरीकरण, सेवा क्षेत्र की इकाइयों व गुणवत्ता, मंडलों से जुड़ी भूमिका पर भी विस्तार से चर्चा की गई। इस तमाम विचार-विमर्श के दौरान ही सोचा गया कि सामान्य परिस्थितियों में हुए चिंतन-मनन का इस प्रक्रिया में भी उपयोग किया जाए, तो सोने में सुहागा साबित हो सकता है। मुख्यमंत्री ने इन चर्चाओं के निष्कर्ष के रूप में सामाजिक सेवाओं के ढाँचागत विकास और विकास के कुंजी रूपी पथदर्शक, दिशासूचक के संबंध में प्रबंधन सूचना प्रणाली की व्यापकता विकसित करने के लिए संबद्ध सचिवों को कार्ययोजना तैयार करने के निर्देश दिए।

प्रदर्शन का दौर

गुजरात की प्रगति के लिए दिन-रात मंथन होने लगा। हर विभाग, उसके अधिकारी और नीति-नियंता अपनी प्रोग्रेस रिपोर्ट के साथ अलग-अलग प्रजेंटेशन तैयार कर मुख्यमंत्री के सामने भविष्य के गुजरात की तसवीर पेश करते। इस दौर की विशेषता यह थी कि सुबह से शुरू होने वाले ये कार्यक्रम कई बार देर शाम या कुछ मामलों में रात में पूरे होते। आश्चर्य की बात यह थी कि संबंधित विभागों के सचिवों और उच्चाधिकारियों की उपस्थिति में मुख्यमंत्री स्वयं सुबह से शाम तक प्रदर्शन में उपस्थित रहते। जब तक प्रजेंटेशन पूरा न हो, तब तक निरंतर उपस्थित रहने की यह घटना किसी भी मुख्यमंत्री के लिए आश्चर्यजनक ही है। मात्र उपस्थिति नहीं, अपितु घंटों संबंधित विभागों के कामकाज का गहराई से निरीक्षण करना, जो आँकड़े प्रजेंटेशन के लिए रखे जाएँ, उनके संदर्भ में वास्तविक परिस्थिति का अंदाजा लगाना, योजना के विवरणों के साथ जिन उपलब्धियों का निरूपण हुआ हो, उसकी वास्तविकता जाँचना और अंत में विचार-विमर्श के व्यापक दौर में कहाँ त्रुटि है? कहाँ नफा-नुकसान है? त्रुटियों में सुधार की कहाँ गुंजाइश है? विभाग की कार्यशैली को किस तरह उपयोग में लिया जा सकता है? इन तमाम बातों पर अधिकारी संवर्ग के साथ मुख्यमंत्री वैचारिक आदान-प्रदान भी करते। प्रशासनिक इतिहास की यह अभूतपूर्व घटना थी। शायद ही कभी किसी मुख्यमंत्री ने प्रशासन को समझने के लिए और राज्य सरकार के संबंधित विभाग के कामकाज का मूल्यांकन के लिए इतनी दिमागी कवायद की हो, ऐसा नहीं लगता।

संबंधित विभागों में घंटों चलनेवाले प्रजेंटेशन के आयोजन के समय संबंधित सचिवों के मन में भी सवाल उठने चाहिए कि आखिर यह कवायद किसलिए? घंटों तक प्रजेंटेशन करके मुख्यमंत्री आखिर चाहते क्या हैं? कहीं किसी के मन में यह खयाल आया होगा कि इतने विस्तृत प्रजेंटेशन के बाद परिणाम क्या? लेकिन आज उसके फल विभागों के कामकाज, योजनाओं के क्रियान्वयन तथा उसके वास्तविक परिणामों में देखने को मिल रहे हैं। यानी इस बात को मानना पड़ेगा कि मुख्यमंत्री द्वारा तब आरंभ किया गया प्रजेंटेशन का दौर केवल समय व्यतीत करने का प्रयास नहीं था।

यह मानने का कोई कारण नहीं है कि जो मुख्यमंत्री हो, उसे सब मालूम ही हो। इस अर्थ में कहें, तो संबंधित विभाग से काम लेने से पहले मुख्यमंत्री ने तमाम विभागों को समझने की ईमानदारी से कोशिश की और इस कोशिश के कारण ही आज राज्य सरकार के अधिकांश विभाग एक अनूठी गतिशीलता के साथ अनेक उपलब्धियाँ हासिल कर सके हैं।

पंचामृत योजना का विचार

प्रशासनिक सुधार के तहत शुरू किए गए प्रजेंटेशन के इस दौर और कार्य-शिविरों के नतीजे वास्तव में चमत्कारिक रहे। मुख्यमंत्री नरेंद्र मोदी ने राज्य के सर्वांगीण विकास के लिए पंचामृत का नया विचार प्रशासन को दिया। विकास क्रांति के आधार-स्तंभ के लिए पंचामृत की भावना यदि लागू की जाए, तो चमत्कारिक परिणाम आ सकते हैं। पंचामृत यानी क्या? पंचामृत का मतलब है जनशक्ति, ज्ञानशक्ति, जलशक्ति, ऊर्जाशक्ति और रक्षाशक्ति। इन तमाम शक्तियों के आविष्कार के साथ यदि एक लक्ष्य ध्यान में रख मन से विकास प्रक्रिया का श्रीगणेश किया जाए, तो नतीजे जरूर मिलेंगे। बिलकुल सामान्य लगने वाली इस बात को मोदी ने बहुत ही सरलता और सहजता से विकास प्रक्रिया के साथ जोड़ा। सभी इस बात को मानेंगे कि यदि विकास करना हो तो, ज्ञान, ऊर्जा, जल, जन और रक्षा इन क्षेत्रों की उपेक्षा नहीं की जा सकती। इसीलिए मोदी ने इन पाँचों शक्तियों के समन्वय से पंचामृत के विचार को प्रशासन के सामने रखा। अमृतपान से निर्जीव में भी चेतनापूर्ण जीवन का संचार होता है। इसी प्रकार इन पाँच शक्तियों के अमृत का निरूपण हो, तो विकास प्रक्रिया में भी जीवंतता आ सकती है। अत्यंत अल्पावधि में प्रशासन को उत्कृष्ट परिणाम हासिल हो सकते हैं और ये परिणाम दिखाई दिए उनके शासन काल के शुरुआती 111 दिनों में।

उद्‌घाटन नियत हो, तभी शिलान्यास

जब तक निश्चित दिशा-निर्देश के साथ प्रशासन को योजना के चरणबद्ध और समयबद्ध क्रियान्वयन का आयोजन कर योजना पूरा होने की निश्चित समय सीमा नहीं दी जाएगी, तब तक परिणाम की कोई गारंटी नहीं रखी जा सकती। कभी-कभी ऐसा भी होता कि मुख्यमंत्री को अच्छा लगने के लिए योजनाओं का उद्‌घाटन हो जाता, लेकिन बाद में जितना हुआ—उतना करके गाड़ी को जबरन धक्का लगाया जाता। ऐसे में मोदी प्रशासन के उच्चाधिकारियों को इस मानसिकता से उबारने के लिए खुलेआम कहते, 'जो योजनाएँ पूरी नहीं होनी हैं, उनके उद्‌घाटन में मेरी कोई दिलचस्पी नहीं है। यदि योजना का उद्‌घाटन कराना है, तो इस योजना के पूरी होने की तारीख मुझे बताइए। पहले योजना पूरी होने की तारीख, फिर उद्‌घाटन की तारीख।' इतना आश्वासन माँगा जाए, तो फिर क्या होगा? आयोजन ही इस प्रकार से करना पड़े कि योजना उसकी समयसीमा में संबद्ध चरण में पूरी हो। यहाँ कहने का आशय यह नहीं है कि मुख्यमंत्री या सरकार ऐसा आश्वासन देने के बाद जल्दबाजी में योजना जैसे-तैसे पूरी कराना चाहते थे। आशय इतना ही था कि एक बार समयसीमा तय कर दी जाए। यदि उसमें मान लीजिए विलंब भी हो, तो उसे समझा और बरदाश्त भी किया जा सकता है, लेकिन उसकी कोई निश्चित

समयसीमा तो होनी चाहिए न? किसी भी समय योजना शुरू हो और किसी समय पूर्ण हो, ऐसी योजनाओं का लोगों के लिए कोई अर्थ नहीं है। बस यही बात प्रशासन समझ सके, तो योजनाएँ तेजी से पूर्ण हों, इस बात में कोई संदेह नहीं है। योजना में गतिशीलता आएगी और निश्चितता भी आ सकती है।

स्पष्ट दिशा-निर्देश

दिशा–निर्देश और समयबद्ध आयोजन को सरल बनाने के लिए प्रत्येक विभाग को लक्ष्य दिया गया। संबंधित विभाग से कौन–कौन से काम शुरू किए गए हैं या आगामी दिनों में शुरू किए जाने हैं? यह तय करने की प्राथमिकता मुख्यमंत्री के पास तब थी। विभागों में घंटों चले प्रजेंटेशन और संबंधित सचिवों के लिए आयोजित कार्य शिविरों का उद्देश्य इस प्रकार की प्राथमिकता के मुताबिक तेजी से क्रियान्वयन ही था। मोदी ने प्रजेंटेशन के दौरान प्रशासन की सीमा, संबंधित विभाग के कामकाज की पृष्ठभूमि तथा उसके आधार पर उसकी कार्यक्षमता का एक आकलन निकाल लिया था। उस आकलन के आधार पर संबंधित विभाग को एक स्पष्ट दिशा–निर्देश देकर आगामी पाँच वर्षों के कार्यकाल के कामकाज का एक ब्ल्यू प्रिंट मन–ही–मन तैयार कर लिया गया था। उसी दिमागी ब्ल्यू प्रिंट के आधार पर समृद्ध गुजरात की इमारत के निर्माण का कार्य आरंभ हुआ। चिंतन शिविर कर्मयोगी प्रशिक्षण के कारण प्रशासन में नई उमंग और उत्साह का संचार तो हो ही चुका था। अब बात थी उस उत्साह और उमंग को क्रियान्वयन की प्रक्रिया में जुटने की। जोश था और कुछ नया करके दिखाने का उत्साह भी था। प्रशासन के प्रत्येक विभाग के लिए संबंधित वर्ष के अनुसार अगले पाँच साल में क्या करना है? कौन सी योजनाएँ कब पूर्ण करनी हैं? उसका विभाग में विचार होता था। फलस्वरूप आज हर विभाग उसके कामकाज के निश्चित परिणामों का गौरवपूर्ण उल्लेख करने की स्थिति में है।

राज्य के सामान्य प्रशासन विभाग के ध्येय और लक्ष्य के अलावा गुड गवर्नेंस को केंद्र में रखकर कार्यकुशल प्रशासन, प्रभावी प्रबंधन आदि मुद्दों को ध्यान में रखकर कार्यक्रमों की जिम्मेदारी सौंपी गई। विभागों को योजनाओं, उनके क्रियान्वयन का स्वरूप, ध्येय, लक्ष्य जैसी बातों पर पर्याप्त ध्यान देकर जो जिम्मेदारी सौंपी गई, उसकी विभागवार जानकारी यही बताती है कि दिसंबर 2002 के चुनाव जीतने के बाद प्रशासनिक सुधार के लिए नई दृष्टि के साथ जो भी आयोजन मुख्यमंत्री ने किए, उसके नतीजे अब मिलने लगे। ये नतीजे बहुत ही उत्साहवर्द्धक रहे। यशस्वी सिद्धि हासिल करने का मानो जादुई चिराग मिल गया। उस समय ऐसा लगता कि ऐसी दिमागी कवायद यदि पिछले वर्षों में किसी भी स्तर पर थोड़ी–बहुत हुई होती, तो गुजरात का भविष्य आज से ज्यादा उज्ज्वल होता?

सिलसिला समीक्षा का दौर

विकास रेखा को अंकित करने के लिए जिन विभागों को लक्ष्य सौंपे गए, उनमें सामान्य प्रशासन विभाग, सामाजिक न्याय एवं अधिकारिता, श्रम एवं रोजगार, नर्मदा व जल संसाधन जलापूर्ति, कल्पसर, वन एवं पर्यावरण, राजस्व, वैधानिक और संसदीय मामलों का विभाग, कृषि एवं सहकारिता, खेलकूद व युवा, सांस्कृतिक मामलों का विभाग, विधि, स्वास्थ्य एवं परिवार कल्याण, शहरी विकास एवं शहरी ग्रामीण निर्माण, वित्त, सूचना एवं प्रसारण, खाद्य एवं नागरिक आपूर्ति, सड़क एवं भवन, ऊर्जा एवं पेट्रो रसायन, बंदरगाह व मत्स्योद्योग, विज्ञान एवं प्रौद्योगिकी, महिला एवं बाल विकास, उद्योग एवं खान, पंचायत-ग्रामीण गृह-निर्माण एवं ग्रामीण विकास और शिक्षा विभाग शामिल थे। प्रशासन विभाग में प्रशासनिक सुधार तथा प्रशिक्षण को ध्यान में रखकर कर्मचारियों को विश्वसनीय प्रशिक्षण देने का आयोजन किया गया।

हजारों कर्मचारियों को सरदार पटेल प्रशासनिक प्रशिक्षण व अध्ययन केंद्र स्पीपा के तहत ईडीपी प्रशिक्षण को लक्ष्य बनाया गया। सर्वाभिप्राय अभियान के तहत आनुषंगिक नीतियों को लागू करने की योजना बनाई गई। पंचवर्षीय योजना तथा वार्षिक योजनाओं का निर्माण विभागों के खर्च तथा भौतिक उपलब्धि की प्रगति के विनिमय के कामकाज के साथ जुड़े सचिवों की हर तीन माह में समीक्षा बैठकों का आयोजन किया गया।

जहाँ तक सामान्य जनता का संबंध है, तो राजस्व एवं पंचायत विभाग के कामकाज के लिए यदि लक्ष्य दिए जाएँ और समयसीमा में लक्ष्य पूर्ण किए जाएँ, तो उसके बहुत अच्छे परिणाम आम आदमी को मिल सकते हैं। आज से तीन साल पहले हर ग्रामीण को राजस्व विभाग के अधीनस्थ जिला तहसील स्तर के कामकाज में लचरपन का अनुभव होता था। एक सामान्य दस्तावेज या फिर छोटी-छोटी बातों के लिए कई दिन कचहरी के धक्के खाने पड़ते थे। आज नहीं, कल। कल जाएँ, तो अभी काम बाकी है, अगले सप्ताह आना। ऐसे जवाब सुनकर, जेब के पच्चीस-पचास रुपए खर्च करके तहसील या जिला मुख्यालय पहुँचे ग्रामीण को निराश होकर लौट जाना पड़ता था। फलतः प्रशासन को लेकर जनमानस में बहुत खराब छवि थी। राजस्व और पंचायत विभाग के कामकाज को परिणामदायी बनाया जाए, तो प्रशासन की समग्र छवि तेजी से सुधारी जा सकती है। इस बात का अहसास होते ही मुख्यमंत्री ने इन दोनों विभागों के कामकाज में सुधार पर विशेष जोर दिया।

कृषि में समृद्धि

गुजरात के सर्वांगीण विकास का आधार कृषि विभाग के कामकाज और परिणामों पर आधारित होता है। यदि कृषि उत्पादन बढ़ाने में सफलता मिले, तो राज्य की आर्थिक

समृद्धि अवश्य बढ़ेगी। गत वर्षों में बार-बार वर्षा की अनियमितता, लगातार अकाल के पैदा होते हालात और अकाल के परिणामस्वरूप चौपट हो चुकी खेती के चलते गाँव भी टूटने लगे थे। इस परिस्थिति का निवारण करने तथा कृषि क्षेत्र की समृद्धि के लिए योजनाबद्ध प्रयास जरूरी थे। 2004-05 से प्रयास हुए भी। ध्येय रखा गया कि गुजरात एग्रो विजन से टिकाऊ खेती के विकास का ध्यान रखते हुए ग्रामीण जनता को रोजगार के विशाल अवसर देकर उसकी आय बढ़ाकर किसानों का जीवन स्तर सुधारना। नए वैश्विक कृषि माहौल में टिकाऊ कृषि उत्पादकता में वृद्धि और अधिक मूल्योपार्जन से उसकी माँग के आधार पर कृषि एवं कृषि आधारित उद्योगों के विकास को गति दी जा सकती है। इस ध्येय को साकार करने के लिए कुछ उद्देश्य भी तय किए गए।

जो उद्देश्य तय किए गए, उनमें शत-प्रतिशत वार्षिक दर हासिल करने के लिए कृषि उत्पादन मूल्यवर्द्धित कर विकास को गति देना, किसानों को अत्याधुनिक तकनीक और अच्छी-से-अच्छी वैश्विक अर्थव्यवस्था की जानकारी देना, कृषि में आवश्यक तमाम कृषि सामग्री जैसे आनुवंशिक संशोधित संवर्धक और असंवर्धक बीज, रासायनिक व जैविक खाद तथा कीटनाशक राज्य में उपलब्ध कराना। जैविक सेंद्रिय व असेंद्रिय कृषि रसायनों में समाविष्ट पोषक तत्त्वों का सही प्रमाण में उपयोग करना तथा समन्वित कीट व्यवस्था कार्यक्रमों से किसानों को अवगत कराना, मुख्य कृषि उत्पादन बाजार समितियों की ढाँचागत सुविधाएँ मजबूत करना, बागवानी क्षेत्र में रोगमुक्त फलीय पौधे उत्पादित करना, डेयरी क्षेत्र में अधिक उत्पादन देने वाली नस्लों को सहकारिता के माहौल में अपनाना आदि उद्देश्य थे।

जनता की सुख-सुविधा के लिए स्वास्थ्य और परिवार कल्याण विभाग के लिए भी उद्देश्य तय किए गए। इसमें बाल मृत्यु दर घटाना, माता के स्वास्थ्य का स्तर ऊँचा लाना, जनसंख्या नियमन प्रयोगशालाओं का आधुनिकीकरण, जिला कार्यालयों के साथ जी-स्वैन कनेक्टिविटी, आयुर्वेदिक फार्मेसी का आधुनिकीकरण, आयुर्वेदिक वनस्पति उद्यान का विकास करना, आयुर्वेदिक अस्पतालों का विकास, आयुर्वेदिक व होम्योपैथिक पद्धति के नए दवाखाने शुरू करना आदि शामिल थे।

गुजरात के 50 वर्षों के इतिहास में पीने और सिंचाई के पानी की समस्या हरदम पीड़ा देती रही है। गुजरात की जनता औसत 10 में से सात वर्ष तो मानो अकाल या अर्द्धअकाल की स्थिति का सामना करती आई है। पीने के पानी की जहाँ समस्या हो, वहाँ सूखे खेतों तक पानी पहुँचाने की कल्पना कैसे होती? 1960 से 1995 के दौरान गुजरात की जनता लगातार पानी की समस्या का शिकार बनती रही। फिर भी स्थिति यह रही कि समस्या से स्थायी निजात दिलाने वाला कोई हल खोजने की बजाय संबद्ध समय में पानी की समस्या के निवारण के लिए कामचलाऊ रास्ते ही खोजे जाते रहे। इस

कामचलाऊ हल का मतलब है, अकाल के समय में गाँव में पीने के पानी के टैंकर पहुँचाना, करोड़ों रुपयों का मास्टर प्लान घोषित कर अकाल राहत के काम शुरू कराना और गरीब श्रमिकों को रोजगार देना। कभी-कभी इससे आगे बढ़कर कहीं-कहीं पुराने जर्जर हैंडपंपों की मरम्मत कराना या कहीं नए हैंडपंपों को मंजूरी देना। बस इतना ही। उस समय किसी शासक ने पानी की समस्या के स्थायी हल की दिशा में नहीं सोचा।

वास्तव में पानी की समस्या के स्थायी निवारण के लिए अनेक योजनाएँ लागू की जा सकती थीं, लेकिन न तो योजनाओं को लागू कर तेजी से पूर्ण करने का आयोजन किया गया और न ऐसी योजनाएँ शुरू ही की गईं। गुजरात की 18 लाख हेक्टेयर जमीन तथा करीब नौ हजार गाँव और 135 छोटे-बड़े शहरों को पीने के पानी की आपूर्ति करने की क्षमता रखनेवाली राज्य की महत्त्वाकांक्षी सरदार सरोवर योजना वैसे तो किसी भी शासक पक्ष के लिए महत्त्वाकांक्षी योजना थी। राज्य की तमाम सरकारें यह जानती थीं कि जब तक सरदार सरोवर योजना को तेजी से पूर्ण नहीं किया जाएगा, तब तक गुजरात में पानी की तंगी की समस्या का स्थायी निवारण नहीं होगा। इसके बावजूद वास्तविकता यह थी कि सरदार सरोवर योजना द्वारा गुजरात को तेजी से पीने और सिंचाई का पानी उपलब्ध कराने का बीड़ा पूर्व की किसी सरकार ने नहीं उठाया। यह बात और है कि 1961 में पंडित जवाहरलाल नेहरू ने ही सरदार सरोवर योजना का शिलान्यास किया था।

खेतों तक पहुँचा नर्मदा नीर

वर्षा की कमी के कारण राज्य का अधिकांश क्षेत्र सिंचाई की भारी समस्या से जूझ रहा था। मध्य एवं पूर्व गुजरात में खासकर वडोदरा, पंचमहाल, भरूच, नर्मदा, खेडा, आणंद एवं अहमदाबाद जिले के भाल कस्बे में अपर्याप्त बारिश के कारण करोड़ों की कीमती फसल पानी के अभाव में झुलस जाने से कृषि अर्थव्यवस्था पर गंभीर चोट के हालात थे। दूसरी ओर वास्तविकता यह थी कि एक तरफ नर्मदा की मुख्य नहर में पानी बहने के बावजूद कई जिलों में नर्मदा जल सिंचाई के लिए देने में प्रबंधन का अभाव था। गुजरात अजीब विडंबना के दौर से गुजर रहा था। एक तरफ नर्मदा का पानी मुख्य नहर में उपलब्ध था, दूसरी तरफ कीमती फसलें बिना पानी के झुलस रही थीं। इस स्थिति से कैसे निपटा जाए? मुख्यमंत्री ने तभी इस समस्या का हल करने की दिशा में विचार किया और खेतों तक नर्मदा का पानी पहुँचाने के लिए इंजीनियरों को निर्देश दिया।

खेतों तक सिंचाई के लिए नर्मदा जल न पहुँचाए जा सकने का कारण यह था कि इन क्षेत्रों में नर्मदा योजना की शाखा नहरें तब तैयार नहीं थीं। जब तक शाखा नहरों का काम पूरा नहीं होता, तब तक पानी पहुँचाया कैसे जाए? हाल यह था कि निकट भविष्य में नर्मदा शाखा नहरों का निर्माण पूरे होने की कोई संभावना भी नहीं थी। इन परिस्थितियों

में नर्मदा जल सिंचाई के लिए खेतों तक पहुँचाने के अन्य कोई विकल्प खोजने के अलावा कोई चारा नहीं था और यह विकल्प भी खोज निकाला गया। जिन क्षेत्रों में सिंचाई के लिए नर्मदा जल की जरूरत थी, उन क्षेत्रों यानी आणंद और खेड़ा जिलों में 'मही सिंचाई योजना' के तहत मौजूदा नहरों से तथा अहमदाबाद जिले में खासकर बावळा, धोळका, साणंद, दसक्रोई तहसीलों में फतेवाड़ी कमांड एरिया की शाखा नहरों द्वारा नर्मदा जल खेतों तक पहुँचाया जा सकता था।

मुख्यमंत्री नरेंद्र मोदी ने तब इन मौजूदा शाखा नहरों के माध्यम से खेतों तक नर्मदा जल पहुँचाने का प्रशासन को निर्देश दिया। इस प्रकार गुजरात के इतिहास में पहली बार सिंचाई के लिए सूखे खेतों तक नर्मदा जल पहुँचाने की शुरुआत हुई। वडोदरा जिले में सरदार सरोवर योजना की शाखा नहरों का काम कुछ हद तक पूर्ण हुआ था। इसीलिए इन क्षेत्रों में इन नहरों में नर्मदा का पानी छोड़कर खेतों तक पहुँचाया गया। खेड़ा और आणंद जिलों में मही शाखा नहरों के जरिए खेतों तक नर्मदा जल पहुँचा, तो अहमदाबाद जिले में साबरमती नदी में नर्मदा जल प्रवाहित किए जाने के बाद फतेवाड़ी नहर से खेतों तक पहुँचाया जा सका। इससे पानी के अभाव में जल जाने वाली करोड़ों की फसल को बचाया साथ में राज्य का कृषि उत्पादन नौ हजार करोड़ से 40 हजार करोड़ के पार तक पहुँचा दिया।

वर्ष 2003-04 से गुजरात के अनेक जिलों में नर्मदा जल सिंचाई के लिए उपलब्ध होने के कारण कृषि उत्पादनों के मूल्योपार्जन में करोड़ों रुपयों की वृद्धि हुई।

कच्छ में नर्मदा जल

गाँवों और शहरों में नर्मदा का पानी पीने के लिए बहने लगा था, लेकिन कच्छ जिले में नर्मदा जल पहुँचाना तब की महत्त्वपूर्ण जरूरत थी। कच्छ वैसे भी वर्षा की कमी झेलने वाला क्षेत्र था। मुख्यमंत्री नरेंद्र मोदी ने किसी भी परिस्थिति में पाइप लाइन से कच्छ में ठेठ पाकिस्तानी सीमा तक नर्मदा जल पहुँचाने के लिए प्रशासन को आदेश दिए। फलस्वरूप 18 मई, 2003 को कच्छ की सूखी धरती पर नर्मदा जलावतरण हुआ। 18 मई, 2003 का दिन कच्छी मांडुओं (कच्छ की जनता) के लिए ऐतिहासिक और अविस्मरणीय था। हजारों की संख्या में उमड़े कच्छी मांडुओं को तब मुख्यमंत्री नरेंद्र मोदी में जैसे भगीरथ के दर्शन हुए हों, उनका हर्षपूर्ण अभिवादन किया गया था। नर्मदा जलावतरण के उस सार्वजनिक कार्यक्रम में मोदी ने जब नर्मदा मैया का जलाभिषेक किया, तो कच्छी मांडुओं ने नर्मदा मैया के प्रत्येक बिंदु या नर्मदा मैया की धारा से तृप्त होने में जो उत्साह दिखाया, वह दृश्य कभी भुलाया नहीं जा सकता। कारण स्वाभाविक था। नर्मदा की आशा में जिंदगी बिताने वाली कच्छ की जनता को उनके जीते-जी नर्मदा मैया का कच्छ में अवतरण होगा, ऐसी उन्हें तनिक भी आशा नहीं थी। पर मुख्यमंत्री ने उनकी आशा को वास्तविकता में बदल

दिया था। यह कार्यक्रम प्रतीकात्मक नहीं था। 18 मई, 2003 से अनेक गाँवों और चार शहरों में पाइप लाइन से नर्मदा जल का अवतरण हुआ था। इस अर्थ में कच्छ जिले के लिए यह एक ऐतिहासिक घटना थी। उस समय नरेंद्र मोदी ने कहा था कि कच्छ की सूखी धरती के लिए नर्मदा का यह पानी कच्चा सोना साबित होगा।

नर्मदा के जल से बिजली उत्पादन

अक्तूबर 2004 से सरदार सरोवर में 110.64 मीटर तक नर्मदा का पानी बाँध में भरा जाने लगा। सरदार सरोवर योजना के इतिहास में यह पहला बिजली उत्पादन था, जो आज भी जारी है।

संघर्ष बाधक तत्त्वों से

सरदार सरोवर बाँध की ऊँचाई 121.92 मीटर तक पहुँचाने में गुजरात को जो संघर्ष करना पड़ा। इसका उल्लेख इसलिए जरूरी है, क्योंकि उस दौर में यदि नरेंद्र मोदी ने साम, दाम, दंड, भेद का एहसास न कराया होता, तो शायद गुजरात इस उपलब्धि से वंचित रह गया होता। सरदार सरोवर बाँध की ऊँचाई 121.92 मीटर तक बढ़ाने के लिए भारत सरकार के जल संसाधन मंत्रालय में निर्णय लेने के लिए आरसीएनसीए की नई दिल्ली में बैठक हुई। बैठक में खलबली मच गई। तत्कालीन जल संसाधन मंत्री डॉ. सैफुद्दीन सोज का रवैया बाँध के निर्माण को आगे बढ़ने से रोकने का था, तो दूसरी तरफ सरदार सरोवर योजना के विरोधी नर्मदा बचाओ आंदोलनकारियों ने बाँध की ऊँचाई 121 मीटर तक न पहुँचने देने के तमाम हथकंडे अपनाने में कोई कसर नहीं छोड़ी थी। वजह स्वाभाविक थी। यदि बाँध की ऊँचाई 121 मीटर हो जाए, तो गुजरात के लिए टर्निंग पॉइंट बन जाता। इसीलिए इस निर्माण को आगे बढ़ने से रोकने के जो प्रयास हुए, उसके फलस्वरूप केंद्रीय जल संसाधन मंत्री डॉ. सैफुद्दीन सोज ने बड़बोलापन दिखाते हुए कह दिया कि पुनर्वास के काम संतोषजनक ढंग से नहीं हुए हैं। इसलिए बाँध की ऊँचाई और नहीं बढ़ने दी जाएगी। उनके इस कथन पर गुजरात में असंतोष और विरोध की आँधी फैली। यह वह दौर था, जब इस निर्णय का विरोध करने में गुजरात की जनशक्ति के लिए एकजुट होकर शांत शक्ति का परिचय कराकर बाँध की ऊँचाई बढ़ने के लिए संघर्ष शुरू करना जरूरी हो गया था। मुख्यमंत्री के लिए भी तब यह अप्रत्याशित कसौटी थी। सर्वोच्च न्यायालय आदेश दे चुका था, पुनर्वास संबंधी कार्य संबंधित राज्यों में चल रहे थे, अचानक बाँध के निर्माण की मंजूरी की उपेक्षा करके निर्माण रोकने की चेष्टा कैसे बरदाश्त की जाती?

मुख्यमंत्री नरेंद्र मोदी ने रणनीतिक चाल चलकर भारत सरकार के खिलाफ संघर्ष

शुरू किया। जब तक बाँध का काम आगे बढ़ने देने की मंजूरी की घोषणा नहीं होगी, तब तक उन्होंने अमदाबाद के जीएमडीसी मैदान में 52 घंटे के उपवास की घोषणा की। अहमदाबाद में हजारों लोगों, साधु-संतों और सरदार सरोवर योजना के साथ जी-जान से जुड़े अनेक स्वैच्छिक संगठनों के प्रतिनिधियों की उपस्थिति और समर्थन के बीच वे उपवास पर बैठ गए। दूसरी तरफ इसी अरसे में गांधी आश्रम-अहमदाबाद में तमाम राजनीतिक दलों के अग्रणियों, स्वैच्छिक संगठनों के अग्रणियों, व्यापारिक संगठनों और अन्य छोटे-बड़े संगठनों के प्रतिनिधियों ने भी सांकेतिक उपवास शुरू कर नर्मदा विरोधी तत्त्वों के खिलाफ संघर्ष छेड़कर गुजरात की शांत शक्ति का परिचय कराया। इन सामूहिक प्रयासों के फलस्वरूप तत्कालीन केंद्रीय जल संसाधन मंत्री को झुकना पड़ा। मुख्यमंत्री नरेंद्र मोदी ने इस समग्र घटनाक्रम में जो भूमिका निभाई, उसमें सुलझे हुए राजपुरुष के उनके व्यक्तित्व का अहसास गुजरात को फिर हुआ।

गुजरात में सिंचाई की क्षमता बढ़ाने के लिए सरदार सरोवर योजना के साथ गुजरात में नरेंद्र मोदी ने जलसंचय (बारिश के पानी का संग्रह) अभियान को भी प्रोत्साहित किया। वैसे गुजरात में जलसंचय अभियान वर्ष 2000 से ही शुरू हो चुका था। लेकिन इसमें तेजी आई नरेंद्र मोदी के शासन में। जब राज्य की छोटी-बड़ी नदियों पर बड़े-बड़े चेकडेम के निर्माण की शुरुआत हुई।

सरदार पटेल सहभागी जल संचय योजना के तहत गाँव-गाँव तटबंध निर्माण के अलावा नरेंद्र मोदी ने सौराष्ट्र की वर्षों से सूखी-सपाट रहनेवाली नदियों पर शृंखलाबद्ध बड़े तटबंधों का विचार रखा। आरंभिक चरण में सिंचाई विभाग के तहत जल संसाधन विकास निगम को इस प्रकार की विशिष्ट जिम्मेदारी सौंपकर वर्ष 2003-04 और 2004-05 में इन नदियों को पुनर्जीवित करने का अभियान शुरू हुआ।

वास्तविकता यह है कि जनशक्ति को जगाने पर जोर देने की उनकी विशिष्ट शैली में प्रोत्साहित करने का उनका यह दृष्टिकोण था। सामान्यत: बहुत कम राजपुरुषों में यह दृष्टिकोण देखा जाता है। वरना किसी भी योजना के अच्छे परिणाम लाने के लिए उसमें जनशक्ति को प्रोत्साहित करने की मानसिकता कहाँ देखने को मिलती है? यहाँ बात ही अलग थी।

वर्ष 2000-01 से राज्य में प्रज्वलित जलक्रांति की ज्योति पिछले छह वर्षों के दौरान वर्ष-दर-वर्ष अधिक प्रज्वलित होती गई। आज नतीजा यह है कि गुजरात में हजारों तटबंधों के जरिए लाखों घनमीटर पानी का भूमिगत संग्रह हुआ है, दूसरी ओर राज्य की अनेक सूखी नदियों को पुनर्जीवन मिला है।

मोदी ने जल संचय योजना को जो नया आयाम दिया या नदियों को शृंखलाबद्ध तटबंधों के जरिए पुनर्जीवित करने के लिए, जो चिंतन किया, वह बिलकुल स्पष्ट था।

जब अच्छी से अच्छी बरसात हो, तब तमाम जलाशय पानी से लबलाब भरें। लेकिन जलाशय भरने के बाद बाकी का तमाम पानी समुद्र में बह जाए...? इस स्थिति का हल होना ही चाहिए—जलाशय भी भरें और नदियाँ भी बारह माह बहती रहें, तभी पानी की समस्या का हल मिल सकेगा। इस उद्देश्य से आयोजन किया गया, जिसके फलस्वरूप पहली बार सूखी नदियाँ पुनर्जीवित हो सकीं। यह आयोजन यह बताने के लिए था कि जलाशय भरने के बाद अतिरिक्त पानी या उसकी एक भी बूँद समुद्र में नहीं जाने देनी है। इसी कारण बाँध भी छलके और नदियाँ भी छलकीं।

जल संचय से लाभ

जनभागीदारी सरदार पटेल सहभागी जल संचय योजना के अलावा अन्य योजनाओं के तहत आज सौराष्ट्र, उत्तर गुजरात तथा पूर्व गुजरात के आदिवासी क्षेत्रों में लगभग एक लाख से भी अधिक तटबंध बनने के कारण भूमिगत जल स्तर में उल्लेखनीय बढ़ोतरी हुई है। तटबंधों के जरिए जल संग्रह के कारण इन क्षेत्रों के हजारों कुओं में साल में कई दिनों तक न्यूनतम 15 मीटर से अधिकतम 30 से 35 मीटर के स्तर तक जल को छलकते देखा गया। गुजरात के इतिहास में यह आश्चर्यजनक घटना है। सौराष्ट्र तथा उत्तर गुजरात के औसत किसान के लिए भूमिगत जल स्तर की यह वृद्धि भले आश्चर्यजनक नहीं हो, लेकिन हर्षित करनेवाली जरूर है। गरमी और ठंड में भी जो कुएँ रीते रहते हों, उन कुओं में गरमी में दो फसलें लेने के बाद भी यदि पानी दिखाई दे, तो किस किसान के दिल में खुशी नहीं होगी!

जल संचय से ग्रामीण अर्थव्यवस्था के विकास की एक नई दिशा खुली। पहला परिणाम यह आया कि गाँव छोड़कर धंधे-रोजगार की तलाश में शहर की तरफ दौड़ने वाले लोग फिर अपने गाँव लौटने लगे हैं।

बिजली समस्या का निदान

तटबंधों के कारण सिंचाई और पेयजल की दिशा खुली है, साथ ही बिजली की समस्या के निवारण की एक नई दिशा भी मिली है। खासकर उत्तर गुजरात के क्षेत्रों में जल संचय से बिजली की समस्या के निवारण की एक नई दिशा बनी है। साबरकांठा तथा बनासकांठा जिलों के पहाड़ी क्षेत्रों में तटबंधों के कारण भूमिगत जल स्तर लगातार ऊपर आ रहा है, इससे कुओं में पानी की सतह तेजी से ऊपर आ रही है। औसत किसान आज भूमिगत पानी खींचने के लिए बिजली पर होने वाले खर्च से मुक्त है।

राज्य के आदिवासी क्षेत्रों में जल संचय से चमत्कारिक परिणाम आए हैं। एक समय सामान्य झोंपड़ी में रहनेवाला आदिवासी अच्छे पक्के मकान में रहने लगा है।

पक्के मकान और आसपास ही खेत में लहराती कपास, गेहूँ, रायडा या अरंडी की फसलें और उसकी आय से हर्षित आदिवासी किसान खुशी–खुशी कहता है, घर के आँगन में छलकते कुएँ और खेतों में पानी मिलने से अब गरीब भी मानो राजा बन गया है। घर में अच्छे–बुरे प्रसंग के समय किसी के पास हाथ नहीं फैलाना पड़ता।

गुजरात में पानी की समस्या के स्थायी निवारण के लिए 'सुजलां–सुफलाम्' योजना के तहत जल संचय, कच्ची स्प्रेडिंग, सुजलाम–सुफलाम कैनाल द्वारा जल संचय, तालाब गहरीकरण, भूमिगत पाइप लाइन से नर्मदा जल से उत्तर गुजरात के जलाशयों को भरने, आदिवासी क्षेत्रों में अतिरिक्त सिंचाई सुविधा स्थापित करना, कच्छ जैसे क्षेत्र में क्षारीकरण समस्या दूर करने के लिए आड़बंध, ऐसी अनेक योजनाओं के पूर्ण होने से गुजरात में किसानों के लिए सिंचाई सुलभ हुई है। गुजरात के कृषि विकास में ऐसी योजनाओं की महत्त्वपूर्ण भूमिका है।

एक तरफ मुख्यमंत्री ने नदियों पर शृंखलाबद्ध तटबंध निर्माण अभियान शुरू किया, जहाँ तटबंध संभव नहीं हैं, वहाँ बरसाती जल को, विशेषकर बारिश के मौसम में जब बारिश की तीव्रता कम होती है, ऐसी बारिश को जलप्रवाह में बह जाने से रोकने के लिए बोरी बाँध का एक नया प्रयोग मोदी ने प्रशासन को सुझाया। किसी भी प्रकार के खर्च के बिना जितना पानी जहाँ रोका जा सके, उससे फायदा ही होने वाला है। एक सामान्य सीमेंट या खाद की खाली थैली में रेत भर कर पाँच बाँध बना दो, तो पानी को एक छोर से, दूसरे छोर पर जाने में पाँच घंटे लगेंगे और इन पाँच घंटों में जो पानी जमीन में उतरे, उतना अतिरिक्त मुनाफा है।

नरेंद्र मोदी ने कृषि में सिंचाई की सुविधा प्रदान करने के साथ ही कृषि के विकास के लिए शिक्षा, अनुसंधान और विस्तारण पर जोर दिया। उनकी सोच अलग थी। कृषि भारतवर्ष की संस्कृति है। साथ ही विज्ञान भी है। इसीलिए कृषि क्षेत्र में मुख्यमंत्री नरेंद्र मोदी ने दोनों का समन्वय किया''यदि कृषि विज्ञान है तो कृषि वैज्ञानिकों के जरिए खेतों तक पहुँचना ही चाहिए। उनका कहना था कि जब तक वैज्ञानिक अनुसंधान खेत तक नहीं पहुँचते, तब तक ये व्यर्थ ही रहेंगे। मुख्यमंत्री नरेंद्र मोदी ने वर्ष 2002 में जब जाना कि राज्य के कृषि विश्वविद्यालयों के पास 700 से अधिक कृषि वैज्ञानिक हैं, तब उन्हें लगा कि ये वैज्ञानिक यदि खेतों में जाएँ, तभी किसानों की सच्ची सेवा होगी। इसीलिए आणंद में वर्ष 2003 में आयोजित दीक्षांत समारोह में मोदी ने कहा था कि वैज्ञानिकों की मेहनत जब तक किसानों तक नहीं पहुँचती, तब तक अनुसंधानों की यह प्रक्रिया सार्थक नहीं हो सकेगी। उन्होंने यह भी कहा कि आप वर्षों से खेती के लिए नए–नए प्रयोग करते हैं, नए–नए अनुसंधान करते हैं, बीज की नई–नई किस्में खोजते हैं। मैं मानता हूँ कि ये सब आप किसानों के लिए करते हैं।

खेतों में प्रयोगशाला

मुख्यमंत्री की यह भावना स्वाभाविक थी। सामान्यतः कृषि वैज्ञानिक पूरे दिल से खेती के लिए अलग-अलग अनुसंधान करते हैं, परंतु लैबोरेटरी में होने वाले अनुसंधान शायद ही खेतों तक पहुँच पाते थे। मूल्यवान अनुसंधान यदि खेतों तक नहीं पहुँचें, तो वे किस काम के? प्रयोगशाला और खेत की वास्तविकता अलग ही होती है। इसका मतलब यह नहीं कि लैब में होने वाले वैज्ञानिक अनुसंधानों का खेत की व्यावहारिकता का कोई आधार नहीं होता। अधिकांशतः वास्तविक और व्यावहारिक परिस्थिति को ध्यान में रखकर अनुसंधान होते हैं, लेकिन यह बात उतनी ही सही है कि वर्ष 2003 तक वैज्ञानिक अनुसंधान खेतों तक नहीं पहुँचते थे। इसीलिए मुख्यमंत्री ने राज्य के कृषि वैज्ञानिकों को एक नया नारा दिया—'लैब टू लैंड'। यानी लैबोरेटरी में होने वाले वैज्ञानिक अनुसंधान खेतों तक पहुँचने चाहिए। इतना ही नहीं, वैज्ञानिक लैबोरेटरी से बाहर आकर खेत में जाएँ और वास्तविक परिस्थिति का अभ्यास कर अनुसंधान करें तथा अनुसंधान खेतों तक पहुँचने अवश्य चाहिए। वैज्ञानिक की बुद्धि और किसान की सूझ-बूझ में समन्वय यदि हो जाए, तो सोने में सुहागा। इसीलिए नरेंद्रभाई ने एक नया विचार रखा। आज यह विचार साकार भी हुआ है।

कृषि महोत्सव के तहत जो कामकाज शुरू किए गए हैं, उसमें कृषि किट्स का वितरण, कृषि की सज्जी पद्धति का मार्गदर्शन, वैज्ञानिक पद्धति से निरीक्षण, फसल योजना में बदलाव, पशु संवर्धन, जल संचय, बाड़ी योजना, गोबर बैंक और स्वयं सहायता समूह की महिलाओं को रोजगार देने की व्यवस्था, तहसील मुख्यालय पर कृषि शिविर, पंचवटी योजना तथा ग्रामवार फसल आयोजन जैसे मुद्दे मुख्य हैं।

कृषि महोत्सव के आयोजन के कारण दक्षिण गुजरात के वलसाड, डाँग जैसे आदिवासी क्षेत्रों में किसानों को बहुत फायदे हो रहे हैं। आदिवासी किसानों को कौन समझाता कि खेती का सही तरीका क्या है? उन्हें कौन समझाता कि जल-संचय से भूमिगत जल स्तर बढ़ता है! उन्हें कौन समझाता कि यदि पशु संवर्धन किया जाए, तो पशुओं की दूध उत्पादकता बढ़ेगी। जो आदिवासी किसान दो जून की रोटी को तरसता हो, उसमें खेतीबाड़ी या बागबानी या पशुपालन की किट खरीदने की क्षमता कहाँ हो सकती है? और ऐसे असंख्य किसानों को यदि कृषि महोत्सव से लाभ मिले, तो इससे अच्छी बात क्या हो सकती है?

इस प्रकार, गुजरात ने वर्षा आधारित खेती के स्थान पर विभिन्न उपायों से सिंचाई की सुविधा स्थापित की। उसके साथ ही कृषि क्षेत्र में अनुसंधान, शिक्षा व विस्तार की जो प्रक्रिया लागू की, इससे कृषि क्षेत्र में चमत्कारिक नतीजे मिले हैं। गुजरात यदि कृषि क्षेत्र में देश भर में अग्रणी राज्य बना है तो इसका यही रहस्य है।

कन्या शिक्षा पर जोर

राज्य में शिक्षा की जो मुख्य समस्या रही, वह कन्या शिक्षा और साक्षरता दर में कमी थी। नरेंद्र मोदी ने कन्या शिक्षा की जरूरत पर बल देकर जो आयोजन किया, उसके फलस्वरूप पिछले पाँच वर्षों में शिक्षा क्षेत्र में खासकर कन्या शिक्षा को प्राथमिकता देने के लिए वर्ष 2003-04 से कन्या शिक्षा रथयात्रा तथा शाला प्रवेशोत्सव का अनूठा आयोजन शुरू किया। इस अभियान से पिछले एक दशक में गुजरात के स्कूलों में विद्यार्थियों की प्रवेश दर तथा कन्या शिक्षा में भारी वृद्धि हुई है।

कन्या शिक्षा रथयात्रा का अभियान अनूठा साबित हुआ है। कृषि महोत्सव की तरह इस कार्यक्रम में भी मुख्यमंत्री, शिक्षा मंत्री से लेकर राज्य सरकार के मंत्री, जिला प्रभारी, सचिव, जिला कलेक्टर, जिला विकास अधिकारी, आईपीएस, आईएफएस, सचिवालय अधिकारी, शिक्षा सहित अन्य विभागों के अधिकारी जुटते हैं। सभी कन्या शिक्षा और प्रवेशोत्सव की सामाजिक सेवा की भावना से सक्रिय योगदान देने के लिए तपती गरमी में गाँव-गाँव कार्यक्रम करते हैं। इस कार्यक्रम को हर वर्ष बहुत सफलता मिलती रही है। कन्या शिक्षा रथयात्रा के कारण निरक्षर अभिभावक भी शिक्षा, खासकर कन्या शिक्षा के लिए जाग्रत् बने। कन्या शिक्षा रथ के लिए प्राथमिक स्कूल में प्रवेश योग्य तमाम बच्चों और उसमें भी कन्याओं को स्कूल में प्रवेश दिलाया जाता है। उसके साथ ही स्कूल छोड़ गए बच्चों को पुनः स्कूल में प्रवेश दिलाने का कार्य भी किया जाता है। कन्या शिक्षा रथयात्रा में सरकार की कई योजनाओं की जानकारी तथा समझ के अलावा दिन-प्रतिदिन घटते महिला-पुरुष अनुपात और असमान जन्म दर को संतुलित करने के लिए कन्या भ्रूण हत्या व बेटी बचाओ के लिए जागृति लाने के प्रयास किए गए। कन्या भ्रूण हत्या के कारण तथा कन्या शिक्षा के अभाव के कारण जो हालात पैदा होते हैं, उससे पैदा होने वाली सामाजिक समस्याओं से भी गाँववालों को अवगत कराया जाता है। कन्या शिक्षा रथयात्रा में सांसद, विधायक तथा जिला, तहसील, पंचायत पदाधिकारी उपस्थित रहते हैं। चालू वर्ष में भी कन्या शिक्षा व विद्यालय प्रवेशोत्सव के तहत 15-16 जून के दौरान समग्र राज्य के तमाम क्षेत्रों में कन्या शिक्षा रथयात्रा का आयोजन किया गया।

मुख्यमंत्री स्वयं एक मुख्यमंत्री के रूप में नहीं, बल्कि भिक्षुक बनकर इस अभियान को सफल बनाने के लिए गाँव-गाँव जाते हैं। यह कोई छोटी बात नहीं है। मुख्यमंत्री जिस गाँव में जाते हैं, वहाँ शिक्षा की अलख जगाते हैं। उपस्थित जनसमुदाय के सामने याचना अपनी विशिष्ट शैली में करते हैं। शैली इतनी प्रभावी होती है कि उपस्थित समुदाय में जिन अभिभावकों के बच्चे स्कूल में प्रवेश के लायक होते हैं, वे उनकी बात हर्ष से स्वीकार कर लेते हैं।

ई-गवर्नेंस

सामान्य जनसमुदाय को प्रशासन में सुधार की अनुभूति खासकर राजस्व विभाग के कामकाज से होती है। ग्रामीण, तहसील या जिला स्तर पर राजस्व विभाग के अधीनस्थ कार्यालय किस तरह काम करते हैं, उस पर प्रशासन की छवि आधारित होती है। गाँव या शहर के नागरिकों को जमीन संबंधित दस्तावेजों के लिए तहसील या जिला कलेक्टर के कार्यालय में अकसर आना-जाना पड़ता है। इन दोनों कार्यालयों का कामकाज प्रत्यक्ष रूप से आम जनता को छूता है। यह कामकाज जितना तेज हो, जितना सुलभ हो, उतनी ही प्रशासनिक कामकाज की छवि जनमानस में सुधरे। नरेंद्र मोदी ने अपने बारह वर्ष के शासन के दौरान इस बात को केंद्र में रखकर प्रौद्योगिकी के जरिए इस विभाग के कामकाज को अधिक परिणामदायी और प्रभावी बनाने की कोशिश कीं। इस उद्देश्य से अनेक प्रकार की योजनाएँ लागू की गई हैं। ई-गवर्नेंस जैसा नया शब्द प्रयोग भी गुजरात की जनता ने इसी समयावधि में सुना।

राज्य के प्रशासनिक ढाँचे में सबसे पुराना विभाग है राजस्व विभाग। राजस्व विभाग विभिन्न सरकारी योजनाओं तथा अनेक प्रकार के राष्ट्रीय कार्यक्रमों के प्रभावी व परिणामदायी क्रियान्वयन में महत्त्वपूर्ण भूमिका निभाता है। यह विभाग ग्रामीण स्तर के सुदूरवर्ती नागरिक तक विस्तृत है। राज्य में भूमि के प्रत्येक टुकड़े का मापन हुआ है। राजस्व रिकॉर्ड में भूमि संबंधी विवरण दर्ज किए जाते हैं। उचित ढंग से एकत्र की गई जमीन संबंधी बुनियादी जानकारी, फसल पद्धति, सिंचाई अनुसंधान, बुवाई क्षेत्र, सिंचाई क्षेत्र, जुताई अधिकार, स्वामित्व अधिकार, भू-राजस्व तथा भूमि तब्दीली आदि विवरण सतत प्रक्रिया के तहत एकत्र किए जाते हैं और अद्यतन भी किए जाते हैं।

भूमि रिकॉर्ड, भूमि मापन, भू-राजस्व, भूमि प्रबंधन, सर्वे सेटलमेंट, अधिकार पत्र, भूमि अनुदान, भूमि अधिग्रहण, संपत्ति तब्दीली, मूल्यांकन, दस्तावेज पंजीकरण, स्टांप ड्यूटी, कृषि भूमि शीर्ष मर्यादा, भूमि उपभोग रूपांतरण, आपदा प्रबंधन आदि राजस्व विभाग के मुख्य कार्य हैं। राजस्व विभाग नागरिकों की संवेदना और अपेक्षाओं की कद्र करता है।

राजस्व विभाग का आधुनिकीकरण

ई-धरा का अर्थ है कंप्यूटरीकृत लैंड रिकॉर्ड प्रबंधन। उसके मुख्य अंश देखें, तो ई-गवर्नेंस का उत्कृष्ट मॉडल, स्वच्छ सटीक सुनियोजित भूमि रिकॉर्ड, विकासशील टेक्नोलॉजी का लाभ सुदूरवर्ती ग्रामीणों तक पहुँचाने का प्रयास, जनसेवा में गति और सुशासन तेज बनाने के लिए टेक्नोलॉजी का उपयोग मुख्य बातें हैं। ई-धरा कार्यक्रम लागू कर राजस्व विभाग ने भूमि प्रबंधन क्षेत्र में क्रांति ला दी है। ई-धरा कार्यक्रम के तहत राज्य के तमाम 225 तहसील मुख्यालयों पर ई-धरा केंद्र कार्यरत हैं। जमीन दफ्तर की

स्वच्छ, सटीक व कंप्यूटरीकरण की त्वरित और सरल उपलब्धि के लिए सुविधा का निर्माण हुआ है। राजस्व विभाग ने 15 अगस्त, 2004 से हस्तलिखित खाता-खतौनी प्रणाली बंद करके मात्र कंप्यूटरीकृत प्रति को मान्यता दी है। राज्य की जनता को सुरक्षित और पारदर्शी भूमि रिकॉर्ड उपलब्ध कराने के संकल्प के साथ राज्य के 98 लाख 7/12 के रिकॉर्ड 56 लाख 8-अ के खाते सहित कुल 1.54 करोड़ लैंड रिकॉर्ड कंप्यूटरीकृत किए गए हैं।

ई-ग्राम-ग्राम पंचायत कंप्यूटरीकरण

गुजरात में पंचायत विभाग ने जो महत्त्वपूर्ण योजनाएँ लागू की हैं, उनमें ई-ग्राम विश्व ग्राम योजना शामिल है। गुजरात के गाँव विश्व समुदाय की पंक्ति में आ सकें, इसके लिए लोगों के जीवन में कंप्यूटर के जरिए सूचना के आदान-प्रदान की प्रक्रिया शुरू हो चुकी है। कंप्यूटर से जीवंत शहरों की माफिक गुजरात का गाँव भी पीछे न रहे, यही इस योजना का उद्देश्य है। ग्राम पंचायत, तहसील पंचायत और जिला पंचायत को सचिवालय-गांधीनगर के साथ कंप्यूटर की मदद से नेटवर्क के जरिए जोड़ा गया है। शहरी क्षेत्रों में उपलब्ध ई-सेवा जैसी ई-सेवा ग्राम पंचायत में देने के राज्य सरकार ने जो प्रयास किए हैं, उनका मूल्य आज के आधुनिक युग में बहुत बढ़ जाता है। ग्रामीण स्तर पर 12,151 ग्राम पंचायतों में कंप्यूटर से ई-सेवा देने की सुविधा समग्र देश में मात्र गुजरात में ही है। इस अर्थ में गुजरात गाँव में ई-सेवा देने वाला देश का एकमात्र राज्य है। कुल 13,693 ग्राम पंचायतों में से 12,151 यानी लगभग 88.74 फीसद ग्राम पंचायतों में कंप्यूटर की सुविधा उपलब्ध कराई गई है, जो अभूतपूर्व उपलब्धि है। प्रथम चरण में मुख्यत: ई-ग्राम से जन्म-मृत्यु का प्रमाण-पत्र, आय का प्रमाण-पत्र, जाति का प्रमाण-पत्र, चरित्र प्रमाण-पत्र, आवास प्रमाण-पत्र आदि तथा सरकार की विभिन्न योजनाओं के फॉर्म, आवेदन-पत्रों की उपलब्धता संभव हुई है।

इस कार्य के लिए जिला पंचायतों और 224 तहसील पंचायतों में से 222 तहसील पंचायतों को गुजरात स्टेट वाइड एरिया नेटवर्क से जोड़ा गया है। सूचना के प्रचार-प्रसार और पंचायतों के सदस्यों व कर्मचारियों के प्रशिक्षण के लिए सेटैलाइट आधारित डायरेक्ट डिजिटल रिसेप्शन सिस्टम की व्यवस्था भी की गई है। प्रत्येक तहसील पंचायत कार्यालय में जरूरी सूचना एवं पंचायत के लेखा के बारे में लोगों को जानकारी देने के लिए टच स्क्रीन कियोस्क से लैस तहसील सूचना केंद्र की व्यवस्था की गई है। ई-प्राइमा सॉफ्टवेयर के जरिए पंचायतों के लेखा की सूचना ऑनलाइन उपलब्ध कराई गई है। ग्रामीण स्तर पर किसानों को 7/12 और 8-अ के दस्तावेज आदि की सूचना तहसील/जिला स्तरीय सर्वर पर से ग्राम पंचायत से देने की व्यवस्था की गई है। साइबर सेवा के तहत गाँव के

एनआरजी/एनआरआई के साथ इंटरनेट के उपयोग से ग्रामीण जनों द्वारा प्रसंगवश बातचीत व संपर्क तथा इंटरनेट द्वारा कृषि शिक्षा, सूचना, स्वास्थ्य, रोजगार संबंधी जानकारियाँ ग्राम पंचायत में उपलब्ध होती हैं। इसके साथ ही ई-ग्राम पंचायत में बिजली व टेलीफोन बिल, बीमा तथा डाक सेवाएँ देने की भी व्यवस्था की गई है।

पंचवटी योजना

मुख्यमंत्री नरेंद्र मोदी ने एक तरफ ग्रामीण समस्याओं के निवारण के लिए ई-धरा प्रोजेक्ट के जरिए ग्राम पंचायतों को ढाँचागत सुविधा युक्त बनाने का अभियान शुरू किया, तो दूसरी तरफ गाँव की पर्यावरण समृद्धि बढ़ाने व उसके साथ सामाजिक असमानता को दूर करने के विचार के साथ 'तीर्थग्राम' और 'पंचवटी' योजनाएँ भी लागू कराईं। सामान्यत: शहरों में बच्चों के खेलने-कूदने के लिए बाग-बगीचों की सुविधा होती है, परंतु गाँवों में पर्व-त्योहारों में बच्चों के खेलने व बड़ों के लिए शांति से बैठकर समय गुजारने के लिए बाग-बगीचे जैसी सुविधाओं के निर्माण की योजना लागू की गई। पंचायत विभाग आज राज्य के अनेक गाँवों में यह योजना लागू कर चुका है। नरेंद्र मोदी ने राज्य के गाँवों में पंचवटी योजना का शुभारंभ करते हुए कहा था, "हमारी प्राचीन संस्कृति के उद्‌गम से पेड़ हमारे जीवन का अभिन्न अंग रहे हैं। हमारे धर्मग्रंथों, शास्त्रों और वेदों में भी पेड़ों की महिमा और उसकी उपयोगिता हमेशा समझाई गई है। हमारे वेदों में पीपल के पेड़ को समग्र ब्रह्मांड का स्वरूप माना गया है, इसीलिए व्रत-त्योहार के समय महिलाएँ व कन्याएँ उसकी परिक्रमा कर अपना तप पूरा करती हैं। पीपल पर बैठे पक्षियों को आत्मा तथा परमात्मा का स्वरूप माना गया है।" कुछ इसी तरह की कल्पना के साथ पेड़ों के महत्त्व व पर्यावरण की सुरक्षा को ध्यान में रखकर राज्य में पंचवटी योजना साकार हुई।

राज्य की ग्रामीण जनता में विविधतापूर्ण लोक संस्कृति बुनी हुई है। गाँवों की सीमाओं के क्षेत्र वन-संपदा से भरपूर थे। गाँवों के बच्चे पेड़ों की छाया में झूले का और पर्यावरण का स्वच्छंद आनंद लेते थे, परंतु कालांतर में उस समृद्धि के लुप्त होने के कारण समग्र परिस्थिति का ग्रामीण जीवन पर विपरीत प्रभाव पड़ा है; लेकिन इस समस्या के निवारण के लिए, खासकर गाँवों के परती क्षेत्र गाँव के लोगों के सहयोग से नवपल्लवित हुए और गाँव में ही वृक्षाच्छादित बगीचों की सुविधा उपलब्ध हो, इसके लिए पंचायत विभाग ने यह योजना लागू की। पंचवटी योजना के तहत गाँव में उपलब्ध बगीचों में लगाने के लिए पेड़ों का चयन भी है? पीपल, बरगद, हरड़, बेल, अशोक तथा अनेक फलदार पेड़ इन बगीचों में लगाए जाने लगे हैं। सामान्यत: इस योजना के तहत बनने वाले बगीचे खुली जगह में एक हजार वर्ग मीटर या उससे अधिक क्षेत्र वाली समतल

जमीन पर बनाए जाते हैं। यह बगीचा मेरा और मेरे गाँव का है, यह भावना लोगों में जाग्रत् करने के लिए जनसहयोग के तहत 50 हजार रुपए की राशि भी निर्धारित की गई है। इस जगह में शौचालय-बाथरूम की सुविधा भी तय की गई है, तो फिर बिजली बिना कैसे चल सकता है? अर्थात् बिजली या उसके विकल्प के रूप में सोलर लाइटिंग की सुविधा भी पंचवटी योजनांतर्गत बने बगीचों में उपलब्ध कराने का इरादा शामिल किया गया है। अनेक बगीचों में ऐसी सुविधाएँ उपलब्ध हैं। पंचवटी-बगीचे के आसपास यदि गाँव-तालाब हो, तो नौका-विहार और उसके लिए जरूरी सुविधाएँ भी विकसित करने का प्रावधान इस योजना में है।

लोक भागीदारी के विचार को केंद्र में रखकर इस योजना में ग्राम पंचायत ने लोक भागीदारी के 50 हजार रुपए भरने का प्रावधान किया है। राज्य सरकार एक लाख रुपए की सहायता देती है। लोक भागीदारी का सहयोग संसाधनों या वस्तुओं के रूप में देना होता है। नकद भरने वाली ग्राम पंचायत को प्राथमिकता मिलती है।

तीर्थग्राम योजना

जिस प्रकार पंचवटी योजना की परिकल्पना बेजोड़ है। ठीक वैसी ही खास पंचायत विभाग की योजना 'तीर्थग्राम योजना' है। गाँव हो या शहर, दाँव-पेंच, फौजदारी अपराध, पुलिस शिकायत, नशाखोरी, चोरी, अत्याचार या इसी प्रकार की अन्य बुराइयाँ आज सामाजिक जीवन में देखने को मिलती हैं, लेकिन राज्य के अनेक गाँव ऐसे भी हैं, जहाँ कुछ वर्षों से न पुलिस में शिकायत हुई और न एफआईआर दर्ज हुई है। कोई गंभीर अपराध भी नहीं हुआ है। गाँव में प्रवेश करनेवाले अतिथियों को लगे कि यह कोई अनोखा गाँव है। गाँव में भाईचारा, सामाजिक सद्भाव, शांति और सर्वांगीण विकास के उद्देश्य से मुख्यमंत्री नरेंद्र मोदी ने तीर्थग्राम का विचार लोगों में फैलाया है। सन् 2004-2005 से पंचायत विभाग ने यह योजना लागू की। इस योजना के तहत गाँव के चयन मानदंड भी तय किए गए। ग्राम पंचायतों के चुनावों में सर्वसम्मति से निर्विरोध घोषित पंचायत को 'समरस ग्राम' घोषित किया जाता है और ऐसे समरस गाँव को इस योजना में प्राथमिकता दी जाती है। पिछले पाँच वर्षों में अपराध न हुए हों, ऐसे गाँवों को तीर्थग्राम और विकास की योजनाओं में प्रमुखता दी जाती है। मादक पदार्थों का उत्पादन, बिक्री या सेवन ऐसे गाँवों में नहीं होता है।

तीर्थग्राम के चयन के जो दूसरे मापदंड हैं, उनमें स्वच्छता का उचित मापदंड, कन्या शिक्षा की ऊँची दर तथा स्कूल छोड़ने वाले बच्चों के ड्रॉप आउट की निम्न दर, सामाजिक सद्भावना से विकास तथा सामाजिक विवादों का अभाव, चर्चा तथा संवाद से विवाद का निपटारा, गाँव के धार्मिक स्थानों और गाँव में विवाद का बिलकुल अभाव,

गाँव के अन्य क्षेत्रों में प्राप्त प्राथमिक सुविधाओं जैसी सुविधाएँ गरीब और आदिवासी क्षेत्रों में भी उपलब्ध होनी चाहिए, ऐसे मापदंड निर्धारित हुए हैं। मध्याह्न भोजन योजना के तहत ग्रामीणों द्वारा तिथियाँ दर्ज कराने में भागीदारी, स्कूली कमरे, विद्यालक्ष्मी बॉण्ड, शिक्षा संसाधन आदि की खरीदारी में भागीदारी, अस्पृश्यता निवारण का कड़ाई से अमल, जल संचय योजना के तहत कृषि तालाब, बोरी बाँध बनाने में उल्लेखनीय कार्य को भी इसके मापदंड में शामिल किया गया है। पंचायत विभाग ने इस योजना का संचालन करने के लिए जिला स्तर पर जिला कलेक्टर की अध्यक्षता में समिति का गठन किया है। तीर्थग्राम चयन के लिए चयनित मापदंड तय करने के लिए मार्गदर्शक प्रणाली पंचायत विभाग ने लागू की है। इस प्रकार लोक भागीदारी से गाँवों को आधुनिक व सुदृढ़ बनाने की तैयारी हो चुकी है। देश के विकास की इकाई गाँव है। 'गाँव विकसित, तभी देश विकसित'। इस मंत्र को साकार करने के लिए निश्चित प्रतिबद्धता के साथ हुई कोशिशें नजरअंदाज नहीं की जा सकतीं।

चिंता नमक कामगार परिवारों की

मछुआरे और आदिवासियों के आर्थिक उत्थान के लिए नरेंद्र मोदी ने विशेष ध्यान दिया। नरेंद्र मोदी मछुआरों की समस्याओं पर कहते हैं—"एक सप्ताह आप नमक से वंचित रह जाएँ, तो आपकी और मेरी कैसी दुर्दशा होगी, उसका अंदाजा मुझे और आपको जरूर होगा। मेरी और आपकी जिंदगी को कोई तकलीफ न हो, इसके लिए समुद्र किनारे जीने वाले हमारे नमक कामगार अपने शरीर की परवाह किए या अपने परिवार के सुख-दुःख की परवाह किए बिना हमारे लिए नमक बनाते हैं। फिर नमक बनाने वाले कामगारों की चिंता करने की हमारी जिम्मेदारी है या नहीं? और इसीलिए 'सागरखेडू प्रोजेक्ट' में मैंने गुजरात के नमक कामगार परिवारों की चिंता भी जोड़ने का निश्चय किया है। उन लोगों को मोबाइल अस्पताल मिले, मोबाइल अस्पताल रेग्युलेटर उनके घर पहुँचकर उनके स्वास्थ्य की चिंता करे, नमक कामगार परिवारों के बच्चे पढ़-लिख सकें, इसके लिए उन्हें आवास की सुविधा के साथ, पढ़ाई के लिए उनके बच्चों को तमाम व्यवस्था मिले, उसका विचार किया है।"

नरेंद्र मोदी जब सागरखेडू के सर्वांगीण विकास पैकेज की घोषणा करते हों और उसके लिए योजना भी बन रही हो, तो नमक कामगारों की समस्या कैसे अछूती रह सकती है? इसीलिए तो नरेंद्र मोदी ने अपने संबोधन में राज्य के नमक कामगारों के सर्वांगीण विकास की इच्छा व्यक्त की—

"नमक कामगार परिवारों के कल्याण की विभिन्न योजनाओं के तहत ही तमाम चिंता का काम राज्य सरकार ने अपने सिर लिया है।"

10 सूत्री कार्यक्रम

वनबंधु कल्याण के लिए पाँच लाख परिवारों के वास्ते रोजगारपरक कार्यक्रम चल रहा है। कृषि उत्पादकता बढ़ाकर रोजगार के अवसर पैदा करना, पशुपालन तथा डेयरी उद्योग एवं कृषि आधारित गतिविधियाँ बढ़ाना, आदिजाति युवकों को गुणवत्तायुक्त प्रशिक्षण देकर, उनकी आधुनिक वैज्ञानिक और तकनीकी कुशलता बढ़ाकर नए रोजगार में उन्हें जोड़ना, इसके अलावा उनके परिवारों, जिनकी मुखिया महिला हों, उन्हें आदिजाति कल्याण योजनाओं में प्राथमिकता देना, इस योजना का इरादा है।

राज्य में गाँवों में रहनेवाली बेटियाँ पढ़ने के लिए दूसरे गाँव जाएँ, तो बस का पास मुफ्त मिलेगा। इस पर अमल शुरू हो गया है।

अमीरगढ़, दाँता के 52 हजार से अधिक आदिवासी बच्चों को आठ से दस रुपए मूल्य का दूध देने का प्रयास शुरू किया गया है। इसके चलते बच्चों के शरीर को जरूरी तमाम पोषक तत्त्व मिलते हैं। लगभग सात माह से यह प्रयोग शुरू किया गया है। इसका नतीजा यह है कि स्कूल में आदिवासी बच्चों की हाजिरी बढ़ी है। इतना ही नहीं, अमीरगढ़ दाँता के इन आदिवासी बच्चों का शारीरिक स्वास्थ्य भी सुधरा है। प्रत्येक बच्चा खिलने लगा है। आदिवासी बच्चे का स्वास्थ्य देखें, तो लगता है गुजरात का स्वास्थ्य दुरुस्त हो रहा है। क्या ये बच्चे मुझे वोट देने को हैं? 15–15 साल तक के इन बच्चों को मताधिकार नहीं मिलने का, यहाँ वोट की राजनीति की कोई बात ही नहीं है। यहाँ केवल छोटे–छोटे मासूमों की चिंता है, छोटे बालक और नौनिहालों की चिंता है और इसीलिए यह योजना आगे चलाई जा रही है।

15,000 करोड़ रुपए के पैकेज में आदिवासियों को अपना पक्का घर देना है। कोई भी आदिवासी ऐसा न रहे, जिसे पेड़ के नीचे जिंदगी बिताने को मजबूर होना पड़े। हर आदिवासी की झोंपड़ी में बिजली का कनेक्शन है। आदिवासी तहसील में एक आईटीआई की स्थापना हुई है। इस कारण आदिवासी युवाओ के काम में गति आई है। आदिवासी युवा मजदूरी से बाहर आकर स्वाभिमान से जी रहा है।

'वनबंधु' योजना ने सही अर्थ में गुजरात के आदिवासी पट्टे में विकास के नए आयाम स्थापित किए हैं। पानी, शिक्षा, कृषि, पशुपालन, बागबानी, स्वास्थ्य, जंगल के अधिकार की लकड़ी, बाल स्वास्थ्य, भूमि पट्टे, सड़क मजबूतीकरण और बिजली यानी कोई भी क्षेत्र आज आदिवासी क्षेत्र में ऐसा नहीं है, जहाँ विकास की अनुभूति न हुई हो।

ग्रामीण विकास का राजमार्ग

वर्ष 2002 में मुख्यमंत्री नरेंद्र मोदी ने जब दूसरी बार गुजरात का शासन सँभाला, तब उन्होंने ग्रामीण गुजरात की एक अभिनव कल्पना के साथ गाँवों के सर्वांगीण विकास

के लिए पंचशक्ति के सान्निध्य में ग्रामीण विकास की अलख जगाई। उन्हें लगा कि शहर का नागरिक घरेलू उपभोग के लिए चौबीस घंटे थ्री फेज बिजली पाता है, तो गाँव का नागरिक क्यों नहीं? यदि शहरों में बिजली के सहारे छोटे-बड़े उद्योग चलते हैं, तो गाँव में 24 घंटे थ्री फेज बिजली से छोटे-छोटे गृह उद्योग क्यों नहीं विकसित हो सकते? खेती चौपट हुई और बिजली, रास्ते, पानी जैसी बुनियादी सुविधाओं के अभाव में रोजगार की समस्या से जूझने वाले गाँव भी टूटे। इसका यदि निवारण करना है, तो इस सुविधा को गाँव को देना होगा और युद्ध स्तर पर देना होगा। अन्य सुविधाएँ तो गुजरात के गाँवों को मिलने लगी थीं, लेकिन घरेलू उपभोग के लिए चौबीस घंटे बिजली की बात तब नहीं बनी थी। वास्तव में 'ज्योतिग्राम' योजना गुजरात की एक महत्त्वाकांक्षी योजना ही नहीं, बल्कि राज्य के ग्रामीण विकास का राजमार्ग है। ग्रामीण गुजरात की जीवन डोर है।

गुजरात में एकमात्र ऐसी सरकार है, जो अपने राज्य के 18 हजार गाँवों व आठ हजार उप नगरों को चौबीस घंटे थ्री फेज बिजली बिना कटौती पहुँचाती है। यह कठिन और असंभव लगने वाला कार्य भी सरकार ने सोच-समझकर अपने हाथ में लिया है, क्योंकि बिना बिजली के स्थिति की पीड़ा और वेदना को यह सरकार समझती है।

एकमात्र गुजरात में शहरों-महानगरों में भी बिजली सहज मिलती है और अब गाँवों में भी चौबीस घंटे बिजली मिलने लगी है। गाँवों में बिजली ज्योतिग्राम योजना के तहत मिलने लगी है। इस योजना से ग्रामीण इलाकों के रोजगार में पाँच गुना वृद्धि हुई है और छोटे धंधे-रोजगार के अवसर बहुत बढ़े हैं। ज्योतिग्राम योजना मात्र घरेलू उपभोग की बिजली या मनोरंजन की सुविधा मात्र नहीं है, अपितु गाँव की आर्थिक क्रांति के संदेश का महत्त्वपूर्ण अंग बन चुकी है। गाँव की आर्थिक शक्ति के क्रांतिकारी प्रभाव गुजरात की अर्थव्यवस्था पर पड़ेंगे। गाँव और शहर के बीच का फासला खत्म होकर आधुनिक शिक्षा और ई-ग्राम से गाँव में विकास की तसवीर ही बदल गई है। स्वास्थ्य के क्षेत्र में भी सेवाएँ देने वाले चिकित्सक गाँव में स्थायी हो रहे हैं।

ज्योतिग्राम योजना छोटे आदमी की अंधकार की पीड़ा से जनमी है। गरीब ग्राम समाज के साथ संवेदना रखने वाली इस सरकार ने शहर व गाँव से बिजली का भेदभाव दूर किया है। ज्योतिग्राम से किसानों में ट्रांसफॉर्मर तथा खेती की मोटर का चलन अटका है और खड़ी फसल झुलसने से बची है। गाँव में चौबीस घंटे थ्री फेज बिजली मिलने से कृषि उत्पादों के मूल्यवर्धित रूपांतरण की प्रक्रिया से किसानों की आय में क्रांतिकारी बढ़ोतरी हुई है।

ज्योतिग्राम के प्रत्यक्ष लाभ

- घरेलू उपभोग व घरेलू उद्योग को चौबीस घंटे और खेती को उपयोगी आठ घंटे

की सतत बिजली आपूर्ति।

- कृषि उत्पादन में निरंतर वृद्धि हुई।
- गाँवों में अर्थव्यवस्था सुधरी, अनियमितताएँ रुकीं।
- गाँव आत्मनिर्भर बने। रोजमर्रा की वस्तुओं के लिए गाँवों को शहरों पर निर्भर नहीं रहना पड़ेगा।
- राज्य में टी ऐंड डी लॉस तथा ट्रांसफॉर्मर फेल होने की दर में कमी।
- अन्य राज्यों के लिए अनुकरणीय कदम।
- बिजली चोरी रुकने के कारण आय में वृद्धि।
- उच्च गुणवत्तायुक्त निरंतर बिजली आपूर्ति से ग्रामीण क्षेत्र में उद्योगों का विकास।
- स्थानीय रोजगार के अवसर बढ़ने से ग्रामीण क्षेत्रों में आर्थिक समृद्धि।
- अधिक बेहतर स्वास्थ्य और शिक्षा सेवाएँ।
- ग्रामीण क्षेत्र की जनता के शहरों की ओर पलायन पर नियंत्रण।
- ग्रामीण प्रजा के जीवन स्तर में सुधार तथा दिनचर्या के अनुरूप बिजली आपूर्ति की उपलब्धता।
- खेतीबाड़ी को पूर्वनियोजित समय पर नियंत्रित बिजली आपूर्ति, परंतु उच्च गुणवत्तायुक्त निरंतर बिजली आपूर्ति के कारण होने वाले पानी के विवेकपूर्ण उपयोग के चलते भूतल जल संचय के भंडार में वृद्धि।
- बिजली की चीजों के बढ़ते उपभोग के कारण ग्रामीण क्षेत्र की जनता में देश व दुनिया में घटने वाली घटनाओं की जानकारी में वृद्धि।
- प्राकृतिक आपदाओं के समय बिजली आपूर्ति का तेजी से पुनर्स्थापन, ज्योतिग्राम की रोशनी।

राष्ट्र में प्रथम ज्योतिग्राम योजना आरंभ में आठ जिलों में लागू की गई। इससे हासिल सफलता से प्रेरित होकर 17 नवंबर, 2004 से इसे समग्र राज्य में लागू किया गया। आज समग्र गुजरात ज्योतिग्राम योजना से झिलमिला रहा है।

मुख्यमंत्री नरेंद्र मोदी की शासन शैली पहले से ही अनूठी रही है। समस्याओं का जड़ से स्थायी निवारण की उनकी कार्यशैली के कारण गुजरात में पिछले तेरह वर्षों के दौरान कई महत्त्वपूर्ण क्षेत्रों में पुरानी समस्याओं के निवारण में प्रशासन को आश्चर्यजनक सफलताएँ प्राप्त हुई हैं। इतना ही नहीं, जटिल समस्याओं के निवारण में उन्होंने जनभागीदारी को जोड़कर विशिष्ट सूझ-बूझ दिखाई है।

ज्योतिग्राम योजना के सामाजिक-सांस्कृतिक प्रभाव देखें, तो इलेक्ट्रॉनिक संसाधनों के बढ़ते उपभोग के कारण स्वास्थ्य, पोषण, परिवार नियोजन, सरकारी योजनाओं और संबंधित आय वृद्धि के अवसरों के प्रति जागृति बढ़ी।

बढ़ती घरेलू सुख-सुविधाओं के कारण इस योजना के अमल के आरंभ में ग्रामीण महिलाओं की शिक्षा, मनोरंजन, सामाजिक व आय वृद्धि संबंधी प्रवृत्तियों पर दिए जाने वाले समय में भारी वृद्धि हुई थी, जब कि रोजमर्रा के घरेलू कार्यों पर उपयोग होने वाले समय में करीब 26 फीसद की कमी आई थी।

औद्योगिक प्रवृत्तियाँ जैसे डायमंड पॉलिशिंग, प्रसाधन, एग्रो प्रोसेसिंग आदि को गति मिली। योजना के कारण 53 फीसद परिवारों को रात्रि के समय काम करने का अवसर मिला। ग्रामीण अर्थव्यवस्था को गति देकर यह योजना वास्तव में गुजरात को प्रकाश की ओर ले गई है।

विकास व कचरा निष्पादन के नए रूप

सौ वर्ष में विश्व की जनसंख्या दो अरब से बढ़कर छह अरब हो गई है और गुजरात में तो चालीस फीसद आबादी शहरों में रह रही है, जो बढ़कर तेजी से 50 फीसद पर पहुँचेगी। इसके लिए शहरीकरण समस्या नहीं, बल्कि अवसर बनें, यही हमारा शहरी विकास-पथ रहनेवाला है। विकास की दिशा में नई पहल से अन्य को प्रेरणा मिलेगी। हमने गुलामी के कालखंड में कपड़ा उद्योग की प्रतिष्ठा पाकर अपनी सामर्थ्य साबित की है। अब श्वेत क्रांति तथा हरित क्रांति के साथ डेयरी उद्योग में अग्रसर रहे हैं। शहरों में सॉलिड वेस्ट मैनेजमेंट को 'वेस्ट से वेल्थ' बनाने तथा गंदे पानी की रिसाइकलिंग कर सामाजिक ढाँचे के लिए उपयोगी बने, इस दिशा में गुजरात ने पहल की है। ज्योतिग्राम को शहरी क्षेत्र की तरह चौबीस घंटे थ्री फेज बिजली गाँव को भी मिले। ऐसी ग्रामीण अर्थव्यवस्था की क्रांति कर शहरों की ओर जा रही ग्रामीण आबादी के पलायन को घटाने में भी गुजरात ने पहल की है। शहरी विकास में लोक भागीदारी को व्यापक और विशाल प्रतिसाद प्राप्त कर गुजरात ने विकास की दिशा में बड़ी छलाँग लगाई है।

नगर विकास की चुनौतियाँ

पिछले अनेक वर्षों से नगर के लिए सड़क, ठोस प्रवाही कूड़े की निकासी और जलापूर्ति जैसी सुख-सुविधाओं की महत्ता पहचान कर गुजरात राज्य ने 'नगर' यानी नल, गटर और रास्ते जैसी एकदम व्यावहारिक व्याख्या दी है। लोगों की गाँवों से शहरों की ओर दौड़ रोकने के लिए स्वस्थ ग्रामीण विकास की जितनी जरूरत है, उतनी ही जरूरत नगर के स्वास्थ्य की सुरक्षा के लिए नागरिक सुविधाएँ उपलब्ध कराने की भी है।

मुख्यमंत्री नरेंद्र मोदी की दूरदर्शितापूर्ण भावी विकास रणनीति के नक्शेकदम पर चलनेवाली वर्तमान राज्य सरकार ने इन दोनों मोर्चों पर दूरगामी सकारात्मक परिणामों का आश्वासन देने वाली उपलब्धियाँ हासिल की हैं। नगर पालिकाओं के कामकाज को

प्रभावी बनाने के लिए वैचारिक प्रशासनिक सुधार, पेयजल योजनाएँ, विकास पथ जैसे नए आयोजन, ठोस कूड़े की निकासी तथा पर्यावरण सुरक्षा के लिए वृक्षारोपण से नगरों को हरियाला बनाने जैसे शृंखलाबद्ध कदमों ने शहरी विकास को उपलब्धियों से लाद दिया है।

शहरों का कायापलट

पहले एक वर्ष के अंत में मुश्किल से 25 नगर नियोजन योजनाएँ बनने की ढीलीढाली स्थिति थी। अब शहरी विकास वर्ष के बाद वार्षिक करीब सौ नगर नियोजन योजनाएँ संभव हो पा रही हैं। प्रशासनिक सुधारों के फलस्वरूप संभव हुए डेवलपमेंट प्लांट्स के कारण रियल एस्टेट डेवलपमेंट में गुजरात श्रेष्ठतम बना है। उपलब्ध कराई गई ढाँचागत सुविधाओं के कारण गुजरात का अतुलनीय विकास हुआ है। कंक्रीट वाले, मिट्टी वाले, रेती वाले व्यापारी, रोजगार, श्रमयोगी, सीमेंट, पत्थर के व्यापारियों को विश्वसनीय रोजगार का लाभ भी प्राप्त हुआ है।

124 नगर पालिकाओं ने 'समाधा' योजना स्वीकारी है। 24 नगर पालिकाएँ बिजली बोर्ड के कर्ज से पूर्णतः मुक्त हुई हैं। गुजरात हाउसिंग बोर्ड तथा स्लम क्लियरेंस बोर्ड के प्रबंधन का भी प्रभावी नवीनीकरण किया गया है। विकास की प्राथमिकताओं में आपदा प्रबंधन भी शामिल है।

गौरव पथ

सड़कों के मामले में शहर की मुख्य सड़कों में से कम-से-कम एक सड़क को गौरव पथ के रूप में विकसित करने के इरादे से सरकार ने गौरव पथ के रूप में चुने रास्ते से तमाम अतिक्रमण हटाकर, पथ को हरियाली से भरपूर कर, समतल सड़क, फुटपाथ तथा स्ट्रीट लाइटों से परिपूर्ण किया है। गौरव पथ के दोनों ओर स्थित तमाम मकानों के एक समान कलर कोड तय कर लोगों के सहयोग से मार्ग को विशिष्ट रूप दिया है।

चिरंजीवी योजना

नवजात शिशुओं की मृत्यु दर में कमी लाने के लिए मोदी सरकार ने 'चिरंजीवी योजना' लागू की है, जिसे अपार सफलता और सराहना मिली है। इस योजना को सिंगापुर में 'वाशिंग्टन पोस्ट' का 'एशियन इनोवेटिक अवॉर्ड' प्राप्त हुआ है।

'बेटी वधावो आंदोलन' के कारण महिलाओं की दर प्रति 100 पुरुष के पीछे 802 से बढ़कर 870 हो गई है। विद्यार्थियों के निःशुल्क मेडिकल चेकअप का काम हाथ में लिया जा रहा है और उन्हें डॉक्टरी उपचार तथा ऑपरेशन की सुविधा भी मुफ्त दी जाएगी।

4,400 आँगनवाड़ियों के तीन वर्ष के कम आयु के 10 लाख बच्चों को विटामिन ए-डी पोषाहार दिया जाएगा। विश्व बैंक की सहायता से प्रतिदिन 30,000 टन मल उपचार का काम भी हाथ में लिया जा रहा है, जिसकी प्रशंसा सर्वोच्च न्यायालय ने भी की है।

मेडिकल टूरिज्म की संकल्पना सफल सिद्ध हुई है और अमदाबाद में प्रत्येक अंतरराष्ट्रीय उड़ान से विदेशी/एन.आर.आई. रोगी यहाँ आते हैं। नमक मजदूरों, मछुआरों, आदिवासियों तथा अंदरूनी क्षेत्रों के लिए 85 मोबाइल वैन डॉक्टरी सेवाओं के लिए दी गई हैं। शहरी क्षेत्रों में नगर स्वास्थ्य केंद्र शुरू किए गए हैं। तत्कालीन केंद्रीय स्वास्थ्य मंत्री रामदास ने घोषित किया था कि अगले बजट में 'गुजरात मॉडल' की 'चिरंजीवी योजना' सारे देश में लागू की जाएगी। मीडिया की एक खबर के अनुसार, उत्तर प्रदेश सरकार बी.पी.एल. परिवारों की गर्भवती महिलाओं को निजी अस्पतालों में सुरक्षित प्रसव सुविधा मुहैया कराने के लिए गुजरात की तर्ज पर 'चिरंजीवी योजना' लागू करने पर विचार कर रही है।

नरेंद्र मोदी ने इस योजना के बारे में लिखा है कि गुजरात ने सबसे पहली बार महिलाओं के जीवन में बदलाव लाने के लिए और अस्पताल में उन्हें निःशुल्क चिकित्सकीय उपचार उपलब्ध कराने के उद्देश्य से वर्ष 2005 में 'चिरंजीवी योजना' लागू की। 'चिरंजीवी योजना' के परिणामस्वरूप माता और शिशुओं की संख्या में बड़ा सुधार आया है। नारी-शक्ति को विकास की प्रक्रिया में भागीदार बनाने के लिए वर्ष 2006 में 'नारी गौरव नीति' लागू की है।

नरेंद्र मोदी सरकार की ओर से इस संबंध में जारी निर्देश हैं—

1. गर्भधारण के तुरंत बाद से ही शिशु की देखभाल शुरू की जानी चाहिए।
2. सुनिश्चित करें कि गर्भधारण की प्रारंभिक स्थिति में गर्भवती महिलाएँ नजदीक के स्वास्थ्य केंद्र में पंजीकरण कराएँ। गर्भावस्था के दौरान वे कम-से-कम तीन बार जाँच अवश्य कराएँ।
3. सुनिश्चित करें कि प्रसव स्वास्थ्य केंद्र में हो। यदि वहाँ संभव न हो तो सुनिश्चित करें कि प्रशिक्षित दाई/नर्स द्वारा प्रसव संपन्न हो।

मातृ-वंदना योजना

'मातृ-वंदना योजना' जच्चा-बच्चा के स्वास्थ्य की रक्षा हेतु है। यह योजना बेहद सफल रही है। 'मातृ-वंदना योजना' में भी 23.80 करोड़ का प्रावधान है, इसके लिए गुजरात सरकार को पुरस्कार भी मिल चुका है।

इस योजना के कुछ बिंदु इस प्रकार हैं—

- राज्य स्तर पर लोगों में नवजात शिशुओं के स्वास्थ्य के प्रति जागरूकता पैदा की जाए। नवजात शिशुओं की सुरक्षा अति महत्त्वपूर्ण है, इस के लिए तुरंत उचित कदम उठाने की जरूरत है।
- लोगों को इस बात की जानकारी दी जाए कि बच्चे के जन्म से पूर्व तथा बच्चे के जन्म के पश्चात् किन बातों को ध्यान में रखना चाहिए, जिससे जच्चा-बच्चा दोनों स्वस्थ और सुरक्षित रह सकें।

बेटी बचाओ अभियान

भ्रूण-हत्या और लिंगानुपात पर अंकुश लगाने के लिए मोदी सरकार ने इस योजना को शुरू किया। भारत के समृद्ध राज्यों पंजाब, हरियाणा, दिल्ली और गुजरात में लिंगानुपात सबसे कम है। सन् 2001 की जनगणना के अनुसार, 1000 बालकों पर बालिकाओं की संख्या पंजाब में 798, हरियाणा में 819 और गुजरात में 883 थी। गुजरात में मोदी की पहल के बाद वर्ष 2011 की जनगणना के नतीजे सकारात्मक रहे और बालिकाओं की संख्या गुजरात में 918 हो गई।

कुछ राज्यों ने इस प्रवृत्ति को गंभीरता से लिया और इसे रोकने के लिए अनेक कदम उठाए। जिस प्रकार गुजरात में 'बेटी बचाओ अभियान' चलाया जा रहा है, उसी प्रकार से अन्य राज्यों में भी योजनाएँ चलाई जा रही हैं। देश में चार दशकों से सात साल से कम उम्र के बच्चों के लिंग अनुपात में लगातार गिरावट आ रही है। सन् 1981 में 1000 बालकों पर 962 बालिकाएँ थीं। सन् 2001 में यह अनुपात घटकर 927 हो गया।

यह इस बात का संकेत है कि हमारी आर्थिक समृद्धि और शिक्षा के बढ़ते स्तर का उस समस्या पर कोई प्रभाव नहीं पड़ रहा है। वर्तमान समय में इस समस्या को दूर करने के लिए सामाजिक जागरूकता बढ़ाने के लिए प्रसव से पूर्व तकनीकी जाँच अधिनियम को सख्ती से लागू किए जाने की जरूरत है।

गुजरात की मोदी सरकार ने जीवन बचानेवाली आधुनिक प्रौद्योगिकी का दुरुपयोग रोकने का हरसंभव प्रयास किया है। कन्या भ्रूण-हत्या के खिलाफ कड़े कानून बनाकर पायलट परियोजना को गुजरात के पाँच जिलों में चलाया गया, जहाँ 22,163 शिशुओं का जन्म हुआ, जिनमें से मात्र 87 शिशुओं की मृत्यु का समाचार मिला है, अन्यथा जिनकी संख्या 812 हो सकती थी।

इस योजना के सफल होने के कारण अब इसे पूरे गुजरात राज्य में लागू करने की घोषणा की गई है, जिसकी प्रशंसा केंद्रीय स्वास्थ्य मंत्री ने भी की और पूरे देश में कार्यान्वित करने को कहा है।

भारतीय ग्रंथों में नारी की पूजा, देवी के रूप में होती आई है। गुजरात एक ऐसा

राज्य है, जहाँ नारियों को वाकई पूजा जाता है। उनका सम्मान किया जाता है और उनके सशक्तीकरण के लिए सबसे ज्यादा प्रयास किए गए हैं। देश की सबसे बड़ी समस्या कन्या भ्रूण-हत्या के खिलाफ सबसे बड़ी सफलता यहीं मिली है।

नरेंद्र मोदी ने हाल ही में कहा था कि 'कन्या भ्रूण की हत्या करने के बजाय बेटी के जन्म को परिवार का गर्व मानो'। 'बेटी बचाओ' के साथ मोदी ने तमाम अभियान शुरू किए। गुजरात आज महिलाओं के लिए काम करने की सबसे सुरक्षित जगह बन गया है। राज्य में बी.पी.ओ. की संख्या लगातार बढ़ती जा रही है।

इस राज्य में महिलाओं की सुरक्षा को कर्तव्य की तरह निभाई जाती है। वहीं अगर अन्य राज्यों में देखें तो कन्या भ्रूण-हत्या के साथ-साथ बलात्कार जैसे जघन्य अपराधों की संख्या ज्यादा है।

करीब एक दशक पहले नरेंद्र मोदी ने 'बेटी बचाओ' अभियान शुरू किया था। साल-दर-साल मोदी ने समाज के हर तबके से कन्या के जीवन का महत्त्व समझने की अपील की। इसके साथ-साथ गुजरात के स्वास्थ्य मंत्रालय ने एक वेबसाइट 'बेटी बचाओ डॉट कॉम' शुरू की। वेबसाइट के माध्यम से लोगों को अपनी शिकायतें दर्ज करने का मंच प्रदान किया गया।

इसके माध्यम से 'प्री-नेटल डायग्नोस्टिक टेकनीक (रेग्युलेशन ऐंड प्रीवेंशन ऑफ मिसयूज) अधिनियम-1994' से लोगों को जागरूक करने के लिए दो दिवसीय कार्यशाला का आयोजन किया गया, जिसमें इससे संबंधित मुद्दों पर चर्चा हुई।

ज्योतिग्राम योजना

प्रत्येक गाँव में बिजली पहुँचाने हेतु नरेंद्र मोदी ने इस योजना की शुरुआत की थी। यह योजना इतनी सफल रही कि विदेशों में भी इसका अनुकरण किया गया। स्टॉकहोम इंटरनेशनल वाटर इंस्टीट्यूट ने गुजरात सरकार की ज्योतिग्राम योजना की प्रशंसा की है। यह सन् 2003 में शुरू की गई थी और इसका उद्देश्य गाँवों को 24 घंटे बिजली मुहैया कराना है।

कर्मयोगी अभियान

गुजरात में सरकारी कर्मचारियों में अपने कर्तव्य के प्रति निष्ठा जगाने हेतु इस अभियान की शुरुआत की गई। यह कारगर साबित हुआ है। सभी कर्मचारियों के लिए विशेष प्रशिक्षण और आदर्श निर्देश संविधान की मर्यादा में दिए गए हैं। गुजरात में सरकारी कर्मचारियों को समाज-सेवक कहा जाने लगा है। उनके लिए स्पष्ट निर्देश हैं कि वे क्या करें और क्या न करें। कुछ निर्देश इस प्रकार हैं—

1. सदैव याद रखें कि आप सरकारी कर्मचारी और जनता के सेवक हैं। आपको सार्वजनिक राजकोष से वेतन, भत्ते, अन्य सुविधाओं आदि के जरिए आपकी सेवाओं के बदले उचित प्रतिपूर्ति की जाती है। इस प्रकार आप सरकारी सेवक की परिभाषा में आते हैं। आप पर भारतीय दंड संहिता 1860 के अंतर्गत भ्रष्टाचार निरोधक अधिनियम, 1988 के तहत किए गए प्रावधान लागू होते हैं।
2. राज्य के प्रत्येक कर्मचारी को मुक्त, ईमानदार, भय-मुक्त तथा तटस्थ ढंग से सत्यनिष्ठा, समर्पण, प्रतिबद्धता, योग्यता और निष्पक्षता के सर्वोच्च मानकों का पालन करते हुए राज्य के विकास में अपना सर्वश्रेष्ठ योगदान देना होता है।
3. जन-सामान्य में और अपने राज्य में अपनी ईमानदार, न्यायपूर्ण, तार्किक, साफ-सुथरी एवं निष्पक्ष मित्रतापूर्ण सरकारी सेवक की छवि को बनाए रखें।
4. मामलों को निपटाने में सदैव ईमानदार और निष्पक्ष भावना का प्रदर्शन करें। आपकी दृष्टि हमेशा न्यायसंगत होनी चाहिए।
5. जन-सामान्य, अधीनस्थ कर्मियों तथा सहकर्मियों के प्रति सामान्य शिष्टाचार बरतें।
6. श्रेष्ठ व्यवहार सफलता की महत्त्वपूर्ण कुंजी है। आप दूसरों से वैसा ही व्यवहार करें, जैसे व्यवहार की आप खुद के प्रति दूसरों से अपेक्षा रखते हैं।
7. अपने कर्तव्य का दक्षतापूर्वक पालन करना न भूलें। प्रत्येक कर्तव्य पवित्र है और कर्तव्य के प्रति सत्यनिष्ठा ईश्वर की पूजा का सर्वश्रेष्ठ रूप है।
8. किसी भी समय अपने कर्तव्य की न उपेक्षा करें और न काम के प्रति समर्पण की भावना में कमी लाएँ। निर्णय संबंधी वास्तविक भूलों या त्रुटियों के अतिरिक्त यदि कोई कर्मचारी कर्तव्य के प्रति समर्पण की भावना में कमी या लापरवाही प्रदर्शित करता है तो उसके विरुद्ध आचरण नियमवाली/स्थायी आदेशों में किए गए प्रावधानों के अनुसार काररवाई की जा सकती है।
9. अपने निर्णय, पक्षपात या अतार्किक भावना से न लें। आपके निर्णय हर दृष्टि से न्यायसंगत होने चाहिए।
10. फाइलों या मामलों को निपटाते समय व्यक्तिगत पसंद या नापसंद, पूर्वग्रह आदि से प्रभावित न हों।

कन्या केलवणी योजना

महिला साक्षरता व शिक्षा के प्रति जागरूकता लाने के लिए 'कन्या केलवणी योजना' (कन्या शिक्षा अभियान) महत्त्वपूर्ण सिद्ध हुई है। यही कारण है कि भारत में महिला साक्षरता दर पुरुषों की अपेक्षा कहीं ज्यादा तेजी से बढ़ रही है। महिला साक्षरता

12 फीसद की दर से बढ़ रही है। फिलहाल देश में साक्षरता की दर 74 फीसद तक पहुँच गई है। गुजरात में साक्षरता दर वर्ष 2011 की जनगणना के अनुसार 79.31 फीसद है और इसमें महिलाओं की साक्षरता की बात करें तो यह 70.73 फीसद है।

इस बात को नहीं नकारा जा सकता कि पिछले कुछ दशकों से ज्यों-ज्यों महिला साक्षरता में वृद्धि हुई है, भारत विकास के पथ पर अग्रसर हुआ है। इसने न केवल मानव संसाधन के मौके बढ़े हैं, बल्कि कामकाज और वातावरण में भी बदलाव आया है। महिलाओं के शिक्षित होने से न केवल बालिका शिक्षा को बढ़ावा मिला, बल्कि बच्चों के स्वास्थ्य और सर्वांगीण विकास में भी तेजी आई है।

महिला साक्षरता में एक बात और सामने आई कि इससे शिशु मृत्युदर में गिरावट आ रही है और जनसंख्या नियंत्रण को भी बढ़ावा मिल रहा है। हालाँकि उसमें और प्रगति की गुंजाइश है। स्त्री-पुरुष समानता के लिए जागरूकता जरूरी है।

नरेंद्र मोदी ने महिलाओं की शिक्षा के लिए कई नीतियाँ तैयार कीं। गुजरात में साक्षरता में अभूतपूर्व वृद्धि देखी जा रही है।

बालभोग योजना

निर्धन छात्रों को विद्यालय में दोपहर का भोजन मुहैया कराने के लिए 'बाल भोग योजना' शुरू की गई। इस योजनांतर्गत विद्यालयों में मध्यावकाश में बच्चों को स्वादिष्ट एवं रुचिकर भोजन प्रदान किया जाता है। इससे न केवल छात्रों के स्वास्थ्य में वृद्धि होती है, बल्कि वे मन लगाकर शिक्षा भी ग्रहण करते हैं। इससे बीच में ही विद्यालय छोड़कर जाने की स्थिति भी सुधारी है।

केंद्र सरकार का निर्देश था कि बच्चों को मध्याह्न अवकाश में पका-पकाया भोजन उपलब्ध कराया जाए। वर्तमान में नरेंद्र मोदी सरकार द्वारा मानकों में परिवर्तन करते हुए यह निर्धारित किया गया है कि उपलब्ध कराए जा रहे भोजन में कम-से-कम 450 कैलोरी ऊर्जा एवं 12 ग्राम प्रोटीन उपलब्ध हो।

'बालभोग योजना कार्यक्रम' के मुख्य उद्देश्य के तहत नरेंद्र मोदी सरकार शिक्षा की विभिन्न योजनाओं में अत्यधिक पूँजी निवेश कर रही है। इसका पूर्ण लाभ तभी प्राप्त होगा, जब बच्चे कुपोषण से मुक्त होकर अपनी पूर्ण क्षमता से शिक्षा ग्रहण करते रहें। 'बालभोग योजना' इस लक्ष्य को प्राप्त करने में महत्त्वपूर्ण कड़ी है। इस योजना के माध्यम से शिक्षा के सार्वभौमिकरण के निम्न लक्ष्यों की प्राप्ति होगी—

1. प्राथमिक कक्षाओं के नामांकन में वृद्धि होगी, ताकि कोई निरक्षर न रहे।
2. छात्रों को पूरे समय स्कूल में रोके रहना तथा विद्यालय छोड़ने की उनकी प्रवृत्ति में कमी।

3. निर्बल आय वर्ग के बच्चों में शिक्षा ग्रहण करने की क्षमता का विकास।
4. छात्रों को पौष्टिक आहार इस 'बालभोग योजना' का मुख्य उद्देश्य है।
5. विद्यालय में सभी जाति एवं धर्मों के छात्र-छात्राओं को एक स्थान पर भोजन उपलब्ध कराकर उनमें सामाजिक सौहार्द, एकता और परस्पर भाई-चारे की भावना जगाना।

समग्र बाल विकास सेना योजना

गुजरात सरकार की 'समग्र बाल विकास सेवा योजना' (आई.सी.डी.एस.) के अंतर्गत गुजरात में सन् 2001 में पहली बार समस्त बाल विकास योजनाओं को एक छत के नीचे लाया गया। वर्तमान में गुजरात में आई.सी.डी.एस. के अंतर्गत 336 योजनाएँ, विभाग और कार्यक्रम संचालित हो रहे हैं।

आई.सी.डी.एस. के अंतर्गत संचालित कार्यक्रमों की एक झलक देखें—

1. राज्य में कुल 50,123 आँगनवाड़ी केंद्र कार्यरत हैं।
2. 28,767 आँगनवाड़ी केंद्र सरकारी भवनों में हैं।
3. 93,290 महिलाएँ और युवतियाँ आँगनवाड़ी में सेवारत हैं।
4. 16,21,929 गर्भवती महिलाओं और युवतियों का मार्गदर्शन और पोषण सम आहार।
5. 28,57,296 लाभार्थी बच्चे।
6. दूरस्थ और दुर्गम क्षेत्रों तक 'समग्र बाल विकास सेवा योजना' का लाभ पहुँचाने हेतु राज्य सरकार ने आँगनवाड़ी वैन की शुरुआत की।
7. देश में पहली बार गुजरात सरकार ने आँगनवाड़ी केंद्रों को दो गैस सिलेंडर, गैस कनेक्शन, गैस का चूल्हा और इडली बनाने की लिए कुकर की सुविधा प्रदान की।
8. प्रतिवर्ष 36 लाख बच्चों का आरोग्य परीक्षण किया जाता है।
9. 5,200 गरीब बच्चों को किडनी, कैंसर और हृदय संबंधी रोगों से मुक्त करने के लिए उनकी निःशुल्क शल्य-चिकित्सा हुई।

गरीब को आत्मनिर्भर बनाने का प्रयास

नरेंद्र मोदी का सबसे महत्त्वपूर्ण निर्णय था, हर जिले में गरीब कल्याण मेले का आयोजन। यह आयोजन वास्तव में दरिद्र नारायण की सेवा का महायज्ञ था। हर जिले में आयोजित गरीब कल्याण मेले में लाखों आर्थिक रूप से पिछड़े लोगों में रोजगार के साधन बढ़े। किसी को राशि का चेक मिला तो किसी को लॉरी तो महिलाओं को सिलाई मशीन

मिली। किसी को ट्रैक्टर मिला तो, किसी को जमीन का प्लॉट मिला। पूरे गुजरात में 342 गरीब कल्याण मेले में लगभग 26 हजार करोड़ की राशि एवं रोजगार के साधन की सहायता दी गई। इसमें आदिवासी, अनुसूचित जाति एवं अन्य पिछड़ी जाति के लोग शामिल थे।

सरकारी योजनाओं का लाभ सार्वजनिक रूप से हजारों लोगों की उपस्थिति में बाँटने का प्रयास शायद यह पहला प्रयोग होगा। इस गरीब कल्याण मेले में से गरीबी से लड़ने के लिए साधन मिल गए। गरीब कल्याण मेले में सहायता प्राप्त हर व्यक्ति को लगता था कि अब वह स्वाभिमान से जी सकेगा। अपना छोटा-मोटा व्यवसाय खुद कर सकेगा। पहले सरकारी कामकाज के जानकार बिचौलिए-दलाल गरीब को मूर्ख बनाकर सरकारी पैसे अपने घर ले जाते थे। मगर इस गरीब कल्याण मेले में मुख्यमंत्री, मंत्री खुद जाकर सार्वजनिक रूप से लोगों को सहायता राशि और सामग्री देते थे, इस कारण बिचौलिए का साम्राज्य खत्म हो गया। चपरासी से लेकर कलेक्टर आदि सभी इस गरीब कल्याण मेले की सफलता के लिए, और गरीब को सहायता मिले इस हेतु गाँव-गाँव में घूमे। पता लगाया कि कहाँ इन योजनाओं की आवश्यकता है। इस गरीब कल्याण मेले से किसी गाँव में 30 लोगों को लाभ मिला है तो किसी गाँव में 50 या 60 लोगों को लाभ मिला। इसमें नाई से लेकर मोची और दरजी से लेकर छोटी सी लॉरी तक शामिल है। नरेंद्र मोदी कहते हैं, ''मेरी सरकार गरीबों के लिए ही काम करती है। गाँव में रहनेवाला मेरा भाई, मेरी बहन, मेरी माता स्वाभिमान से जीवन जी सकें, इस हेतु गरीब कल्याण मेलों का आयोजन हुआ है।'' गरीब कल्याण मेलों का एक अच्छा पहलू भी सामने आया। नरेंद्र मोदी ने अपना अनुभव बताया। वे कहते हैं, ''एक गरीब नाई को गरीब कल्याण मेले में उसके उपयोग साधन दिए तो उसने उसका ठीक ढंग से उपयोग कर हिम्मतनगर में दुकान खोली। उसका काम बहुत अच्छा चलने लगा। वह मुझसे मिलने मोड़ासा आया और कन्या शिक्षा हेतु 251 रुपए दिए तथा गरीब कल्याण मेले का आभार माना, क्योंकि इसके कारण उसकी अच्छी आय शुरू हो गई।''

नरेंद्र मोदी मानते हैं कि मैं ही नहीं, सभी लोग (विरोधी भी) जानते हैं कि गरीब कल्याण मेले गरीबों की शक्ति हैं, उनकी आस्था हैं। गरीब कल्याण मेला गरीबों के जीवन में चेतना-स्वाभिमान लाने का एक सार्थक प्रयास है। गरीब कल्याण मेले के आयोजन से गरीब व्यक्ति आत्मनिर्भर हो रहे हैं।

पंचामृत संकल्पना का यज्ञ

अक्तूबर 2001 और वर्ष 2014 के गुजरात में जो फर्क नजर आता है, वह है जमीन-आसमान जैसा। पिछले एक दशक के मोदी के कार्यकाल के दौरान प्रदेश का समूचा परिवेश ही बदला नजर आता है। अक्तूबर 2001 में किसी ने कल्पना भी न की

होगी कि मोदी के एक दशक के कार्यकाल में गुजरात अपनी विशिष्ट अस्मिता और गरिमा के साथ विकास के विशिष्ट स्पर्श के साथ समग्र देश का अव्वल राज्य कहलाएगा? यह कल्पना तब अस्वाभाविक भी थी। यह समय था, जब गुजरात अनेक प्रकार की समस्याओं से जूझ रहा था। विकास के अनेक आयाम स्थापित किए जाने के बाद भी भविष्य के समृद्ध गुजरात की कल्पना इसलिए नहीं हो सकती थी, क्योंकि तब विकास की प्रक्रिया को गतिशीलता देनेवाले आदर्श, दूरदर्शी और दृढ़ नेतृत्व का अभाव था। स्थूल अर्थ में राज्य का विकास एक अलग बात है और मात्र राष्ट्रीय स्तर पर ही नहीं, अपितु विश्व स्तर पर जिसे गंभीरता से लेना पड़े, उसे विशिष्ट गौरव के साथ समग्र देश में अपना स्थान स्थापित करना दूसरी बात है। हाँ, गुजरात ने पिछले 12 वर्षों में समग्र देश में अपना विशिष्ट स्थान स्थापित कर लिया है।

भाजपा की चुनौतियाँ

याद आते हैं अक्तूबर 2001 के वे दिन। कितने मुश्किल दिन थे। गुजरात में विकास की प्रक्रिया को आगे ले जाने के संदर्भ में···! शासक पक्ष के रूप में भारतीय जनता पार्टी की विश्वसनीयता पर प्रश्न चिह्न लग चुका था, दूसरी तरफ इस अनिश्चितता और अस्थिरता के कारण राज्य के प्रशासन पर पड़े नकारात्मक प्रभावों से गुजरात को बाहर लाने की चुनौती सामने थी। यह समय था, जब 1999–2000 और 2001 के अकाल के संकटपूर्ण दिनों की मार से गुजरात का सामाजिक जीवन उबरा नहीं था। लगातार तीन साल अकाल या अर्द्ध–अकाल के कारण गुजरात की अर्थव्यवस्था की नींव हिलने लगी थी। राज्य के सर्वांगीण विकास की आधारशिला, राज्य की समृद्ध अर्थव्यवस्था ही बन सकती है। अर्थव्यवस्था की स्थिति जब डाँवाँडोल हो, तो राज्य के सर्वांगीण विकास की कल्पना कैसे हो सकती है? इसके बावजूद मुख्यमंत्री नरेंद्र मोदी के पिछले बारह वर्षों के शासन में गुजरात ने तमाम क्षेत्रों में विकास के सर्वोच्च शिखर हासिल किए हैं।

प्रारंभिक वर्षों में लोक कल्याण मेलों के आयोजन के साथ गुजरात ने नरेंद्र मोदी के नेतृत्व में विकास की ओर यात्रा शुरू की। लोक कल्याण मेलों से लोगों में विश्वास की भावना पैदा हुई। ऐसे ही एक मेले को संबोधित करते हुए मोदी ने कहा, ‘‘सरकार कोई उपकार नहीं कर रही। आम गरीब व दुःखी मानव तथा दबे–कुचले वर्गों में आत्मनिर्भर बनने का आत्मविश्वास जागे, इस प्रकार की सेवा–भावना से सेवा कर रहे एक सेवक की तरह सरकार की भूमिका रहेगी। गरीब मानव का हाथ पकड़कर उसे आत्मनिर्भर बनाएँगे, तभी समाज की शक्ति जागेगी। इसके लिए हमें ज्ञानशक्ति, जलशक्ति, ऊर्जाशक्ति, जनशक्ति और रक्षाशक्ति इन पाँचों का समन्वय कर अमृत का निर्माण करना है। जो

समाज इस पंचामृत का पान करेगा, उस समाज का विकास चिरंजीवी होगा।''

पिछले बारह वर्षों के उनके कार्यकाल में गुजरात ने जो उल्लेखनीय उपलब्धियाँ हासिल की हैं, उसका सारांश देखें, तो प्रशासन में गतिशीलता मात्र अधिकारी या कर्मचारी नहीं, बल्कि एक कर्मयोगी बनकर प्रजानिष्ठ दृष्टिकोण का प्रशासन में आविष्कार हुआ है। यह सबसे बड़ी उपलब्धि है। वास्तविकता यह है कि मुख्यमंत्री नरेंद्र मोदी ने प्रशासन को गतिशील बनाने के जो प्रयास किए, वे यदि नहीं किए जाते, तो आज प्रशासन की स्थिति कुछ और ही होती।

विकास की धारा

वर्ष 2001-02 में कृषि, सिंचाई, जलापूर्ति, ऊर्जा, शिक्षा, सड़क एवं परिवहन, स्वास्थ्य, राजस्व, पंचायत तथा ग्रामीण विकास, मस्त्योद्योग, वन, समाज कल्याण आदि विभागों की उपलब्धियों की तुलना छह साल बाद यदि आज की जाए, तो इन विभागों की अलग-अलग योजनाओं से पूर्व के चालीस वर्षों के कार्यकाल में कुछ भी उपलब्धियाँ हासिल नहीं की जा सकीं। यशस्वी उपलब्धियाँ मात्र बारह वर्षों में नरेंद्र मोदी के नेतृत्व में गुजरात सरकार ने हासिल की हैं। कृषि विभाग में कृषि अर्थव्यवस्था की समृद्धि आज अपनी चरम सीमा पर है। शिक्षा अनुसंधान तथा वितरण के बुनियादी कामकाज से आज राज्य की कृषि विकास दर 10 प्रतिशत पहुँची है, जो पूरे देश में सबसे ज्यादा है। एक समय औसत वार्षिक कृषि मूल्य उपार्जन 9000 करोड़ रुपए था, वह एक लाख करोड़ पर पहुँचा है। सिंचाई व जलापूर्ति क्षेत्र में जल संचय एवं नर्मदा योजना आधारित पाइप लाइन योजना से राज्य के नौ हजार से ज्यादा गाँवों में नर्मदा का पानी पीने के लिए पहुँचने लगा है। ऊर्जा विभाग की बात करें, तो समग्र देश में किसी राज्य ने कल्पना भी नहीं की, वैसी लगातार 24 घंटे थ्री फेज से बिजली से राज्य के तमाम गाँवों को चकाचौंध करनेवाली ज्योतिग्राम योजना से ऊर्जा विभाग ने अभूतपूर्व उपलब्धि का नया अध्याय रचा है। इसी प्रकार राजस्व विभाग में ई-धरा किसानों को छूने वाले राजस्व कानूनों में सुधार, पंचायत विभाग में ग्रामीण सचिवालय की कल्पना से लेकर ई-ग्राम, विश्वग्राम जैसी योजना, वन विभाग में वनबंधु योजना, मत्स्योद्योग विभाग में सागरखेडू योजना, स्वास्थ्य विभाग में कन्या भ्रूण हत्या निरोध हेतु प्रबल अभियान, शिक्षा विभाग में कन्या शिक्षा अभियान, सड़क एवं भवन विभाग में प्रगति-पथ का एक उम्दा कॉन्सेप्ट, ऐसी कई योजनाएँ संबद्ध विभाग ने लागू कीं और उसके फलस्वरूप आज गुजरात विकास की चरम सीमा पर है।

यह विकास संभव कैसे हुआ? मुख्यमंत्री नरेंद्र मोदी ने राज्य के 40 वर्ष के विकास की प्रक्रिया का निरीक्षण किया, फिर उसका गहन चिंतन किया। इस समयावधि के

दौरान राज्य के भौतिक विकास के मार्ग में आई बाधाएँ, विकास की चुनौतियाँ, विकास के लिए किए गए आयोजन तथा उसके क्रियान्वयन के परिणामों का अध्ययन किया गया। जिस सरकारी प्रशासन से विकास प्रक्रिया आगे बढ़ती है, उसकी कार्यशैली का उन्होंने अभ्यास किया और उसके बाद राज्य के विकास की विशिष्टता, आपत्तियों के बीच निरंतरतापूर्ण विकास किस तरह हो सके, उसकी रणनीति, सरकारें बदलने के बावजूद नीतियों में निरंतरता, परिवर्तन को प्राप्त होने वाले परिप्रेक्ष्यों के साथ विकासोन्मुख प्रशासन की जरूरत आदि बातों का विचार हुआ और खींचे गए कल्पना चित्र के मुताबिक वर्तमान गुजरात का स्वरूप उभरा।

पंचामृत से हुई सरकार चिरंजीवी

राज्य के विकास की आधारशिला अंततः राज्य के मूलभूत संसाधन, उसकी वैचारिक प्रवाहिता, जल संसाधन, ऊर्जा के अलावा संरक्षण पर निर्भर रहती है। मुख्यमंत्री नरेंद्र मोदी ने राज्य के विकास के लिए जो कुछ बुनियादी चिंतन किया, उसका निष्कर्ष यह निकला कि इस राज्य की धरोहर समान पाँच शक्तियों का समन्वय होना चाहिए, जो राज्य की विकास प्रक्रिया में अमृत सिंचन का काम कर सके। कौन सी थीं ये पाँच शक्तियाँ? ज्ञानशक्ति, जलशक्ति, जनशक्ति, ऊर्जाशक्ति और रक्षाशक्ति। इन पाँचों शक्तियों के समन्वय के फलस्वरूप या शक्तियों को घोंट-घोंटकर जो अमृतरस निकला, उससे बनता है 'पंचामृत'। जो समाज इस पंचामृत का पान करता है, उस समाज का विकास चिरंजीवी हुए बिना नहीं रहता।

ज्ञानशक्ति

मुख्यमंत्री नरेंद्र मोदी ने पिछले वर्षों में पाँच शक्तियों के विकास कार्यों को विकास के साथ राज्य की जनता को पंचामृत जैसा पान कराया है। इसके चलते राज्य के प्रत्येक क्षेत्र में विकास या परिवर्तन की चमत्कारिक लहर का व्यापक अनुभव हो रहा है। इसे समझने के लिए राज्य के विकास की आधारशिला साबित हुई। इन पाँच शक्तियों अर्थात् पंचामृत के विचार को विस्तार से समझना जरूरी है। राज्य सरकार ने प्रथम ज्ञानशक्ति को अग्रसर किया। राज्य की बौद्धिक संपदा को महत्त्व देकर उसके जरिए राज्य का विकास पर चिंतन-मनन का आयोजन किया। इस आयोजन के तहत ढाँचागत शिक्षा सुविधा, गुजरात ग्लोबल एजुकेशन ऐंड एंप्लॉयमेंट बोर्ड, ज्ञानरथ प्रोजेक्ट, दूरंतर शिक्षा, विद्यालक्ष्मी योजना के जरिए कन्या शिक्षा तथा सूचना प्रौद्योगिकी एवं जैव प्रौद्योगिकी के क्षेत्र में शिक्षा, अनुसंधान द्वारा मानव संसाधन का उपयोग कर रोजगार के अवसर पैदा करने जैसी बातें शामिल की गईं।

जहाँ तक राज्य में शिक्षा क्षेत्र का संबंध है, तो यह वास्तविकता माननी पड़ेगी कि राज्य में कन्या शिक्षा का स्तर अन्य राज्यों की तुलना में कमजोर है। इसमें गुणात्मक सुधार करने के उद्देश्य से कन्या शिक्षा, शाला प्रवेशोत्सव से जो अभियान शुरू किया गया, उसके फलस्वरूप कन्या शिक्षा की साक्षरता दर में वृद्धि हुई, वहीं एक से पाँचवीं कक्षा तक स्कूल छोड़ने वाली छात्राओं की संख्या भी घटी। इस अभियान के तहत स्कूल शुरू होने के प्रारंभिक दिनों में ही राज्य के जिलों में कम कन्या साक्षरता वाली तहसीलों के सुदूरवर्ती गाँवों में कन्या शिक्षा रथ के जरिए कन्या शिक्षा का एक बड़ा अभियान गुजरात की जनता ने देखा। इतना ही नहीं, इसके अच्छे नतीजे भी अनुभव किए। राज्य में औसत बच्चे को भी प्राथमिक शिक्षा लेने का संवैधानिक अधिकार है। लेकिन केवल संवैधानिक अधिकार से बच्चा प्राथमिक शिक्षा पाने लगेगा, यह सोचना भ्रम है। इसीलिए विद्यालय प्रवेशोत्सव अभियान से गाँव-गाँव में बच्चों का विद्यालय प्रवेशोत्सव हर्ष और उल्लास का माध्यम बना। इस प्रकार के कार्यक्रमों में अभूतपूर्व जन भागीदारी देखने को मिली।

ज्ञानशक्ति के आविर्भाव के लिए पहली कक्षा में प्रवेश पाने वाली प्रत्येक कन्या को 1000 रुपए का बॉण्ड, सातवीं कक्षा तक पढ़ाई पूरी करनेवाली हर लड़की को इस बॉण्ड की रकम ब्याज सहित मिलती है। इसके अलावा गरीबी रेखा के नीचे जीने वाले परिवारों की कन्याओं को स्कूल में दाखिले के बाद से 60 किलो अनाज मुफ्त देना, रोजी-रोटी के लिए एक स्थान से दूसरे स्थान पर भटकने वाले परिवारों के बच्चों को अस्थायी निवास के दौरान स्थानीय स्कूल में प्रवेश आदि को शामिल कर इस अभियान को जीवंत बनाया गया।

ज्ञानशक्ति के अन्य उल्लेखनीय पहलुओं में शिक्षा शुद्धीकरण अभियान, कर्मयोगी योजना द्वारा शिक्षकों को सघन प्रशिक्षण जैसी बातों को जोड़ा गया है। शिक्षा को व्यवसाय का माध्यम समझ बैठे और शिक्षा को मंडी समझकर व्यापार करनेवालों के खिलाफ सख्त काररवाई करके शिक्षा शुद्धीकरण द्वारा सरस्वती साधना के माध्यम को अधिक सक्षम बनाया गया। प्राथमिक और माध्यमिक स्कूलों के बच्चों की निदान कसौटियाँ आयोजित की गईं। जो बच्चे गणित, विज्ञान जैसे विषयों में कमजोर पाए गए, उन्हें खास प्रशिक्षण दिया गया। इस प्रकार राज्य की शिक्षा की गुणवत्ता में सुधार का सफल प्रयास हुआ। उच्च शिक्षा में और राज्य से बाहर के पाठ्यक्रमों में गुजरात के युवा पीछे न रह जाएँ, इसके लिए गणित-विज्ञान जैसे विषय अंग्रेजी भाषा में शामिल किए गए।

प्राथमिक स्कूल के बच्चे से लेकर उच्च शिक्षा पाने वाले छात्रों तक को दुर्घटना समूह बीमा योजना में शामिल कर विद्यार्थियों को सुरक्षा छत्र देने का एकमात्र श्रेय गुजरात को जाता है।

आदिवासी और सुदूरवर्ती क्षेत्रों में शिक्षा की व्यापकता बढ़ाने के लिए चार नए बी.एड. कॉलेज शुरू करने के साथ राज्य भर में 71 पीटीसी कॉलेज और 603 माध्यमिक स्कूल शुरू कर प्रत्येक शिक्षक को वर्ग और प्रत्येक वर्ग को शिक्षक का सपना गुजरात ने साकार किया।

कच्छ यूनिवर्सिटी की स्थापना के अलावा तकनीकी-व्यावसायिक और कंप्यूटर तथा सूचना प्रौद्योगिक के उच्च अभ्यास के लिए निरमा इंस्टीट्यूट तथा धीरूभाई अंबानी इंस्टीट्यूट को यूनिवर्सिटी का दर्जा दिया गया। ज्ञानशक्ति की इस ज्योति से गुजरात को अग्रिम पंक्ति में ले जाने का प्रकाश-मार्ग प्रशस्त हुआ।

जलशक्ति

ज्ञानशक्ति के साथ ही जलशक्ति के आह्वान के साथ राज्य सरकार ने सरदार सरोवर के साथ जल संचय की विभिन्न योजनाओं से राज्य की सूखी धरती को सुजलां-सुफलाम् बनाने का जो सपना सँजोया, उसके फल आज गुजरात को मिलने लगे हैं। एक समय राज्य में ऐसा भी था कि एक घड़ा पानी के लिए महिलाओं-बेटियों के मीलों दूर जाना पड़ता था। लगभग वर्ष-दर-वर्ष अकाल तथा उसके कारण राज्य के छोटे-मध्यम स्तर के जलाशय लगभग खाली रहते, दूसरी तरफ कुएँ और बोरवेल भी रिक्त हो जाते। आज से पचास साल पहले राज्य का जो किसान भूमिगत जल से खेती करता था, वह 15-200 फीट से लेकर 1500 से 2000 फीट गहराई से पानी खींचकर खेती करने को विवश हो गया, क्योंकि धरती की जलराशि का वर्ष दर वर्ष खूब दोहन हो रहा था। नरेंद्र मोदी ने जलशक्ति की महत्ता को समझकर जल संचय के विचार को अधिक स्वीकृत बनाया और इसके फलस्वरूप आज राज्य में 85000 से अधिक तटबंध, पौने दो लाख से ज्यादा कृषि तालाब, हजारों बोरी बाँध के अलावा हजारों गाँव तालाब, सीमा तालाब, नए जल मंदिर (पुरानी बावड़ियों को पुनर्जीवित करने का अभियान), सुजलां-सुफलाम् स्प्रेडिंग कैनाल जैसी अनेक छोटी-बड़ी योजनाओं के कारण पिछले पाँच वर्षों में करोड़ों घन मीटर बारिश का पानी जमा हो सका, इसका परिणाम चमत्कारिक मिला। सौराष्ट्र, उत्तर गुजरात तथा पूर्वी गुजरात के अनेक इलाकों में जहाँ जल संचय के काम हुए, इन इलाकों में वर्षों तक सूखे रहे बोरवेल-कुएँ अब पिछले तीन वर्षों से पानी से छलक रहे हैं। जिन कुओं में रस्सी छोटी पड़ जाती थी, वहाँ आज हाथ बढ़ाकर अंजलि भरकर पानी पिया जा सकता है। तो दूसरी तरफ जो बोरवेल वर्षों से सूखे पड़े थे, वे अब वर्षा ॠतु में जल से छलकते रहते हैं। ये नजारे अब आम हैं। जल संसाधन के ऐसे सुंदर प्रसंग राज्य की जनता ने पिछले वर्षों में कभी कल्पना में भी नहीं सोचे थे।

जल संचय के साथ जल प्रबंधन की दृष्टि से उतना ही महत्त्वपूर्ण कार्यक्रम ड्रिप

स्प्रिंक्लर इरीगेशन का कार्यक्रम लागू किया गया। 1500 करोड़ रुपए के प्रावधान के साथ राज्य में ड्रिप इरीगेशन योजना लागू की गई और इससे 4.50 लाख हेक्टेयर क्षेत्र में ड्रिप इरीगेशन हुआ है। जल प्रबंधन जल संसाधन का एक मुख्य आधार साबित हुआ। पिछले चार वर्षों में बहुत ही अच्छी बरसात के हालात बने और इसके साथ ही बरसाती जल संग्रह का अधिकतम आयोजन होने के कारण राज्य की अर्थव्यवस्था को एक नया बल मिला है, जिसका श्रेय जलशक्ति को ही जाता है।

ऊर्जाशक्ति

उद्योगों के विकास की नींव में है ऊर्जाशक्ति। ऊर्जा औद्योगिक विकास का मुख्य परिचालक है। उद्योगों को सस्ती और समय पर बिजली देने की दिशा में कदम उठाने की पहल मुख्यमंत्री नरेंद्र मोदी ने ऊर्जाशक्ति के आह्वान के साथ की। गुजरात में बिजली उत्पादन तथा बिजली वितरण क्षेत्र में गुणात्मक सुधार के परिणाम दिखने लगे हैं।

गुजरात में गैस का जो उत्पादन हुआ है, उसे बिजली क्षेत्र में उपयोगी बनाने की ठोस व्यवस्था की गई। इस कारण राज्य ने ऊर्जा क्षेत्र में उल्लेखनीय उपलब्धि हासिल की। उद्यमियों के लिए बिजली के मामले में कम-से-कम तकलीफदेह स्थिति का निर्माण हुआ। सरदार सरोवर बाँध की बात करें, तो बाँध की ऊँचाई 121 मीटर तक पहुँचने से जल ही नहीं, बिजली का भी प्रपात बहने लगा। इसके अलावा पवन चक्की द्वारा ऊर्जा प्राप्ति की दिशा में भी निश्चित कदम उठाए गए। कल्पसर योजना के तहत समुद्री लहरों के जरिए पाँच हजार मेगावाट बिजली पैदा करने का वर्तमान सरकार ने जो संकल्प लिया, उस दिशा में महत्त्वपूर्ण कार्य हो रहा है।

औद्योगिक विकास में समग्र देश में द्वितीय स्थान पर रहे गुजरात ने प्रथम स्थान पर पहुँचने के लिए औद्योगिक विकास की व्यापक नीति अपनाई। ढाँचागत सुविधाओं के व्यापक नेटवर्क के विकास के साथ-साथ ऊर्जाशक्ति के तमाम स्रोतों की संभावनाओं के समन्वय के आधार पर बिजली उत्पादन की व्यवस्था की गई। कोयला आधारित बिजली केंद्रों के प्लांट लोड फैक्टर बढ़ने के लिए पावर स्टेशनों के सुधार के अलावा गुजरात में अब प्राकृतिक गैस आधारित बिजली उत्पादन व समुद्र तटों पर पवन ऊर्जा के स्रोतों को अपनाने की व्यवस्था की गई।

पवन ऊर्जा तथा समुद्री ज्वार की लहरों से बिजली पैदा करने की प्रोत्साहक नीतियाँ भी बनीं। 1500 करोड़ का गैस ग्रिड प्रोजेक्ट भी शुरू किए गए, जिसमें पाँच जोन बनाकर घरलू गैस तथा औद्योगिक गैस पाइप लाइन से वितरित करने का आयोजन किया गया। उल्लेखनीय है कि पिछले दो वर्षों में गैस तथा खनिज तेल के उत्पादन के अलावा एलएनजी, सीएनजी ईंधन के लिए जो प्रोजेक्ट लागू किए गए, उसके कारण

राज्य के पर्यावरण में गुणात्मक परिवर्तन आया है।

राज्य में बिजली चोरी रोकने के लिए ऊर्जा विभाग ने जो व्यवस्था की और जो कठोर कदम उठाए, उसके कारण बिजली चोरी की घटनाएँ अब समाप्त सी हैं। इसके लिए विधानसभा के बजट सत्र में बिजली चोरी प्रतिरोधक कानून पारित कर उसके सुनियोजित क्रियान्वयन के लिए राष्ट्रपति की मंजूरी भी ली गई। इसके परिणामस्वरूप बिजली की चोरी करनेवालों को तीन साल की कड़ी सजा और दो लाख रुपए के जुरमाने की सख्त कानूनी सजा का प्रावधान हुआ और अपेक्षित नतीजे मिले। इस प्रकार के प्रयासों के फलस्वरूप राज्य में बिजली चोरी में कमी आई और ऊर्जाशक्ति की महत्ता स्थापित हुई।

रक्षाशक्ति

पाँच शक्तियों में महत्त्वपूर्ण शक्ति यानी रक्षाशक्ति। जो समाज सुरक्षा की अनुभूति न करे, वहाँ विकास की प्रक्रिया कैसे बनी रह सकती है? विकास तभी संभव होता है, जब राज्य में शांति और विश्वास का माहौल हो। वैसे तो गुजरात की छवि एक शांतिप्रिय राज्य की ही है, इसके बावजूद पूर्व के वर्षों में राज्य की शांति भंग करने के कोई कम प्रयास नहीं हुए। खासकर पड़ोसी राष्ट्रों की ओर से आतंकवाद का भय गुजरात ने वर्ष 2001-02 में अनुभव किया है। दृढ़ राजनीतिक इच्छाशक्ति द्वारा आतंकवाद को दबाया नहीं जाता तो आज गुजरात भी आतंकवादी गतिविधियों का केंद्र बन गया होता, लेकिन रक्षाशक्ति के सहयोग से गुजरात ने मात्र आतंकवाद को नहीं दबाया, बल्कि आज विश्व के उद्योगपतियों की नजर राज्य की शांति के कारण गुजरात पर टिकी है। पिछले तीन वर्षों के दौरान वाइब्रेंट गुजरात के तहत करोड़ों रुपए के मूल्यवान पूँजीनिवेश हुए और आज उसके कारण करोड़ों रुपए के प्रोजेक्ट राज्य में डाले जा चुके हैं। इस देश के प्रथम पंक्ति के उद्योगपति भी नए उद्योगों की स्थापना के लिए गुजरात पर निगाहें जमाए हैं। यह सब रक्षाशक्ति के फलस्वरूप ही साकार हो सका।

रक्षाशक्ति के तहत जो कुछ कार्य हुआ, उसके तहत संगठित अपराध नियंत्रण के लिए गुजकोक कानून का विधेयक पारित कर उसे मंजूरी के लिए राज्यपाल महोदय को भेजा गया। ब्राउनसुगर सहित मादक पदार्थों का करोड़ों का कीमती भंडार जब्त हुआ। गोधरा हत्याकांड के समाज विरोधी तत्त्वों के खिलाफ पोटा, सहकारिता बैंकिंग में निहित स्वार्थी तत्त्वों के आर्थिक अपराध और अनियमितताओं पर नियंत्रण के लिए बिना किसी भेदभाव के दोषियों पर भारी जुरमाना लगाया और जेल की सजा कराई गई, आतंकवाद का सामना करने के लिए चेतक कमांडो का गठन, प्रत्येक जिले में महिला पुलिस थानों का निर्णय, सीमा सुरक्षा को मजबूत बनाने व सीमा पार देश विरोधी गतिविधियों के

प्रभावी प्रतिकार के लिए सीमावर्ती गाँव का शक्ति ग्राम के रूप में विकास, नार्कोटिक्स की अवैध हेराफेरी रोकने के लिए नए कानून सहित अनेक कदम उठाए गए। गुजरात कंट्रोल ऑफ ऑर्गेनाइज्ड क्राइम एक्ट यानी 'गुजकोक' द्वारा संगठित अपराधों पर नियंत्रण के लिए कड़े कदम, गुजरात प्रोटेक्शन ऑफ इंटरेस्ट ऑफ डिपॉजिटर्स ऐक्ट द्वारा नॉन बैंकिंग संगठनों में उपभोक्ता सुरक्षा, सहकारी बैंकों के प्रबंधन में गुणात्मक सुधार के लिए अध्यादेश, राष्ट्रीय सुरक्षा तथा कानून व्यवस्था, कच्छ-जामनगर के सीमावर्ती क्षेत्रों में कई बार दौरे कर सुरक्षाकर्मियों को प्रोत्साहन, सैन्य अधिकारियों के बीच नियमित व परिणामदायी आदान-प्रदान, सेना, नौसेना, वायुसना के शीर्षस्थ अधिकारियों के साथ नियमित चर्चा, कोस्ट गार्ड के साथ संयुक्त पेट्रोलिंग, जखौ में कोस्ट गार्ड स्टेशन की स्थापना, तटवर्ती क्षेत्रों में सुरक्षा के लिए स्पीड बोट के प्रस्ताव पर सकारात्मक रुख, आतंकियों के खिलाफ काल के समान कानून पोटा का समर्थन सहित अनेक कदम उठाए गए हैं।

जनशक्ति

मानव संसाधन का उचित उपयोग ही वर्तमान को अधिक प्रगतिशील और कार्यक्षम बनाता है। मुख्यमंत्री नरेंद्र मोदी ने मानव विकास के इस पहलू को महत्त्व देकर अनेक सिद्धियाँ हासिल की हैं। पिछले पाँच वर्षों में तटबंधों की संख्या 85 हजार तक पहुँची। इसकी सफलता में जनभागीदारी तथा मानव संसाधान का उचित उपयोग है। राज्य भूकंप की पीड़ा से उबर सका। इसके पीछे एक महत्त्वपूर्ण कारण यह जनशक्ति ही थी। गुजरात की स्थापना के बाद पहली बार लोकतंत्र की गरिमा ने ऐतिहासिक माइल स्टोन अंकित किया है। राज्य में पंचायतों, नगर पंचायतों, नगर पालिकाओं, महानगर पालिकाओं और विधानसभा-सांसदों के तमाम चुनाव शांतिपूर्ण ढंग से संपन्न हुए। गुजरात को अशांत मानने वाले विरोधियों के मुँह शांत जनमत की इस विराट् क्रांति से सिल गए।

गुजरात भर में जनशक्ति की लहर फैल गई। ग्रामसभा में अकूत क्षमता है, जहाँ गाँव के लोग खुद ही विकास पर मंथन करें और निर्णायक बन सकते हैं। यह बात अब सरकारी प्रशासन भी मानने लगा, फलस्वरूप ग्रामीण विकास के लिए आलस्य झाड़ कर प्रशासन भी गतिशील बना है। वीडियो कॉन्फ्रेंस के माध्यम से मुख्यमंत्री सचिवालय में बैठकर गाँव के लोगों के साथ संवाद करते हैं, तब उसमें आई जागरूकता तथा विकास की इच्छा के उन्हें दर्शन होते हैं।

गाँव की जनता चुनावी रंजिश-वैमनस्य और विवाद से छुटकारा पाने को आतुर है। समरस गाँव योजना को गाँव की जागरूक जनता और पंचायतों का उत्साहपूर्ण समर्थन मिला है। राज्य की पाँच हजार से अधिक ग्राम पंचायतें समरस बन चुकी हैं। निर्विरोध

भारत के भविष्य— नन्हे-मुन्नों से संवाद करते हुए।

छात्रों को भोजन परोसते हुए।

मातृशक्ति को आर्थिक रूप से सशक्त करने हेतु सिलाई मशीन भेंट करते हुए।

एक वृद्ध महिला का सम्मान करते हुए।

गुजरात से लगती भारत-पाक सीमा पर जवानों के साथ।

मातृशक्ति को प्रणाम करते हुए।

महानायक अमिताभ बच्चन के साथ।

स्वर-सम्राज्ञी सुश्री लता मंगेशकर के साथ।

योगगुरु पूज्य स्वामी रामदेव के साथ।

विश्व शांति गुरु परमपावन दलाई लामा के साथ।

जगद्‌गुरु शंकराचार्य पूज्य जयेंद्र सरस्वतीजी के साथ।

आर्ट ऑफ लिविंग के संस्थापक प. पूज्य श्री श्री रविशंकर के साथ।

26 मई, 2014 को राष्ट्रपति भवन में प्रधानमंत्री पद की शपथ ग्रहण करते हुए श्री नरेंद्र मोदी।

एक नई शुरुआत : प्रधानमंत्री कार्यालय में पहला दिन।

भूटान के प्रधानमंत्री शेरिंग तोबगे के साथ प्रधानमंत्री नरेंद्र मोदी।

संयुक्त राज्य अमेरिका के राष्ट्रपति बराक ओबामा के साथ प्रधानमंत्री नरेंद्र मोदी।

जापान के प्रधानमंत्री शिंजो अबे के साथ प्रधानमंत्री नरेंद्र मोदी।

चीन के राष्ट्रपति शी जिनपिंग और उनकी पत्नी पेंग लीयुआन के साथ प्रधानमंत्री नरेंद्र मोदी।

हिलेरी क्लिंटन एवं बिल क्लिंटन के साथ प्रधानमंत्री नरेंद्र मोदी।

2014 के ब्रिक्स शिखर सम्मेलन में रूस के राष्ट्रपति व्लादिमीर पुतिन, ब्राजील के राष्ट्रपति डिल्मा रॉसेफ, चीन के राष्ट्रपति शी जिनपिंग और साउथ अफ्रीका के राष्ट्रपति जेकब जूमा के साथ प्रधानमंत्री नरेंद्र मोदी।

नेपाल के प्रधानमंत्री सुशील कोइराला के साथ प्रधानमंत्री नरेंद्र मोदी।

ऑस्ट्रेलिया के प्रधानमंत्री टोनी एबॉट के साथ प्रधानमंत्री नरेंद्र मोदी।

मधुर तान : जापान यात्रा के दौरान बाँसुरी व ड्रम पर हाथ आजमाते हुए प्रधानमंत्री नरेंद्र मोदी।

27 सितंबर, 2014 को संयुक्त राज्य, न्यूयॉर्क के मुख्यालय में 69वीं संयुक्त राष्ट्र महासभा को संबोधित करते हुए प्रधानमंत्री नरेंद्र मोदी।

दीपावली 2014 पर सियाचीन यात्रा के दौरान सियाचीन बेस कैंप पर भारतीय सशक्त बल के अधिकारियों और जवानों को संबोधित करते हुए प्रधानमंत्री नरेंद्र मोदी।

'सांसद आदर्श ग्राम योजना' का शुभारंभ करते प्रधानमंत्री नरेंद्र मोदी।

'प्रधानमंत्री जन-धन योजना' का शुभारंभ करते प्रधानमंत्री नरेंद्र मोदी।

नानाजी देशमुख के लेखों का संकलन 'विराट् पुरुष नानाजी' का लोकार्पण करते हुए प्रधानमंत्री नरेंद्र मोदी।

'स्वच्छ भारत अभियान' का शुभारंभ करते प्रधानमंत्री नरेंद्र मोदी।

'पंडित दीनदयाल उपाध्याय श्रमेव जयते कार्यक्रम' का उद्घाटन करते हुए प्रधानमंत्री नरेंद्र मोदी।

बेंगलुरू स्थित भारतीय अंतरिक्ष अनुसंधान संगठन (इसरो) के मिशन नियंत्रण केंद्र में भारतीय अंतरिक्षयान 'मंगलयान' के मंगल ग्रह की कक्षा में प्रवेश करने पर वैज्ञानिकों को बधाई हुए प्रधानमंत्री नरेंद्र मोदी।

चुनाव के लिए ग्राम पंचायतों में स्पर्धा जागना क्या शुभ संकेत नहीं है? पूरा गाँव चुनाव के सुख-दु:ख, नाराजगी-खुशी छोड़कर एकजुट होकर विकास के निर्णय ले, तो ग्राम स्वराज्य की सच्ची दिशा में प्रयाण ही है न।

यह सरकार गाँव के सर्वांगीण विकास के लिए प्रतिबद्ध है। ढाँचागत सुविधाएँ ही नहीं, अपितु गाँवों में सुख-शांति, गाँवों की आत्मनिर्भरता, गाँवों को विश्व के साथ जोड़कर विश्वग्राम बनाने वाली कल्पना के साथ ग्रामसभा की प्रक्रिया को चेतनाशील बनाया और राज्य में 18 हजार से अधिक गाँवों में ग्राम सभाएँ आयोजित हुईं। 'वेस्ट से बेस्ट' की तर्ज पर गोबर को ऊर्जा के स्रोत में बदलने का नया दृष्टिकोण पेश किया गया, जिसमें प्राकृतिक खाद, गोबर-गैस और बिजली के उत्पादन की प्रक्रिया बनाकर गाँव को ऊर्जा ग्राम बनाने का विचार है। ग्रामीण सड़कों के शत प्रतिशत लक्ष्य पूर्ण करने में गुजरात देश का पहला राज्य बना, तो पहली बार समर्थन मूल्य पर खरीद की पहल राज्य सरकार ने करके कृषकों को सहारा दिया। बाजरा, मूँगफली और मक्का की खरीद की सरकार ने!

इस प्रकार पिछले बारह वर्षों में राज्य के विकास के लिए पाँच शक्तियों के अमृत का जो सिंचन हुआ, उसके फलस्वरूप विकास के बीजांकुर फूटे, कलियाँ भी फूटी हैं। आगामी दिवसों में विकास का वटवृक्ष बनकर उभरने के आसार हैं। इसीलिए 2001 के गुजरात की तुलना में 2014 का गुजरात अपनी विशिष्ट गरिमा के साथ स्थापित हुआ है। गुजरात ने प्रगति के पंचामृत का रसास्वादन किया है। संवेदनशील नेतृत्व तथा प्रगति का यह पंचामृत समग्र भारत में गुजरात को अद्वितीय स्थान दिलाता है, साथ ही विकास व राजनीतिक इतिहास के पन्नों पर एक विशिष्ट छाप भी छोड़ता है। गुजरात की कीर्ति-पताका दुनिया में लहराए, अब वह दिन दूर नहीं!

□

टेक्नोसैवी मोदी

आम चुनाव में नरेंद्र मोदी को सामान्य लोगों से एक साथ जोड़नेवाला और उनके साथ संवाद करानेवाला एक दिलचस्प कार्यक्रम रहा, जिसका नाम है—चाय पे चर्चा! अथवा चाय चौपाल! नरेंद्र मोदी ने टेक्नोलॉजी के माध्यम से अमदाबाद और मुंबई में बैठकर चाय की चुस्कियाँ लेते-लेते लाखों युवाओं और महिलाओं से बात की। 2014 के लोकसभा चुनाव हाईटेक और सोशल मीडिया से पूरी तरह प्रभावी रहा। इसका श्रेय नरेंद्र मोदी को जाता है।

आज टेक्नोलॉजी बहुत आगे निकल चुकी है। इससे वॉट्स-एप में अमदाबाद में बैठे-बैठे अमरीका में बैठे व्यक्ति के साथ सेकंडों में संदेश का आदान-प्रदान किया जा सकता है। आज क्या रसोई बनानी है से लेकर रसप्रद वीडियो, दस्तावेजों आदि का आदान-प्रदान हो सकता है, परंतु टेक्नोलॉजी का उत्तम उपयोग कैसे किया जाए, यह बात कोई नरेंद्र मोदी से सीखे!

आजकल सभी आयु वर्ग के लोगों की दिलचस्पी इंटरनेट में हो गई है। गूगल तथा यू-ट्यूब दिलचस्प सूचना एवं वीडियो पल भर में खोज निकालते हैं। नरेंद्र मोदी इस बात से अच्छी तरह वाकिफ हैं और युवा व महिला मतदाताओं से किस तरह संबद्ध होना है, यह कला उन्हें अच्छी तरह आती है। जब चुनावी दुदुंभि बजी भी नहीं थी, तब नरेंद्र मोदी ने 31 अगस्त, 2012 को गूगल हैंगआउट के जरिए युवाओं व अन्य टेक्नोसैवी लोगों के साथ चर्चा की थी। चालीस लाख लोग नरेंद्र मोदी के साथ इस चर्चा में शामिल हुए थे, परंतु टेक्नोलॉजी व मोदीजी की बात निकली है, तो वे आजकल में टेक्नोलॉजी से नहीं जुड़े हैं। जब टेक्नोलॉजी भारत में नई-नई आई थी, तब से नरेंद्र मोदी उसका कुशलतापूर्वक उपयोग करते आए हैं।

डिजिटल डायरी, पेजर और कंप्यूटर, ये तीनों जब नए-नए आए, तब नरेंद्र मोदी उसका कुशलतापूर्वक उपयोग करते थे। हाल में कांग्रेस के बड़े नेता बन चुके राजीव शुक्ला पूर्व में जब पत्रकार थे और टी.वी. पर रूबरू नामक कार्यक्रम करते थे, तब उस

कार्यक्रम में नरेंद्र मोदी का इंटरव्यू ही नहीं, उनकी जीवनशैली भी बताई गई थी। इस कार्यक्रम में भी नरेंद्र मोदी के दो रूप देखे गए हैं। एक ओर वे कंप्यूटर का उपयोग कर रहे हैं, तो दूसरी ओर वे सादगीपूर्ण ढंग से कपड़े सुखाते देखे गए हैं। नरेंद्र मोदी संघ प्रचारक थे, तभी से वे अत्याधुनिक टेक्नोलॉजी के संपर्क में रहे हैं; संगठन, प्रचार-प्रसार और लोगो से जुड़ने के लिए उसका बखूबी उपयोग करते रहे हैं।

कंप्यूटर पर ऑनलाइन समाचार व अखबार रखे जाने की शुरुआत हुई, तब से नरेंद्र मोदी का क्रम रहा है कि प्रात: साढ़े चार बजे उठने के बाद चाय की चुस्कियों के साथ ही वर्तमान पत्र दैनिक दुनिया की जानकारी से अवगत हो जाना। सामान्यत: गुजरात के सूचना विभाग का अनुभव यह रहा है कि पूर्व के मुख्यमंत्रियों के पास अखबारों की वे कतरनें जाया करती थीं, जिनमें सूचना विभाग की ओर से दी गई खबरें होती थीं, परंतु नरेंद्र मोदी के पास शुरुआत में ऐसी कतरनें भेजी जातीं, तो वे कहते, ये तो मैंने पढ़ ली हैं। नया कुछ हो, तो कहो। यानी उनका गृह कार्य पक्का होता है।

वेब मीडिया का सर्वाधिक उपयोग गुजरात सरकार द्वारा हो रहा है। जनता से जुड़ी अनेक महत्त्वपूर्ण जानकारियाँ जनता को वॉट्सअप या एस.एम.एस. के माध्यम से दी जाती हैं।

नरेंद्र मोदी पहली बार मुख्यमंत्री बने तब उन्होंने सबसे महत्त्वपूर्ण निर्णय यह लिया कि राज्य के तमाम जिला कलेक्टरों और सरकार के मुख्य अधिकारियों की जो बैठक हर बार गांधीनगर में मिलती थी, उसे वीडियों कॉन्फ्रेंस से जोड़ दिया। इससे सबसे बड़ा लाभ यह हुआ कि जिला कलेक्टरों को अब बार-बार गांधीनगर तक का लंबा रास्ता तय नहीं करना पड़ता। इससे उन सभी के समय, शक्ति और पेट्रोल का जो व्यय हो रहा था, वह अब बच जाता है।

नरेंद्र मोदी ने टेक्नोलॉजी को ही अपना हथियार बना लिया। इन दिनों अरविंद केजरीवाल बहुत चर्चा में हैं। वे नित-नए नाटक कर चर्चा में बने रहते हैं। दिल्ली में मुख्यमंत्री बनने के बाद उन्होंने बड़ी-बड़ी घोषणाएँ कर जनता दरबार लगाया। उसमें लोगों को बुलाया, परंतु लोगों की बढ़ती भीड़ देख भाग खड़े हुए। उस समय देश भर में चर्चा चली कि नरेंद्र मोदी जनता दरबार का कार्यक्रम नहीं करते और लोगों से सीधे नहीं मिलते। हालाँकि युवा वर्ग यों ही किसी की बात थोड़े मान लेते? इंटरनेट पर भारी खँगालबाजी हुई और पता चला कि मोदीजी तो जनता के साथ सीधा वार्त्तालाप 2004 से ही करते आ रहे हैं और वह भी टेक्नोलॉजी के माध्यम से। इस कार्यक्रम का नाम है 'स्वागत ऑनलाइन'। और इस कार्यक्रम को राष्ट्रीय व अंतरराष्ट्रीय पुरस्कार भी मिला है।

स्वागत का पूरा नाम है—स्टेट वाइड अटेंशन ऑन ग्रिवेंसिस बाइ एप्लिकेशन टेक्नोलॉजी अर्थात् टेक्नोलॉजी के जरिए राज्यव्यापी शिकायत निवारण कार्यक्रम। वीडियो

कॉन्फ्रेंस के जरिए नरेंद्र मोदी अपने ऑफिस में बैठे-बैठे ही गाँव, तहसील व जिला स्तर पर लोगों के साथ वार्त्तालाप करते हैं, उनकी शिकायतें सुनते हैं तथा उनका समाधान भी करते हैं।

युवाओं में इन दिनों सामाजिक माध्यम यानी सोशल मीडिया अत्यंत लोकप्रिय है, खासकर फेसबुक और ट्विटर। ऐसे माध्यम नरेंद्र मोदी जैसे नेताओं के लिए वरदान स्वरूप हैं। इसके दो कारण हैं—

(1) सोशल मीडिया पर अधिकांशतः कोई नियंत्रण नहीं होता (सिवाय कि भड़काऊ चीजें न रखें या अश्लीलता न परोसें)। जो थोड़ा-बहुत नियंत्रण है, वह देश से बाहर अमरीका जैसे देशों में है।

समाचार-पत्रों में नीति के अनुसार पार्टी या कुछ व्यक्तियों का विरोध देखा जाता है। यही बात टी.वी. चैनलों पर भी लागू होती है, परंतु फेसबुक-ट्विटर जैसे सोशल मीडिया में ऐसा कोई अंकुश या बाध्यता नहीं है।

(2) स्वयं को जो संदेश देना हो, वह दिया जा सकता है। इसमें तसवीरें व वीडियो भी रखे जा सकते हैं। युवाओं में नरेंद्र मोदी बेहद लोकप्रिय हैं, तो इसका कारण यह है कि वे निरंतर फेसबुक और ट्विटर से जुड़े रहे हैं, लिखते रहते हैं।

सोशल मीडिया यू-ट्यूब में भी नरेंद्र मोदी की टीम द्वारा भाजपा व मोदी के खिलाफ जो दुष्प्रचार समाचार-पत्रों या टेलीविजन चैनलों पर होता है, उसके खिलाफ वीडियो क्लिप्स रखी जाती हैं। मोदीजी के किसी कार्यक्रम में भाषण हो, तो वह अखबार में छपे या न छपे, समाचार चैनलों में दिखाया जाए या न दिखाया जाए, परंतु यू-ट्यूब पर निश्चित रूप से देखने को मिलता है। इसे और कहाँ देखा जा सकता है?

वर्तमान में इंटरनेट के जमाने में मोदीजी ने अपनी वेबसाइट www.narendramodi.in बनाई है, जिस पर वे नियमित रूप से अपने व्यस्त कार्यक्रमों में से समय निकालकर लिखते रहते हैं। यह वेबसाइट देश की सभी भाषाओं में उपलब्ध है। यहाँ तक कि यह वेबसाइट संस्कृत भाषा में भी है।

अपने कार्यक्रमों के वीडियो अपलोड करते रहते हैं। इस कारण उनकी जो अनेक रैलियाँ हुईं, उन्होंने जिन-जिन कार्यक्रमों का उद्‌बोधन किया, वे तमाम चीजें इस वेबसाइट पर देखी जा सकती हैं, क्योंकि राजनीतिक द्वेष के कारण समाचार-पत्रों या टी.वी. चैनलों पर उनका पूरा प्रसारण देखने को नहीं मिलता। जो विरोधी अखबार में खबर दी जाती है, तो वह भी विकृत तरीके से पेश की जाती है। मोदी को सोशल मीडिया में प्रचंड समर्थन मिल रहा है, यह एक व्यक्ति का काम नहीं हो सकता, इसके पीछे समर्पित युवाओं की टीम है। अहमदाबाद, गांधीनगर, दिल्ली व देश के अन्य शहरों में कुशल युवक अलग-अलग स्थलों पर बैठकर इसे कार्यरूप दे रहे हैं। ये सब मोदीजी

को प्रधानमंत्री बनते देखना चाहते हैं, इसीलिए अपनी तकनीक व ज्ञान का लाभ भाजपा को दे रहे हैं।

यही कारण है कि जब नरेंद्र मोदी उड़ीसा, केरल, महाराष्ट्र, उत्तर प्रदेश, बिहार, पंजाब सहित अन्य राज्यों में भारी जनसैलाब को संबोधित कर रहे होते हैं, तभी ट्विटर, फेसबुक, यू-ट्यूब आदि सोशल मीडिया में उनके भाषण के अंश आना शुरू हो जाते हैं। भाषण की छोटी-छोटी वीडियो क्लिप यू-ट्यूब पर तुरंत देखने को मिलने लगती हैं। भाषण का जीवंत प्रसारण मोदीजी की वेबसाइट के अलावा अन्य कई वेबसाइट्स व अन्य कई संचार माध्यमों में भी उपलब्ध होता है।

नरेंद्र मोदी ने गुजरात की सभी ग्राम पंचायतों को ई-कनेक्टीविटी से जोड़ा है। आज हर ग्राम पंचायत इंटरनेट से परिपूर्ण है। नरेंद्र मोदी का सूत्र है—'ई-ग्राम—विश्व ग्राम'।

गुजरात के पिछले विधानसभा चुनाव देश ही नहीं, दुनिया में चर्चा का विषय रहे और राजनैतिक इतिहास में अलग भी, इसका कारण था नरेंद्र मोदी का थ्री-डी प्रचार। नरेंद्र मोदी ने थ्री-डी तकनीक से एक से अधिक स्थलों पर लोगों को संबोधित किया। साथ ही एक बड़ा कारण यह भी था कि जनता के बीच मोदी अति लोकप्रिय हैं व हर व्यक्ति उनको अपने बीच देखना चाहता है। चुनाव में लोगों से रूबरू होने से मतदान में जरूर लाभ होता है। इसीलिए मोदीजी ने 3-डी का नुस्खा आजमाया। इस टेक्नोलॉजी से आप कम समय में अनेक स्थान पर लाखों लोगों को संबोधित कर रूबरू हो सकते हैं।

3-डी होलोग्राफिक प्रोजेक्शन टेक्नोलॉजी वीडिया कॉन्फ्रेंस से बिलकुल अलग है। दुनिया में सबसे पहले 2008 में ब्रिटेन के प्रिंस चार्ल्स ने विश्व ऊर्जा परिषद् को संबोधित करने के लिए इस तकनीक का उपयोग किया, वह भी मात्र छह मिनट के लिए। यह तकनीक पर्यावरणलक्षी होने के साथ कम कार्बन फुट प्रिंट छोड़ती है, चार्ल्स ने इसीलिए इसे पसंद किया। उनके इस भाषण को पैलेस में रिकॉर्ड भी किया गया। आमतौर पर इस तकनीक का उपयोग दुनिया में किसी उत्पाद को बाजार में उतारने या मनोरंजन के लिए किया जाता है। लेकिन भारत में पहली बार भाजपा ने चुनाव प्रचार में इस तकनीक का उपयोग किया। विशेषज्ञ बताते हैं कि इसके लिए 3 डाइमेंशन स्टेज तैयार करना होता है। जिस पर व्यक्ति की त्रिपरमाणीय छवि को उभारकर 2 परमाणीय छवि को पेश किया जाता है।

सामने बैठे लोगों को इससे यह अहसास होता है कि व्यक्ति उनके सामने साक्षात् है। इस तकनीक पर भारी खर्चा होता है, चूँकि एक ही कैमरा लैंस व एक ही प्रोजेक्टर से रिकार्डिंग व लाइव प्रसारण करना होता है। जिससे 3-डी चश्मे के बिना भी देखा जा सके। इसके लिए एक वीडियो प्रोजेक्टर, एक छोटा कैबिनेट इन्स्टॉलेशन, हाई चलिटी

टी.एफ.टी. प्लाज्मा, या एल.सी.डी. स्क्रीन, एच.डी. प्लेयर, वीडियो सर्वर, डी.वी.डी. प्लेयर, लाईटिंग एवं ऑडियो सिस्टम की जरूरत पड़ती है। वक्ता का भाषण एच.डी. कैमरे से करना होता है तथा प्रसारण एच.डी. टी.वी. प्रोजेक्शन सिस्टम से किया जाता है।

3-डी की मदद से जनता को लगता है कि नरेंद्र मोदी साक्षात् उनके सामने बैठकर बोल रहे हैं, यह तकनीकी काम कर गई और नरेंद्र मोदी की जीत में इस तकनीक का भी योगदान रहा।

लेख की शुरुआत में जिसकी चर्चा हुई, वह चाय पे चर्चा कार्यक्रम में डिस्ट्रीब्यूटेड वीडियो कॉन्फ्रेंसिंग महसूस कराने को कार्यक्रम आयोजक सिटीजन फॉर अकाउंटेबल गवर्नेंस हाईब्रिड टेक्नोलॉजी का उपयोग कर रही है, जो डी.टी.एच. ब्रॉडकास्ट हाईस्पीड इंटरनेट और सैटेलाइट अपलिंक का संयोजन करेगा।

कैग एक स्वैच्छिक संस्था है, चाय की हर दुकान पर स्टैंड पर फिट किए गए दो बड़े फ्लेट टी.वी. स्क्रीन होते हैं। इस सेवा के लिए वीडियोकॉन के डी.टी.एच. इंटीग्रेटेड टी.वी. सेट का उपयोग किया जाता है। जिससे कंपनी टी.वी. सेट के बदले मार्केटिंग स्लॉट पाती है। वैबकेम व हाईस्पीड इंटरनेट डोंगल अधिकांश स्थलों पर आपस में संवाद की सुविधा उपलब्ध कराते हैं। चाय की जिस स्टॉल से श्रोताओं की ओर से पूर्व निर्धारित सवाल पूछना है, तो वहाँ एक पूरा टी.वी. क्रू पूरी तरह आउट डोर ब्रॉडकास्टिंग वैन अथवा अन्य लाइव सैटेलाइट अपलिंकिंग सुविधा उपस्थित होती है।

प्रत्येक सत्र में 15 से 20 स्थलों से सवाल पूछे जाते हैं। इस कार्यक्रम का नरेंद्र मोदी की अधिकृत वेबसाइट से लाइव प्रसारण होता है। जब नरेंद्र मोदी हाई-फाई तकनीक के जरिए लोगों से जुड़ते हैं तो चाय की चुस्कियों के साथ नागरिकों से संवाद करते हैं। अत्याधुनिक तकनीक का उपयोग कर सामान्य नागरिक से जुड़कर उनके दिलों में कैसे उतरा जाए, यह नरेंद्र मोदी से ही सीखा जा सकता है।

□

विकास के सौ कदम

गरीबी हटाने में आगे

1. गुजरात पिछले दस वर्षों से निरंतर प्रधानमंत्री 20 सूत्री कार्यक्रम के तहत गरीबी उन्मूलन कार्यक्रम में प्रथम स्थान पर है।

प्रति व्यक्ति आय 75 हजार 115

2. राज्य की प्रति व्यक्ति आय में चार गुना वृद्धि—प्रति व्यक्ति आय 19,823 रुपए (2001) से बढ़कर 75,115 रुपए (2011 में) हुई।

रोजगार में अव्वल

3. पूरे देश में गुजरात युवाओं को रोजगार देने में अव्वल है। भारत सरकार की रिपोर्ट के मुताबिक गुजरात में सबसे कम बेरोजगारी दर एक फीसद है।

85 लाख गरीबों में 13 हजार करोड़

4. 85 लाख लाभार्थियों को 1000 गरीब कल्याण मेलों के माध्यम से 13,000 करोड़ रुपए की सीधी सहायता दी गई है।

मछुआरों को 21 हजार करोड़

5. मछुआरों के लिए 11,000 करोड़ रुपए की योजना पूरी की गई है। 21,000 करोड़ रुपए के नए पैकेज पर अमल शुरू।

आदिवासियों के लिए 40 हजार करोड़

6. 15,000 करोड़ रुपए की आदिवासी कल्याण योजना 17,000 करोड़ रुपए का उपयोग कर पूरी की गई है। 40,000 करोड़ रुपए के नए पैकेज पर अमल शुरू।

शहरी गरीबों को 25 हजार करोड़

7. 13,000 करोड़ रुपए की शहरी गरीब समृद्धि योजना पूर्ण। 25,000 करोड़ रुपए के नए पैकेज पर अमल शुरू।

तीस लाख महिलाओं को स्वरोजगार

8. मिशन मंगलम योजना के तहत 2.25 लाख सखी मंडलों के जरिए 30 लाख महिलाओं को स्वरोजगार मिला है, इसमें 1,700 करोड़ रुपए का निवेश किया गया है।

महिलाओं को स्टाम्प ड्यूटी माफ

9. महिला के संपत्ति खरीदने पर स्टाम्प ड्यूटी से पंजीकरण शुल्क माफ। अब तक 12 लाख महिलाओं ने लाभ उठाया, जिसमें 440 करोड़ रुपए माफ किए गए।

ढाई सौ महिला सरपंचों को समरस अवार्ड

10. 250 महिला सरपंचों को महिला समरस ग्राम अवॉर्ड (पंचायत में सर्वसम्मति से निर्वाचित तमाम महिलाएँ) में प्रत्येक ग्राम पंचायत का पाँच लाख रुपए विकास के लिए अनुदान।

11 साल में 22 लाख आवास

11. पिछले 11 वर्षों में 22 लाख आवासों (औसत प्रतिवर्ष 2 लाख आवास) का निर्माण किया गया है, जिसके सामने पूर्व के 40 वर्षों में मात्र 12 लाख आवासों (वार्षिक औसत 30,000 आवास) का निर्माण किया गया था।

74 फीसद को पाइप लाइन से पानी

12. राज्य के 74 प्रतिशत घरों में पीने का पानी नलकूप या पाइप लाइन के जरिए।

सात लाख को पाइप लाइन से गैस

13. समग्र राज्य में सात लाख घरों में पाइप लाइन से गैस आपूर्ति।

सर्वाधिक साक्षरता

14. पिछले दशक में 10.6 फीसद ऊँची साक्षरता दर प्राप्त की गई है। महिला

साक्षरता दर वर्ष 2001 के 58 फीसद से 13 फीसद बढ़कर 2011 में 71 फीसद हुई।

बच्चों का सौ फीसद स्कूल नामांकन

15. शाला प्रवेश 100 फीसद, स्कूल छोड़ देने वाले बच्चों को ड्रॉप आउट दर 22 फीसद से घटकर दो फीसदी तक लुढ़की

शिक्षा में गुणात्मक सुधार

16. गुणोत्सव के जरिए शिक्षा की गुणवत्ता में सुधार पर ध्यान केंद्रित किया।

इंजीनियरिंग व प्रबंधन की सीटें पाँच गुना

17. इंजीनियरिंग तथा मैनेजमेंट सीटों में पाँच गुना से अधिक वृद्धि की गई है। वर्ष 2001 में 22,535 बैठकें थीं, अब वे 2011 में बढ़कर 1,23,592 बैठकें हो चुकी हैं।

कॉलेज-विश्वविद्यालयों की संख्या बढ़ी

18. कॉलेजों की संख्या वर्ष 2001 में 442 थी, जो 2011 में बढ़कर 1,762 हो गई है। 31 नए विश्वविद्यालयों का गठन, जिसमें 11 विशिष्ट विश्वविद्यालयों के गठन का भी समावेश होता है।

रक्षा शक्ति विश्वविद्यालय

19. समग्र देश में पहली बार रक्षाशक्ति विश्वविद्यालय की स्थापना की गई।

फॉरेंसिक विश्वविद्यालय

20. समग्र विश्व में एकमात्र फॉरेंसिक साइंस यूनिवर्सिटी गुजरात में स्थापित की गई है।

पहला पेट्रोलियम विवि

21. भारत का प्रथम पेट्रोलियम विश्वविद्यालय गुजरात में स्थापित किया गया है।

इंजी. कॉलेज की फीस 15 सौ रुपए

22. 19 सरकारी इंजीनियरिंग कॉलेज और उनमें केवल 1,500 रुपए फीस।

23. 4,000 नई मेडिकल सीट बढ़ाने से गुजरात के बाहर बच्चों को पढ़ने नहीं जाना पड़ता।
24. सेटैलाइट स्पेक्ट्रम के जरिए दूरस्थ शिक्षा कार्यक्रम।
25. देश में पहली बार जीओआई से 36 मेगाहट्र्ज सेटैलाइट ट्रांसपॉण्डर प्राप्त किए गए।
26. स्कोप कार्यक्रम के तहत तीन लाख विद्यार्थियों को **अंग्रेजी भाषा** का प्रशिक्षण।
27. एम्पावर कार्यक्रम के तहत प्रति तहसील 1000 विद्यार्थियों को **कंप्यूटर प्रशिक्षण** दिया गया।
28. **सीएम फेलोशिप**—युवकों को सरकार में उल्लेखनीय योगदान के लिए सशक्त बनाना।

खेल महाकुंभ में 18 लाख बच्चे

29. खेलकूद विकास—खेल विश्वविद्यालय की स्थापना की गई। 2011 में 18 लाख से अधिक खिलाड़ियों ने खेल महाकुंभ में भाग लिया। शतरंज महोत्सव का भी आयोजन किया गया।

33 लाख मरीजों को लाभ

30. 108 आपातकालीन स्वास्थ्य सेवा के जरिए 33 लाख मरीजों का उपचार किया गया। इसमें लगभग 11 लाख गर्भावस्था व प्रसूति के आपातकाल से जुड़े मामले थे।

गुजरात मेडिकल निगम

31. लगभग निःशुल्क जिनेरिक दवाइयाँ देने व निदान सेवाओं के लिए हाल ही में गुजरात मेडिकल सर्विसेज कॉर्पोरेशन की स्थापना की गई।

बीपीएल पर दो लाख का मेडिकल खर्च

32. मुख्यमंत्री अमृतम् योजना के तहत तमाम बीपीएल लाभार्थियों को प्रति परिवार दो लाख रुपए तक मेडिकल खर्च की सुविधा।

जच्चा व बच्चा की देखभाल

33. ई-ममता, चिरंजीवी बालसखा, फोर्टीफाइड फूड, खिलखिलाट वैन आदि कार्यक्रमों के जरिए माता व बच्चों का कल्याण।

34. **पीपीपी आधारित चिरंजीवी योजना** के जरिए निःशुल्क 69 लाख प्रसूति अस्पतालों में।
35. **बाल मृत्यु दर** (आईएमआर) प्रति हजार वर्ष 2001 के 62 से घटकर वर्ष 2011 में 44 हुई।
36. **माता मृत्यु दर** (एमएमआर) प्रति हजार वर्ष 2011 के 202 से घटकर वर्ष 2011 में 148 हुई।
37. **विद्यालय स्वास्थ्य जाँच** कार्यक्रम के तहत प्रति वर्ष 1.5 करोड़ बच्चों के स्वास्थ्य की जाँच।
38. **लेप्रसी मुक्त गुजरात—पोलियो मुक्त गुजरात।**
39. युवाओं में कैंसर व घातक बीमारियों के चलते गुटखा पर **संपूर्ण प्रतिबंध**।
40. देश के कुल 28,000 गाँवों में से गुजरात के 4,281 गाँवों को **निर्मल ग्राम** अवॉर्ड।
41. पिछले एक दशक में कृषि विकास दर 10.8 फीसद थी, जिसके सामने राष्ट्रीय औसत 2.3 फीसद थी।

कृषि उत्पादन से करीब एक लाख करोड़

42. कृषि आय सात गुना बढ़ी—वर्ष 2001 में 14,000 करोड़ रुपए से बढ़कर 2011 में 98,000 करोड़ रुपए।
43. **दूध उत्पादन** 66 प्रतिशत बढ़ा
44. **कपास उत्पादन में शीर्षस्थ**—पिछले दस सालों में कपास का उत्पादन 23 लाख गाँठ से बढ़कर 123 लाख गाँठें कपास हो गया है, जो 465 फीसद वृद्धि दरशाता है।
45. **कृषि महोत्सव**—वर्ष 2005 से शुरू किए गए एक माह लंबे कार्यक्रम में किसानों को आधुनिक व वैज्ञानिक पद्धति से खेती के बारे में जागरूक करना है।
46. पिछले दस सालों में चार लाख नए **एग्रीकल्चर कनेक्शन**, जिसके सामने पिछले चालीस सालों में मात्र 6.3 लाख कनेक्शन।
47. किसानों को 42 लाख खेत मिट्टी स्वास्थ्य कार्ड दिए गए।

ऐनिमल हॉस्टल का निर्माण

48. 30,000 **ऐनिमल हैल्थ कैंपस** में 1.2 करोड़ पशुओं का उपचार। देश के सर्वप्रथम ऐनिमल हॉस्टल का निर्माण। 112 पशु रोग दूर किए गए।
49. **सिंचाई** के तहत वाला क्षेत्र 108 लाख हेक्टेयर से 37 लाख हेक्टेयर बढ़कर

145 लाख हेक्टेयर स्तर तक पहुँचा।

50. सात लाख हेक्टेयर में बूँद-बूँद सिंचाई ऐंड **स्प्रिंक्लर इरिगेशन।**
51. 65 लाख का **वॉटर हॉर्वेस्टिंग** ढाँचा—बोरी बाँध, कृषि तालाब और तटबंध पिछले दस साल में बनाए गए।

भूमिगत जल स्तर सुधरा, सूखी धरती तक नर्मदा

52. डार्क जोन हटाने से 57 तहसीलों में **उजाला फैला।**
53. समग्र देश में शायद ही ऐसा हुआ हो कि **भूमिगत जल स्तर 3 से 13 मीटर ऊँचा आया** हो।
54. कच्छ की सूखी व सौराष्ट्र तथा उत्तर गुजरात की प्यासी धरा में **नर्मदा जल** पहुँचा।
55. **एसएयूएनआई** योजना के तहत सौराष्ट्र के बाँधों में नर्मदा की बाढ़ का पानी भरा गया।
56. तीन सेक्टरों **(कृषि, उद्योग तथा सेवा क्षेत्रों)** में निरंतर 10 फीसद से अधिक वृद्धि दर एक दशक से बनाए रखी गई।

वाइब्रेंट में 100 देश, 21 लाख करोड़ के निवेश

57. 2011 के पाँचवें वाइब्रेंट महोत्सव में 21 लाख करोड़ के समझौते हुए—**100 से अधिक देशों** ने भाग लिया।
58. टाटा मोटर्स, मारुति व फोर्ड के आगमन के साथ गुजरात **ऑटो हब** बना।
59. जहाँ राष्ट्रीय फीसद 10 है, ऐसे पर्यटन का राज्य में विकास दर 16 फीसद।
60. **शिप बिल्डिंग** में राज्य का योगदान 60 फीसद।
61. 26 में से 18 जिलों को लाभ हो, इसके लिए 565 किलो मीटर लंबे **डेडिकेटेड फ्रेट कॉरिडोर** (डीएफसी) के दोनों ओर 150 किलो मीटर तक के विशाल औद्योगिक कॉरिडोर का कार्य।
62. विश्व की सर्वश्रेष्ठ सुविधाओं के साथ 13 **स्पेशल इन्वेस्टमेंट रीजन** (एसआईआर) की स्थापना की जाएगी।
63. शंघाई के मुकाबले दो गुना क्षेत्र में **धोलेरा सर** की प्रक्रिया शुरू।
64. आगामी समय में अंतरराष्ट्रीय **फाइनेंशल हब** बनेगा—**गिफ्ट सिटी।**
65. जी स्वान के साथ जुड़े तमाम जिले—एशिया का सबसे विशाल **फाइबर नेटवर्क।**
66. **नदियों को जोड़ने की योजना**—सुजलां-सुफलाम् सहित दस जिले शामिल।
67. राज्य में फैला हुआ 1900 किलोमीटर का **वॉटर ग्रिड।**

68. 2200 किलोमीटर के राज्यव्यापी **गैस ग्रिड** से लैस एकमात्र राज्य।
69. ठेठ सुदूरवर्ती हिस्सों तक **सड़क** का विकास—किसान पथ, प्रगति पथ, विकास पथ, प्रवासी पथ और गौरव पथ।
70. **ज्योतिग्राम योजना** के तहत सप्ताह के सातों दिन चौबीस घंटे तमाम गाँवों में बिजली की सुविधा।
71. **बिजली उत्पादन** की क्षमता 9600 मेगावॉट (2007) से बढ़कर 15,750 मेगावॉट (2012) की गई—पाँच वर्षों में दो गुना वृद्धि।
72. राष्ट्रीय औसत की तुलना में प्रति व्यक्ति **बिजली उत्पादन दो गुना।**
73. **नर्मदा बाँध** की ऊँचाई 121.92 मीटर तक बढ़ाई गई। नर्मदा नदी तट व नहर के जरिए 1,450 मेगावॉट के हाइड्रो पावर का उत्पादन किया गया।

दुनिया में सरदार होंगे सबसे विराट्

74. सरदार सरोवर बाँध के पास सरदार पटेल के सम्मान में विश्व की सबसे ऊँची प्रतिमा **(स्टैच्यू ऑफ यूनिटी) स्थापित की जाएगी।**
75. राष्ट्र का सर्वप्रथम **रिवरफ्रंट प्रोजेक्ट**—अमदाबाद में साबरमती रिवरफ्रंट प्रोजेक्ट।
76. घोघा-दहेज **फेरी सर्विस** क्रियान्वयन प्रगति पर है।
77. **बीआरटीएस प्रोजेक्ट** का सफलतापूर्वक क्रियान्वयन—कई अंतरराष्ट्रीय खिताब जीते।
78. **पंचामृत** फ्रेमवर्क के जरिए विकास किया—ऊर्जा, पानी, ज्ञान, मानव संसाधन व सेवा।
79. राजस्व अधिभार स्थिति को बनाए रखते हुए 11वीं पंचवर्षीय योजना का कद 1,11,111 करोड़ रुपए किया गया।
80. 3,00,000 करोड़ रुपए की 12वीं पंचवर्षीय योजना—पूर्व की योजनाओं की तुलना में तीन गुना बड़ा कद।

सात जिले, 20 नई तहसील

81. विकेंद्रीकरण—सात नए जिलों व 20 नई तहसीलों की घोषणा।
82. स्थानीय प्रशासन को **अधिक अधिकार** देने के लिए तहसील सरकार (एटीवीटी)।
83. **पंचायती राज संस्थाओं** को सुदृढ़ किया गया—प्रत्येक ग्राम पंचायत को स्वविवेक से पाँच लाख रुपए खर्च करने की छूट।
84. किसी भी प्रकार सामाजिक विवाद व अपराध से मुक्त गाँव को **तीर्थ ग्राम**

अवॉर्ड (दो लाख रुपए का विकास अनुदान)—वर्तमान में एक हजार 75 तीर्थ ग्राम।

85. सर्वसम्मति बनाने वाली ग्राम पंचायतों को **समरस ग्राम पंचायत अवॉर्ड** (3-5 लाख रुपए का विकास अनुदान)—हाल में 8 हजार 428 गाँव समरस घोषित।

86. न्याय प्रक्रिया में तेजी लाने के लिए **सांध्य अदालतों** के रूप में अनोखा कदम।

87. मुख्यमंत्री कार्यालय में स्वागत ऑनलाइन के जरिए उपभोक्ताओं के विवादों का त्वरित निवारण—अब तक 2.25 लाख केसों का निपटान—संयुक्त राष्ट्र का **पब्लिक सर्विस अवॉर्ड** मिला।

88. **ई-धरा से** भूमि दस्तावेजों का कंप्यूटरीकरण।

89. **एनए प्लानिंग व एप्लिकेशन** की पारदर्शी प्रक्रिया।

90. **गुजरात की स्वर्ण जयंती** शानदार ढंग से मनाई गई—स्वर्णिम गुजरात महोत्सव में पढ़े गुजरात, खेल महाकुंभ, शतरंज महोत्सव जैसे अनोखे उत्सवों की पहल की गई।

91. एक साल चलनेवाला **स्वामी विवेकानंद 150वाँ जयंती** महोत्सव—युवा शक्ति वर्ष घोषित किया गया।

92. मुख्यमंत्री को मिलनेवाले उपहार और सौगातों की सार्वजनिक नीलामी कर प्राप्त रकम **कन्या शिक्षा कोष** में जमा कराई गई।

93. आम जनता और सार्वजनिक वितरण प्रणाली को शामिल करनेवाली भूमि हस्तांतरण युक्त **टीपी स्कीम** बनाने पर सर्वोच्च न्यायालय ने प्रशंसा की।

94. हर पखवाड़े एक अवॉर्ड-250 से अधिक राष्ट्रीय व अंतरराष्ट्रीय अवॉर्ड।

95. वास्मो, स्वागत तथा आपदा प्रबंधन के लिए **यूएन अवॉर्ड**—वास्मो तथा आपदा प्रबंधन के लिए **कॉमनवेल्थ (सीएपीएएम) अवॉर्ड**।

96. समग्र राष्ट्र में पहली बार **जलवायु परिवर्तन** विभाग का गठन।

97. 3 हजार 500 करोड़ रुपए मूल्य की सर्वाधिक कार्बन क्रेडिट प्राप्त करनेवाला राज्य—देश के कुल फीसद में 17.28 फीसद हिस्सा।

98. शहर में **रूफ टॉप सोलर पावर प्रोडक्शन** पॉलिसी।

99. नर्मदा नहर पर **कैनाल टॉप सोलर पावर** उत्पादन।

100. पाटण के पास चारणका में एशिया का सबसे बड़ा 500 मेगावॉट क्षमता वाला **सोलर पार्क**।

□

कैसे कामयाब हुआ गुजरात

आज 'विकास का मॉडल गुजरात' अहम विषय है। इसमें गुजरात का आर्थिक, सामाजिक और राजकीय मॉडल का समावेश है। यह विषय समझने के लिए और सोचने के लिए है।

गुजरात प्रगतिशील राज्य है और विकास एवं प्रशासकीय मामलों में आगे बढ़ता राज्य है। पिछले कुछ सालों में सभी क्षेत्रों में प्रगति हुई है, लेकिन खासकर कच्छ-भुज का विकास बहुत थोड़े समय में हुआ है। अभी हाल ही में आए भूकंप में यहाँ संपूर्ण विनाश हो गया था। अब यह विकास देखकर सभी आश्चर्यचकित रह गए है।

किसी भी व्यक्ति से पूछ सकते हैं कि नरेंद्र मोदी में गुजरात के दूसरे नेताओं और दूसरे राज्यों के मुख्यमंत्रियों से भिन्न कौन से गुण हैं? जब आप उनसे मिलेंगे तो आपकी चेतना कहेगी कि यह व्यक्ति दूसरों से अलग है; लेकिन जब आप अपनी उस चेतना से ऊपर उठेंगे और गुजरात राज्य के शासन और राजकीय इतिहास एवं स्वतंत्र गुजरात के इतिहास पर नजर डालेंगे, तो नरेंद्र मोदी को विशिष्ट बनानेवाले बहुत सारे दृढ़ संकल्प वाले कारणों की वजह जान पाएँगे। पहले नेताओं के पास सत्ता और धीरज था, परंतु ये पहले ऐसे मुख्यमंत्री हैं, जिनके पास योग्यता, कुछ करने की लालसा, उत्कंठा और भाव है। भूतकाल में हमारे पास कई नेता थे, जिनमें से किसी के पास आशा और इच्छाएँ थीं और किसी के पास क्षमताएँ थीं, परंतु आज गुजरात की जनता देख रही है कि नरेंद्र मोदी के पास आशा, इच्छा और क्षमता सबकुछ है। उनके पास कल्पनाशीलता और गहरी दृष्टि है और ये सारी बातें उनका सुनिश्चित व्यक्तित्व प्रस्तुत करती है। जब उनकी आँखें तारों को देखती हैं, तब उनके पाँव जमीन पर होते हैं। यहाँ हम उनके सद्‍गुणों पर नजर डालने का प्रयत्न कर रहे हैं और ये सद्‍गुण ही उन्हें दूसरों से अलग करते हैं।

नरेंद्र मोदी ऐसे नेता हैं, जो लोगों के पास जाते हैं। ऐसी क्षमतावाले नेता भारत में बहुत ही कम हैं। ऐसा भी देखा गया है कि गर्भवती स्त्रियाँ कामना करती हैं कि उनके बच्चे नरेंद्र मोदी जैसे बनें, इसलिए उनके पाँव छूने और आशीर्वाद लेने के लिए उनके

पास जाती हैं। नरेंद्र मोदी फिर से मुख्यमंत्री बनें, इसलिए बहुत सारे लोगों ने भगवान् से मन्नत मानी थी। लोगों पर यह राजनीतिक दबाव नहीं है, लेकिन मोदी आम आदमी के साथ भावमय संबंध बनाने में सफल रहे हैं। उनके चाहनेवालों में शहरों और गाँवों में बसे हुए युवा, तरुण, वृद्ध, स्त्री आदि सभी लोग हैं। भारत के आसपास के देशों में रहनेवाले गुजराती एवं यूरोपियन देशों में रहनेवाले गुजराती लोग नरेंद्र मोदी के कार्य करने की शैली की तारीफ करते हैं।

उनका पूरा समय गुजरात के कार्यों के लिए और विकास के चिंतन में लगा रहता है। एक उदाहरण है। गुजरात विधानसभा चुनाव की घोषणा के एक महीने पहले उनका स्विट्जरलैंड जाने का इरादा था। इसका मुख्य उद्देश्य उस देश को गुजरात में विनियोग के लिए आकर्षित करना था। दरअसल, ज्यादातर राजनीतिक नेताओं के लिए वापस सत्ता में आना ही मुख्य उद्देश्य होता है और वे चुनाव के एक साल पहले से ही तैयारी शुरू कर देते हैं। लेकिन नरेंद्र मोदी के लिए, चुनाव वर्ष के दौरान, राजनीतिक काम से ज्यादा विदेशी मुद्रा राज्य में लाने का महत्त्वपूर्ण उद्देश्य था।

गुजरात में सफलता का मुख्य कारण नरेंद्र मोदी का समस्याओं के समाधान का अपना अलग नजरिया है। सबसे पहले वे समस्या को संपूर्ण रूप से देखते हैं और उसे पहचानते हैं। वे अपना ज्यादा-से-ज्यादा समय समस्याओं को अलग-अलग नजरिए से समझने में लगाते है; क्योंकि वे जानते हैं कि अगर समस्या को पूरी तरह से समझ लेंगे तो उसका आधा समाधान अपने आप हो जाता है। वे किसी भी मसले को बड़े ध्यान से सुनते हैं और बाद में समस्याओं का हल निकालते हैं। वे कभी सतही कदम नहीं उठाते, समस्याओं के समाधान हेतु कोई छोटा हल नहीं ढूँढ़ते। वे नीचे से ऊपर तक परिवर्तन और भविष्य की कल्पना करते हुए स्थायी तथा लंबे समय के समाधान के लिए सोचते हैं। बाद में वे रोड-मेप पर कार्य करते हैं। इसमें उद्देश्य, लक्ष्य इत्यादि का समावेश होता है और अंत में वे उसे लागू करने की प्रक्रिया पर कार्य करते हैं। वे सिर्फ यथार्थ प्रक्रिया और प्रतिनिधित्व को पसंद नहीं करते, बल्कि यथार्थ व्यक्ति को भी पसंद करते हैं। उनमें दूसरों के गुणों को अपनाने की और उचित मॉनिटरिंग करने की क्षमता है। वे भले ही मैनेजमेंट ग्रेज्युएट नहीं हैं, लेकिन उनका बुद्धिकौशल और नई पद्धति की शैली अब मैनेजमेंट स्कूलों में पढ़ाई जाती है।

नरेंद्र मोदी एक मेधावी व्यक्ति हैं। वे किसी भी प्रोजेक्ट के लिए सोच सकते हैं और पूरे राज्य में कम-से-कम समय में लागू कर सकते हैं। फिर वे परिणाम जानने के लिए व्याकुल रहते हैं। देश के बाकी हिस्सों में नदियों को एक-दूसरे के साथ जोड़ने की बहस अभी भी विचारणीय है, परंतु इन्होंने राज्य की बारह नदियों को एक-दूसरे से सफलतापूर्वक जोड़ दिया है, यानी जो नदियाँ लंबे समय से सूखी थीं, उनमें भी आज हम

पानी देख सकते हैं। इसी तरह तीन सालों में 300 किलोमीटर लंबी नहर 'सुजलां-सुफलाम् योजना' के तहत बनी और राज्य के जिस हिस्से में पानी नहीं मिलता था, वहाँ पर भी आज पानी उपलब्ध है। इस योजना से 56599 किलोमीटर तक के नए क्षेत्र में पानी पहुँचाया गया और 18000 से ज्यादा गाँवों में 12621 ट्रांसफॉर्मर पहुँचाए गए हैं तथा 'ज्योतिग्राम योजना' के अंतर्गत 9681 छोटे गाँव 30 महीने में उपलब्ध किए गए हैं, यह पूरे पानी और गैस ग्रीड के जोड़ से किया गया है, सभी गाँवों को 'ई-ग्राम विकास ग्राम योजना' तले ब्रॉड-बेंड से जोड़ा गया है। ये सारे उदाहरण प्रोजेक्ट को जल्द लागू करने के हैं।

बहुत ही बड़े मल्टी-मिलियन प्रोजेक्टस को लागू करने और कल्पनाशक्ति में मास्टर होने के बावजूद वे छोटे-छोटे परिणामों और स्थानिक टेक्नोलॉजी की अनदेखी नहीं करते। वे कहते हैं कि 'विज्ञान विश्व व्यापक होना चाहिए, पर टेक्नोलॉजी स्थानीय होनी चाहिए।' पानी के क्षेत्र में स्थानीय परिणामों जैसे कि 'बोरी बंध' का उन्होंने लोक-प्रचार किया ('बोरी बंध' का अर्थ होता है कि प्लास्टिक के थैले में पत्थर और कंकड भरकर पानी को रोकना)। वाइब्रंट गुजरात के सेमिनार में ग्लोबल विशेषज्ञता पर नजर डालते हुए नरेंद्र मोदी ने स्थानीय किसानों के अनुभव और प्रयोग को बढ़ावा एवं सम्मान दिया। सरकारी कर्मचारियों के सुझाव भी वे स्वीकार करते हैं, इ-मेल और पत्रों द्वारा आम आदमी के विचारों और सुझावों का आदर करते हैं।

वे लक्ष्य को परिणाम तक पहुँचाने वाले निर्णयकर्ता है। वे प्रशासनिक दूरदर्शिता को राजनीतिक जरूरतों के साथ नहीं जोड़ते। राजनीति के तहत प्रशासनिक निर्णयों के बारे में याद कराते हुए वे कर्म पर ध्यान रखते हैं और यही बातें गुजरात शासन को सुचारू रूप से खड़ा करने और व्यवसाय के रूप में कार्य करने में मदद करती हैं। गुजरात सरकार के तहत कार्य करती हुई कई संस्थाओं ने आई.एस.ओ. सर्टिफिकेशन ले रखा है, जिसकी राज्य के लिए जरूरत नहीं है।

नरेंद्र मोदी अनुसूचित जाति के हैं। इसलिए राज्य के पिछड़े इलाकों से उन्होंने शुरुआत की। युवाकाल में उन्होंने आम आदमी की तरह कई समस्याओं का सामना किया और इनमें सबसे ज्यादा जल और बिजली से जुड़ी समस्याओं का सामना किया। उन्हें अब समस्याएँ सुलझाने का अवसर मिला है और वे योजना बनाकर एक अलग सिस्टम डिजाइन करते हुए समस्याएँ सुलझाने का प्रयास कर रहे हैं।

नरेंद्र मोदी लगातार उस बात का विरोध करते है, जहाँ इंफ्रास्ट्रक्चर और औद्योगिक इकाइयों के विकास के लिए ज्यादा-से-ज्यादा ध्यान दिया जाता है, परंतु पिछड़े क्षेत्रों और विभागों के विकास की उपेक्षा की जाती है, इससे ज्यादा बड़ी समस्या क्या हो सकती है! जब वे राज्य में 'ज्योतिग्राम योजना' लागू करते हैं, तब वे यह नहीं सोचते हैं

कि यह योजना सिर्फ इस क्षेत्र के लिए या उस विभाग की है। यह योजना सभी क्षेत्रों और विभागों के लिए है। ऐसे लोग जिनके पास असुविधा है, उनके लिए बड़ी योजनाएँ, जैसे कि वन बंधु योजना, सागर खेडू योजना, गरीब समृद्धि योजना, उम्मीद इत्यादि लागू करने का उनका लक्ष्य है। ये योजनाएँ किसी भी क्षेत्र के विभागों को लाभ दिलवाने से गुरेज नहीं करती। नरेंद्र मोदी गुजरात में बसे 55 लाख गुजरातियों के लिए काम करते हैं।

प्रजा के साथ अच्छे संबंध कायम रखने या संबंध बढ़ाने के साथ-साथ वे मानते हैं कि परिवर्तन के लिए विकास के कार्यक्रमों में प्रजा को शामिल करना चाहिए। गुजरात राज्य की सफलता के तथ्यों में 3,00,000 जल-संग्रह के ढाँचे, कृषि महोत्सव और कन्या केलवणी यात्रा इत्यादि का समावेश है। सरकारी योजनाओं को बड़े आंदोलनों में बदलकर उनमें प्रजा की भागीदारी बढ़ाना मुख्य बात है।

वे कहते हैं कि सबसे छोटे शासन को ही सबसे बढ़िया शासन माना जाता है। इसीलिए उन्होंने प्रशासनिक प्रक्रिया को सरल और क्षमताशील बनाने के लिए इंफोर्मेशन टेक्नोलॉजी का उपयोग किया है। यह राज्य 2001 में आई.टी. और ई-गवर्नेंस क्षेत्र में नहीं था, लेकिन आज गुजरात राज्य ई-गवर्नेंस में सबसे आगे है। यह फायदा इंफोर्मेशन टेक्नोलॉजी उद्योग को नहीं, परंतु आम आदमी को मिला है, क्योंकि सरकार के साथ जब वे सहयोग करते हैं, तब आम आदमी के लिए ये आरामदायक हो जाते हैं। राज्य के सभी महत्त्वपूर्ण कार्यालयों में एक दिवसीय गवर्नेंस केंद्र बनाए गए हैं, जहाँ से लोग अपने प्रमाण-पत्रों और लेखों को जल्द-से-जल्द और कम समय में उपलब्ध कर सकते हैं। सभी ग्राम पंचायतों को कंप्यूटराइज्ड और ब्रॉडबेंड कनेक्टिविटी मुहैया कराने में अब वे जुटे हुए हैं। ई-गवर्नेंस से कार्य में पारदर्शिता आती है।

नरेंद्र मोदी कहते हैं कि मन और इच्छा से मेरी सरकार नहीं चलती है। हमारी प्रगति समाज में सुधार के चलते है और जो भी सुधार होता है, वह पॉलिसी के तहत होता है, क्योंकि पॉलिसी प्रजा की जरूरतों और समाज की जरूरतों को ध्यान में रखते हुए बनती है। इन इरादों के तहत उनके अधिकारियों को स्पष्ट निर्देश होता है कि सिस्टम में पारदर्शिता और समानता रहे और सही फैसला लेते हुए सबका विकास होना चाहिए।

आम आदमी की फरियाद भी वे यथार्थ के ही धरातल से देखते हैं। स्वागत कार्यक्रम के तहत फरियादों के निवारण में वे खुद को अहमियत देते हैं। उनका यह गुण सभी अधिकारियों, लोगों और आम जनता के लिए एक संदेश है। उन्होंने सिर्फ यह तय नहीं किया है कि प्रशासनिक अधिकारी फरियादों का समाधान करेंगे, बल्कि सिस्टम को ही तय करना है कि मॉडर्न तकनीक की सहायता से फरियादों का समाधान भी हो सकता है। तत्त्वज्ञान यह कहता है कि लोगों की फरियाद के लिए सिर्फ मुख्यमंत्री अकेले जवाबदेह नहीं बल्कि संपूर्ण मंत्रिमंडल, अधिकारीगण और फरियादों से संबंधित सभी

लोग उत्तरदायी और जवाबदेह होने चाहिए।

नवरात्रि एवं मकर-संक्रांति जैसे त्योहारों और शरद पूर्णिमा, तरणेतर मेले जैसे प्रसंगों का प्रचार और प्रसिद्धि सिर्फ पर्यटन जगत् के लिए नहीं है, बल्कि आज के युवाओं के मन में त्योहारों के प्रति महत्त्व को अंकित करना है, खास करके उन लोगों के मानस पट पर अंकित करना, जो विदेशों में रहते हैं। ज्यादा संख्या में जो स्टेपवेल्स अप्रचलित थे, उन्हें फिर से कई उद्‌देश्यों के साथ जल का संग्रह करने हेतु और अलग-अलग स्थानों को रमणीय रखने हेतु 'जल मंदिर' के रूप में जीवित किया गया है।

नरेंद्र मोदी एक ऐसे इनसान हैं, जो राज्य और प्रजा के लिए सभी विषयों में अपने आप को प्रत्यक्ष जोड़े रहते हैं। उनका इरादा सभी लोगों को प्रेरणा और अंतर्ज्ञान देकर उत्साहित करना है। वे अपने सहज ज्ञान से नई पद्धति का आरंभ करते हैं। पिछले सात वर्षों के दौरान, सिर्फ राज्यों ही नहीं, बल्कि इतने वर्षों में पूरे देश का अनुशासन जो नहीं सोच सकता और अनुशासन चलाने में जितनी निपुणता है उन्हें, और प्रजा, जो अनेक समस्याओं का सामना कर रही है, उनकी समस्याओं के निवारण हेतु उन्होंने वास्तविक सफलता का मार्ग दिखलाया है।

विभिन्न समितियों और अधिकारियों को शामिल करके भूकंप प्रभावित आवासों का पुनर्निर्माण कार्य शुरू कराया गया था। नियमों से बँधे हुए अधिकारियों से ज्यादा भावुक व्यक्तियों का अनुभव राज्य द्वारा इस्तेमाल करना, उनका पहला प्रयास है। दूसरे उदाहरणों में न्यायिक शासन को शीघ्र आगे बढ़ाने के नए साधनों में, बंदीगृह में कैदी और कोर्ट के बीच वीडियो कॉन्फ्रेंसिंग, शाम के कोर्ट का आयोजन और नारी अदालत, सिंचाई और पीने के जल हेतु जल संपत्ति के संचालन हेतु लोगों की विभिन्न समितियाँ, चिरंजीवी योजना (बी.पी.एल. कार्ड धारक स्त्रियों को गर्भपात के लिए खानगी और गायनोकोलॉजिस्ट के साथ जुड़ना), रोमिंग राशन कार्ड, स्वाएल हेल्थ कार्ड इत्यादि हैं।

अधिकतर देखा गया है कि सत्ता में आने के बाद ज्यादातर मंत्री दोषारोपण और पक्षपात जैसी हरकतें करते हैं। लेकिन नरेंद्र मोदी दोषारोपणों से काफी दूर हैं। वे अपनी ईमानदारी और सच्चाई की छवि का आनंद लेते हैं, जो उन्हें और उनके नजदीक रहनेवालों को व्यक्तिगत लाभों से दूर रखते हैं। उनका यह व्यक्तित्व आम आदमी के व्यक्तित्व में एक निषेधार्थक लक्षण हो सकता है, परंतु राजनीतिज्ञ और समाज के लिए यह अंशमात्र है।

नियमानुसार मुख्यमंत्री द्वारा स्वीकार की गई भेंट तोषखाने में जमा करवानी पड़ती है और बाद में उसे राज्य के कोषागृह में जमा करवाने की काररवाई करनी होती है या उसे नीलाम करना होता है। किंतु पहले इनका प्रयोग करने के बजाय उन्हें कागज पर रखना ही बेहतर मानते थे। राज्य के 41 सालों के इतिहास में 13 मुख्यमंत्रिओं ने सिर्फ 4.55

लाख रुपए ही तोषखाने में जमा करवाए। इसकी तुलना में नरेंद्र मोदी ने नियमित रूप से प्राप्त हुई भेंट राज्य के कोषागृह में जमा कराई। यही नहीं, इस धन के उपयोग के लिए उन्होंने एक अनोखा मार्ग ढूँढ़ा। उन्होंने 'कन्या केलवणी' को बढ़ावा देकर इस धनराशि को बालिकाओं के कल्याण हेतु समर्पित किया है। परिणामस्वरूप अपने प्यारे नेता के इस समर्पण की भावना को देखकर लोग लाखों रुपए की धनराशि के चेक प्रसन्नतापूर्वक उन्हें देते हैं। 2003-2004 से लेकर आज तक उपहारस्वरूप 17 करोड़ रुपए की धनराशि उनके कार्यकाल में प्राप्त हुई है।

मोदी पर सरकार की कार्य-पद्धति में बदलाव लाने का एक महत्त्वपूर्ण कार्य था। नरेंद्र मोदी द्वारा शुरुआत के चिंतन शिविरों में यह चर्चा की गई कि अच्छे इरादों से की गई भूलें क्षमा योग्य होती हैं। इस बात से, जो अधिकारी जल्द-से-जल्द निर्णय लेने में माहिर हैं, उनके आत्मविश्वास में बढ़ोतरी हुई है। नौकरशाही ने भी लाल फीताशाही से बाहर आकर प्रोजेक्ट स्वीकृत करना शुरू किया है। जो अधिकारी अपने फर्ज के अलावा दूसरे प्रोजेक्ट पर कार्य करते हैं, उसे स्वांत: सुखाय प्रोजेक्ट कहते हैं। ये सारे प्रोजेक्ट प्रजा के लिए हैं और अधिकारियों का नेतृत्व तथा जनता की हिस्सेदारी से सरकारी पूँजी के बिना उस पर कार्य होता है।

नरेंद्र मोदी मानते हैं कि कृतार्थ और संतुष्ट कर्मचारी ग्राहकों, मुवक्किलों और अभ्यागतों की ओर आनंद और संतोष व्यक्त करते हैं। पूरे राज्य में कर्मयोगी अभियान राज्य सरकार के अधिकारियों और कर्मचारियों की व्यावसायिक कुशलता बढ़ाने के लिए सिर्फ शुरू नहीं किया गया, बल्कि उनके व्यक्तिगत जीवन को सुशोभित करने के लिए किया गया। कर्मयोगी अभियान में कार्यकुशलता, प्राणायाम और योग का प्रशिक्षण दिया जाता है।

गुजरात में विकास के काम और उसकी कार्ययोजना किस प्रकार तैयार की जाती है, इसका श्रेष्ठ उदाहरण है गुजरात सरकार की हर सप्ताह बुधवार को होने वाली कैबिनेट बैठक। यह हर बुधवार सुबह 10 से 12 बजे अथवा दोपहर में 12 से 2 बजे तक चलती है। आप सोच रहे होंगे कि इन दो घंटों में कैसे समूचे गुजरात के विकास और उसकी समस्याओं पर चर्च होती होगी। मुख्यमंत्री नरेंद्र मोदी ने इसके लिए अनोखी व्यवस्था बना रखी है, कैबिनेट बैठक के पहले सोमवार को मुख्यमंत्री मोदी, मंत्रिमंडल के सदस्य व अधिकारी जनता से मिलकर तथा मंगलवार को सांसद, विधायक व अन्य जनप्रतिनिधियों से मिलकर समूचे प्रदेश की जानकारी ले ली जाती है। इसके बाद बुधवार को कैबिनेट की बैठक में भी सभी मंत्रियों को अपने-अपने विभागों से संलग्न समस्याओं वे विकास कार्यों का ब्योरा लिखित में लाना होता है।

मुख्यमंत्री स्वयं इस बैठक में मंत्रियों से विकास कार्यों का हिसाब माँगते हैं। कोई भी कार्य बाकी रहा तो उसका कारण पूछा जाता है, साथ ही उससे संबंधित जानकारी ली

जाती है। यदि कोई मंत्री अपने विभाग की समस्या पेश कर उसके निराकरण में आ रही दिक्कतों के बारे में बताता है तो मुख्यमंत्री संबंधित विभाग के सचिव को तुरंत सूचित कर उसी बैठक में समस्या के निराकरण का प्रयास करते हैं। इतना ही नहीं, उस कार्य में स्वयं मुख्यमंत्री की मदद की आवश्यकता हो तो मंत्री से सलाह-मशविरा कर कार्य को त्वरित रूप से संपादित कराते हैं।

गुजरात के विकास को इन्हीं प्रयासों के चलते गति मिली, साथ ही यह व्यवस्था प्रशासनिक कार्यों में पारदर्शिता की भी मिसाल बन गई है। एक से अधिक सरकार में मंत्री रह चुके कैबिनेट के साथी व अन्य नेता मानते हैं कि पूर्ववर्ती सरकारों व मोदी सरकार के काम करने के तरीके में जमीन-आसमान का अंतर है। मोदी सरकार ने सत्ता में आते ही सरकार व प्रशासन की कार्यपद्धति में बड़े पैमाने पर सुधार किए, जिसका प्रतिफल आज साफ देखा जा सकता है।

गाँवों में राजनीतिक मतभेद को न्यूनतम करने के लिए 'समरस ग्राम योजना' पर विचार किया गया। ग्राम पंचायतों के बिन-विवाद चुनाव को समरस योजना के तहत प्रोत्साहित किया गया है और उन्हें पारितोषिक भी दिया गया है।

नरेंद्र मोदी ने शासन का जो मॉडल तैयार किया, वह सांत्वना के आधार पर नहीं, बल्कि कार्य के आधार पर तैयार किया है। जब बिजली के उचित दाम स्थिर करने की बात आती है तो इलेक्ट्रिक रेग्युलेटरी कमीशन की ओर से दी जाती व्यावसायिक सलाह के लिए वे वहाँ जाते हैं। किसान आंदोलन के समय भी वे झुके नहीं थे। बदले में उन्होंने किसानों को विश्वास दिलाया था कि वे उनकी जरूरतें समझते हैं। किसानों को सिर्फ पानी चाहिए, न कि बिजली। अगले सालों में उन्होंने सुजलां-सुफलाम् जैसी सर्फेस वाटर स्कीम लागू की थी। अब किसान कम दामों में सिंचाई के लिए जल प्राप्त कर सकते हैं, क्योंकि जल स्तर बढ़ा है। शहरीकरण के दौरान बड़ी संख्या में अतिक्रमण दूर किया गया। बड़ी मात्रा में बिजली चुरानेवालों को पकड़ा गया। ज्यादा-से-ज्यादा लोगों ने बिजली के लिए आवेदन-पत्र दिए हैं। कहीं भी आंदोलन और किसी तरह का खून-खराबा नहीं हुआ है। लोग जानते हैं कि यह लंबे समय के लिए है। आम आदमी के लिए उनके और व्यावसायिक रूप, व्यक्तिगत सच्चाई और दृढ़ निश्चय उन्हें देश और दुनिया के दूसरे राजनीतिक नेताओं से अलग करते हैं। उनके दृढ़ विश्वास और सामर्थ्य ने उन्हें सिर्फ गुजरात में ही नहीं, बल्कि पूरे देश में लोकप्रिय नेता बनाया है। चौथी बार देश के अच्छे मुख्यमंत्री के रूप में स्थिर होना और गुजरात में सबसे ज्यादा समय के लिए मुख्यमंत्री के रूप में उन्होंने साबित किया कि उत्तम शासन ही उत्तम राजनीति है। इतना ही नहीं, उनकी स्थिर राजनीति ही विकासपरक राजनीति की द्योतक रही है।

□

सत्यमेव जयते

27 फरवरी, 2002 गोधरा रेलवे स्टेशन से एक किलोमीटर दूर सुबह 7.45 पर एक सुनियोजित षड्यंत्र के तहत योजनाबद्ध तरीके से गुजरात को एक भयानक और बर्बर हालत में धकेल दिया गया था। महिलाओं और बच्चों समेत 58 निर्दोष हिंदुओं को साबरमती एक्सप्रेस के एस-6 डिब्बे में अत्यंत क्रूरतापूर्वक जिंदा जला दिया गया था। उन ट्रेनयात्रियों को इतनी बर्बरता से मारा गया कि मानवता भी काँप उठी, इस पाशविक घटना का वर्णन शब्दों से परे है।

इस राक्षसी कृत्य की प्रतिक्रिया में दंगे भड़के, इन दंगों में अनेक निर्दोष मुसलमान और हिंदू मारे गए। नरेंद्र मोदी ने दंगों को काबू पाने का पूरी सख्ती से प्रयास किया। इसके बावजूद दंभी सेक्यूलर शक्तियाँ, विदेशी पैसों पर पल रहे कुछ एनजीओ और मीडिया ने नरेंद्र मोदी को ही कठघरे में खड़ा करके, विकृत एवं झूठे समाचारों की बाढ़ ला दी। उन्होंने छद्म सेक्यूलरवाद की विकृत मानसिकता के दृष्टिकोण से पूरी घटना को देखने का प्रयास किया। गुजरात में शांति हो, ऐसा कोई प्रयास इन सेक्यूलर ताकतों ने नहीं किया, परंतु दंगों की आग कैसे फैले, इस बारे में भरपूर षड्यंत्र रचे। नरेंद्र मोदी गुजरात में शांति और सद्भावना के लिए जूझ रहे थे। उन्होंने शांति के लिए विधानसभा में अत्यंत हृदयस्पर्शी वक्तव्य दिया, उन्होंने कहा—

"मुझे समझ में नहीं आता है कि हम सब कितने नीचे गिर गए हैं। मृत्यु जैसी घटना में भी जाति देखने की इच्छा जाग उठी है। मृत्यु की कोई जाति नहीं होती है। खून का रंग नहीं बदलता। लेकिन मौत की मर्यादा छोड़कर लहू के रंग भी तय करने का प्रयास हो रहा है। गुजरात की पाँच करोड़ आबादी हमसे क्या अपेक्षा करेगी? अरे, राजकीय हिसाब चुकाने के लिए चुनाव के मैदान हैं। खुले मैदान में आम जन को समझाकर उसकी मानसिकता बदलकर राजनीति करने के बहुत से अवसर प्राप्त होंगे। लेकिन गुजरात के सिर पर आज ऐसी संकट की घड़ी आई है, जहाँ निर्दोषों की मौत से यहाँ के लोगों की सहनशीलता मापी जाती हो, क्या यह समय ऐसी राजनीति के लिए

आवश्यक है? इस पर सोचने की जरूरत है।

"घटना चाहे गोधरा की हो या गोधरा के बाद की, यह किसी भी शिष्ट समाज के लिए उचित नहीं है। मानवता के लिए ये कलंकरूपी घटनाएँ हैं। कोई भी सिर ऊँचा रखकर घूम सके, ऐसी यह घटना नहीं है। इसमें कोई मतभेद भी नहीं है। लेकिन गोधरा या तत्पश्चात् हुए अमानवीय हत्याकांड का जघन्य पापाचार हो, इने-गिने लोग अपराध करें, भूल कोई करे और हम सब उछल-उछलकर अपने गुजरात को गाली दें, क्या यह न्यायोचित है?

"इस घटना का सिलसिला किस बात का द्योतक है? राजनीति के लिहाज से ऊपर उठकर सोचिए। यह हमारे घर की समस्या-परेशानी है, उसका निबटारा साथ मिलकर करें। सोचने का मूल मुद्दा यह है कि कहीं कोई ऐसा प्रयास हो रहा है, जो विकास की ओर अग्रसर गुजरात में बाधाएँ उत्पन्न करने के लिए प्रायोजित तौर पर कृत-संकल्प है। गुजरात को शांति की जरूरत है। शांति बहाल करने के लिए, दृढ़ता से आगे बढ़ने के लिए यह सरकार दृढ़ निश्चयी है।

"यह कौन सी मानसिकता है? क्या सच्चाई हमारी वोट बैंक की राजनीति ही है? वोट बैंक की राजनीति पचास वर्षों में हमें कहाँ ले गई है? देश के टुकड़े कराकर भी हम शांति नहीं पा सके हैं—यह इतिहास हम न भूलें। इसलिए अब तय करने का समय आ गया है कि दृढ़तापूर्वक शांति के हित में मूल्यों की रक्षा करते हुए, संविधान की रक्षा करते हुए हम किस प्रकार से आगे बढ़ें।

"मुझे कहना है कि यह चिंता राजनीति से ऊपर उठकर होनी चाहिए। गुजरात के भविष्य का विचार राजकीय दाँव-पेंच से ऊपर उठकर होना चाहिए। कल के गुजरात की चिंता करनी चाहिए। कुरसी की ओर नजर रखकर गुजरात का भला करने से काम नहीं चलेगा। मुझे सत्ता की भूख नहीं है। सत्ता के सपने मैंने कभी देखे भी नहीं थे। सत्ता की गली में घूमने में मेरी कोई रुचि नहीं है। प्रजा ने गुजरात की बागडोर सँभालने की जिम्मेदारी मुझे सौंपी है, इसलिए राज्य के सर्वांगीण विकास और हित के लिए कार्य करने पर संकल्पबद्ध हूँ। सत्ता की लालच में राजनीति को लपेटने का इरादा न तो मेरे विचार में रहा है, न आचार में।"

दंगों की विषम परिस्थिति से गुजरात बाहर आ गया। सेक्युलर शक्तियों के झूठे प्रचार को गुजरात की जनता ने नकार दिया। यहाँ तक कि गुजरात का मुसलमान समाज भी इन छद्म सेक्युलर पार्टियों और विदेशपरस्त एन.जी.ओ. के षड्यंत्रों के जाल में नहीं फँसा और उसने नरेंद्र मोदी के प्रति अपना विश्वास व्यक्त किया।

'मानुषी' की संपादिका सुश्री मधु पूर्णिमा किश्वर के साथ कुछ समय पहले गुजरात के नामी व्यापारी जफर सरेशवाला का एक साक्षात्कार हुआ था। उस साक्षात्कार के अंश

यहाँ प्रस्तुत हैं, जो नरेंद्र मोदी की प्रामाणिकता और उनके असांप्रदायिक विचारों को स्पष्ट करता है।

जफर सरेशवाला सुन्नी वोरा संप्रदाय के हैं। ये तकरीबन दो सौ पचास (250) वर्ष पूर्व सऊदी अरब से आकर यहाँ बस गए थे। सुन्नी वोरा लोगों को कई बार दाउदी वोरा समझा जाता है। यह मुसलिम समाज का बहुत ही छोटा सा अंग है। वास्तव में सुन्नी वोरा समाज के लोग पूरे गुजरात में विशाल संख्या में फैले हुए हैं। सुन्नी वोरा समाज रूढ़िवादी मुसलिम समाज है। ये लोग छोटे और मध्यम उद्योगों से जुड़े हैं और इन उद्योगों से इन्होंने खासी कामयाबी पाई है। गुजरात के अधिकांश मदरसे सुन्नी वोरा समाज द्वारा ही संचालित हैं। इसलामिक विद्वान् मौलाना वस्तनावी भी सुन्नी वोरा हैं। लोग मात्र देवबंद के बारे में बात करते हैं, परंतु सुन्नी वोरा समाज का खासा पुराना मदरसा दाभेल में है। जिसकी स्थापना लगभग सौ वर्ष (100 वर्ष) पूर्व हुई थी।

जफर कहते हैं—"जो लोग सन् 2002 के दंगों की बात करते हैं, वे यह भूल जाते हैं कि यह दंगा इसके पूर्व हुए अनेक दंगों का नतीजा है। अत्यंत खराब और भीषण दंगे विभाजन के बाद 1969 में अमदाबाद में हुए थे। इनमें पाँच हजार से भी अधिक मुसलमान मारे गए थे। परंतु तब चौबीस घंटे चलनेवाले टी.वी. चैनल नहीं थे। सारी बातों की विस्तृत जानकारी और सूचना उपलब्ध नहीं थी। गाय को लेकर छोटी सी एक घटना घटी थी। इस घटना ने विकराल रूप ले लिया था। उस समय गुजरात में हितेंद्रभाई देसाई के नेतृत्व में कांग्रेस का शासन था। केंद्र में इंदिरा गांधी सत्ता में थीं।

"1969 के दंगों में हमारे ऑफिस और फैक्टरी आदि जला दिए गए थे। इस क्षेत्र का पुलिस स्टेशन रिलीफ रोड पर है। पुलिस स्टेशन के एकदम सामने एक मसजिद और कितने ही मुसलिमों की दुकानें हैं। इस मसजिद और दुकानों को जला दिया गया था। जब श्रीमती इंदिरा गांधी ने इन दंगा ग्रस्त क्षेत्रों का दौरा किया तो उन्होंने इस स्थान को भी देखा था। मुझे आज भी याद है, मैं पाँच वर्ष का था। मेरे दादाजी भी वहाँ थे, तब श्रीमती इंदिरा गांधी ने अपनी कार से उतरकर कहा था कि पुलिस स्टेशन मात्र 40 मीटर दूर है, फिर भी मसजिद और मुसलिम दुकानें कैसे जला दी गईं, ऐसा कैसे हुआ? 1969 के दंगों में योजना बनाकर मुसलिमों का नरसंहार किया गया था।

"सजा की बात तो दूर, एक चार्जशीट भी किसी को नहीं दी गई थी। जिसे भी जानना हो, देखना हो, वह जगमोहन कमीशन की रिपोर्ट देख सकता है। सारी-की-सारी जाति और समाज को समाप्त कर दिया गया था। किसी का नामोनिशान नहीं बचा था। आज इन दंगाग्रस्त लोगों की बात क्यों नहीं होती। 1969 में मात्र अमदाबाद में ही (5000) पाँच हजार मुसलमान मारे गए। इन 5000 परिवारों का क्या हुआ, उसके बारे में कोई क्यों नहीं बात करता है।

"इसके बाद सन् 1985 में और बड़े दंगे हुए। इसके बाद कई छोटे-बड़े दंगे महीनों होते रहे। उस वक्त मेरी फैक्टरी भी जला दी गई थी और मेरे घर की ऐसी ही हालत कर दी गई थी। उस समय गुजरात में माधवसिंह सोलंकी की और केंद्र में राजीव गांधी की सरकार थी। 1985 से 2002 तक लोग मानने लगे थे कि अब हर दो-तीन माह के बाद दंगे तो होने ही हैं। दो दिनों तक कर्फ्यू रहा। 1987 के दंगों में कांग्रेस के अमरसिंह चौधरी मुख्यमंत्री थे। इसके बाद सन् 1990 के दंगों के समय कांग्रेस के ही चिमनभाई पटेल मुख्यमंत्री थे। इस बार भी मेरी फैक्टरी को जला दिया गया। इसके बाद सन् 1992 में फिर मेरी फैक्टरी को जला दिया, तब भी मुख्यमंत्री चिमनभाई पटेल थे।

"समस्त दलित दंगों ने मुसलिम विरोधी दंगों का स्वरूप ले लिया था। लगभग सभी दंगों में हमारा ऑफिस और फैक्टरी जली, हमें बड़ा अपमान सहन करना पड़ा था। क्योंकि पुलिस हमारी (प्राथमिक सूचना रपट) एफ.आई.आर. लिखने से मना कर देती थी। उन दिनों मुसलिम समाज की कोई एफ.आई.आर. नहीं लिखी जाती थी। इसके अलावा हमें तो बीमा कंपनियों से भी अपमान सहन करना पड़ता था। मुझे याद है 1992 में जब मेरा धंधा जोरों पर चलता था, तब मेरी फैक्टरी जला दी गई 1998 में हमारा 1.50 करोड़ रुपए का बीमा था। बीमा कंपनी ने हमें नौ लाख रुपए का चेक हरजाने के रूप में दिया। मुसलमानों की इन जली दुकानों या फैक्टरियों के बारे में किसी ने कुछ नहीं लिखा। क्या समस्त बीमा कंपनियाँ नरेंद्र मोदी संचालित करते थे।

"प्रत्येक दंगों के बाद यही हिंदू हम मुसलमानों की पुनः स्थापना में मदद करते थे। मैं हमेशा कहता हूँ कि यदि गुजराती हिंदू संप्रदायवादी होता मुसलमान तो नष्ट होकर खत्म हो गए होते। परंतु हिंदू संप्रदायवादी नहीं हैं।

"2002 के दंगे के बाद हम आर्थिक दृष्टि से पूरी तरह नष्ट हुए। कारण हम लोग शेयर बाजार से बँधे हुए थे। 250 लोगों को रोजगारी उपलब्ध कराने वाले मुसलमानों को आर्थिक नुकसान हो, यह कोई छोटी-मोटी बात या मजाक नहीं है। कम-से-कम 200 परिवारों का भरण-पोषण मेरे द्वारा ही होता था। हम फिर अपनी पुरानी स्थिति में नहीं आ सके हैं। हमारी बैंक गारंटी वापस ले ली गई है। बैंक मुसलमानों को कर्ज देने से इनकार करते रहे हैं। ये राष्ट्रीय या प्राइवेट बैंक, नरेंद्र मोदी नहीं चलाते हैं।

"दंगों के बाद अपनी स्थिति को सुधारने के लिए मैंने आई.सी.आई.सी.आई. बैंक से संपर्क किया। कर्ज हेतु मैंने अपने घर को गिरवी रखने का इरादा जताया तो अंत में रिलेशनशिप मैनेजर ने मुझसे कहा, 'जाफरभाई यह 'एम' शब्द तुम्हारे काम में रुकावट पैदा कर रहा है। इन 'एम' लोगों को कर्ज नहीं देने का एक अलिखित कायदा बन गया है।' उसने कहा कि समस्त नकारात्मक लोगों की लिस्ट उनके पास है। क्या नरेंद्र मोदी ने यह सूची बनाई थी? कालूपुर, जमालपुर आदि मुसलिम बहुल क्षेत्र ऐसे ही नकारात्मक

सूची में हैं। तुम्हारा मकान यदि इसी क्षेत्र में है तो तुम नकारात्मक सूची में हो। पालड़ी में मात्र फैज मोहम्मद सोसाइटी को ही नकारात्मक सूची में रखा गया है, क्योंकि यह मुसलिम सोसाइटी है। बैंकों के समस्त मापदंडों में योग्य होने पर भी हमें कर्ज नहीं मिलता है।

''हमारा पारिवारिक धंधा अहमदाबाद में है। सन् 2002 के दंगों के समय मैं इंग्लैंड में था, तब भी हममें भारी नुकसान सहन करने की स्थिति आ गई थी। एक प्रकार की भारी निराशा हममें व्याप्त हो गई कि हमारी ओर से बात करनेवाला अब कोई नहीं है। मैं ड्यूबरी में रहता था। दंगों के दौरान ड्यूबरी के तीन गुजराती मुसलिमों और दो अन्य लोगों की हिम्मतनगर के पास हत्या कर दी गई। वे सूरत के पास अपने पूर्वजों के गाँव में गए थे। उन्हें दंगों के बारे में कोई भी जानकारी नहीं थी। इस पागलपन भरे वातावरण में 27 फरवरी की रात्रि में वे लोग दंगाइयों के बीच फँस गए। उन्हें एक ओर घसीटकर निर्ममता से उनकी हत्या कर दी गई। उनमें आसवाल नाम का एक व्यक्ति इंग्लैंड में मेरा पड़ोसी था। वे लोग भयंकर रूप से काँप उठे थे। मुझे लगता था कि हमें भी कुछ करना चाहिए। हमने गुजरात सरकार को अंतरराष्ट्रीय कोर्ट में ले आने का निश्चय किया। उस समय तत्कालीन गृहमंत्री लालकृष्ण आडवाणी यू.के. में मुलाकात के लिए आनेवाले थे। मैंने आडवाणी के विरुद्ध इंग्लैंड की हाईकोर्ट में केस दाखिल किया कि इस आदमी को यू.के. में प्रवेश नहीं मिलना चाहिए। कारण, उन दिनों में 'नेशन ऑफ इसलाम का कट्टरवादी' लुईस फाराखान भी यू.के. आने वाला था और यू.के. की सरकार ने उसे आने की इजाजत नहीं दी थी।

''मैंने कहा, यदि आप 'फाराखान' को यहाँ आने से रोक सकते हो तो आडवाणी को भी नहीं आने देना चाहिए। मेरा केस लंदन के हाईकोर्ट में स्वीकार कर लिया गया। आडवाणी स्पेन से ही वापस चले गए, क्योंकि उन्हें शर्मिंदगी नहीं उठानी थी। यह केस बाद में अस्वीकार कर दिया गया, परंतु मैंने अपना पक्ष तो रख ही दिया था। मेरा विरोध मोदी के खिलाफ नहीं, बल्कि समस्त प्रशासन के विरुद्ध था।

''मैंने कानूनी क्षेत्र की एक प्रतिष्ठित ब्रिटिश कंपनी को अपना केस दिया, पैसे खर्च किए और मोदी के खिलाफ कैस तैयार किया। जैसे-जैसे बात आगे बढ़ती गई, मुझे लगा मैं हीरो बन गया हूँ। मैं थोड़ा बेचैन हो गया। मैंने अपने आप से पूछा, इस केस को अंतरराष्ट्रीय कोर्ट में ले जाने से क्या होगा? अधिक-से-अधिक यह केस (मुद्दा) टी.वी. पर आएगा। और मैं मोदी विरोधी अभियान का पोस्टर बॉय बन जाऊँगा; परंतु इसका परिणाम क्या होगा? उस समय इंटीफेक आंदोलन पूरे जोर-शोर से चल रहा था और मिस्र व इजरायल के लोगों के बीच शांति मंत्रणा की शुरुआत यू.एस. द्वारा की जा रही थी। उस समय मिस्र की शेरोन के साथ बैठक होने वाली थी। यह आयोजन जॉर्ज

बुश ने किया था। मिस्र की समस्या पिछले 60 वर्षों से चल रही है, पर उन्होंने क्या पाया? सारी दुनिया में मुसलिमों की स्थिति को हम देख रहे थे, हमने युद्ध किए। हमसे जो हो सकता था, वह सब किया, परंतु इन सबसे हमें क्या मिला? मिस्र के लोगों का भविष्य देखकर मैं बहुत निराश हो जाता था। तीन मिलियन के लगभग निराश्रित लोग लेबनान में अत्यंत बुरी हालत में रह रहे हैं। मिस्र के कैंप यदि देखें तो भारत के मुंबई की झोपड़पट्टियाँ आपको स्वर्ग सी लगेंगी।

''मुझे लगा, यदि उन्होंने पहले से बातचीत का रास्ता अपनाया होता तो तीन मिलियन निराश्रित स्थायी तौर पर गुजर-बसर कर रहे होते। अब मिस्री और गुजराती मुसलमानों को क्या करना है, यह कौन निश्चित करेगा? कुरसी पर आसीन आलोचक— वे तो आलीशान ऑफिसों में सुबह नौ बजे से शाम सात बजे तक नौकरी कर सात के अंकों में वेतन लेते हैं। इ-मेल भेजने के सिवाय अन्य कोई भी काम नहीं करते हैं। गुजरात में रहकर जीना और मरना तो हमें है और ऐसे लोग हम पर नियंत्रण रख रहे हैं। इन लोगों को भारत तो आना नहीं है। अहमदाबाद की खबर तो लेनी नहीं। एक भी तयशुदा कदम उठाने की इन्हें कोई चिंता नहीं है। पूरे विश्व में इसलामिक लोग एक समान है। मेरा भ्रम भंग हो गया और मुझे खयाल आया कि अरब के मुसलमान अरब के मुसलमान हैं, पाकिस्तानी मुसलमान पाकिस्तानी मुसलमान हैं। गुजरात की बात जाने दो। भारत के अंदर ही लखनऊ का मुसलमान लखनवी है। गुजराती मुसलमान मरे, इसकी उनको कोई चिंता नहीं है। इससे भी बुरी और खराब बात है कि मुझे अनुभूति हुई कि यदि तुम अहमदाबाद के मुसलमान हो तो सूरत के मुसलमान तुम्हें बचाने नहीं आएँगे।

''2002 के दंगों के प्रभावित लोगों की आर्थिक सहायता करने हेतु मैं इंग्लैंड की प्रत्येक मसजिद में घूमा। मैं कहता था, आपको मुझे कोई पैसा या धन नहीं देना है। आप सीधे दंगाग्रस्तों के लिए काम कर रहे लोगों को अपने पैसे भेज दो। लोगों को पैसे की जरूरत थी। हमें हमारे घर फिर बनाने थे। उस समय मुझे ऐसा लगा कि इस पूरे प्रकरण में क्या हम भिखारी समुदाय के रूप में उभर कर नहीं आए? मैं रिफ्यूजी कैंप के बारे में सुनता था। अपने भाइयों से कहता था कि अल्लाह इन रिफ्यूजी कैंपों को बंद करवाओ और मुसलिमों को भिखारी समुदाय मत बनने दो।

''ऐसा नहीं था कि मैं इंग्लैंड में आरामदेह जिंदगी व्यतीत नहीं कर सकूँ। मैं फाइनेंशियल कंपनी चलाता था। एक शरिया स्कॉलर के साथ टीम में काम करता था और यू.के. की फाइनेंशियल सर्विसेस अॅथोरिटी द्वारा नियंत्रित आर्थिक प्रोडक्ट बनाता था। मैंने दुनिया में सबसे पहले इसलामिक इक्विटी फंड प्रारंभ किया था। लंदन और हार्वर्ड में 'इसलामिक इंस्टीट्यूट ऑफ फाइनेंस पर मैं व्याख्यान देता था। इसलामिक फाइनेंस और इसलामिक फंड का सारा विचार मैंने दिया था। मैं इस क्षेत्र में निपुण था,

परंतु मैंने देखा कि किसी को भी मृतक के लिए या उसके परिवार के लोगों के लिए कोई सहानुभूति नहीं है। उनके बारे में कुछ लेना-देना नहीं है। लोग तो अपने वर्तमान जीवन में प्रसन्न थे। ऐसी उदासीनता देखकर मुझे बड़ा आघात लगा। लोग अपने ड्राइंगरूम में बैठकर मटन-कबाब खाते और गुजरात के बारे में सिर्फ चर्चा करते। यह दृश्य मुझे बहुत ही डरावना लगा। मैंने खुद से कहा कि अब हमें ऐसे लोगों की जरूरत नहीं है। हमें उनकी दया की आवश्यकता नहीं है। पर मोदी साहब के खिलाफ मैंने तो एक युद्ध छेड़ दिया था। मैं गुजरात लौट सकूँ, ऐसा अब नहीं था। इसी समय मुझे लगा कि विषय (मुद्दा) गुजरातियों का हो या किसी अन्य का, जब तक हम मिलकर शांति से बैठकर मंत्रणा नहीं करते हैं, तब तक इन प्रश्नों का हल नहीं खोज सकते। मैंने खुद से पूछा कि यदि मंत्रणा ही करनी है तो मोदी से क्यों नहीं शुरुआत की जाए।

"मैंने इस बारे में दो-तीन प्रमुख इसलामिक स्कॉलरों से बातचीत की। उसी समय हमें पता लगा कि मोदी साहब 17 अगस्त, 2003 के दिन अपनी पहली 'वाइब्रंट गुजरात' समिट के सिलसिले में इंग्लैंड आनेवाले हैं। मैंने विचार किया कि मैं जाकर उनसे पूछूँ कि आप स्वयं वड़नगर के निवासी हो और वहाँ मुसलमानों के साथ रह रहे हो, तो हमसे आपको कठिनाई क्या है? मैंने यह विचार इंग्लैंड के बहुत से इसलामिक स्कॉलरों के सामने भी रखा। उन्होंने कहा कि तुम्हें यदि इस प्रश्न का निदान करना है तो मोदी के साथ बात करनी ही पड़ेगी, परंतु यदि निदान की कोई चिंता नहीं हो तो इस झगड़े और विवाद को चालू रखो; परंतु याद रखना, तुम्हें बहुत सी कठिनाइयों को सहन करना पड़ेगा। मैंने कहा, बाकी सब छोड़ो। इसलाम की दृष्टि से तुम्हें क्या लगता है? मुझे कुरान और हदीस के आधार पर मार्गदर्शन दो।

"उन्होंने मेरे लिए हदीस और कुरान की दस आयतें पढ़ीं, समझाईं और कहा, 'तुझे शांति के लिए यह मंत्रणा करनी ही चाहिए। एक स्कॉलर ने 'सुलेह हुदाबियाह' समझाकर मुझे कहा कि ऐसा करने के पीछे उद्देश्य क्या है? मैंने कहा, मौलाना, निदान के अलावा मेरा अन्य कोई और मकसद नहीं है। दंगों के बाद मुसलमान शासन-तंत्र से अपना संपूर्ण संपर्क खो चुके हैं। शासनतंत्र के साथ संपर्क सतत टूटा हुआ हो तो आप रह नहीं सकते। तुम्हें मदरसे, स्कूल, अस्पताल चलाने हैं। प्रत्येक स्तर पर तुम्हें प्रशासन से बात करने की जरूरत पड़ेगी। ऐसे में तुम किससे बात करोगे?

"इस समझदार मौलाना ने मेरी हिम्मत बँधाई, फिर मैंने अपने आपसे पूछा कि बिल्ली के गले में घंटी कैसे बाँधनी है? कोई एक व्यक्ति मोदी से कैसे मिल सकता है? मैंने तो पहले से ही मोदी के विरुद्ध एक कंपेन शुरू कर दिया था और न्याय प्राप्त करने के लिए सारे मामले को अंतरराष्ट्रीय कोर्ट में भी ले गया। इस कारण मैंने अपने मित्र और भारतीय फिल्म उद्योग के प्रसिद्ध डायरेक्टर-प्रोड्यूसर और स्क्रीन स्क्रिप्टराइटर महेश

भट्ट से संपर्क साधा। महेश भट्ट प्रजातांत्रिक अधिकार संबंधित प्रकरणों में, विशेष कर भारतीय मुसलमानों के अधिकारों के बारे में सक्रिय रहे हैं। जब गुजरात में तूफान, दंगे हुए थे तो तीसरे ही दिन अहमदाबाद पहुँचने वाले वे एकमात्र व्यक्ति थे और मुसलिम समुदाय के पक्ष में खड़े रहे। उन्होंने मुझसे भी कहा कि 'मैं हृदय से चाहता हूँ कि सबसे पहले आप आर्थिक रूप से समर्थ हो जाएँ और इसके लिए आपको सहायता की जो भी जरूरत हो उसके लिए मैं तैयार हूँ।'

"इन वर्षों में मैंने पाया कि भट्ट साहब बहुत ही प्रामाणिक व्यक्ति हैं। मैंने अपने इस नए विचार के बारे में भट्ट साहब को जानकारी दी, उनसे कहा कि 'नरेंद्र मोदी साहब इंग्लैंड आ रहे हैं और उनसे मिलकर मैं बात करना चाहता हूँ।' भट्ट साहब ने कहा, 'अवश्य, तुम्हें नरेंद्र मोदी से मिलना ही चाहिए। समस्त समस्याओं का समाधान चर्चा से ही होना चाहिए। दो बार विश्वयुद्ध हुए, फिर भी अंत में चर्चा से सभी प्रश्नों का निराकरण हुआ।'

"मैंने बाद में भट्ट साहब से पूछा कि मैं मोदी से कैसे मिल सकता हूँ? उन्होंने मुझे कहा कि यदि इसके किसी उचित हल के आशय से उनसे मिलने की इच्छा हो तो मैं इस बारे में तुम्हारी सहायता करने पर विचार कर सकता हूँ। थोड़े दिनों के बाद भट्ट साहब ने मुझे फोन पर कहा कि 'मेरे मित्र रजत शर्मा का मोदी से घनिष्ठ संबंध है। मैंने उनसे बात की है। रजत शर्मा ने मुझसे कहा कि तुम नरेंद्र मोदी को ई-मेल कर, उनसे मिलने का संदेश दो और जानकारी उन्हें भेजो।'

"इसके बाद मैंने कई प्रश्नों के साथ रजत शर्मा को ई-मेल किया। मैंने तमाम घटनाक्रम पर खेद व्यक्त किया। उन्हें मैंने लिखा कि हाँ, हम मोदी के साथ लड़ाई में उतरे थे, परंतु तमाम विकल्प अपनाने के बाद हमें ऐसा लग रहा है कि इससे कोई हल नहीं निकलेगा। इस पूरी प्रक्रिया में हीरो अवश्य बन गया था, हालाँकि मैं हीरो बनना नहीं चाहता था। इस कारण ही मैं मोदी से मिलना चाहता था और मैंने प्रश्न किया कि उन्हें मुसलमानों से समस्या क्या है? उन्होंने (श्री रजत शर्मा ने) यह ई-मेल मोदी साहब को फारवर्ड किया। मुझे पता लगा कि इस मेल को देखकर मोदी पहले तो उग्र हो गए। बाद में उन्होंने कहा, 'जफर ने मेरे खिलाफ आंदोलन चलाया है और उन्होंने मेरे खिलाफ होनेवाले प्रदर्शनों का नेतृत्व किया है।' मैं मानता हूँ कि उन्होंने मेरी पारिवारिक बैक ग्राउंड देखकर जानकारी ली होगी कि हम अच्छे लोग हैं। मैंने उन्हें स्पष्ट कहा कि हमारा कोई एजेंडा नहीं है। हम तो आपसे मिलकर मात्र सन् 2002 के दंगों के बारे में चर्चा करना चाहते हैं।

"उल्लेखनीय है कि जब हम मोदी से मिले तब वे हीरो नहीं थे। उस समय लोग उनसे नफरत करते थे। लोग उन्हें हिटलर कहते थे। तुम्हें उस समय के उनके बैक ग्राउंड

को समझना चाहिए। उनसे किसी भी प्रकार के पक्षपात का तो कोई प्रश्न ही उपस्थित नहीं होता। आज की स्थिति को यदि ध्यान में लें तो मोदी साहब से मिलने की इच्छा करनेवाले और उनकी प्रशंसा करनेवाले लोगों की एक लंबी कतार है।

"इसी कारण से रजत शर्मा के जरिए यह बैठक आयोजित की गई। उन्होंने हमें जानकारी दी कि मोदी 17 अगस्त को लंदन आएँगे। इसके बाद मैंने रजत शर्मा से कहा कि 'सर, आप भी उनके साथ क्यों नहीं आते?' उन्होंने मुझे जवाब दिया कि तुम मुझे इस झगड़े में क्यों घसीटना चाहते हो? मैंने उनसे कहा कि यदि आप भी उपस्थित रहेंगे तो हमारे लिए यह अच्छी बात होगी। इस कारण रजत शर्मा भी मोदी के साथ लंदन आए।

"मोदी साहब ने वेम्बली के एक हॉल में मिलने के लिए बुलाया। मैंने उनसे कहा कि हम आपके साथ व्यक्तिगत बैठक करना चाहते हैं। वे इसके लिए सहमत हो गए। शाम के पाँच बजे हम सेंट जेम्स कोर्ट में मिले, जहाँ वे ठहरे थे। मोदी से भेंट होते ही समाचार-पत्रों में हेडलाइन आ गई कि जफर ने मोदी के मामले में 'यू' टर्न लिया है। मेरे एकदम नजदीक के लोगों ने ही मेरे ऊपर टीका-टिप्पणी की, जो मुझे पहले हीरो मानते थे।

"मैंने अपने आलोचकों से कहा कि यदि तुम मोदी का इतना विरोध करते हो तो तुम्हें चुनाव में उन्हें हराने की राह ढूँढ़नी चाहिए। वास्तविकता यह है कि मोदी ने बहुमत के साथ चुनाव में विजय प्राप्त की थी। चुनाव में लोगों ने उन्हें मत दिए। यदि आप होशियार और समझदार हैं तो आपको मोदी को हराना चाहिए। आप चुनाव में मोदी को हरा नहीं सकते, परंतु यहाँ बैठकर उनका विरोध करते हो, और तुम अन्य लोगों को मोदी के साथ चर्चा भी नहीं करने देना चाहते हो।

"मैंने एक निवेदन प्रकाशित कर कहा कि हम नरेंद्र मोदी का स्वागत करते हैं; क्योंकि वे लोकतांत्रिक तौर पर गुजरात के मुख्यमंत्री चुनकर यहाँ आए हैं। इसके बाद बड़ी संख्या में लोगों ने मेरा विरोध किया। तमाम समाचार-पत्रों ने मेरी तीखी आलोचना की और अचानक मैं हीरो से विलेन बन गया। मोदी के साथ मेरी बैठक के बाद इंग्लैंड के मुसलिम समुदाय के बड़े-बड़े लोगों ने मेरी तरफ से नजर फेर ली। परंतु मैंने किसी की नहीं सुनी। मैंने अपने आलोचकों को जवाब दिया—मुझे यह मार्ग योग्य लगता है, मेरा कोई व्यक्तिगत एजेंडा नहीं है। यदि मिस्र 'शेरोन' के साथ बैठकर चर्चा कर सकते हैं तो मैं मोदी के साथ चर्चा क्यों नहीं कर सकता? आप लोग मोदी को 'शेरोन' के रूप में क्यों नहीं देख पाते हो?

"कुछ मौलानाओं ने मुझसे कहा कि हम अपने विरोधी और दुश्मनों के साथ भी चर्चा करते हैं। फिर मोदी तो हमारे अपने आदमी हैं। वे हमारे में से एक हैं, हम उनका कालर पकड़ सकते हैं। इन दो-तीन मौलानाओं में थी हिम्मत। फिर कुरान और हदीस से

मिला मार्गदर्शन, अपनी बात कहने की शक्ति मुझे मिली। यदि 100 करोड़ मुसलमान मेरे खिलाफ हों तो भी मैं अब यह मार्ग छोड़ने को तैयार नहीं हूँ। विश्व भर से मुझे आलोचना के 100 इ-मेल मिले। पर मैंने तो विचार कर लिया कि 'यह मेरा जिहाद है।'

महेश भट्ट का फोन मिलने के बाद हम शाम पाँच बजे मोदी साहब से मिले। महेश भट्ट ने अपनी परिचित शैली में मुझे कहा, 'जफरभाई, तुम मोदी से मिल रहे हो।' और उन्होंने मुझे कहा कि यदि मैं नरेंद्र मोदी से आँख-में-आँख मिलाकर बात करते हुए यह नहीं कह सकूँ कि 'न्याय के बिना शांति नहीं है तो नरेंद्र मोदी से मिलने की कोई जरूरत नहीं है।' इसके जवाब में मैंने कहा, 'भट्ट साहब, वे मुख्यमंत्री हैं और सत्ता में हैं। मुझे कुछ भी पता नहीं कि वे मेरे साथ दो मिनट बात करेंगे या पाँच मिनट। शायद ऐसा भी हो सकता है कि मोदी मेरे पिटीशन (आवेदन) माँगकर यही कह दें, फिर आना (आवजो)।' महेश भट्ट ने कहा, मैं आशा रखता हूँ कि सबकुछ ठीक होगा। पहले जाकर उनसे मिलो। मैं अपने साथ अपने भाई और प्रसिद्ध इसलामिक स्कॉलर को लेकर मोदी से मिला। बिजनेसमैन होने के कारण मैं लोगों की आलोचनाओं को सह सकता हूँ, परंतु बिचारे मौलाना को लोगों ने काफिर कहा और बाद में उनका बहुत अपमान भी किया।

"उल्लेखनीय है कि महेश भट्ट मीडिया में मोदी की कटु आलोचना करते देखे गए हैं। तब मधु किश्वर ने कहा—तब मैं मान भी नहीं सकती थी कि वे जफरभाई को मोदी से चर्चा के लिए प्रोत्साहित करेंगे। इस कारण जफर की बातों की पुष्टि करने के लिए मैंने विशेष रूप से मुंबई में मुलाकात की और यह जानने का प्रयत्न किया कि अगस्त 2003 में जफर की ऐतिहासिक बैठक के बाद मोदी और गुजरात के मुसलिम समुदाय के बीच शुरू की गई चर्चा की इस नवीन प्रक्रिया की समीक्षा का उन्होंने कोई प्रयास किया है या नहीं। महेश भट्ट ने जफरभाई के एक-एक शब्द की पुष्टि की। इस प्रकार जफरभाई की मोदी के साथ की प्रथम मुलाकात में हुई बातों को पेश किया गया।"

"आइए देखें, मैं किस प्रकार मोदी से मिला।" जफर बात को आगे बढ़ाते हुए कहते हैं, "जब हमने इमारत में प्रवेश किया, तब मन में उफान सा उठा—इस बैठक में क्या हल निकलेगा। मैं बहुत ही नर्वस था। उन्होंने मुझसे हाथ मिलाया और हिंदी में 'आओ यार' कहकर वातावरण को हलका कर दिया। वहाँ एक झूला था और मोदी ने मुझे झूले पर अपने साथ बैठने को कहा। कारण, उस समय मोदीजी गुजरात की अस्मिता की बात कर रहे थे। मैंने उनसे कहा, आपने मुझे गुजरातियों से थोड़ा अलग कर दिया है। उन्होंने पूछा, कैसे? मैंने जवाब दिया, आपको पता है कि मैं अहमदाबादी हूँ और अहमदाबादी सच्चे अर्थ में पक्के गुजराती हैं। जब कि आप वडनगर के हो। सच्चे अर्थ

में कहा जाए तो आप वैसे गुजराती नहीं। उन्होंने मुझे प्रत्युत्तर में कहा, हाँ, आपकी बात में दम है।

''रजत शर्मा सहित आठ-दस लोग इस बैठक मैं उपस्थित थे। मैंने अपनी बात शुरू की, 'आप गुजरात के आर्थिक विकास के लिए यहाँ 'वाइब्रेंट गुजरात' के प्रचार (कंपेन) के लिए आए हैं, परंतु न्याय बिना आर्थिक विकास अधूरा रहेगा। पश्चिम के देश पूरी दुनिया पर राज करते हैं। इसका कारण यह है कि उनके नागरिकों को पूर्ण रूप से न्याय मिलता है। हमारे देश में लोग एक-दूसरे के साथ दिन-रात झगड़ते हैं। मैं यहाँ सिर्फ मुसलमानों की बात करने नहीं आया हूँ। कारण हमारे देश में सारे लोग अन्याय का सामना कर रहे हैं। न्याय के बिना शांति की स्थापना संभव नहीं है।

''इसके बाद मौलाना मंसूरी ने न्याय की आवश्यकता पर मोदी की मौजूदगी में लंबा भाषण दिया। गुजरात के एक अग्रणी उद्योगपति भी इस बैठक में उपस्थित थे। वे बार-बार अपनी घड़ी की तरफ देख रहे थे। शाम को मोदी के अन्य कितने ही कार्यक्रम थे, परंतु मोदी ने उन उद्योगपति से घड़ी की तरफ न देखने को कहा। मोदी ने अधिक-से-अधिक समय हमारे साथ बिताने की इच्छा दिखाई। उन्होंने कहा, 'आपको जितना समय चाहिए, आप लें और जो कहना चाहते हैं, खुलेमन से मुझसे कहें।'

''इसके बाद दंगों के बारे में चर्चा शुरू हुई। हमने उनसे पूछा, 27 फरवरी, 2002 की प्रातःकाल आप क्या कर रहे थे। आपने पुलिस और आर्मी को किसलिए नहीं बुलाया। आप जुहापुरा क्यों नहीं गए। आपने रिफ्यूजी कैंप की मुलाकात क्यों नहीं ली। एस.आई.टी. ने मोदी से, जो प्रश्न बहुत बाद में पूछे थे, हमने वे सब प्रश्न यहाँ तब पूछे थे। इसके बाद भी मोदी के साथ बैठक करने पर हमारी कटु आलोचना हुई। क्या यह सब सत्य से परे नहीं है।

''मौलाना इसा मंसूरी का मोदी के प्रति बहुत ही कटु व्यवहार था। परंतु मोदी ने उनके साथ सम्मानजनक व्यवहार किया और बात की। मौलाना स्कॉलर थे। मोदी उन्हें सुनते रहे। जो सामान्यतया एक हिंदू हृदय सम्राट् से अनपेक्षित था। मौलाना ने उनसे कहा, 'मोदी साहब, हम बाकी सब भूल जाएँगे, बशर्ते हमें न्याय प्राप्त हो, इसमें हमारी सहायता करें और यदि आप ऐसा करेंगे तो सबकुछ अपने आप व्यवस्थित हो जाएगा। गुजरात की आबादी में मात्र 15 फीसद हिस्सा रखनेवाले मुसलमान समाज के संदर्भ में ही न्याय की माँग नहीं कर रहे हैं। हिंदुओं के साथ भी अन्याय हो रहा है। सबको न्याय मिले, यह बहुत ही जरूरी है।' यह मोदी की परिपक्वता थी कि चुनाव में भारी विजय के बाद भी उन्होंने मौलाना की बातों को सुना। मेरा छोटा भाई ताल्हा भी बैठक में उपस्थित था। वह विशेष रूप से इस बैठक में भाग लेने के लिए भारत से इंग्लैंड आया था। ताल्हा ने समस्त घटनाक्रम को देखा था और उसने राहत कैंपों में सक्रिय रूप से कार्य भी किया

था। मौलाना इसा मंसुरी ने मोदी से कहा, 'देखो, कोई भी इस सच्चाई को नहीं नकार सकता है कि 1000 से अधिक मुसलमानों की दंगों में हत्या हुई है। मैं आपसे इतना ही पूछना चाहता हूँ कि पालनपुर से वापी और भरूच से लेकर जामनगर तक जो भी अच्छा या बुरा हुआ, उसका आखिर उत्तरदायित्व तो आप पर ही माना जाएगा। जब भी कोई समस्या हो। कोई हिंदू या मुसलमान कठिनाई में हो, तो उत्तरदायित्व आपका है। इसलिए आपसे प्रश्न करने का हमें अधिकार है। आपके शासन में इस प्रकार की घटना कैसे घट गई?

''इन प्रश्नों का मोदी ने शांति से जवाब दिया कि 'हाँ, यह कलंक मेरे शासनकाल का है और मुझे इसे मिटाना है।'

''हमें मोदी से कोई लाभ नहीं चाहिए था। हम यह भी नहीं कहते हैं कि 'हमारे लिए ऐसा करो या वैसा करो।' मोदी से कहा यह मेरा पहला वाक्य था। हम लोग कोई अन्य बात करें इससे पहले आप मेरे हर प्रश्न का उत्तर दो। आप पाँच करोड़ गुजरातियों की बात करें, इसके पहले आप मेरे हर प्रश्न का उत्तर दें। आप जब पाँच करोड़ गुजरातियों की बात करते हैं तो क्या उनमें 60 लाख मुसलमान शामिल हैं? यदि हैं, तो हम आगे बात करेंगे और यदि आप कहें कि मैं तो मात्र 4.5 करोड़ हिंदुओं का ही मुख्यमंत्री हूँ तो फिर बात करने का कोई अर्थ ही नहीं है।

''नरेंद्र मोदी ने मुझसे कहा, आप सब मेरे अपने हो और इसमें दो मत नहीं है। पाँच करोड़ गुजरातियों में आप सबका भी समावेश है। जब मैं साबरमती में नर्मदा का पानी लाया तो मैंने उसे जुहापुरा के पास रोक नहीं दिया था। साबरमती का पानी नेहरूब्रिज के पास से आया, इस पानी का सबसे बड़ा फायदा किसे हुआ?

''हमारी बातें सुनने के बाद मोदी ने कहा, आपकी बहुत सी बातें बिलकुल सच और ठीक हैं, परंतु बहुत सी बातों में अतिशयोक्ति है। मोदी ने कहा, 2002 में वे प्रशासन के मामले में एकदम नए थे। अचानक उन्हें 2001 में दंगों के साढ़े तीन माह पहले ही गुजरात का मुख्यमंत्री बना दिया गया था। फिर उन्होंने 27 फरवरी के बाद की चुनौती भरी स्थिति में किस तरह कैसे कदम उठाए, उसके बारे में हमें बताया।

''हमें मोदी की बातों में कुछ दम लगा। कारण, इसके पहले कांग्रेस के शासन में दंगे महीनों चलते थे और कितने ही दंगों में मृत्यु के आँकड़े बहुत ही ऊँचे और ज्यादा रहे। जब कि मोदी के शासनकाल में दंगे मात्र तीन दिन ही चले थे। समुद्र के किनारे स्मगलरों का राज था। वे दुबई से सोना आयात करते और अन्य चीजों की चोरी करते थे।

''मोदी के हाथ ऐसे ही गुजरात का शासन आया था। उनको अपना चुनाव क्षेत्र चुनने का अवसर आया, तब हरेन पंड्या को वे अपने लिए एक सुरक्षित सीट खाली करने पर समझा नहीं सके और अंत में उन्होंने राजकोट से चुनाव लड़ा और 26 फरवरी,

2002 के दिन वे विजयी घोषित किए गए। शायद योगानुयोग नहीं था। उसके दूसरे ही दिन विधानसभा में उन्हें अपना पहला बजट पेश करना था और तभी उन्हें गोधरा की इस जघन्य घटना का सामना करने का अवसर आया।

''उन्होंने हमारी बातें बड़े ध्यान से सुनीं और उनकी यह बात हमें प्रभावित कर गई कि सब आँकड़े उनकी उँगलियों पर थे। अब तक का हमारा अनुभव था कि मुसलमानों की बातों को, समस्याओं को कोई पूरी तरह से सुनता नहीं है। हमने 1969, 1985, 1987 और 1992 के दंगे देखे थे। किसी भी मुख्यमंत्री ने हमारी बात नहीं सुनी थी और ये वे साल थे, जब राज्य में कांग्रेस के ही मुख्यमंत्री रहे थे। मुझे याद है, 1992 के दंगों के बाद मुसलिम समाज के मुखिया और प्रधानगणों का एक दल नरसिंहराव से मिलने गया था। उन्होंने इस दल से चार दिन तक प्रतीक्षा कराई। उन्होंने इस बात का भी विचार नहीं किया कि रमजान महीने में ये लोग मिलने के लिए आए हैं। मैंने नरसिम्हाराव से मिलने जाने से इनकार कर दिया। मैंने कहा, मैं इस प्रकार का अपमान सहन नहीं कर सकता। ऐसा हूँ भी नहीं। मैं अपने मूलभूत अधिकारों को प्राप्त करने के लिए किसी के सामने क्यों झुकूँ? परंतु मेरे चाचा उनसे मिलने के लिए गए। राव जो दिन निश्चित हुआ था, उस दिन नहीं मिले। अतः मेरे चाचा वापस आ गए। उन्होंने कहा, जो व्यक्ति समय और दिन निश्चित करने के बाद न मिले, उससे मिलने का क्या अर्थ है?

''एक अन्य प्रतिनिधि मंडल को भी चार दिन राह देखनी पड़ी। चौथे दिन उन्हें मात्र दो मिनट का समय दिया गया। कांग्रेस के शासन में मुसलमानों की ऐसी स्थिति थी। उनसे मिलने गए ये मुसलिम कैसे थे? यह सब गुजरात के मुसलिम समाज के अग्रणी थे। आप उन्हें मुसलिम समाज के टाटा-बिरला की श्रेणी में रख सकते हैं। मैंने अपने आप से कहा, 'किसी के भी सामने भीख का कटोरा लेकर नहीं जाऊँगा।'

''हमें एक क्षण के लिए भी नहीं लगा कि हम एक मुख्यमंत्री से बात कर रहे हैं। मोदी मुझसे किसी प्रलोभन की बात करें और मैं बिक जाऊँ, उनकी प्रशंसा करना शुरू कर दूँ, ऐसा मैं नहीं हूँ। मोदी ने कहा—अच्छा मुझसे आप आज की बात करें। क्या किसी मसजिद पर किसी हिंदू ने आज कब्जा कर रखा है। दंगों के कारण हुए नुकसान को अब तक जिन्हें सहायता नहीं मिली है, ऐसे मुसलमानों के नाम आप मुझे बताएँ, मुझे नाम के साथ बताएँ। मैंने कहा, मोदी साहब, हम ऐसी किसी भी तैयारी से नहीं आए हैं। हम तो आपसे मात्र इतना पूछने आए थे कि आपको हमसे क्या परेशानी और तकलीफ है? मोदी ने एक कागज निकाला और कहा, यह मेरा फोन नंबर है। नरेंद्र मोदी आप लोगों के लिए चौबीस घंटे उपलब्ध है। आपको आधी रात में भी मेरी यदि आवश्यकता हो या सुबह पाँच बजे हो तो मैं आपको वचन देता हूँ कि मैं आपको न्याय दिलाऊँगा।

''हमें अनुमान भी नहीं था कि यह भेंट ढाई घंटे चलेगी। हमें तो यही लगा था कि

शायद हमें पाँच मिनट मिलेंगे। अधिकांश प्रधानमंत्री या मुख्यमंत्री सामान्य आदमी से इतने लंबे समय तक और इतने विस्तार से बात नहीं करते। वे सामान्य रूप से ऐसा ही कहते हैं कि आप अपनी अरजी दे जाइए। मोदी के साथ हमने ढाई घंटे तक हर छोटी-बड़ी बात पर चर्चा की थी। भाजपा के मुसलिम नेता सैयद शाहनवाज हुसैन का भी एक प्रसंग था। वे भाजपा सरकार में कैबिनेट मंत्री भी रह चुके हैं। उनके कथनानुसार—

छोटा उदयपुर के पास बस्तानवी के शैक्षणिक ट्रस्ट द्वारा एक मदरसा चलाया जाता है। 2002 के दंगों में एक टोले ने इस मदरसे को घेर लिया। उसमें 400 के लगभग विद्यार्थी थे। मैं वाजपेयीजी की कैबिनेट में था। उस क्षेत्र के कितने ही मुसलमानों ने मुझे फोन किया। मैंने नरेंद्र मोदी से बालकों की जान खतरे में होने की बात बताई और तत्काल कदम उठाने की विनती की। मोदी ने पूर्ण सहयोग दिया, पर जो भी समाचार बाहर आते थे। वे सब नकारात्मक ही आते थे। कितने लोग मर गए, उसी की बात करते थे। परंतु कितने लोगों को समय पर मदद मिलने से बचा लिया गया, उसकी बात नहीं होती थी।

मुरादाबाद, भागलपुर जैसे स्थानों पर जो नरसंहार हुए उनके दोषियों को अभी तक क्यों सजा नहीं हुई। नेहरू के शासन काल में सबसे अधिक दंगे हुए थे। इंदिरा गांधी और राजीव गांधी के शासन काल में भी भयंकर दंगे हुए थे। गुजरात में आजादी के पूर्व से ही दंगे होते आए हैं। परंतु सारी बातें इस तरह प्रस्तुत की जाती हैं कि मानो मोदी के समय में हुए दंगे ही कौमी दंगे थे। कांग्रेस के शासनकाल में हुए दंगे कौमी दंगे नहीं थे?

ये सब सुनकर मुझे सन् 2003 में नजमा हेपतुल्ला ने गुजरात के दंगों के दौरान मोदी से संपर्क करने के संबंध में एक घटना बताई थी। वह याद आ गई। उस समय वे कांग्रेस के सदस्य के रूप में राज्यसभा की उपाध्यक्ष थीं। वे भारत के अग्रणी स्वतंत्रता सेनानी और महात्मा गांधी के साथी मौलाना अबुल कलाम आजाद की पौत्री हैं। आजादी के बाद मौलाना आजाद भारत के प्रथम शिक्षामंत्री थे। हेपतुल्ला सन् 2004 में भाजपा में सम्मिलित हुई। मैंने फोन कर उनसे संपर्क कर नीचे की घटना की पुष्टि की थी।

'दंगे जोरों पर थे, तभी मुझे आगा खान के ऑफिस से फोन आया कि हिंदू क्षेत्र के बीच में बसी खोजा मुसलिमों की कॉलोनी पर हमला होने का खतरा है।' उन्होंने आडवाणी को फोन किया, जो उस समय वाजपेयी की एन.डी.ए. सरकार में गृहमंत्री थे। आडवाणी ने तुरंत मोदी को फोन किया। नरेंद्र मोदी ने मुझे फोन किया और कहा, 'नजमा बहन, चिंता नहीं करना। मैं स्वयं इस विषय को ध्यान में रखूँगा कि उन्हें पूर्ण सुरक्षा मिल जाए।'

उन्होंने जैसा कहा था, वैसा ही किया। उन्होंने बस्ती को बचाने के लिए तुरंत फौज की एक टुकड़ी भेज दी और सब लोग बच गए। स्थानीय मुसलमानों ने मुझसे कहा कि

उनकी बस्ती का विस्तार चारों ओर से हिंदू बस्ती से घिरा हुआ है। यदि टोली ने आक्रमण कर दिया होता तो उनके पास बचने का कोई मार्ग नहीं था। क्योंकि नजदीक का क्षेत्र नरोडा–पाटिया भी इसी प्रकार का था। मेरा अनुभव है कि मोदी के ध्यान में जो शिकायतें लाई गईं, उन सब में उन्होंने तेज गति से अपनी प्रतिक्रिया व्यक्त की।

स्पेशल इन्वेस्टीगेशन टीम (एस.आई.टी.) की रिपोर्ट

एस.आई.टी. का गठन मोदी के विरुद्ध आरोपों की छानबीन के लिए उच्चतम न्यायालय ने किया था। न्यायालय की उनके काम–काज पर नजर रहती है। एस.आई.टी. रिपोर्ट में यह बात साफ है कि पुलिस और फौज ने दंगों की तूफानी टोली से मुसलमानों को किस तरह बचाया। तूफानी टोलियों का सामना करने और मुसलिमों की हानि नहीं होने देने का उल्लेख भी इस रिपोर्ट में हैं। (विस्तृत रिपोर्ट बाद में)

पुलिस द्वारा बहुत से स्थानों पर पक्षपात होने के बाद भी सामान्यतया पुलिस और फौज द्वारा बहुत से लोगों की जान बचाई गई थी। उस समय के समाचार माध्यमों से पता चलता है कि बहुत से अधिकारियों ने अपनी जान को खतरे में डालकर लोगों के प्राण बचाए। ऐसे किस्से प्रकाशित भी हुए हैं। कुछ किस्से यहाँ दिए जा रहे हैं—

- अमदाबाद पुलिस ने नूर की मसजिद से 5000 लोगों को बचा लिया।
- महेसाणा सरदारपुरा में 240 लोगों को सुरक्षित स्थानों पर लाया गया।
- पोर और नारदीपुर गाँवों में 450 लोगों को बचाकर सुरक्षित स्थान पर भेजा गया।
- संजोली गाँव में 200 लोगों को बचा लिया गया।
- वडोदरा जिले के फतेहपुरा गाँव में 1500 लोगों को आक्रमणकारी लोगों के चंगुल से छुड़ाया गया।
- कावंत गाँव से 3000 लोगों को बचाकर सुरक्षित स्थान पर भेजा गया।

हमने मोदी का फोन नंबर लिया और उस दिन की बात समाप्त हो गई।

दो महीने के बाद अक्तूबर महीने में मैंने लंदन से मोदी साहब को उनके ऑफिस में फोन किया और अपना नाम और फोन नंबर बताया। तीन घंटे के अंदर मोदी साहब का फोन मेरे पास आया। मैंने कभी नहीं सुना कि किसी मुख्यमंत्री से, सामान्य व्यक्ति के फोन का इतनी जल्दी प्रत्युत्तर मिला हो। उन्होंने कहा, अरे! बहुत समय बाद मुझे याद किया। हम लोग अगस्त में मिले थे और अब अक्तूबर चल रहा है। मैंने कहा, मैं तो यही जानना चाहता था कि मोदी साहब मेरे फोन का उत्तर देकर मुझसे बात करेंगे या नहीं। उन्होंने कहा, 'कब वापस आ रहे हो?' मैंने कहा, मोदी साहब, एक कठिनाई है। मैंने आपके खिलाफ विद्रोह किया था। अत: अब आपकी पुलिस मुझे पकड़ने तैयार बैठी होगी। मुझे जेल में धकेल दिया गया तो आप मुझे बचाने नहीं आएँगे।' उन्होंने फिर

कहा, मुझे बताओ कि तुम वापस कब आ रहे हो? मैंने उन्हें आने का दिन बताया और चार माह के बाद नवंबर में मैं सुरक्षित वापस लौट सकूँ, उसके लिए उन्होंने पूर्ण व्यवस्था कर दी।

मैं वापस आया तो उन्होंने अपने सेक्रेटरी के पास से फोन पर पूछा कि मैं कब उनसे मिलना चाहता हूँ। मैं जब उनसे मिलने गया तब उन्होंने किसी समस्या के बारे में बात करने को कहा। मुसलिम हमें अपना मत दें, यह जरूरी नहीं है। परंतु सरकार को तो उनका काम करना ही है।

'मोदी मुसलिमों का तिरस्कार करते थे अथवा चुनाव जीतने के लिए दंगों का षड्यंत्र रचते थे' ऐसे आरोप सर्वोच्च अदालत की छानबीन में खोखले साबित हुए। गुजरात में एक लंबे समय से राजनीति से प्रेरित दंगों के कारण यहाँ की पुलिस और शासनतंत्र कौमवादी रंग में रँग गया है। अधिकांश दंगे कांग्रेस के शासनकाल में हुए, जो सतत 1995 तक चलते रहे। जबकि मोदी ने 2002 के दंगों पर तीन दिन में काबू पाया और हालत सामान्य कर दिए।

मुसलिम समुदाय को सशक्त बनाने के लिए सबसे पहले उन्हें अपने पाँवों पर खड़ा करना अति आवश्यक है। आप नहीं मानेंगे, परंतु दंगों के बाद गुजरात में मुसलमानों में शिक्षण को प्रोत्साहन देने का कार्य पूरे जोश से आगे बढ़ रहा है। 2001-2002 तक अहमदाबाद में मात्र तीन मुसलिम शालाएँ थीं। आज शहर में 17 शालाएँ हैं। मुसलिम कॉलेज भी हैं। एफ.डी. कॉलेज में ही 1000 से अधिक लड़कियाँ अध्ययन कर रही हैं। मेरी बहन और मेरी साली शाहपुर के गरीब क्षेत्र में शाला चलाती हैं, जहाँ 650 से अधिक लड़कियाँ शिक्षा प्राप्त कर रही हैं। हम चाहते हैं कि इस प्रकार के कार्य हों। टी.वी. पर आकर मोदी को गाली देने से गैर सांप्रदायिक नहीं हुआ जा सकता है। हमें इस प्रकार की असांप्रदायिकता नहीं चाहिए। यदि कुछ करना है तो (ग्राउंड लेवल) धरती के धरातल पर आकर कुछ करो।

भारत के किसी भी भाग में लाइसेंस राज एक भयानक समस्या है। परंतु अब मुसलिम क्षेत्र में सहजता से स्कूल और शालाएँ प्रारंभ हो सकते हैं। कितने ही वर्षों से अलिखित कायदा था, जिसके तहत मुसलिम शाला खोलने के लिए अन्य किसी मंजूरी की आवश्यकता नहीं है। इसके पहले किसी भी मुसलिम ने इसके बारे में विचार नहीं किया था। आज स्थिति एक दम अलग है। यदि शिक्षण से लेकर सिंचाई तक किसी भी क्षेत्र में कुछ करना चाहते हो तो सरकार आपको उस दिशा में प्रोत्साहित करती है।

हमने श्रीमान मोदी से कहा था—हम आपसे मात्र दो बातों की इच्छा करते हैं। एक तो लॉजिस्टिक सपोर्ट और दूसरा प्रशासन तंत्र, हमारी प्रगति में ये रुकावट पैदा नहीं करें। मोदी की वचनबद्धता भी इस मायने में एकदम सही साबित हुई है। आज मुसलिम

समुदाय की शिक्षा की योजनाओं के प्रति प्रशासन अत्यंत सक्रिय है।

मैं आपको इसके कई उदाहरण दे सकता हूँ। दृष्टांतस्वरूप बापूनगर मुसलिम क्षेत्र में एक शाला है। जो पहले हिंदू ट्रस्ट द्वारा संचालित 'नूतन स्कूल' था। परंतु मुसलिम सदस्यों की संख्या में बढ़ोतरी होने पर शाला मैनेजमेंट ने यह शाला मुसलिम मैनेजमेंट को बेच दी। आजकल यहाँ 1400 मुसलिम कन्याएँ प्रातःकाल की शाला में और 1400 लड़के दोपहरी की शाला में पढ़ने आते हैं। एक रविवार की रात 10.30 बजे मुझे फोन आया कि जफरभाई, एक बड़ी समस्या खड़ी हो गई है। हमारी शाला की यह इमारत टूटनेवाली है और पुलिस यहाँ आ गई है और सुबह 10.30 बजे शाला को तोड़ डालने की योजना बन गई है। मैंने पूछा, मैं इसमें क्या कर सकता हूँ। उन्होंने कहा मोदी के अलावा कोई इस शाला को तोड़ने से नहीं बचा सकता है। अभी रात्रि के 10.30 बजे हैं और इतनी देर रात को मैं कैसे उन्हें फोन कर सकता हूँ? पर उन्होंने आग्रह किया। यह घटना सन् 2007 की है। मैंने रात्रि को 10.45 को मोदी को फोन किया। उनके सेक्रेटरी ने फोन उठाया। उन्होंने कहा, मोदी साहब तो बाहर गए हैं। मैंने उनसे कहा, मेहरबानी करके मोदी साहब से कहें कि मुझे सुबह सात बजे के पहले फोन करें। दूसरे दिन सुबह 6-59 मोदी ने मुझे फोन किया और मुझसे पूछा कि 'इतनी सुबह आपको मुझसे क्या काम आ पड़ा है।' मैंने उनसे कहा, 'साहब, बापूनगर में एक मुसलिम शाला है, वह नियमानुसार है या नहीं, इसकी मुझे कोई जानकारी नहीं है, परंतु ए.एम.सी. वह इमारत तोड़ने जा रही है। आपको उसे बचाना ही पड़ेगा।' उन्होंने कहा, 'आप लोग मुझे परेशानी में डाल रहे हैं। यह एक गैर-कानूनी इमारत है और हाईकोर्ट ने इस गैरकानूनी इमारत को तोड़ने का आदेश दिया है।' मैंने कहा, 'जो हो, यह एक शाला का मामला है।' मोदी ने कहा, 'यदि शाला टूट जाएगी तो 2800 बालकों के भविष्य की जवाबदारी भी मेरे ऊपर ही आएगी।' मोदी ने उस दिन शाला को तोड़ने से रोका और फिर उनके अधिकारियों ने हमें सलाह दी कि किस प्रकार इस शाला को नियमानुसार बनाया जा सकता है।

मोदी सरकार पर बार-बार आरोप लगता है कि गुजरात में मुसलिम समाज आर्थिक रूप से पिछड़ गया है। ऐसा माना जाता है कि राजनैतिक वातावरण और सरकार की नीति मुसलिमों के इतने प्रतिकूल है कि उन्हें आर्थिक रूप से दबा ही दिया गया है। जफर एक अग्रणी उद्योगपति हैं और साहसिक समुदाय के साथ उनका उद्योग हैं। इस कारण से इस बारे में वे एक विशिष्ट दृष्टिकोण रखते हैं। उनके कहे अनुसार—

आप ताजे आँकड़ों को देखें तो मुसलिम लोगों की आर्थिक स्थिति आजकल जितनी अच्छी है, वह पहले कभी नहीं थी। उनकी स्थिति पहले की अपेक्षा बहुत ही अच्छी है। आँखें खोल दे, ऐसी कई हकीकतें इस प्रकार हैं—

किसी भी मुसलिम की आर्थिक स्थिति कैसी और कितनी है, उसका आधार 'जकात' सबसे सरल मापदंड है। वजह तुम अपनी संपत्ति पर जकात चुकाते हो। जकात— जरूरतमंदों को दी जाने वाली सहायता है। उसका उपयोग गरीब लोगों की मूलभूत जरूरतों को पूर्ण करने और संतोष के लिए होता है। मान लो इस वर्ष मैं 2500 रुपए जकात देता हूँ तो इसका सीधा सा अर्थ हुआ मेरी संपत्ति एक लाख (1,00,000) रुपए है। इसके बाद के वर्ष में यदि मैं 5000 रुपए जकात चुकाता हूँ तो मेरी संपत्ति एक लाख रुपए से बढ़कर दो लाख हो गई है। गुजरात में प्रति वर्ष जकात चुकाने की राशि बढ़ रही है। वास्तव में आपको यह देखने को मिलेगा कि देश के मदरसों को मिलती जकात का 50 फीसद हिस्सा गुजरात से आता है और शेष 50 फीसद पूरे भारत वर्ष से आता है। मोदी ने मुसलिमों को आर्थिक रूप से कंगाल किया होता तो उनका हिस्सा जकात में घट गया होता। परंतु पिछले दस वर्ष में मुसलिमों की संपत्ति में बढ़ोतरी हुई है।

मैं दूसरा महत्त्वपूर्ण उदाहरण देता हूँ, यह बी.एम.डब्ल्यू. कार की बिक्री का है। हम बी.एम.डब्ल्यू. कार बेचते हैं। सबसे सस्ती कार 30 लाख रुपए में आती है और इसकी महँगी कार 1.5 करोड़ रुपए तक बिकती है। हमने बी.एम.डब्ल्यू. की जब डीलरशिप शुरू की, तब ऐसा विचार तक नहीं किया था कि हम मुसलिमों को दो-तीन से ज्यादा कार बेच सकेंगे। गत वर्ष हमने 11 फीसद कार मुसलमानों को बेची। गुजरात में मुसलमानों की आबादी मात्र 9 फीसद है।

मुसलिम आबादी वाले क्षेत्रों में जमीन के भाव असामान्य रूप से बढ़े हैं। अच्छी सोसाइटी में 50,000 रुपए प्रति वर्ग गज से कम के भाव में जमीन नहीं मिलती है। यह कीमत हिंदू बस्तियों के वर्ग गज के भाव से कहीं ज्यादा है। हम जहाँ रहते हैं उस पालडी विस्तार में पाँच करोड़ रुपए से नीचे के भाव पर कोई बँगला नहीं है। मुसलिम इन बँगलों को खरीद रहे हैं। उनके पास यह धन कहाँ से आया?

यह सच्चाई है कि अधिकांश मुसलिम बिजनेसमैन, छोटे, मध्यम और लघु उद्योगों में केंद्रित हैं। कुल आबादी में उनका हिस्सा सात फीसद है, तब भी एस.एम.ई. क्षेत्र में उनका हिस्सा लगभग 22 फीसद है। आज गुजरात में कोई मुसलिम कोई औद्योगिक काम करना चाहता हो, तो सरकारी मंजूरी मिलने में कोई भी अवरोध या भेदभाव नहीं होता, अन्यथा मुसलिम इतनी प्रगति नहीं कर सकते थे। मोदी का सूत्र एकदम सरल है। कानून सबके लिए समान है। नागरिक के रूप में अपने अधिकारों को प्राप्त करो। भले ही तुम हिंदू हो या मुसलिम हो। जाति या समुदाय के आधार पर विशेष लाभों की माँग मत करो।

गुजरात में छोटे और मध्यम उद्योग-धंधों की वृद्धि दर पिछले दशक में 75 फीसद से अधिक है। मैं इसकी वजह आपको समझाता हूँ। छोटे और मध्यम उद्योग बड़े उद्योगों

के आसपास ही विकसित होते हैं। उदाहरण के लिए, टाटा जब नैनो प्लांट गुजरात में लाए, तब टाटा को पार्ट्स की आवश्यकता को पूरा करने हेतु अनेक एंसलरी उद्योगों के लिए आवश्यकता हुई।

मुसलमानों को इस बात की खुशी है कि मोदी ने किसी भी समुदाय, हिंदुओं या मुसलिमों के प्रति विभाजन की नीति नहीं अपनाई। वे सभी को छह करोड़ गुजराती के रूप में देखते हैं। मुसलमानों के लिए अलग से बात करने की कोई आवश्यकता नहीं है। मुझे बताओ अमेरिका का प्रमुख जब संबोधन करता है तो क्या वह श्वेत, अश्वेत, हिस्पोनिक्स, भारतीय-पाकिस्तानी, चाइनीज या कोरियन को अलग से संबोधित करता है? यदि वे ऐसा करने लगें तो विविध समुदाय को गिनने में ही कितने घंटे व्यय हो जाएँगे। वे सभी अमेरिकियों की बात करते हैं। मोदी भी समस्त गुजरातियों की बात करते हैं और उनके लिए काम करते हैं। यह अच्छी बात है। मुसलिम इतने सक्षम हैं कि वे सबके लिए बनी योजनाओं, अवसरों में से नियमानुसार अपना हिस्सा हासिल कर लेते हैं। हम मात्र दो वस्तुओं की अपेक्षा रखते हैं। एक तो लॉजिस्टिक सहूलियत जो मात्र सरकार ही दे सकती है। दूसरा, हमारे काम में अवरोध पैदा मत करो। मोदी सरकार ने इन दोनों वचनों को निभाया है।

आज गुजरात का मुसलमान समाज नरेंद्र मोदी पर भरोसा करता है, उनकी योजनाएँ और कार्यों से मुसलिम खुश हैं। देश में अधिक सुखी और समृद्धशाली मुसलमान गुजरात का है। मुसलमान समाज 2002 की घटना को भूलकर आगे बढ़ा है, दूसरी तरफ नरेंद्र मोदी भी इन दंगों के आरोप से पूर्णतः निर्दोष साबित हुए हैं।

झूठे सेक्युलर और तीस्ता सीतलवाड के एन.जी.ओ. ने नरेंद्र मोदी को कानून के चक्रव्यूह में फँसाने का हर संभव प्रयत्न किया। 2002 से लेकर 2014 तक हर तरह से निर्दोष होते हुए भी उन्हें जाल में फँसाने की कोशिश हुई, मगर सर्वोच्च न्यायालय के निर्देश पर एस.आई.टी. और न्यायालय, दोनों ने नरेंद्र मोदी को निर्दोष बताया और ऐसा निर्णय दिया कि वे पूर्णरूपेण निर्दोष हैं। नरेंद्र मोदी की इन दंगों में कोई भूमिका नहीं थी और 2002 से 2013 तक इन कथित असांप्रदायिक और एन.जी.ओ. के झूठे दावों को न्यायालय ने ठुकरा दिया, सच की जय हुई। उस समय नरेंद्र मोदी ने अपने ब्लॉग में लिखा—

''प्रकृति का नियम है कि जीत सिर्फ सत्य की होती है—सत्यमेव जयते। हमारी न्यायपालिका ने जब इस हकीकत को अभिव्यक्ति दी तो मुझे यह उचित लगता है कि देश के लोगों के सामने अपने मन के विचारों और भावनाओं को रखूँ।

''इस प्रकरण का अंत आने के साथ ही शुरू की यादें उभर रही हैं। 2001 के भयावह भूकंप ने गुजरात को मृत्यु और विनाश के साथ ही असहाय हो जाने की भावना

से भर दिया था। सैकड़ों लोगों की जान गई थीं। लाखों लोग बेघर हो गए थे। समूचा जनजीवन प्रभावित हुआ था, आजीविका के साधन नष्ट हो गए थे। इस तरह की अकल्पनीय त्रासदी के भयावह क्षणों में मुझे लोगों के घावों पर मलहम लगाने और पुनर्निर्माण की जिम्मेदारी दी गई थी। हमने पूरी ताकत से इस चुनौती का मुकाबला करने में खुद को झोंक दिया था।

''हालाँकि महज पाँच महीनों के अंदर हमें एक और अप्रत्याशित झटका लगा, 2002 की अमानवीय हिंसा के रूप में। निर्दोषों की जान गई। परिवार असहाय हुए। वर्षों की मेहनत से जो संपत्ति बनी थी, वह नष्ट हुई। प्रकृति की तबाही के बाद अपने पाँव पर खड़े होने के लिए संघर्ष कर रहे गुजरात के लिए यह एक और भयावह झटका था।

''मेरी अंतरात्मा ऐसी गहन संवेदना से भर गई थी, जिसका शब्दों में वर्णन नहीं किया जा सकता। दुःख, पीड़ा, यातना, वेदना, व्यथा—ऐसे किसी भी शब्द से उन भावों की अभिव्यक्ति नहीं हो सकती। यह हृदय-विदारक घटना थी, जिस अमानवीय और दुर्भाग्यपूर्ण घटना को याद करने पर आज भी कँपकँपी छूट जाती है।

एक तरफ भूकंप पीड़ितों का दर्द था, तो दूसरी तरफ दंगा पीड़ितों का। इस परिस्थिति का पूरी ताकत से सामना करते हुए मेरे लिए यह जरूरी था कि अपनी निजी पीड़ा और व्यथा किनारे रखूँ, भगवान् ने जितनी भी ताकत मुझे दी है, उसका इस्तेमाल करते हुए मैं शांति, न्याय और पुनर्वास का काम कर सकूँ।

उस चुनौतीपूर्ण परिस्थिति में मुझे प्राचीन ग्रंथों में लिखे हुए विचार अकसर याद आते थे कि जो लोग सत्ता के शीर्ष स्थानों पर बैठे हैं, उन्हें अपनी पीड़ा और व्यथा को किसी और से बाँटने का अधिकार नहीं है। उन्हें अकेले ही उसे भुगतना पड़ता है। मेरे साथ भी ऐसा ही रहा। अपनी व्यथा का अनुभव करता रहा, जो काफी तीव्र थी। दरअसल, मैं उन दिनों को जब भी याद करता हूँ तो मैं ईश्वर से एक प्रार्थना जरूर करता हूँ कि ऐसे क्रूर और दुर्भाग्यपूर्ण दिन किसी दूसरे व्यक्ति, समाज, राज्य या देश को नहीं देखने पड़ें।''

नरेंद्र मोदी आगे लिखते हैं—''यह पहला अवसर है, जब मैं उस भयावह पीड़ा को आपसे बाँट रहा हूँ, जिसे उन दिनों मैंने व्यक्तिगत रूप से महसूस किया।

''उन्हीं भावनाओं के साथ मैंने गोधरा ट्रेन आगजनी कांड के दिन गुजरात के लोगों से शांति और धैर्य की अपील की थी। यह सुनिश्चित करने के लिए कि निर्दोष लोगों की जान पर किसी किस्म का खतरा पैदा न हो। मैंने यही बात फरवरी-मार्च 2002 में मीडिया से अपनी रोजाना मुलाकात के दौरान भी कही। मैंने जोर देकर कहा था कि सरकार की न सिर्फ राजनीतिक इच्छाशक्ति, बल्कि नैतिक जिम्मेदारी भी है कि वह शांति बनाए रखे, लोगों को न्याय दिलाए और हिंसा के दोषियों को सजा दिलाए। यही

बात मैंने हाल के सद्भावना उपवासों के दौरान भी कही कि किसी भी सभ्य समाज को इस तरह के घृणित कृत्य शोभा नहीं देते और इनसे मुझे बेहद पीड़ा हुई।

"दरअसल, बतौर मुख्यमंत्री, कार्यकाल की शुरुआत से ही मेरा इस बात पर जोर रहा कि कैसे एकता की भावना सुदृढ़ की जाए। इस बात को मजबूती से रखने के लिए मैंने नया संबोधन शुरू किया—'मेरे पाँच करोड़ गुजराती भाइयो और बहनो!'

"एक तरफ जहाँ मैं पीड़ा को झेल रहा था, वहीं दूसरी तरफ मुझ पर, मेरे अपने गुजराती भाइयों और बहनों की मौत और उन्हें नुकसान पहुँचाने का आरोप लगाया गया। क्या आप मेरे मन के भावों और उद्वेग का अंदाजा लगा सकते हैं, जिन घटनाओं की वजह से मुझे इतनी पीड़ा हुई, उन्हीं घटनाओं को कराने का आरोप मेरे ऊपर लगाया गया।

"कई वर्षों तक लगातार मेरे ऊपर आरोप लगाए जाते रहे, कोई मौका नहीं छोड़ा गया मुझ पर हमला बोलने का। मुझे इस बात से और अधिक पीड़ा हुई कि जिन लोगों ने अपने निजी और राजनीतिक स्वार्थ को साधने के लिए मेरे ऊपर हमला किया, उन्होंने मेरे राज्य और देश की छवि धूमिल की। जिन घावों को भरने की हम पूरी ताकत से कोशिश कर रहे थे, उन्हीं घावों को बेरहम तरीके से लगातार कुरेदने की कोशिश की जाती रही। दुर्भाग्यपूर्ण यह रहा कि ऐसे तत्त्व जिन लोगों की लड़ाई को लड़ने का नाटक कर रहे थे, उन्हीं पीड़ितों को जल्दी न्याय दिलाने में इन्होंने बाधा पैदा की। इन्हें यह महसूस नहीं हुआ कि जो लोग पहले ही पीड़ा भुगत रहे हैं, उनकी परेशानी को इन्होंने कितना और बढ़ाया है।

"इसके बावजूद गुजरात ने अपना रास्ता चुना। हमने हिंसा के ऊपर शांति को चुना। विखंडन की जगह एकता को चुना। घृणा के ऊपर सद्भाव को चुना। यह काम आसान नहीं था, लेकिन हम लंबे मार्ग पर चलने के लिए तैयार थे। अनिश्चितता और भय के माहौल से आगे बढ़कर मेरा गुजरात शांति, एकता और सद्भावना की मिसाल के रूप में उभरा। मुझे इस बात का आज संतोष है और मैं इसके लिए हरेक गुजराती को श्रेय देता हूँ।

"गुजरात सरकार ने दंगों से निपटने का हरसंभव प्रयास किया," इस बात का जिक्र करते हुए नरेंद्र मोदी आगे लिखते हैं—

"गुजरात सरकार ने हिंसा से निबटने के लिए जिस तेजी और निर्णायक ढंग से काम किया, वैसा देश में कभी किसी दंगे के दौरान देखने को नहीं मिला। कल का फैसला उस न्यायिक समीक्षा प्रक्रिया का पूरा होना है, जो देश की सबसे बड़ी अदालत, सुप्रीम कोर्ट की निगरानी में हुई थी। बारह वर्षों तक गुजरात ने जो अग्नि परीक्षा दी है, वह अब पूरी हुई है। मैं आज राहत और शांति महसूस कर रहा हूँ।

"मैं उन सभी लोगों का आभारी हूँ, जिन्होंने इस चुनौतीपूर्ण परिस्थिति में मेरा साथ

दिया, जो झूठ और पैंतरेबाजी के बीच सच्चाई को समझ सके। अब जब दुष्प्रचार के बादल छँट चुके हैं, मैं उम्मीद करता हूँ कि जो लोग असली नरेंद्र मोदी को समझना चाहते हैं और साथ जुड़ना चाहते हैं, उनके हौसले और मजबूत होंगे।

"जो लोग दूसरों को दर्द देकर ही संतोष हासिल करते हैं, वे मुझ पर हमला करने का सिलसिला बंद नहीं करेंगे। मैं उनसे यह उम्मीद भी नहीं करता हूँ। लेकिन मैं पूरी नम्रता के साथ उनसे अपील करता हूँ कि कम-से-कम अब वे गुजरात के छह करोड़ लोगों को गैर-जिम्मेदार तरीके से बदनाम न करें।

"दर्द और क्षोभ के इस सिलसिले से आगे बढ़ते हुए मैं भगवान् से प्रार्थना करता हूँ, मेरे दिल में कड़वाहट न आने दें। मैं इस फैसले को न तो व्यक्तिगत जीत के तौर पर देखता हूँ, न हार के तौर पर। अपने सभी मित्रों, और खास तौर पर विरोधियों से अपील है कि वे भी ऐसा न करें। वर्ष 2011 में सुप्रीम कोर्ट के फैसले के समय भी मेरी यही सोच थी। मैंने 37 दिनों तक सद्भावना उपवास किया था और उसके जरिए सकारात्मक फैसले को रचनात्मक कार्य में तब्दील किया था, समाज में एकता और सद्भावना को मजबूत करने का काम किया था।"

अंत में नरेंद्र मोदी लिखते हैं—"मैं इस बात को पूरी गंभीरता से महसूस करता हूँ कि किसी भी समाज, राज्य या देश की प्रगति सद्भावना और भाइचारे में है। ये ऐसे आधार हैं, जिनसे विकास और समृद्धि हासिल की जा सकती है। इसलिए मैं सभी लोगों से अपील करता हूँ कि साथ मिलकर हम यह लक्ष्य हासिल करें, प्रत्येक व्यक्ति के चेहरे पर खुशी सुनिश्चित करने का काम करें।

एक बार फिर से—'सत्यमेव जयते"।

□

दुनिया की मीडिया के आईने में मोदी

इसे 'मोदी मार्केट' कहें या समाचार बाजार की मजबूरी, नरेंद्र मोदी हमेशा खबरों में रहते हैं। गुजरात के विकास की गाथाएँ हों, चाहे वार्टन में उनका संबोधन रद्द हो या फिर भाजपा की राष्ट्रीय परिषद् की बैठक में उनका गुणगान हो या फिर नीतीश कुमार का विरोध या कोर्ट में गुजरात दंगे में वे निर्दोष साबित होते हों—हालात ऐसे हैं कि अंग्रेजी का मुहावरा उन पर बिलकुल सटीक बैठता है—'आइदर यू हेट हिम ऑर लव हिम, बट यू कैन नॉट इग्नोर हिम।'

यह नरेंद्र मोदी की बड़ी सफलता है। भारत के मीडिया जगत् में तो नरेंद्र मोदी छाए हुए हैं, साथ ही अंतरराष्ट्रीय स्तर पर भी उनका प्रभाव फैला है।

'टाइम' 1923 से प्रकाशित होने वाली विश्व की सबसे ज्यादा प्रसार वाली साप्ताहिक पत्रिका है। इसकी पाठक संख्या 25 मिलियन है। इसमें 20 मिलियन अमेरिकी हैं। 'टाइम' मैगजीन के 26 मार्च, 2012 के अंक में नरेंद्र मोदी मुखपृष्ठ पर हैं। इसके साथ ही मोदी अब महात्मा गांधी, वल्लभभाई पटेल, जवाहरलाल नेहरू और इंदिरा गांधी जैसे उन दिग्गज भारतीयों की सूची में शामिल हो गए हैं, जिन्हें 'टाइम' मैगजीन ने अपने कवर पेज पर रखा है।

नरेंद्र मोदी ने गुजरात की कायापलट दी। गुजरात की सफलता-गाथा की प्रशंसा दुनिया भर में हो रही है। औद्योगिक नजरिए से भारत में सबसे ज्यादा विकास और व्यापार, वाणिज्य को प्रोत्साहन देने वाला प्रदेश गुजरात को बतलाकर टाइम मैगजीन ने बीते दशक में गुजरात में हुए विकास की पुष्टि की है।

मैगजीन के अनुसार सुचारू आयोजन और आयोजन को अंजाम देने वाला नेतृत्व—ये दोनों ही गुजरात के विकास को गति देने वाले परिबल हैं, जिनका भारत में अभाव है।

मैगजीन में कहा गया है कि भ्रष्टाचार और जमीन अधिग्रहण से जुड़े संघर्षों की वजह से देश के अन्य भागों की प्रगति रुक गई है। ऐसे में गुजरात ने इन दोनों समस्याओं का हल निकाल लिया है। लेख में इस बात के लिए राज्य की प्रशंसा की गई है। गुजरात

के प्राकृतिक संसाधनों का अधिकतम उपयोग करके मोदी ने किस तरह राज्य की अर्थव्यवस्था की शक्ल बदल दी, इसका उल्लेख लेख में है। गुजरात के सबल पहलुओं का जिक्र करते हुए कहा गया है कि गुजरात देश का एकमात्र ऐसा राज्य है, जहाँ बड़े उद्योगगृहों के साथ ही छोटे किसान 24 घंटे निरंतर बिजली आपूर्ति की उपलब्धता का भरोसा रख सकते हैं। इस मुद्दे का भी उल्लेख है कि बड़े वाणिज्य गृह, गुजरात में प्रीमियम दरें चुकाते हैं, जिसके चलते गाँवों में सब्सिडाइज बिजली उपलब्ध कराई जाती है। राज्य के अन्य सबल पहलुओं के तौर पर कार्यदक्ष और सुव्यवस्थित नौकरशाही का उल्लेख किया गया है। इसके अलावा पिछले दस वर्षों में गुजरात ऑटो हब के तौर पर उभरा है।

येल यूनिवर्सिटी की स्नातक ज्योति थोट्टम विश्व प्रसिद्ध 'टाइम' मैगजीन की साउथ एशिया डिवीजन की ब्यूरो चीफ हैं। वर्ष 2000 में 'टाइम' मैगजीन के साथ जुड़ी ज्योति ने एक पत्रकार के रूप में 2008 के मुंबई आतंकवादी हमले से लेकर श्रीलंका के सिविल वार जैसी घटनाओं पर काम किया है। नरेंद्र मोदी का इंटरव्यू लेकर उन्हें टाइम मैगजीन में चमकाने के बाद अपने दूसरे लेख में ज्योति कहती है कि मोदी के साथ उनकी मुलाकात काफी रोमांचक रही और कई बातों ने उन्हें बिलकुल आश्चर्यचकित कर दिया।

ज्योति कहती हैं कि मोदी को भले ही हिंदू विचारधारा को समर्पित व्यक्ति माना जाता हो, लेकिन वास्तव में उनका व्यक्तित्व कुछ अलग है। इस बात के समर्थन में वे कहती हैं कि मोदी ने गांधीनगर तक के फोर लेन हाईवे को बनवाने के लिए हिंदू राष्ट्रवादियों के प्रबल विरोध के बावजूद सड़क में रुकावट बनने वाले 120 छोटे-मोटे मंदिर तुड़वा दिए। ज्योति कहती हैं कि यह उनके लिए काफी आश्चर्य की बात है। अपनी मुलाकात के दौरान ज्योति लिखती हैं कि बड़े और नामी शिक्षण संस्थाओं में पढ़े-लिखे राजनेताओं जैसी चमक-दमक मोदी में नजर नहीं आती। इसके बावजूद उनकी अंग्रेजी काफी अच्छी कही जा सकती है। लेख में एक सड़क निर्माण कंपनी के सीईओ वीरेंद्र महिस्कर का अनुभव दर्ज किया गया है। उनके मुताबिक अहमदाबाद बीआरटीएस के लिए बीड सबमिट करने की प्रक्रिया ऑनलाइन पर तेजी से पूर्ण हो गई थी। अधिकारियों को चाय-पानी करवाने या स्थानीय नेताओं के साथ फोटो खिंचवाने की उन्हें कोई आवश्यकता नहीं पड़ी।

ज्योति कहती हैं कि मुसलमानों का एक वर्ग ऐसा है, जो 2002 की घटना को भूलकर विकास की ओर आगे बढ़ना चाहता है। इस बात के समर्थन में वे मुसलिम आर्टिस्ट मोहसिन शेख की बात का उल्लेख करती हैं कि गुजरात के विकास का लाभ धर्म या संप्रदाय के भेदभाव के बगैर सभी को मिल रहा है। ज्योति यह भी मानती हैं कि कांग्रेस शासित केंद्र

की गठबंधन सरकार की भ्रष्टाचार और अकर्मण्यता के मामले में भारी आलोचना हो रही है। आगे ज्योति कहती हैं कि मोदी के लिए भविष्य में काफी अच्छे अवसर दिखाई दे रहे हैं। अंत में आशा की किरण दिखलाता यह लेख कहता है कि भारत अगर थोड़ा सा चीन बने तो कैसा लगे—इसकी झलक मोदी लोगों को दिखलाते हैं।

ब्रुकिंग्स इंस्टिट्यूशंस अमेरिका का सबसे पुरानी (1916) और उच्च प्रतिष्ठा प्राप्त थिंक टैंक है। 'फॉरेन पॉलिसी' नामक संस्था ने उसके वार्षिक थिंक टैंक इंडेक्स में उसे प्रथम स्थान दिया है। यह संस्था अपने काम की गुणवत्ता, स्वतंत्र कार्यप्रणाली और अमेरिका के नीति संस्थानों पर उसके प्रभाव के लिए जानी जाती है। विश्व की सबसे विश्वसनीय थिंक टैंक में इसकी गणना होती है और इसके आकलन अकसर निर्देशित किए जाते हैं। संस्था के मैनेजिंग डायरेक्टर और गवर्नेंस स्टडीज में सीनियर फेलो विलियम एंथोलिस पिछले दो महीने से भारत का निरंतर दौरा कर देश के नेताओं, उद्योगगृहों, प्रशासनिक अधिकारियों, प्रबुद्ध नागरिकों, शिक्षाशास्त्रियों आदि से विचार-विमर्श कर भारत और उसके विभिन्न प्रदेशों को समझने का प्रयास कर रहे हैं।

नरेंद्र मोदी से 90 मिनट की चर्चा करने के बाद उनसे काफी प्रभावित होकर विलियम ने उनके आधिकारिक ब्लॉग में 'नरेंद्र मोदी : भारत के सबसे लोकप्रिय और शक्तिशाली नेता' शीर्षक में मोदी के बारे में अपने मंतव्य रखे हैं। इसमें गुजरात राज्य और उसके इस प्रभावशाली नेता के बारे में उन्होंने जो जाना वह लिखा है। ब्रुकिंग्स गुजरात को भारत का ग्रोथ इंजन और भारत के सात सबसे शक्तिशाली राज्यों में से एक मानता है। लेख में कहा गया है कि भारत में गुजरात के आर्थिक विकास जैसा दूसरा उदाहरण मिलना मुश्किल है। लेख में यह बात भी दर्ज की गई है कि गुजरात की 10 प्रतिशत की विकास दर चीन सहित दुनिया भर के किसी भी क्षेत्र से ज्यादा तेज है। 'वाइब्रेंट गुजरात समिट', 'क्लाइमेंट चेंज' और पुनः प्राप्य ऊर्जा, रोड, 'हाईस्पीड फोन कनेक्टिविटी' और गाँवों में निरंतर बिजली आपूर्ति जैसे मामलों में गुजरात ने पहल ली। इस बात को राज्य की सफलता माना गया है। कृषि क्षेत्र में जो अन्य राज्य नहीं कर सके, वह नरेंद्र मोदी ने कर दिखाया है। राज्य की सूखी धरती में अब सिंचाई होती है। उन्होंने लोगों तक पर्याप्त बिजली पहुँचाई है। मोदी के बारे में व्यक्तिगत अभिप्राय देते हुए लेख में उनको कार्यदक्ष व्यक्ति और राष्ट्रवाद का प्रेरणादायी व्यक्तित्व बतलाया गया है। इसके साथ ही उनको कुशल प्रशासक, देश के लिए गर्व करनेवाला राष्ट्रवादी, कामकाज के मामलों में तटस्थ, कुशल नीतिकार और तकनीकी मामलों में दिलचस्पी लेने वाला व्यक्ति करार दिया गया है। मोदी की कथनी और करनी में अंतर नहीं है। वे कुशल और कार्यक्षम राजनेता हैं। मोदी नई दिल्ली का अनुकरण नहीं करते, बल्कि दिल्ली को गुजरात के मार्ग पर चलने के लिए प्रेरित करते हैं। इसके साथ ही भारत के विकास के

लिए गुजरात का विकास मोदी का मंत्र रहा है।

मोदी किस तरह भारतीय राजनीति के सबसे ज्यादा प्रभावशाली नेता हैं, इसकी भी बात एंथोलिस करते हैं। वे कहते हैं कि उन्हें मोदी के बारे में भारत के चारों कोनों से सुनाई दे रहा है। उनको बार-बार सुनाई दिया है कि मोदी भारत के सबसे ज्यादा कुशल नेता हैं और अगर उनको मौका मिले तो वे पाँच वर्ष में भारत की अर्थव्यवस्था की कायापलट कर देंगे। एंथोलिस मानते हैं कि आने वाले समय में मोदी का खासा प्रभाव भारतीय राजनीति में रहेगा। इसलिए वे एक ऐसे नेता हैं, जिसके बारे में अमेरिका को अच्छी तरह से जान लेना चाहिए। विश्व के 200 देशों में औसतन 1.5 मिलियन की साप्ताहिक प्रसार संख्या के साथ 'द इकोनॉमिस्ट' का दावा है कि इसके पाठकों में प्रभावशाली अधिकारी और नीति निर्माता हैं। 'द इकोनॉमिस्ट' काफी समय से सार्वजनिक मामलों पर सबसे ज्यादा प्रतियोगी और होशियार पीरियोडिकल्स में से एक है।

गुजरात को भारत के 'ग्वांगडोंग' के रूप में उल्लेख कर 'द इकोनॉमिस्ट' ने यह विश्लेषण किया है कि गुजरात में कई बातें अच्छे तौर पर अमल में हैं, जो भारत में शायद ही कभी घटित होती हों। इसके अलावा इसमें यह अनुमान भी व्यक्त किया गया है कि उत्पादन की गति तेज है और ग्रामीण श्रमिकों को जहाँ रोजगार मिल रहा है, वह गुजरात, भारत के भविष्य का एक उदाहरण हो सकता है। ग्वांगडोंग प्रांत ने 1990 में चीन के लिए ऐसा ही किया था। अर्थव्यवस्था में भारत की वृद्धि दर से गुजरात किस तरह आगे निकला है, इसकी प्रशंसा करते हुए इस लेख में कहा गया है कि अगर भविष्य की बात करें तो गुजरात की अर्थव्यवस्था द्विअंकी वृद्धि दर दर्ज कर सकती है। भारत की वृद्धि दर घटकर सात से आठ फीसद होने के बावजूद ऐसा हुआ है। गुजरात की विकास आधारित सफलता की व्यापक रूप से सराहना हुई है। जानी-मानी कंसलटेंसी कंपनी मेकेंजी द्वारा भारतीय राज्यों की हाल ही में की गई तुलना में भी गुजरात का गुणगान है। इसमें बताया गया है कि किस तरह राज्य ने कारोबारी समुदाय से प्रशंसा पाई है।

गुजरात के कई मामलों के संबंध में मैगजीन ने गुजरात में मिल रही निरंतर बिजली, गैस और पर्याप्त मात्रा में जल की उपलब्धता की चर्चा की है। इसमें कहा गया है कि राज्य सरकार ऐसी संस्था है कि जिसने लालफीताशाही का प्रभाव कम किया है, रिश्वत नहीं माँगी जाती और अधिकारियों के कामों में हस्तक्षेप नहीं होता। गुजरात की विकासगाथा में समावेशीकरण की सराहना करते हुए 'द इकोनॉमिस्ट' कहता है कि कई लोग पीछे छूट गए हैं। ऐसे आरोप के खिलाफ गुजरात सिंचाई योजना की मदद से गुजरात में उचित बढ़ोतरी का उल्लेख किया जा सकता है।

□

राह आगे की बढ़ा कदम आगे

नरेंद्र मोदी का नाम भाजपा की ओर से 2014 के लोकसभा चुनावों में प्रधानमंत्री पद के लिए घोषित हो चुका है। भारत के इतिहास में ऐसा संभवतः पहले कभी नहीं हुआ कि एक राज्य का मुख्यमंत्री होने के बावजूद केंद्र की सत्ता से लेकर गली-मोहल्ले का सामान्य व्यक्ति भी नरेंद्र मोदी पर अपनी नजरें गड़ाए हुए है। जो व्यक्ति टी.वी. पर भाषण देने आता है तो चैनलों की टी.आर.पी. अचानक आसमान छूने लगती है। जिस प्रकार रामायण के प्रसारण के समय लोग टी.वी. पर नजरें गड़ाए बैठे रहते थे, वैसे ही आज जब नरेंद्र मोदी किसी मंच से भाषण देते हैं तो उनके विरोधी भी मंत्रमुग्ध होकर सुनते हैं कि नरेंद्र मोदी क्या बोल रहे हैं? नरेंद्र मोदी किस नीति पर बल देंगे? या फिर नरेंद्र मोदी के मुँह से कोई विवादास्पद बात निकले तो वे उसे लपक लें, ताकि भाषण के बाद होनेवाली टी.वी. बहस में उसकी चीरफाड़ की जा सके…। यह बात भाजपा में उनके सहयोगी ही नहीं, पार्टी के बाहर उनके आलोचक और विरोधी भी मानते हैं कि नरेंद्र मोदी इस समय देश के सबसे लोकप्रिय नेता हैं। हाल के तमाम सर्वेक्षणों से यह बात जाहिर होती है। यहाँ तक कि कांग्रेस की तरफ से प्रधानमंत्री मनमोहन सिंह हों या सोनिया गांधी या राहुल गांधी, या फिर भाजपा की तरफ से कोई भी और नेता, लोकप्रियता में नरेंद्र मोदी के आसपास नहीं टिकता। आज युवाओं की जबान पर मोदी का नाम है। नमो-नमो का जादू चल रहा है। प्रधानमंत्री पद के लिए मोदी लोगों की पहली पसंद हैं।

अधिकांश सर्वेक्षणों में भी यही बात सामने आई है। नीलसन के साथ किए गए एक न्यूज चैनल के सर्वे के मुताबिक, नरेंद्र मोदी को 48 प्रतिशत लोगों ने प्रधानमंत्री पद के लिए पहली पसंद बताया, जब कि महज सात प्रतिशत लोगों की पसंद मनमोहन सिंह हैं। सर्वे में कोई दूसरा नेता मोदी के आसपास नहीं है। वहीं एक न्यूज साइट पर कराए गए ओपन सर्वे में 90 प्रतिशत लोगों ने मोदी को प्रधानमंत्री पद के लिए अपनी पहली पसंद बताया।

चुनाव के परिणाम नरेंद्र मोदी की प्रधानमंत्री पद की दावेदारी और पुख्ता करते हैं।

लगातार तीन बार उन्होंने गुजरात का चुनाव भारी बहुमत से जीता है। विपक्ष के पूरी ताकत लगाने, मीडिया के नकारात्मक रवैए और विभिन्न विदेशपोषित संगठनों के दुष्प्रचार के बावजूद नरेंद्र मोदी का कद बढ़ा ही है। नरेंद्र मोदी की यही मजबूती है।

नरेंद्र मोदी ने स्वयं को युवाओं से जोड़ने में कामयाबी हासिल की है। कई सर्वेक्षणों से यह बात सामने आई है कि इस समय देश का एक बड़ा वर्ग युवाओं का है, जिनके लिए बेरोजगारी, विकास, महँगाई और भ्रष्टाचार बड़ा मुद्दा है। मोदी इन मुद्दों को एक विजन के साथ पेश करते हैं। दिल्ली के श्रीराम कॉलेज में मोदी के भाषण में इसकी झलक दिखाई पड़ी, जहाँ युवा वर्ग ने मोदी को हाथोंहाथ लिया था। फिक्की में महिला उद्यमियों के बीच अपने भाषण से मोदी ने महिलाओं पर तो जादू कर दिया, अपने साथ-साथ जसूबेन के पिज्जा को भी लोकप्रिय बना दिया।

लोकप्रिय बनाने में एक महत्त्वपूर्ण भूमिका उनकी कठोर निर्णय क्षमता वाली छवि की भी है। वे बिना किसी दबाव के फैसले ले सकते हैं। उनमें विशिष्ट किस्म की एक साहसिकता है। आज सामान्य व्यक्ति से लेकर देश के सर्वोच्च उद्योग जगत् भी नरेंद्र मोदी को आत्मीयता से देखते हैं। एक मामूली व्यक्ति से लेकर उद्योगपति और लाखों युवा उनसे प्रभावित हैं तथा समर्थ एवं श्रेष्ठ भारत के निर्माण के उनके अभियान में अपना स्वर मिला रहे हैं।

नरेंद्र मोदी मजबूत, आक्रमक, प्रखर और चतुर नेता हैं। संघ में तपकर वे आगे बढ़े हैं। उन्हें मुद्दों की बारीक समझ है। ऐसा नहीं है कि नरेंद्र मोदी के लिए आगे की राह आसान है। प्रधानमंत्री पद का उम्मीदवार घोषित होने के बाद दिल्ली, रेवाड़ी, भोपाल, कानपुर, पटना आदि में उनकी सभाओं में रिकॉर्ड तोड़ भीड़ जुटी, उससे इस बात पर मुहर लग गई कि मोदी लोकप्रियता के मामले में अपनी विरोधी पार्टियों के नेताओं से मीलों आगे हैं।

इस बीच सोशल मीडिया पर मोदी भारत की सबसे लोकप्रिय हस्तियों में एक बनकर उभरे हैं। मोदी को उनके आलोचक भी भाजपा का ऐसा ब्रह्मास्त्र मानने लगे हैं, जिसकी काट फिलहाल कांग्रेस के पास नजर नहीं आती है। भाजपा को नरेंद्र मोदी के कंधों पर दिल्ली पर दोबारा काबिज होने की उम्मीद है। राज्य की राजनीति में सफलता को राष्ट्रीय राजनीति में दोहराने की उनसे उम्मीद के चलते उन पर भाजपा ही नहीं, बल्कि देश के एक बड़े वर्ग की भी उम्मीदें टिकी हैं। नरेंद्र मोदी का एकमात्र उद्देश्य है—भारत का पुनर्निर्माण कर 21वीं सदी में उसे सुपर पावर—जगद्गुरु के स्थान पर पहुँचाना है। 21वीं सदी एशिया की है और भारत के पास विश्वगुरु के तौर पर उभरने और समग्र विश्व को मुश्किल भरे समय से बाहर लाकर शांति और समृद्धि के युग में लाने का बेहतर मौका है।

नरेंद्र मोदी कहते हैं कि हमें सिर्फ 'गुड गवर्नेंस ही नहीं, बल्कि प्रो-पीपल, प्रो-एक्टिव गुड गवर्नेंस' की जरूरत है। इस स्वप्न को साकार करने के लिए हमारे पास ऐसी सरकार का होना जरूरी है, जिसके पास भारत की बागडोर सँभालने की शक्ति और क्षमता हो और वह देश को एक नई दिशा में ले जाए, साथ ही इंडिया फर्स्ट के उद्देश्य के लिए काम करे। हालाँकि दुर्भाग्य से आज भारत भ्रष्टाचार, अक्षमता, निर्णयशक्ति के अभाव और राजनैतिक अस्थिरता जैसी गंभीर परिस्थितियों का सामना कर रहा है। इसके परिणामस्वरूप नागरिकों में उत्साह की कमी आई है। बड़े घोटाले अब रोज की बात हैं। अपराधियों को सजा दिलवाने के लिए पर्याप्त कदम नहीं उठाए जा रहे हैं, जो दुर्भाग्यपूर्ण है। देश के लोगों का सरकार पर से भरोसा घट हो रहा है। सामान्य नागरिक या फिर निवेशक, तमाम लोग सुरक्षित विकल्प खोज रहे हैं। सरकार में विश्वास का पुनर्स्थापन मुश्किल भरा काम है।

अन्य राजनेताओं से मोदी अलग कैसे हैं? वे लोगों के कल्याण और लोगों को केंद्र में रखे ऐसे गवर्नेंस के लिए प्रतिबद्ध हैं। वे दृढ़ता से मानते हैं कि गवर्नेंस का एक ही धर्म होना चाहिए—इंडिया फर्स्ट! सरकार का एक ही पवित्र ग्रंथ होना चाहिए—संविधान सरकार की एक ही शक्ति—जनशक्ति होनी चाहिए और सरकार का एक ही कार्य होना चाहिए—124 करोड़ भारतीयों का कल्याण। सरकार का एक ही कोड ऑफ कंडक्ट होना चाहिए—सबका साथ, सबका विकास।

आज भारत को बचाने का काफी शोर मच रहा है। भारत एक युवा और जोशीला देश है और इसे एक ऐसे नेता की जरूरत है, जो उन्हें उचित मार्गदर्शन दे सके। एक समय ऐसा था, जब भारत के पास विश्व के महान् नेता थे। भारतीयों में नई आशाओं का संचार करनेवाले नेता की आज सख्त जरूरत है। जब वे 'स्टैच्यू ऑफ यूनिटी' की बात करते हैं, तब उससे हमारे अंदर एक राष्ट्र के सिद्धांत की नई आशा जन्म लेती है, जब वे इंडिया फर्स्ट के बारे में बात करते हैं, तब हमें अपने देशभक्तों की याद आती है। वर्तमान में हम 'नॉन गवर्नेंस' के दौर से गुजर रहे हैं। ऐसे में हमारे पास यथास्थिति को स्वीकार करने के सिवाय अन्य कोई विकल्प नहीं है। नरेंद्र मोदी ने स्वयं 'स्किल+विल+जील=विन' को लागू किया है। हम बदलाव ला सकते हैं, जैसे वे स्वामी विवेकानंद के वाक्यों को दोहराते हैं—उठो, जागो और ध्येय प्राप्ति तक लगे रहो।"

□

चुनौतियों से संघर्ष की चुनौती*

दो दिन सें हम विस्तार से देश की चिंता और चर्चा कर रहे हैं। राजनीति की चर्चा और चिंता कर रहे हैं। साथ ही भारतीय जनता पार्टी के संगठन के कार्यक्रमों पर भी सोच-विचार कर रहे हैं। देश के आजाद होने के बाद चुनाव बहुत आए हैं। प्रारंभ से, जनसंघ के जमाने से, भारतीय जनता पार्टी के जमाने से हम सब को चुनाव के मैदान में कार्य करने का अनुभव है। लेकिन भूतकाल के उन सारे चुनावों को देखिए। ये 2014 के चुनाव हर प्रकार से उनसे भिन्न हैं।

इसके पूर्व देश की ऐसी दुर्दशा कभी नहीं देखी। जब इतना बड़ा लोकतांत्रिक देश नेता विहीन हो, नीति विहीन हो और नीयत भी शक के घेरे में हो, ऐसे दिन इस देश ने कभी देखे नहीं थे। आज हम जो भुगत रहे हैं। भ्रष्टाचार का इतना विकराल रूप इस दशक में जो दिखा है, देश ने कभी नहीं देखा। आत्महत्या करते किसान, रोजगार के लिए भटकता नौजवान, इज्जत बचाने के लिए परेशान माँ और बहनें, महँगाई की मार से तड़प रहा भूखा बच्चा। ऐसी दुर्दशा कभी नहीं देखी। इसलिए 2014 का चुनाव सिर्फ सत्ता परिवर्तन का चुनाव नहीं है। यह 2014 का चुनाव भारत के कोटि-कोटि जनों के लिए आशा और अरमान का चुनाव है। 21वीं सदी के 2014 का चुनाव प्रारंभ में अटलजी, आडवाणीजी ने भारत को जिस ऊँचाई पर ले जाकर रखा था। उससे कई और नई ऊँचाइयों पर, देश को पहुँचाने का, देशवासियों के सपनों का चुनाव है। इसलिए दिल्ली की धरती पर दो प्रमुख दलों की राष्ट्रीय परिषदें हुईं। अगर उसका विश्लेषण करें तो साफ नजर आता है कि दो दिन पूर्व कांग्रेस का जो अधिवेशन हुआ, उसमें 2014 का चुनाव दल को बचाने के जेहाद के रूप में दिखाई देता है। उसका दल कैसे बचे? कांग्रेस को कैसे बचाएँ? बिखरती हुई पार्टी को कैसे एक रखें? यह उनके जेहाद का विषय था। वहाँ दल बचाने की कोशिश हो रही थी। यहाँ देश बचाने की। यह 2014 का मूल फर्क है, देश भर से कांग्रेस के कार्यकर्ता बड़ी आशा के

*18-19 जनवरी, 2014 को नई दिल्ली में आयोजित 'भारतीय जनता पार्टी की राष्ट्रीय परिषद्' में श्री नरेंद्र मोदी का संपूर्ण वक्तव्य।

साथ दिल्ली आए थे। उन्हें बताया गया था कि 17 तारीख को प्रधानमंत्री के पद के लिए उम्मीदवार की घोषणा की जाएगी। बड़ी आशा और उमंग के साथ वे प्रधानमंत्री पद के उम्मीदवार की सौगात लेकर जाने के लिए लालायित थे। जैसा हमारे अरुण जेटली ने कहा कि देश भर के कांग्रेस कार्यकर्ता आए तो थे प्रधानमंत्री लेने के लिए, लेकिन वापस गए रसोई गैस के तीन सिलेंडर लेकर!

वहाँ जो बातें हुईं। उनमें से कुछ का जिक्र करना मुझे जरूरी लगता है। प्रधानमंत्री पद के उम्मीदवार की घोषणा न करने के पीछे लोकतांत्रिक परंपराओं का उदाहरण दिया गया। क्या यह सच्चाई है? मैं आशा करता था कि देश में दिन-रात इस तरह के विषयों की चर्चा करनेवाले इस मुद्दे पर जरूर चर्चा करेंगे, लेकिन चार दिन से चर्चा नहीं हो रही है। हर एक के अपने-अपने कारण होंगे। लेकिन देश जानना चाहता है कि देश आजाद होने के बाद जब पहले प्रधानमंत्री पसंद किए गए तब लोकतांत्रिक परंपराओं का क्या हुआ था? कांग्रेस के हर व्यक्ति की इच्छा के बावजूद सरदार वल्लभभाई पटेल को प्रधानमंत्री नहीं बनने दिया गया। आप परंपरा की बात करते हैं?

मैं जानना चाहता हूँ। 31 अक्तूबर, 1984 को जब श्रीमती इंदिरा गांधी की हत्या हुई, राजीव गांधी कलकत्ता में थे। वे कलकत्ता से दौड़कर आए। अस्पताल गए। और कुछ ही पलों में राजीव गांधी के प्रधानमंत्री पद सँभालने का समारोह हुआ था। कांग्रेस पार्टी, जो परंपरा की चर्चा करती हैं, उससे पूछना चाहता हूँ कि उस समय क्या कोई पार्लियामेंटरी पार्टी की मीटिंग हुई थी? क्या कांग्रेसियों ने कांग्रेस की पार्लियामेंटरी पार्टी की मीटिंग में अपने प्रधानमंत्री को चुना था? उसके कोई नोट्स हैं, मिनिट्स हैं, व्यवस्था है? कोई नहीं, कुछ नहीं। दो-चार लोग मिलकर यार बढ़िया है, तुरंत शपथ करवा दिया गया था। और आज हमें परंपरा की सीख दे रहे हैं। इससे भी आगे, 2004 में यूपीए का चुनाव हुआ। यूपीए की सरकार बननी थी। मैं दावे से कहता हूँ, यूपीए-1 में किसी पार्लियामेंटरी पार्टी ने डॉ. मनमोहन सिंह को प्रधानमंत्री पद के लिए नहीं चुना था। नेता के रूप में नहीं चुना था। कांग्रेस की पार्लियामेंटरी पार्टी ने मैडम सोनिया गांधी को नेता के रूप में चुना था। लेकिन बाद में मैडम सोनिया ने डॉ. मनमोहन सिंह को नोमीनेट कर किया। उन्हें प्रधानमंत्री पद की शपथ दिलवाई गई। पार्लियामेंट की परंपरा की ऐसी बातें करके हम बच नहीं सकते। बहन सुषमा ने कहा, राजनाथ ने कहा, वेंकैया ने कहा, कल अरुण ने कहा था, चुनाव से भागने के उनके कई कारण हो सकते हैं। सबने अपने-अपने तरीके से कहा है, लेकिन मुझे एक मानवीय कारण नजर आ रहा है। राजनीतिक कारण तो है ही। लेकिन एक मानवीय कारण नजर आ रहा है कि जब पराजय बिलकुल निश्चित दिख रही हो, विनाश सामने नजर आ रहा हो तो क्या कोई माँ बेटे को बलि चढ़ाने के लिए तैयार होगी क्या? कौन माँ बेटे की बलि चढ़ाएगी राजनीति के दाँव पर? और इसलिए एक माँ का मन आखिर यही निर्णय कर गया।

नहीं, मेरे बेटे को बचाओ।

इन दिनों चायवालों की बड़ी खातिरदारी हो रही है। देश का हर चायवाला सीना तानकर घूम रहा है। चुनाव से भाग जाने के इनके कारण दो और हैं। 1. जिस परंपरा में वे पले-बढ़े हैं। जिस प्रकार से एक वरिष्ठ परिवार को अपने आप में साबित किया है। जब इस प्रकार के जीवन में लोग जीते हैं, तो उनके मन की रचना भी वैसी ही हो जाती है। सामंतशाही मानसिकता घर कर लेती है। और तब उनके मन में विचार आता है कि लोकसभा चुनाव महत्त्वपूर्ण है। कांग्रेस को जीतना चाहिए। इसलिए यह तो बेइज्जती का मामला है एक चायवाले से भिड़ना। बड़ी शर्मिंदगी महसूस हो रही है। कोई बराबरी नहीं है। वे नामदार हैं, और मैं कामदार हूँ। ऐसे बड़े नामदार मुकाबला एक कामदार से करना बुरा मानते हैं। खुद का अपमान मानते हैं। वे कैसे लड़ सकते हैं? इतना ही नहीं कभी-कभी परंपरागत ऊँच-नीच का भाव, जातिवाद का जहर, मन में पली ऊँचाई का भाव, उच्च कुल में पैदा हुए लोगों के लिए यह भी चिंता का विषय है कि हम इतने बड़े कुल में पैदा हुए हैं, जिस कुल-परंपरा की सदियों से इज्जत थी। और सामनेवाला एक पिछड़ी जाति में पैदा हुआ, एक ऐसा व्यक्ति, जिसकी माँ अड़ोस-पड़ोस के घर में पानी भरती थी, बरतन साफ करती थी, ऐसे व्यक्ति के खिलाफ मैं लड़ूँ। राजनीति की परिधि के बाहर ये भी सारे कारण हैं। इसलिए जब हम 2014 का चुनाव देख रहे हैं, तब जरा कल्पना कीजिए, जब हम गाँव गली-गली लोगों से मिलते हैं, पूछते हैं, और 27 अक्तूबर को, बम धमाकों के बीच भारत माँ की अपने रक्त से निर्दोष लोग पूजा-अर्चना करते थे। उस समय जो जन सैलाब डटा हुआ था, वह दृश्य मुझे इस बात का संकेत देता है कि जब देश आजादी की लड़ाई लड़ रहा था। तो वह कौन सी प्रेरणा थी, जिसके चलते भगतसिंह, सुखदेव, राजगुरु फाँसी के फंदे पर चढ़ने के लिए लालायित थे? जिस आजादी को पाने के लिए लोग अपनी जवानी जेलों में खपा देते थे। आजादी के इतने सालों के बाद 2014 का यह चुनाव उस तड़पन को लेकर आया है। उस समय आजादी के लिए लोगों को मरने का मौका मिला। तब लोगों ने स्वराज्य के लिए जीवन दिया। नई पीढ़ी अब सुराज्य के लिए तड़प रही है।

देश के नौजवानों को लग रहा है कि आजादी की जंग में मरने का सौभाग्य तो नहीं मिला, लेकिन आजाद हिंदुस्तान में सुराज्य के लिए जीने का अवसर मिला है। इस चुनाव की प्रेरणा यह भावना है। वह विजय मुझे इस चुनाव में दिखाई दे रही है। और तभी तो जिनका भारतीय जनता पार्टी से कोसों दूर संबंध नहीं है, जिनको भारतीय जनता पार्टी के कार्यकर्ता के नाते कभी अवसर नहीं मिला है, जो राजनीति से भी अछूते हैं, ऐसे लाखों लोग, आज भारतीय जनता पार्टी के कार्यालय पहुँचते हैं, मुझे चिट्ठियाँ लिखते हैं, फेसबुक पर लिखते हैं, ट्विटर पर मेसेज देते हैं, हमें काम दीजिए, हम कुछ करना चाहते हैं। यह लालसा, यह 2014 के चुनाव की लड़त, आजादी के जंग की जो लड़त थी, स्वराज्य के आंदोलन की

जो भावना थी, वही भावना 2014 के चुनाव में प्रकट हो रही है।

देश की आजादी को साठ साल से भी अधिक समय बीत गया। गरीबों की चिंता की बातें बहुत हो रही हैं। विकास की बातें बहुत हो रही हैं। जरा पल भर के लिए भारत माता के मानचित्र को अपने समक्ष रखें। हमारी नीतियों में ऐसी क्या कमी थी? हमारे कार्य में ऐसी कौन सी खोट रह गई, जिसके कारण जब भारत माँ का चित्र देखते हैं तो भारत माँ का पश्चिमी हिस्सा कुछ और कहता नजर आता है। कुछ हो रहा है, ऐसा नजर आ रहा है। विकास के कदम धीरे ही क्यों न हों, लेकिन नजर आ रहे हैं। लेकिन क्या कारण है? मेरी भारत माँ को अगर मध्य से देखें पूरा पूर्वी हिस्सा विकास के लिए तड़प रहा है, ऐसी स्थिति क्यों पेदा हो रही है? यह असंतुलन पैदा क्यों हुआ? मैं आज देशवासियों को यहाँ विश्वास देना चाहता हूँ। भारतीय जनता पार्टी को 2014 में जब आप मई महीने में देश की सेवा करने का अवसर देंगे, तो हमारी यह पहली गारंटी रहेगी कि भारत का वह इलाका, जो अभी विकास की यात्रा में बहुत पीछे है, हम उसे सबसे पहले आगे बढ़ाएँ। पश्चिम की बराबरी तक तो लाएँ, ऐसी कैसी मेरी भारत माँ है जिसकी एक भुजा मजबूत हो और दूसरी भुजा बहुत दुर्बल हो, ऐसी मेरी भारत माता नहीं हो सकती और इसलिए हमारी यह सोच है चाहे बिहार हो, बंगाल हो, झारखंड हो, आसाम हो, नॉर्थ-ईस्ट हो, उड़ीसा हो, पूरा पूर्वी इलाका, उत्तर प्रदेश का पूरा हिस्सा, भाइयों-बहनों, हम संतुलित विकास के सपने को लेकर आगे बढ़ना चाहते हैं। भाइयो-बहनो, अगर हमें देश को मजबूत बनाना है तो जो रीजनल एक्सप्रेशन है, उसे संकट नहीं समझना चाहिए, पिछले दशकों में राजनेताओं ने रीजनल एक्सप्रेशन को ऐसे लिया जैसे दिल्ली पर कोई बहुत बड़ा बोझ आ गया, उसको इस प्रकार देखा है। रीजनल एक्सप्रेशन विकास का बहुत बड़ा अवसर भी बन सकता है। वह चुनौती नहीं है, वह अवसर है। हर राज्य में हम आगे बढ़ने की जो ललक जगी है, अगर दिल्ली से वह जुड़ गया, तो कितनी तेज गति से हम आगे बढ़ सकते है? इस पर मेरा पूरा भरोसा है।

हमारा देश एक संघीय ढाँचा है। यह संविधान की धाराओं तक सीमित नहीं हो सकता है। इस संघीय ढाँचे की 'लेटर ऐंड स्पिरिट' के रूप में हमें इज्जत करनी होगी, गौरव करना होगा। और मेरे लिए यह बड़े आनंद का विषय है कि मैं मुख्यमंत्री पद पर रहा हूँ। अब पार्टी ने मुझे नए दायित्व के लिए पसंद किया है। लेकिन एक मुख्यमंत्री के नाते संघीय ढाँचे का महत्त्व क्या होता है, मैं भलीभाँति अनुभव करता हूँ। दिल्ली में अनुकूल सरकार थी वाजपेयीजी की, तब संघीय ढाँचे के नाते से, राज्य के मुख्यमंत्री के नाते से किया हुआ एक काम, और विपरीत माहौल के बीच किया हुआ काम, दोनों का मैंने अनुभव किया है। खुद अनुभवी होने के कारण मैं हर राज्य की पीड़ा को भली-भाँति समझ सकता हूँ। हर मुख्यमंत्री की पीड़ा को भलीभाँति समझ सकता हूँ। संघीय ढाँचे का माहात्म्य समझ सकता हूँ। इसलिए

भाइयो-बहनो, भारतीय जनता पार्टी की सरकार संघीय ढाँचे को सशक्त बनानें में, संघीय ढाँचे को एंपावर (सशक्त) करने में रुचि रखती है। हम उसमें आगे बढ़ना चाहते हैं। आज एटीट्यूड ऐसा है। एक एटीट्यूड है। हम दिल्लीवाले हैं, हम राज्यों को कुछ देते हैं, यह शोभा नहीं देता। हम इस स्थिति को बदलने का वादा करते हैं। कोई छोटा भाई नहीं है, कोई बड़ा भाई नहीं है, दोनों भाई कंधे-से-कंधा मिलाकर सहयोग से भारत माँ को आगे ले जा रहे हैं। भाव यह होना चाहिए।

आज माना जाता है कि प्रधानमंत्री और उनकी मंत्रिपरिषद् देश को आगे बढ़ाएँगे। मेरी सोच भिन्न है। मैं चाहता हूँ कि प्रधानमंत्री और सारे मुख्यमंत्रियों को मिलाकर एक टीम हो, जो देश को आगे बढ़ाएँ। इतना ही नहीं, केंद्र की मंत्री परिषद्, और राज्यों की मंत्री परिषद्, दोनों को मिलाकर एक वृहद टीम बने। केंद्र की ब्यूरोक्रेसी तथा राज्य की ब्यूरोक्रेसी, सबको मिलकर एक विशाल टीम के रूप में काम करे, अगर यह माहौल हम बनाएँगे, तो आज जिन समस्याओं से हम जूझ रहे हैं, उन समस्याओं से निजात पाकर हम अपने देश को इन सपनों से जोड़कर देश को आगे बढ़ा सकते हैं। देश के लिए यह सुशासन बहुत अनिवार्य है। देश की समस्याओं की जड़ों में बैड गवर्नेंस है, कुशासन है, उसे निकलना है। हमें गुड गवर्नेंस पर बल देना पड़ेगा और यह गुड गवर्नेंस अमीरों के लिए नहीं होता है। अमीर तो सरकारें खरीद सकते हैं। गुड गवर्नेंस गरीब के लिए होता है। सामान्य वंचितों के लिए होता है। दलित के लिए होता है। पीड़ित के लिए होता है। शोषित के लिए होता है। अगर सुशासन है तो सरकारें अच्छी चलेंगी। गरीब के बच्चे की पढ़ाई भी अच्छी होगी। सुशासन नहीं होगा तो गरीब का बच्चा बेचारा ही रह जाएगा। इसलिए सुशासन चाहिए।

हम गुड गवर्नेंस को लेकर आगे बढ़ना चाहते हैं। इन दिनों बहुत सी बातें होती हैं। हमें तय करना है कि अब हमें घिसी-पिटी टेप की आवाजों पर भरोसा करना है या कि ट्रैक रेकॉर्ड पर भरोसा करना है। टेप रेकॉर्ड की घिसी-पिटी आवाज बहुत सुन चुके हैं। देश ट्रैक रेकॉर्ड के आधार पर निर्णय करे कि देश को किसके भरोसे और किसके हाथों में सलामती के साथ देना है। उसपर निर्णय करने के लिए दिल चाहिए। ऐक्ट, ऐक्ट, ऐक्ट बहुत सुन चुके हैं। देश को एक्ट नहीं, अब 'एक्शन' चाहिए। चुनाव जीतने के लिए डोल, चुनाव जीतने के लिए डोल, डोल, डोल, डोल, फिर भी सरकार डोल रही है। डोल अपनी जगह पर है, लेकिन विकास के लिए 'डेवलपमेंट' चाहिए, डिलीवरी चाहिए। इसलिए गुड गुवर्नेंस डोल से भी आगे बढ़कर डेवलपमेंट और डिलीवरी के उस मूल मंत्र को हमें स्वीकार करना होगा, आगे बढ़ना होगा। पिछले दस साल में शायद ही कोई दिन ऐसा गया होगा कि प्रधानमंत्रीजी ने कोई कमेटी न बनाई हो, हर समस्या के लिए कमेटी, हर समस्या के लिए कमेटी। मेरे देशवासियो, देश कमेटियों के बोझ से दब रहा है। हमें कमेटी नहीं, हमें 'कमिटमेंट' चाहिए। देश के लिए 'कमिटमेंट' चाहिए।

इतना विशाल देश हमारा, जब मैं भारतमाता की ओर नजर उठाता हूँ और जीवन की ओर देखता हूँ। हम जब सुनते हैं, 'कुछ बात है कि हस्ती मिटती नहीं हमारी', वह कौन सी बात है। कुछ बात है कि हस्ती मिटती नहीं हमारी, वह कौन सी बात है। इंद्रधनुष के सात रंग और इन सात रंग की ओर नजर करें तो अपनी भारत माँ को यों चमकाते हैं। इंद्रधनुष का पहला रंग है, भारत की संस्कृति की महान् विरासत का, हमारी कुटुंबप्रथा, परिवार व्यवस्था, हजारों साल से इस परिवार व्यवस्था ने हमें बनाया है, बचाया है, बढ़ाया है, उस परिवार व्यवस्था को हम कैसे अधिक सशक्त बनाएँ। हमारी नीतियाँ, हमारी योजना, भारत की इस महान् व्यवस्था, परिवार, उसका सशक्तीकरण कैसे करे? इंद्रधनुष का दूसरा रंग है, हमारी कृषि, हमारे पशु, हमारा गाँव, महात्मा गांधी, भारत को गाँवों का देश कहते थे। यह हमारे इंद्रधनुष का एक महत्त्वपूर्ण और बहुत चमकीला रंग है। अगर हम इसे और चमकदार नहीं बनाते, कृषि हो, पशुपालन हो, हमारा गाँव हो, गरीब हो, इनकी भलाई के लिए नीतियाँ बनानी चाहिए। हम जिस बात के लिए गर्व कर सकते हैं। वह हमारे इंद्रधनुष का तीसरा रंग है—हमारे भारत की नारी। हमारी मातृशक्ति त्याग और तपश्चर्या की मूर्ति, आज हमने उसे कहाँ लाकर छोड़ा है? इंद्रधनुष के रंग को अगर हमें इंद्रधनुष बनाना है, तो हमारी माताओं का 'एंपावरमेंट' (सशक्तीकरण) होना चाहिए। उनकी शिक्षा-दीक्षा पर हमारा बल होना चाहिए। आर्थिक-सामाजिक धरोहर उनके पास है। हमारे इस इंद्रधनुष का चौथा रंग है—जल, जमीन, जंगल, जलवायु। यह हमारी विरासत है, यह हमारी अमानत है। अगर भारत को हमें आनेवाली सदियों तक विकास की दौड़ में आगे रखना है, तो हमें अपने इस इंद्रधनुष के चौथे रंग की भी, उसकी परवरिश करनी होगी। उसको सुरक्षित करना होगा आधुनिक टेक्नोलॉजी के साथ, और सबसे महत्त्वपूर्ण है है हमारा युवा धन, हमारी युवा शक्ति। हम कितने भाग्यवान है कि आज हिंदुस्तान दुनिया का सबसे नौजवान देश है। 65 प्रतिशत जनसंख्या 35 से कम आयु वर्ग की है। जिस देश के पास इतना बड़ा 'डेमोग्राफिक डिविडंट' हो, हमारे पास इतने नौजवानों की शक्ति हो, तो वह दुनिया को क्या कुछ नहीं दे सकता। आनेवाले दिनों में पूरे विश्व में गंभीर संकट आनेवाला है। अगर आज हमने तैयारियाँ कर ली होतीं तो दुनिया के लिए हमारा भारत का नौजवान, न सिर्फ भारत का निर्माण करता, पूरे विश्व का निर्माण करने की ताकत रखता। इसकी हमें चिंता करनी चाहिए।

हमारे देश का युवाधन, उसे लेकर कुछ बातें बड़ी चिंता फैला रही हैं। आधुनिकता के नाम पर, पश्चिमी रंग के प्रभाव के कारण इंद्रधनुष का यह रंग कहीं फीका तो नहीं पड़ रहा है? जब ये खबरें आती हैं कि ड्रग्स, नार्कोटिक्स कुछ इलाकों में हमारी युवा पीढ़ी को तबाह कर रहा है, तब राजनीति को दरकिनार कर हम सबका दायित्व बनता है, सारे देशवासियों का दायित्व बनता है, कि अपने नौजवानों को ड्रग्स, नार्कोटिक्स में कदम रखने

से पहले बचा लें। जीरो टोलरंस करना है हमें। अपनी इस युवा पीढ़ी की रक्षा करनी पड़ेगी हमें। विदेशों से स्मगलिंग अगर होती है, उसे रोकने की बात हो, हमें इस दायित्व को निभाना होगा। और अपने इस युवाधन की रक्षा करके, इसी युवाधन की ताकत के भरोसे इस भारत को विश्वगुरु बनाने का सपना साकार करना होगा। इंद्रधनुष का छठा रंग है, और जो हमारी अनमोल विरासत है, वह है—डेमोक्रेसी, हमारा लोकतंत्र। और जिस देश के पास डेमोग्राफिक डिविडंट हो, वह देश दुनिया के सामने कितनी बड़ी ताकत के साथ आगे बढ़ सकता है। इसलिए हमारा लोकतंत्र हमारी सबसे बड़ी पूँजी है। विश्व के सामने आँख में आँख डालकर बताने की ताकत, यह हमारा लोकतांत्रिक देश है। समय रहते हमने लोकतंत्र के इस रंग को और अधिक ताकतवार कैसे बनाना, उस पर हमें सोचना होगा। हमारे लोकतंत्र को रिप्रेजेंटेटिव सिस्टम से लेकर के आगे बढ़ाकर पार्टीसिपेटिव डेमोक्रेसी पर बल देने की जरूरत है। हमें गर्व है, हम गणतंत्र की परंपरा को निभाते हैं। लेकिन समय की माँग है कि सब सामान्य-मानवी गणतंत्र में गुणतंत्र की भी अनुभूति करें। यह अहसास कैसे भर दिया जाय—अपने आचरण के द्वारा, अपने व्यवहार के द्वारा, लोकतांत्रिक परंपराओं के प्रति गौरव करके। हम उसको कैसे करें? और इंद्रधनुष का सातवाँ रंग, जो अत्यंत महत्त्वपूर्ण भी है, वो है 'ज्ञान'। मानव जाति जब-जब ज्ञानयुग में रही है, भारत ने डंका बजाया है। हम ज्ञान के उपासक हैं। हर माँ अपने बेटे को आशीर्वाद देती है तो कहती है—'बेटा, पढ़-लिखकर कर बड़े होना। यह हर माँ के मुँह से निकलता है। ज्ञान के इस रंग को हम, किस प्रकार के अधिक शक्तिशाली बनाएँ। उसकी ओर हमें जाना है।

इन सातों रंग की कीर्ति कैसे बढ़े। नई ताकत कैसे जुड़े। नए विचार कैसे उसके साथ आएँ। उसे लेकर हम आगे बढ़ना चाहते हैं। भाइयो-बहनो, अभी कांग्रेस के अधिवेशन में कहा गया कि कांग्रेस पार्टी एक सोच है।

हम भी मानते हैं। बिना सोच के न कोई दल हो सकता है, न कोई आंदोलन हो सकता है। लेकिन कठिनाई यह है कि आज कांग्रेस के पास सोच है भी या नहीं। कैसी सोच है, कौन सी सोच है? एक बात है। लेकिन देश इतना जरूर जानता है, कांग्रेस पार्टी सोच में पड़ी हुई है। इस सोच को समझने की आवश्यकता है। कांग्रेस की सोच क्या है? भाजपा की सोच क्या है? मैं देश की जनता से भी अनुरोध करता हूँ, मेरे इन शब्दों पर गौर कीजिए। उनकी सोच है, भारत मधुमक्खी का छत्ता है, हनी बी है। हमारी सोच है— भारत हमारी माता है। उनकी सोच है कि गरीबी, मन की अवस्था है, हमारी सोच है— गरीब हमारे लिए दरिद्र नारायण है। उनकी सोच है, जब तक हम गरीब की बात नहीं करते, मजा नहीं आता। हम जब गरीब की बात सुनें, उन्हें याद करते हैं तो पीड़ा से रात भर सो नहीं पाते। उन्हें मजा नहीं आता, हमें नींद नहीं आती। दोनों की सोच में यह फर्क है। उनकी सोच है—पैसे पेड़ पर नहीं उगते हैं, हमारी सोच है—पैसे खेत और खलिहानों में उगते हैं और मजदूरों के पसीने

से फलते हैं। उनकी सोच है—समाज तोड़ो, राज करो, हमारी सोच है—समाज को जोड़ो, विकास करो। कितना फर्क है! उनकी सोच है— वंशवाद, हमारी सोच है—राष्ट्रवाद। उनकी सोच है—राजनीति सबकुछ है, हमारी सोच है—राष्ट्र नीति सबकुछ है। उनकी सोच है—सत्ता कैसे बचाएँ, हमारी सोच है—देश कैसे बचाएँ। अभी-अभी उन्होंने कहा कि उन्हें टिकट दी जाएँगी, जिनके दिल में कांग्रेस है। उनकी सोच है—देश वे चलाएँगे, जिनके दिल में कांग्रेस है। हमारी सोच है—टिकट उनको मिलेगा, जिनके दिल में भारतमाता है। यह हमारी-उनकी सोच का फर्क है।

इसलिए जब 2014 के चुनाव हमारे सामने है, मैं देशवासियों से कहना चाहता हूँ, पिछले साठ साल आपने शासकों को चुना है। साठ साल, आपने शासक पसंद किए है। साठ साल, आपने शासक को बागडोर दी है, मैं आज भारतीय जनता पार्टी के पवित्र मंच से अपने देशवासियों से प्रार्थना करता हूँ। आपने साठ साल शासक को दिए, साठ महीने एक सेवक को दीजिए। साठ महीने इस सेवक को देकर देखें। देश को शासक की नहीं, सेवक की जरूरत है। लोकतंत्र की माँग यही है कि देश की सेवा करने का हर किसी को अवसर मिले।

आज जब हम आनेवाले भविष्य का एक खाका खींच रहे हैं, तब देश के सामने महँगाई एक सबसे बड़ी समस्या है। गरीब के घर में चूल्हा नहीं जलता है। माँ-बच्चे रात-रात भर रोते हैं। आँसू पी के सोते हैं। क्या महँगाई को रोका नहीं जा सकता है? क्या कोई उपाय नहीं है, आज देश की स्थिति क्या है? हमारे पास कोई रीयल टाईम डाटा ही नहीं होता है। खेती का सीजन आया। कितनी फसल कहाँ बोई जा रही है? इसका कोई रीयल टाईम डाटा नहीं। कौन सा अन्न, कौन सी चीज की कितनी पैदावार हुई, इसका रीयल टाईम डाटा नहीं है? किस वर्ष कितनी फसल पैदा हुई है, हमारी आवश्यकता कितनी है, आवश्यकता का भी रीयल टाईम डाटा होना चाहिए। हम उसके आधार पर तय कर सकते हैं कि अगर देश की आवश्यकता इतनी है और इतनी फसल पैदा हुई है, तो समय रहते क्या आयात करना, क्या निर्यात करना, उसका फैसला कर सकते हैं। पर आज क्या हो रहा है। तरफ देश में जिस चीज की जरूरत हो, उसी को दूसरे रास्ते से निर्यात कर दिया जाता है। देश भूखा रहता है, और फिर उसी चीज को आयात किया जाता है। पता नहीं यह कैसा और कौन सा कारोबार है। इसलिए हमारा आग्रह है कि सामान्य व्यक्ति को महँगाई का अभिशाप न झेलना पड़े। किसानों का एक्सप्लॉएटेशन न हो। इसके लिए एक देश में 'प्राइस स्टेबिलाइजेशन फंड' की रचना होनी चाहिए देश में। और प्राइस स्टेबिलाइजेशन फंड के द्वारा हस्तक्षेप करके गरीब की थाली को हमेशा सलामत रखा जाए। इसकी चिंता की जाए। समय की माँग है कि देश में नेशनल एग्रीकल्चर मार्केट भी खड़ा किया जाए। समय सीमा के अंदर काला बाजारियों को सजा देकर हिंदुस्तान के अंदर इस प्रकार की प्रवृत्तियों को रोका जाय। अगर

हम इस प्रकार से एक के बाद एक कदम उठाएँ तो किसान और देश दोनों का हित होगा।

अगर अटलजी की सरकार महँगाई रोक सकती है। अगर मोरारजीभाई देसाई की सरकार महँगाई रोक सकती है, तो 2014 में भाजपा की सरकार भी महँगाई रोक सकती है, यह मैं आपको विश्वास दिलाता हूँ।

जिस देश के पास इतना बड़ा युवाधन हो, लेकिन वह रोजगार के लिए तड़पता हो, इसके लिए भाइयो-बहनो, हमें 'सेंटर फोर एक्सलेंस' पर बल देने की आवश्यकता है। हमें 'स्किल डेवलपमेंट' पर बल देने की आवश्यकता है। स्किल डेवलपमेंट का फीडबेक कैसे किया जाए। अगर यहाँ केमिकल की फैक्टरी लग रही है, तो केमिकल की फैक्टरी में काम करनेवाले का स्किल डेवलपमेंट कैसे हो? यहाँ पर ऑटोमोबाइल इंडस्ट्री लग रही है, तो ऑटोमोबाइल इंडस्ट्री लगने से पहले उसके अनुकूल स्किल डेवलपमेंट वाले नौजवान कैसे तैयार हों, अगर इसको हम ढंग से करें, तो हम बेरोजगारी के खिलाफ लड़ाई अच्छी तरह से लड़ सकते हैं। भाइयो-बहनो, हमारे पास ह्यूमन रिसोर्स की कोई प्लानिंग नहीं है। देश में आज अगर पूछा जाए कि बताइए, ट्वेंटी-ट्वेंटी में विज्ञान के कितने टीचरों की जरूरत पड़ेंगी? देश नहीं बता पा रहा है। 2020 में कितनी नर्सों की जरूरत पड़ेगी? देश बता नहीं पा रहा है, मित्रो! अगर हम ह्यूमन पावर स्टेशन की अभी से प्लानिंग करें, और उसके अनुसार हम डेवलपमेंट करें, तो जैसे ही वह व्यक्ति तैयार होगा, उसको रोजगार जरूर मिल जाएगा। हिंदुस्तान का युवाधन हिंदुस्तान की शक्ति है। उसके हाथ में हुनर रहना चाहिए। उसे कार्य का अवसर देना चाहिए। भारत की ग्रोथ को आगे बढ़ाने के लिए इससे बड़ी कोई पूँजी हमारे पास हो नहीं सकती है। हम उसको आगे बढ़ाना चाहते हैं।

आदरणीय आडवाणीजी ने काले धन के खिलाफ एक बहुत बड़ी जंग छेड़ी है। भारतीय जनता पार्टी के एक कार्यकर्ता का कमिटमेंट है कि आडवाणीजी ने जो सपना सँजोया है, इसे हम पूरा करके छोड़ेंगे। जो भी कानूनी व्यवस्था करनी पड़ेगी, वह की जाएगी। उसके विषय के ज्ञाताओं का टास्क फोर्स बनाने की आवश्यकता होगी तो वह भी बनाएँगे। लेकिन दुनिया के देशों में हिंदुस्तान से लूटा गया जो धन रखा गया है, उसकी एक-एक पाई देश में लाई जाएगी और वह गरीब दूर करने तथा जनता की भलाई के काम लगाई जाएगी।

आज ग्लोबलाइजेशन का जमाना है। ऐसे में हम अकेले एक देश के नाते काम नहीं कर सकते। हमको विश्व की स्पर्धा में अपने आपको टिकाना होगा, अपने आपको आगे बढ़ाना होगा। अगर विश्व के सामने हमें अपने को आगे बढ़ाना है, टिकाना है, तो जैसे गुड गुवर्नेंस का महत्त्व है, वैसे ही ह्यूमन रिसोर्स का महत्त्व है, और वैसे ही, इंफ्रास्ट्रक्चर का महत्त्व है। अब भारत को देर नहीं करनी चाहिए। नेक्स्ट जनरेशन इंफ्रास्ट्रक्चर पर बल देना होगा। रोड हो, रास्ते हो, रेल हो, आनेवाले दिनों में वोटर ग्रिड कैसे हो, नदियों को जोड़ने का काम कैसे हो, एग्रो इंफ्रास्ट्रक्चर पर कैसे बल दिया जाए। गैस ग्रिड कैसे हो, अगर गैस

ग्रिड हो जाए, तो सिलेंडर के झगड़े बंद हो जाएँगे। ऑप्टिकल फाइबर नेटवर्क क्यों न हो? पूरा देश ऑप्टिकल फाइबर नेटवर्क से क्यों न जोड़ा जाए? हिंदुस्तान का इतना बड़ा समुद्री तट है, वहाँ पर इंफ्रास्ट्रक्चर की नई सुविधा खड़ी करके विश्व व्यापार में हम अपनी जगह क्यों न बनाएँ ? हमारे पास इतनी बड़ी रेलवे है। देश में रेलवे पर ध्यान नहीं दिया गया है। देखिए आप, जापान में जो बदलाव आया, क्यों आया? जापान में बुलेट ट्रेन का कॉन्सेप्ट आया और पूरे देश को खड़ा कर दिया। चीन ने भी उसका अनुसरण किया, हमारे पास इतनी बड़ी लंबी रेल लाइन है। लेकिन उसकी आधुनिकता पर नहीं सोचा जा रहा है। रेलवे की अपनी चार यूनिवर्सिटी क्यों न हों देश में, जहाँ पर रेलवे को जैसी मैनपावर चाहिए, वैसी मैनपावर मिले। रेलवे को आधुनिक बनाने में जो रिसर्च होना चाहिए, इनोवेशन होना चाहिए, उसकी अपनी यूनिवर्सिटी देश में क्यों न हो? यह सोचने का सवाल है। विचार करे कोई, समय लगाए, देखें। आप कल्पना नहीं कर सकते। रेलवे हिंदुस्तान की कितनी बड़ी ताकत बन सकता है? आज रेलवे का जो नेटवर्क है, उसी को आधुनिक बनाया जाए, तो हम हिंदुस्तान की विकास-यात्रा को एक नई गति दे सकते हैं। वाजपेयीजी ने स्वर्णिम चतुर्भुज का निर्माण किया था, उस स्वर्णिम चतुर्भुज ने देश को दुनिया के अंदर एक जगह दे दी थी।

समय की माँग है कि आठ-नौ साल के बाद भारत की आजादी के 75 वर्ष पूरे होंगे। डायमंड जुबिली का समय आएगा। क्या समय की माँग नहीं है कि अटलजी की सोच को हम और एक नया रंग-रूप देकर बुलेट ट्रेन का डायमंड मॉडल तैयार करें। और देश 75 साल पर डायमंड जुबिली मनाए, तब तक हम देश को बुलेट ट्रेन से कम-से-कम चार दिशाओं में जाने का काम पूरा कर दें। आप देखिए, दुनिया हिंदुस्तान को नए सिरे से देखने लगेगी।

आज हम विश्व में अलग-अलग हिंदुस्तान के बारे में सोच नहीं सकते। हमारे साथ हमारे देश में गुनहगार कौन है, कौन नहीं है, मैं इसकी चर्चा नहीं कर रहा हूँ। लेकिन एक समाज के नाते, एक सभ्य समाज के नाते, एक सुशिक्षित संस्कारी समाज के नाते, आज हमारी माताओं, बहनों के साथ जो हो रहा है, उससे दुनिया में हम मुँह दिखाने लायक नहीं हैं। यह हम सब का दायित्व बनता है, नारी सम्मान का। नारी सुरक्षा का, डिग्निटी ऑफ वीमेन, हमारा सामाजिक दायित्व बनना चाहिए। उस माहौल को हमें बनाना होगा। कानून के साथ-साथ समाज जीवन की इस व्यवस्था को खड़ा करने के लिए हमें प्रयास करना होगा। हमने एक मिशन मॉडल पर, 'बेटी बचाओ, बेटी पढ़ाओ', मिशन मोड पर आगे बढ़ना है, इक्कीसवीं सदी में बेटी को माँ के गर्भ में, मार दिया जाय, भाइयो-बहनो, इससे बड़ा कोई कलंक नहीं हो सकता। लाखों बेटियाँ माँ के गर्भ में मारी जा रही हैं। यह हम सब का दायित्व है, 'बेटी बचाओ, बेटी पढ़ाओ', इस मिशन को लेकर हम कैसे आगे बढ़ें। हमें नारी जाति के प्रति दृष्टिकोण भी बदलना होगा। हमारी नारी, जिसको हमने होम मेकर के

रूप में देखा है, समय की माँग है कि हम देश की नारी को 'नेशन बिल्डर' के रूप में देखें। अगर हम उसको नेशन बिल्डर के रूप में देखेंगे, तो हमारी सोच बदलेगी और हम विश्व के सामने एक नई शक्ति के रूप में उभर सकते हैं।

हमारे देश का दुर्भाग्य रहा कि जिस समय हमने अर्बनाइजेशन को एक अपॉर्च्युनिटी मानना चाहिए था, हमनें अर्बनाइजेशन को चैलेंज मान लिया, एक संकट मान लिया। हमारी सारी मुसीबतों का कारण यह गलत थिंकिंग ही रही है। अर्बनाइजेशन को एक अवसर मानना चाहिए। विकास के अंदर उसके महत्त्व को स्वीकार करना चाहिए। नीतियों का निर्धारण उस रूप में करना चाहिए, क्यों न हमारे देश में सौ नए शहर बनें। आधुनिक शहर बनें। वर्ड टु वर्ड कॉन्सेप्ट के रूप में बनें। नॉलेज सिटी बनें। आवश्यकतानुसार कहीं हेल्थ सिटी बनें, कहीं स्पोर्ट्स सिटी बनें, एक स्पेशियलाइज सिटी क्यों न बने? अगर हम चाहें तो आज सौ नए शहरों का सपना देश की आवश्यकता के लिए देख सकते हैं। सौ नए शहर, सिटी की जैसी जरूरत है, वैसे दो शहर, जो पास-पास है, उसके लिए, ट्विन सिटी का कॉन्सेप्ट विकसित करना चाहिए। उसमें हमें विकास का नया मॉडल मिल सकता है। उसी प्रकार से बड़े शहरों के आसपास, सेटैलाइट सिटी, का पूरी तरह से जाल बनाना चाहिए। इसे एक अवसर के रूप में लें। सारा काम शुरू होगा, कितना सीमेंट चाहिए, कितना लोहा चाहिए, सीमेंट के कितने कारखाने चाहिए, कितने अन्य कारखाने चाहिए, कितने नौजवान चाहिए, कितनों को रोजगार मिलेगा। आप अंदाज लगा सकते हैं। देश की जीडीपी की अगर चिंता हो रही है, उसका जवाब इसमें से मिल सकता है।

क्या आजादी के साठ साल के बाद गरीब के पास घर नहीं होना चाहिए? छत के बिना जिंदगी गुजारने के लिए उसको क्यों मजबूर होना पड़े? क्यों न हम करोड़ों-करोड़ों मकान बनाने का सपना लेकर और राज्यों को उसमें जोड़कर, मिशन मोड पर हर राज्य उसमें जुड़ जाए, केंद्र और राज्य मिलकर करें, गरीब-से-गरीब व्यक्ति का घर हो, इस दिशा में आगे बढ़ें। भाइयो-बहनो, जल, जमीन, जंगल, कृषि, पशु, इसके बिना देश नहीं चल सकता। हमारी कृषि आधुनिक बने, प्रोडक्टिविटी बढ़े, पर ड्रॉप मोर क्रोप, इस कॉन्सेप्ट को हम साकार करें। एक-एक बूँद पानी से फसल कैसे पैदा हो। डीप इरिगेशन हो, स्प्रिंग इरिगेशन हो, आधुनिक विज्ञान को कैसे स्वीकार करें। नीतियों को कैसे प्रोत्साहन दिया जाए। भारत के लिए आवश्यक, फसल के बेस्ट डेवलपमेंट के लिए, एक मिशन मोड पर अगर काम करें, एग्री इंफ्रास्ट्रक्चर पर विशेष रूप से ध्यान देने की आवश्यकता है।

एग्रो इंफ्रास्ट्रक्चर के साथ-साथ नदियों को जोड़ने का संकल्प जो अटलजी ने दिया है, अटलजी के उस सपने को साकार करने के लिए नदियों को जोड़ने के काम को हमें आगे करना पड़ेगा। गुजरात में अमूल डेरी इतने सालों से चल रही है। क्या हिंदुस्तान के बड़े राज्यों में 'श्वेत क्रांति' नहीं हो सकती है? क्या वहाँ का हमारा किसान दूध उत्पादन

करके उस राज्य की दूध की आवश्यक्ता की पूर्ति कर सके, इतना ताकतवर नहीं बन सकता है? हमें उस दिशा में आगे करके देखना होगा। तब हमारे किसान को कभी मुसीबत झेलनी नहीं पड़ेगी। इसलिए मैं कहता हूँ, अगर हमें कृषि विकास करना है तो वन थर्ड एग्रीकल्चर, वन थर्ड एनिमल हसबेंडरी, ऐंड वन थर्ड ट्री प्लांटेशन होना चाहिए। देश का दुर्भाग्य देखिए, हमारे यहाँ जमीन को नापा नहीं गया है, आज सेटैलाइट टेक्नोलॉजी के माध्यम से तत्काल, किसानों की जमीन कितनी है, साइज क्या है? उसका पूरा लेखा-जोखा उसको देना चाहिए। आज वह अपनी बाड़ लगाने के लिए जमीन बेकार करता है, फिर वह नहीं करेगा। फिर वह किनारे पेड़ लगाएगा। आज हमें टिंबर आयात करना पड़ता है, तब हम टिंबर आयात करने से बच जाएँगे। हमने टिंबर आयात करने से बचना है तो और हमारे किसान को ताकतवर बनाना है तो हमें इस बात को बल देते हुए आगे बढ़ने की दिशा में काम करना होगा। और मुझे विश्वास है कि हम अगर इन बातों को करते हैं तो हम परिस्थितियों को पलट सकते हैं।

उसी प्रकार से बिजली है। कैसा देश है? बीस हजार मेगावॉट बिजली के कारखाने बंद पड़े हैं। ईंधन नहीं है। कोयले की खदानें बंद पड़ी हैं। क्या हम सपना नहीं देख सकते पावर ऑन डिमांड। अगर राज्य इनिशिएटिव ले, केंद्र मदद करे, तो 24 घंटे बिजली हर घर में पहुँचाई जा सकती है। सामान्य व्यक्ति के जीवन में बदलाव लाया जा सकता है।

21वीं सदी में दुनिया के सामने भारत का सिर ऊँचा रखना है तो शिक्षा में कोई कॉम्प्रोमाइज नहीं होना चाहिए। अपने शिक्षा क्षेत्र पर हमें और अधिक बल देने की आवश्यकता है, उसके साथ-साथ हिंदुस्तान के हर राज्य में आईआईएम क्यों न हो? हिंदुस्तान के हर राज्य में आईआईटी क्यों न हो? हिंदुस्तान के हर राज्य में एम्स क्यों न हो? हमारा सपना है—हर राज्य में आईआईएम हो, आईआईटी हो, एम्स हो। शिक्षा को एक नई ऊँचाई पर ले जाने की दिशा में हमारा प्रयास हो; हम उसको और आगे बढ़ाना चाहते हैं। आज अगर गरीब के घर में बीमारी आ जाए, मध्यम वर्ग के परिवार में बीमारी आ जाए, तो उसकी पूरी आर्थिक स्थिति डगमगा जाती है। वह तबाह हो जाता है, इसलिए अब हमें एप्रोच को बदलने की आवश्यकता है। जैसे शिक्षा में टीचिंग एप्रोच को छोड़कर लर्निंग एप्रोच पर जाने की आवश्यकता है। उसी प्रकार से हेल्थ के सेक्टर में हम सिकनेस को एड्रेस करते हैं। आवश्यकता है कि अपनी वेलनेस को एड्रेस करें। हम बीमारी की चिंता करते हैं। स्वास्थ्य की चिंता कम करते हैं, इसलिए प्रिवेंटिव हेल्थकेयर, पैरामेडिकल फोर्सेस, इन सारी शक्तियों को कैसे जोड़ा जाए। हेल्थ इंश्योरेंस की बातें बहुत हुई हैं। इक्कीसवीं सदी में हमें गारंटी देनी होगी। हेल्थ इंश्योरेंस पर अटकना नहीं है। हेल्थ इंश्योरेंस का वादा करना होगा।

क्या गरीबी के खिलाफ लड़ाई नहीं लड़ी जा सकती? क्या गरीबी सिर्फ नारों का विषय बन जाएगी? मैं विश्वास के साथ कहता हूँ—हमारी आर्थिक योजना द्वारा, जन भागीदारी

के द्वारा, स्मॉल स्केल, कॉटेज इंडस्ट्री—इन सारी प्रवृत्तियों को जोड़कर हम गरीबी के खिलाफ लड़ाई लड़ सकते हैं। गरीबी के खिलाफ लड़ाई लड़ने के लिए गरीबों का सशक्तीकरण होना चाहिए—यानी एम्पावरमेंट ऑफ पुअर्स। उनको गरीबी से बाहर आना है। हमें उन्हें अवसर देना चाहिए। और जहाँ-जहाँ हमने अवसर दिया हैं, हमें अच्छे परिणाम मिले हैं। उसे हमें आगे बढ़ाना है।

इसके उपरांत एक और महत्त्वपूर्ण बात है। मैंने कहा कि दुनिया के सामने जब ताकत से खड़ा रहना है, तो हमारे भारत की ब्रांडिंग भी होनी चाहिए। हम जानते हैं, बहुत साल पहले हम लोग कोई भी चीज खरीदते थे तो उस पर लिखा होता 'मेड इन जापान', तो हम तुरंत उस चीज को ले लेते थे। क्या यह समय की आवश्यकता नहीं है कि हम ब्रांड इंडिया पर बल दें। जब मैं ब्रांड इंडिया की बात करता हूँ, तब मैं फाईव टी की बात करता हूँ—टेलेंट, ट्रैडीशन, टूरिज्म, ट्रेड, टेक्नोलॉजी। ये पाँच टी ऐसे हैं, जिनके भरोसे हम ब्रांड इंडिया को लेकर विश्व को एक बाजार बनाने की ताकत खड़ी कर सकते हैं। भारत उत्पादन करे, दुनिया उसकी खरीद करे, लेकिन इसके लिए हमें टेक्नोलॉजी को अपग्रेड करना होगा। अपने टेलेंट का भरपूर उपयोग करना होगा। अपनी ट्रेडीशंस से दुनिया को परिचित कराना होगा। टूरिज्म में बहुत ताकत होती है। 'टेररिज्म डिवाइड्स—टूरिज्म यूनाइट्स।' टेररिज्म तोड़ता है, टूरिज्म जोड़ता है। टेक्नोलॉजी और ट्रेड जैसी परंपराओं को हम आगे लेकर चलें। इन दिनों एक नई शब्दावली हमारे सामने आई है। कुछ लोग कह रहे हैं आइडिया ऑफ इंडिया। हिंदुस्तान के सवा सौ करोड़ देशवासियों का आइडिया ऑफ इंडिया हो सकता है। यह किसी की जागीर नहीं हो सकती। आपका हो सकता है, इनका भी हो सकता है। सब लोगों का भी हो सकता है। मेरा भी हो सकता है। इसलिए आइडिया ऑफ इंडिया को कहीं बाँधा नहीं जा सकता हैं। मैं माई आइडिया ऑफ इंडिया की बात आप सबके सामने प्रस्तुत करना चाहता हूँ। माई आइडिया ऑफ इंडिया—सत्यमेव जयते, माई आइडिया ऑफ इंडिया—वसुधैव कुटुंबकम, माई आइडिया ऑफ इंडिया—सर्व पंथ संभाव, माई आइडिया ऑफ इंडिया—एकम् सद् विप्राः बहुधा वदंति, माई आइडिया ऑफ इंडिया—न तम हमे राजम, नो मोक्षम न पुनर्भवम, माई आइडिया ऑफ इंडिया—जननी जन्मभूमिश्च स्वर्गादपि गरीयसी, माई आइडिया ऑफ इंडिया—पौधे में भी परमात्मा होता है, माई आइडिया ऑफ इंडिया—वैष्णव जन तो तेणे कहिए, जे पीर पराई जाणे रे, माई आइडिया ऑफ इंडिया—वाच्छ काच्छ मन निश्चल राखें, पर धन नव झाले हाथ रे, माई आइडिया ऑफ इंडिया—यत्र नार्यस्तु पूज्यन्ते रमन्ते तत्र देवताः, माई आइडिया ऑफ इंडिया—नारी तू नारायणी, माई आइडिया ऑफ इंडिया—दरिद्र नारायण की सेवा, माई आइडिया ऑफ इंडिया—नर करनी करे तो नारायण हो जाए।

माई आइडिया ऑफ इंडिया की जब मैं बात कर रहा हूँ, तब और जब हम 2014

के चुनाव में जा रहे हैं तब, आप सब मेरे साथ नारा बुलवाएँगे? दो मुट्ठी बंद कर पूरी ताकत से बोलेंगे? मैं बोलूँगा उसके बाद आपको बोलना है, वोट फोर इंडिया, मैं बोलूँ उसके बाद आपको बोलना है, पूरे हाथ ऊपर करके बोलेंगे, वंशवाद से मुक्ति के लिए—वोट फोर इंडिया, भाई-भतीजेवाद से मुक्ति के लिए—वोट फोर इंडिया, भ्रष्टाचार से मुक्ति के लिए—वोट फोर इंडिया, महँगाई से मुक्ति के लिए—वोट फोर इंडिया, कुशासन से मुक्ति के लिए—वोट फोर इंडिया, देश की रक्षा के लिए—वोट फोर इंडिया, जन-जन की सुरक्षा के लिए—वोट फोर इंडिया, रहने को घर के लिए—वोट फोर इंडिया, खाने को अन्न के लिए—वोट फोर इंडिया, बीमार की दवाई के लिए—वोट फोर इंडिया, दरिद्रनारायण की भलाई के लिए—वोट फोर इंडिया, शिक्षा में सुधार के लिए—वोट फोर इंडिया, युवाओं को रोजगार के लिए—वोट फोर इंडिया, नारी के सम्मान के लिए—वोट फोर इंडिया, प्रगतिशील भारत के लिए—वोट फोर इंडिया, भारत की एकता के लिए—वोट फोर इंडिया, एक भारत, श्रेष्ठ भारत के लिए—वोट फोर इंडिया, सुराज्य की राजनीति के लिए—वोट फोर इंडिया, सुशासन की राजनीति के लिए—वोट फोर इंडिया, विकास की राजनीति के लिए—वोट फोर इंडिया।

आज हम अपने इलाके में जा रहे हैं तो विजय का व्रत लेकर जाएँ। हम विजयव्रती बनें, हमारे हर साथी को विजयव्रती बनाएँ, और यह बात याद रखें, कि चुनाव की विजय का गर्भाधान पोलिंग बूथ में होता है; पोलिंग बूथ विजय की जननी होती है, और जो जननी होती है, उसकी हिफाजत करना हमारा दायित्व होता है। इसलिए पोलिंग बूथ की हिफाजत हो, पोलिंग बूथ की चिंता हो, पोलिंग बूथ जीतने का संकल्प हो, इस संकल्प को लेकर आगे बढ़ें, और भारत दिव्य बने। भारत भव्य बने, इस सपने को साकार करने के लिए, हम देशवासियों की शक्ति को साथ मिलकर के वोट में परिवर्तित करें।

इसी एक अपेक्षा के साथ मैं राष्ट्रीय नेतृत्व का बहुत आभारी हूँ। मुझ जैसे एक सामान्य व्यक्ति को यह काम दिया है। इसलिए जब एक चायवाला चुनाव लड़ता है। आप देश से कहेंगे, मोदीजी एक ऐसे इनसान हैं, जिसके पास अपना कुछ नहीं है। और आप कहेंगे तो दस करोड़ परिवारों से धन जरूर मिलेगा। गरीब से गरीब व्यक्ति भी इस बार भाजपा को धन देने के लिए आगे आएगा। हम तय करें हिंदुस्तान के सामान्य नागरिक के धन से चुनाव लड़ेंगे। अभी हमारे केरल के कार्यकर्ताओं ने करके दिखाया। 2012 के गुजरात चुनाव में, गुजरात के कार्यकर्ताओं ने घर-घर जाकर पाँच रुपया, दस रुपया, सौ रुपया इकट्ठा करके चुनाव लड़ा। तीन-तीन बार सरकार, एक प्रकार से गुजरात में सात बार से सरकार है। लेकिन मुझे चार बार से अवसर मिला है। कार्यकर्ताओं ने लोगों से पैसे लेकर धन-संग्रह करके चुनाव लड़ा। हमें इस परंपरा को आगे बढ़ाना है। इसको निभाना है। और जब एक गरीब माँ का बेटा, एक चायवाला मैदान में हो, तब देश हमारा भंडार भर देगा, यह मेरा विश्वास है।

□

नरेंद्र मोदी से साक्षात्कार

अपनी जन्मभूमि के बारे में कुछ बताएँगे?

महेसाणा जिले में वडनगर का मैं निवासी हूँ। वडनगर का वह प्रदेश आनर्त प्रदेश और इससे पहले हाटकेश क्षेत्र के रूप में जाना जाता था। वडनगर एक समय राजधानी थी। इस का पुराना नाम आनर्तपुर था। महान् संगीतकार के रूप में प्रसिद्ध ताना और रीरी नाम की दो बहनें इस गाँव की निवासी और अकबर की समकालीन थीं। कथा है कि तानसेन ने जब दीपक राग गाया, तब उनके पूरे शरीर में जलन मच गई थी। जलन की शांति के लिए कोई मल्हार राग गा सके, ऐसे किसी व्यक्ति की जरूरत थी। अकबर बादशाह ने तब अपने सैनिकों को जल्दी ही वडनगर भेजा। दोनों बहनों ने कहला दिया कि हम किसी के दरबार में गातो नहीं हैं। यह मिजाज है मेरे गाँव का। पता है, यह मिजाज मुझे विरासत में मिला है। ताना-रीरी ने वहाँ जाकर गाने से इनकार किया और कहा जाता है कि तानसेन को खुद वडनगर आना पड़ा।

हाईस्कूल में आपकी पढ़ाई कैसी रही?

मैं जब स्कूल में था, तब शिक्षक मेरे होमवर्क को नहीं, लेकिन मेरी खूबी और खामी तलाशते थे। वे सदैव मेरा ध्यान रखते थे। मेरी त्रुटिओं के निवारण के लिए वे मुझे जो भी मार्गदर्शन या सीख देते, वह मुझे आज भी याद है। मैं स्कूल में शरीर से नहीं, लेकिन मन से हाजिर रहने का प्रयास करता। उसके कारण आज भी मुझे वह दिन बराबर याद है। हम जब स्कूल में होते हैं, तब वाकई स्कूल में होते हैं? यानी हम शरीर से तो स्कूल में होते हैं, लेकिन मन से कहीं और होते हैं। सच में स्कूल में मन से हाजिर होना बहुत जरूरी है। शिक्षा केवल पाठ्य-पुस्तक की मर्यादा में ही रहकर ली जाती है, ऐसा नहीं है। शिक्षा प्रकृति या किसी और से भी मिल सकती है, शिक्षा एक निरंतर प्रक्रिया है।

मेरे मार्क्स अच्छे आते। पिताजी को लगता कि मैं होशियार हूँ, इसीलिए उनकी ख्वाहिश थी कि मैं विश्वविद्यालय विज्ञान से में आगे पढ़ाई करूँ। मेरे पिताजी के एक मित्र, वेलजीभाई चौधरी हमारे स्कूल के शिक्षक थे। वे ऐसा मानते कि मुझ में साहित्य की अच्छी सूझ है।

वे पिताजी को कहते, उसे साहित्य की ओर ले जाओ। उसकी ग्रहणशक्ति अच्छी है। हमारे गाँव में इंग्लिश भाषा कम लोग बोलते हैं, इंग्लिश माध्यम भी नहीं है, लेकिन वह इंग्लिश भाषा अच्छे से सीख सकता है। स्कूल के दौरान संघ की मेरी प्रवृत्ति भी जारी रही। स्कूल में काफी व्यस्त रहता। मुझे याद है कि हमारे स्कूल में कंपाउंड की दीवार न थी। सबने मिलकर एक चैरिटी शो किया। पैसे इकट्ठे किए और दीवार बनवाई। मेरा यह स्वभाव है। वह टीमवर्क था।

अपने अभ्यास के बारे में कुछ कहेंगे ?

मेरा जो जीवन शुरू हुआ, वह अलग किस्म का था। मैं पढ़ा नहीं। किसी कॉलेज में नहीं गया। सत्रह साल की उम्र में मैंने घर छोड़ा। लक्ष्मणरावजी ईनामदार का आग्रह था, भगवान् ने तुझे दिया है तो कुछ कर। उनकी प्रेरणा से एक्सटर्नल एग्जाम देकर एम.ए. हुआ। यों कहो कि परीक्षा पास की। एक अर्थ में मैं पढ़ा नहीं। किसी शिक्षक ने मुझे पढ़ाया नहीं। जब प्रचारक के रूप में काम शुरू किया, तब हेडगेवार भवन की सभी व्यवस्था करने के लिए मुझे रखा गया। वकील साहब के प्रति मेरी काफी श्रद्धा थी। मैंने उनसे ऐसा कहा था कि शुरू में आपके साथ रहने को मिले तो अच्छा रहेगा। मेरी ट्रेनिंग भी हो जाएगी। खैर, मुझे उन्होंने हेडगेवार भवन के कार्यालय की व्यवस्था सौंप दी।

छात्र-जीवन में आपने नाटक भी किए ? नाटकों में क्या बैकग्राउंड था ?

स्कूल में काफी नाटक किए। वडनगर छोटा गाँव था। हमारे गाँव में नाटक का काफी प्रभाव था। जब मैं पढ़ता था तब स्कूल के पच्चीस साल पूरे हुए थे। तब स्कूल की कंपाउंड दीवार न थी। कंपाउंड दीवार बने इसीलिए सब छात्रों ने तय किया कि चैरिटी शो करें। कंपाउंड दीवार का खर्च निकालेंगे। उसके लिए नाटक किया। 'पीला फूल', 'जोगीदास खुमान' ऐसे कई नाटक हमने किए। मैं नाटक लिखता भी था। भोगीलाल भोजक उस समय वडनगर में थे। 'नरसिंह मेहता' फिल्म के वे बड़े कलाकार थे। भोगीलाल नाट्यजगत् में थे। वे डायरेक्टर के रूप में हमारे यहाँ आए और उन्होंने हमें सिखाया।

किस उम्र में आप राष्ट्रीय स्वयंसेवक संघ के स्वयंसेवक बने ?

बचपन में। आजादी मिली, उसके काफी साल पहले से वडनगर में राष्ट्रीय स्वयंसेवक संघ सक्रिय था। मैं बचपन में संघ के संपर्क में आया। मुझे याद है जब हमारे गाँव में वकील साहब ने पहली बैठक ली थी, तब वे प्रांत प्रचारक थे। उनके जीवन पर मैंने पुस्तक भी लिखी है।

आपको बचपन से ही पुस्तक पढ़ने और लाइब्रेरी का शौक था ?

लगभग ग्यारह साल की उम्र से ही मुझे पढ़ने का बड़ा शौक था। संघ में होने वाली बातचीत में कई बार छत्रपति शिवाजी का नाम आता। उनके बारे में काफी सोचता। मेरे गाँव में मेरी ऐसी छवि थी कि मैं कहीं न मिलूँ तो लाइब्रेरी में छानबीन कर लें। वहाँ तो

मैं निश्चित रूप से मिलूँगा ही। हमारा गाँव छोटा था, लेकिन लाइब्रेरी अच्छी और बड़ी थी। किसी को मुझे ढूँढ़ना हो तो लाइब्रेरी आना पड़ता। मैंने राजगोपालाचारीजी के महाभारत और रामायण इंग्लिश में पढ़े थे। मेरे शिक्षक का आग्रह था कि मेरे विचारों के प्रति आस्था और भाषाओं का संयोग बना तो ऐसी किताबें मुझे काफी पसंद आएँगी। छत्रपति शिवाजी पर गुजराती में लिखी वामन मुकादम की एक किताब है। यह 600–700 पेज की किताब है। मुझे याद है कि उसे उठाने में भी मुझे तकलीफ होती थी। उतनी छोटी उम्र में उस किताब को घर लाया था। वह किताब मैंने दिल से पढ़ी थी। फिर मुझे विवेकानंद भी काफी पसंद आए थे। मुझे जब–जब मौका मिलता, मैं उनके बारे में पढ़ता। शुरू–शुरू में मुझे कहीं भी भाषण करना होता तो मैं उनके उद्धरण देने का प्रयास करता। किसी भी विषय पर उनकी उक्तियाँ कहीं से भी खोजकर ले आता। न जाने क्यों, बचपन से ही थोड़ी–बहुत समझ आई, तब मैं अपने आपको विवेकानंद के काफी नजदीक महसूस करने लगा। विवेकानंद के बारे में मुझे पहली बार राष्ट्रीय स्वयंसेवक संघ में ही जानकारी प्राप्त हुई शायद ये मेरे पूर्वजन्म के संस्कार भी हो सकते हैं।

बचपन में खेलकूद में रुचि थी ?

मेरा बैकग्राउंड ऐसा था कि मुझे यह सौभाग्य प्राप्त नहीं हुआ। पिताजी की वडनगर रेलस्टेशन के पास चाय की दुकान थी। घर की आर्थिक स्थिति अच्छी नहीं थी। मैं पढ़ता और रेल के डिब्बों में चाय बेचने भी जाता। उसमें जो पैसे मिलते, उससे परिवार की मदद भी करता। बचपन में काफी समय तक रेल के डिब्बों में चाय बेची, इसीलिए खेलकूद में रुचि कम रही। लेकिन सुबह पाँच बजे वक्त मिलता, तो योग में रुचि ली। सरल था स्विमिंग करना। स्विमिंग मेरे जीवन का हिस्सा था। किसी स्पर्धा या खेलकूद का यह हिस्सा नहीं था। गाँव के तालाब में घंटों स्विमिंग करता। तालाब के बीच में छोटा मंदिर था। वहाँ झंडा लहराने में मैं काफी रुचि लेता। स्विमिंग करके पहुँच जाता और झंडा लहराकर आ जाता। उसके अलावा खेलकूद में हिस्सा लेने का नसीब नहीं मिला। रुचि भी अब नहीं रही। अब तो यह सब असंभव हो गया है।

बचपन से ही आप में नेतृत्व का गुण था ?

हाँ, ऐसा कह सकते हैं। मुझे याद है, सन् 1962 में भारत–चीन युद्ध के दौरान सेना के जवान महेसाणा से गुजरते थे। वडनगर से महेसाणा का बस या ट्रेन का किराया आठ से बारह आना था। मैं महेसाणा स्टेशन पर पहुँच जाता और जवानों को चाय–बिस्किट देने में जुट जाता। 1962 का युद्ध मुझे इसी कारण याद है।

उसी तरह मैं जब आठवीं में था, तब देश के काफी क्षेत्र में बाढ़ आई था। तापी नदी में भी भयानक बाढ़ आई थी। उस वक्त बाढ़ पीड़ितों की मदद करने के लिए, अपने साथ पढ़नेवाले एक मित्र को लेकर गाँव में जन्माष्टमी के मेले में पहुँच गया। हमारे पिताजी हमें

मेले में खर्च करने के लिए एक-एक रुपया देते। उस एक-एक रुपए से हमने मेले में चाय का स्टॉल लगाया। हमें जितने पैसे मिले, वे हमने पीड़ितों की मदद के लिए भेजे। बचपन से ही मुझे ऐसा करना अच्छा लगता।

मदद करने का यह कोई वंश-परंपरागत लक्षण था या स्वाभाविक तौर पर आप में नेतृत्व के गुण थे?

समाजसेवा का अंश मेरे परिवार में अवश्य था। मेरी माँ का स्वभाव सेवाभावी है। वे थोड़ी वैद्यकी जानती थीं। इसीलिए बच्चों को अलग किस्म की दवाएँ दी जातीं, जो सूर्योदय से पहले लेनी पड़ती। सुबह पाँच बजे से हमारे यहाँ बच्चों की कतारें लग जातीं। माँ को तकरीबन पचास किस्म की दवाओं की जानकारी थी। हमारे घर का ऐसा ही वातावरण था। मेरी माँ अनपढ़ थी, लेकिन उनमें यह दैवी शक्ति थी। हम भी सुबह जल्दी उठकर उनकी मदद में लग जाते। बच्चों को व्यवस्थित रूप से बिठाना, जिस तरह की भी मदद की जरूरत हो हम करते। मेरे परिवार के सभी सदस्यों में यह भाव है। लीडरशिप के लिए आज की व्याख्या के अनुसार आज मैं शायद लीडर नहीं हूँ। लेकिन इतना कह सकते हैं कि 'I was a person who took initiative' मैं पहल करने वाला व्यक्ति हूँ।

आपने जब घर छोड़ा तो क्या उम्र थी?

तकरीबन 16 या 17 साल की। स्कूल की पढ़ाई करके तुरंत ही घर से निकल पड़ा। हाईस्कूल की परीक्षा के बाद शाम को अपने माता-पिता से कहा, 'मैं जा रहा हूँ और मुझे पता नहीं कब वापस लौटूँगा।'

आपने घर क्यों छोड़ा?

मुझे सबसे पहले तो यह समझना था कि यह दुनिया क्या है? दो साल हिमालय में निकाले। तब मेरे जीवन में परिवर्तन आकार ले रहा था। मैं अलग-अलग जगह पर जाता, घूमता था। मैं कोलकाता गया। बेलूर मठ में थोड़ा वक्त निकाला। बचपन की एक घटना याद आती है। मेरे मन में लगता है, जो भी घटना बनती है वो कहीं-न-कहीं एक साथ बनती रहती है। वैसे भले ही प्रसंग छूटे-छुटाए लगते हैं, लेकिन उसका कोई-न-कोई कनेक्शन तो होता ही है। मैं पाँचवीं कक्षा में था, तब गुजरात की बालाछड़ी में प्रवेश के लिए मैंने खुद पत्र-व्यवहार किया था। देशसेवा के लिए सेना में जाना मैं जरूरी समझता था। लेकिन पिताजी ने उस वक्त मना किया था। कहा, 'भाई, यह तेरा काम नहीं है, तू मत जा।' तब से मेरे मन में यह बात बैठी थी, मुझे कुछ करना है। मुझे ऐसा लगा कि यदि वह रास्ता मेरा नहीं है तो कोई अन्य रास्ता निकालना होगा। यह रास्ता ही मेरे लिए सही था, इसीलिए मैं घर छोड़कर निकल पड़ा। किसी चीज की तलाश में, जानकारी के लिए भटकता रहा। किसी निश्चित व्यक्ति से नहीं मिला था। भीतर कुछ खोजा करता। लेकिन संतोष न मिलता। आध्यात्मिक व्यक्तियों से मिला, उनके साथ चर्चा की। मेरी उम्र के हिसाब से

कोई मुझे गंभीरता से लेता नहीं था। काफी बच्चे घर छोड़कर निकल जाते हैं। मैं भी वैसा ही था, ऐसा उन्हें लगता था। किसी को लगता कि मैं भगोड़ा हूँ। मुझे काफी लोग घर वापस जाने के लिए समझाते और कहते, 'तुझे कौन खिलाएगा, कौन रखेगा?' तरह-तरह के ऐसे अनुभव होते। फिर मुझे नर्मदा की परिक्रमा करने की इच्छा हुई। यह 14 मास की परिक्रमा होती है। पदयात्रा करनी होती है, लेकिन मैं नहीं कर सका। मेरे मन की वह ख्वाहिश अधूरी रह गई।

उसके बाद मैं गुजरात में घूमने लगा। वकील साहब और संघ के संपर्क में फिर आया। घूमता-घूमता कहीं संघ की शाखा लगी देखता तो चला जाता। संघ के अधिकारियों से मिलता। पूजनीय गुरुजी से भी मिला। घूमता-घूमता एक बार अमदाबाद के संघ कार्यालय में आया। वकील साहब ने कहा, 'भाई, तुझमें बहुत ऊर्जा है। उसका उपयोग कर, यहीं पर रह जा।' उनका मुझ पर बड़ा प्रभाव था। बस, उस दिन से अहमदाबाद में संघ के प्रांत कार्यालय डॉ. हेडगेवार भवन में रह गया।

मैं संघ कार्यालय हेडगेवार भवन में रहकर संघ कार्य करता। दैनंदिन शाखा चलाने का बहुत अनुभव नहीं था, फिर भी मैं 'प्रचारक' बना। संघ प्रचारक यानी जो अपना पूरा जीवन समाजसेवा और राष्ट्रसेवा के लिए समर्पित कर दे। घर-बार, आजीविका छोड़कर जो पूरा समय संघ का काम करता है। एक अर्थ में वह संन्यासी जैसा जीवन जीता है। संघ शिक्षा वर्ग पूरा किए बिना या शाखा चलाने के अनुभव के बिना प्रचारक बनना अपवाद होता है। उस समय मेरी उम्र तकरीबन बीस साल की थी। इस दौरान काफी लोगों से मिला। उसमें से दो व्यक्तियों के काफी नजदीक आया। जिनमें एक थे एकनाथजी रानाडे। कन्याकुमारी के समुद्र के बीच में जो शिला है, उस पर बैठकर स्वामी विवेकानंद ने जिस तरह तीन दिन ध्यान धर, भारतमाता की भव्यता देखी थी, उस शिला पर विवेकानंद शिलास्मारक का निर्माण किया। दूसरे मजदूर संघ की स्थापना करनेवाले दत्तोपंत ठेंगडी। इन दोनों से मेरा आध्यात्मिक संबंध, यों कहो कि बौद्धिक संबंध रहा। उन दोनों में भी मेरे प्रति बहुत आत्मीयता थी। इन दोनों व्यक्तियों से मुझे जो भी बात कहनी होती, वो मैं कह सकता था।

एक बार एकनाथजी ने इच्छा जाहिर की थी कि उनके पास रहकर मैं विवेकानंद केंद्र सँभालूँ। दूसरी और दत्तोपंतजी भी ऐसा मानते थे कि मैं उनके पास रहकर उनके कार्य में सहायता करूँ। लेकिन मैंने प्रचारक के रूप में संघकार्य जारी रखा। उस वक्त मुझे पढ़ाई का, अभ्यास का, जो भी मिले, उसके साथ चर्चा करके जानने का, अधिकारियों को समझने का लाभ मिला। एक दिन वकील साहब ने मुझसे कहा, 'नरेंद्र, भगवान् ने आपको इतना सब दिया है, तो आगे पढ़ो।' मैंने कहा, 'क्या पढ़ूँ?' तो बोले, इतिहास और संस्कृत।' मैंने कहा, 'अब क्या पढ़ें।' तो बोले, 'नहीं, नहीं, पढ़ो।' थोड़ी जाँच-पड़ताल करके उन्होंने

जानकारी जुटाई। मुझसे कहा, 'दिल्ली यूनिवर्सिटी में कॉलेज में हाजिर रहे बगैर एक्सटर्नल छात्र के रूप में अध्ययन करके ग्रेजुएट हो जाओ।' इस तरह मैं दिल्ली यूनिवर्सिटी में ग्रेज्युएट हुआ।

आप जब हेडगेवार भवन में रहते थे, तब का आपका अनुभव कैसा रहा ?

जब प्रचारक के रूप में काम किया हेडगेवार भवन की सारी व्यवस्था करने का काम मुझे सौंपा गया। वहाँ जो ईनामदार थे, उनके प्रति मेरी अपार श्रद्धा थी। मैंने उनसे कहा था कि शुरुआत में उनके पास काम करने का अवसर मिले तो अच्छा रहे। मेरी एक ट्रेनिंग हो जाएगी। खैर, मुझे हेडगेवार भवन के कार्यालय की व्यवस्था सौंपी गई। सुबह पाँच बजे जागने की जो आदत है, यह उसी के कारण है। वहाँ मैं सुबह पाँच बजे जागता। जागकर दूध लेने जाता। दूध लेकर आता, फिर चाय बनाता। फिर मैं सवा पाँच बजे सब को जगाने के लिए घंटी बजाता। क्योंकि वहाँ बीस-पच्चीस लोग एक साथ रहते। वहाँ सुबह प्रात: स्मरण होता। महापुरुषों की वंदना होती। आठ-दस मिनट का कार्यक्रम होता। वो सब पूरा होता, तब तक मेरी चाय तैयार हो जाती और मैं सब को चाय पिलाता। चाय पीकर एक-दूसरे की प्लेट साफ करते। वहाँ कोई नौकर-वोकर नहीं था। खुद सफाई करके फिर शाखा पहुँचता। शाखा में शारीरिक शिक्षण और शाखा की प्रार्थना होती। आकर फिर सबके लिए चाय-नाश्ता बनाता। हमारे वहाँ एक शब्द था, पी फोर पी इन बाय पी ऑन पी अर्थात् पौआ, प्रचारक इन प्रांतिक कार्यालय बाय प्रेमचंद ऑन पाठ···। यहाँ प्रेमचंद नाम का एक लड़का है। उस वक्त वह छोटा था। मेरे साथ रहता था। आज से तकरीबन तीस साल पहले। आज भी मेरे साथ है। गाँव से नया-नया आया था। वह मेरे साथ कार्यालय में सहायक होता था। हेडगेवार भवन में सुबह झाड़ू-पोंछा करता। फिर वकील साहब के कपड़े धोता। यह सब मेरी प्रवृत्ति रही। फिर अखबार पढ़ना। वकील साहब किसी को मिलने जाएँ तो उनके साथ जाता। उसके बाद मुझे संघ कार्य के लिए विभाग प्रचारक की कामगीरी सौंपी गई। मुझे प्रांत के सह-व्यवस्था प्रमुख की जिम्मेदारी सौंपी गई। मुझे गढ़ने में वकील साहब का बड़ा योगदान है। वे पुत्र जैसा मुझसे प्रेम करते।

आपने क्या बिना पढ़े पोलिटिकल साइंस की डिग्री प्राप्त की ?

नहीं, खुद मेहनत की। मैं कार्यालय में किताबें लाता और पढ़ता। बाद में आपातकाल आ गया। उस दौरान मैं अंत:वास में था, फिर भी दिल्ली एग्जाम देने गया और पास हुआ। बाद में अभ्यास छोड़ दिया और आपातकाल पर एक किताब लिखी 'संघर्ष में गुजरात।' उस वक्त गुजरात यूनिवर्सिटी में पोलिटिकल साइंस में दो प्रोफेसर थे। के.डी. देसाई और प्रवीण सेठ। इन दोनों प्रोफेसरों ने मुझसे बहुत आग्रह किया कि आप एम.ए. और पी-एच.डी. करो। उनका बहुत आग्रह था, इसीलिए एक्सटर्नल छात्र के रूप में पोलिटिकल साइंस के साथ गुजरात यूनिवर्सिटी में एम.ए. करने लगा और फर्स्ट क्लास लाया।

आपातकाल के दौरान आपने क्या किया ?

उस वक्त सत्ताधीशों ने लोकतंत्र का गला घोंटने का प्रयास किया था। राजनीतिक पक्षों तथा सामाजिक संस्था के नेताओं को जेल में बंद कर दिया गया था। पूरा देश कैदखाना बन गया था। यह लोकतंत्र की रक्षा की जंग थी। मैं भी एक सैनिक की हैसियत से इसमें काम करता था। 19 मास भूगर्भवास के दौरान अलग-अलग जगह रहा। मेरे सिर पर वारंट था। अहमदाबाद, गुजरात और पूरे देश में कहीं भी मैं मुसाफरी करता, लोगों से मिलता, बैठकों में चर्चा करता, पैंफलेट बाँटता वगैरह···। मेरे सिर पर वारंट था। मैं जेल में रहा। उस वक्त भावनगर जेल में एक सहकार्य कर मिलने गया था। हमें खबर मिली कि उनकी तबीयत अच्छी नहीं है। इसीलिए मैंने उनका और अन्य जेलवासियों का हालचाल पूछा। दो-तीन घंटा उनसे मिलकर सही-सलामत वापस आया। ढाई साल इस तरह काम किया।

आपातकाल में आपको भूमिगत होने पर भेष भी बदलना पड़ा ?

वैसे सोचें तो भूमिगत रहकर दिन काटना कोई मुश्किल काम नहीं। उसमें पुलिस को चकमा देकर छिपे रहने के अलावा कुछ और नहीं करना होता। लेकिन लड़ाकू के लिए, जो भूमिगत हो, उसके लिए सतत लड़ते रहना और पुलिसतंत्र ते बचते रहना काफी मुश्किल होता है। गुजरात में भूमिगत कार्यकर्ताओं की संख्या बड़ी थी। शुरू में यह संख्या अंदाजन सौ के करीब थी। इसमें मुख्यतया संघ, जनसंघ और विद्यार्थी परिषद् के कार्यकर्ता थे। कई पकड़े जा चुके थे। कई कार्यकर्ताओं को गिरफ्तारी देनी पड़ी थी। करीब 35 कार्यकर्ता पकड़े गए। अब करीब 35 कार्यकर्ता बाहर रहे। यह संख्या उनकी है, जिन पर 'मीसा वारंट' था। लेकिन इनके सिवा भी कई ऐसे थे, जो भूमिगत रहते हुए काम करते रहे। सरकार या समाज को कभी उनकी गतिविधि पर शक न हो, इसीलिए उन्हें भूमिगत रहना पड़ा। पहचान न हो इसीलिए भी भूमिगत कार्यकर्ताओं को सजग रहाना पड़ता। सामान्य जीवन में धोती-कुरता पहनने वाले संघ प्रचारकों ने आधुनिक परिवेश धारण कर लिया था और नाम भी अजीब। परिवारों के बीच दादा, मामा, भाई, बड़े भाई, छोटे चाचा या बड़े चाचा के नाम का संबोधन होता, बाकी सबको पहचान से दूर रखने का प्रयास होता। जब कि कार्यकर्ताओं के बीच दीक्षित, उमेश, अजित, चौधरी, आनंद, अमित, नवीन, लालजी, प्रकाश, रणजीत, बटुक, तिमिर जैसे नाम से संबोधन करके सब कार्य करते।

भूमिगत कार्यकर्ताओं की संख्या भी काफी होने के कारण प्रांतकार्य करनेवाले को तो काफी सतर्कता से प्रांत के और केंद्र के सभी कार्यकर्ताओं के नाम याद रखने पड़ते। सबकी वेशभूषा भी भ्रम पैदा करे ऐसी बहुरूपी थी। पारसी, वोराजी, मुल्लाजी, सरदारजी, एलआईसी ऑफिसर, स्वामीजी, प्राध्यापक, डॉक्टर, अगरबत्ती के एजेंट, पत्रकार, ज्योतिषी अनेक व्यक्तित्व की नकल करके सबको अपने व्यक्तित्व को उस तरह सँभालना पड़ता। यह दिखावा भी सामान्य हो, यह भी मायने रखता था। यह परिवेश इतना स्वाभाविक

लगता कि सालों से जाने-माने परिवारों को भी पहली मुलाकात में आगे आकर पहचान देनी पड़ती। ज्योतिषी जैसे लगते पंडितजी को अपने क्षेत्र में प्रवास के दौरान अनेक के आग्रह पर सही या गलत भविष्य भी कहना-बताना पड़ा। स्वामीजी के रूप में ख्यात मैं कार्यकर्ताओं के घरों में रहता, भगवा कपड़े धारण करता। एक बार एक कार्यकर्ता के घर बैठा था। स्वामीनारायण संप्रदाय के एक आचार्य आ गए। परिवारजनों ने मेरी पहचान उदयपुर के स्वामी के रूप में दी। अब एक संन्यासी और संयोगवश बने बैठे स्वामीजी में शास्त्रार्थ छिड़ा। घंटे भर चले शास्त्रार्थ में बेचारे स्वामीजी ने गाड़ी चालू रखी। आने वाले महात्मा को जरा सी भी गंध न आने दी कि यह सब नाटक था।

जब सरदारजी बना तो मैं प्रवास में आने-जाने वाले कॉलेजियनों को जानबूझकर कथित सरदारजी के जोक्स सुनाता। कई परिवारों में बालक अपने बाल मित्रों के साथ निर्दोष भाव से सरदारजी के जोक्स सुनने का आग्रह रखते। हमारे लिए शुरुआत में खुद को नए पात्र में तब्दील करना काफी मुश्किल था। लेकिन समय और परिस्थिति ने सबकुछ सिखा दिया।

आप पर अरेस्ट वारंट था, फिर भी आप पकड़े नहीं गए ?

भूमिगत प्रवास के दौरान अनेक मोरचे थे। जनजागरण के साथ-साथ सरकार का जहाँ भी विरोध हो सके, ऐसे मौके की तलाश में रहते। जेल के संपर्क में रहकर जेलवासी का आत्मविश्वास कम न हो, इसीलिए सतत किसी-न-किसी खबर, कार्यक्रम, योजना से उन्हें परिचित रखते। इसका प्रमुख कारण यह था कि जेलवासियों का हर रोज एक मनोवैज्ञानिक प्रश्न होता कि बाहर कोई लड़ाई चल रही है कि नहीं? इसके लिए कई बार जोखिम भी झेलना पड़ता। एक बार किसी जरूरी काम से भावनगर जेल में बंदी प्रमुख नेताओं का संपर्क जरूरी था। खानगी पत्र से काम चले, ऐसा संभव नहीं था। मुझे जेल में जाकर विचार-विमर्श करके लौटना है, ऐसी योजना बनी। एक भूमिगत कार्यकर्ता का जेल में मिलने जाना, यानी मौत के मुख में जाना। सब तैयारियों के साथ सितंबर '76 के मध्य मैं भावनगर पहुँचा। वहाँ से एक बहन के साथ मैं जेल पर पहुँचा। मुलाकात हुई। एक घंटे का जेलवास और मुक्त सत्संग करके मैं सही सलामत वापस आया। संघ प्रचारक केशवराव देशमुख की धर-पकड़ हुई। तब उनके पास मुंबई से संदेशपत्र पहुँचा होगा, ऐसा मानकर उनसे संदेशपत्र कैसे लेना है, इसकी योजना बनाई। ये कागज बहुत महत्त्वपूर्ण थे। मणिनगर में एक बहन को दोपहर में चाय-नाश्ता लेकर मणिनगर रेलवे स्टेशन पर मिलने को भेजा। उनके पास से थैला, अखबार, किताबें वगैरह ले लिये। वापसी में बहन को क्या करना है, इसकी सूचना भी दी गई। उन्होंने पुलिस को चकमा देकर योजना के मुताबिक देशमुख के हैंडबैग में सभी कागज, अखबार, किताबें आदि रख दिए और वे कागज सफलतापूर्वक हमारे पास आ गए।

आपको 'अहंकारी' कहें तो कैसा लगता है ?

'ईगो'—मुझे लगता है कि दो हाथ बिना ताली नहीं बजती। कुछ यही स्थिति 'ईगो' की भी है। सामने वाले व्यक्ति में यदि 'ईगो' नहीं होगा तो मुझे भी उसमें 'ईगो' का अनुभव नहीं होगा। उदाहरण के लिए, संत के पास कई लोग आते हैं, लेकिन संत कभी ऐसा नहीं कहते कि आज दोपहर में आए उस लाल कमीज पहने व्यक्ति का 'ईगो' बड़ा है या काले कुरते में शाम को आया वह व्यक्ति अहंकारी था। संत ऐसा कुछ नहीं कहेंगे। क्योंकि संत को यह सब ध्यान नहीं आता। संत के भीतर 'अहं' नहीं होता। मेरा 'ईगो' सामनेवाले व्यक्ति को कब स्पर्श करेगा? जब उसमें भी 'ईगो' होगा। इसीलिए मैं नहीं मानता कि कोई कहे कि मेरे में 'ईगो' है कि नहीं। एक और बात, मेरे स्वभाव में फरियादें हैं। मैं मुख्यप्रधान बना, इसलिए नहीं, बल्कि सालों से है।

आप योग या ध्यान करते हैं ?

हाँ, मैं रोज योग करता हूँ, और जब भी वक्त मिले।

आपने अपना जीवन भारतमाता को समर्पित कर दिया, क्यों ?

मुझे हमेशा ऐसा लगता है कि समाज को कुछ देना है। मैं कितना भी कमाऊँ, समाज को नहीं दे पाऊँगा। जीवन में विषमताएँ कुछ ऐसी हैं जो वे मुझे रोक देंगी। आज स्कूटर लाया तो कल गाड़ी की तमन्ना होगी, ताकि समाजसेवा कर सकूँ। फिर ऐसा लगेगा कि उससे बड़ी और महँगी, दूसरी गाड़ी लाऊँ। फिर मकान, और बड़ा और अच्छा मकान…। बस यों ही चलता रहेगा। समाजसेवा के लिए मैं यह सब इकट्ठा करता रहूँगा और 'विषचक्र' में फँसाता जाऊँगा। मैंने खुद से कहा, 'इसके बदले इन बंधनों से मुक्त हो जाऊँ, समाज के लिए जो भी कर सकूँ, वह करना है।' आपके पास जो कुछ भी है, उसी से शुरुआत करें।

आप संघ प्रचारक के रूप में काम करते थे। भाजपा में किस तरह काम करना हुआ ?

वास्तव में मैं संघ प्रचारक था। मैं शाखा का काम करता था। हमारे एक बुजुर्ग प्रचारक थे नाथाभाई झगड़ा, जो सालों पहले जनसंघ के संगठन मंत्री थे। बाद में भाजपा के संगठन मंत्री भी थे, उनकी तबीयत अच्छी नहीं रहती थी। डायबिटीज की तकलीफ थी, इसीलिए सबने सोचा कि किसी युवा व्यक्ति की जरूरत है। सबका आग्रह था कि यदि किसी को भेजना हो तो ऐसे को भेजें, जो जरा मेहनत करे, भाग-दौड़ कर सके, ऐसे शख्स को भेजना चाहिए। इसीलिए मुझे इस क्षेत्र में आना पड़ा। एक दिन मेरे पास सरसंघ संचालक बालासाहब देवरस का फोन आया। आबाजी थत्ते ने बात की और कहा, देवरसजी आपसे मिलना चाहते हैं। मुंबई आइए। नियत की गई तारीख को मैं मुंबई गया। वहाँ गया तो बालासाहब बोले, 'आ गए?' ऐसा कहकर वे मुझे एक कमरे में ले गए और कमरा बंद करके मुझे

बिठाया। मैं सोचता था कि कौन सी बात होगी? क्यों मुझे सरसंघ संचालक ने बुलाया है? संघ के स्वयंसेवक के लिए यह बड़ी बात थी।

उन्होंने मुझसे जनसंघ की उत्पत्ति और रचना के बारे में, पक्ष के विकास पर अनेक बातें कीं। फिर मुझसे कहा, 'मेरी इच्छा है कि आप इस क्षेत्र में काम करें। मुझे आप से काफी उम्मीद है।' मेरे जीवन का यह बड़े सौभाग्य का दिन था कि सरसंघचालक ने मुझे बुलाया। पूरे दिन, उन्होंने मेरे साथ छह घंटे तक बात की। अंदर-बाहर की सभी बातें उन्होंने मुझसे कहीं। व्यक्तियों के बारे में कहा। कैसे समय में कौन सी राजनीतिक घटनाएँ हुईं, कैसा विकास हुआ, कैसे मोड़ आए, मुझसे क्या उम्मीदें हैं वगैरह-वगैरह...यह सब 'ब्लैक ऐंड व्हाइट' में मुझे बताया। अंत में मुझसे कहा, 'हम आपको कुछ काम सौंपेंगे।' मैंने कहा, 'स्थानीय लोगों से कहा होता तो भी चल जाता। आपको मुझे बुलाकर कष्ट करने की जरूरत नहीं थी।' तो उन्होंने कहा, 'यह विषय ही ऐसा है कि मैं खुद आपसे चर्चा करना चाहता था।' सन् 1952 के बाद एक मैं ही अपवाद था कि जिससे बात करने के लिए सर संघसंचालक ने निश्चय किया था।

जनसंघ की शुरुआत हुई, तब प्रारंभ में दीनदयालजी, भंडारीजी का निश्चय सर संघसंचालक गुरुजी ने खुद किया था। उसके बाद मैं बालासाहब से जब भी मिलने जाता तो कहते, 'इसका निर्णय मैंने किया है।' अपने बेटे को देखकर खुश होते, ऐसी खुशी वे मेरे प्रति व्यक्त करते थे। यह मेरे जीवन का अति महत्त्वपूर्ण निर्णय था। उस दिन, 1986 के बाद तय हुआ कि मुझे भाजपा में काम करना है। मैं भाजपा की बैठक में जाकर एक कोने में बैठता, चुपचाप सब सुनता-देखता। करीब दो साल तक इस तरह अभ्यास करता रहा। सभी बैठकों में जाना, पीछे बैठना। किसी के साथ खास घुलता-मिलता नहीं। सबसे परिचित हो गया, फिर 1989 के अंत में मुझे महामंत्री बनाया गया। उसके बाद मुझे पहला प्रत्यक्ष अनुभव सोमनाथ-अयोध्या यात्रा से मिला। मेरे संगठन का रूप नेशनल मीडिया ने पहली बार देखा। उस घटना के बाद मैं पहली बार सब की नजर में आया।

आपकी ख्वाहिश थी कि संगठन ने जो काम सौंपा है उसे पूरा करें?

हाँ, उसी तरह, उस वक्त की एक भी फोटो आपको देखने को नहीं मिलेगी। मेरा स्वभाव है कि जो जिम्मेदारी सौंपी गई है, उसे अच्छी तरह निभाना। लेकिन सबकी नजर में आया कि यह नवयुवक काम करता है।

उसके बाद मेरी जिम्मेदारी बढ़ती गई। दिल्ली में कोई भी कमेटी बनती तो उसका मुझे सदस्य बनाया जाता। पाँच व्यक्ति की कमेटी हो तो भी मुझे शामिल किया जाता। बालासाहब ने मुझसे जो बात कही थी, उसके अनुरूप ही सब हो रहा था। एक तरह से मुझे तैयार किया जा रहा था। संगठन के सभी लोग मेरे विकास के लिए प्रयास कर रहे थे।

आप कितनी भाषाएँ बोल सकते हैं?

मराठी, गुजराती, हिंदी, थोड़ी पंजाबी, इंग्लिश, इसके अलावा बांग्ला संगीत और गाना सुनना पसंद है। और मैं समझ भी सकता हूँ। मराठी किताब का मैंने गुजराती में अनुवाद भी किया है।

गुजरात में संगठन महामंत्री के रूप में भाजपा को पंचायत से लेकर धारासभा तक सत्ता दिला कर अचानक आप गुजरात छोड़कर दिल्ली गए ?

यह मेरे संगठन का निर्णय था। संगठन मुझे जो जिम्मेदारी सौंपे, जहाँ काम करने को कहे, वहाँ चुपचाप मैं काम करता हूँ।

आप दिल्ली में थे, अचानक गुजरात के मुख्यमंत्री के रूप में वापस आना पड़ा। ये कैसे हुआ ?

अक्तूबर 2001 की बात है। माधवराव सिंधिया का निधन हुआ था। उनकी श्मशान-यात्रा ग्वालियर में थी। उनके साथ हुए हादसे में कुछ पत्रकारों का भी निधन हुआ था, उनमें 'आजतक' का कैमरामैन गोपाल भी था। मैं उसे अच्छी तरह जानता था। वह कार्यालय में कई बार आता था। मुझे लगा कि गोपाल की श्मशान-यात्रा में जाना चाहिए। उनकी अंत्येष्टि में शामिल होने के लिए मैं दिल्ली श्मशान में गया। श्मशान में था, तभी प्रधानमंत्री (अटलजी) के ऑफिस से फोन आया। पी.एम. बात करना चाहते हैं। उन्होंने पूछा, 'कहाँ हो?' मैंने कहा, 'श्मशान में।' तो हँस पड़े। मैंने पूछा, क्या काम है? तो बोले, 'श्मशान में तेरे साथ क्या बात करूँ? शाम को घर आओ। कितने बजे आएँगे?' मैंने कहा, 'यहाँ से घर जाकर, स्नान करके शाम को 6:30 बजे आ जाऊँगा।' तो बोले, 'ठीक है।' मैं शाम को गया तो बोले, 'जो भाई, पंजाबी खाना खा के तुम मोटा हो गया है। जरा पतले होने की जरूरत है। जा, यहाँ से भाग, दिल्ली खाली कर।' वैसे भी मजाक करना उनका स्वभाव था। मैंने पूछा, 'क्या बात है?' मुझसे कहा, 'गुजरात जाना है। गुजरात में काम करना है।' मैंने पूछा केवल गुजरात में ही काम करना है, अन्य राज्यों में भी?' मुझे पता नहीं था कि वे मुझे मुख्यमंत्री बनाना चाहते थे, मुझे लगा, संगठन का कोई काम होगा। मैंने कहा, 'इस समय मैं चार-पाँच राज्यों का काम देखता हूँ। क्या अब मुझे केवल गुजरात ही देखना है?' तो बोले, 'नहीं, नहीं, आपको चुनाव लड़ना है। आपने काफी लोगों को चुनाव लड़ाया, अब खुद अनुभव करो। हम सबने मिलकर तय किया है।' इस तरह बातचीत में चार-छह दिन निकल गए। आखिर संगठन जो कहता है वही करता हूँ। इसीलिए आ गया। बस, तब से इस काम में लगा हूँ।'

राजनीति में आए तब क्या कभी सोचा था कि आप मुख्यमंत्री बनेंगे ?

मैं संगठन के काम से राज्य का महामंत्री, राष्ट्रीय महामंत्री, लगभग सभी काम करता था। जिस दिन मेरे लिए मुख्यमंत्री पद का निर्णय हुआ, वह कुछ अलग था। एक तो मुझे कल्पना भी न थी कि इस क्षेत्र में मैं आऊँगा। स्कूल में भी कभी मोनिटर का चुनाव नहीं

लड़ा, इसीलिए इलेक्शन मेरी चॉइस नहीं है, लेकिन इलेक्शन स्ट्रेटेजी आती है। इलेक्शन करवाना, पार्टी को जिताना, यह कार्य मैं दिल से करता। आज भी मुझे ऐसा नहीं लगता कि मैं गुजरात का मुख्यमंत्री हूँ। मैं सामान्य जनता की सेवा अधिक-से-अधिक कैसे की जाए, यही सोचता हूँ। मैं खुद को इस पद से अलग मानता हूँ। बस इतना मानता हूँ कि यह मेरा काम है और इसे पूरे मनोयोग से, भक्तिभाव से करता हूँ।

संगठक से मुख्यमंत्री तक की यात्रा का मूल्यांकन आप कैसे करते हैं ?

यह सच है कि भारतीय जनता पार्टी में प्रत्यक्ष राजनीति और संगठन क्षेत्र का मेरा अनुभव काफी पुराना है। मूलतः मेरा स्वभाव संगठन का है। संगठन के कार्य में जीवन व्यतीत करने के कारण मेरे लिए यह स्वाभाविक है। लेकिन महत्त्व की बात यह है कि मैं जो कार्य कर रहा हूँ, उसमें मूलतः संगठन का ही काम करता हूँ। कई साथी काम करते हैं, वे सभी सार्वजनिक जीवन से जुड़े हैं। चुनाव लड़ने वाले हैं, जन-नेतृत्व करनेवाले मित्र हैं। और अब सरकार में होने के कारण उनमें से अधिकतर के पास अनेक जिम्मेदारियाँ आ गई हैं, लेकिन मैं नहीं मानता कि हम या हमारे में से कोई जुदा है, अलग है, ऊँचा है या नीचा है, कोई आगे निकल,गया है, कोई पीछे रह गया है। सच तो यह है कि पूरी-की-पूरी टीम तैयार हो रही है, उनमें से किसी को शासन का, किसी को संगठन का अनुभव है। किसी के अंदर नेतृत्व तैयार करने का सामर्थ्य है। मुझे लगता है कि सभी की अलग-अलग विशेषता है, मैं भी अपनी विशेषता लेकर चलता हूँ। मुख्यमंत्री की जिम्मेदारी भी विशेषता से निभा रहा हूँ। जीवन भर संगठन का ही काम किया। मेरे हिस्से में संगठन के काम के साथ-साथ राज्य शासन की धुरी भी सँभालनी आई। जीवन में पहली बार मुख्यमंत्री बनने के बाद सचिवालय देखा, लेकिन चुनौती स्वीकार कर ली। जनता की सेवा का अवसर मिला। मेरा मन जनता की सेवा-आराधना में है, इसी भाव से काम कर रहा हूँ।

अपनी दिनचर्या के विषय में कुछ कहेंगे ?

मैं सुबह पाँच बजे जाग जाता हूँ। सुबह एक कप चाय पीने की आदत है। आदत पड़ी है, तुरंत इंटरनेट पर जाने की, अखबार, मैं खासकर दिल्ली के अखबार जरूर देखता हूँ। इ-मेल हों तो चेक करता हूँ। हो सके तो एक वाक्य में जवाब भी देता हूँ। उसके बाद योग, आसन, प्राणायाम वगैरह नियमित करने की आदत है। ईश्वर में श्रद्धा है, इसीलिए थोड़ा वक्त ईश्वर स्मरण में बिताता हूँ। हाँ, मेरी अपार श्रद्धा है परमात्मा में। केवल शारीरिक कारण के लिए भगवान् नहीं, मन के सुख के लिए मुझे जरूरी लगता है। ये सब करके, स्नानादि करके तैयार हो जाता हूँ, तब तक अखबार आ गए तो अखबार लेकर बैठ जाता हूँ। साढ़े सात-आठ के बाद काम शुरू करता हूँ। मुलाकातियों से मिलता हूँ। हो सके तो साढ़े दस बजे ऑफिस पहुँच जाता हूँ। रोज का काम जब तक पूरा न हो, तब तक घर नहीं लौटता।

हिंदुस्तान के इतिहास में शायद पहली बार ऐसा हुआ है कि सचिवालय में मुख्यप्रधान का दफ्तर देर रात तक खुला रहता है। मेरी प्रवृत्तियों का केंद्र सामान्य तौर पर मेरी ऑफिस ही होता है। सप्ताह में सोमवार, मंगलवार और बुधवार गांधीनगर में रहकर ही काम करने का मेरा प्रयास होता है। गुरु, शुक्र, शनि और रवि में हो सके तो राज्य के विविध केंद्रों में प्रवास करता हूँ। राज्य में क्या चल रहा है, उसका खुद फीडबैक लेता हूँ। सरकार की योजनाओं का अमल किस तरह होता है, उसका निरीक्षण करता हूँ। लोगों से मिलता हूँ। उनका फीडबैक लेता हूँ। फोन जितनी भी देर रात आए, कॉलबैक करता हूँ। एक-दो प्रतिशत को नहीं कर पाता। जो लोग रेग्यूलर फोन करते हैं, उनकी बात में कुछ खास नहीं होता। यह मेरी कार्यशैली है।

सुबह नाश्ता नहीं करते हैं ?

नहीं, मुझे सुबह नाश्ता करने की आदत नहीं है। स्वभावानुसार अखबार देखने की पहली आदत, लेकिन अखबार देर से आते हैं, इसीलिए इंटरनेट खोलता हूँ। मैं दिल्ली में था, तब गुजरात के अन्य अखबार देखने को मिलते हैं, इसीलिए अहमदाबाद का एडिशन देखता। योग, आसन, प्राणायाम यह सब नियमित है।

पूजापाठ भी करते हूँ ?

हाँ, अधिक-से-अधिक दो घंटे पूजा करता हूँ। हर रोज प्राणायाम, योग करता हूँ। ध्यान करता हूँ। लेकिन कोई क्रियाविधि नहीं। मैं नवरात्र में थोड़ा जाप करता हूँ। नवरात्रि में केवल पानी लेकर मैं उपवास करता हूँ। दूध और चाय नहीं, जूस नहीं, नमक नहीं, शक्कर नहीं, फल नहीं, केवल पानी। मैं अंबाजी की पूजा करता हूँ। शक्ति की आराधना…। कई सालों से यह कर रहा हूँ। केवल पानी ही लेता हूँ। जब आडवाणीजी की सोमनाथ-अयोध्या यात्रा निकली, तब मेरी कसौटी हुई। यात्रा की पूरी व्यवस्था का आयोजन मेरे ऊपर था। उसमें नवरात्र के दिन। केवल पानी ही लेता। कुछ खाता-पीता नहीं था। तीसरे दिन आडवाणीजी की पत्नी कमला भाभी को पता चला कि कुछ खाए-पिए बिना ही काम करता हूँ, तब उनकी आँखों में आँसू आ गए। मुझसे कहा, 'नरेंद्रभाई 'इस तरह दौड़ा-दौड़ी थोड़े की जाती है? शरीर को थोड़ा आराम दो।' मैंने कहा, 'यही तो मेरा जीवन हैं, मुझे इसमें आनंद आता है।'

आपका मनपसंद भजन कौन सा है ?

'वैष्णव जन तो तेने कहिए'' मैं पार्टी के संगठन का कार्य सँभालता। पार्टी के कार्यकर्ताओं को इस भजन पर एक घंटे का भाषण देता। एक बार सहसा मेरे दिमाग में विचार आया। जिसे मैंने फिर विकसित किया। मैं उनसे कहता, यह भजन 400 साल पहले का है। लेकिन आज भी यह राजनीति में पड़े नेता-कार्यकर्ता सभी पर लागू होता है। केवल 'वैष्णव जन' की जगह 'जन प्रतिनिधि' रख दो। 'जन प्रतिनिधि तो तेने कहिए जे

पीरे पराई जाने रे' (अन्य के दुःख को समझ सके)।

पर दुख उपकार करे तोय मन अभिमान न आणे रे''' (अन्य की सेवा करे, लेकिन मन में अभिमान नहीं लाता।)

परस्त्री जेने मात रे''' (चारित्र्य कैसा होना चाहिए।)

परधन नव झाले हाथ रे''' (भ्रष्टाचार नहीं।)

इस भजन को एक दस्तावेज के रूप में मैं अपने कार्यकर्ताओं को देता। बस एक ही शब्द को बदलकर। मुझे यह भजन बहुत पसंद है। गांधीजी को किसलिए पसंद था, यह भी मैं आपको बताता हूँ। जितनी बार आप यह भजन सुनेंगे, उतनी बार आपको इसमें नए अर्थ समझ में आएँगे। मैं इतना ही कहता हूँ कि नरसिंह मेहता केवल कवि ही नहीं थे, विचारक-चिंतक भी थे। उनको पता था कि 400 साल पहले लोग कैसे रहे होंगे। इसमें एक भी शब्द ऐसा नहीं है, जो राजनेताओं को मार्गदर्शन न दे।

किस प्रकार की किताबें पढ़नी आपको पसंद हैं?

मानवजाति के लिए उपयोगी। मानवमूल्यों से संबंधित सामग्री पढ़ना पसंद है। किताबों के रूप में या इंटरनेट पर। आजकल मुझे इंटरनेट की आदत पड़ गई है। कुछ नया आया हो तो संक्षिप्त में मिल जाता है। मैं वह पढ़ लेता हूँ। किसी खास किताब से मैं प्रभावित नहीं हुआ हूँ। लेकिन फिर भी कहूँगा कि विवेकानंद की काफी किताबों से प्रभावित हुआ हूँ। कभी शारदा माँ और रामकृष्ण की किताबों से भी प्रभावित रहा। कुल मिलाकर ऐसी ही किताबें मुझे पसंद है।

आपने कई किताबें लिखी हैं, क्या अब भी कुछ लिख रहे हैं?

नहीं, मन में काफी विषय चल रहे हैं। लिखने की चाहत होती है, लेकिन व्यस्तता के कारण हो नहीं सकता। लेकिन अब शुरू करना चाहता हूँ।

आप आत्मकथा, संस्मरण या पत्र-व्यवहार भी करते हैं?

मेरे पास पत्र-व्यवहार की एक पुरानी फाइल है। पहली किताब मैंने लिखी है 'संघर्ष में गुजरात'। उस वक्त मेरे पास एक पेन और पेपर था। मदद के रूप में कुछ मिल सके, ऐसा मेरे पास कोई संदर्भ न था। मैंने 23 दिन में वह किताब पूरी की। मेरी याददाश्त अलग प्रकार की है। मैंने सात किताबें लिखी हैं। उसमें 'आँख आ धन्य छे' काव्य-संग्रह है, 'प्रेमतीर्थ' कहानी-संग्रह है। मैं कोई नोट नहीं रखता, स्मरणशक्ति से लिखता हूँ।

आप किसे अपना आदर्श पुरुष मानेंगे?

आदर्श राजपुरुष की व्याख्या कई तरह से तय होती है। समाज के वंचितों और पीड़ितों को न्याय दिलाने की बात हो तो मुझे मार्टिन लूथर किंग या बाबासाहब आंबेडकर की याद आती है। किसी के सरेंडर न होने की बात हो तो अब्राहम लिंकन पसंद हैं। स्टेट्समैन की बात करनी हो और समाज की सांस्कृतिक धरोहर की बात हो तो महात्मा गांधी की याद

आती है। संगठन की बात करनी हो तो पं. दीनदयाल उपाध्याय हैं और पक्के मनोबल तथा स्पष्टवक्ता की बात करनी हो तो निजाम के सामने अकेले जूझकर एकीकरण की प्रक्रिया पर हाथ धरनेवाले सरदार पटेल याद आते हैं। सरदार पटेल की बॉडी लैंग्वेज और मनोबल जैसी प्रेरणा कोई ओर हो नहीं सकती।

अपना प्रेरक कह सकें, ऐसा आदर्श आपका कौन है?

विवेकानंद। वस्तुत: एक दो साल हिमालय में बिताए। रामकृष्ण मिशन में भी काफी वक्त बिताया और वह भी काफी छोटी उम्र में। पहले मेरा दिमाग उसी दिशा में चलता था। फिर बाद में संघ के कार्य में लगा और वह कार्य करते-करते यहाँ तक आ पहुँचा। वरना मेरा जो फैमिली बैकग्राउंड है, उसके बारे में मैं किसी से कह रहा था कि मैं किसी स्कूल का प्रिंसिपल हुआ होता तो मेरे परिवार ने पूरे गाँव को मिठाई खिलाई होती। क्योंकि उनके लिए स्कूल का प्रिंसिपल बड़ी चीज थी। मैं सामान्य परिवार का था, एकदम सामान्य परिवार का हूँ।

आप में साहित्य-प्रीति, विनोदवृत्ति और साहित्य में रस कैसे जागा?

मुझे कविता लिखने का शौक था। एक प्रसंग सुनाता हूँ। काफी वक्त भी हो गया इस बात को। दक्षिण गुजरात में हनुमान मंदिर में प्राण प्रतिष्ठा का प्रसंग था। मुझे बुलाया था। उस पहाड़ी प्रदेश में जाओ तो गाड़ी चलती ही रहे, चलती रहे… । गाँव जल्द आए ही नहीं। रास्ते में देखा धरमपुर के आदिवासियों को, जीवन भर तंगी में रहनेवाले, शरीर तो जैसे कोयला। पहली बार देखा वह दृश्य। वापस आते वक्त कविता सूझी। वापस आकर मैंने हिंदी में कविता लिखी 'मारुति की प्राण प्रतिष्ठा'।

मैंने वह कविता अमेरिका में रहने वाले अपने मित्र महेश मेहता को भेजी। वे और दिनकर मेहता मेरे स्वजन रहे हैं, इसीलिए उनको भेज दी। कविता के साथ एक खत भी भेजा था, जो कल ही मुझे हाथ लगा। कवि के रूप में मैंने नाम लिखा—ब्रह्मचारी हसवानंदजी। कागज में काव्य की जन्मकुंडली भी भेजी थी।

मैंने लिखा था कि जन्म के ग्रहों को देखकर लगता है कि काव्य में मंगल का योग है। यानी इस कवि का कविता के साथ मिलाप हो, ऐसा लगता नहीं है। इस तरह ज्योतिष की भाषा उस खत में लिखी और ऐसा भी लिखा कि यह काव्य उसके जन्मदाता के साथ भटकता रहेगा और उसे दूर तक जाना पड़ेगा। दूसरा पार्ट लिखा था। उसमें काव्यपठन की विधि लिखी थी कि जो मायूस होकर जीते हों, उनको काव्य-पठन में बुलाना, सहजता से हँसते हों, ऐसे लोगों के लिए यह काव्य नहीं है। ऐसी चार-पाँच बातें कागज में लिखी थीं। हनुमान की कविता के प्रसाद के रूप में वे लोगों को कसरत के दाँव सिखाते।

पहले 'साधना' साप्ताहिक में कटार नाम के स्तंभ लेखक के रूप में और फिर आपातकाल के दौरान 18 महीने तक 'सत्यवाणी' नाम का साप्ताहिक चलाया। अस्पृश्यता

विरोधी नाटक का लेखन किया। यह शौक राजनीति में अवरोध नहीं बना। आकांक्षा, ग्लैमर या पावर यदि मोहमाया हो तो वह राजनीति मेरे लिए अवरोध रूप बनती। लेकिन भाग्य से गुजरात के धर्मभीरु समाज में मेरी ऊर्मि चेतनवंत रही है। साहित्य या राजनीति में मुझे कोई विरोधाभास नहीं दिखता है। हालाँकि मैंने साहित्य जगत् में पैर नहीं रखा। इस साहस के लिए मैं मानसिक रूप से अभी तैयार नहीं हूँ।

आप में 'सेंस ऑफ ह्यूमर' गजब का है…

हास्य, विनोद या व्यंग्य मुझ में सहज है। उदाहरण के तौर पर, एक दिन अटलजी बहुत नाराज हो गए थे, 'ये क्या सिक्योरिटी है। किसी से मिल नहीं सकते, जा नहीं सकते, यह नहीं कर सकते, वो नहीं कर सकते।' उठते-बैठते अटलजी अपने मन के भाव व्यक्त करते। वे सिक्योरिटी के बंधन से तंग आ गए थे।

मैंने एक बार उनसे कहा, 'अटलजी, आपको सिक्योरिटी से बचना है तो एक उपाय बताऊँ?'

वो बोले, 'क्या?'

मैंने कहा, 'आप घर से बाहर निकलें तो कविता की किताबें साथ लेकर निकलें। कविता की किताबें देखकर सिक्योरिटी के सारे लोग पचास फीट दूर चले जाएँगे।'

वे जोर से हँस पड़े।

अटलजी में जो 'सेंस ऑफ ह्यूमर' है, वह गजब का है।

एक बार जम्मू-कश्मीर के प्रवास में एक व्यक्ति के घर हमें खाने पर जाना था। वे सज्जन उत्साह से अपने घर सबको भोजन करवा रहे थे। एक अच्छी रसेदार सब्जी प्लेट में थी।

अटलजी ने पूछा, 'क्या है ये भाई?'

यजमान ने कहा, 'श्रीनगर की वैरायटी है, दम आलू है।'

आलू कड़क थे, टूटे नहीं, इसीलिए अटलजी ने कहा—

'ये दम आलू है या दम निकालू है?' यह था उनकी सेंस ऑफ ह्यूमर।

यह विनोदवृत्ति आपने यत्नपूर्वक हासिल की…या फिर ?

विनोदवृत्ति मुझमें बचपन से है। स्कूल में था, तब एक शिक्षक को मुझसे बहुत लगाव हुआ। वे पिताजी के भी मित्र थे। पिताजी से एक बार मिलने गए। उन्होंने कहा था कि इस लड़के को ईश्वर ने काफी कुछ दिया है, उसका यह उपयोग नहीं करता है। मेरे पिताजी बोले : तो क्या करता है? तो बोले स्कूल में पूरा दिन कुछ-न-कुछ तिकड़म करता रहता है। उदाहरण के तौर पर, मुझे याद है कि मेरे शिक्षक न्यूटन का नियम काफी गंभीरता से पढ़ाते थे। हम सब मित्र वर्ग में बैठे थे। इसीलिए मैं सहज बोला कि 'सही में' उन्होंने बात को गंभीरता से लिया। लेकिन उन्होंने काफी गंभीरता से समझाया कि 'हाँ,

यह होता है।' फिर बोर्ड पर कुछ लिखने लगे। कुछ बोलें, इसीलिए मैंने फिर कहा, 'सही में'। उन्हें लगा कि ये सीरियसली कुछ पूछ रहा है। उनको दस-पंद्रह मिनट बाद लगा कि यहाँ तो मेरा मजाक चलता है। उन्होंने प्रिंसिपल से कहा। प्रिंसिपल मेरे पिताजी के दोस्त थे। उन्होंने कहा, 'उसमें टेलेंट बहुत है।' उन्होंने उदाहरण भी दिया। मैं ऐसे चित्र-विचित्र करता था, लेकिन उसमें भी टेलेंट होता। मजाक में भी टेलेंट होता है। उन्होंने कहा था, 'नरेंद्र में काफी कुछ है। उसे विकसित करो।'

फिर उन्होंने आग्रह किया कि भाषा पर इसका प्रभुत्व है। उसको इंग्लिश विषय के साथ आगे बढ़ाने के लिए कुछ कीजिए।

चौधरी साहब हमारे शिक्षक थे। इंग्लिश पढ़ाते थे। मेरे पिताजी ने कहा, इसीलिए मैं उनके साथ बैठा। वे मेरे पीछे बहुत मेहनत करते थे वे। मूल वजह यही थी। इसे तिकड़म कहो, नटखट स्वभाव कहो या शरारत कहो, बपचन से यह सब था।

सभा में आप लाखों की भीड़ को मंत्रमुग्ध कर देते हो। व्यक्ति को वक्तव्य से सम्मोहित कर लेते हैं, ऐसी वक्तृत्व कला आप में क्या पहले से है ?

मुझे ऐसा लगता है कि यह कला मुझ में विकसित हुई होगी। ऐक्च्युअली, वन कैन से, आई एम नॉट एन ओरेटर, आई एम ए कॉम्युनिकेटर। बड़ी सभाओं में जाना हुआ तब से। सामान्य पद्धति यह है कि भाषण की शुरुआत में कुछ लोगों के नाम लेने होते हैं फलानाभाई, दिमकाभाई···मैं ऐसा नहीं करता था। माईक के पास खड़ा रहकर, जिस तरह क्रिकेट में बैट्समैन सारी फील्डिंग देख ले, उसी तरह मैं पूरा मैदान देख लेता हूँ। मुझे आज भी पता नहीं चलता कि ये कैसे विकसित हुआ। मैं ऐसा करूँ तो पहले लोग बोर हो जाएँ। मेरा आधा मिनट निकल जाए। उसमें ओडियंस से कोई बोले। मुझे पता ही नहीं होता है। खड़ा होकर मैं इधर-उधर देखूँ तो कैसा लगे? लोगों में से कोई तो कुछ बोले। हम वो सुनें और सामने डायलॉग करें—चाहे व्यक्ति के साथ हों या समूह के साथ हों। दो-तीन मिनट डायलॉग चले। उदाहरण के तौर, मैं यदि खड़ा होता हूँ तो थोड़ी देर सामने देखता रहूँ तो कोई कहे : बो···लो··· मैं तुरंत कहूँ : गुजराती में या हिंदी में? जवाब मिले गुजराती में। ऐसा मजाक करके भाषण करने में मुझे मजा आता है।

उदाहरण दूँ तो, मैं दिल्ली में 'इंडिया टुडे' के फंक्शन में गया था। जिसमें टोफलर, क्लिंटन, राष्ट्रपति अब्दुल कलाम जैसे वक्ता थे। बोलने खड़ा हुआ। मेरा भाषण लिखित था। लेकिन सम हाउ। मैंने कहा, मैं लिखित भाषण पढ़ नहीं पाऊँगा। मैं बोलने खड़ा हुआ। विषय तो था 'राज्यों का विकास'। मैंने कहा : कब तक हम डस्टबिन लेकर घूमते रहेंगे? समय की माँग यह नहीं है कि हम फ्लावरपॉट लेकर घूमें? क्या इस देश में केवल डस्टबिन के ढंग ही हैं? लेकिन आई एम टेलिंग यू कि मेरे बाद राष्ट्रपति अब्दुल कलाम सहित सभी के भाषणों में यह कोटेशन चलता रहा।

मेरा एक कार्यक्रम था। कश्मीर से कन्याकुमारी तक। यात्रा के दौरान श्रीनगर के लालचौक में तिरंगा लहराना था। उस वक्त आतंकवादियों ने दीवार पर एक पोस्टर लगाया था कि जिसने माँ का दूध पिया हो, लालचौक में तिरंगा लहराने आए और फिर जिंदा जाए। उस वक्त मैं भाषण करते-करते कन्याकुमारी और कश्मीर तक पहुँचा था। भाषण में मैं एक बात निश्चित रूप से कहता : 'टेररिस्ट कान खोलकर सुन लें। मैं 26 जनवरी को प्रात: 11 बजे श्रीनगर के लालचौक में पहुँचूँगा, बुलेटप्रूफ कार में नहीं आऊँगा, बुलेटप्रूफ जैकेट पहनकर नहीं आऊँगा, शस्त्र लेकर नहीं आऊँगा। मैं आऊँगा हाथ में तिरंगा झंडा लेकर और 26 जनवरी की सुबह 11 बजे श्रीनगर के लालचौक में फैसला होगा कि किसने अपनी माँ का दूध पिया है।' इस डायलॉग डिलीवरी के दौरान मेरे साथ शत्रुघ्न सिन्हा थे। बाद में जम्मू में उन्होंने सभा में कहा था कि मैंने देखा है कि 'एक्टर्स फिल्म इंडस्ट्री से लीडरशिप (राजनीति) में जाते हैं, लेकिन पूरी संभावना है कि नरेंद्रभाई राजनीति से फिल्म इंडस्ट्री में आएँगे।'

यह सब सहज होता था। फिर पता चला कि यह मेरी एक ताकत बन गई है।

आपको फोटोग्राफी का शौक है ?

एक समय था जब मैं लेटेस्ट डिजिटल कैमरा यूज करता था। शायद कोई कैमरा ऐसा नहीं होगा, जिस पर मैंने हाथ न आजमाया हो। लेकिन कुदरती दृश्य के अलावा दूसरी कोई फोटोग्राफी मैं करता नहीं था। मेरे फोटो एक्जिबिशन भी पहले हुए हैं। जिमसें मेरे लिए गए फोटो के स्लाइड शो होते थे। आज भी एक कैमरा रखता हूँ। मौका मिले तो फोटाग्राफी कर लेता हूँ। गत शरद पूर्णिमा की रात मैं कच्छ गया था। रात को मैं रण में ऊँटगाड़ी में घूमा और पूर्णिमा की फोटोग्राफी की।

मुख्यमंत्री बनने के बाद खाने की क्या व्यवस्था है ?

यहाँ चपरासी है। मैं दोपहर का खाना खाता नहीं हूँ। खाखरा रखता हूँ। खाखरा, कॉफी और शाम को वापस जाऊँ तो खास करके मुझे खिचड़ी पसंद है। खिचड़ी खाता हूँ।

अपने को परहुँजी बनाए रखना या खाना... वो सब...

खाने का मुझे शौक नहीं है। मैं साल में करीब पाँच सौ दूसरे घरों में खाना खाता हूँ। सुबह-शाम गिनूँ तो एवरेज पाँच सौ नए घर होंगे और तकरीबन 30 साल से मैं 'भिक्षांदेहि' कहकर खाना खाता था। अलग-अलग लोगों के यहाँ खाने जाता था। उसकी वजह से टेस्ट ही डेवलप नहीं हुआ। जो मिले वही खा लिया। दूसरा, मैंने एक स्वभाव बनाया था। किसी को पहले से कह के खाना खाने नहीं जाता। जहाँ जाऊँ, वहाँ जो मिले वही खाता और उस वक्त भोजन न मिले तो समझता कि आज ईश्वर ने मेरी परीक्षा ली है। कुछ भी कहे बिना घर लौट जाता। लोगों को भी पता है। कोई मुझे पूछता नहीं कि खाओगे?

घर में खाने के वक्त पहुँचूँ तो लोग कहते, 'आइए, बैठिए, खाना तैयार है।' और जो हाजिर हो, वह खा लेता।

उपवास रखते हैं ?

मेरे घर में छोटा सा मंदिर है। नवरात्रि में मैं जाप अधिक करता हूँ। सुबह तीन-साढ़े तीन बजे जागकर एक्स्ट्रा जाप करता हूँ। नवरात्रि में कुछ नहीं लेता। चैत्र नवरात्रि में केवल फल लेता हूँ। लेकिन आश्विन मास में केवल पानी पर होता हूँ।

लोग आपको अलग-अलग तरीके से देखते हैं, कई लोग कहते हैं कि आप साहित्य में आए होते तो वहाँ भी अच्छा स्थान प्राप्त किया होता, मुख्यमंत्री के रूप में आपके कार्य को देखकर काफी लोगों को ऐसा लगता है कि आप जिस कार्य को हाथ में लेते हैं उसे पूरा करते हैं''आपको क्या लगता है ?

मेरे लिए अलग-अलग मान्यता है। पहले से मुझे जो छोटी-छोटी जिम्मेदारियाँ सौंपी जाती रही हैं, उन्हें प्रामाणिकता से निभाता हूँ। मैं जब पंजाब में काम करता था, तब मेरे सभी साथी कार्यकर्ताओं का ऐसा मत था कि नरेंद्रभाई, आप इसमें कहाँ आ गए? आप तो बड़े इंडस्ट्रियलिस्ट हुए होते, क्योंकि मैं मैनेजरियल स्किल से पूरा कॉर्पोरेट सिस्टम का स्ट्रक्चर खड़ा करता था।

आपकी आँखों में भाव जल्द दिखाई देते हैं, जो बदलते हैं। कभी चतुराई, तो कभी शरारत''

मुंबई के एक कार्यक्रम में सुरेश दलाल ने मेरी आँखों का वर्णन किया था। वे बोले,— 'कार्टूनिस्ट भले ही नरेंद्र मोदी की दाढ़ी को सेंटर में रखकर चित्र बनाते हैं, लेकिन में ऑडियंस से कहता हूँ कि उनकी आँखों को सेंटर में रखना। दूसरा, मेरे स्वभाव की जो शिकायत है, वो मेरे सी.एम. बनने के बाद नहीं, बल्कि सालों से है। एक व्यक्ति ऐनालिसिस किया कि साहब, कोई प्रॉबलम नहीं। आपके पेट में जो होता है, वही आपकी आँखों में होता है। आप आँखों के भाव छिपाने की आदत डालो तो आपको कोई प्रॉब्लम नहीं। मैंने कहा, 'वह असंभव है, मैंने कुछ छिपाया नहीं।'

क्या भाषण के लिए स्पीच लिखवाते हैं ?

मैं नया-नया आया, तब मेरा एक प्रॉब्लम था कि मैं करीब छह साल के गैप के बाद आया था। गुजरात और मेरे बीच गैप रहा था। मुझे यहाँ के प्रश्न, यहाँ के निर्णय और विवाद का किसी का पता नहीं था। छह साल के दौरान मन से गुजरात से अलग हो गया था। गुजराती अखबार बंद कर दिए थे। मैं पूरा अलग था। वहीं अचानक यह जिम्मेदारी आई। चपरासी से लेकर मुख्य सचिव तक किसी भी सरकारी अधिकारी से मिला नहीं था। मुख्यमंत्री बनने के बाद मैंने यह चैंबर देखा है और विधानसभा का सदस्य बनने के बाद गुजरात विधानसभा देखी। यों गैलरी में कभी आया नहीं। मुझे यहाँ की व्यवस्था का भी पता नहीं था। इसीलिए इन सब (सेक्रेटरी) को कहता कि मुझको क्या बोलना है। स्पीच के लिए जरा पॉइंट-वॉइंट निकाल के दो। मुझे कुछ पता नहीं।

एक-दो बार पॉइंट देखे। मुझे सब्जी की दुकान पर यदि जाना हो तो थैली लेकर जाना, इसकी जानकारी हुई। जहाँ भी बोलने जाऊँ, वहाँ यहाँ के सेक्रेटरी का लिखा कुछ काम न आए। मेरे मन से कुछ अलग ही निकले। हालाँकि विषय पर ही निकले। इसलिए स्पीच लिखनेवाले को नमस्ते कह दिया। वे भी कहते कि अब न लिखें तो अच्छा। अल्टीमेटली किसी का लिखा मुझे रास नहीं आता था। मुझे लगता कि मेरा जो पुराना अभ्यास है, वह अब काम आ रहा है।

आपकी याददाश्त गजब की है!

हाँ, बड़ा लाभ है याददाश्त का। राजनीति में अच्छी याददाश्त हो तभी आप जम सकते हैं। मैंने यहाँ पहले दिन सचिवों की मीटिंग की और दूसरे दिन ही मैं उन्हें उनके नाम से बुलाता। इससे उनको आश्चर्य होता था। सामान्य तौर पर पाँच साल जो मुख्यमंत्री रहे हों, वे भी सचिवों को नहीं जानते। हमारे अशोक भटट् खाड़िया (एक विस्तार) में से निकले, सभी को उनके नाम से बुलाते।

इसका बड़ा लाभ मिलता है। आपातकाल के दौरान जेल में काफी लोग थे। लेकिन मैं जेल में न था। अंडरग्राउंड था। बाबूभाई जशभाई पटेल (पूर्व मुख्यमंत्री) भी जेल में थे। उन्होंने जेल में 'शांकुतलम' ड्रामेटिक एक्शन के साथ संस्कृत में किया था। लोग काफी प्रभावित हुए थे। जेल से हमारे लिए, जो चिट्ठी आती, उनमें यह सब बातें आतीं। बाबूभाई नाटक अच्छी तरह करते।

मुख्यमंत्री के रूप में आपकी सफलता का खास पहलू क्या था?

मुख्यमंत्री के तौर पर सरकार की सफलता का खास पहलू है—टीमवर्क। पूरे तंत्र को कर्मयोगी आंदोलन के रूप में लोकाभिमुख करने की मेरी मेहनत का जो अवसर मिला है, वह लंबे अरसे के बाद राज्य के लिए स्थायी रूप से शुभ परिणाम लाएगा।

आप में जबरदस्त आत्मविश्वास है, उसका कारण क्या है?

मुख्यत: सभी मामलों में भीतर जाकर निश्चय करने की वृत्ति और व्यक्तिगत जीवन में कोई आशा, कोई अपेक्षा या अरमान नहीं है। जिनके विचारों में सच की टंकार हो, उनके विचार स्वीकृत होते हैं। आखिरी विजय सत्य की होती है, व्यक्ति का नहीं।

आपके जीवन की सबसे बड़ी सफलता और सबसे बड़ी विफलता कौन सी है?

अभी ऐसे मूल्यांकन के लिए मैं छोटा हूँ। व्यक्तिगत जीवन की सफलता या विफलता से इसका संबंध नहीं है।

आप 18-18 घंटों तक काम करते हैं, फिर भी आपका हर पल, ताजगी भरा रहता है, इसका रहस्य क्या है?

काम की विविधता से रिलेक्स हो जाता हूँ। सरकारी फाइलों में भी विविधता होती है। उसी तरह स्थान बदलकर भी रिलेक्स हो जाता हूँ। कभी जल योजना के कार्यक्रम में

जाता हूँ तो घंटे भर बाद एजुकेशन के कार्यक्रम में। थकान का हमारी फिलॉसफी से संबंध होता है। किसी भी काम में दिल लगाने की फिलॉसफी न रखते हो तो थकान नहीं लगती है। जैसे कि मैं इंटरव्यू देने की बात को बोझ समझूँ तो थकान लगे, लेकिन मैं आपके साथ बातचीत में दिल लगाने की सोचूँ तो मुझे थकान नहीं लगेगी। मूलत: बात काम के प्रति दृष्टिकोण की है। मैं मानता हूँ कि काम करने से नहीं, बल्कि काम न करने से थकान होती है। काम हो जाए, तो फिर संतोष और आनंद मिलता है। गुजरात की जनता ने मुझे जिम्मेदारी सौंपी है और विकास मेरा एजेंडा है। 'स्काई इज दि लिमिट' जितना करूँ, उतना कम है। मुझे गरीबों की झोंपड़ी तक विकास ले जाना है। मुझे गुजरात को विश्व के समृद्ध देशों की कतार में खड़ा करना है। इस स्वप्न को साकार करने के लिए काफी कुछ करना बाकी है। मेरे कई सपने हैं, काफी मेहनत करनी है। मुंबई में एक बार मेरा भाषण था। 'वसुधा बाघ' करके वहाँ एक प्रसिद्ध एस्ट्रोलॉजर बहन है। उनकी एक किताब सुरेश दलाल ने प्रकाशित की है 'मेरा भाग्यविधाता'। उनके लोकार्पण के लिए मुझे बुलाया था और उस विषय पर मुझे बोलना था। मैंने कुछ खास सोचा नहीं था। खड़ा हुआ, तब मुझे सूझा। मैंने कहा, मेरा भाग्यविधाता मेरी जिम्मेदारी है। मेरी हर जिम्मेदारी ही मेरा भाग्य तय करती है। मेरी हर जिम्मेदारी मेरा अगला द्वार खोलती है। अपनी जिम्मेदारी को मैं कमिटमेंट के साथ निभाता हूँ, उससे मेरा अगला दरवाजा खुलता है।

क्या पूरा दिन सिक्योरिटी में घूमने से बोर नहीं होते आप ?

आपने ठीक मेरे मन की बात कही। इतना बोर जीवन है कि उसका वर्णन शब्दों में करना मुश्किल है। संपूर्ण स्वतंत्रता खत्म हो जाती है। घर से बाहर निकला नहीं कि सिक्योरिटी ने घेर लिया। मुझे जो सिक्योरिटी देते हैं, उन्हें देखकर दया आती है। मैं तो एक वर्कहोलिक हूँ और उनको सुबह-शाम खड़े रहना पड़ता है। मेरी वजह से उनको काफी मेहनत करनी पड़ती है। मानवीय तौर पर मुझे कई बार ऐसा लगता है कि हमारे देश की यह कैसी दशा है? मन में काफी तकलीफ होती है। मंदिरों में भी सुरक्षा की वजह आतंकवाद है। आतंकवाद ने देश में असुरक्षा का वातावरण पैदा कर दिया है।

आप गीत-संगीत सुनना पसंद करते हैं ?

मुझे हिमालय काफी पसंद है। इसलिए कॉल ऑफ द वेली (शिवकुमार शर्मा और हरिप्रसाद चौरसिया का ज्यादा सुनता हूँ। कल-कल बहती झील, किल्लोल···अब वक्त नहीं मिलता। मुख्यप्रधान बनने के बाद मनपसंद चीजें जैसे छिन गई हैं, वक्त के अभाव के कारण। लेकिन हाँ, मैं कार में रिलेक्स होने के लिए चिदानंद रूपो शिवोऽहं, शिवोऽहं···सुनता हूँ। फिर जब तक कार खड़ी रहे, तब तक पूरा रिलेक्स हो चुका होता हूँ।

आपका मनपसंद फिल्मी गाना कौन सा है ?

किशोरकुमार का 'कुछ तो लोग कहेंगे, लोगों का काम है कहना...' बस, उसके बाद की कड़ी से मुझे कुछ लेना-देना नहीं है। सच कहूँ, मुझे दर्द भरे गाने अच्छे लगते हैं।

अन्य भाषा के गीत भी सुनते हैं आप ?

मुझे भाषा पकड़ने का ईश्वरीय वरदान है। बंगाली गीत मैं दिल से सुनता हूँ। कार में होता हूँ तो बंगाली गाना सुनता हूँ। सुबह जल्दी उठने की आदत है। बांग्ला आकाशवाणी सुबह पाँच बजे शुरू होती है और अपनी आकाशवाणी सात बजे शुरू होती है। उसकी वजह से मुझे बांग्ला आकाशवाणी सुनने की आदत है। मैं उतने ही आनंद से बंगाली गाना एंजॉय करता हूँ, जितने आनंद से गुजराती गाना सुनता हूँ।

आप टेक्नोसेवी हैं, क्या कंप्यूटर का भी उपयोग करते हैं ?

एक वक्त था, जब मैं कंप्यूटर पर घंटों बैठकर काम करता। सर्चिंग करता। नई-नई चीजें जानता। दुनिया में क्या चलता है, टेक्नोलॉजी के उपयोग में कौन सी शोध हो रही है, सर्चिंग करना जानता हूँ। लेकिन अब उपयोग कम हो गया है।

कोई व्यक्तिगत, घर-परिवार के प्रश्नों के मामलों में सलाह लेने आए तो उन्हें क्या सलाह देते हैं ?

ऐसे लोगों के साथ बात करना मुझे पसंद है। आप नहीं मानेंगे, लेकिन कई निराश लोग मुझे फोन करते हैं। लोग अपनी पारिवारिक समस्या भी बताते हैं। मैं उनकी दुःख की घड़ी में शामिल होता हूँ, यही है मेरा कंट्रीब्यूशन। लोगों के साथ की गई बातचीत मेरे लिए भी उपयोगी है। एक उदाहरण दूँ। मैं मुख्य प्रधान बना, उससे पहले की बात है। एक बहन ने मुझे सुबह फोन किया। मैं उन्हें जानता भी नहीं था। उनकी बातें घर-परिवार की बातें थीं। उन्होंने काफी बातें कहीं। मैंने उनसे कहा कि आप एक काम करें, जिस-जिस व्यक्ति के बारे में आपको कहना हो और जो भी वर्णन करना हो, वह सब कागज पर लिख दो। एक भी बात बाकी न रह जाए। बस लिखते ही जाओ, लिखते ही जाओ। आपको ऐसा लगे कि अब नहीं लिख पाऊँगी, तब कागज को बिना पढ़े फाड़ कर फेंक दो। कोई भी व्यक्ति इस व्यायाम को दो-तीन बार से ज्यादा नहीं कर पाएगा। मेरा कहना यह है कि आप किसी व्यक्ति से कुछ कह नहीं पाते तो खुद ही आप उसके साथी मार्गदर्शक बन जाइए।

आपके जीवन की सबसे दुःखद बात कौन सी है ?

अरे, भाई सुख और दुःख तो जीवन में होता है। मैं दुःख को भी अपना बनाकर जीवन का आनंद लेता हूँ। मुझे किसी से कोई शिकायत नहीं। किसी से अपेक्षा नहीं, मेरा कोई व्यक्तिगत एजेंडा भी नहीं है।

आपके जीवन में, जिसका सबसे बड़ा योगदान हो, ऐसा व्यक्ति कौन है ?

संघ प्रचारक के रूप में मैंने काम किया। उसमें मुझे काफी लोगों का सहयोग मिला।

उसमें लक्ष्मणराव इनामदार यानी कि वकील साहब का सहकार मिला। उसके अलावा बालासाहब देवरस, भाऊराव, दत्तोपंत और एकनाथ से मेरी चर्चा होती थी। मार्गदर्शन भी उनसे मिलता था।

आपका प्रार्थना में क्या यकीन है ?

हाँ, निश्चित रूप से। प्रार्थना को मैं ईश्वर को स्मरण करने की एक रीति समझता हूँ। मैं रोजाना सुबह ओमकार का स्मरण करता हूँ। नाभि के भीतर से आई इस आवाज में एक ताकत है। कभी-कभी शाम को रट लेता हूँ। पानी शरीर को साफ रखता है तो प्रार्थना अंतरमन को शुद्ध करती है। हाँ, प्रार्थना असर करती है, उसे तौलने का कोई साधन नहीं होता। हाँ, लेकिन मेरा तर्क यह है कि संकट के समय यदि व्यक्ति ऐसा सोचता है कि आज वो भाई या बहन हाजिर होते तो बड़ा अच्छा होता। तब मैं यह मानता हूँ कि 'वे भाई' यानी ईश्वर हैं, ऐसा समझ लीजिए?

आप अपने मन की बात खुलकर कह सकें, ऐसा व्यक्ति कौन है ?

मेरे जीवन में ऐसे तीन व्यक्ति हैं। दो का निधन हो चुका है। मैं उनके नाम बताऊँगा। एक तो वकील साहब थे, जिन पर मैंने किताब भी लिखी। वे अब नहीं रहे। मेरा टीनएज बाद का जीवन। उनके पास पला। इसीलिए मेरी सभी बातों से वे परिचित थे। मेरे सुख-दुःख से भी। उनके बाद दत्तोपंत ठेंगडी के साथ रहा। हम साल एक-दो बार मिलते। वे दिल्ली में रहे। उनका सतत प्रवास चलता रहता। मेरी भी जिम्मेदारी होती। उनके साथ मैं स्वाभाविक रूप से निजी बातचीत करता। लेकिन वे भी अब नहीं रहे। मुझमें कमजोर विचार आते, तो मैं उनके सामने उन्हें व्यक्त करता। मैं मानता हूँ कि ये लोग मुझे अंदर-बाहर सब तरह से जानते थे सभी के जीवन में ऐसा कोई व्यक्ति होना ही चाहिए। एक कंधा ऐसा होना चाहिए कि जिस पर आदमी सिर रखकर रो सके। कुछ दिन पहले मेरे एक रिलेटिव भाई का टेलीफोन आया। इतने दुःखी थे कि रो पड़े। मैंने कुछ देर बाद एसएमएस किया। बाथरूम में पूरी बालटी। आँसू बहाने से संतोष नहीं मिलता, लेकिन स्वजन के कंधे पर सिर रखकर एक बूँद भी टपके तो दुःख दूर हो जाता है। कुछ देर बाद उनका एसएमएस आया—सैटिसफाइड।

फिल्म देखना पसंद है ?

मुझे कलात्मक या स्लो फिल्में पसंद हैं, जिनमें विचारप्रक्रिया हो। ऑफबीट या आर्ट फिल्म पसंद है। मंथन जैसी। जिन्हें देखकर विचार आए और क्रिया-प्रक्रिया शुरू हो, लेकिन प्रतिक्रिया नहीं। अब तो यह सब बाजू पर है। मैं उपवास के स्टेज पर हूँ। मुझे परिणाम देना हैं। इसलिए साधक की तरह लग जाऊँ तो ही परिणाम दे सकूँगा।

सुखी होना यानी ?

शिकायत नहीं और अपेक्षा नहीं। ये दोनों पटरी की गाड़ी ऐसी हैं कि सुख की गति

में कभी ओट नहीं आती। दु:ख की वजह हमेशा अपेक्षा होती है।

ईमानदारी के बिना क्या सफलता मिलती है ?

ईमानदारी से अनेक नतीजे निकलते हैं। सवाल फूटपट्टी का होता है। आप कौन सी फूटपट्टी किसके लिए उपयोग करते हैं, उसका क्या आधार है। लेकिन अपने अनुभव के आधार पर कहूँ तो प्रामाणिकता से सफल हो सकते हो। लोगों की अपनी-अपनी फूटपट्टियाँ होती हैं।

आप ईमानदार नेता के रूप में माने जाते हैं, भ्रष्टाचार के बारे में आपका क्या कहना है ?

जीवन में मुझे कभी ईमानदारी का दावा करने के लिए निवेदन नहीं करना पड़ा। लेकिन लोगों का मानना है कि मैं ईमानदार हूँ। जहाँ तक भ्रष्टाचार की बात है, समाज में दो किस्म का भ्रष्टाचार है।

सबसे पहली समस्या राजकीय भ्रष्टाचार की है और दूसरी समस्या रोजाना जीवन में घुस गए भ्रष्टाचार की है। राजकीय भ्रष्टाचार अत्यंत गंभीर और चिंतानजक समस्या है। यह बंद होना ही चाहिए और उसकी शुरुआत ऊपर से होनी चाहिए। ऊपर के व्यक्ति उसे प्रोत्साहन न दें तो नीचे के व्यक्ति भ्रष्टाचार से दूर रहेंगे। कहने का मतलब है कि धीमे-धीमे इस दिशा में सोचनेवालों की संख्या बढ़ती चली जाएगी। देश के सभी राजनेताओं को ऐसे भ्रष्टाचार के बारे में सोचने की आवश्यकता है। दूसरे, रोजाना के जीवन में घुस गए भ्रष्टाचार की बात। उदाहरण के तौर पर रेलवे में जगह लेने के लिए या एडमिशन लेने के लिए हम पैसे देते हैं। यह दोष दूर करने के लिए समाज को जाग्रत् किया जाए तो उसे मिटा सकते हैं।

आज के माहौल में भ्रष्टाचार या क्लेश बिना राजनीति संभव है ?

गुजरात में मुख्यमंत्री के अनुभव के आधार पर मैं विश्वासपूर्वक कह सकता हूँ कि कोई भी चीज असंभव नहीं है।

आप खुद को 20 साल बाद कहाँ देखते हैं ?

अपने जीवन के लिए मैंने कभी कोई निश्चय नहीं किया। कल का पता नहीं। अपने लिए कोई योजना नहीं बनाई। अपना कोई रोड मैप नहीं है। ईश्वर या संगठन मेरी योजना बनाता है। लेकिन आपको पक्का भरोसा दिला दूँ कि मैं जहाँ भी रहूँगा, इतनी ही मस्ती से, लगन से काम करूँगा। और हाँ, जिस काम के लिए गया होऊँगा, वही काम करूँगा।

भारत सुपर पावर बनेगा क्या आप मानते हैं ?

हम आज भी क्या सुपर पावर नहीं हैं? मानवीय मूल्यों और जीवन संबंधी दृष्टिकोण के तौर पर विश्व में 'वी आर सुपर पावर'।

हमारा मूल चिंतन अर्थ (आर्थिक) की दौड़ का स्पर्धा का कभी नहीं रहा। लेकिन

अब आर्थिक आक्रमण होने के कारण अपने सुपर तत्त्वों को बचाने के लिए आगे आना पड़ेगा।

वास्तव में 10 साल के इतिहास में ऐसा प्रतीत होता है कि भारत का वैश्विक कर्तव्य है। विश्व की मानवजाति के लिए कल्याण-मार्ग दिखाना विधाता ने तय किया है। भारत को यह भूमिका पूरी करनी है। मुझे विश्वास है कि भारत यह करता रहा है और भविष्य में भी करता रहेगा। उसकी आत्मिक और आंतरिक ताकत उसे इस दिशा में जगत् कल्याण के कार्य को निरंतर जारी रखने के लिए प्रेरित करेगी।

लोक कल्याण के कार्यों में समाज के सभी वर्गों के लोगों को आप किस तरह जोड़ सके ?

गुजरात में गरीब कल्याण मेले आयोजित किए, मेरा अनुभव है कि सामान्य तौर पर कोई राज्यस्तरीय कार्यक्रम करना हो और लाख लोगों को इकट्ठा करना हो तो हमारे यहाँ जय-जयकार हो जाता है। लोक कल्याण मेले में हमने केवल जिला स्तरीय कार्यक्रम किए, जिसमें तीन-तीन, चार-चार लाख लोग आते थे। यह थी भागीदारी। विकासयात्रा में जुड़ने का लोगों में उत्साह दिखता है। उदाहरण दूँ, हम यहाँ पानी बचाने का एक अभियान चला रहे हैं। चेकडेम जैसे कार्य करते हैं, वृक्षों के जतन के लिए वन महोत्सव, शाला प्रवेशोत्सव, कन्याभ्रूण हत्या रोकने के लिए, बेटी बचाओ अभियान का जन-आंदोलन, ऐसे अनेक कार्य हैं, जो लोक भागीदारी से चलते हैं।

अखबार, न्यूज चैनल में आपकी काफी आलोचना होती है। आप पर उसका कितना असर होता है ?

(दबाव के साथ) जरा भी नहीं। डिक्शनरी का एक भी खराब शब्द ऐसा नहीं है, जिसका मेरे लिए प्रयोग नहीं किया गया। लेकिन मैं टोटली डिटेच्ड रहता हूँ। दूसरा, यदि मैंने कुछ गलत नहीं किया है तो किसलिए मुझे अपसेट होना चाहिए। मैं छवि के भरोसे चलने वाला आदमी नहीं हूँ। ईश्वर को साक्षी मानकर राज्य के साढ़े छह करोड़ गुजरातियों का भला करने की कोशिश करता हूँ। मैं भी मनुष्य हूँ, इसीलिए सच और सही करने की कोशिश में कभी गलती हुई होगी, लेकिन एक बात पक्की है कि मेरा इरादा कभी खराब नहीं होता।

मोदी सरकार उद्योगपतियों की ही मदद करती है। विदेशी कार के प्रोजेक्ट से केवल औद्योगिक विकास ही ज्यादा होगा, ऐसा विपक्ष का आरोप है, क्या कहेंगे ?

गुजरात का औद्योगिक विकास हकीकत में सहजता से होता है। मेरी सरकार सबसे अधिक कार्य ह्यूमन डेवलपमेंट इंडेक्स (मानव विकास सूचकांक) सुधारने के लिए करती है। मेरे इन कांग्रेसी प्रशंसकों को 15,000 करोड़ की आदिवासी मानव कल्याण योजना, 11,000 करोड़ की सागर खेडू योजना, 13,000 करोड़ की शहरी गरीब योजना क्यों नहीं

दिखतीं? मेरी सरकार ने 2002 में बेटी बचाओ आंदोलन शुरू किया, तब जेंडर रेशियो (स्त्री-पुरुष जन्म का गुणांतर) 802:1000 का था। जो आज 874:1000 का हो गया है। दुनिया के देशों में भारत का क्रमांक ह्यूमन डेवलपमेंट इंडेक्स की दृष्टि से 126वाँ है। यह शर्मनाक है। लेकिन हम माता और शिशु मृत्युदर को कम करने में जुटे हैं। गलीपति से राष्ट्रपति तक सब पिछले 30 साल से ये मुहिम चलाने की बात करते हैं। लेकिन 'चिरंजीवी योजना' के तहत हमने इस क्षेत्र में सफलता प्राप्त की है। गुजरात में गरीब प्रसूता अब अस्पताल में आती है और अपने को सुरक्षित महसूस करती हैं। कुपोषण के लिए हम फोर्टिफाइड आटा, फोर्टिफाइड चॉकलेट, फोर्टिफाइड तेल की पूर्ति करते हैं। हमने केवल आतंकवाद के खिलाफ नहीं, कुपोषण के खिलाफ भी युद्ध छेड़ा है। गाँवों में गर्भवती महिलाओं के लिए सुखड़ी, ग्रामीण डेरियों में गरीबों के लिए अलग दूध देने की स्वैच्छिक योजना जैसे काम सहभागीदारी से हो रहे हैं। गुजरात के गरीबों के लिए शहरी और ग्रामीण क्षेत्र में पाँच लाख मकान सरकार बना रही है। गुजरात के युवाओं के रोजगार के लिए तालीम और इंग्लिश सुधारने के लिए स्कोप कार्यक्रम हाथ में लिया है। इनशॉर्ट, गुजरात सरकार ने ओटला से रोटला तक आहार, शिक्षण से लेकर आरोग्य तक तमाम बातों का ध्यान रखा है।

आप केंद्र द्वारा गुजरात के साथ अन्याय की बात करते हो, वह किस हद तक सच है?

मैं केंद्र सरकार द्वारा किए जा रहे अन्याय की बात करता हूँ। गुजरात की जनता को मेरी यह विनती है कि वह इस प्रश्न पर सोचे। खास कर केंद्र की योजनाओं का लाभ अन्य जिन राज्यों को मिला है, उसे जाँचे। उदाहरण के तौर पर, राष्ट्रीय मार्गों की बाबत तमिलनाडु को रुपए 13 हजार नकद दिए। जब कि गुजरात में प्रधानमंत्री के जारी किए दांडीकूच के लिए पैसे नहीं मिलते हैं। गैस गुजरात में मिलती है, फिर भी पिपावाव के लिए गैस नहीं मिलती। गुजरात को मिलने वाली बिजली में से रातों में ही 200 मेगावाट बिजली मुंबई को दी जाती है। क्योंकि मुंबई में अँधेरा हुआ तो दुनिया में खराब माना जाएगा, यह दलील देकर गुजरात के साथ अन्याय होता है। संगठित अपराधों के लिए महाराष्ट्र में मकोका कानून मान्य रखा जाता है। वैसे ही गुजकोक कानून गुजरात के लिए मान्य नहीं है। गुजरात पाकिस्तान का पड़ोसी सरहदी राज्य है। सोचिए, गुजरात के लोगों के मरने से दिल्ली को क्या मजा आता होगा?

आपके शासन के दौरान उपलब्धियाँ कौन सी हैं?

वैसे तो मेघधनुष के रंगों जैसी सीमित उपलब्धियाँ नहीं। सैकड़ों उपलब्धियाँ हैं, इस सरकार ने पंचामृत योजना का आधार लेकर काम शुरू किया। ...ज्ञानशक्ति, जलशक्ति, ऊर्जाशक्ति, जनशक्ति और रक्षाशक्ति। सभी में आपको सैकड़ों उपलब्धियाँ मिलेंगी। उदाहरण

दूँ, मुझे याद है कि जिस दिन सरकार में आया, तब लोगों ने कहा, साहब, शाम को खाना खा सकें, उतनी देर तक सही, बिजली दो। हम अपने राज्य में दे सकते हैं। गुजरात में पानी का संकट है। हमने वाटर मैनेजमेंट का अभियान चलाया। चेकडेम, बोरीबँध, खेत और तालाब में सबसे अधिक काम किया। पूरे देश में नदियों का एकत्रीकरण हो, इसके लिए गलीपति से राष्ट्रपति तक सब बोले, लेकिन इस सरकार ने नदियों का एकत्रीकरण किया। साबरमती में आज बारहों महीना पानी बहता है। वजह क्या? नर्मदा का पानी साबरमती में बहता है। राज्य में बीस नदियाँ हमने लगभग जीवित की हैं। गुजरात ने कन्या शिक्षा अभियान चलाया। जब मैं आया था, तब केवल 60 प्रतिशत बालक स्कूल जाते थे। आज पूरे सौ प्रतिशत बालक स्कूल में भरती होते हैं। पहले पचास-बावन प्रतिशत तक ड्रॉपआउट था। बालक स्कूल छोड़ देते थे। वो बावन प्रतिशत से आज कम होते-होते करीब ढाई-पौने तीन प्रतिशत पर हम हैं और 2010 में जब गुजरात ने स्वर्णिम जयंती महोत्सव किया और संकल्प लिया, तब हम जीरो ड्रॉप आउट तक भी गए।

उसी तरह कुपोषण में पूरे देश की अपेक्षा गुजरात में स्थिति अच्छी है। लेकिन गुजरात जैसे राज्य में कुपोषण न हो, गरीब माताओं, गरीब बालकों के लिए फोर्टिफाइड आटा, फोर्टिफाइड ऑयल, पीने का शुद्ध पानी मिले, ऐसी व्यवस्था है। दूसरी ओर, ई-गवर्नेंस, इक्कीसवीं सदी का ढाँचा गुजरात में रखने के लिए टेक्नोलॉजी का उपयोग किया जाए और गुजरात के सभी गाँवों को ब्राडबैंड कनेक्टिविटी से जुड़ने का अभियान छेड़ा। दुनिया के देशों में जो सुविधाएँ नहीं मिलतीं, ऐसी सुविधाएँ ब्राडबैंड कनेक्टिविटी से गाँव के लोगों को मिलेगी और गुजरात का गाँव विश्व के साथ जुड़ेगा। गुजरात इन्वेस्ट में हिंदुस्तान में नंबर वन कतई नहीं था। पिछले साल से लगातार गुजरात हिंदुस्तान में इन्वेस्ट में नंबर वन है। रिजर्व बैंक के आँकड़ों के अनुसार 26 प्रतिशत इन्वेस्ट केवल गुजरात में और बाकी के 74 प्रतिशत में पूरा हिंदुस्तान है। दूसरा काम हाथ में लिया ड्रिप इरिगेशन का। सुजलाम-सुफलाम योजना, जलसंचय और जलसिंचन का। इस दोनों तरह की योजना में होलिस्टिक एप्रोच बनाया। दूसरे महत्त्व के तीन निर्णय हमने किए। जिसका असर पूरे हिंदुस्तान में होगा, वो है वनबंधु कल्याण योजना का रुपए पंद्रह हजार करोड़ का इंटिग्रेटेड डेवलपमेंट का पैकेज। तेरह हजार करोड़ रुपए का सागरखेडू इंटिग्रेटेड डेवलपमेंट पैकेज और शहरी गरीबों के लिए ग्यारह हजार करोड़ का पैकेज।

आतंकवाद के खिलाफ आप हमेशा लड़ते रहे हैं ?

गुजरात में एक भी ब्लास्ट न हो, तब भी मैं आतंकवाद के खिलाफ आवाज उठाता रहता। एक तो मैं अकेला नहीं। पूरे देश में वातावरण देखता हूँ। देश का छोटा व्यक्ति भी मानता है कि आतंकवाद के खिलाफ कड़ी कारखाई होनी चाहिए। हिंदुस्तान में जितने भी सर्वे हुए हैं, उन सब में एक ही निष्कर्ष आया है। इस देश में आतंकवाद के खिलाफ नरम

नीति है। उसी का यह परिणाम है। निर्दोष लोग मरते हैं। आतंकवादी ऐश करते हैं। आतंकवाद एक प्रोक्सी वॉर है। किसी युद्ध के वक्त हम क्या करते हैं? सरकार ऐलान करे कि अँधेरा रखना है तो हम सब ब्लैकआउट करते हैं। हरेक नागरिक युद्ध में सहभागी होता है। इसी तरह यह एक प्रोक्सी वॉर है। इसमें जो नियम है, उसका पालन करना पड़ेगा। सुरक्षा के आवश्यक बंधनों को ही हम स्वीकार करें तो ही ये लोग विफल होंगे। युद्ध के वक्त प्रधानमंत्री हो या देश का सामान्य नागरिक, एक ही भाषा बोलता है। देश एक ही चर्चा करता है : दुश्मनों को परास्त करो। युद्ध में विजयी बनो और पूरे देश में विजय का वातावरण होता है। आतंकवाद एक प्रोक्सी वॉर है। सबकी एक ही आवाज होनी चाहिए—आतंकवाद मिटाओ।

आतंकवाद मिटाने का उपाय क्या है ?

भारत में आतंकवाद 30 साल पुराना है। सर्वे बताता है कि दुनिया में इराक के बाद आतंकवाद का सबसे अधिक नुकसान भारत को हुआ है। युद्ध से भी ज्यादा सेना के जवान और अधिकारी आतंकवादियों की गोली से मारे गए हैं। It is a sponsored terrorism. उनको यहाँ से लड़के मिल जाते हैं। उनकी भावना से खेलकर उन्हें भरती किया जाता है। और ये युवक पढ़े-लिखे, आर्थिक तौर पर संपन्न परिवार से आते हैं। आतंकवाद का खौफ धीरे-धीरे बढ़ता जा रहा है, क्योंकि उन्हें कोई रोकने वाला नहीं है या रोक नहीं पाता। वे लोग आते हैं। बेखौफ पेश आते हैं और चले जाते हैं। देश कुछ करे या न करे, लेकिन गुजरात चुप नहीं रहेगा, जब तक आतंकवाद के संदर्भ में जीरो टोलरेंस एटीट्यूड न हो। हम नए आतंकवादियों को बनने से रोक नहीं सकते। यदि आतंकवाद को नहीं रोकेंगे तो निर्दोष लोगों को मरता देखते रहेंगे। भारत के करीब-करीब सभी राज्यों में केंद्र सरकार को जीरो टोलरेंस लाना पड़ेगा। गुजरात जीरो टोलरेंस के मूड में काम करता है और हम मानते हैं कि जिस तरह पंजाब में आतंकवाद को मिटाया गया, उसी तरह भारत की धरती पर से आतंकवाद मिटाया जा सकता है।

गुजरात में पिछले कई सालों से शाला प्रवेशोत्सव, कन्या-शिक्षण के कार्यक्रम होते हैं, आपको यह विचार कैसे आया ?

सच कहूँ तो कन्या केलवणी शाला प्रवेशोत्सव कार्यक्रम का जन्म दर्द-पीड़ा में से हुआ। सन् 2001 में जब मैं पहली बार मुख्यमंत्री बना, तब सचिवों की बैठक के दौरान अनेक विभागों की कामगीरी और सभी क्षेत्रों की विस्तृत जानकारी मुझे मिली। उस दौरान गुजरात में शिक्षण क्षेत्र की स्थिति का पता चला कि शिक्षण क्षेत्र में देश में गुजरात 20वें नंबर पर है। गुजरात शिक्षण क्षेत्र में बिहार से भी पीछे था। इससे मैं काफी विचलित रहा। एक धक्का सा लगा। बेचैनी का अनुभव हुआ। मेरे लिए यह बहुत ही कष्टदायक था। गुजरात में छात्रशिक्षण की ऐसी स्थिति? यह परिस्थिति बदलनी ही चाहिए और उसी

वक्त कन्या-शिक्षण या शाला प्रवेशोत्सव का विचार मेरे मन में आया। तुरंत हमने उस पर अमल किया और आज कन्या केलवणी या शाला प्रवेशोत्सव कार्यक्रम एक जन आंदोलन बन चुका है। आज इस कार्यक्रम की वजह से ड्रॉप आउट रेशियो, आज से पाँच साल पहले 29 फीसद से भी अधिक था, वह कम होकर दो फीसद पर आया है। हमारा प्रयास है कि जीरो ड्रॉप आउट रेशियो हो जाए, उसके लिए शिक्षण क्षेत्र में जिस सुविधा की जरूरत हो, उसे पूरी करने का आयोजन राज्य सरकार ने किया है।

भारतीय जनता पार्टी का ध्येय क्या है ?

हमारा सपना है—परम वैभव संपन्न भारतमाता। हमारा सपना है, फिर एक बार भारतमाता जगतगुरु के स्थान पर बैठे। हमारा सपना है, भारतमाता सुजलाम-सुफलाम बने। हमारा ध्येय है, सर्वे भवन्तु सुखिन:, सर्वे सन्तु निरामया, सर्वे भद्राणी पश्यंतु, मा कश्चिद दुखभागभवेत। वसुधैव कुटुंबकम् हमारा ध्येयवाद है। सहनाववतु सहनौ भुनक्तु हमारा ध्येय है। राष्ट्रीय स्वाहा इदं नम: हमारा ध्येय है। त्येन त्यक्तेन भुंजीथा हमारा ध्येय है। हिंदू सर्वे सर्वो सहोदरा हमारा ध्येयवाद है। न हिंदू पतितो भव, हमारा ध्येयवाद है। कर्मण्येवाधिकारस्ते मा फलेषु कदाचन। मेरी प्रत्यक्ष जानकारी के आधार पर मेरा मानना है कि आज के सार्वजनिक जीवन में तथा उसमें भी राजनीति जैसे फिसलते क्षेत्र में भी हमें संतोष का एहसास हो, ऐसी संगठित टीम और कार्यकर्ता भाजपा के ही पास हैं।

अब तक के अपने नेतृत्व में आपको सबसे अधिक आनंद किस उपलब्धि से है?

काफी उपलब्धियाँ हैं, अगणित बातें हैं, जिन पर आनंद होता है। लेकिन सबसे अधिक आनंद मिला चिरंजीवी योजना से। आप जानते हैं कि वैश्विक मानव विकास अंक में भारत का नंबर 126वाँ है। यानी हम काफी पीछे हैं। गरीबी रेखा तले जीते लोगों में मृत्युदर और माताओं की मृत्युदर काफी है। बालक के जन्म के वक्त माता की मृत्यु होती है या फिर बालक मौत के मुख में चला जाता है। इसीलिए ईश्वर की कृपा से मन में यह विचार आया तो एक नवीन दृष्टिकोण से चिरंजीवी योजना को आकार मिला।

सरकार के पास प्रसूतिगृह की संख्या पर्याप्त नहीं है। हमने ऐलान किया कि जो भी माता प्रसूति के लिए जाएगी, उसकी फीस सरकार देगी। इतना ही नहीं, घर से अस्पताल तक जाने का और अस्पताल से घर आने का किराया भी सरकार देगी। इसके अलावा, जो माता अस्पताल में रहेगी तो उनकी देखभाल करनेवाले को रोजाना 200 रुपए सरकार देगी।

यह सब करने के बाद भी यदि प्रसूता या बालक, किसी को भी बचाया न जा सके तो दस हजार रुपया सरकार बतौर राहत देगी।

शुरुआती दौर में हमने यह योजना पाँच जिलों में शुरू की थी। 2,400 गरीब माताओं ने इस योजना में नाम रजिस्टर करवाए थे। हमने 100 माताओं में से 99 को बचा सके।

लेकिन एक माता की मौत हुई, उसका दु:ख है। 1400 में से 1355 को नया जीवन मिला। लेकिन 45 माताओं को नहीं बचाने का अफसोस रहेगा। अच्छी बात यह है कि इस योजना से अत्यंत गरीब परिवारों में जीवन की नई आस बँधी है। अब तो पूरे गुजरात में यह योजना शुरू की गई है। लंदन के 'फाइनेंस टाइम्स' ने पूरी दुनिया में (एशियाई इनोवेटिव स्कीम) उदाहरण के तौर पर इस योजना को शामिल करके सिल्वर मेडल दिया है। केंद्र सरकार ने भी यह योजना स्वीकार की है।

वाइब्रंट गुजरात ग्लोबल इन्वेस्टर्स समिट का विचार कैसे आया?

आज का युग स्पर्धा का युग है। स्पर्धा के युग में गुजरात पीछे न रह जाए, इस बारे में सतर्कता से काम लेना है। गुजरात के पास विशेष शक्तियाँ हैं। गुजरात की अपनी विशेष पहचान है। विश्व को हमारी इन शक्तियाँ की पहचान कराने के विचार से 'वाइब्रंट गुजरात' विचार का जन्म हुआ।

ग्लोबल इन्वेस्टर्स समिट की सफलता का मूल्यांकन आप कैसे करते हैं?

2003 की समिट एक विशेष प्रयास था। भारत भर में यह नवीनतम प्रयोग था। काफी नकारात्मक माहौल में 2003 के समिट का साहस किया था। गुजरात को बदनाम करनेवाले तत्त्वों ने नकारात्मक प्रयास जारी रखे। फिर भी 2003 का प्रयास सफल हुआ। लोगों को यह समझ में आया। 2005 में नकारात्मक माहौल कम था। एक प्रतीक्षा थी। क्या होगा? होगा कि नहीं होगा? कैसे होगा? वगैरह। बाद में समिट में जबरदस्त वातावरण का निर्माण हुआ। इन्वेस्टर्स, व्यवस्थापक और जनता में आत्मविश्वास प्रगट हुआ। वाइब्रंट गुजरात ग्लोबल इन्वेस्टर्स समिट का इरादा गुजरात की पहचान कराना था। दुनिया यहाँ आकर गुजरात को देखे, इन्वेस्ट करे और इसमें हम सफल रहे।

गुजरात में इन्वेस्ट होगा। रोजगार बढ़ेगा, लेकिन उससे भी विशेष सफलता यह है कि दो दिन की इस परिषद् से युवा गुजराती साहसिकों में एक वैश्विक लगाव पैदा हुआ है, जिसके कारण गुजरात को भविष्य में काफी फायदा होगा। यह फायदा तराजू से तौला नहीं जा सकता। गुजरात पर भरोसा रखें, ऐसा संदेश देने में हम सफल रहे हैं। गुजरात की सबसे बड़ी पूँजी विश्वास है और इसकी वजह से मैं परम संतोष की अनुभूति करता हूँ। इस अरबों रुपए के इन्वेस्ट से गुजरात का विकास गुणोत्तर में होगा। लाखों की तादाद में गुजरात में रोजगार मिलेगा। गुजरात की एक खूबी है कि किसी प्रकार की तंदुरुस्त हाईफाई का सामना करके भी उन्होंने अन्य राज्यों या विदेशी कंपनियों के उत्पादित माल को बाजार दिया है और उसके कारण ही गुजरात में औद्योगिक विकास की शुरुआत हुई है।

नरेंद्रभाई, सत्ता में आपके आने से सरकार के राष्ट्रीय कार्यक्रमों और सांस्कृतिक कार्यक्रम की गुणवत्ता तथा स्वरूप में काफी बदलाव देखने को मिला है, क्या इसे

जरा समझाएँगे ?

पहली बात, 15 अगस्त या 26 जनवरी या पहली मई के उत्सव एकदम सादे यानी हुए, अतः हुए की तरह थे। छोटी सी रकम होती थी और थोड़े से सरकारी अधिकारी और कहीं-कहीं पदाधिकारी मिलकर कार्यक्रम करते, यानी जनता की कोई भागीदारी होती नहीं। यह उत्सव जश्न के लिए नहीं, बल्कि नई पीढ़ी और जनसामान्य अपनी विरासत पर गौरव कर सके, इसलिए काफी महत्त्वपूर्ण हैं। जनता को अपने पूर्वजों के बलिदानों के बारे में जागरूक रखकर विकास और प्रगति की प्रक्रिया से जुड़ने का मार्ग सरल हो जाता है। हमने उसमें क्रमबद्ध सुधार किए। पहले तो राज्यस्तर के कार्यक्रम को एक जिले के मुख्य केंद्र में करना तय किया। जिस जिले में उत्सव हो, उनके सभी गाँवों में कोई-न-कोई विकास कार्य अधूरे हों, उन्हें पूरा करने की व्यवस्था हुई। इसके कारण जिले के पूरे प्रशासनिक तंत्र में चेतना आई। लोगों को ये उत्सव अपने लगने लगे। उत्सव के लिए उत्सव नहीं, लेकिन जनता की जागृति और विकास को लक्ष्य में लेकर हमने दोनों राष्ट्रीय पर्वों और गुजरात स्थापना दिवस को एक नई ऊँचाई के रूप में स्थापित किया। उसकी वजह से हमारा अपने कर्मयोगियों की शक्ति से परिचय हुआ और जनता को स्वगौरव की अनुभूति हुई।

इस कार्यक्रम का दूसरा अच्छा पहलू यह है कि हम तीनों पर्वों में भव्य सांस्कृतिक कार्यक्रम करते हैं। इस कार्यक्रम की गुणवत्ता और प्रस्तुति हरेक दौर में राष्ट्रीय और अंतरराष्ट्रीय हो, ऐसा हमारा प्रयास है। इससे इतिहास-बोध होता है। इतिहास की महत्त्वपूर्ण तारीख की नाट्यात्मक प्रस्तुति होती है। इस तरह, संशोधन, कलाबोध, स्थानीय कलाकारों का विकास और आधुनिक टेक्नोलॉजी एवं प्रस्तुति के वैश्विक प्रवाहों के सघन अभ्यास और संकलित अभ्यास के कारण मनोरंजन के माध्यम से इतिहास-बोध व उससे कारण राष्ट्राभिमान या स्वगौरव जैसी सूक्ष्म, लेकिन आवश्यक सामाजिक सिद्धियाँ भी मिल सकती हैं।

गुजरात में खेल महाकुंभ से खेल का जबरदस्त माहौल खड़ा हुआ है ? आपका क्या विजन है ?

हमें एक बात स्वीकार करनी चाहिए कि खेलकूद गुजरातियों का स्वभाव नहीं था। लेकिन टीवी वगैरह के विकास से हमारे युवा शारीरिक श्रम से विमुख होते जा रहे थे। खेलकूद केवल अवार्ड जीतने के लिए ही नहीं है। इसके लिए हमने एक माहौल पैदा किया। जब स्वर्णिम जयंती उत्सव के वक्त खेल महाकुंभ की कल्पना की गई थी, तब तीन प्रमुख ध्येय रखे थे—(1) गुजरात में खेलकूद का माहौल पैदा करना, (2) खेलकूद के क्षेत्र में प्रतिभा-शोध करना और (3) समाज में खेलकूद के माध्यम से जागृति पैदा करना।

यह सच है कि आज एक माहौल खड़ा हुआ है, क्वांटिटी हासिल की है, पहले साल 13.15 लाख, बाद में 15 और पिछले साल 17.62 लाख खिलाड़ियों ने स्पर्धा में हिस्सा लिया, यह अच्छी बात है; लेकिन अब उनके नेक्स्ट लेवल पर पूरे अभियान को ले जाना है। हमने इसीलिए स्वर्णिम गुजरात स्पोर्ट्स यूनिवर्सिटी की स्थापना की है। मुझे काफी वैज्ञानिक तरीके से कोच को तैयार करना है। जिले-जिले में एक स्पोर्ट्स स्कूल बनाना है। यह स्पोर्ट्स स्कूल एक बड़ा हब बनेगा, यूनिवर्सिटी अच्छे खिलाड़ी और व्यायाम टीचर तथा कोच तैयार करेंगी। मुझे गुजरात में अंतरराष्ट्रीय स्तर के सेंटर्स ऑफ एक्सेलेंस बनाकर सर्वश्रेष्ठ खिलाड़ी तैयार करने हैं। इस साल हमने 12 वर्ष से कम उम्र के खिलाड़ियों का समूह बनाया है। मुझे खेल महाकुंभ के 1000 श्रेष्ठ खिलाड़ियों का बारीकी से मॉनिटरिंग और मेंटरिंग करके गुजरात को भारत के खेलकूद के नक्शे में स्थान दिलाना है। मुझे दिव्य और भव्य गुजरात की रचना के लिए बचपन से ही गुजरात के युवाओं में 'स्पोर्ट्स मैन स्पिरिट' का विकास करना है। ऐसा करने से अनेक सामाजिक और आर्थिक समस्याएँ हल हो जाएँगी। यह महाभियान है, अगले पाँच साल में यह औद्योगिक और कृषि विकास जैसा ही महत्त्वपूर्ण सेक्टर बन जाएगा। इसके अलावा छोटे-छोटे नगरों में मल्टीपरपज सेंटर्स बनाकर खेलकूद और अन्य युवा विकास की प्रवृत्तियों को संकलित करके मैं क्वालिटी ऑफ लाइफ की तरफ, सीनियर सिटीजन और जनसामान्य के स्वास्थ्य पर सकारात्मक असर पड़े, ऐसे वातावरण की रचना करना चाहता हूँ। इस वातावरण से हमारी विकास गति दुगुनी होगी।

गाँव के विकास के लिए आपने ग्रामसभा विचार पर अमल किया है ?

ग्रामसभा विकास की सही दिशा का सोपान है। ग्रामसभा में सरकारी अधिकारी से गाँव का आदमी प्रश्न करता है कि साहब, आपने वह बात कही थी, उसका क्या हुआ? पचास या सौ लोग गाँव में ग्रामसभा में बैठे, ग्रामसभा में हिसाब-किताब करें, और ग्रामसभा में लोग खुली चर्चा करें कि गाँव में पटवारी आता है कि नहीं? पटवारी काम करता है कि नहीं? रास्ते का काम बना कि नहीं। लेकिन हमको कुछ गड़बड़ लगती है। गाँव में स्कूल है, लेकिन शिक्षक नियमित नहीं आते। ऐसे सार्वजनिक कार्यों में अनेक बाधाएँ आती हैं और उनके निवारण में असरकारक माध्यम ग्रामसभा है। गाँव में ग्रामसभा के कारण जागृति आई है। उसके साथ-साथ ग्रामसभा में गाँव के विकास के लिए गाँव में ही लोक भागीदारी का माहौल बना है। ग्राम पंचायतों के जरिए ग्रामसभा में ग्रामसेवक, पटवारी, सरपंच और शिक्षक मिलकर गाँव की शक्ल बदलने में महत्त्वपूर्ण योगदान दे सकते हैं।

सार्वजनिक विकास कार्यों को सामूहिक प्रयासों के जरिए निपटाने के ग्रामसभा के इस नवतर अभिगम को अच्छी सफलता मिली है। काफी समस्याओं का निवारण स्थान पर ही होता है। ऐसे आयोजन से पिछड़ा हुआ आदमी खुले मन से अपनी बात रखने लगा

है। अपनी बात कहने में उनमें आत्मविश्वास बढ़ा है।

गाँव में 24 घंटे बिजली, गुजरात के बाहर के लोगों को यह बात आज भी सपने जैसी लगती है। ज्योतिग्राम जैसी असंभव बात संभव कैसे बनी ?

गुजरात में आम आदमी गुजरात के विकास की कामना करता है। गुजरात आगे बढ़े, ऐसा सबका प्रण है। मुझे गुजरात का एकांगी विकास नहीं करना। दो-तीन जगह पर गुजरात का विकास दिखे, ऐसी स्थिति मंजूर नहीं। मुझे गुजरात के प्रत्येक गाँव का विकास करना है। आखिरी आदमी का विकास करना है। विकास की यह गंगा गाँव-गाँव पहुँचे, यह मेरा प्रण है। जैसे गुजरात धड़कता है, वाइब्रंट गुजरात पूरी दुनिया में मशहूर हुआ है। मेरी कोशिश है कि हरेक गाँव धड़कता हुआ हो। मुझे भरोसा है कि सरपंचों के नेतृत्व में और सबके पुरुषार्थ तथा परिश्रम से यह गुजरात का एक-एक गाँव धड़कता बनेगा। हमारे गाँव देखकर मन में पीड़ा होती है। मुझे याद है कि जब मैंने ज्योतिग्राम योजना की शुरुआत की, तब विधानसभा में उस वक्त विपक्ष के नेता अमरसिंहभाई चौधरी थे। मैंने समरस गाँव का ऐलान किया, तब अमरसिंह मेरे पास आए। मुझसे कहा, 'नरेंद्रभाई, आप नए-नए मुख्यमंत्री बने हो। आपको प्रशासनिक अनुभव नहीं है। किसी ने आपको आग का गोला पकड़ा दिया है। 24 घंटे गाँव में बिजली मिलना असंभव है। आप फँस जाओगे। मैं अपनेपन के भाव से आपसे कहता हूँ। विधानसभा में नहीं बोला, लेकिन एकांत में कहता हूँ। नरेंद्रभाई, आप फँस जाओगे। यह काम हो सके, ऐसा है ही नहीं। आप वचन देकर फँस जाओगे।' मैंने अमरसिंहभाई से मजाक में कहा, 'अमरसिंहभाई यह काम आसान होता तो मुझे नहीं बिठाया होता। कठिन है, इसीलिए मुझे बिठाया गया है।' कार्य वाकई कठिन था। लेकिन दिल में एक दर्द था कि शहर में बिजली है तो गाँव में क्यों नहीं। आज हिंदुस्तान में दिल्ली हो, मुंबई हो, कोलकाता हो, चेन्नई हो, बंगलोर हो, हैदराबाद हो, हिंदुस्तान का कोई गाँव, कोई भी बड़ा शहर ले लो, देश के एक भी शहर में 24 घंटे बिजली नहीं मिलती। गुजरात ही एक ऐसा प्रदेश है, जहाँ गाँव में भी हम 24 घंटे थ्री फेज बिजली प्रवाह पहुँचाते हैं।

महिला सरंपच बने, उसमें आपकी ज्यादा दिलचस्पी है। बहन सरपंच हो, इससे समस्या पैदा नहीं होती ?

बहन सरंपच होती है तो कई बार तकलीफ होती है। मैं हरियाणा में काम करता था, उस वक्त का एक प्रसंग है। एक मीटिंग थी। मीटिंग में सबका परिचय करवाया गया। एक भाई खड़े हुए। मुझसे कहा, 'मैं एसपी हूँ।' मैंने कहा, 'भले ही आप एसपी हो, लेकिन यह मीटिंग भाजपा की है यह सरकार की मीटिंग नहीं, हमारी पार्टी की है। आप तो एसपी हो। आपको मीटिंग में नहीं आना चाहिए।' उन्होंने कहा, 'मैं एसपी हूँ और सभी मीटिंग में आता हूँ।' मैंने कहा, 'भाई, एसपी के लिए यह मीटिंग नहीं है। भाजपा के भाइयों की मीटिंग है। आपको पता होना चाहिए कि आपको इसमें नहीं आना चाहिए।'

मुझे बताया, 'साहब, एसपी यानी सरपंच पति।' यह सुपरिंटेंडेंट ऑफ पुलिस नहीं, सरपंच पति थे। सरपंच बहनों से विनती है कि डोर पति के हाथ में नहीं, अपने हाथ में रखो।

मुझे याद है कि पाँच साल पहले उमरेठ तहसील के गाँव की बहनें मुझसे मिलने आईं। तकरीबन सत्तर बहनें थीं। बहनें मिलने आईं तो मन में आश्चर्य हुआ कि इतनी सारी बहनें क्यों आईं? उन्होंने मुझे कहा कि 'साहब, हमारे पूरे गाँव ने तय किया है कि हम एक भी पुरुष को पंचायत का सदस्य नहीं बनाएँगे। पूरे-का-पूरा गाँव हमने बहनों को सौंप दिया है।' मेरे लिए यह आनंद का विषय था। मैंने कहा, 'क्या करोगे गाँव का?' आज भी बहनों के साथ हुई बातचीत मेरे लिए प्रेरक है। गाँव से आई उन सत्तर बहनों ने मुझे बताया कि 'साहब, हमें ऐसा करना है कि गाँव में कोई गरीब न रहे।' रास्ता बनाना या स्कूल बनाना या सरकार से ग्रांट लेनी है, चिट्ठी भेजना, ऐसा तो सभी वर्षों से करते आए हैं।' यह बहनों की बात ऐसी थी कि हमें ऐसा करना है कि 'गाँव में कोई गरीब न रहे।' जिला अधिकारी को कहा और करीब पाँच साल हमें मदद मिलती रही। पाँच साल उनकी यह कोशिश रही कि गाँव में ऐसा कुछ हो, जिससे गाँव के सभी छोटे-बड़े लोगों को रोजी-रोटी मिल सके। चुनी हुई बहनों का विचार आया। देश में अभी सभी को यह विचार नहीं आया। पुरुष भले शक्तिशाली दिखते हों, लेकिन दस बहनें खड़ी हों और एक पुरुष हो और पुरुष से कहा जाए कि जाओ, बात करके आओ तो नहीं जाएगा। दस पुरुष खड़े हों और एक महिला को बोलो कि जाओ बात करके आओ तो बहन, हिम्मत करके जाकर पुरुष से बात करके आएगी। इतनी हिम्मत होती है बहनों के मन में। पहला भाव यह होना चाहिए कि अपने गाँव में कुछ सुधार करना है। मुझे यहाँ कुछ गलत नहीं होने देना है।

आपके मन में शाला प्रवेशोत्सव आया कैसे ?

पहले मुख्यमंत्री कहते थे कि नहीं मुझे नहीं पता। पहले की सरकारों की पीड़ा थी कि नहीं, मुझे नहीं पता। पहले सरकारी तंत्र को यही चिंता थी कि नहीं, यह मेरा विषय नहीं है। लेकिन मुझे चिंता होती है। यह चिंता दूर करने के लिए लोगों का सहयोग चाहिए। इसीलिए मैं शाला में प्रवेशोत्सव के वक्त गाँव-गाँव घूमता हूँ। आज के युग में संतान पढ़े नहीं, उससे बड़े दुःख की बात कोई नहीं होती। काफी लोग अपनी संतान से कहते होंगे कि हमारी पूरी जिंदगी खत्म हो गई और पढ़े नहीं। तुझे पढ़ के क्या करना है? लेकिन हमने सुख-चैन से रोटी खाई है। ऐसे भाई-बहन से मुझे कहना है कि आपका तो बिगड़ा, लेकिन उनका क्यों बिगाड़ते हो? आपको तो अच्छा-बुरा देखने का सौभाग्य नहीं मिला। इसके कारण आपको ऐसा लगता है कि हम 75-80 साल के हो गए। पढ़े नहीं, फिर भी जी गए। इसीलिए अब इनको नहीं पढ़ाएँगे तो उनका भी जीवन हमारी तरह निकल जाएगा। आपके दिन बीत गए। आपके लड़के-लड़की के नहीं बीतेंगे। आप जिस जमाने के थे, उस जमाने का माहौल अलग था। अब जो जमाना है, उसमें यह परिस्थिति नहीं चलेगी।

इसीलिए इस पीड़ा को दूर करने के लिए मैं गाँव के लोगों के पास गया हूँ।

जीवन बदल रहा है, युग बदल रहा है। गरीबी से लड़ना हो तो साधन क्या हो? अकाल पड़े, पानी न मिले, पशु दूध न देते हों, खेत सूखे पड़े हों, असह्य गरीबी आ पड़ी हो, उससे लड़ना हो तो साधन कौन सा? कठिन परिस्थिति में कौन सा साधन काम आए? कोई काम आए ऐसा साधन है तो वह है शिक्षण। शिक्षण ऐसा विषय है कि आपको तार दे, बचा ले, मुश्किलों में से बाहर निकाल दे, किसी भी परिस्थिति से लड़ना हो तो आखिरी जड़ी-बूटी है पढ़ाई। यदि शिक्षण नहीं होगा तो जीवन में कुछ नहीं होगा।

लोग मानते हैं कि सरकारी कर्मचारी काम नहीं करते, आप कर्मचारी को 'कर्मयोगी' कहते हैं। इसका क्या अर्थ है?

एक टाइपिस्ट और एक सितारवादक है। दो दृश्यों की कल्पना करें। एक टाइपिस्ट सरकारी नौकरी में टाइपिंग करता है। वह कौन से कौशल का उपयोग करता है? उँगली का। उँगली के कौशल से वह कमाई करता है। अपना कार्य करता है, वह कर्मचारी है। एक सितारवादक है, वह क्या करता है? वह भी उँगली के कौशल से अपनी जीवन नैया चला रहा है। लेकिन बीस साल बाद एक टाइपिस्ट को देखो और सितारवादक को देखो। टाइपिस्ट अपने जीवन को शरीर पर बोझ बनाकर जीता दिखता है, ऐसे कंधे लटका कर फिरता है, सिकुड़ गया है, ऐसा लगता है। और सितारवादक, खाना भले न मिलता हो, फिर भी एक कर्मयोगी बन जाता है। उनके लिए उँगली का सर्जन जीवन में आनंद पैदा करता है। दोनों में फर्क है। सितारवादक भी उँगली की करामात करता है, लेकिन सितारवादक जीवन के उत्तरार्ध में खिलता है। टाइपिस्ट जीवन के उत्तरार्ध में। बस में बैठे हों तो सीट बदलने का मन करता है, वजह क्या? उसने जिंदगी कर्मचारी के रूप में जी है। इसीलिए मैं कहता हूँ कि कर्मयोगी स्कूल के लिए नहीं, शिक्षण के लिए नहीं, छात्र के लिए नहीं, स्वयं के लिए बनने की आवश्यकता है।

ब्यूरोक्रेट्स को लोकाभिमुख करने में आप कितने सफल रहे?

मीडिया में ही नहीं, पूरे भारत में इस बात की चर्चा हो रही है कि कर्मचारी को 'कर्मयोगी' बनाएँगे, ऐसा हमने कहा था। हमारे शासन में अलगपन आया है। हमारी सरकार बनने के बाद शाम को पाँच से रात को ग्यारह बजे तक हमारी वर्कशॉप चलती है, जिसमें सभी अधिकारी, सचिव और मंत्री शामिल होते हैं। रोजाना एक विभाग अपना प्रजेंटेशन करता है और प्रजेंटेशन के बाद उस पर चर्चा होती है।

आईएएस अफसरों ने मुझसे कहा कि उन्होंने बीस साल तक सरकार में काम किया है। लेकिन पूरी सरकार क्या चीज है, यह आज पहली बार ही पता चला। जब कि औद्योगिक विभाग ने अपनी बात रखी, तो शिक्षण विभाग ने कहा कि आपकी बताई दिशा में औद्योगिक विकास करना हो तो शिक्षण प्रणाली में बदलाव लाना होगा। यदि ऐसा नहीं होगा तो आपको

जो मानव संसाधन चाहिए, वह नहीं मिलेगा।

हम हर साल फील्ड स्टाफ के तीन दिन के शिविर का आयोजन करते हैं। जिसमें सभी अधिकारी, मंत्री एक साथ योग, चर्चा, प्रशिक्षण वगैरह जैसे कार्यक्रमों में साथ-साथ शामिल होते हैं। इससे संघ भावना, टीम 'स्पिरिट' भी बढ़ती है। स्वान्तः सुखाय नाम के कार्यक्रम में कोई सरकारी लेबल नहीं होता, कोई जीआर भी नहीं। मैंने सरकारी अधिकारियों को कहा कि अपने आनंद के लिए आपको जो भी अच्छा लगे, वह करो। एक अधिकारी ने तो अंबाजी में पीने के पानी की व्यवस्था करके चेकडेम बनाए। इससे लोगों को रोजगार मिला और खेत के लिए पानी। एक प्रश्नावली अपने पाँच लाख कर्मचारियों में से करीब साढ़े तीन लाख कर्मचारियों को दी। इससे हमने यह जाना कि सरकार में कहाँ गलत हो रहा है, उसे सुधारने के लिए क्या-क्या करना चाहिए। अब इस बाबत अमल होता है। कर्मचारियों के पास काफी ऊर्जा और अनुभव है।

हमने सभी कर्मचारियों को लोकाभिमुख शासन का शिक्षण (pro-people governance) दिलाया है। पहले Personal Management Department में किसी का तबादला होता तो उसे सजारूप पोस्टिंग माना जाता। लेकिन अब ऐसा नहीं रहा। प्रशिक्षण लेकर वापस आनेवाले कर्मचारी कहते हैं कि शिविर तीन नहीं, चार दिन का होना चाहिए। ऐसे अच्छे अनुभव सामने आ रहे हैं। हर तीन महीने पर मैं प्रशिक्षण देने वालों से मीटिंग करता हूँ। आज तक करीब एक लाख 55 हजार कर्मचारियों का प्रशिक्षण संपूर्ण हुआ है। पूरी प्रणाली में अच्छा बदलाव आ रहा है। इसके अलावा हमारे यहाँ one day governance कार्यक्रम भी होता है। यदि सुबह के 10.00 बजे से शाम के 5.00 बजे तक काम न हो तो कर्मचारी को उसका जवाब देना पड़ता है। राज्य में ऐसे 225 केंद्र हैं, जहाँ आईटी की मदद से कार्य होता है।

जब pro-people governance की बात आए तो लोगों की मुश्किलों के निवारण का तरीका मजबूत होना चाहिए। मैं साल में तीन-चार बार ग्रामसभा आयोजित करता हूँ और अपने साथ क्लास वन अधिकारियों को ले जाता हूँ। गाँव के सभी लोग आते हैं। उनको स्पष्ट रूप में अपनी बात कहने का अधिकार है। इस तरह हमने करीब छह लाख समस्याओं का निवारण किया गया है।

मेरा 'स्वागत कार्यक्रम' पूरे भारत में चर्चा का विषय बना है। हर महीने का चौथा गुरुवार ऑन लाइन कार्यक्रम वीडियो कॉन्फ्रेंस के माध्यम से किया जाता है। पहले मंत्री लोक दरबार करते थे। यह कार्यक्रम उसी का आधुनिक स्वरूप है। इस कार्यक्रम के तहत सभी जिलों के अधिकारी वीडियो कॉन्फ्रेंस से मेरे साथ जुड़ते हैं। आज परिस्थिति ऐसी है कि यदि कोई सरकारी अधिकारी काम नहीं करता है तो गाँव के लोग कहते हैं कि काम करते हो या फिर मैं मुख्यमंत्री को 'ऑन लाइन' सब कह दूँ?

नरेंद्रभाई, देश भर के किसानों की अपेक्षा गुजरात के किसान आर्थिक तौर पर मजबूत (मालामाल) हो रहे हैं, इस बात में कितना तथ्य है ?

सही दिशा में किसानों को सुखी करने के लिए कृषि विकास और जलसिंचन का अभियान चलाकर गुजरात में खेती और गाँव को समृद्धि के फल प्राप्त हुए हैं। हर साल अक्षय तृतीय से 'समग्र गुजरात' में शुरू होता कृषि महोत्सव राज्य के 18000 गाँवों में कृषि क्रांति का ऐतिहासिक अभियान बन गया है। इस सरकार ने किसानों को वैज्ञानिक खेती के प्रति दिशा देकर पशुपालन आधारित कृषि अर्थतंत्र को प्राणवान किया है। कुदरत ने भी कृपा की है और दस साल तक अकाल नहीं आया, गुजरात की सूखी धरती में हरियाली छा गई और इसीलिए आज गुजरात के किसानों की समृद्धि की चारों ओर चर्चा है। गुजरात के किसान की खेत की आवक दस साल पहले रुपए 14,000 करोड़ थी, जो आज 80,000 करोड़ रुपए हो गई है। पूरे देश की औसत कृषि विकास दर तीन फीसद से भी कम है, जब कि गुजरात की कृषि विकास दर दोगुने अंक से बढ़कर 11 फीसद हो गई है। गुजरात में किसान अब आधुनिक कृषि के जरिए कम खर्च में अधिक उत्पादन प्राप्त करे, इसके लिए ग्रीन हाउस, नेट हाउस, स्प्रिंकलर जैसी वैज्ञानिक पद्धति से सिंचाई प्रणालियाँ अपनाईं, उसके लिए योजना पर अमल किया गया। इसके अलावा स्वाएल हेल्थ मिट्टी स्वास्थ्य कार्ड के माध्यम से गुजरात के किसानों की उत्पादन क्षमता, गुजरात की कृषि और कृषि–जमीन की गुणवत्ता सुधारने से लेकर कृषि के परिमाण को नई दिशा दी है।

चर्चा है कि औद्योगिक विकास होता है तो खेती की जमीन घट जाती है। गुजरात में भी क्या ऐसी स्थिति है ?

सामान्य तौर पर विकास होता है तब खेती की जमीन भी कम होती है। लेकिन पूरे देश में गुजरात अपवाद है कि यहाँ औद्योगिक विकास हुआ है, साथ ही खेती लायक जमीन भी बढ़ी है। यह छोटी–मोटी सिद्धि नहीं है। इसकी वजह यह है कि जो जमीन सालों से बेकार थी, वह जल व्यवस्थापन से, पानी की सुविधा से खेती लायक बनी। समग्र देश में इसकी चर्चा है, दुनिया में चर्चा है और मुझे गर्व के साथ कहना चाहिए कि हाल ही में भारत के सर्वोच्च न्यायालय ने भी गुजरात की जमीन संबंधित जो नीतियाँ हैं, उनकी काफी तारीफ की है।

औद्योगीकरण की मुहिम में राज्य सरकार खेती की जमीन का सफाया कर रही है, ऐसे आरोप लग रहे हैं।

पूरे देश में गुजरात ही एक ऐसा राज्य है, जिसने स्पेशल इकोनॉमिक जोन बनवा दिया। 2003 में और पूरे देश में एस.ई.जेड. ऐक्ट बनाने वाले हम पहले राज्य हैं। पूरे देश में जितने एस.ई.जेड. बने हैं, उसमें जितनी जमीन लगी है, उससे पचास प्रतिशत जमीन हमारे गुजरात में है। फिर भी गुजरात में कृषिक्षेत्र में कोई बवाल नहीं मचा, इसकी वजह

है हमारा कायदा। किसान की जमीन सरकार नहीं लेगी, ऐसा हमारी पहले से ही नीयत रही है। जिन्हें खेती की जमीन चाहिए, वे किसान को कंविंस करें। किसान जितना माँगे उतना दाम दें। किसान की माँग पूरी करे और किसान चाहे तो जमीन दे। सरकार अपने दम पर जमीन दिलाए, ऐसा नहीं करती। यह गुजरात का तरीका है और इसीलिए समग्र देश की तरह जैसे सामान्य औद्योगीकरण से वबाल होता है, ऐसा गुजरात में नहीं हुआ।

गुजरात के विकास को कई लोग 'मोदी-मंत्र' कहते हैं, क्या यह मंत्र समझाएँगे ?

ऐसा कोई मोदी मंत्र-वंत्र नहीं है। ऐसी बातों से मैं कोसों दूर हूँ। हमारे देश और प्रजा की सहज, स्वाभाविक वृत्ति-प्रवृत्ति, शक्ति और सामर्थ्य है, उनको जोड़कर काम करें तो कभी विफल नहीं होंगे। गुजरात में हमने वही किया है। जनता की जो भी विशेषताएँ और उपलब्धियाँ हैं, उन पर हम गर्व करते हैं। विकास के लिए लोक भागीदारी और जन-आंदोलन बहुत आवश्यक है। इस सबका उपयोग करके विकास किया है। सरकार के साथ जनता जुड़े, तब सही मायने में विकास होता है।

और दूसरी बात, विकास के लिए कोई निश्चित मॉडल नहीं होता। राज्य की क्षमता और रूपरेखा उसे तैयार करती है। किसी अन्य अपनाए मॉडल का अनुसरण करने से अपनी समस्या का समाधान नहीं होता। ऐसा करने की बजाय स्थानीय तौर पर नई प्रणाली का उपयोग करने की नीति से मूल स्तर को बढ़ावा देना चाहिए। इसके लिए हमने काफी चिंतन करके गुजरात के विकास का मुख्य मार्ग सूचित किया है। गुजरात के विकास की रणनीति को 360 डिग्री ग्रोथ मॉडल के रूप में की है। जिसके केंद्र में छह करोड़ गुजराती हैं। यह छह करोड़ गुजरातियों के पास पहुँचे, उसके लिए माहौल पैदा किया है। लोगों के जल्द, सतत, टिकाऊ और संतुलित विकास के लिए कड़ी मेहनत की है। चिंतन किया है। इस चिंतन के नतीजे के रूप में पंचशक्ति आधारित विकास की एक विशिष्ट प्रणाली हमने राज्य में स्थापित की है। जनशक्ति, ज्ञानशक्ति, ऊर्जाशक्ति, जलशक्ति और रक्षाशक्ति के समन्वय से सर्वांगीण विकास का अभियान हमने चलाया है।

सबमें हम सर्वश्रेष्ठ हों, इस मिजाज से काम करने की आदत डालें। जगत् में जो श्रेष्ठ है, उसकी तुलना में हम कहाँ है? और राज्य की दिशा यही होनी चाहिए। राज्य की दिशा यह नहीं होनी चाहिए कि कल की अपेक्षा आज अच्छा है। कल की अपेक्षा आज अच्छा तो होगा, लेकिन हम जो श्रेष्ठ या उत्तम है, उनकी तुलना में कहाँ है और वहाँ कैसे पहुँचे? यह देखना है।'

यश किसे देंगे ?

मुझे एक बात स्पष्ट करनी है। ग्यारह साल की विकासयात्रा में अनेक क्षेत्रों में विकास की पहल करके गुजरात ने सफलता प्राप्त की है। छह करोड़ गुजरातियों का आशीर्वाद न होता तो हम विकास की इतनी ऊँचाई न पाते। इस विकास के लिए छह करोड़ गुजरातियों

की समझ-शक्ति का मिजाज और मेरी सरकार के साथी कर्मचारियों छह लाख की टीम, इन सबका गुजरात के विकास और जनसेना की प्रतिबद्धता का यह सीधा परिणाम है। जनता जनार्दन और राज्य सरकार के सभी कर्मचारियों के प्रति मैं अंतःकरण से शुक्रिया अदा करता हूँ।

आज के युवा के प्रति आप अधिक आशावादी हैं ?

आप 'अँधेरा है, अँधेरा है', ऐसे चीखते हो लेकिन चीखने-चिल्लाने से अंदर अँधेरा मिटता नहीं। दीया जलाएँ तो अँधेरा खत्म होता है। हम इतने नकारात्मक बोझ के तले जीते रहे हैं, कि कारण दीपक में भी हमें अँधेरा नजर आता है। यदि दीपक में अँधेरा दिखाई पड़ता हो तो इस मानसिकता को बदलना आवश्यक होता है।

हम सब छोटे थे, तब बचपन में एक छोटी सी कहानी पाठ्यक्रम में पढ़ी थी। 'एलिस इन वंडरलैंड'। उस कहानी से मन में विचार आता है कि हम सही में घूमे हैं कि नहीं। एक मेले में एलिस नाम की लड़की गुम हो जाती है। वह बिल्ली मौसी के साथ बातचीत करती है कि 'मैं बहक गई, मुझे घर जाना है। मुझे रास्ता नहीं मिल रहा है।' तो बिल्ली बोली, 'तुम बहक गई, ऐसा नहीं कहते। तुझे तेरा लक्ष्य पता नहीं, तुझे कहाँ जाना है, उसका पता नहीं, तुम जहाँ घूम रही हो, वही तेरा मार्ग है।' इस वंडरलैंड की एलिस की बात से हम सीखे कि कम-से-कम इतना तो तय हो कि हम बहके हैं कि नहीं बहके। अगर लक्ष्य निर्धारित होगा, मार्ग निर्धारित होगा तो तय होगा कि हम बहके हैं कि नहीं। रास्ते पर वापस आने का अवसर तभी मिलेगा और मैं ऐसा मानता हूँ कि लक्ष्य ऐसा होना चाहिए कि जो संभव हो, लेकिन पकड़ में न हो। ऐसा लगे कि जरा दौड़ूँगा तो पकड़ लूँगा। थोड़ा आगे बढ़ूँगा तो हाथ लगेगा ही, आज तो करना ही पड़ेगा, यह होगा तभी सबको गति मिलेगी। यह बात छोटी है, लेकिन इसके परिणाम कैसे आएँगे, उसे मैं विजुलाइज कर सकता हूँ।

चारों ओर प्रतिस्पर्धा है, युवा उलझन में हैं। ऐसी स्थिति में युवाओं की सफलता के लिए कौन सा सूत्र देंगे ?

'रीडर्स डाइजेस्ट' के एक अंक में एक सवाल प्रश्नवाचकों के लिए था और उसमें लोगों से कहा गया था कि आप अपने खुद के अनुभव से उत्तर दें। 'वोट इज दि डिस्टेंस बिटवीन सक्सेस ऐंड फैल्योर?' अपने खुद के अनुभव लिख के भेजो। काल्पनिक कथा नहीं, निबंध नहीं। अपने अनुभव लिखो। अमेरिका के एक इंजीनियर ने जवाब लिखा था, मेरा मानना है कि हम सबके के लिए जो उपयोगी हो, वही बेहतर है।

अफ्रीका में सोने की खान की खुदाई करते-करते एक कंपनी काफी गहराई तक पहुँच गई। एक स्टेज तक उसे सोना मिला। फिर बंद हो गया। कंपनी को लगा कि अब सोर्स कंपलीट, हमने सारा सोना एकझॉस्ट कर लिया है। यानी देयर इज नो स्कोप और

कंपनी अपने सामान लेकर कर विदा हुई। उसके बाद इस खान को बेचने के लिए विज्ञापन दिया गया। अमेरिका के एक युवा इंजीनियर ने यह विज्ञापन अखबार में पढ़ा। यह उसके जीवन की सत्य घटना है। उसने सोचा कि मैं यह खान खरीदूँ और उसने टेंडर भरा। तथा काफी कम दाम में खान खरीदी। खान लेने के बाद उसे ऐसा लगा कि उन्होंने जब तक खुदाई करनी थी की। भले उनको सोना न मिला। लेकिन मैं कोशिश करूँगा और उसने परिश्रम शुरू किया। उनके पास जो छोटी पूँजी थी, जो साधन थे, उनसे उसने खुदाई शुरू की। पूर्व कंपनी काफी कुछ खुदाई करके गई थी। लेकिन उसे तो जहाँ वे थे, वहाँ से आगे बढ़ना था। उसने तीन फीट और खुदाई की। केवल तीन फीट ही खुदाई में उसे विश्व में सोने का सबसे बड़ा भंडार मिला। उसने रीडर्स डायजेस्ट में लिखा है कि सफलता और विफलता के बीच केवल तीन फीट का अंतर होता है। जो पीढ़ी खुदाई करके गई थी, वह केवल तीन फीट आगे गई होती तो वह विश्व की सबसे धनवान् होती। लेकिन गरीब इंजीनियर, जिसने केवल तीन फीट खुदाई की, सोना उसे मिल गया। दि रीडर्स डायजेस्ट ने वाचक के लिए लिखा था, 'दोस्तो, आप तीन फीट जाकर ही रुक न जाना, क्योंकि सक्सेस कहीं और आगे आपकी राह देखती होगी।'

आने वाला कल आपका है, ऐसा कहने की मैं हिम्मत नहीं करता, अरे, आज आपका है। युवा को आज की चिंता करने की आवश्यकता है। जिनकी आज शक्ति होती है; कल उनके पैर छूने आती है और इसीलिए कल की चिंता छोड़ो। आज को महान् बनाने की कोशिश करो। आज जितना उज्ज्वल होगा, आने वाले कल को प्रकाशित करने की ताकत उनमें उतनी ज्यादा होगी और यह सामर्थ्य प्राप्त करनी चाहिए। युवा बीते हुए कल को गुनगुनाए, ऐसा नहीं होना चाहिए। युवा को आने वाले कल के साथ जुड़ना चाहिए। युवा आज के साथ मिला होना चाहिए। आज और युवा के बीच अद्वैत भाव होना चाहिए। उनका प्रत्येक आज, उनका प्रत्येक पल, उनका प्रत्येक क्षण उमंग का अहसास करानेवाला होना चाहिए। भीतर ऊर्जा होनी चाहिए। अंतर्मन में तेजस्विता होनी चाहिए, अंतर्मन में भरोसा होना चाहिए और जहाँ भरोसे का सागर छलकता रहता है, वहाँ तमन्ना की नाव पार हो जाती है।

सफलता के लिए सच्ची ताकत कौन सी है?

टीम बनानी होगी, सफलता पानी होगी। मैं मानता हूँ कि हिलेरी तथा तेनजिंग दो अद्भुत उदाहरण हैं। एवरेस्ट विजय के बाद, पत्रकारों ने दोनों से पूछा कि आपमें से पहले कौन पहुँचा? उन्होंने कहा कि हम साथ ही गए थे। लेकिन किसी ने तो पहले पैर रखा होगा कि नहीं? अलग-अलग पूछा, बार-बार पूछा, साथ में पूछा, एक ने पूछा। दूसरे ने पूछा, पाँचवें ने, दसवें ने पूछा। कोई तो होगा, जिसने पहले पैर रखा होगा? दोनों ने एक ही जवाब दिया कि हमने साथ ही पैर रखा। यह है टीम। बहुत बड़ी बात है। नहीं तो उतर

आने के बाद क्या जरूरत थी हिलेरी को तेनजिंग की, तेनजिंग को हिलेरी की। किसी को तो मोह रहा होता, किसी ने तो कह दिया होता, नहीं, नहीं, वैसे तो साथ ही थे, लेकिन, लेकिन मैंने जरा¨ । आदमी को मोह होता है। आज पचास साल हो गए उस बात को। हिलेरी नेपाल में आकर पंद्रह दिन रहे। उनके इस भाव में अंतर नहीं आया। मैं मानता हूँ कि उनके जीवन की सफलता की सबसे बड़ी ताकत यही थी।

युग के बारे में आपका विचार ?

भविष्य में शस्त्र नहीं शास्त्रशक्ति विश्व सत्ता बनाएगी।

INFORMATION WITH BE THE POWER

I.T. = Information technology

मेरा मन

I.T. = India today

और

B.T. = Bio technology

मेरा मन

B.T. = Bharat tomorrow

इच्छा+शक्ति=संकल्प

संकल्प+परिश्रम=सिद्धि

इच्छा जब भी बदलती है, चंचल होती है, तब तरंग कहलाती है। इच्छा स्थिर हो तब संकल्प बनता है। संकल्प परिश्रम में मिल जाए तब सिद्धि बन जाती है।

जनता जनार्दन ने आप में फिर भरोसा जताया है। आप चौथी बार मुख्यमंत्री बने, गुजरात में ग्यारह बरस लगातार शासन करने का रिकॉर्ड आप के नाम है। इसका रहस्य क्या है ?

इसमें कोई रहस्य नहीं। हाँ, श्रेय जाता है, साढ़े छह करोड़ गुजरातियों की समझदारी और मिजाज को। यह गुजरात के लोगों की विजय है, यह गुजरात की नारीशक्ति की विजय है, जिसने अपनी आवाज बुलंद की। यह हमारे युवाओं की विजय है, जिन्होंने शुरू से चुनाव का बोझ अपने कंधों पर ले लिया। यह हमारे किसान भाइयों की, गरीब वर्ग के लोगों की और वरिष्ठ नागरिकों की विजय है, जो सतत हमारे साथ खड़े रहे। यह विजय गुजरात के सर्वस्पर्शी, सर्वसमावेशक और सर्वांगीण विकास मॉडल और सुशासन की विजय है। लोकतंत्र में जनता जनार्दन की शक्ति और इच्छा ही सर्वोपरि है।

मैंने दस साल पहले अनायास यह जिम्मेदारी सँभाली, उससे पहले मुझे चुनाव लड़ने का या प्रशासन का कोई अनुभव नहीं था। मैं सामान्य परिवार में पला हूँ। सत्रह साल की उम्र से ही मेरी जिंदगी समाज के बीच, सामान्यजन के बीच परिव्राजक की रही है। जन-

जन के सुख-दुःख मैंने महसूस किए हैं। सरकार, व्यवस्था, संसाधनों का मुझे कोई अनुभव नहीं था। लेकिन सामान्य जनता के प्रश्नों, समस्या, दर्द-पीड़ा क्या होती है, उसकी अनुभूति मन में थी। इसीलिए पहला कार्य मैंने जनसमस्या हल करने पर चिंतन किया। उसमें से सार्वजनिक समस्या हल करने के उपाय मिले व्यवस्था तंत्र को। संसाधनों को काम पर लगाया। परिणाम आया तो जनता को भरोसा हुआ, यह सरकार अलग मिट्टी की है। यह कुछ तो अच्छा करेगी, ऐसी जन-मान्यता बनी। विकास के जनहित के अनेक कार्य होते रहें, साफ नियत, सच्ची नीति से मतलब लोकरंजक कदम नहीं—केवल और केवल विकास और लोकहित से। इस सरकार ने विकास के ग्यारह साल पूरे किए। हमने नीतियों का पालन जारी रखा। किसी लाभ की चिंता किए बगैर, पारदर्शी नीति अपनाई। गुजरात ने विकास के इस दशक में लोकतंत्र की गरिमा स्वरूप जनशक्ति का समर्थ आंदोलन आजादी के बाद पहली बार सर्जन किया है। सरकार सेवालक्षी, समाज विकासलक्षी।

- गाँव हो या शहर, सरकार के लिए संतुलित विकास का मंत्र ही प्राथमिकता है।
- शिकायत का स्वागत, शिकायत के विदाई स्वागत ऑन लाइन कार्यक्रम
- विकास का चालक बल ऊर्जा
- सौर ऊर्जा का समुचित उपयोग
- गुजरात सोलर पावर कैपिटल
- जलसंचय, जलसिंचन अर्थात् जल-व्यवस्थापन जल-वितरण क्षेत्र में जनशक्ति का साक्षात्कार
- मार्ग बने विकास के वाहक

उसमें सरकार की भूमिका तो जनशक्ति से जुड़ने की थी। विकास को जनशक्ति का समर्थ आंदोलन, आजादी के बाद पहली बार गुजरात की धरती पर छह करोड़ प्रजा की भागीदारी से सर्जित हुआ।

ग्रामीण क्षेत्र देश भर में उपेक्षित रहा है गुजरात के गाँव की स्थिति में बदलाव कैसे आया ?

ग्रामीण अर्थतंत्र, कृषि आधारित विकास की मूलभूत समस्याओं के समाधान के लिए 18,000 गाँवों में कृषि-महोत्सव किए। साढ़े छह लाख चेकडेम, खेत तालाब, बोरीबँध के द्वारा जलसंचय व्यवस्थापन हुआ। ज्योतिग्राम योजना से 24 घंटे थ्री फेज बिजली की प्राप्ति और पशुपालन क्षेत्र में 2700 पशु आरोग्य मेले में लाखों पशुओं की आरोग्य रक्षा और रसीकरण करके 112 पशु रोगों को खत्म किया। एक दशक में दूध के उत्पादन में 66 फीसद की बढ़ोतरी की। गुणोत्सव के माध्यम से प्राथमिक शिक्षण में गुणवत्तावाले बदलाव आए। 108 ग्रामीण एंबुलेंस सेवाएँ उपलब्ध हुई। ग्राम विकास सुविधा के ऐसे अनेक परिणामों से गाँव में खेती और किसान समृद्धि में सहभागी बना।

गाँव में आर्थिक प्रवृत्तियाँ शुरू हुईं। परंपरागत हुनर-कौशल के क्षेत्र में 300 कौशल वर्धन केंद्र के जरिए नए रोजगार की दिशा मिली। बिजली, नर्मदा का पानी, पक्की सड़क ही नहीं, अब तो सभी ग्राम पंचायतें ब्रॉडबेंड कनेक्टिविटी से कंप्यूटर और कम्यूनिकेशन टेक्नोलॉजी सेवाएँ, जमीन योजना का दस्तावेज प्राप्त कर लेती हैं। स्वागत ऑन लाइन, जन शिकायत निवारण कार्यक्रम गाँवों-गाँवों में पहुँचा है। ग्रामसभा, समरस गाँव, तीर्थ ग्राम, पावन गाँव जैसे चुनावी बैर या वाद-विवाद के वातावरण के बिना विकास में सहमति का, व्यापक फलक पर भागीदारी का वातावरण बना। 11,000 गाँव निर्मल बने हैं। अधिक-से-अधिक गाँव में निर्मल बनने की होड़ लगी है। कन्या शिक्षण यात्रा ने प्राथमिक शिक्षण सँवारा है। 45,000 आँगनवाड़ी बच्चों का लालन-पालन करती हैं। कुपोषण निवारण के लिए 44 लाख बच्चे और माताओं को पोषक आहार मिलता है। चिरंजीवी योजना से सुरक्षित मातृत्व शिशु सँभाल की नई दिशा बनी है। गाँव की लाखों बहनें दो लाख सखी-मंडल में जुड़कर आर्थिक प्रवृत्ति का रु. 1000 करोड़ का कारोबार करती हैं और खेलकूद महोत्सव ने गाँव की रौनक बढ़ाई है। गाँव में विकास के प्राण धड़कते हैं। शहरीकरण को समस्याग्रस्त नहीं, लेकिन विकास की शक्ति के रूप अवसर माना है और ग्रामविकास में जनशक्ति को जोड़कर सामाजिक, आर्थिक, शैक्षणिक जीवन में गुणात्मक बदलाव ला दिया है। गरीब कल्याण मेले ने ग्रामीण गरीबी के सामने लड़ने की नई शक्ति दी है। गाँव भी सद्भावना वातावरण में वाइब्रंट विकास से धड़कते हैं। गाँव हो या शहर, इस सरकार के लिए विकास का मंत्र समावेशक, सर्वस्पर्शी रहा है।

विकास की छलाँग से रोजगारी के मौके कितने बढ़े ?

पहले यह जानना आवश्यक है कि गुजरात शिक्षण को सुसंस्कृत समाज गढ़ने का महाभियान मानता है और बात रोजगार की, तो गुजरात पिछले एक दशक में राष्ट्र भर में प्रथम रहा है। पूरे देश के कुल रोजगार में 70 फीसद अकेले गुजरात में है। रोजगार लक्ष्य की संस्थाओं के लिए भी गुजरात ने दीर्घदृष्टिपूर्ण आयोजन किया है। गुजरात में कुशल मानवबल प्राप्त हो सके, इसीलिए राज्य भर 300 कौशलवर्धन केंद्र शुरू किए हैं। गुजरात का छात्र विश्व को समझता है, उस भाषा में बात कर सके, इसके लिए स्कोप इंग्लिश भाषा सज्जता के लिए तालीम कार्यक्रम शुरू किया है। हर साल एक लाख युवा यह तालीम लेकर इंग्लिश बोलना सीखते हैं। स्किल डेवलपमेंट में 3000 से भी अधिक तालीम कोर्स शुरू किए हैं। गुजरात टेक्नोलॉजी यूनिवर्सिटी शुरू की है। हरेक टेक्निकल आईटीआई और पोलिटेक्निक संस्थाएँ चलती हैं। टेक्निकल एजुकेशन, इंजीनियरिंग और मेडिकल शिक्षण क्षेत्र में प्रवेश के लिए तीन गुनी सीटें बढ़ी हैं।

आपने गुजरात के विकास के लिए कई कार्य किए, आपको सबसे अधिक कौन से पसंद हैं ?

यह प्रश्न बहुत कठिन है। कोई विधवा माता सुबह फोन करती कि आपको बहुत-बहुत आशीर्वाद देने हैं। भई, मेरे पुत्र का एक्सीडेंट हुआ था। 108 ने उन्हें बचा लिया है। मुझे ऐसा लगा कि वाह कितना अच्छा काम हुआ है। दोपहर को फोन आए कि ज्योतिग्राम योजना का काम अच्छा होता है। एक समय था, जब शाम को खाते वक्त लाइट गुल हो जाती थी। अब हम अँधेरे में नहीं खाते। अन्य आए और कहे, स्वागत ऑन लाइन नहीं था, तब हमारी शिकायत कोई नहीं सुनता था। पर आज सुनता है। कन्या शिक्षण के दौरान कड़ी धूप में गाँव घूमते-घूमते एक वृद्ध दादी मिलती है। कहते हैं कि चार-चार पीढ़ी तक किसी ने स्कूल की सीढ़ी नहीं देखी। आज बच्चे स्कूल जाने लगे हैं। राजीव गांधी कहते थे कि 'मैं वहाँ से एक रुपया भेजता हूँ, जिसमें से 15 पैसे आपको मिलते हैं, बाकी गुम हो जाते हैं।' मैंने गरीब कल्याण मेलों के जरिए पूरे का पूरा रुपया गरीब तक पहुँचाया। सरदार सरोवर डैम के लिए भारत सरकार ने अड़चन डाली तो मैंने विरोध में अनशन किया। मैं मुख्यमंत्री बना, फिर दो-तीन विषय मेरे मन में आए। मैं 30-35 साल तक अपने परिवार के किसी सदस्य से मिला नहीं था। क्योंकि मैं बाहर ही रहता था, अपने ही परिवारजनों को जानता नहीं था। एक कार्यक्रम करके अपने परिवारजनों के बच्चों और उनसे रूबरू मिला था।

अपने बचपन के दोस्तों को 35-40 बरस बाद मिला। मुझे लगा था कि उनसे भी मिल लूँ। उन्हें भी मिला। बपचन में जिन शिक्षकों ने मुझे पढ़ाया था, उनके सम्मान का भव्य कार्यक्रम गुजरात कॉलेज में रखा था। उस वक्त राज्यपाल नवलकिशोर शर्मा ने प्रभावपूर्ण वक्तव्य देते हुए कहा था कि उन्होंने अपने जीवन में ऐसा कार्यक्रम नहीं देखा।

'स्टैच्यू ऑफ यूनिटी' का विचार कहाँ से आया ?

दुनिया के सभी देश स्वाभाविक रूप से अपनी पहचान बनाने की कोशिश करते हैं। सदियों से हमारा देश ताजमहल और इंडिया गेट जैसी ऐतिहासिक इमारतों की पहचान से जुड़ा है। पेरिस का एफेल टावर और इजिप्ट के पिरामिड पूरे विश्व में जाने जाते हैं। अमेरिका आधुनिक टेक्नोलॉजी से नए आधुनिक किस्म के पिरामिड का निर्माण करने जा रहा है। आपने सुना होगा कि अमेरिका ने 102 मंजिल के ट्विंस टावर बनाए थे। उनके सामने मलेशिया ने 104 मंजिल का टावर बनाकर टेक्नोलॉजी का उदाहरण रखा। आजादी के बाद अपने पास जो भी है, वह खासा पुराना है। जैसे ताजमहल, गेट वे ऑफ इंडिया और संसद् जैसी इमारत देश की पहचान बन गई हैं।

देश की आजादी के बाद हमें खुद्दारी के साथ आगे आना चाहिए। कश्मीर से कन्याकुमारी तक भारत की एकता में सरदार पटेल प्रथम हैं। भारत की एकता-अखंडता की बात करें, तब सरदार वल्लभभाई पटेल का नाम सामने आता है। उन्होंने देशी राजा-रियासतों को एक करके कम समय में देश को एकता का नजराना दिया। पूरे विश्व के

लिए यह आश्चर्यजनक घटना थी। उनका जितना गौरव-गान करें, वह कम है। एकता का नजराना दिया, उसके लिए यह 'स्टैच्यू ऑफ यूनिटी' बनाना है। यह पहला विचार है। दूसरा विचार आया कि 'स्टैच्यू ऑफ यूनिटी' दुनिया का सबसे बड़ा स्मारक बने। आज दुनिया में सबसे ऊँचा 'स्टैच्यू ऑफ लिबर्टी' है, उससे भी डबल 'स्टैच्यू ऑफ यूनिटी' बनाना है। दूसरी विशेषता यह है कि सरदार वल्लभभाई पटेल लौहपुरुष थे, सरदार वल्लभभाई पटेल किसानपुत्र थे, उन्होंने एकता का काम किया था। हिंदुस्तान के सभी गाँव के किसानों को अपने खेत में काम करने के लिए लोहे के औजार लेने पड़ते हैं, क्योंकि वे किसानपुत्र हैं। वे अपने पास से लोहा लाएँगे, उनको पिघलाएँगे और एक भव्य स्मारक बनाएँगे जिससे किसान को लगे, विश्व को भी लगे कि हिंदुस्तान की धरती पर ऐसे भी महापुरुष पैदा हुए थे। यह बात मुझे दुनिया तक पहुँचानी है, इसीलिए 'स्टैच्यू ऑफ यूनिटी' का विचार आया।

हिंदुस्तान आजाद हुआ, उससे पहले और बाद में आजतक समाज में लघुमती-बहुमती के नाम पर विकास की गिनती होती चली आई है, ऐसे में आप विकास की तुलना कैसे करते हो ?

दस साल से विकास की राजनीति की सही परिभाषा गुजरात ने सिरजी है और मैं गौरव से कहना चाहता हूँ। पहले पाँच करोड़ गुजरातियों, बाद में साढ़े पाँच करोड़ गुजरातियों ने विकास में जनशक्ति की भागीदारी में चमत्कार किए हैं। भारत माता की दो भुजाओं को विभाजित करनेवाले विदेशियों ने तो विदा ले ली, लेकिन आजादी के बाद भी हिंदुस्तान में राज करनेवाले पुराने शासकों ने वोटबैंक की राजनीति के लिए देश को, समाज को लघुमती-बहुमती में विभाजित किया है। उससे उनकी सत्ताभूख खत्म हुई होगी। लेकिन 120 करोड़ की विराट् जनशक्ति के समाज सामर्थ्य का ऐसा बँटवारा न हुआ होता तो हिंदुस्तान आज विश्व की महासत्ता बन गया होता।

गुजरातियों ने 21वीं सदी के प्रारंभ में ही संकल्प लिया है कि वोटबैंक की राजनीति अब नहीं चलेगी। गुजरात ने भी लघुमती-बहुमती के भेदभाव से भूतकाल में काफी कुछ सहन किया है। पीड़ा-व्यथा की अनुभूति की है। समाज में हिंसा की होली और अशांति की आग कैसी होती है, उसे गुजरात की स्थापना के बाद के चार दशक के दुर्भाग्यपूर्ण इतिहास को याद करने की जरूरत नहीं। लेकिन एक बात तय है कि गुजरात के विकास की छलाँग पूरी दुनिया को प्रभावित करती रहेगी। छह करोड़ गुजरातियों के विकास के मिजाज की यह परिभाषा है।

लघुमती-बहुमती की भाषा में जो लोग समाज को गुमराह कर रहे हैं, उन्होंने आजतक लोगों के साथ ठगी की है। सच्चर कमेटी, जो भारत सरकार ने नियुक्त की थी, उसने गुजरात में लघुमती की स्थिति का आकलन करके बताया है कि गुजरात में लघुमती कौम

समृद्धि तथा विकास में सहभागी बनी है। अब गुजरात पीछे देखना नहीं चाहता। ऐसे लोगों का साथ नहीं देना है। छह करोड़ गुजराती केवल शब्द समूह नहीं है। समाज-शक्ति का सामूहिक साक्षात्कार है। शांति, सद्भाव, एकता और भाईचारे का माहौल है, यह छह करोड़ गुजरातियों की वैश्विक साख है।

आप आधुनिक टेक्नोलॉजी के सतत संपर्क में हैं, अनुभव के आधार पर आपको क्या लगता है, आज की राजनीति में ये माध्यम कितने आवश्यक हैं?

टेक्नोलॉजी से नागरिकों का सशक्तीकरण हुआ है और राजनीति में राजनेताओं को अपनी कार्यक्षमता सिद्ध करने की जरूरत पड़ी है। टेक्नोलॉजी राजनेताओं के लिए पड़कार रूप है, उसका सही दिशा में उपयोग हो सके तो स्थिति बदलने में यह एक सक्षम माध्यम बन सकती है। आज सामान्य मानव को वर्ल्ड वाइड वेब (आई.टी. कनेक्टिविटी) के साथ जुड़कर विकास आधारित राजनीति के एजेंडा के लिए नागरिकों को सशक्तीकरण कर सकते हैं। हमारे लिए यह पड़कार रूप है, लेकिन लोकतंत्र में सामान्य व्यक्ति की आवाज प्रस्तुत करने से लेकर समस्याओं का समाधान और नीति-निर्धारण के लिए राजनीति की प्रक्रिया में भी सामान्यजन को सहभागी बनाना है।

पहले के समय में राजनेता टेक्नोलॉजी का उपयोग जनसमूह से संपर्क तथा प्रचार के लिए करते थे। लेकिन अब वेबटेड, टेक्नोलॉजी, इंटरनेट और सोशियल मीडिया के सर्वव्यापी प्रभाव के कारण राजनीति पर टेक्नोलॉजी एक चुनौती बन रही है और नागरिकों के लिए लोकतंत्र आधारित राजनीति में भी आमूल परिवर्तन आया है।

इंफोर्मेशन टेक्नोलॉजी ने आम आदमी को माहिती के अनेक स्रोतों से सक्षम बनाया है और अपनी राय के जरिए राजनीति और विकास नीति तथा कार्यक्रम के निर्माण में उनकी आवाज पहुँचा सकता है। पहले लोकतंत्र के चुनाव में पाँच साल की सरकार के लिए मतदान के अलावा राजनीति के साथ सामान्य जनता का कोई नाता नहीं था। लेकिन अब राजनीति की प्रत्येक गतिविधि के साथ वह जीवंत प्रक्रिया में सहभागी बन सकती है। इसका परिणाम यह हुआ कि राजनेता को अपनी कार्यक्षमता सिद्ध करनी पड़ती है। कोई राजनेता सामान्य जनता की आवाज की उपेक्षा कर सके, ऐसा टेक्नोलॉजी के कारण संभव नहीं। राजनेताओं को टेक्नोलॉजी को समस्या के रूप में नहीं, लेकिन उसके महत्त्वपूर्ण उद्देश्य को सही अर्थ में स्वीकार करने की जरूरत है। उसका प्रेरक उदाहरण इलेक्शन कंपेन में मैंने एक साथ 53 जगह गुजरात में 'थ्री डी' होलोग्राफिक टेक्नोलॉजी से जनसमुदाय को सफलतापूर्वक संबोधन किया था। सोशल मीडिया के टेक्नोलॉजी के माध्यमों से लाखों देशवासियों के साथ संवाद किया है, परस्पर विचार-विनियम हुआ है। जिसके कारण आम आदमी की चिंता, प्रश्न, उनके सपनों और अपेक्षाओं को समझने का मौका मिला है। इंटरनेट के कारण 'सिटीजन' आज 'नेटिजन' बन गया है, जिसके लिए भूभौगोलिक सीमाओं

का कोई बंधन नहीं रहा।

टेक्नोलॉजी से राजनीति ही नहीं, प्रशासन में भी गुणात्मक परिवर्तन लाया जा सकता है। प्रशासक का दायित्व, पारदर्शिता और कार्यशैली में टेक्नोलॉजी बदलाव ला सकती है। सुशासन (गुड गवर्नेंस) अब पोलिटिकल एजेंडा बन गया है और टेक्नोलॉजी कम्यूनिकेशन, इंटरनेट मीडिया और डिजिटल कंवरसेशंस जैसे माध्यमों के प्रभाव को स्वीकार कर गुड गवर्नेंस की प्रतीति कराई जा सकती है। निर्णय और नीति-निर्धारण की प्रक्रिया में इंटरनेट टेक्नोलॉजी गेमचेंजर बन रही है। अब राजनीति में नीति-निर्धारण केवल चुने हुए प्रतिनिधि तक मर्यादित नहीं रहा।

लोकतंत्र में जनता की आवाज के महत्त्व का परिबल है और गुजरात में स्वागत ऑन लाइन जनशिकायत निवारण कार्यक्रम में टेक्नोलॉजी ने आम आदमी को उसकी समस्या का संतोषकारक समाधान बताया है। इतना ही नहीं, नीतियाँ और व्यवस्था में गुणात्मक सुधार हो सके। गुजरात में भास्कराचार्य इंस्टीट्यूट ऑफ स्पेस एप्लिकेशन ऐंड जियोइंफॉरमेटिव की सेटैलाइट टेक्नोलॉजी की मदद से व्यूहात्मक तरीके से सेटैलाइट मैपिंग करके काफी सुधार लाए गए हैं। विकास का भागीरथ प्रोजेक्ट, SIRS, स्मार्ट सिटी जैसे आधुनिक लैंडस्केपिंग से लेकर आदिवासियों को जंगल की जमीन का हक दिलाने तक सेटैलाइट मेपिंग सफलता से हुई है।

गुजरात सरकार ने आज टेक्नोलॉजी के माध्यम से वाटर शेड मैनेजमेंट, डिजास्टर मैनेजमेंट के कार्यक्रमों की प्लानिंग और अमलीकरण की है। गुजरात पहला राज्य है, जिसने समग्र देश में पहली बार टेक्नोलॉजी से जमीनों का रि-सर्वे करने का अभियान चलाया है। राज्य की तमाम पंचायतें ई-ग्राम विश्वग्राम ब्रॉडबेंड कनेक्टिविटी से जोड़ दी गई हैं। जिसकी की वजह से ई-सेवा, ई-धरा जैसे जनसेवा के कार्य जल्दी से पारदर्शी हो रहे हैं। गुजरात ने चुनाव में इलेक्ट्रोनिक वोटिंग मशीन के बाद अब स्थानीय स्वराज्य के चुनाव में ई-वोटिंग का सफल प्रयोग करके दिखाया है।

सोशल मीडिया की एडवांस टेक्नोलॉजी से सरकार और नागरिकों के बीच सहभागीदारी का नया अध्याय शुरू हो सकता है और गुजरात ने इस दिशा में पहल की है। नागरिक सशक्तीकरण के लिए टेक्नोलॉजी का प्रभाव राजनीति के लिए गुणात्मक परिवर्तन लाने का माध्यम है, लेकिन इसका सही दिशा में उपयोग होना चाहिए।

समाज की सामर्थ्य जगाने के लिए क्या करना चाहिए?

समाज में सामर्थ्य है, उसे जगाना चाहिए। गरीबी से बाहर आने से पहले मुझे लगता है कि सबसे पहले वैचारिक गरीबी से बाहर आना चाहिए। किसी भी समाज को, किसी भी व्यक्ति को गरीबी मार डालती है और आदमी वैचारिक गरीब हो तो पूरी जिंदगी वैचारिक तौर पर गरीब ही रहता है। उससे से वह कभी बाहर नहीं आ सकता। कई लोग कहते हैं

कि हमारा नसीब ठीक है कि हम तो इस समाज में जनमे हैं, क्या करें? मजदूरी ही करनी है। हमारे भाग्य में और क्या है? ऐसी मानसिक दरिद्रता से आप कभी आगे नहीं बढ़ सकेंगे।

लेकिन मन में संकल्प हो तो किसी भी किस्म की परिस्थिति से बाहर आ सकते हैं। नीयत साफ हो तो परिणाम मिलता ही है।

एक छोटी सी सत्य घटना मुझे बराबर याद आती है। सालों पहले बचपन में एक बार मैं महेसाणा रेलवे स्टेशन पर खड़ा था। एक भिखारी को किसी ने ब्रेड दी थी। ब्रेड को हथेली (गदेरी) पर रख बड़े आराम से वह खा रहा था। गाड़ी आने में देर थी, इसीलिए मैं स्वभावगत उसकी गतिविधि को बारीकी से देख रहा था। वह मस्ती से ब्रेड को हथेली में लेकर खा रहा था। मैं उसके पास गया। मैंने कहा, 'भाई, तेरी गदेरी में तो कुछ भी नहीं, फिर भी ब्रेड को गदेरी में डुबो-डुबोकर क्यों खाते हो?' मेरे मन में प्रश्न था कि वह किस मानसिक अवस्था में है ऐसी कोरी हथेली में कोई ब्रेड डुबो के खाता है? भिखारी ने कहा, 'साहब, किसी ने यह ब्रेड भीख में दी है। कोरी ब्रेड नहीं भाती, इसीलिए मन में कल्पना की कि मेरी हथेली में नमक है, और इस नमक में डुबोकर ब्रेड खाता हूँ।' मैंने कहा, 'भाई, तुम कभी भी इस गरीबी में से बाहर नहीं आ सकोगे। तुझे कल्पना ही करनी है तो नमक की क्यों करता है, श्रीखंड की क्यों न कर।'

मानसिकता का एक मजबूत बंधन होता है। मुझे लगता है कि हमारे समाज को इस मानसिकता का बंध लग गया है। उसमें से बाहर निकालने का वक्त आ गया है। अपने सामर्थ्य, आत्मविश्वास से खुद ही निकलना होगा। कोई हाथ पकड़ बाहर निकालेगा, यह मानसिकता छोड़नी पड़ेगी। आत्मविश्वासपूर्वक सामर्थ्य से खड़े होगे तो निश्चिय ही यश मिलता है।

किस प्रकार के राष्ट्र की आप कल्पना करते हैं ?

हमारे शास्त्रों में लिखा है—

सर्वे भवन्तु सुखिनः सर्वे सन्तु निरामया,
सर्वे भद्राणी पश्यन्तु मा कश्चितदुःख भागभवेत।

यानी जनजीवन आधुनिक विज्ञान का होना चाहिए। ऐसा आवश्यक नहीं कि आज गुरुकल जैसे स्कूल हों। आज के बदले हुए जमाने के अनुरूप संस्थाएँ होनी चाहिए। अंतिम लक्ष्य तो है कि व्यक्ति के संपूर्ण सुख की व्यवस्था हो। हम मनुष्य को केवल आर्थिक रूप में ही नहीं देखते। हम धर्म, अर्थ, काम और मोक्ष—इन चारों को साथ लेकर देखते हैं। ये चार प्रकार के पुरुषार्थ की पूर्ति का सामर्थ्य जिस व्यवस्था में हो, ऐसी व्यवस्था आधुनिक युग में विकसित होनी चाहिए। जिनके पास इसकी जानकारी हो, उनको यह काम करना है। हमारे जैसों का काम ऐसे लोगों को इकट्ठा करने का है। आप मंथन करें, विचार करें,

देश को कुछ दें। शासन में बैठे लोग उसे आचरण में उतारें। मुझे भरोसा है कि हम दुनिया को कुछ प्रदान कर सकेंगे।

लोकसभा चुनाव में आपको भाजपा के प्रधानमंत्री पद का उम्मीदवार घोषित किया गया, आपको कैसा लगता है?

भारतीय जनता पार्टी में अनेक साल तक एक कार्यकर्ता के रूप में अलग-अलग जिम्मेदारी निभाते रहा परमात्मा ने जितनी समझ और शक्ति दी है, उसका उपयोग भाजपा के विस्तार और विकास के लिए, देश की सेवा करने का अवसर मुझे हमेशा पार्टी ने दिया है। भाजपा के राष्ट्रीय नेतृत्व ने एक सामान्य परिवार से आए, छोटे कस्बे से आए मेरे जैसे एक कार्यकर्ता को एक बड़ी जिम्मेदारी सौंपी है। अटलजी, आडवाणीजी के अथाह प्रयत्नों से वटवृक्ष बनी इस पार्टी के लाखों कार्यकर्ताओं की शुभकामनाएँ, राष्ट्रीय नेतृत्व के आशीर्वाद भाजपा को निश्चिय सफलता दिलाएँगे। मैं पार्टी के तमाम छोटे-बड़े कार्यकर्ताओं का, वरिष्ठ नेताओं का आदरपूर्वक, नम्रतापूर्वक नमन करके आभार प्रकट करता हूँ।

मैं अपनी पार्टी, लाखों कार्यकर्ताओं, समर्थकों और देश की जनता को यह विश्वास दिलाता हूँ कि 2014 के चुनाव में भाजपा विजयी बने, उसके लिए परिश्रम करने में कोई कमी नहीं रखूँगा। सामान्य मनुष्य की आशा, आकांक्षा, कार्यकर्ता की अपेक्षा पूर्ण कर सकूँ, इसका भरपूर प्रयास करता रहूँगा। मैं करोड़ों-करोड़ों देशवासियों से आशीर्वाद चाहता हूँ कि जब देश संकट की घड़ी में से गुजर रहा है, तब भाजपा को आशीर्वाद देकर इस संकट की घड़ी में से देश को बाहर निकालने के हमारे प्रयासों को ताकत दें, सामर्थ्य दें। मुझे भरोसा है कि कश्मीर से कन्याकुमारी और अटक से कटक तक समग्र देश एक नई दिशा, आशा और उमंग के साथ, एक नई सोच के साथ भाजपा के कमल का अपना पूरा समर्थन देगा।

□

क्या कहते हैं लोग मोदी के बारे में मोदी पर कुछ विचार

भारत कई चुनौतियों का सामना कर रहा है। ऐसे में बुद्ध के उपदेशों और सिद्धांतों को अपनाने और उनके संरक्षण की जरूरत है। गुजरात सरकार यह कार्य भलीभाँति कर रही है।

—**दलाई लामा** (नोबल पुरस्कार प्राप्त धर्मगुरु)

नरेंद्र मोदी में कई विशेषताएँ हैं। ईश्वर करे देश के अगले प्रधानमंत्री नरेंद्र मोदी बनें। मेरा आशीर्वाद हमेशा उनके साथ है।

—**जयेंद्र सरस्वती** (जगद्‌गुरु शंकराचार्य)

निर्णयों में विरोधाभास और पारदर्शिता की कमी के कारण देश के गाँवों तक विकास नहीं पहुँच पा रहा है। ऐसे में गुजरात मॉडल कारगर सिद्ध हो रहा है। इसके जरिए ग्रामीण क्षेत्रों में भी आधुनिक तकनीक का लाभ पहुँचाया जा रहा है।

—**ए.पी.जे. अब्दुल कलाम** (पूर्व राष्ट्रपति)

हम सभी नरेंद्र मोदी को प्रधानमंत्री देखना चाहते हैं। मैं ईश्वर से प्रार्थना करती हूँ कि वे देश की बागडोर सँभालें।

—**लता मंगेशकर** (भारत रत्न, कंठ कोकिला)

वर्तमान में नरेंद्रभाई मोदी ने गुजरात के उत्कर्ष के लिए जो कटिबद्धता और समर्पण के साथ पुरुषार्थ किया है, वह अभिनंदनीय है। उनके द्वारा राष्ट्र की सेवा हो

और उसके लिए उनको शक्ति प्राप्त हो, ऐसी परमात्मा से मंगल प्रार्थना।

—**प्रमुख स्वामी महाराज** (शास्त्री नारायण स्वरूपदास)
(बोचासणवासी श्री अक्षर पुरुषोत्तम स्वामिनारायण संस्थान (BAPS))

महात्मा गांधी के आदर्शों पर चलते हुए गुजरात इकलौता राज्य बना है, जहाँ भ्रष्टाचार पर प्रभावी नियंत्रण किया गया है।

—**जस्टिस वी.आर. कृष्णन् अय्यर** (पूर्व न्यायाधीश, सर्वोच्च न्यायालय)

लंबे समय से गुजरात की जनता नरेंद्र मोदी को बहुमत देती आ रही है। उनमें देश का विजन तय करने की क्षमता है।

—**नारायण मूर्ति** (इंफोसिस के संस्थापक)

नरेंद्र मोदी का नेतृत्व अनुकरणीय है। नरेंद्र मोदी पूरे देश को नेतृत्व प्रदान करने की क्षमता रखते हैं।

—**रतन टाटा** (पूर्व चेयरमैन, टाटा समूह)

नरेंद्र मोदी के रूप में हमारे पास दूरदर्शी नेता है। वे सभी के लिए प्रेरणास्रोत हैं।

—**मुकेश अंबानी** (चेयरमैन, रिलायंस इंडस्ट्रीज)

नरेंद्र मोदी ने आर्थिक विकास में लोहा मनवाया है। भारत को आर्थिक संकट से उबारने के लिए मोदी उचित व्यक्ति हैं। एक दिशाविहीन सरकार के प्रशासन को सुधारने और गिरते रुपए को उठाने के लिए नरेंद्र मोदी बेहतर विकल्प हैं।

—**क्रिस्टोफर वुड** (विख्यात आर्थिक रणनीतिकार)

मैं गुजरात गई तो अहमदाबाद से सूरत और वडोदरा के मार्गों में देखा कि वहाँ गाँवों तक की सड़कें काफी अच्छी हैं। यहाँ तक कि हर झोंपड़ी में बिजली है।

—**महाश्वेता देवी** (विख्यात वयोवृद्ध लेखिका)

□

अनथक यात्रा

- 17 सितंबर, 1950—गुजरात के महेसाणा जिले में स्थित एक छोटे से गाँव वडनगर में आर्थिक रूप से पिछड़े परिवार में नरेंद्र मोदी का जन्म।
- लगभग आठ वर्ष की आयु में राष्ट्रीय स्वयंसेवक संघ की शाखा में जाना प्रारंभ। स्कूल से छूटने के बाद वडनगर रेलवे स्टेशन के पास अपने पिताजी की चाय की छोटी सी दुकान पर पिताजी के काम में हाथ बँटाते।
- 1956—में महागुजरात आंदोलन के समय छोटी सी आयु में कार्यकर्ता की तरह कार्य किया।
- 1962—भारत-चीन युद्ध के दौरान, अपनी कम उम्र होने के बावजूद, रेलवे स्टेशनों पर आवागमन के दरमियान सैनिकों की स्वैच्छिक सेवा की।
- सूरत की तापी नदी में बाढ़ आने से तबाही मची तो 12 वर्षीय नरेंद्र मोदी ने बाढ़ पीड़ितों की सेवा के लिए वडनगर में जन्माष्टमी के मेले में चाय का ठेला लगाकर उसमें हुई आय के सारे पैसे बाढ़ पीड़ितों की सेवा में दिए और खुद भी वहाँ सेवा कार्य करने गए।
- 1967—मैट्रिक की परीक्षा पास की। वडनगर से 20 किलोमीटर दूर विसनगर कॉलेज में प्रवेश लिया। कुछ दिन कॉलेज गए। अखिल भारतीय विद्यार्थी परिषद् का कार्य प्रारंभ किया। बाद में संन्यासी बनने की चाहत में पढ़ाई और घर छोड़ दिया।
- 1970—लगभग दो वर्ष हिमालय भ्रमण में विविध मठ-आश्रम घूमते रहे और आखिर घर वापस आए।
- 1970-71—पुन: घर छोड़ा और अहमदाबाद आए। यहाँ स्टेट ट्रांसपोर्ट के बस अड्डे पर अपने मामा बाबूभाई के स्टॉल पर कुछ दिन काम किया। संघ से पुन: संपर्क हुआ। वकील साहब के कहने पर राष्ट्रीय स्वयंसेवक संघ के मुख्यालय में निवास।
- 1973—से संघ प्रचारक के रूप में भारतमाता की सेवा में पूर्णत: समर्पित।
- 1973—में राष्ट्रीय स्वयंसेवक संघ शिक्षा वर्ग का प्रथम वर्ष (नड़ियाद) द्वितीय वर्ष

1975 में आपातकाल के पहले (बाजवा, जि. बड़ौदा) किया, बाद में तृतीय वर्ष 1978 में नागपुर में किया। साथ में वकील साहब के अनुरोध पर अधूरा छूटा अभ्यास प्रारंभ किया और दिल्ली युनिवर्सिटी से एक्सटर्नल छात्र के रूप में बी.ए. (राज्यशास्त्र) किया।

- 1974—के भ्रष्टाचार विरोधी नवनिर्माण आंदोलन और 19 महीने (जून 1975 से जनवरी 1977) की दीर्घावधि तक रहे अमानुषी 'आपातकाल', जब भारतीय नागरिकों के मूल अधिकारों का गला घोंट दिया गया था, जैसी विभिन्न घटनाओं के समय अत्यंत महत्त्वपूर्ण भूमिकाएँ निभाईं। पूरे समय भूमिगत रहते हुए मोदी ने गुप्त तरीके से केंद्र सरकार की फासीवादी नीतियों के खिलाफ जोशीले अंदाज में जंग छेड़ते हुए लोकतंत्र की भावना को जीवित रखा।
- 1978—राष्ट्रीय स्वयंसेवक संघ के विभाग प्रचारक (बड़ौदा ग्राम, पंचमहल, दाहोद, आणंद, खेड़ा) दो साल बाद संभाग प्रचा रक बने (बड़ौदा से लेकर डांग तक का क्षेत्र)
- 1981—गुजरात प्रांत संघ मुख्यालय, डॉ. हेडगेवार भवन, अहमदाबाद में निवास और अहमदाबाद विभाग प्रचारक एवं प्रांत सहव्यवस्था प्रमुख की जिम्मेदारी।
- 1981—गुजरात युनिवर्सिटी से एम.ए. की डिग्री प्राप्त कर अनुस्नातक हुए।
- 1987—में भारतीय जनता पार्टी (भाजपा) में शामिल होकर राजनीति की मुख्यधारा में प्रवेश। एक वर्ष के भीतर ही उन्हें पार्टी की गुजरात इकाई का महामंत्री नियुक्त किया गया। तब तक उन्होंने एक अत्यंत कुशल संगठक के रूप में ख्याति अर्जित कर ली।
- 1987—भाजपा में जाते ही प्रथम बार गुजरात की सबसे बड़ी अहमदाबाद नगर पालिका में भाजपा को विजय दिलाई।
- 1987—न्याययात्रा निकालने की योजना बनाई, शायद भाजपा में यात्रा का दौर इसी यात्रा से प्रारंभ हुआ और उसका श्रेय नरेंद्र मोदी को जाता है। गुजरात में लगातार तीन वर्ष अकाल पड़ा और राज्य की कांग्रेस सरकार पूरी तरह असफल रही। यह यात्रा 115 तहसील और करीब 15000 गाँवों से होकर गुजरी। नरेंद्र मोदी ने फुटपाथ संसद् का भी आयोजन किया अर्थात् घर, गली, मोहल्ले और चौराहे पर बैठने के स्थान पर छोटी-छोटी बैठकें करवाईं। पार्टी को लोगों के बीच लेकर गए।
- 1989—भारतीय जनता पार्टी के प्रभाव को बढ़ाने हेतु लोकशक्ति यात्रा का आयोजन किया। पाँच चरणों में आयोजित इस यात्रा ने पाँच महीने तक पूरे गुजरात में जन-जागरण किया।
- 1990—25 सितंबर, 1990 ऐतिहासिक सोमनाथ से अयोध्या तक की यात्रा का

शुभारंभ, जिसका नेतृत्व लालकृष्ण आडवाणी ने किया। सोमनाथ से मुंबई तक की यात्रा का आयोजन नरेंद्र मोदी ने किया।

- 1990—3 मार्च, 1990 को भाजपा और जनतादल की गठबंधन सरकार अस्तित्व में आई। इस विजय में नरेंद्र मोदी की सूझबूझ और संगठन क्षमता ने भाजपा के प्रभाव को ग्रामीण स्तर तक फैलाया। सोमनाथ-अयोध्या रथयात्रा बिहार तक पहुँची थी। 24 अक्तूबर, 1990 को बिहार के समस्तीपुर में लालकृष्ण आडवाणी को गिरफ्तार किया। राष्ट्रीय राजनीति का असर गुजरात में हुआ। गठबंधन सरकार से भाजपा बाहर आ गई।
- 1991—11 दिसंबर, 1991 को कन्याकुमारी से एकता यात्रा प्रारंभ हुई और 26 जनवरी, 1992 को श्रीनगर के लालचौक में आतंकवादियों की धमकी के बावजूद तिरंगा लहराकर संपन्न हुई। इस एकता यात्रा की पूरी जिम्मेदारी नरेंद्र मोदी ने सँभाली। उसका आयोजन इतना दुरुस्त था कि नरेंद्र मोदी की संगठन शक्ति और कार्यक्रमों की आयोजन क्षमता राष्ट्रीय नेतृत्व के ध्यान में आ गई।
- 1991—नरेंद्र मोदी को भाजपा राष्ट्रीय चुनाव समिति का सदस्य बनाया गया। गुजरात में दसवीं लोकसभा चुनाव में भाजपा ने गुजरात की 26 में से 20 सीटें जीत लीं।
- 1993—स्वामी विवेकानंद के शिकागो ऐतिहासिक प्रवचन की शताब्दी समारोह का आयोजन अमेरिका में हुआ। नरेंद्र मोदी विशेष आमंत्रण पर शिकागो गए।
- 1995—नरेंद्र मोदी ने गुजरात भाजपा का संगठन इतना मजबूत और प्रभावी बना दिया था कि इस वर्ष हुए विधानसभा चुनाव में भाजपा ने 182 विधानसभा सीट में से 121 सीटों पर जीत हासिल की और 14 मार्च, 1995 के दिन केशूभाई पटेल गुजरात के मुख्यमंत्री बने।
- 1995—भाजपा में शंकरसिंह वाघेला की सत्ता-लालता इतनी तेज हो गई कि उन्होंने अपनी पार्टी के विरुद्ध बगावत की और केशूभाई पटेल को मुख्यमंत्री पद छोड़ना पड़ा। 28 सितंबर, 1995 को नरेंद्र मोदी ने प्रदेश महासचिव पद से इस्तीफा दिया। 20 नवंबर, 1995 को नरेंद्र मोदी भाजपा के राष्ट्रीय सचिव बनाए गए। अब उनके काम का केंद्र दिल्ली बन गया। उनको हरियाणा, हिमाचल प्रदेश, चंडीगढ़, पंजाब और जम्मू-कश्मीर का प्रभारी बनाकर संगठन का कार्य दिया गया, जो किसी भी युवा नेता के लिए बड़ी उपलब्धि की बात थी। इस मुश्किल काम को भी नरेंद्र मोदी ने पूरे समर्पित भाव और कठोर परिश्रम से पूरा किया।
- 1998—नरेंद्र मोदी की संगठन शक्ति से प्रभावित राष्ट्रीय नेतृत्व ने दो वर्ष के भीतर ही राष्ट्रीय महासचिव (संगठन) की जिम्मेदारी दी। इस पद पर पंडित दीनदयाल उपाध्याय, सुंदरसिंह भंडारी और कुशाभाऊ ठाकरे जैसे संगठनाचार्य रह चुके थे।

- 1998—गुजरात में विधानसभा चुनाव हुए। नरेंद्र मोदी को एक बार फिर दिल्ली से गुजरात इस चुनाव की कमान सँभालने को कहा गया। नरेंद्र मोदी के गुजरात आते ही पूरे चुनाव का रंग बदल गया। उनके धुआँधार प्रचार से कांग्रेस पुनः धराशाई हो गई। केशूभाई पटेल के नेतृत्व में भाजपा सरकार का गठन हुआ।
- नरेंद्र मोदी चुनाव पूरे होते ही दिल्ली आ गए। अपने कर्तव्य के प्रति पूर्ण समर्पण, कठोर परिश्रम और उनके कुशल संगठन कार्य से भाजपा का विकास और विस्तार होता रहा। 1999 में अटल बिहारी वाजपेयी के नेतृत्व में एनडीए सरकार का गठन हुआ।
- 2000-01—ऑस्ट्रेलिया, जुलाई 2001 में मलेशिया की यात्रा पर गए। अमेरिका सहित दुनिया भर के अनेक देशों की यात्राएँ कीं और अनेक प्रतिष्ठित नेताओं के साथ विचार-विमर्श किया।
- अक्तूबर 2001 में पार्टी ने उन्हें गुजरात सरकार की कमान सँभालने को कहा। 7 अक्तूबर, 2001 को जब नरेंद्र मोदी ने गुजरात के मुख्यमंत्री पद की शपथ ली, तब गुजरात में आए विनाशक भूकंप सहित अन्य कई प्राकृतिक आपदाओं के विपरीत प्रभावों से गुजर रहा था। कुशल रणनीतिकार नरेंद्र मोदी ने अपने राष्ट्रीय एवं अंतरराष्ट्रीय अनुभवों का लाभ उठाते हुए इन समस्याओं का पूरे जोश के साथ सामना किया।
- भूकंप प्रभावित इलाकों के पुनर्निर्माण और पुनर्वास की बड़ी चुनौती सामने थी। भुज मलबे का शहर बन गया था और हजारों लोग कामचलाऊ आश्रयस्थलों में बिना किसी मूलभूत सुविधाओं के रह रहे थे। नरेंद्र मोदी ने प्रतिकूल परिस्थितियों को सर्वांगीण विकास के अवसरों में तब्दील कर दिया।
- नरेंद्र मोदी ने सर्वांगीण सामाजिक-आर्थिक विकास के लिए उपयुक्त तरीके से सामाजिक क्षेत्र पर ध्यान केंद्रित कर उस असंतुलन को सुधारने का निर्णय किया और राज्य के सर्वांगीण विकास के लिए पाँच सूत्रीय रणनीति—'पंचामृत योजना' की परिकल्पना की।
- उनके नेतृत्व में शिक्षा, कृषि और स्वास्थ्य सेवा सहित अनेक क्षेत्रों में बड़ा परिवर्तन आया। राज्य के भविष्य को दृष्टि में रखते हुए नीति आधारित सुधार कार्यक्रम शुरू किया। सरकार के ढाँचे को पुनर्गठित कर गुजरात को समृद्धि के मार्ग पर ला दिया।
- 24 फरवरी, 2002 को राजकोट विधानसभा से चुनाव जीतकर विधायक बने।
- 2002—उनके आशय और क्षमता का पता उनके सत्ता सँभालने के 100 दिनों के भीतर ही चल गया। अपनी प्रशासनिक सूझबूझ, दूरदर्शिता और चारित्र्य की अखंडता आदि गुणों की वजह से दिसंबर 2002 के आम चुनावों में मोदी सरकार की 182 में से 128 सीटें जीतकर भारी बहुमत के साथ सत्ता में वापसी।

- 22 दिसंबर, 2002 को दूसरे कार्यकाल के लिए मुख्यमंत्री पद की शपथ ली।
- 2007—विधानसभा चुनावों में फिर एक बार नरेंद्र मोदी के नेतृत्व में भाजपा को भारी बहुमत मिला। 25 दिसंबर, 2007 को तीसरी बार शपथ ग्रहण किया।
- 2012—17 सितंबर, 2012 को नरेंद्र मोदी ने गुजरात के लोगों की सेवा में 4000 दिन पूर्ण किए। लगातार तीन चुनावों में उनको गुजरात के लोगों का स्नेह और समर्थन मिलता रहा।
- 2012 के विधानसभा चुनाव में एक बार फिर मोदी के नेतृत्व में भाजपा ने भारी बहुमत प्राप्त किया। भाजपा को 115 सीटें मिली और 26 दिसंबर, 2012 को मोदी लगातार चौथी बार गुजरात के मुख्यमंत्री बने।
- उनके सक्षम नेतृत्व में गुजरात ने दुनिया भर से अनेक समान और पुरस्कार हासिल किए हैं। आपत्ति व्यवस्थापन के लिए संयुक्त राष्ट्र की ओर से सासाकावा पुरस्कार, रचनात्मक और सक्रिय प्रशासन के लिए कॉमनवेल्थ एसोसिएशन फॉर पब्लिक एडमिनिस्ट्रेशन ऐंड मैनेजमेंट (सीएपीएम) और युनेस्को का अवार्ड, ई-गवर्नेंस के लिए सी.एस.आई. पुरस्कार आदि। नरेंद्र मोदी ने लगातार तीन साल तक जनता द्वारा सर्वश्रेष्ठ मुख्यमंत्री का स्थान हासिल किया है, यही उनकी उपलब्धियों को साबित करता है।
- खास कमाल तो उन्होंने वाइब्रेंट गुजरात कार्यक्रम करके किया, दुनिया भर के पूँजी निवेशकों के लिए गुजरात एक पसंदीदा स्थल बन चुका है। 2013 की वाइब्रेंट गुजरात समिट में दुनिया के 120 देशों ने भाग लिया, जो एक उल्लेखनीय उपलब्धि है।
- 9 जून, 2013 को गोवा कार्यकारिणी में नरेंद्र मोदी भाजपा चुनाव प्रचार अभियान समिति के चेयरमैन बने और सितंबर 2013 को दिल्ली में भारतीय जनता पार्टी के राष्ट्रीय अध्यक्ष राजनाथ सिंह ने नरेंद्र मोदी को प्रधानमंत्री पद का उम्मीदवार घोषित किया।

राष्ट्रीय एकता और अखंडता के राष्ट्रनायक सरदार वल्लभभाई पटेल की नर्मदा नदी के मध्य सरदार सरोवर परियोजना (केवडिया) के जनदीक विश्व की सबसे विराट् प्रतिमा का शिलान्यास।

जनता जनार्दन का सतत स्नेह और चतुर्दिक सफलता सार्वजनिक जीवन में किसी व्यक्ति को कम ही मिलता है, पर नरेंद्र मोदी को वह सब मिला है। अत्यंत अल्प समय में वे एक ऐसे नेता के रूप में उभर कर आए, जो भारत माता को अभावों से मुक्ति दिला, परम वैभव तक पहुँचाने की सामर्थ्य रखते हैं।

□

प्रधानमंत्री नरेंद्र दामोदरदास मोदी

गुजरात में सर्वाधिक समय—13 वर्षों—तक सुशासन और विकास के माध्यम से गुजरात को देश का नंबर वन राज्य बनाने के बाद अब नरेंद्र मोदी देश के 15वें प्रधानमंत्री बन गए हैं। समग्र देश आज उनको एक महानायक के रूप में देख रहा है।

'द इंडियन एक्सप्रेस' में वरिष्ठ संपादक एवं पत्रकार एम.जे. अकबर ने लिखा—''भारत की जनता एक सशक्त नेतृत्व के लिए अधीर हो गई थी। लोग मजबूत और निर्णायक नेता की खोज में थे। जनता को एक ऐसे नेता की कामना थी, जो भारत देश का सशक्त नेतृत्व करे। ऐसा नेतृत्व जनता को नरेंद्र मोदी के अंदर दिखाई दिया। देश परिवर्तन की अपेक्षा से सराबोर था। अपनी आशा, आकांक्षा एवं सपनों को साकार करनेवाले एक सर्वगुण-संपन्न नेता की झाँकी उनको नरेंद्र मोदी के व्यक्तित्व में दिखाई दी। और जनता की इसी चाहत ने 16 मई, 2014 के दिवस को भारतीय लोकतंत्र का निर्णायक ऐतिहासिक दिवस बना दिया।''

भारत की जनता राजनयिक उठा-पटक और छद्म सेकुलरिज्म के कारण ऊब चुकी थी। उसे इन अँधेरों से निकलकर विकास का सूर्योदय देखना था। नरेंद्र मोदी ने जनता की चाहत को पहचानते हुए चुनाव के सारे समीकरण उलटा दिए। आबाल-वृद्ध प्रत्येक के मुख पर एक ही नारा था—'अबकी बार, मोदी सरकार!'

सुप्रसिद्ध पत्रकार तवलीन सिंह ने वर्ष 2009 में लिखा था—''मैं देश के कोने-कोने में घूमती हूँ, युवाओं से मिलती हूँ। वे देश के राजनयिक नेताओं से ऊब चुके हैं। वे मानते हैं कि ये सभी भ्रष्टाचारी और निकम्मे लोग हैं। अबकी बार यह युवा वर्ग ऐसे पक्ष को अपना मत देगा, जो जनता को अच्छी सड़क, स्वच्छ शहर, अच्छे स्कूल, अस्पताल और अच्छे रोजगार दे सके। चुनाव में निर्वाचित होने के पश्चात् भ्रष्टाचार कम करे और शासन अच्छा करे। भारतीय जनता पार्टी युवाओं की इन अपेक्षाओं में खरी उतर सकती है। वह कांग्रेस के जीर्ण-शीर्ण एवं पुराने विचारों की तुलना में आधुनिक विचारोंवाली पार्टी है और देश को विकास की नई दिशा प्रदान कर सकती है।''

भारतीय जनता की आकांक्षा है कि एक ऐसा व्यक्ति देश का नेतृत्व करे, जो विश्व समुदाय में भारत को एक सामर्थ्यवान, शक्तिशाली और गौरवमय राष्ट्र के रूप में पहचान दिला सके। नरेंद्र मोदी को जनता ने एक शक्तिशाली नेता के रूप में देखा। नरेंद्र मोदी की मजबूत मनोबलवाली छवि ने उन्हें लोगों के बीच लोकप्रिय बना दिया। देश का युवा चाहता है कि जिस तरह नरेंद्र मोदी ने गुजरात को भारत के विकास का इंजिन बना दिया है, उसी प्रकार वे भारत को विश्व-फलक पर ले जाएँ।

इंग्लैंड की डॉक्यूमेंटरी निर्मात्री अंटोनिया नरेंद्र मोदी के व्यक्तित्व को अत्यंत शक्तिशाली और प्रभावशाली मानती हैं। वह कहती हैं, "नरेंद्र मोदी ब्रिटेन की पूर्व महिला प्रधानमंत्री मार्गरेट थैचर की तरह मजबूत मनोबल वाले हैं। नरेंद्र मोदी उनके समान ही राष्ट्रवादी हैं और मुक्त बाजार अर्थव्यवस्था के पक्षधर हैं। गरीब, दलित और पिछड़ी जातियों का सशक्त विकास करने में वे समान रूप से सक्षम हैं।"

नरेंद्र मोदी जमीन से जुड़े कार्यकर्ता हैं। प्रधानमंत्री पद के उम्मीदवार घोषित होने के पश्चात् दिल्ली में भाजपा की राष्ट्रीय कार्यसमिति की बैठक को संबोधित करते हुए उन्होंने कार्यकर्ताओं से कहा था, "लोगों के पास जाइए और कहिए कि एक चायवाला चुनाव लड़ रहा है। उसके पास अपना कुछ नहीं है। पिताजी दामोदरदास वडनगर में चाय की छोटी सी दुकान चलाते थे और माँ आस-पड़ोस के घरों में छोटा-मोटा काम करके घर चलाती थीं।" नरेंद्र मोदी का एक ही लक्ष्य है, 'भारत विश्व में श्रेष्ठ बने, इंडिया फर्स्ट। नरेंद्र मोदी का एक ही मंत्र है—भारत का कल्याण।" नरेंद्र मोदी दृढ़ता से मानते हैं, "सरकार की शक्ति जनशक्ति होनी चाहिए। सरकार का एक ही कार्य होना चाहिए—125 करोड़ भारतीयों का कल्याण। सरकार का एक ही कोड ऑफ कंडक्ट होना चाहिए—सबका साथ सबका विकास।"

नरेंद्र मोदी के सपनों का भारत कैसा होगा? नरेंद्र मोदी किस प्रकार से भारत का विकास करना चाहते हैं? इसकी रूपरेखा कुछ इस तरह की होगी—

देश के कोने-कोने को विकास से जोड़ना, 100 नए शहर बसाना। देश के 100 सबसे पिछड़े जिलों को विकसित करके उन्हें विकसित जिलों के समकक्ष बनाना। प्रत्येक व्यक्ति का अपना घर हो, जिसमें बिजली, पानी तथा शौचालय की सुविधा हो। देश भर के गाँवों के विकास के लिए ग्रामीण हाट का जाल बिछाना और गाँवों में शहरों जैसी सुविधाएँ मुहैया कराना। कुटीर और छोटे उद्योगों में कार्यरत परंपरागत कारीगरों को अपनी क्षमताओं के विकास हेतु ऋण सुविधा और बाजार से जुड़ाव स्थापित करने में मदद करना। एक व्यापक राष्ट्रीय ऊर्जा नीति का निर्माण करना।

1. महँगाई पर नियंत्रण करने के लिए अलग से कोष की व्यवस्था करना।
2. भ्रष्टाचार निर्मूलन के लिए इ-गवर्नेंस द्वारा पारदर्शिता को बढ़ावा देना।

3. रोजगार को बढ़ावा देने के लिए रोजगार कार्यालयों का कॅरियर केंद्रों के रूप में परिवर्तन करना। पाँच 'प'—परंपरा, प्रतिभा, पर्यटन, पण (व्यापार) और प्रौद्योगिकी की शक्तियों की सहायता से भारत को एक ब्रांड के रूप में स्थापित करना।

महिलाओं को राष्ट्र-निर्माता के रूप में योजनाओं के साथ जोड़ना, इसके लिए कन्याओं को बचाने और पढ़ाने के लिए एक राष्ट्रीय अभियान 'बेटी बचाओ, बेटी पढ़ाओ' शुरू करना। बलात्कार पीड़ित व एसिड हमलों की शिकार महिलाओं के कल्याण के लिए एक कोष का निर्माण करना, ताकि ऐसी महिलाओं के इलाज और उनकी कॉस्मेटिक सर्जरी का खर्च उठाया जाए। पुलिस स्टेशनों को महिलाओं के अनुकूल बनाना और विभिन्न स्तरों पर पुलिस में महिलाओं की संख्या बढ़ाना। महिलाओं के विशेष हुनर प्रशिक्षण के लिए कारोबारी प्रशिक्षण पार्क बनाना। महिलाओं को विधानसभाओं एवं संसद् में 33 प्रतिशत आरक्षण दिलाना।

नरेंद्र मोदी के अंतःकरण में हमेशा समाज के शोषित-पीड़ित लोगों के लिए संवेदना रही है। गुजरात में आयोजित अनेक गरीब कल्याण मेलों द्वारा गरीबों की कल्याण की कामना—यह उसके पीछे का मूल भाव था। प्रधानमंत्री के रूप में भी यही भाव उनके हृदय में होना स्वाभाविक है। इसके लिए उन्होंने एस.सी./एस.टी./ओ.बी.सी. वर्ग के सामाजिक न्याय और सशक्तीकरण का लक्ष्य रखा है। ऐसा वातावरण तैयार किया जाएगा, जिसमें एस.सी./एस.टी. और ओ.बी.सी. वर्ग समेत अन्य गरीब तबकों को प्राथमिकता के आधार पर शिक्षण और नए उद्योग लगाने हेतु अवसर मिल सकें और सरकार ऐसा सुनिश्चित भी करेगी कि एस.सी./एस.टी. और ओ.बी.सी. वर्ग के लिए जिस फंड की व्यवस्था की गई है, उसका समुचित और बेहतर तरीके से उपयोग हो। इन वर्गों के लोगों के लिए घर, शिक्षा, स्वास्थ्य और स्किल डेवलपमेंट के लिए एक मिशन चलाया जाएगा और आदिवासियों के लिए घर, पानी, बिजली, शिक्षा और स्वास्थ्य जैसी मूलभूत सुविधाएँ सुनिश्चित की जाएँगी और उन्हें विस्थापन से बचाया जाएगा।

अल्पसंख्यक को समान अवसर मिलें, इसलिए अल्पसंख्यक शैक्षणिक व्यवस्था और संस्थानों को सशक्त एवं आधुनिक बनाया जाएगा। राष्ट्रीय मदरसा आधुनिकीकरण कार्यक्रम प्रारंभ किया जाएगा।

सीमा क्षेत्रों पर विशेष ध्यान रखा जाएगा, उत्तर-पूर्वी राज्यों के लिए बनाए गए मंत्रालय का सशक्तीकरण किया जाएगा। कश्मीरी पंडितों को उनके अपने प्रदेश जम्मू-कश्मीर में ससम्मान वापसी के लिए कदम उठाए जाएँगे और प्रदेश में सुशासन स्थापित किया जाएगा। धारा 370 को दूर करना भी उनका लक्ष्य होगा, जो जनसंघ के समय से उनका एक संकल्प रहा है। आतंक के खिलाफ आक्रमकता से लड़ा जाएगा।

आतंकवाद, उग्रवाद और अपराध किसी भी कीमत पर बरदाश्त नहीं किए जाएँगे। सीमापार आतंकवाद और घुसपैठ से पूरी सख्ती से निबटा जाएगा।

युवाओं के लिए राष्ट्रीय युवा सलाहकार परिषद् का गठन किया जाएगा। विद्यार्थियों को ऋण देने की प्रक्रिया को सरल बनाया जाएगा। एक 'राष्ट्रीय खेल-कूद प्रतिभा खोज प्रणाली' प्रारंभ की जाएगी। भारत के नागरिकों को स्वास्थ्य सेवा प्रदान करने के लिए हर राज्य को एक स्वास्थ्य संस्था देना तथा राष्ट्रीय इ-स्वास्थ्य अथॉरिटी का गठन किया जाएगा।

किसानों के लिए—किसानों को उनकी लागत पर कम-से-कम 50 प्रतिशत लाभ मिलना सुनिश्चित किया जाएगा।

उद्योगों के लिए—देश भर में उद्योगों, विशेषकर छोटे और मँझोले उद्योगों के लिए लॉजिस्टिक और बिजली जैसी सुविधाओं को सुलभ बनाना।

गाँवों के विकास के लिए—गाँव को हर मौसम के अनुकूल सड़क से जोड़ना तथा प्रधानमंत्री ग्राम सिंचाई योजना के तहत हर खेत को पानी उपलब्ध कराना।

देश को नई ऊँचाई पर ले जानेवाले अन्य सार्थक कदम उठाना—सांस्कृतिक महत्त्व से जुड़ी धरोहरों, जैसे हिमालय, मरुस्थल क्षेत्रों तथा प्राकृतिक चिकित्सा पर आधारित 50 पर्यटन सर्किट बनाना। क्षेत्रीय भाषाओं को प्रोत्साहन तथा सभी भाषाओं के रिकॉर्ड का डिजिटलाइजेशन करना। जनसंख्या स्थिरीकरण को एक राष्ट्रीय मिशन कार्यक्रम के रूप में प्रारंभ करना।

भारतीय संस्कृति और विरासत की रक्षा के लिए—संविधान के दायरे में राम मंदिर के निर्माण के लिए सभी विकल्पों को तलाशा जाएगा। रामसेतु, सेतु-समुद्रम् चैनल परियोजना पर निर्णय लेते समय वह हमारी सांस्कृतिक विरासत का अंग होने और थोरियम भंडार के तथ्यों को दृष्टिगत रखा जाएगा। गाय और गौवंश की रक्षा की जाएगी। गंगा में निर्मलता व उसके प्रवाह में निरंतरता तथा सभी प्रमुख नदियों की स्वच्छता सुनिश्चित करना प्राथमिकता होगा।

नरेंद्र मोदी एक द्रष्टा हैं। उनके सामने एक विजन है। उन्होंने कहा है कि 'एक भारत, श्रेष्ठ भारत' का निर्माण और 'सबका साथ, सबका विकास' हमारी प्राथमिकता होगी।

नरेंद्र मोदी ने भारतीय राजनीति के इतिहास में एक नया अध्याय लिखा। 'गुजरात विकास' से शुरू हुई उनकी विकासयात्रा अब 'भारत विकास' का रूप लेगी। भारतीय जनता पार्टी को स्पष्ट बहुमत दिलाकर वे भारत के भाग्यविधाता बने। देश की 125 करोड़ जनता को एक नया मसीहा मिला, जो वर्ष 1947 में आजाद हुए और 67 वर्षों में कमजोर पड़ गए इस देश को नवयौवन प्रदान करेगा। स्वतंत्रता के पश्चात् देश निरंतर महँगाई, भ्रष्टाचार, गरीबी, बेरोजगारी, आतंकवाद, कमजोर देश की छवि, जातिवाद, प्रांतवाद,

भाषावाद, छद्म सेकुलरिज्म आदि अनेक मुद्दों से जूझ रहा है। इस त्रस्त देश को नरेंद्र मोदी ने एक नई आशा, उमंग और उत्साह की झलक दिखलाई है। देश की 125 करोड़ जनता, खासकर युवाओं को देश के विकास का नूतन मंत्र दिया है। यही मंत्र कुछ वर्षों में भारत का भाग्य बदल सकता है। इसी आशा और अपेक्षा के साथ भारत की जनता ने नरेंद्र मोदी में विश्वास रखते हुए देश के शासन की डोर उनके हाथ में सौंपी है।

लगभग छह दशकों से सुप्त और बेजान इस देश को आखिर नरेंद्र मोदी ने कैसे जाग्रत् किया? देशभर में एक साथ कैसे गूँज उठा यह नारा, 'अबकी बार, मोदी सरकार!'

आधुनिक और खुली सोच रखनेवाले टेक्नोसेवी नरेंद्र मोदी ने सोशल मीडिया का भरपूर उपयोग किया। सैटेलाइट लिंक के माध्यम से नरेंद्र मोदी ने थ्री-डी सभाओं को संबोधित किया। उनके प्रचार की यह अनूठी शैली जनमानस पर छा गई।

डॉ. वेदप्रताप वैदिक कहते है, ''मोदी की जनसभा में जो उत्साह मैंने देखा है, ऐसा उत्साह वर्ष 1952 से लेकर आजतक पहले कभी नहीं देखा।'' नरेंद्र मोदी की एकमात्र छोटी बहन वासंतीबहन कहती हैं, ''मुझे विश्वास था, मेरा भाई प्रधानमंत्री जरूर बनेगा। मेरे भाई ने अपना संपूर्ण जीवन देश को समर्पित कर दिया है।''

इन लोगों की बात भी शत-प्रतिशत सच है। भारत के विकास हेतु भाजपा का 272 सीटें जीतना अनिवार्य था। इस लक्ष्य को हासिल करने के लिए नरेंद्र मोदी ने पिछले नौ महीनों में तीन लाख किलोमीटर की यात्रा की है, या कहें कि सात बार पूरी पृथ्वी की परिक्रमा की। वे 5,187 सभा समारोहों में शामिल हुए और 25 राज्यों में 477 रैलियों को संबोधित किया। इस दौरान उन्होंने महज चार घंटे की नींद ली। अनुमानित 2.3 करोड़ लोगों से इंटरनेट-मोबाइल टेलीफोन से संपर्क किया। एक तरीके से पूरे देश में छा जानेवाला अभियान चलाया। इस अभियान की एक और विशेषता यह भी थी कि नरेंद्र मोदी ने पूरे चुनाव प्रचार अभियान में विकास, और सिर्फ विकास की बात कर भारतीयों के अंदर एक नई आशा का संचार किया। नरेंद्र मोदी ने भारतीय चुनावी राजनीति को एक नई परिभाषा दी है अर्थात् कुछ खास वोट बैंक के हितों का खयाल रखने के बजाय उन्होंने 125 करोड़ भारतीयों की आकांक्षा की पूर्ति का वादा किया।

समाज विश्लेषक और लेखक संतोष देसाई कहते हैं, ''नरेंद्र मोदी हर क्षेत्र और तबके को ध्यान में रखकर बात करते हैं। अब भी ग्रामीण और शहरी दोनों वर्गों की नजर भविष्य पर है। वे बेहतर जीवन पाने के लिए एक ही तरह से लालायित हैं।'' मोदी ब्रांड का अर्थ है सुशासन। 'मोदी मॉडल' कहें या 'गुजरात मॉडल', लेकिन उसका अर्थ 'जन विकास' से लिया जाता है।

नरेंद्र मोदी के चुनाव प्रचार का सबसे आकर्षक और असरदार माध्यम था—थ्री-डी रैलियाँ। वर्ष 2012 के गुजरात विधानसभा चुनाव में थ्री-डी होलोग्राम के साथ नरेंद्र

मोदी के प्रयोग ने उन्हें 53 स्थानों पर एक साथ भाषण देने की योजना के लिए गिनीस बुक ऑफ वर्ल्ड रिकॉर्ड्स में जगह दिला दी। इस लोकसभा चुनाव अभियान में नरेंद्र मोदी ने 1350 थ्री-डी सभा, 437 जनसभा, 196 भारत विजय रैली से एक नया कीर्तिमान स्थापित किया, तो 4000 जगहों पर हुई 'चाय पर चर्चा' के माध्यम से 50 लाख लोगों से संपर्क स्थापित किया।

राजनीतिक समीक्षक नगीनदास संघवी कहते हैं, "देश के कोने-कोने में घूमनेवाले नरेंद्र मोदी ने हजारों मील का प्रवास किया है, सैकड़ों सभाएँ की हैं और लगभग 20 करोड़ मतदाताओं के साथ सीधा संपर्क किया है। महीनों तक लगातार इतना अथक परिश्रम करने के बावजूद नरेंद्र मोदी को कभी किसी सभा में उबासी नहीं आई। कभी नींद का झोंका तक नहीं आया। यह उनकी अद्‌भुत शारीरिक क्षमता एवं परिश्रम का परिचय देती है। उनकी मेहनतपरस्ती और गजब की स्मरण शक्ति के अनेक किस्से सुने जाते रहे हैं। मोदी ने अपनी शक्ति और गुणों के द्वारा अपने आपको स्वयं तैयार किया है। बाँस के अंकुर के बारे में ऐसी लोकमान्यता है कि बाँस धरती को चीरते हुए रातोरात इतनी तीव्र गति से बढ़ता है कि उस धरती के ऊपर सोनेवाले व्यक्ति का सीना भी चिर जाता है। केवल छह महीने में (15 सितंबर, 2013 से उन्होंने प्रवास शुरू किया) ही भारत की राजनीति में सर्वत्र छा जानेवाले नरेंद्र मोदी को देश की जनता ने इस प्रकार से बढ़ावा दिया है।"

नरेंद्र मोदी की यह मेहनत ऐसी रंग लाई और नए कीर्तिमान स्थापित किए। 30 वर्ष के बाद इस देश में किसी एक पक्ष को स्पष्ट बहुमत मिला। अकेले भाजपा को 283 और उसके गठबंधन राष्ट्रीय जनतांत्रिक गठबंधन (राजग) को 335 सीटें मिलीं। और तो और 11 राज्यों में कांग्रेस पक्ष को एक भी सीट नहीं मिली; यहाँ तक कि कांग्रेस लोकसभा में प्रतिपक्ष बनने लायक सीटें भी देशभर से नहीं जुटा पाई। नरेंद्र मोदी ने नारा दिया था, 'कांग्रेस मुक्त भारत', जो उन्होंने कर दिखाया।

नरेंद्र मोदी की भव्य विजय के बाद 'न्यूयॉर्क टाइम्स' ने लिखा—मोदी ने चुनावी मुहिम में ही वादा किया था कि भारत दुनिया की एक बड़ी ताकत बनेगा। उन्होंने इसके लिए जमीन तैयार करनी शुरू कर दी है।

टाइम्स साप्ताहिक के पत्रकार क्रिस्टा मेहर लिखते हैं—परिवर्तन की लहर पर सवार नरेंद्र मोदी ऐसे समय में भारत के प्रधानमंत्री बन गए हैं, जब भारतीय बहुत चिंतित हैं। 70 प्रतिशत भारतीय देश की वर्तमान दशा से असंतुष्ट हैं। वे महँगाई, बेरोजगारी और यूपीए सरकार के काम-काज को लेकर चिंतित थे। मोदी पर कुछ कर दिखाने का भरोसा है। गुजरात के रिकॉर्ड के आधार पर मोदी ने आर्थिक चमत्कार करनेवाले नेता की छवि बनाई है। गुजरात ने अंतरराष्ट्रीय स्तर पर भारत में एक ऐसे स्थान की पहचान बनाई है, जहाँ काम होता है। अब मोदी ने भारत को आगे ले जाने की बड़ी चुनौती को स्वीकार किया है।

नरेंद्र मोदी ने 26 मई, 2014 को प्रधानमंत्री पद की शपथ लेते ही अपनी टीम के साथ काम-काज आरंभ कर दिया। प्रधानमंत्री मोदी और उनका पूरा मंत्रिमंडल अनुभवी, परिपक्व और दमदार है। मोदी को तपे-तपाए कार्यकर्ता मंत्री के रूप में मिले हैं।

अब नरेंद्र मोदी का लक्ष्य है—'भारत का पुनर्निर्माण।' स्वामी विवेकानंद का स्वप्न था, 'भारत जगद्गुरु बने,' इक्कीसवीं शताब्दी के नरेंद्र का स्वप्न भी है—

'भारत विश्व का सर्वाधिक सामर्थ्यवान, स्वाभिमानी और सशक्त राष्ट्र बने।'

□

ऐतिहासिक चुनाव अभियान और भारत जगद्गुरु की भूमिका में...

स्वतंत्र भारत के अब तक के चुनाव अभियानों में शायद 2014 का चुनाव अभियान अनेक प्रकार से अद्वितीय एवं ऐतिहासिक रहा। पूरा चुनाव प्रचार एक ही व्यक्ति—नरेंद्र मोदी पर केंद्रित रहा। न केवल भाजपा, परंतु कांग्रेस सहित सभी पार्टियों के प्रचार की सूई नरेंद्र मोदी पर अटक गई थी। ऐसे में इस चुनाव के महानायक नरेंद्र मोदी पूरे चुनाव अभियान का विश्लेषण कैसे करते? यह उन्हीं के शब्दों में पढ़ें—

प्रिय मित्रो,

सन् 2014 के लोकसभा चुनाव के प्रचार का आज अंतिम दिन था। मैंने अपनी आखिरी रैली पूर्वी उत्तर प्रदेश के बलिया में की, जो सन् 1857 की क्रांति के नायक मंगल पांडे की भूमि है।

13 सितंबर, 2013 को भाजपा के प्रधानमंत्री पद के उम्मीदवार का दायित्व मिलने के बाद मैंने पूरे भारतवर्ष का दौरा किया। मेरी पार्टी के मित्रों ने बताया—इस दौरान रैलियाँ, 3डी सभाएँ, 'चाय पे चर्चा' आदि को मिलाकर मैंने लगभग 5800 कार्यक्रम किए, 73 लाख किलोमीटर की यात्रा कर पूरे भारतवर्ष में 440 कार्यक्रम और रैलियाँ संबोधित की हैं। इसमें 'भारत विजय रैलियाँ' भी शामिल हैं, जिनकी शुरुआत मैंने 26 मार्च, 2014 को माँ वैष्णो देवी के आशीर्वाद से की थी ।

एक बार फिर भारत की विविधता, लोगों का उत्साह और हमारी संस्कृति की भव्यता को देखने का सुखद अवसर मिला। संगठन के लिए काम करते हुए मैंने पहले भी पूरे देश की यात्रा की है, लेकिन इस बार का अनुभव एकदम अलग था, अद्भुत था।

मुझे लोगों से अभूतपूर्व आशीर्वाद प्राप्त हुआ। आमतौर पर इतने दिनों तक चलनेवाले

प्रचार को थकावट भरा माना जाता है, लेकिन मुझे गहरे संतोष और आनंद का अनुभव हो रहा है, एक ऐसा अनुभव जो किसी साधक को लंबी साधना के बाद प्राप्त होता है। इस प्रचार के माध्यम से मुझे पूरे देश की जनता-जनार्दन से आशीर्वाद प्राप्त करने का अवसर मिला।

मैं जब पूरे प्रचार अभियान पर नजर डालता हूँ तो मेरे मन में तीन शब्द आते हैं—व्यापक, अभिनव और संतोषजनक!

हमने अपने प्रचार अभियान के दौरान सुशासन और विकास के एजेंडे को भारत के हर कोने तक पहुँचाने का प्रयास किया। लोग झूठे वादे, भ्रष्टाचार और अपनी नाकामियों को छुपाने के लिए वंशवाद आधारित घिसे-पिटे बयानों को सुन-सुनकर थक चुके हैं। वे एक बेहतर भविष्य चाहते हैं और सिर्फ एन.डी.ए. ही एकमात्र ऐसा गठबंधन है, जो यह परिवर्तन दे सकता है।

मुझे सबसे ज्यादा प्रसन्नता कार्यकर्ताओं के उत्साह और उनके अथक परिश्रम को देखकर हुई। टी.वी. या सोशल मीडिया पर रैली देखना एक बात है, लेकिन जमीनी स्तर पर काम करना अलग अनुभूति होती है। हम प्रचार अभियान को चुनावी जीत या हार के सीमित नजरिए से नहीं देखते। चुनाव प्रचार अभियान कार्यकर्ताओं के लिए जीवन का एक यादगार अनुभव होता है। यह संगठन के दृढ़ीकरण और विस्तार का अवसर होता है, जनता और संगठन के रिश्तों में विश्वास और मजबूती लाने का भी अवसर होता है। कार्यकर्ता घर-घर गए और उन्होंने पार्टी के संदेश को जन-जन तक पहुँचाया, हमें उन पर बहुत गर्व है। हमारा प्रचार भाजपा के प्रत्येक कार्यकर्ता के कठिन परिश्रम की कहानी है, जिसने एक बेहतर भारत के सृजन के लिए निस्स्वार्थ योगदान दिया है ।

पूरे प्रचार अभियान के दौरान हमें पार्टी के वरिष्ठ नेतृत्व का निरंतर सहयोग और मार्गदर्शन प्राप्त हुआ। इससे अपार शक्ति और प्रेरणा मिलती रही, कार्यकर्ताओं का उत्साहवर्धन होता रहा ।

यह प्रचार अभिनव प्रयोगों के लिए भी याद रखा जाएगा। राजनीति में सामान्यतया: प्रचार सिर्फ एकतरफा संदेश होते थे, लेकिन हमारी 'चाय पे चर्चा' इस मामले में लीक से हटकर एक अभिनव प्रयोग था। चाय पे चर्चा देश भर में 4000 से अधिक स्थानों पर हुईं। इन चर्चाओं के दौरान मैं घंटों बैठा और लोगों के विचार सुने तथा विभिन्न मुद्दों पर उनके सवालों के जवाब दिए। मुझे याद है एक चर्चा वर्धा (महाराष्ट्र) में हुई थी, जहाँ मैंने उन किसानों के परिवारों से मुलाकात की, जो आत्महत्या कर अपना जीवन समाप्त कर चुके हैं। मुझे बेहद दुःख हुआ। आजादी के इतने वर्ष बाद भी हमारे किसान अपनी जान गँवाने को मजबूर हैं, जबकि मौजूदा सरकार मूकदर्शक बनी हुई है। हम कितने दिन तक ऐसा होने देंगे ?

भारत विजय 3डी रैलियों के रूप में एक ओर अभिनव प्रयोग हुआ। एक महीने के भीतर मैंने 12 दौर में 1350 स्थानों पर 3डी रैलियाँ संबोधित कीं। 3डी रैलियों के प्रति लोगों में उत्साह गजब का था। बहुत से युवाओं ने मुझे सोशल मीडिया और इ-मेल के माध्यम से उनके गाँव में पधारने का धन्यवाद दिया। लोगों ने हमारे कार्यकर्ताओं से कहा कि हम मोदीजी से मंच पर जाकर मिलना चाहते हैं।

भारत के चुनावी इतिहास में पहली बार एक विशेष Volunteer Portal India272+(http://www.india272.com) के रूप में स्थापित किया गया। इससे जुड़कर लाखों volunteers ने online और जमीनी स्तर, दोनों ही जगह बहुत ही महत्त्वपूर्ण योगदान दिए। मुझे उनके विचारों और योगदान से लाभ मिला। इस तरह के फोरम में प्रचार को गति देने और शुभेच्छुकों से विचार-विमर्श करने तथा volunteers के योगदान को दिशा देने की अपार संभावनाएँ हैं।

प्रचार के दौरान अद्‌भुत तरीके से सोशल मीडिया का इस्तेमाल किया गया। बहुत से मित्रों ने मुझे WhatsApp पर बहुत ही रचनात्मक संदेश, नारे और इंफोग्राफिक दिखाए जो बेहद लोकप्रिय थे। मैंने अपना वोट डालने के बाद खुद का फोटो (सेल्फी) लिया और आपसे भी सेल्फी भेजने का आह्वान किया। मैंने प्रिंट और इलेक्ट्रॉनिक मीडिया के कई मित्रों से खुलकर बातचीत की। हिंदी, क्षेत्रीय और अंग्रेजी मीडिया ने मेरे साक्षात्कार लिये।

मुझे बीते आठ महीनों में जो स्नेह मिला है, उसे मैं कभी नहीं भूल सकता। पटना की 26 अक्तूबर, 2013 की घटना हमेशा मुझे याद रहेगी—वहाँ बम विस्फोट हुए, लेकिन लोगों का संकल्प उन पर भारी पड़ा। किसी भी व्यक्ति ने रैली स्थल नहीं छोड़ा। मैंने उस दिन स्पष्ट संदेश दिया, जो मैं प्रचार अभियान के दौरान भी दोहराता रहा हूँ—हम फैसला कर सकते हैं कि क्या हम एक-दूसरे से लड़ना चाहते हैं या फिर हम एक साथ मिलकर गरीबी से लड़ना चाहते हैं? पहला काम हमें कहीं नहीं ले जाएगा, जबकि दूसरा हमारे देश को नई ऊँचाइयों पर ले जाएगा।

मैं देशवासियों को धन्यवाद देना चाहता हूँ, जिन्होंने बड़ी संख्या में हमारी रैलियों, 3डी आयोजनों और चर्चाओं में भाग लिया। सभी आयु-वर्ग के लोगों और हर जाति और धर्म के लोगों ने हमारा साथ दिया। मैंने अकसर कहा कि नरेंद्र मोदी या कोई एक व्यक्ति यह चुनाव नहीं लड़ रहा। भारत की जनता ने इन चुनावों को अपने कंधे पर उठा लिया है। भारत का प्रत्येक नागरिक बदलाव का वाहक बन गया है।

मैंने कई स्थलों पर रैलियाँ कीं, जहाँ मौसम बेहद गरम था, फिर भी बड़ी संख्या में लोग उपस्थित हुए। कुछ दिन पहले मैं विशाखापट्टनम में था, उसी समय अचानक बारिश शुरू हो गई। लेकिन लोग वहीं जमे रहे। लोगों का आभार प्रकट करने के लिए मेरे पास

शब्द नहीं हैं। मैं भारत की जनता को आश्वस्त करना चाहता हूँ कि मैं इस अपार प्रेम के कर्ज को अभूतपूर्व विकास के रूप में चुकाऊँगा, जो मजबूत भारत की बुनियाद बनेगा।

प्रचार आज खत्म हो गया है, लेकिन एक चरण का चुनाव अभी बाकी है। मैं उन लोगों, खासकर युवाओं से रिकॉर्ड संख्या में मतदान करने की अपील करता हूँ, जो अंतिम चरण में वोट डालनेवाले हैं। कृपया वोट देने जाइए, अपने परिवार और मित्रों को भी वोट डालने के लिए प्रेरित कीजिए। हर वोट देश के लिए कीमती है।

इस भारत भ्रमण के दौरान मैंने साक्षात् अनुभव किया है कि हमारा देश विशेष है, इसका एक विशेष दायित्व है। इतिहास में उदाहरण भरे हुए हैं कि किस तरह हमारे देश ने समय-समय पर दुनिया को रास्ता दिखाया है और आज एक बार फिर आवश्यकता है कि भारत अपनी जगद्‌गुरु की भूमिका निभाए। आइए, हम सब मिलकर एक मजबूत और विकसित भारत का सृजन करें, जो विश्व को रास्ता दिखाएगा।

10.5.2014

आपका,

(नरेंद्र मोदी)

□

अनुच्छेद 370 हटाना : साहस और दृढ़ता का परिचय

'प्रधानमंत्रीजी, आपका हार्दिक अभिनंदन। मैं अपने जीवन में इस दिन को देखने की प्रतीक्षा कर रही थी।' पूर्व विदेश मंत्री सुषमा स्वराज ने अपने असामयिक निधन से करीब दो घंटे पूर्व ट्वीट कर अनुच्छेद 370 और 35ए की बाधाओं को दूर कर जम्मू-कश्मीर को भारत के साथ पूरी तरह एकात्म बनाने की ऐतिहासिक घटना को एक नया आयाम दे दिया। सुषमाजी ने एक वाक्य में करोड़ों भारतीयों की भावनाओं और सपनों को अपने शब्दो में अभिव्यक्त किया था।

किसी भी युगांतकारी परिवर्तन के लिए जो सबसे बड़ी जरूरत है, वह है प्रचंड इच्छाशक्ति और मजबूत जन-समर्थन। ये दोनो नरेंद्र मोदी के पास हैं, इसीलिए वे यह ऐतिहासिक निर्णय ले सके।

अनुच्छेद 370 का हटना समय की माँग थी। नरेंद्र मोदी सरकार ने असंभव को संभव कर दिखाया और देश के करोड़ों लोगों की आकांक्षाओं को पूरा किया। जम्मू-कश्मीर की जनता के साथ हो रहे अन्याय को आखिर कब तक बनाए रखा जा सकता था! यह राज्य की जनता को लोकतांत्रिक अधिकार और मानवीय गरिमा को सुनिश्चित किए जाने के दायित्व का निर्वहन है, जिसे बहुत पहले ही हो जाना चाहिए था।

नरेंद्र मोदीजी ने जिस साहस और दृढ़ता से अनुच्छेद 370 हटाने का निर्णय लिया, वह केवल राष्ट्र के हित में लिया गया निर्णय है, साथ-साथ जम्मू-कश्मीर के आम लोगों के हित के लिए भी इस अनुच्छेद को हटाना जरूरी था। हमें प्रधानमंत्री नरेंद्र मोदी के साहस और गृहमंत्री अमित शाह की दृढ़ता की सराहना करनी चाहिए, जिन्होंने कार्यभार सँभालने के बाद 70 दिन से भी कम समय में 70 वर्ष पुरानी समस्या, पूरे राष्ट्र को पीड़ा दे रही थी, उसको इतिहास बना डालने का निश्चय किया। जम्मू-कश्मीर की समस्या को अब 70 वर्ष से ज्यादा बीत चुके हैं। लगभग 42,000 लोगों की जानें जा चुकी हैं।

कश्मीरी पंडितों को बंदूक की नोक पर अपने घर छोड़ने के लिए मजबूर किया गया। तथाकथित विशेष व्यवस्था के कारण अलगाववाद को बढ़ावा देने वाली भारत विरोधी ताकतों को बढ़ावा मिला।

अनुच्छेद 370 को गलत परिस्थितियों में भारत के संविधान में अस्थायी प्रावधान के रूप में जोड़ दिया गया था ।

5 अगस्त को प्रात: भारत के राष्ट्रपति ने एक संवैधानिक आदेश क्रमांक 272 जारी किया। इसमें महामहिम राष्ट्रपति की ओर से अनुच्छेद 370 के उपबंध 1 द्वारा प्रदत्त शक्तियों का उपयोग करते हुए जम्मू-कश्मीर राज्य सरकार की सहमति से संविधान (जम्मू-कश्मीर में लागू) आदेश 2019 के लागू होने की अधिसूचना जारी की गई। केंद्रीय गृहमंत्री अमित शाह ने जम्मू-कश्मीर से अनुच्छेद 370 को खत्म करने के अपने फैसले पर कहा कि 'मुझे लगता है कि इसे पहले ही खत्म कर दिया जाना चाहिए था। मुझे विश्वास है कि कश्मीर में आतंकवाद खत्म हो जाएगा और यह अब विकास की राह पर आगे बढ़ेगा।'

अनुच्छेद 370 को खत्म करना यह बिल्कुल वही संवैधानिक प्रक्रिया थी, जिसका पालन करते हुए 1954 का आदेश जारी किया गया था। नए आदेश ने 14 मई, 1954 को जारी किए गए आदेश को निरस्त कर दिया। इसी प्रक्रिया का उपयोग करते हुए अनुच्छेद-367 में उपबंध 4 जोड़ा गया, जिसके अनुसार जम्मू-कश्मीर भी राज्यों की सामान्य सूची में शामिल हो गया। इसका सीधा अर्थ यह है कि संसद् द्वारा बनाए जाने वाले कोई भी नियम अथवा संशोधन संघ में शामिल अन्य किसी भी राज्य की भाँति जम्मू-कश्मीर पर भी लागू होंगे और इसके लिए राज्य की विधानसभा की सहमति की आवश्यकता नहीं होगी। जम्मू-कश्मीर के राज्यों की सामान्य सूची में शामिल न होने के कारण अब से पहले भारतीय संविधान में किया गया कोई भी संशोधन अथवा नया नियम राज्य में स्वत: लागू नहीं होता था। स्थानीय राजनीतिक दलों द्वारा इस व्यवस्था को ही राज्य का विशेष दर्जा बताकर लोगों में अलगाव का भाव पैदा किया जाता था। इसी के साथ, राज्य की विधानसभा में अब राज्य संविधान सभा की शक्तियाँ निहित होंगी। पहले विधानसभा राज्यपाल को अपनी सिफारिश भेजती थी, जिसे राष्ट्रपति को आदेश जारी करने के लिए अग्रेषित करते थे। अब यह कार्य अन्य राज्यों की तरह विधानसभा के स्थान पर राज्य मंत्रिमंडल कर सकेगा।

संसद् में सरकार ने दो विषय विचारार्थ रखे। अनुच्छेद 370 के उपबंध 2 व 3 को समाप्त कर दिया, जिसके अनुसार, अनुच्छेद 370 की समाप्ति के लिए राज्य संविधान सभा की सिफारिश आवश्यक थी। अनुच्छेद 370 का उपबंध 1 अभी भी लागू है, जिसका उपयोग कर राष्ट्रपति ने 2019 का संवैधानिक आदेश जारी किया है। एक अन्य

प्रस्ताव लाकर सरकार ने जम्मू-कश्मीर राज्य को विभाजित कर दो केंद्र शासित राज्यों का गठन किया। लद्दाख को बिना विधानसभा के केंद्र शासित राज्य का दर्जा दिया गया। लेह व कारगिल पर्वतीय विकास परिषदें यथावत् अपना काम करती रहेंगी। वहीं, जम्मू-कश्मीर केंद्र शासित प्रदेश में विधानसभा होगी, जिसमें परिसीमन के पश्चात् सीटों की संख्या 114 तक बढ़ाई जा सकेगी। इसका प्रशासनिक मुखिया उपराज्यपाल होगा। संविधान सभा में हुई चर्चा को देखें तो स्पष्ट होता है कि अनुच्छेद 370 को भारतीय संविधान में जोड़ा गया था, ताकि देश के संविधान के प्रावधान राज्य में लागू किए जा सकें, किंतु उसका सहारा लेकर अनेक प्रावधान पीछे के दरवाजे से लागू कर दिए गए थे। 14 मई, 1954 को जारी किया गया संवैधानिक आदेश इसकी एक शृंखला का ही हिस्सा था, जिसने एक ओर देश के नागरिकों के संविधान प्रदत्त अधिकारों का हनन किया, दूसरी ओर राज्य के निवासियों को मुख्य धारा से वंचित रखा।

अनुच्छेद 370 के प्रश्न पर न बाबासाहेब भीमराव आंबेडकर सहमत थे, न ही सरदार वल्लभभाई पटेल। इसके साथ-साथ संविधान सभा के अधिकांश सदस्य भी सहमत नहीं थे, लेकिन उस समय के नेतृत्व की इच्छा का सम्मान करते हुए अस्थायी अनुच्छेद के रूप में 370 को संविधान में शामिल करने का निर्णय लिया गया और 70 वर्ष तक इस अनुच्छेद के कारण जम्मू-कश्मीर में आतंकवाद पनपा, वहाँ के राजनेताओं की कमाई का साधन यह अनुच्छेद बन गया। इस अनुच्छेद के कारण वहाँ अलगाववाद को बल मिला।

प्रसिद्ध फिल्मकार ख्वाजा अहमद अब्बास ने पूरी कश्मीर घाटी में भ्रमण करने के बाद वर्षों पूर्व कहा था कि कश्मीर भारत के ही साथ जाएगा, लेकिन जनता की इच्छा के विरुद्ध निजी राजनीतिक हित के लिए अनुच्छेद 370 की आड़ में ऐसे प्रावधान राज्य में जागू किए गए, जो मुख्यधारा से काटने में सहायक थे। राज्य की जनता को अलग-थलग करने के इस षड्यंत्र का अंतिम परिणाम वही होना था, जो हमने 5 अगस्त, 2019 के ऐतिहासिक दिन सदन में घटित होते देखा। मानो जन-मन का सपना नरेंद्र मोदीजी ने पूरा किया।

नरेंद्र मोदीजी ने अनुच्छेद 370 हटने के बाद कहा कि 'एक राष्ट्र के तौर पर, एक परिवार के तौर पर, आपने, हमने, पूरे देश ने एक ऐतिहासिक फैसला लिया है। एक ऐसी व्यवस्था, जिसकी वजह से जम्मू-कश्मीर और लद्दाख के हमारे भाई-बहन अनेक अधिकारों से वंचित थे, जो उनके विकास में बड़ी बाधा थी, वह अब दूर हो गई है। जो सपना सरदार पटेल का था, बाबा साहेब आंबेडकर का था, डॉ. श्यामा प्रसाद मुखर्जी का था, अटलजी और करोड़ों देशभक्तों का था, वह अब पूरा हुआ है। जम्मू-कश्मीर और लद्दाख में एक नए युग की शुरुआत हुई है। अब देश के सभी नागरिकों के हक भी

समान हैं, दायित्व भी समान हैं। समाज जीवन में कुछ बातें, समय के साथ इतनी घुल-मिल जाती हैं कि कई बार उन चीजों को स्थायी मान लिया जाता है। यह भाव आ जाता है कि कुछ बदलेगा नहीं, ऐसे ही चलेगा। अनुच्छेद 370 के साथ भी ऐसा ही भाव था। उससे जम्मू-कश्मीर और लद्दाख के हमारे भाई-बहनों की, हमारे बच्चों की जो हानि हो रही थी, उसकी चर्चा ही नहीं होती थी। हैरानी की बात यह है कि आप किसी से भी बात करें, तो कोई यह भी नहीं बता पाता था कि अनुच्छेद 370 से जम्मू-कश्मीर के लोगों के जीवन में क्या लाभ हुआ? अनुच्छेद 370 और 35ए ने जम्मू-कश्मीर को अलगाववाद-आतंकवाद-परिवारवाद और व्यवस्थाओं में बड़े पैमाने पर फैले भ्रष्टाचार के अलावा कुछ नहीं दिया। इन दोनों अनुच्छेद का देश के खिलाफ, कुछ लोगों की भावनाएँ भड़काने के लिए पाकिस्तान द्वारा एक शस्त्र के तौर पर इस्तेमाल किया जा रहा था। इसकी वजह से पिछले तीन दशक में लगभग 42 हजार निर्दोष लोगों को अपनी जान गँवानी पड़ी। जम्मू-कश्मीर और लद्दाख का विकास उस गति से नहीं हो पाया, जिसका वह हकदार था। अब व्यवस्था की यह कमी दूर होने से जम्मू-कश्मीर और लद्दाख के लोगों का वर्तमान तो सुधरेगा ही, उनका भविष्य भी सुरक्षित होगा।'

नरेंद्र मोदी आगे कहते हैं कि 'हमारे देश में कोई भी सरकार हो, वह संसद में कानून बनाकर देश की भलाई के लिए काम करती है। किसी भी दल की सरकार हो, किसी भी गठबंधन की सरकार हो, यह कार्य निरंतर चलता रहता है। कानून बनाते समय काफी बहस होती है, चिंतन-मनन होता है, उसकी आवश्यकता, उसके प्रभाव को लेकर गंभीर पक्ष रखे जाते हैं। इस प्रक्रिया से गुजरकर जो कानून बनता है, वह पूरे देश के लोगों का भला करता है, लेकिन कोई कल्पना नहीं कर सकता कि संसद् इतनी बड़ी संख्या में कानून बनाए और देश के एक हिस्से में लागू ही नहीं हो। यहाँ तक कि पहले की जो सरकारें एक कानून बनाकर वाहवाही लूटती थीं, वे भी यह दावा नहीं कर पाती थीं कि उनका बनाया कानून जम्मू-कश्मीर में भी लागू होगा। जो कानून देश की पूरी आबादी के लिए बनता था, उसके लाभ से जम्मू-कश्मीर के डेढ़ करोड़ से ज्यादा लोग वंचित रह जाते थे। सोचिए, देश के अन्य राज्यों में बच्चों को शिक्षा का अधिकार है, लेकिन जम्मू-कश्मीर के बच्चे इससे वंचित थे। देश के अन्य राज्यों में बेटियों को, जो सारे हक मिलते हैं, वे सारे हक जम्मू-कश्मीर की बेटियों को नहीं मिलते थे। देश के अन्य राज्यों में सफाई कर्मचारियों के लिए 'सफाई कर्मचारी ऐक्ट' लागू है, लेकिन जम्मू-कश्मीर के सफाई कर्मचारी इससे वंचित थे। देश के अन्य राज्यों में दलितों पर अत्याचार रोकने के लिए सख्त कानून लागू है, लेकिन जम्मू-कश्मीर में ऐसा नहीं था। देश के अन्य राज्यों में अल्पसंख्यकों के हितों के संरक्षण के लिए माइनॉरिटी ऐक्ट लागू है, लेकिन जम्मू-कश्मीर में ऐसा नहीं था। देश के अन्य राज्यों में श्रमिकों के हितों की

रक्षा के लिए Minimum Wages (वेजेस) ऐक्ट लागू है, लेकिन जम्मू-कश्मीर में काम करने वाले श्रमिकों को ये सिर्फ कागजों पर ही मिलता था। देश के अन्य राज्यों में चुनाव लड़ते समय अनुसूचित जनजाति के भाई-बहनों को आरक्षण का लाभ मिलता था, लेकिन जम्मू-कश्मीर में ऐसा नहीं था। हमारे देश का लोकतंत्र इतना मजबूत है, लेकिन आप यह जानकर चौंक जाएँगे कि जम्मू-कश्मीर में दशकों से, हजारों की संख्या में ऐसे भाई-बहन रहते हैं, जिन्हें लोकसभा के चुनाव में तो वोट डालने का अधिकार था, लेकिन विधानसभा और स्थानीय निकाय के चुनाव में मतदान नहीं कर सकते थे। ये वे लोग हैं, जो 1947 में बँटवारे के बाद पाकिस्तान से भारत आए थे। क्या इन लोगों के साथ अन्याय ऐसे ही चलता रहता? अब अनुच्छेद 370 और 35ए इतिहास की बात हो जाने के बाद, उसके नकारात्मक प्रभावों से भी जम्मू-कश्मीर जल्द बाहर निकलेगा, इसका मुझे पूरा विश्वास है और मुझे पूरा विश्वास है कि इस नई व्यवस्था के तहत हम सब मिलकर आतंकवाद-अलगाववाद से जम्मू-कश्मीर को मुक्त कराएँगे।'

जम्मू-कश्मीर विकास की नई ऊँचाइयों को पार करके पूरे विश्व को आकर्षित करे, यह सपना नरेंद्र मोदीजी का है, वे कहते हैं कि 'जब धरती का स्वर्ग, हमारा जम्मू-कश्मीर फिर एक बार विकास की नई ऊँचाइयों को पार करके पूरे विश्व को आकर्षित करने लगेगा, नागरिकों के जीवन में Ease of Living बढ़ेगी, नागरिकों को जो उनके हक का मिलना चाहिए, वह बेरोक-टोक मिलने लगेगा, शासन-प्रशासन की सारी व्यवस्थाएँ जनहित कार्यों को तेजी से आगे बढ़ाएँगी, मुझे पूरा विश्वास है कि जम्मू-कश्मीर की जनता अलगाववाद को परास्त करके नई आशाओं के साथ आगे बढ़ेगी। मुझे पूरा विश्वास है कि जम्मू-कश्मीर की जनता, Good Governance और पारदर्शिता के वातावरण में, नए उत्साह के साथ अपने लक्ष्यों को प्राप्त करेगी। दशकों के परिवारवाद ने जम्मू-कश्मीर के मेरे युवाओं को नेतृत्व का अवसर ही नहीं दिया। अब मेरे ये युवा, जम्मू-कश्मीर के विकास का नेतृत्व करेंगे और उसे नई ऊँचाइयों पर ले जाएँगे। मैं जम्मू-कश्मीर और लद्दाख के नौजवानों, वहाँ की बहनों-बेटियों से विशेष आग्रह करूँगा कि अपने क्षेत्र के विकास की कमान खुद सँभालिए। जम्मू-कश्मीर और लद्दाख में दुनिया का सबसे बड़ा टूरिस्ट डेस्टिनेशन बनने की क्षमता है। इसके लिए जो वातावरण चाहिए, शासन-प्रशासन में जो बदलाव चाहिए, वे किए जा रहे हैं, लेकिन मुझे इसमें हर देशवासी का साथ चाहिए। nion Territory बन जाने के बाद अब लद्दाख के लोगों का विकास भारत सरकार की स्वाभाविक जिम्मेदारी बनता है। मैं हर देशवासी को यह भी कहना चाहता हूँ कि जम्मू-कश्मीर और लद्दाख के लोगों की चिंता हम सबकी चिंता है, 130 करोड़ नागरिकों की चिंता है। उनके सुख-दुःख, उनकी तकलीफ से हम अलग नहीं हैं। यह फैसला जम्मू-कश्मीर और लद्दाख के साथ ही पूरे भारत की

आर्थिक प्रगति में सहयोग करेगा। जब दुनिया के इस महत्त्वपूर्ण भू-भाग में शांति और खुशहाली आएगी, तो स्वाभाविक रूप से विश्वशांति के प्रयासों को मजबूती मिलेगी। मैं जम्मू-कश्मीर के अपने भाइयों और बहनों से, लद्दाख के अपने भाइयों और बहनों से आह्वान करता हूँ। आइए, हम सब मिलकर दुनिया को दिखा दें कि इस क्षेत्र के लोगों का सामर्थ्य कितना ज्यादा है, यहाँ के लोगों का हौसला, उनका जज्बा कितना ज्यादा है। आइए, हम सब मिलकर नए भारत के साथ-साथ अब नए जम्मू-कश्मीर और नए लद्दाख का भी निर्माण करें।'

अनुच्छेद 370 का हटना समय और राष्ट्र की माँग थी।

प्रधानमंत्री नरेंद्र मोदी के इस साहसिक निर्णय ने हजारों महिलाओं, अनुसूचित जनजातियों और दलितों को न्याय देने का काम किया है। कानून मंत्री रविशंकर प्रसाद अपना अनुभव बताते हुए कहते हैं कि 'हाल ही में मैं जम्मू से अखिल भारतीय सेवा की युवा अधिकारी से मिला और वह एक हिंदू लड़की थी, जिसने बताया कि उसने जम्मू-कश्मीर में अपने सभी अधिकारों को खो दिया, क्योंकि उसने अपने गृह राज्य के बाहर एक प्रशासनिक अधिकारी से विवाह कर लिया था। नम आँखों से उसने प्रधानमंत्री नरेंद्र मोदी के प्रति आभार जताया, जिन्होंने अनुच्छेद 370 को हटाकर उसके साथ न्याय किया।'

करोड़ों देशभक्तों की आकांक्षा थी कि अनुच्छेद 370 हटनी चाहिए। नरेंद्र मोदीजी ने अपनी प्रबल इच्छाशक्ति के बल पर 70 वर्ष से जो सपना देश की जनता देख रही थी, वह पूरा किया। यह जनता को लोकतांत्रिक अधिकार और मानवीय गरिमा को सुनिश्चित किए जाने के दायित्व का निर्वहन है, जिसे बहुत पहले ही हो जाना चाहिए था। अब देश का दायित्व है कि जम्मू-कश्मीर की भूमि, वहाँ के लोग, वहाँ का लोकजीवन, वहाँ की कला और भाषा के संरक्षण और संवर्धन के लिए तत्पर हों। इस प्रक्रिया से भारत एक एकात्म राष्ट्र के रूप में विश्व-पटल पर उभरे, यही फलश्रुति अपेक्षित है। इस दिन को साकार करने के लिए जिन लोगों ने कष्ट सहे, अपने जीवन को होम कर दिया, आज उनको भी स्मरण करना हम सभी का कर्तव्य है।

चार सौ साल बाद अयोध्या में बनेगा राम-जन्मस्थान पर भव्य राम मंदिर

चार सौ साल पहले अयोध्या में आक्रांता बाबर के सेनापति मीरबांकी ने राम-जन्मस्थान पर खड़ा भव्य मंदिर तोड़कर वहाँ बाबरी ढाँचा खड़ा कर दिया, तब से हिंदू समाज वहाँ पर भव्य मंदिर निर्माण की प्रतीक्षा में था। चार सौ साल में तीन लाख हिंदुओं ने बलिदान दिया। आखिर हिंदुओं का सपना, प्रतीक्षा और संकल्प नरेंद्र मोदी की सरकार आने के बाद पूर्ण हुआ।

देश के सर्वोच्च न्यायालय की पाँच सदस्यों वाली खंडपीठ ने राम-जन्मभूमि विवाद का सर्व-सम्मति से हल निकाल दिया। इस फैसले में कहा गया है कि विवादित भूमि रामलला की है, इसलिए यह जमीन राम-जन्मभूमि न्यास को दी जाती है। अदालत ने भगवान् राम का जन्म अयोध्या में होना माना है। इलाहाबाद हाईकोर्ट ने इस भूमि के तीन हिस्से किए थे, जिन्हें शीर्ष न्यायालय ने तार्किक नहीं माना। अतएव निर्मोही अखाड़ा एवं शिया वक्फ बोर्ड के दावे खारिज कर दिए गए। केवल दो ही पक्ष रामलला विराजमान और सुन्नी वक्फ बोर्ड के दावे ही स्वीकार किए गए। इन बिंदुओं को आधार मानते हुए, जो 2.77 एकड़ विवादित भूमि थी, वह रामलला को सौंपी गई है और सुन्नी समुदाय को मसजिद बनाने के लिए पाँच एकड़ भूमि अयोध्या नगर में देने के लिए अदालत ने उत्तर प्रदेश सरकार को निर्देशित किया है। साथ ही, मंदिर निर्माण के लिए केंद्र सरकार को एक ट्रस्ट बनाने का निर्देश दिया।

विवादित परिसर ढाँचे से जुड़ा सबसे महत्त्वपूर्ण सवाल यह था कि किसी मंदिर अथवा धार्मिक स्थल को तोड़कर बाबरी मसजिद बनाई गई थी अथवा नहीं? इसे हाईकोर्ट के फैसले का संयोग कहिए या विलक्षणता कि तीनों न्यायमूर्तियों ने भारतीय पुरातत्त्व सर्वेक्षण की रिपोर्ट व जुटाए साक्ष्यों के आधार पर निर्विवाद रूप से यह माना कि राम के बाल रूप में जिस स्थल पर राम की मूर्ति स्थापित है, वही स्थल राम-जन्मभूमि है। अब पाँच सदस्यीय पीठ ने भी यह माना है कि विवादित स्थल ही जन्मभूमि है और इसे मानने के कानूनी आधार भी हैं। दरअसल एएसआई ने यह माना था कि विवादित गुबंद के नीचे खुदाई में जो संरचना मिली है, वह इसलामिक वास्तु शिल्प की नहीं है। इसमें सीता रसोई, सिंह द्वार, वेदी और चबूतरा पाए गए हैं। लिहाजा इन तथ्यों को तार्किक मानते हुए शीर्ष न्यायालय ने फैसले में कहा कि बाबरी मसजिद खाली जगह पर नहीं बनाई गई थी।

भारतीय पुरातत्त्व सर्वेक्षण ने विवादित राम-जन्मभूमि बाबरी मसजिद परिसर के नीचे उत्खनन किए। कार्य की रिपोर्ट 5 अगस्त, 2003 को न्यायालय को सौंपी थी। यह रिपोर्ट 574 पन्ने की थी। इस खुदाई में जो पुरातत्त्वीय साक्ष्य मिले, उनसे तय हुआ कि तोड़े गए ढाँचे के नीचे ग्यारहवीं सदी के हिंदुओं के धार्मिक स्थल से जुड़े साक्ष्य बड़ी संख्या में मौजूद हैं। अनेक शिलालेख और भगवान् शंकर की मूर्ति मिलने के सबूत भी न्यायालय में पेश किए गए थे। परिसर का राडार सर्वेक्षण भी कराया गया था। इसी से तय हुआ कि ढाँचे के नीचे एक और ढाँचा है, जो इस बात का प्रमाण है कि पूर्व में किसी अन्य संरचना को ध्वस्त करके बाबरी मसजिद बनाई गई है। इस रिपोर्ट को ही बुनियादी आधार मानते हुए इलाहाबाद हाईकोर्ट के तीनों न्यायमूर्तियों ने बहुमत से माना था कि विवादित स्थल का केंद्रीय स्थल राम-जन्मभूमि है। लिहाजा सुप्रीम कोर्ट ने भी

एएसआई के सबूतों को महत्त्वपूर्ण माना और अपना ऐतिहासिक फैसला सुनाया। अब चार सौ साल बाद अयोध्या में करोड़ों हिंदुओं के आस्था केंद्र राम-जन्मभूमि पर भव्य मंदिर बनेगा। इसका यश नरेंद्र मोदी और उनकी सरकार को जाना चाहिए, क्योंकि जब से भाजपा के नेतृत्व में केंद्र सरकार बनी, उसी दिन से उनका संकल्प था कि जल्द-से-जल्द यह विवाद समाप्त कर हिंदुओं की आस्था-विश्वास का सम्मान करें।

नागरिकता संशोधन एक ऐतिहासिक निर्णय

प्रधानमंत्री श्री नरेंद्र मोदी और गृहमंत्री श्री अमित भाई शाह ने नागरिकता संशोधन लागू करके एक अर्थ में महात्मा गांधी की इच्छा को 70 वर्ष बाद पूर्ण किया। महात्मा गांधी ने 26 सितंबर, 1947 को प्रार्थना सभा में खुले तौर पर घोषणा की—'पाकिस्तान में रहनेवाले हिंदू और सिख, हर नजरिए से भारत आ सकते हैं, अगर वे वहाँ निवास नहीं करना चाहते हैं, उस स्थिति में उन्हें नौकरी देना और उनके जीवन को सामान्य बनाना भारत सरकार का पहला कर्तव्य है।'

1947 में यदि राजनीति नहीं, राष्ट्रनीति चलती या चली होती तो धर्म के आधार पर भारत का विभाजन न हुआ होता और आज नरेंद्र मोदी सरकार को नागरिकता संशोधन बिल लाने की आवश्यकता ही न पड़ती। देश विभाजन के समय से लेकर आज तक हिंदुओं के साथ हो रहे सामाजिक, राजनैतिक अत्याचारों को रेखांकित करते हुए अमित शाह ने इस विधेयक के पारित होने के दौरान लोकसभा में कहा—

'1947 में पाकिस्तान में 23 फीसदी हिंदू थे, लेकिन वहीं साल 2011 में यह आँकड़ा 1.4 प्रतिशत रह गया है। पड़ोसी देशों में अल्पसंख्यकों पर हो रहे अत्याचारों को देखते हुए भारत मूकदर्शक नहीं बना रह सकता। जहाँ पाकिस्तान, बांग्लादेश, अफगानिस्तान में हिंदू अल्पसंख्यकों की संख्या चिंतनीय स्तर पर कम हुई है, वहीं भारत में मुसलिम आबादी के प्रतिशत में असामान्य बढ़ोतरी हुई है।

'बांग्लादेश, अफगानिस्तान और पाकिस्तान के छह अल्पसंख्यक समुदाय हिंदू, बौद्ध, जैन, पारसी, ईसाई और सिख लोगों को भारतीय नागरिकता देने का प्रावधान है, इस बहु प्रतीक्षित अधिनियम में, जिससे इन तीनों घोषित रूप से इसलामिक देशों में अत्याचार सह रहे हिंदुओं के भारत आने व यहाँ की वैध नागरिकता प्राप्त करने का स्वप्न साकार हो सकेगा।'

तथाकथित तौर पर कई राष्ट्रवादी नेताओं के मत की अनदेखी करके नेहरू ने लियाकत अली खान के साथ 1949 में जो समझौता किया था, वह प्रारंभ से ही दरक गया था। इस समझौते के अनुसार कभी भी हिंदुओं को पाकिस्तान में किसी भी प्रकार की सुरक्षा या संरक्षण नहीं मिला और सबसे बड़ी बात, विगत सत्तर वर्षों में भारतीय

सरकारों ने कभी भी इन देशों में छूट गए हिंदुओं की चिंता नहीं की। यहाँ छूट गए हिंदू अत्याचार सहते-सहते या तो धर्मांतरण को मजबूर हुए या भगोड़े बनकर दूसरे देशों में अवैध नागरिक कहलाने लगे। सर्वविदित व अकाट्य तथ्य है कि स्वतंत्रता के बाद जो हिंदू पाकिस्तान या बांग्लादेश में बच गए थे, वे प्रताड़ित होते रहे व उनके संसाधन छीने गए, जबकि भारत में अल्पसंख्यक समुदाय की स्थिति व संख्या सुदृढ़ होती गई। वस्तुतः CAA विभाजन के अधूरे कार्य को पूर्ण करने का ही बड़े विलंब से लाया गया विधिक मार्ग है, जिससे तब के दीन-हीन हिंदुओं व अन्य समुदायों को पाकिस्तान, बांग्लादेश, अगानिस्तान के नारकीय जीवन से बाहर निकलने का सम्मानपूर्ण मार्ग निकल सकेगा। विभाजन धार्मिक आधार पर हुआ था व तब बड़ी संख्या में इस आधार पर ही जनसंख्या की अदला-बदली भी हुई थी, किंतु बड़ी संख्या में मुसलिम भारत में छूट गए थे, जो सम्मानपूर्वक नागरिक जीवन जीते रहे और असामान्य जनसंख्या वृद्धि करते रहे, जबकि पाकिस्तान में छूटे हुए 23 प्रतिशत हिंदू पाशविक अत्याचारों व बलपूर्वक धर्मांतरण का शिकार हुए तथा आज 1.4 प्रतिशत की दयनीय स्थिति में आ गए हैं। आज मोदी सरकार CAA के माध्यम से जो कर रही है, वह कार्य स्वतंत्रता के तुरंत बाद नेहरू सरकार को करना चाहिए था। नेहरू सरकार ने इसके विपरीत कार्य किया, उसने पाकिस्तान में छूटे हुए हिंदुओं को अनाथ समझकर अनदेखा किया और भारत में छूट गए मुसलिमों को तुष्टीकरण की राजनीति के माध्यम से अपना वोट बैंक बनाया और उन्हें अपने सर-माथे बैठाते रहे। इतना ही नहीं, बांग्लादेशी घुसपैठियों और रोहिंग्या मुसलमानों को संरक्षण मिलता रहा। हो यह रहा था कि पाकिस्तान में मुसलिमों के अत्याचारों से तंग आकर जो हिंदू बंधु भारत को अपनी भूमि समझकर यहाँ आकर रह रहे थे, उन्हें अवैध माना जा रहा था व उन्हें नागरिक नहीं माना जा रहा था। हिंदू अपनी ही जन्मभूमि में पराया व अपमानित जीवन जीने को अभिशप्त था। इस अधिनियम के माध्यम से यह स्थिति समाप्त होगी। अब इस प्रकार के उपेक्षित हिंदू-बंधुओं को भारत में सम्मान पूर्ण जीवन मिलेगा।

□

2017 चुनाव : 'नए भारत' के निर्माण का जनादेश

• स्वामी विवेकानंद ने तीन भविष्यवाणियाँ की थीं, जिनमें से दो सत्य सिद्ध हो चुकी हैं। इनमें से पहली तथा सर्वाधिक महत्त्वपूर्ण थी भारत की स्वाधीनता के विषय में। 1890 के दशक में उन्होंने कहा था, 'भारत अकल्पनीय परिस्थितियों के बीच अगले 50 वर्षों में ही स्वाधीन हो जाएगा।' ठीक ऐसा ही हुआ, भारत अंग्रेजों की दासता से मुक्त होकर स्वतंत्र हो गया।

• उनकी दूसरी महत्त्वपूर्ण भविष्यवाणी थी कि रूस में पहली बार श्रमिक क्रांति होगी, जिसके होने या हो सकने के बारे में किसी को कल्पना तक न थी। श्रमिक क्रांति के मुख्य प्रवक्ता मार्क्स का कहना था कि यह वहीं होगा, जहाँ ट्रेड यूनियन आंदोलन काफी मजबूत होगा। इसी आधार पर उन्होंने कहा कि यह जर्मनी में होगा। तथापि मार्क्स के कथन के विपरीत पहली श्रमिक क्रांति एक ऐसे देश रूस में हुई, जो मूलत: कृषि-प्रधान था और जहाँ किसी संगठित श्रमिक आंदोलन का अभाव था, तो फिर यह कैसे घटित हुआ? स्वामी विवेकानंद ने किस आधार पर ये सही भविष्यवाणियाँ कीं? यह बता पाना कठिन है, परंतु यह सर्वविदित है कि वे इतिहास के एक अच्छे अध्येता थे और ऐतिहासिक शक्तियों के विषय में उनकी अंतर्दृष्टि गहन तथा ठोस थी।

• विवेकानंद ने एक भविष्यवाणी और की थी, जिसका सत्य सिद्ध होना अभी बाकी है। उन्होंने कहा था कि भारत एक बार फिर समृद्धि व शक्ति की महान् ऊँचाइयों तक उठेगा और अपने समस्त प्राचीन गौरव को पीछे छोड़ जाएगा। भारत की वर्तमान अवस्था को देखने से ऐसी ही संभावना का संकेत मिलता रहा है।

• शायद नियति ने स्वामी विवेकानंद की तीसरी भविष्यवाणी सत्य होने के लिए नरेंद्र मोदीजी पर अपनी मोहर लगाई है। 26 मई, 2014 के बाद नरेंद्र मोदी के नेतृत्व में भारत जिस गति से समृद्धि और शक्ति की दिशा में तीव्र गति से आगे बढ़ रहा है, उससे तो यही लग रहा है कि 2024 आते-आते भारत विश्व का एक प्रभावशाली देश के रूप में अपनी पहचान प्राप्त कर स्वामी विवेकानंद की भविष्यवाणी सच सिद्ध कर लेगा, इसमें कोई संदेह नहीं है।

• देश के 61 करोड़ से अधिक मतदाताओं ने मतदान कर, एक नया कीर्तिमान स्थापित किया है और दुनिया में भारत के लोकतंत्र की साख बढ़ाई। भीषण गरमी में भी लोगों ने लंबी कतारों में खड़े रहकर अपना वोट दिया। इस बार, महिलाओं ने पहले की तुलना में अधिक मतदान किया और उनकी भागीदारी पुरुषों के लगभग बराबर रही। करोड़ों युवाओं ने पहली बार मतदान करके भारत के भविष्य निर्माण में अपनी महत्त्वपूर्ण भूमिका निभाई।

• इस चुनाव में देश की जनता ने बहुत ही स्पष्ट जनादेश दिया। सरकार के पहले कार्यकाल के मूल्यांकन के बाद, देशवासियों ने दूसरी बार और भी मजबूत समर्थन दिया तथा भाजपा ने स्पष्ट बहुमत 303 सीटें प्राप्त कीं। ऐसा करके देशवासियों ने वर्ष 2014 से चल रही विकास यात्रा को अबाधित और तेज गति से आगे बढ़ाने का जनादेश दिया।

• नरेंद्र मोदीजी एक बार फिर भारत के प्रधानमंत्री पद पर आसीन हुए। भारतीय जनता ने नरेंद्र मोदीजी को पुनः अपना आशीर्वाद देकर भारत की इस विकास यात्रा को अबाधित, बिना थके, बिना रुके, एक नए उत्साह और उमंग के साथ जारी रखने का जनादेश दिया। क्यों भारतीय जनता ने नरेंद्र मोदीजी को मत देकर अपना आशीर्वाद दिया? क्योंकि ऊर्जावान, समर्पित एवं दृढ़ निश्चय वाले नरेंद्र मोदीजी सवा अरब से अधिक भारतीयों की आकांक्षाओं और आशाओं के द्योतक हैं। वे साहस, करुणा और विश्वास से पूर्ण एक ऐसे व्यक्ति हैं, जिसे देश ने इस विश्वास के साथ अपना जनादेश दिया है कि वे भारत का पुनरुत्थान करेंगे और उसे दुनिया का पथ-प्रदर्शक बनाएँगे। नरेंद्र मोदीजी के व्यक्तित्व और कार्यशैली को वर्ल्ड इकोनोमिक्स फोरम के संस्थापक क्लोस श्वाब स्पष्ट रूप से रेखांकित करते हुए कहते हैं, 'प्रधानमंत्री नरेंद्र मोदी के नेतृत्व में भारत हमारे वैश्विक भविष्य को आकार देने में बड़ा प्रभाव डाल सकता है; क्योंकि देश आगे बढ़ने में अधिक समावेशी मार्ग 'सबका साथ, सबका विकास' पथ पर चल रहा है। बीते 45 वर्षों में मुझे दुनिया भर के लगभग सभी नेताओं से मिलने का महान् सौभाग्य प्राप्त हुआ, इसलिए मुझसे समय-समय पर अकसर पूछा जाता रहता है कि 'अच्छा नेता कौन होता है?' पर मुझे इसे परिभाषित करनेवाले चार गुण दिखाई दिए—मस्तिष्क, आत्मा, हृदय व साहस। मेरी दृष्टि में दुनिया में केवल मुट्ठी पर नेता ऐसे हैं, जिनमें ये चारों गुण मौजूद हों और प्रधानमंत्री मोदी उन्हीं में से एक हैं। प्रधानमंत्री मोदी का दायित्वपूर्ण और उत्तरदायी नागरिकता पर निरंतर जोर देना, उनके मस्तिष्क, हृदय, आत्मा एवं कार्य करने में साहस की शक्ति को विशेष रूप से दरशाता है। दुनिया भर के नेताओं, राजनेताओं, शिक्षाविदों और युवाओं से बात करते समय मुझे हर जगह यही प्रतीत हुआ कि प्रधानमंत्री मोदीजी के भारत के लिए नए विजन के प्रति भारतीय काफी गहराई से संलग्नित, ऊर्जान्वित एवं सशक्त भागीदारी के लिए जुड़ाव अनुभव कर रहे हैं। ऐसे

निर्णयात्मक व प्रभावशाली नेता का होना भारतीयों के लिए ऐसा बेहतरीन अवसर है, जहाँ वे न केवल सुधार, बल्कि भारत-परिवर्तन में पूरे उत्तरदायित्व व दायित्व के साथ भागीदारी कर सकते हैं।'

• वर्ष 2014 से पहले देश में जो वातावरण था, उससे सभी देशवासी भली-भाति परिचित हैं। निराशा और अस्थिरता के माहौल से देश को बाहर निकालने के लिए देशवासियों ने तीन दशकों के बाद पूर्ण बहुमत की सरकार चुनी थी। उस जनादेश को सर्वोच्च मान देते हुए मोदी सरकार ने 'सबका साथ-सबका विकास' के मंत्र पर चलते हुए, बिना भेदभाव के काम करते हुए, एक नए भारत के निर्माण की दिशा में आगे बढ़ना शुरू किया।

• नरेंद्र मोदीजी और उनकी सरकार पहले दिन से ही सभी देशवासियों का जीवन सुधारने, कुशासन से पैदा हुई उनकी मुसीबतें दूर करने और समाज की आखिरी पंक्ति में खड़े व्यक्ति तक सभी जरूरी सुविधाएँ पहुँचाने के लक्ष्य के प्रति समर्पित थी। बीते पाँच वर्षों के दौरान देशवासियों में यह विश्वास जगा है कि सरकार हमेशा उनके साथ है, उनका जीवन बेहतर बनाने और Ease of Living बढ़ाने के लिए काम कर रही है। देशवासियों के विश्वास की इस पूँजी के आधार पर ही एक बार फिर नरेंद्र मोदीजी के नेतृत्व में भाजपा द्वारा जनादेश माँगा गया और नरेंद्र मोदी में पूर्ण विश्वास रखकर देश की जनता ने पूर्ण बहुमत दिया। देश के लोगों ने जीवन की मूलभूत सुविधाओं के लिए लंबे समय तक इंतजार किया, लेकिन अब स्थितियाँ बदल रही हैं। मोदी सरकार जन-साधारण को इतना सजग, समर्थ, सुविधा-युक्त और बंधन-मुक्त बनाना चाहती है कि अपने सामान्य जीवन में उसे सरकार का 'दबाव, प्रभाव या अभाव' न महसूस हो।

देश के प्रत्येक व्यक्ति को सशक्त करना मोदी सरकार का मुख्य लक्ष्य है। नरेंद्र मोदी और उनके नेतृत्ववाली सरकार राष्ट्र-निर्माण की उस सोच के प्रति संकल्पित है, जिसकी नींव वर्ष 2014 में रखी गई थी। देशवासियों की मूलभूत आवश्यकताएँ पूरी करते हुए अब सरकार उनकी आकांक्षाओं के अनुरूप एक सशक्त, सुरक्षित, समृद्ध और सर्वसमावेशी भारत के निर्माण की दिशा में आगे बढ़ रही है। यह यात्रा 'सबका साथ, सबका विकास और सबका विश्वास' की मूल भावना से प्रेरित है। नए भारत की यह परिकल्पना केरल की महान् आध्यात्मिक विभूति, समाज-सुधारक और कवि श्री नारायण गुरु के इन सद्विचारों से प्रेरित है—'जाति-भेदम मत-द्वेषम एदुमइल्लादे सर्वरुम, सोदरत्वेन वाडुन्न मात्रुकास्थान मानित' अर्थात् 'एक आदर्श स्थान वह है, जहाँ जाति और धर्म के भेदभाव से मुक्त होकर सभी लोग भाई-भाई की तरह रहते हैं'।

• नरेंद्र मोदी द्वारा पुनः भारत के प्रधानमंत्री पद की शपथ लेने के साथ ही ऐसा प्रतीत होने लगा है कि देश एक नए युग में प्रवेश कर गया है। इस नए युग को भारतीय

पटल पर कार्य-आधारित, सुशासन एवं विकास की राजनीति के उदय के रूप में देखा जा सकता है। यह युग देश को 'सबका साथ, सबका विकास, सबका विश्वास' की अवधारणा से अभिमंत्रित कर 'एक भारत, श्रेष्ठ भारत' के निर्माण का पथ-प्रशस्त कर रहा है। यह युग 'अंत्योदय' की अवधारणा के प्रति समर्पित है तथा गरीब से गरीब व्यक्ति के कल्याण के लिए प्रतिबद्ध है। देश के सर्वांगीण विकास के केंद्र में दलित, आदिवासी, पिछड़ा, महिला एवं युवा को रखकर एक सुदृढ़, समृद्ध एवं आत्मविश्वास से परिपूर्ण भारत के निर्माण का यह युग है। यह एक ऐसा युग है, जिसकी प्राथमिकता ग्रामीण भारत है, जो उच्च तकनीक युक्त कृषि का स्वप्न देख रहा है और जिसमें किसान-मजदूर के जीवन के हर क्षेत्र को तेजोमय करने की क्षमता है। भविष्योन्मुखी एवं दूरदर्शी नीतियों के माध्यम से एक ऐसे भारत के निर्माण का युग है, जो हर क्षेत्र में अग्रिम हो, विकसित, समृद्ध एवं सुदृढ़ हो। नरेंद्र मोदी के प्रधानमंत्री पद की शपथ लेने के साथ ही उस युग का आरंभ हो गया, जिसमें 'नए भारत' की अवधारणा के सपनों को साकार करने की सभी संभावनाएँ विद्यमान हैं।

• भाजपा नेतृत्ववाले राजग को लोकसभा चुनाव 2019 में मिला जबरदस्त जनादेश प्रधानमंत्री नरेंद्र मोदी के दूरदर्शी नेतृत्व एवं अथक परिश्रम का परिणाम है। इसी कठिन परिश्रम एवं तप के बल पर कांग्रेस नेतृत्ववाले यूपीए के शासनकाल के भ्रष्टाचार, पॉलिसी पैरालिसिस, कुशासन, आर्थिक गिरावट, कमरतोड़ महँगाई एवं निरंतर बढ़ते बजट घाटे से देश को पिछले पाँच वर्षों में उबारने में नरेंद्र मोदीजी सफल हुए। कांग्रेसनीत यूपीए के कुशासन के बीच देश को नरेंद्र मोदीजी के रूप में एक आशा की किरण दिखाई दी थी, जिसके परिणामस्वरूप कई दशकों के बाद जनता ने भाजपा को 2014 के लोकसभा चुनावों में पूर्ण बहुमत का जनादेश दिया था। इन जनादेश के पीछे पूरे देश की आशाएँ, अपेक्षाएँ एवं आकांक्षाएँ जुड़ी हुई थीं। पाँच वर्षों के सकारात्मक कार्य, निरंतरता एवं परिश्रम की पराकाष्ठा के साथ-साथ अभिनव योजनाएँ एवं परिणामकारक नीतियों, शासन में नई कार्य-संस्कृति, संस्थाओं को पुनर्जीवन देने वाले कार्य, समयानुकूल निर्णय एवं कभी-कभी कठोर निर्णय लेने की क्षमता के फलस्वरूप आज एक ऐसी सरकार केंद्र में है, जिसकी प्रामाणिकता, विश्वसनीयता एवं कार्यक्षमता से पूरा देश गौरवान्वित हो रहा है। प्रधानमंत्री नरेंद्र मोदी की प्रतिबद्धता का ही परिणाम है कि आज देश एक भ्रष्टाचारमुक्त सरकार देख रहा है। जो देश के दूर-दराज इलाकों में भी गरीब से गरीब तक सरकारी योजनाओं का लाभ सीधा-सीधा पहुँचाने में सक्षम है। यह पहली बार हुआ है कि समाज की कतार में अंत में खड़ा व्यक्ति सरकारी योजनाओं का सीधा लाभार्थी बना है और पक्का आवास, बिजली कनेक्शन, गैस सिलिंडर, शौचालय, बैंक खाता और अन्य मूलभूत सुविधाओं के साथ-साथ अपने परिवार की सामाजिक सुरक्षा एवं दस करोड़ परिवारों

को 5 लाख तक का स्वास्थ्य सुरक्षा बीमा प्राप्त हो पाया। इसमें कोई संदेह नहीं कि जिस प्रकार से 2014 में संसदीय दल के नेता चुने जाने के बाद नरेंद्र मोदीजी ने अपनी सरकार को गरीबों, दलितों, आदिवासियों, वंचितों एवं शोषितों के प्रति समर्पित रहने की बात की थी, वे न केवल अपने वादों के लिए प्रतिबद्ध रहे, बल्कि उससे भी आगे बढ़कर सरकार को इन वर्गों के लिए समर्पित किया—इसका परिणाम सबके सामने है—2014 से भी बड़ा जनादेश, जो कि गरीब-से-गरीब व्यक्ति के आशीर्वाद का परिणाम है। देश की जनता ने जाति, मजहब एवं क्षेत्र की विभाजनकारी दीवारों को तोड़कर यह सुनिश्चित किया है कि भारत सुरक्षित हाथों में रहे और एक सुनहरे भविष्य का आलिंगन करे।

• पाँच साल पहले, 26 मई, 2014 को ऐतिहासिक जनादेश मिलने के बाद भारत के सर्वांगीण विकास के इस संकल्प के साथ यह यात्रा शुरू की थी। उस समय भारत के समक्ष कई बड़ी चुनौतियाँ थीं—हमारी अर्थव्यवस्था बेहद खराब स्थिति में थी तथा चारों ओर निराशा का वातावरण था। भ्रष्टाचार विकराल रूप ले चुका था। अपने नागरिकों के सपनों और आकांक्षाओं को पूरा कर पाने में भारत की क्षमता पर संदेह व्यक्त किया जा रहा था।

• लेकिन अगर चुनौतियाँ बड़ी थीं तो एक सशक्त, सुरक्षित और समृद्ध राष्ट्र बनाने का नरेंद्र मोदीजी का संकल्प भी मजबूत था। 130 करोड़ भारतीयों की शक्ति और उनके कौशल के बलबूते अभूतपूर्व रूप से जन-भागीदारी के साथ नरेंद्र मोदीजी ने अवरोधों को अवसरों में, अवनति को विकास की गति में और निराशा को आशा में बदला।

• जो चीजें कभी नामुमकिन लगती थीं, उनको नरेंद्र मोदीजी ने तेज गति के साथ धरातल पर उतारा। 26 मई, 2014 के बाद पहली बार प्रत्येक भारतीय परिवार को 'जनधन योजना' के कारण बैंक खाता मिला, 50 करोड़ भारतीयों को 'आयुष्मान भारत' की बदौलत बीमारी से लड़ने का हौसला मिला और असंगठित क्षेत्र के 40 करोड़ से अधिक लोग अब पेंशन का लाभ ले सकते हैं ।

पार्ट-2

• 'स्वच्छ भारत अभियान' ने जन-आंदोलन का रूप ले लिया और पाँच साल में स्वच्छता का दायरा 38 प्रतिशत से बढ़कर आज 99 प्रतिशत के करीब पहुँच गया। मुद्रा योजना के कारण अब छोटे शहरों के युवाओं के लिए उद्यमी बनना संभव हुआ। 5 लाख रुपए तक की आय वाले निम्न-मध्यम और मध्यम वर्ग के लोगों को अब आयकर से छूट मिल गई है।

• नरेंद्र मोदी के सक्षम नेतृत्व में सरकार ने भविष्य की सोच के साथ तेजी से इंफ्रास्ट्रक्चर की कमी को दूर किया। सड़कों और रेलवे लाइनों के निर्माण की गति दोगुनी हो गई।

भारत के पास अब और भी अधिक अच्छे तक आधुनिक बंदरगाह हैं। 2014 तक अँधेरे में रहने वाले 18,000 गाँव अब ग्रामीण विद्युतीकरण के प्रयासों से प्रकाशमान हो गए। 'सौभाग्य योजना' के माध्यम से 2.6 करोड़ से अधिक घरों को रोशन किया गया है। पिछले पाँच वर्षों में बने 1.5 करोड़ घरों ने लाखों लोगों को बड़े सपने देखने की आजादी दी है। पिछले पाँच साल का नरेंद्र मोदीजी का कार्यकाल साक्षी है कि कैसे देश की विकास यात्रा एक जन-आंदोलन का रूप ले सकती है। नरेंद्र मोदीजी के नेतृत्व में सरकार में अनगिनत काम हुए, मगर जिन योजनाओं से बड़ी संख्या में सामान्य जनता को लाभ हुआ और कहा जा सकता है कि इससे बीजेपी को जबरदस्त फायदा हुआ तथा नरेंद्र मोदीजी के प्रति जनता ने विश्वास जताया तो ये योजनाएँ खास थीं—

• **उज्ज्वला योजना :** चुनाव प्रचार के दौरान बीजेपी ने 'प्रधानमंत्री उज्ज्वला' योजना की काफी चर्चा की थी। इस योजना के तहत बड़ी संख्या में गरीब परिवारों को मुफ्त में गैस कनेक्शन बाँटे गए। इससे सबसे बड़ा फायदा उन गरीब माताओं-बहनों को हुआ, जो धुएँ में खाना बनाने को मजबूर थीं। पीएम मोदी ने 1 मई, 2016 को बलिया में इस योजना को लॉन्च किया था। इसके तहत गरीबी रेखा के नीचे गुजर-बसर कर रहे परिवारों के लिए 7 करोड़ एलपीजी कनेक्शन वितरित किए जा चुके हैं।

• **प्रधानमंत्री श्रम योगी मानधन योजना :** यह असंगठित क्षेत्र के 40 वर्ष तक की आयु के कामगारों के 60 वर्ष की आयु के बाद 3,000 रुपए की मासिक पेंशन देने की योजना है। इसका उद्देश्य 15,000 रुपए तक की मासिक आय वाले असंगठित क्षेत्र के कामगारों को पेंशन उपलब्ध कराना है। अगले पाँच साल में 10 करोड़ कामगारों के इस योजना से जुड़ने की उम्मीद है। इसके तहत कामगारों को बहुत ही छोटी राशि हर महीने पेंशन योजना में जमा करनी होगी। इतनी ही राशि का योगदान सरकार भी करेगी।

• **पीएम किसान सम्मान निधि :** छोटे और सीमांत किसान परिवारों (जिनके पास 2 हेक्टेयर तक जमीन होगी) को इस योजना का लाभ मिलेगा। अगले पाँच वर्षों तक इस योजना के तहत सरकार किसान परिवारों को सालाना 6 हजार रुपए देगी। चुनाव से पहले किसानों को किस्त पहुँचनी भी शुरू हो गई थी। सरकार का कहना है कि इसकी मदद से किसानों को अपनी फसल तैयार करने में खाद, बीज, पानी व अन्य खर्चों को पूरा करने में आसानी होगी; हालाँकि बाद में ऐलान किया गया कि सभी किसानों को यह आर्थिक मदद दी जाएगी।

• **आयुष्मान भारत :** 23 सितंबर, 2018 को लॉन्च की गई यह स्वास्थ्य बीमा योजना है। इसके तहत अब तक 10 लाख गरीब मरीज लाभान्वित हो चुके हैं और माना जा रहा है कि चुनाव में यह स्कीम गेमचेंजर साबित हुई। इससे सीधे तौर पर गरीबों को लाभ हो रहा है। कैंसर और हार्ट संबंधी बीमारियों में भी 50 करोड़ भारतीयों को सालाना

5 लाख रुपए का स्वास्थ्य बीमा मिल रहा है। जनगणना के हिसाब से समझें तो ग्रामीण इलाके के 8.03 करोड़ परिवार और शहरी इलाके के 2.33 करोड़ परिवार आयुष्मान भारत योजना के दायरे में आएँगे।

• **गाँवों में बिजली :** मोदी सरकार ने सुदूर गाँवों में हर घर बिजली पहुँचाने में पूरी ताकत झोंक दी। इससे गरीबों और वंचित लोगों के लिए सोचने वाली सरकार के तौर पर उसकी छवि बनी। सरकार ने इसे प्रचारित भी किया कि आजादी के इतने वर्षों बाद भी देश के सैकड़ों घरों में बिजली नहीं पहुँची थी, जिसे पहुँचाया गया।

• **इन्सॉल्वेंसी ऐंड बैंकरप्सी कानून :** इसे केंद्र सरकार की बड़ी सफलता के रूप में देखा जा सकता है। इस कानून की शुरुआती सफलता को देखते हुए सरकार ने इसमें व्यापक प्रावधान जोड़े हैं। इसके अंतर्गत कर्ज न चुकाने वाले बकाएदारों से निर्धारित समय के अंदर कर्ज वापसी के प्रयास किए जाते हैं। इस कोशिश से बैंकों की आर्थिक स्थिति में कुछ हद तक सुधार जरूर हुआ है। इन्सॉल्वेंसी ऐंड बैंकरप्सी कोड की सफलता के पीछे एक विशेष कारण यह है कि अब बैंक के बकाएदारों को अपनी संपत्ति की नीलामी एवं बोली लगाने पर पूर्ण पाबंदी है। दरअसल, औद्योगिक और वित्तीय पुनर्निर्माण बोर्ड के लचीले प्रावधानों के कारण बैंकों के एनपीए बहुत तेजी से बढ़ रहे थे। ये प्रत्यक्ष रूप से बैंकों और अप्रत्यक्ष रूप से देश की अर्थव्यवस्था को प्रभावित कर रहे थे।

• **स्वच्छता और शौचालय :** स्वच्छ भारत मिशन के तहत 2014 से लेकर अब तक देशभर में 9.2 करोड़ से ज्यादा शौचालय बनवाए गए। दुनिया में अपनी तरह के इस सबसे बड़े अभियान के तहत 50 करोड़ परिवारों को लाभ हुआ और उनके जीवन-स्तर में सुधार आया। इस योजना से माताओं-बहनों का खुले में शौच के लिए जाना बंद हुआ, जिससे सरकार के बारे में लोगों की अच्छी राय बनी।

• **सब्सिडी का डिजिटल ट्रांसफर :** पूर्व प्रधानमंत्री राजीव गांधी ने एक बार कहा था कि केंद्र से भेजा गया 100 पैसा गरीब तक पहुँचते-पहुँचते 15 पैसा रह जाता है। ऐसे में बिचौलिए की भूमिका को खत्म करने के लिए मोदी सरकार ने सब्सिडी को सीधे लाभार्थियों के खातों में पहुँचाने की योजना शुरू की।

• **इंफ्रास्ट्रक्चर पर काम :** सड़क, हाईवे और मेट्रो नेटवर्क को तेजी से आगे बढ़ाने पर काम हुआ। एक रिपोर्ट के मुताबिक 2013-14 में 12 कि.मी. हाईवे का निर्माण होता था, जो 2017-18 में बढ़कर 27 कि.मी. प्रतिदिन हो गया।

• **प्रधानमंत्री आवास योजना :** यह शहरों में रहने वाले निर्धन लोगों को उनकी क्रयशक्ति के अनुकूल घर प्रदान करने की योजना है। इसके तहत 2022 तक सभी को घर उपलब्ध कराना है। सरकार का लक्ष्य 20 लाख से ज्यादा घरों का निर्माण है। PMAY के तहत पहला घर बनाने या खरीदने के लिए होम लोन पर ब्याज सब्सिडी का

फायदा उठाया जा सकता है। होम लोन के ब्याज पर 2.60 लाख रुपए का फायदा निम्न आय वर्ग के लोग उठा सकते हैं। सरकार ने इसे मार्च 2020 तक बढ़ा दिया है।

• हमारा राष्ट्र अब निर्दयी आतंकी ताकतों के सामने लाचार नहीं है। देश की शांति और एकता के माहौल को नुकसान पहुँचाने वाली हर विनाशकारी विचारधारा को करारा जवाब दिया जा रहा है। पाकिस्तान और आतंकवादियों को पहली बार सर्जिकल स्ट्राइक के रूप में सूद समेत उनकी ही भाषा में करारा जवाब दिया है।

• पूर्वोत्तर भारत, जो अब तक अलग-थलग रहता था, आज वहाँ अभूतपूर्व विकास हो रहा है। पूर्वोत्तर आज देश की मुख्यधारा में मजबूती के साथ जुड़ गया है।

• नरेंद्र मोदीजी ने 2014 में प्रधानमंत्री की कुरसी पर बैठते ही भ्रष्टाचार और कालेधन के खिलाफ एक बड़ी और निर्णायक लड़ाई छेड़ दी। सत्ता के गलियारों में बिचौलियों की मौजूदगी इतिहास की बात बन गई। नरेंद्र मोदीजी का राजनेताओं, नौकरशाहों, कॉरपोरेट घरानों और हाई प्रोफाइल दलालों के बीच की मिलीभगत को तोड़ने के लिए उठाए गए अभूतपूर्व कदम के मूल उनके अतीत में दिखाई देते हैं। अब फैसले कुछ चुनिंदा लोगों के निजी स्वार्थ की बजाय सभी भारतीयों के सार्वजनिक हित से प्रेरित होकर लिये जाते हैं। जन-धन, आधार और मोबाइल की तिकड़ी ने 8 लाख से अधिक फर्जी लाभार्थियों की पहचान में सहायता की और 1 लाख करोड़ से अधिक रुपए की चोरी को रोका है। कालेधन को सफेद करने से रोकने के लिए व्यवस्थाओं को मजबूत किया गया। भ्रष्टाचारियों में आज डर है। केवल भ्रष्टाचारियों में ही नहीं, देश के टुकड़े-टुकड़े करने का ख्वाब देखनेवाली 'टुकड़े-टुकड़े' गेंग भी डरी हुई है और देशहित में यह डर होना जरूरी भी है।

• आज अंतरराष्ट्रीय स्तर पर भारत का कद बढ़ा है। दुनिया आज भारत को सम्मान की दृष्टि से देख रही है। भारत के प्रति देखने का नजरिया बदला है। उसका यश नरेंद्र मोदीजी की कार्यशैली और कूटनीति को जाता है। किसी भी भारतीय प्रधानमंत्री द्वारा ऐसा विश्वास कभी प्रतिध्वनित नहीं हुआ, जैसा वर्ष 2014 में भारतीय प्रधानमंत्री के पहले अमेरिकी दौरे के दौरान नरेंद्र मोदी और ओबामा ने पहले भारत अमेरिक साझा वक्तव्य में हुआ। नरेंद्र मोदीजी ने जोर देकर कहा, 'भारत को जिम्मेदार और प्रभावशाली विश्व शक्ति बनने की दिशा में अमेरिका उसका सैद्धांतिक भागीदार है, इसलिए भारत उसके साथ भागीदारी को अहमियत देता है, यह पहली बार था, जब कोई भारतीय प्रधानमंत्री अपनी वैश्विक भूमिका पर इतनी मजबूती के साथ बोल रहा था। यह हमारे देश के वैश्विक दृष्टिकोण के नए आत्मविश्वास का परिचायक था, तब से लगातार भारत का कद विश्व की नजर में बढ़ता ही गया है।

• विदेशी निवेश में रिकॉर्ड वृद्धि से यह स्पष्ट है कि दुनिया भारत की अपार

क्षमताओं से परिचित हुई। आतंकवाद, जलवायु परिवर्तन और हवाला की रोकथाम जैसे विषयों पर भारत के रुख ने इन्हें वैश्विक मुद्दा बना दिया है। योग को विश्व में स्वीकृति मिलना इसी विश्वास का परिणाम है। भारत की बात को विश्व आज गंभीरता से लेता है। इसका कारण सक्षम, मजबूत नेतृत्व है। इस नेतृत्व के पीछे एक सौ तीस करोड़ भारतीयों का भरोसा है।

• लोकतंत्र का अर्थ केवल सरकार चुनना नहीं, बल्कि सामान्य मानवी को विकास की प्रक्रिया का भागीदार बनाना भी है। भारत जैसे बहुल आबादी और विविध समस्याओं वाले देश के लोगों को विकास की प्रक्रिया का हिस्सा बनाना तथा उनमें गौरव एवं एकता की भावना का सृजन करना और भी आवश्यक है। नरेंद्र मोदीजी संभवतः स्वतंत्र भारत के ऐसे पहले प्रधानमंत्री हैं, जिन्होंने लोगों को प्रक्रिया में शामिल करने हेतु वास्तविक प्रयास किए हैं और जिसमें वे सफल भी रहे हैं। सरकार की आदर्शों के प्रति प्रतिबद्धता प्रतिबिंबित करनेवाले बहुत से उदाहरण हैं। राष्ट्रीय सार्वजनिक कार्यक्रमों और योजनाओं का आरंभ अब केवल दिल्ली के विज्ञान भवन से ही नहीं होता, जो पूर्ववर्ती शासकों के लिए देशव्यापी कार्यक्रमों के उद्घाटन का पसंदीदा स्थान था। अब इन्हें ऐसे स्थानों से आरंभ किया जाता है, जिसका इसके लाभान्वित पर प्रभाव पड़े और लोगों में विकास की प्रक्रिया के प्रति सहभागिता की भावना उत्पन्न हो सके। नरेंद्र मोदीजी का स्वभाव और संस्कार भारत की धरती से जुड़े हैं।

• वे भारत के ऐसे पहले प्रधानमंत्री हैं, जो दिल्ली की लुटियन संस्कृति से नहीं आते।

• नरेंद्र मोदी शासन की सबसे खास बात है कि यह ऐसा राष्ट्रीय गौरव है, जिसे विदेशी विचारधारा और तुष्टीकरण की राजनीति ने दबा रखा था और अब यह अपनी भूमिका निभाते हुए बदलाव ला रहा है। वे राष्ट्रीय गौरव जाग्रत् करने, तुष्टीकरण की राजनीति से मुक्त व्यवस्थित तरीके से राष्ट्रीय लक्ष्यों को पाने का ऐसा एक ईमानदार प्रयास कर रहे हैं, जो स्वतंत्रता के बाद शायद ही कभी किया गया हो।

• नरेंद्र मोदीजी की शासन और राष्ट्र को पटरी पर लाने की रणनीति की निकट से समीक्षा करने पर ज्ञात होता है कि 26 मई, 2014 से यह एक चार-स्तरीय योजना पर केंद्रित रहा, जिसका प्रमुख लक्ष्य अवरुद्ध हो चुकी वितरण व्यवस्था को प्रवाहित करने के लिए चलाया गया है। इस योजना की प्रमुख बातें इस प्रकार हैं—

• एक, नीति-निर्माण में कॉरपोरेट हाउसों की भूमिका को समाप्त कर उच्च-स्तरीय भ्रष्टाचार पर रोक लगाना। दो, ईमानदार नौकरशाही का चयन। तीन, शासन में पारदर्शिता लाने के लिए तकनीक का उपयोग। चार, विकास में नागरिकों को भागीदार बनाने के लिए उन तक सीधे पहुँचना और दलालों की भूमिका को सीमित करना। नरेंद्र

मोदीजी की इस कार्य-शैली ने ही 2019 में भारतीय जनता ने उनको पुनः प्रधानमंत्री पद के लिए भारतीय जनता पार्टी को 303 सीट देकर स्पष्ट जनादेश दिया। 2019 के लोकसभा चुनाव के बाद देश की राजनीति ने एक दृष्टि से नई करवट बदली है। चुनावी राजनीति का जो पारंपरिक व्याकरण था, उसमें भी एक आमूल परिवर्तन आने की दिशा में ये चुनाव परिणाम संकेत करते हैं। आमतौर पर चुनाव लड़े जाते थे लोकलुभावन वादों के आधार पर। किसी भावनात्मक विषय को एकदम से ऊपर उठाते हुए या फिर अस्मिता से जुड़े, पहचान या परिचय से जुड़े विषयों को आगे लाते हुए भारत में चुनाव सामान्य तौर पर लड़े जाते हैं।

• नरेंद्र मोदी के प्रधानमंत्री पद पर आसीन होने के बाद एक तरीके से जैसे डवलपमेंट इकॉनोमिक्स होता है, डवलपमेंट एडमिनिस्ट्रेशन नाम की एक नई ज्ञान-शाखा चली आई है। वैसे इस चुनाव की देन है कि इसने डवलपमेंट नेशनलिज्म को आकार दिया है। यह एक 'विकास राष्ट्रीयत्व' है। इसको कोई 'राष्ट्र विकासवाद' भी कह सकता है, जिसमें राष्ट्रीय अस्मिता के, राष्ट्रीय स्वाभिमान के, राष्ट्र की विश्व में जो पहचान है, इस पहचान के और देश के विकास के तथा विकास में सामाजिक न्याय भी है, अंत्योदय भी है, गरीबी उन्मूलन भी है, सारी चीजें हैं। इन सारे विषयों का एक मिला-जुला रसायन बना है। जिस रसायन ने एक बहुत बड़ा परिवर्तन इस चुनाव में सिद्ध किया है। यह चुनाव एक दृष्टि से राजनीति की बदलती हुई करवट का परिचायक है और बदले हुए व्याकरण का एक चिह्न है, उसको चिह्नित करने वाला, उसको निर्देशित करनेवाला यह चुनाव रहा। यह जनादेश ही नए भारत का भव्य निर्माण करनेवाला है। लंदन के विश्व प्रसिद्ध समाचार-पत्र 'द गार्डियन' ने नरेंद्र मोदीजी के नेतृत्व में 2014 में लोकसभा में विजय के बाद भाजपा की चुनावी जीत पर अपने संपादकीय में लिखा था—'आज 18 मई, 2014 का दिन वह दिन है, जब अंग्रेजों ने वस्तुतः भारत छोड़ दिया था, क्योंकि जिस पद्धति से अंग्रेजों ने भारत पर शासन किया था, भारत में स्वातंत्र्योत्तर भी करीब-करीब वैसा ही शासन चलता रहा। इस कालखंड का अंत नरेंद्र मोदी की जीत ने किया है। स्वतंत्रता के बाद भारत ने कांग्रेस के राज में अंग्रेजी राज का ही अलग-अलग तरीके से विस्तार होता रहा। 'द गार्डियन' अखबार आगे लिखता है कि मई 2014 में भारत से अंग्रेजी शासन समाप्त हुआ, अर्थात् अंग्रेजी आचार विचारों के अनुसार, अंग्रेजी मूल्यों के अनुसार चलने वाली शासन पद्धति की समाप्ति और अब भारतीय पद्धति, भारतीय मूल्य, भारतीय आचार-विचार, भारतीय आदर्श के अनुसार शासनकाल का समय प्रारंभ हुआ है। नरेंद्र मोदी के शासन का मूल्यांकन हमें इसी आधार पर करना चाहिए, ऐसा नहीं है कि भारत में यह प्रथम सत्ता परिवर्तन है, सत्ता परिवर्तन मोरारजी भाई देसाई, वी.पी. सिंह, देवेगौड़ा, गुजराल के समय भी हुआ, किंतु उस समय भिन्न-भिन्न कारणों से शासन का दृष्टिकोण

पूर्ववत् ही रहा। अटलबिहारी वाजपेयी के समय भी सत्ता का दृष्टिकोण नहीं बदल पाया, क्योंकि अटलजी की सरकार एक अल्पमत व विभिन्न विचारों से बनी पार्टियों की बैसाखी पर चल रही थी। अब नरेंद्र मोदी को पूर्ण बहुमत प्राप्त हुआ है और उन्हें सहयोगी दल की बैसाखियों की भी आवश्यकता नहीं है। अतः यह समय भारत में केवल सत्ता परिवर्तन का ही नहीं, अपितु वैचारिक आधार के बदलाव का समय है। विगत के दिन-प्रतिदिन के नरेंद्र मोदी के शासन में 'द गार्डियन' का यह कथन शत-प्रतिशत सत्य होता दिखा है।

• 'सशक्त नए भारत का उदय' में आपको पिछले पाँच सालों में जिन चुनौतियों को देश ने परास्त किया है उनके बारे में, उनसे निपटने के लिए 130 करोड़ भारतीयों द्वारा किए गए अदम्य प्रयासों के बारे में और आने वाले कल के लिए मोदी सरकार तथा जनता के सामूहिक संकल्प की झलक मिल रही है।

• पिछले पाँच वर्षों में नरेंद्र मोदी के नेतृत्व में बहुत कुछ हासिल किया और आगे नए भारत के निर्माण के लिए विकास की गति तथा विस्तार को एक नया आयाम देने के लिए नरेंद्र मोदी संकल्पित हैं। ऐसे दो संकल्प हैं, जो नरेंद्र मोदी के हृदय के बेहद करीब हैं—'2022 तक किसानों की आय को दोगुना करना और सबको घर'। मोदी को विश्वास है कि जनता के समर्थन से यह अवश्य संभव होगा।

• नरेंद्र मोदी ने भारत के लाखों जागरूक, प्रतिबद्ध और देशभक्त नागरिकों के, जनता के मूल्यवान सहयोग से 'नए भारत' के सपनों को साकार करने का नूतन पथ तैयार किया है।

• एक मजबूत और निर्णायक सरकार के लिए 2014 में भारतीयों के वोट ने नरेंद्र मोदीजी को पाँच वर्षों की छोटी सी अवधि में पाँच दशकों के वंशवादी शासन की बुराइयों को दूर करने में सक्षम बनाया। अब जब इन बुराइयों पर नरेंद्र मोदीजी ने विजय पा ली है, तो उस गति की कल्पना करें, जिसके साथ नरेंद्र मोदीजी आने वाले समय में काम करनेवाले हैं।

• नरेंद्र मोदीजी अपने इन सपनों के बारे में कहते है—'अगले पाँच साल अहम हैं, क्योंकि 2022 में हम अपनी आजादी की 75वीं वर्षगाँठ मनाएँगे। इस देश के महान् सपूतों ने अपना पूरा जीवन न्योछावर कर दिया, ताकि हम आजादी की खुली हवा में साँस ले सकें। उनके सपनों का भारत बनाना, आज हममें से प्रत्येक का दायित्व है। 2047 में, हमारा राष्ट्र स्वतंत्रता के सौ साल पूरे करेगा। आइए, हम सब मिलकर सोच-विचार करें कि 2047 तक हम कैसा भारत चाहते हैं। भाजपा अगले पाँच वर्षों में 2047 के भारत की नींव रखने की प्रतिज्ञा करती है। आइए, अब हम सब मिलकर इस संकल्प को पूरा करने में जुट जाएँ।'

• 1947 के बाद विभिन्न राजनीतिक दलों और विचारधाराओं की कार्य-संस्कृति और काम को देखने के बाद आज भारत के लोग आश्वस्त हैं कि अगर कोई पार्टी और नेतृत्व है, जो देश की समस्याओं का समाधान कर सकती है, तो यह भाजपा और नरेंद्र मोदी हैं। 'सबका साथ, सबका विकास' का मंत्र भारत के कोने-कोने तक गूँजा है, इसी कारण नरेंद्र मोदीजी को जनता का जो स्नेह और समर्थन मिला है, वह ऐतिहासिक और अभूतपूर्व है।

• नरेंद्र मोदीजी के नेतृत्व में एक नई कार्यशैली विकसित हुई है, जिसके कारण नया भारत अतीत की बेड़ियों से आजाद हो चुका है। आज हमारा देश बड़े सपने देखने की हिम्मत करता है और उन्हें पूरा करने का जज्बा भी रखता है। वर्ड इकोनॉमिक्स फोरम के संस्थापक क्लोस श्वाब कहते हैं—'मैं तीन दशक से भी अधिक समय से भारत का पर्यवेक्षक, साथी व मित्र रहा हूँ और मुझे हमेशा से ही इस राष्ट्र की अपार क्षमता में विश्वास रहा है। मेरी पहली भारत यात्रा को पैंतीस साल हो गए हैं और मैं देश के भविष्य को लेकर इतना आशावादी कभी नहीं रहा, जितना अब हूँ।'

• नरेंद्र मोदीजी का एक ही सपना है—एक सौ तीस करोड़ भारतीय मिलकर एक मजबूत और सर्वसमावेशी भारत के निर्माण की दिशा में काम करे, जहाँ हर भारतीय का सम्मान, समृद्धि, सुरक्षा और आगे बढ़ने के अवसर सुनिश्चित हों।

• 2019 का जबरदस्त जनादेश न केवल मोदी सरकार पर जन-जन के भारी विश्वास का परिणाम है, बल्कि विश्व के सबसे बड़े लोकतंत्र की बढ़ती जनाकांक्षाओं के दायित्वों के निर्वहन करने का भी संदेश है। भारत एक ऐसा राष्ट्र है, जो प्राचीनकाल से ही भिन्न-भिन्न परंपराओं, मान्यताओं एवं आस्थाओं के बीच विविधतापूर्ण संस्कृति के लिए पूरे विश्व में विख्यात है। यह जबरदस्त जनादेश विभाजनकारी राजनीति को मुँहतोड़ जवाब है तथा कार्य-आधारित, सुशासन एवं विकास की राजनीति की विजय का प्रतीक है। यह अत्यंत स्वागतयोग्य स्थिति है, जहाँ लोग अपनी आकांक्षाओं से प्रेरित होकर एक सुदृढ़ एवं समृद्ध भारत के निर्माण के लिए जनादेश दे रहे हैं। जन-जन को यह पूर्ण विश्वास है कि प्रधानमंत्री नरेंद्र मोदी के करिश्माई एवं दूरदर्शी नेतृत्व में पूरा देश आज एकजुट उठ खड़ा हुआ है और अब एक गौरवशाली भविष्य भारत की प्रतीक्षा कर रहा है।

□□□